KB215076

기독교 신학

2

기독교 신학
2

- 하나님 나라의 메시아적 신학을 향해 -

창조론: 새로운 미래를 향한 하나님의 창조

인간론: 보다 나은 내일을 기다리는 인간 존재

그리스도론: 세계의 희망 메시아 예수

김균진 지음

Holy
WavePlus

발행인의 글

존경하는 은사이신 김균진 교수님의 저작전집을 발행할 수 있는 책무를 맡겨주신 하나님께 감사와 영광을 돌립니다.

이 저작전집은 한국이 배출한 걸출한 조직신학자인 김균진 교수님의 50년간에 걸친 신학 연구의 열매들을 하나로 집대성하는 작업입니다.

김균진 교수님께서는 신학 교수 세계에 발을 들여놓은 이래 헤겔과 칼 바르트 연구에서 시작하여 몰트만과 본회퍼와 틸리히의 신학을 비롯한 세계의 다양한 현대신학 사조들을 적극적으로 이 땅에 소개하는 한편, 역사적 예수와 하나님 나라, 죽음의 신학, 생명의 신학, 과학과 신학과의 대화 분야에 있어서 자기만의 고유한 신학의 세계를 개척하셨고, 무엇보다 방대하기 이를 데 없는 조직신학 분야의 전 주제에 대해서 두 번에 걸친 조직신학 시리즈를 집필함으로써 대단한 학문적 성취를 이루셨다고 해도 과언이 아닙니다. 그러나 이러한 연구 결과물들이 아쉽게도 여기저기 흩어져 있었고, 일부 도서는 이미 절판되어 더 이상 구할 길이 없으며, 또 일부는 오래전의 개념과 표현으로 쓰인 까닭에 현대의 독자들에게 생소한 느낌을 주는 면이 없지 않아서, 이 모든 자료를 한데 모아 새로운 시대의 연구성과들을 추가하는 동시에 문장과 단어들을 현대적으로 개선하는 작업을 하기로 하였고 그러한 바탕 위에서 이 저작전집이 탄생하게 되었습니다.

특별히 『기독교 신학』 1-5권은 교수님의 일생의 신학적 작업들을 집대성하고 총정리하는 차원에서 근자에 새로이 집필하신 것이어서 그 의미가 남다르다 하겠습니다.

김균진 교수님의 제자이자 이 저작전집의 발행인으로서 제가 감히 교수님의 신학을 평가한다면 크게 다섯 가지로 요약을 하고 싶습니다.

첫째, 지난 100년간 서구 신학계를 관통했던 신학적 사조와 개념과의 부단한 대화와 함께 그것의 적용에 있어서 철저히 지금-여기서의 정황을 지향함으로써 한국적인 바탕 위에서 국제적인 신학적 토론에 참여하는 것의 가능성을 제시한 점. 둘째, 기존의 추상적이고 철학적인 조직신학적 진술이 아닌 성서내러티브적이고 메시아적 종말론에 입각한 독창적인 조직신학의 세계를 제시한 점. 셋째, 과학과의 대화, 신무신론과의 대화 등에 적극적으로 참여함으로써 조직신학의 과제와 외연을 지속적으로 확장한 점. 넷째, 급진적인 신학 이론의 소개뿐 아니라 칼뱅과 루터 등의 저작에서도 상당히 많은 부분들을 인용함으로써 소위 보수와 진보 신학 어느 한쪽에도 치우치지 않는 균형 감각을 견지하는 점. 다섯째, 특별히 인생의 후반기에 저술하신 책들의 경우 단순히 신학이론에 대한 비판적 소개나 분석에 머물지 않고 교회의 현실을 염두에 둔 목회적이고 경건주의적인 따스한 시선이 두드러지게 제시되는 점을 꼽을 수 있겠습니다.

다시 한 번 이 저작전집을 낼 수 있는 사명을 맡겨주신 삼위일체 하나님과 교수님께 감사를 드리며, 모쪼록 이 귀한 책들이 한국의 많은 목회자들과 신학도들의 서재에서 오랫동안 신학 연구와 설교 준비의 벗으로 자리매김할 수 있기를 소망합니다.

김요한 목사

머리말

이 책은 제1권 신론에 이어 창조론, 인간론, 그리스도론을 다룬다. 창조론은 오늘날 범세계적으로 일어나고 있는 자연의 재난과 생태계의 총체적 위기 속에서 중요한 의미를 지닌다. 만일 하나님이 지으신 자연의 세계가 파멸된다면 하나님의 구원의 역사도 실패로 돌아갈 수밖에 없기 때문이다. 그러므로 이 책에서 필자는 오늘날 생태신학이나 생태여성신학에서 토의되는 내용들을 반영하면서 오늘의 위기를 극복할 수 있는 길을 찾고자 모색하였다.

필자는 이 책에서 특별히 일반 인간론을 고찰하는 데 많은 지면을 할애하였다. 일반 인간론의 지평 속에서 인간에 대한 기독교 신학의 이해가 어떤 의미를 가지는가를 보다 명료하게 볼 수 있었다. 또 기독교 인간론이 일반적으로 다루지 않는 인간에 대한 깊은 생각들이 기독교 바깥의 일반 인간론에서 참으로 진지하게 다루어지고 있음을 발견할 수 있었다.

그리스도론에서 필자는 예수 그리스도의 "신성"과 "인성"이라는 추상적 개념에서 출발하지 않고, 복음서가 보도하는 예수의 삶의 역사로부터 출발하는 방법을 취하였다. 그리하여 예수 당시 이스라엘 사회의 역사적 배경과 상황을 간단히 고찰하면서 시작하였다.

이 책의 출판을 허락하신 출판사 새물결플러스 김요한 목사님과 이 책의 출판을 위해 수고하여 주신 출판사 모든 선생님들, 특히 김남국 박사님께 진심으로 감사드린다.

김 균 진

2014년 5월, 경기도 일산에서

제5부

새로운 미래를 향한
하나님의 창조

-창조론-

1
창조신앙에 대한 도전과 새로운 관심

이 세계에는 인간이 대답할 수 없는 신비로운 일들이 너무도 많다. 지구의 중력, 우리 인간의 도덕적 판단 능력, 사고와 인식의 능력, 예술적 상상력 등 그 수를 헤아릴 수 없을 정도이다. 칸트(I. Kant)가 말한 것처럼 우리 인간의 마음속에 있는 양심도 그 출처를 해명할 수 없는 신비에 속한다.

또 한 가지 신비스러운 일은 이 세계, 곧 우주가 "있다"는 사실이다. "신비스러운 것은 세계가 어떻게(wie) 있느냐가 아니라 세계가 있다는 것이다"(Wittgenstein 1963, 64). 그것은 세계의 모든 신비스러운 일들이 근거하는 근원적 신비라 말할 수 있다. 철학은 이 근원적 신비에 대해 이렇게 말한다. "왜 무엇이 있고, 없는 것이 없는가?"(Warum ist überhaupt etwas und nicht vielmehr nichts?)

기독교는 이 질문에 대해 창조신앙에 기초하여 이렇게 대답한다. 세계는 하나님의 창조로 말미암아 있게 되었다. 세계의 있음은 삼위일체 하나님의 창조에 근거한다. 삼위일체 하나님이 사물들과 인간 생명의 근원이요 원천이며 목적이다. 세계는 삼위일체 하나님의 지혜의 기초 위에 있으며 그의 계속적 창조와 섭리 안에 있다. 주후 2세기 로마의 세례식에서 유래하며 3세기 이후 다양한 지역의 전통이 된 초대교회의 사도신경은 이것을 다음과 같은 공식으로 고백한다. "전능하사 천지를 만드신 하나님 아버지를 내가 믿사오며…." 니케아 콘스탄티노플 신앙고백(381년)은 니케아 신앙고백(325년)을 다음과 같이 해석한다. "단 한 분 하나님, 전능하신 아버지, 하늘과 땅, 눈에 보이는 것과 보이지 않는 모든 것의 창조자를 나는 믿습니다."

1) 그러나 오늘날 세계의 현실과 관련하여 기독교의 창조신앙은 심각한 도전을 받고 있다.

a. 세계에 관한 현대 자연과학의 이론들은 창조신앙에 대한 심각한 도전이라 말할 수 있다. 많은 자연과학자들이 인정하는 빅뱅이론에 의하면 우주, 곧 세계는 하나님의 창조가 아니라 태초의 대폭발을 통해 생성되기 시작했고 그 후에 일어난 우주의 진화를 통해 오늘 우리가 보는 세계가 있게 되었다. 세계는 하나님의 지혜가 아니라 그 자신의 법칙들, 곧 자연의 법칙들에 근거하며 이 법칙들을 통해 유지된다. 우주에서 지구가 자기의 자리를 지키는 것은 중력 때문이지 하나님의 섭리로 말미암은 것이 아니다! 물질의 자기조직화, 필연과 우연, 카오스와 질서, 부분과 전체의 상호작용, 현대 자연과학의 이러한 이론들 앞에서 기독교의 창조신앙은 불필요한 것처럼 보인다.

b. 창조신앙에 대한 둘째 도전은 다윈의 진화론에 있다. 빅뱅이론이 기독교가 고백하는 물리적 세계의 창조에 대한 도전이라면 진화론은 생명계의 창조에 대한 도전이다. 지금 우리가 보는 생명계는 하나님의 창조가 아니라 자기를 유지하려는 생명들의 오랜 진화를 통해 있게 되었다. 이 견해에 따르면 인간의 생명과 인간의 모든 자질과 능력도 진화의 산물로 설명된다.

c. 기독교는 하나님이 인간의 생사화복과 세계의 운명을 결정하며, 하나님께서 모든 것을 이루신다고 말한다. 그러므로 인간이 세계를 위해 아무것도 하지 않고 모든 것을 하나님에게 맡기는 것이 신앙의 덕목으로 간

주되며, 인간 자신이 책임있게 무엇을 할 수 있다고 생각하는 것은 하나님에 대한 교만으로 간주된다. 그러나 오늘날 세계를 지배하는 것은 사실상 인간이 아닌가? 노동, 예술, 문화, 과학, 정치, 경제, 교육 등 이 모든 일들이 인간의 활동을 통해 이루어지고 있다. 대우주(makrokosmos)의 자기 창조적 활동과 소우주(mikrokosmos), 곧 인간의 창조적 활동은 기독교가 가르치는 하나님의 계속적 창조에 모순되는 것처럼 보인다.

d. 세계에 존재하는 고난과 악의 현실 앞에서 제기되는 신정론의 문제는 창조신앙에 대한 가장 심각한 도전이라 말할 수 있다. 인간의 무한한 욕망과 욕정으로 인해 일어나는 모든 죄악들, 전쟁과 테러와 집단학살로 인한 수많은 사람들의 억울한 죽음과 고난, 무고한 자연 생물들의 죽음과 멸종 등 이 모든 악들은 어디로부터 오는가? 만일 전능하고 자비로운 하나님이 세계를 창조했다면 어떻게 이런 고난과 악이 허용될 수 있는가? 온 세계의 피조물들이 당하는 고난과 악의 현실 앞에서 창조자 하나님은 어떻게 그의 정당성을 변호할 수 있는가?

e. "우리의 자연은 이미 자신의 이상상태를 억제해 주는 피드백 장치를 작동시키지 못할 만큼 철저하게 망가져 있다", "지구는 인내의 한계를 넘어서 있기에 자신의 이상상태를 멈추게 해 줄 힘을 잃어버리고 말았다"라고 말할 만큼 오늘의 생태학적 위기는 심각하다(이정배·이은선 1993, 25). 이러한 생태학적 위기 앞에서 미국의 문화역사학자였던 린 화이트 (Lynn White, Jr.)는, 1967년에 그의 논문 「생태계 위기의 역사적 뿌리」("The Historical Roots of Our Ecologic Crisis")에서 창조신앙의 인간 중심성을 비판하면서 기독교를 가리켜 "세계에 유례없는 가장 인간 중심적인 종교"라 규정하였다.

이를 계기로 수많은 학자들은 유대교와 기독교의 창조신앙이 서구세계의 인간 중심주의를 확립시켰을 뿐 아니라 오늘의 생태학적 위기를 야기시킨 주범이라고 비판하기 시작하였다. 창조신앙에서 하나님과 세계는 창조자와 피조물로 구별되며 하나님은 세계 바깥에 있는 존재, 세계와 다른 존재로 전제된다. 이 하나님은 인간을 그의 형상으로 지으시고 세계에 대한 정복과 통치를 그에게 맡긴다. 인간만이 하나님의 형상으로 지음받았기에 인간과 세계가 구별되며, 인간은 세계의 정복자와 지배자로, 세계는 인간의 정복과 지배대상으로 규정된다. 세계에 대한 정복과 지배를 통해 인간은 하나님을 닮게 된다. 이러한 해석을 통해 성서의 창조신앙은 인간 중심주의적 세계관을 확립한다는 비판을 피할 수 없게 된다.

f. 오늘날의 여성신학은 기독교의 전통적 창조신앙에 대해 강력한 도전을 하고 있다. 여성신학에 의하면 창세기 2장은 여성을 남성의 갈비뼈에서 만들어진 존재로 서술하고, 창조자 하나님은 남성으로 표상된다. 이로 인해 여성의 존재는 남성에게 속한 남성의 일부로, 남성을 섬기며 남성에게 복종하고 남성의 지배를 받아야 할 존재로 취급된다. 여성에 대한 남성의 억압과 횡포와 착취가 정당화되고, 남성 중심의 사회와 가부장제가 정당성을 획득한다. 사회의 모든 영역에서 남성은 하나님의 대변자의 위치를 갖게 된다.

2) 그러나 오늘날 기독교의 창조신앙은 긍정적 차원에서 새로운 관심의 대상이 되고 있다.

a. 과학기술과 산업이 발전할수록 자연은 자신의 존재가치와 존엄성을 상실하고 인간에 의한 정복과 지배의 대상, 인간의 유익을 위한 사용대상으로 전락한다. 일련의 학자들은 이러한 현실을 극복할 수 있는 가능성을 창조신앙에서 발견한다. 또 일련의 자연과학자들은 자연의 가치와 궁극적 목적을 이야기하는 창조신앙은 자연의 사실들을 설명하는 자연과학의 동반자로서 중요한 자리를 차지한다고 주장한다. 다음과 같은 막스 플랑크(Max Planck)의 생각은 창조신앙의 의미를 새롭게 시사한다. "자연과학은 객관적이며 물질적인 세계를 다룬다. 그것은 이 객관적 현실에 대해 바르게 진술하고 이 현실의 관계들을 이해해야 할 과제를 가진다. 그러나 종교는 가치의 세계를 다룬다. 그것은 있는 것에 관해서가 아니라 무엇이 있어야 하고 우리가 무엇을 해야 하는가에 관해 이야기한다. 자연과학

이 무엇이 사실이고 거짓인가를 다룬다면, 종교는 무엇이 선하고 악한지, 무엇이 가치 있고 무가치한가를 다룬다"(Heisenberg 1971, 116).

b. 일련의 학자들은 또한 창조신앙 속에는 인간 중심주의와 오늘의 생태학적 위기를 극복할 수 있는 가능성이 숨어 있다고 주장한다. 자연 중심주의자인 마이어-아비히(K. M. Meyer-Abich, 함부르크 대학교 자연철학 교수)에 의하면, 창세기의 창조 이야기 속에는 인간 중심주의를 극복할 수 있는 자연 중심주의의 출발점이 주어져 있다. 여기서 인간은 하나님의 창조에 속한 존재, 땅에 속하며 땅에서 오는 존재로 이해된다. "구약성서의 하나님을 믿는 사람은 인간 중심적으로 생각할 수 없다"(Meyer-Abich 1997, 48). 성서는 전반적으로 인간 중심주의를 말하지 않는다. 단지 기독교가 범신론을 막으려다가 인간 중심성을 주장하는 오류에 빠졌을 뿐이다.

c. 일련의 신학자들은 남성과 여성이 평등한 사회를 형성할 수 있는 가능성을 창조신앙에서 발견한다. 여성도 남성과 동일한 하나님의 피조물이요 "하나님의 형상"으로 창조되었고, 성서가 하나님의 형상이신 예수 안에서 여자와 남자는 하나라고 증언하기 때문이다.

d. 특히 개신교 신학 내에서 오늘날 창조신앙은 중요한 관심의 대상이 되고 있다. 루터의 종교개혁이 칭의론을 출발점으로 삼았기에, 개신교 신학은 "죄인인 동시에 의로운 인간"(simul peccator et iustus)의 구원 문제를 핵심 문제로 다루게 되었다. 하나님이 창조하신 자연 세계에 대해서는 별로 관심을 갖지 않았다. 슐라이어마허의 신학은 예외였지만 근대 개신교 신학은 전반적으로 자연을 배제한 인간 중심의 신학이었다. 자연에 대한 무관심은 특히 칼 바르트의 신학에서 자연과 은혜, 자연계시와 특별계시, 하나님에 대한 자연인식과 특별인식, 자연신학과 계시신학이 분리됨으로써 한층 더 심화되었다. 자연의 영역은 자연과학에 속한 것으로 간주되었고, 신학은 신앙의 영역에 관심해야 하는 것으로 생각되었다. 이리하여 자연의 영역과 신앙의 영역이 분리되고, 신학은 개인의 내적 신앙의 영역, 교회의 영역으로 퇴각하였다.

    그러나 오늘날 온 세계가 직면하고 있는 자연의 대재앙들과 생태학적 파멸의 위기 앞에서 "자연과 우주이해에 주목"하는 창조신앙의 중요성이 새롭게 부각되고 있다. "십자가의 은총", "적색은총"을 보완하는 "자연은총" 또는 "녹색은총"이 강조된다(이정배 2005, 370). 자연의 영역도 하나님이 창조하셨기 때문에, 신학은 신앙과 교회의 좁은 영역으로 퇴각함으로써 자연의 영역을 자연과학에게 맡겨버려서는 안 된다. 자연은 하나님의 창조이기 때문에, 자연과학과 신학의 공동 관심사가 되어야 한다. 이러한 인식이 확산되면서 오늘날 창조신앙이 신학의 중요한 문제로 부각되고 있다. 이와 함께 자연과학과 신학의 대화가 중요한 관심사로 대두되는 가운데, 창조론에 관한 수많은 연구문헌들이 출판되고 있다.

    e. 창조신앙은 기독교 신학 자체에 있어 중요한 의미가 있다. 기독교 신학은 창조신앙으로 인해 인간의 영혼과 실존과 교회의 영역에 국한되지 않고, 하나님이 창조한 세계 역시 간과할 수 없는 중요한 논제로 다루게 된다. 창조신앙은 기독교 진리의 실존론적·교회론적 위축을 거부하고 온 세계에 대한 의미와 타당성의 기준을 제시할 것을 요구한다. 그것은 기독교 신학의 인간 중심주의, 신령주의(spiritualism)의 한계를 넘어 하나님이 지으신 세계의 모든 피조물들의 삶의 현실에 눈을 돌리게 하며 이 세계의 근원과 목적에 대한 사색을 요구한다. 예수 그리스도의 십자가와 부활이 인간의 영혼은 물론 세계와의 관계에서 어떤 의미가 있는가를 생각하게 하며, 세계의 고난과 희망에 대해 관심을 갖게 한다. 또한 이 세계를 향한 하나님의 부르심과 인간의 가능성과 책임을 상기하게 한다.

2
구약성서의 창조신앙

일반적으로 기독교의 창조신앙은 창세기 1, 2장에 근거한다. 그러나 하나님의 창조에 관한 고백들은 시편과 지혜문학과 예언서 등 구약성서 곳곳에 기록되어 있다. 그런데 20세기 개신교 신학은 일반적으로 창조론의 출발점을 예수 그리스도의 계시에서 발견하였고, 이른바 "그리스도론적 창조론"을 주장하였다. 칼 바르트에 의하면 창조에 대한 인식은 예수 그리스도와의 만남을 통해, 그의 계시를 통해 얻을 수 있는 "신앙의 인식"이다. "창조의 현실은 예수 그리스도의 인격 속에서" 인식될 수 있다(Barth 1970, 29). 브루너에 의하면 "우리가 먼저 지향해야 할 창조의 증언은 창세기 1장에 있지 않고, 요한복음 1장과 신약성서의 다른 몇 가지 구절에 있다" (Brunner 1972, 16).

그러나 필자는 이러한 입장이 억지라는 인상을 지울 수 없다. 먼저 시간적 순서에 있어 구약의 창조신앙이 먼저 있었고, 예수와 신약성서의 기자들은 구약의 창조신앙을 수용한다. 따라서 구약의 창조신앙이 신약의 창조신앙의 역사적 기초와 전제가 된다. 물론 후기 바울 서신은 구약의 창조신앙을 그리스도론적으로, 삼위일체론적으로 해석한다. 그러나 구약의 창조신앙이 역사적 기초와 전제가 된다는 것은 부인할 수 없는 사실이다. 본래 구약학자였던 크라우스(H.-J. Kraus) 교수가 말하듯이, "창조자 하나님에 대한 기독교 신앙은 성서적-구약적 사건에 그의 확실하고 포기할 수 없는 전제들을 가진다"(Kraus 1983, 205). 그러므로 구약의 창조신앙이 먼저 고찰되어야 할 것이다. 기독교의 창조론이 구약의 역사적 기초에 충실할 때, 구약의 창조신앙에 담겨진 메시아적 기다림의 정신을 위시한 수많은 진리를 계승할 수 있을 것이다.

개신교 신학계에서는 일반적으로 출애굽과 계약의 하나님이 이스라엘에게 베푸신 역사적 구원에 대한 신앙을 세계의 시작으로 확대시킴으로 인해 창조신앙이 등장한 것으로 생각하였다. 이 견해를 따르는 대표적 구약학자였던 폰 라트(G. von Rad)에 의하면, "이 하나님의 역사의 시작은 이제 창조에 이르기까지 시간적으로 확대되었다"(von Rad 1969, 143). 많은 구약학자들은, 구원의 신앙을 창조의 신앙으로 확대하게 된 계기는 이스라엘 백성이 바빌론에서 포로생활을 하고 있을 때, 바빌론의 창조신화 "에누마 엘리시"(Enuma-Elish, 주전 12-11세기)와의 만남에 있는 것으로 주장한다. 신들의 탄생(Theogonie)과 투쟁(Theomachie)을 이야기하는 바빌론 창조신화의 흔적들이 구약성서의 창조에 관한 고백 속에 가끔 나타나는 것이 이를 증명한다.

이 생각은 일면 타당성이 있다. 이 책 제1권에서 언급한 바와 같이 이스라엘의 출애굽은 구약성서의 생명선을 형성한다. 역사서는 물론 예언서와 문학서도 하나님의 출애굽을 고백한다. 이와 동시에 구약성서는 끊임없이 하나님의 창조를 고백한다. 따라서 출애굽의 구원신앙과 창조신앙이 결합되어 있으며, 양자가 함께 구약성서의 기저에 깔려 있다고 말할 수 있다. 창조자 하나님은 구원자 하나님으로, 구원자 하나님은 창조자 하나님으로 고백된다. "여기서 창조와 구원이 거의 하나로 결합되며", "창조의 구원론적 이해"가 근거된다(von Rad 1969, 151). "J 문서에서는 물론 P 문서에서도 야웨의 창조사역은 그 자체 때문에 이야기되지 않는다. 오히려 그것은 아브라함의 부르심으로 이끌어가고 이스라엘의 땅의 점령으로 끝나는 역사의 과정과 연관되어 있다"(von Rad 1968, 152).

그러나 여기서 다음과 같은 질문이 제기될 수 있다. 창조신앙은 구원 신앙에서 나온 것에 불과한가? "창조신앙이 구속 신앙보다 그 중요성이 못하다는 것을 의미하며…구속신앙에 대한 부차적인 역할밖에는 하지 못한다는 것을 의미하는가? 이스라엘에서 창조신앙이 구속신앙의 신학적인 상황 안에서만 오로지 이해되어야 한다는 것이 타당한가?" 창조신앙은 "구원이라는 P의 중심사상에 대하여 서론적인 역할을 담당"하는 것에 불과한가?(노세영 1992, 102, 104)

필자의 생각에 의하면 구약의 창조신앙은 출애굽 사건 이전부터 이스라엘의 하나님 신앙에 내포되어 있었다고 생각된다. 따라서 창조신앙은 출애굽의 구원신앙에서 발견되지 않는 그 자체의 독특한 의미와 중요성을 가진다. 사실 창세기 1, 2장의 창조 이야기는 출애굽 사건에서 발견할 수 없는 다양한 내용들을 담고 있다.

구약학자 베스터만이 주장하는 바와 같이 세계와 인간창조에 관한 신앙은 출애굽 이전 세계의 많은 종교에 널리 알려져 있었고, 성서의 창조 이야기는 "그 뿌리에 있어(출애굽 사건을 넘어) 인류의 역사로 소급된다"(Westermann 1976. 103). 창세기 1, 2장의 창조 이야기들이 출애굽 사건 이전에 있었던 고대 동양권의 창조에 관한 신화들과 연결되어 있다는 사실이 이를 증명한다. 바빌론의 창조신화는 물론 수메르인들의 서사시 "엔키(Enki)와 세계 질서"(주전 2000년), 길가메시(Gilgamesch) 서사시(주전 650년), 고대 이집트의 왕 아크나톤(Echnaton)의 "태양의 노래"(주전 1360년), 라암세스 2세(Rahmses II)의 암문의 찬양(Amunshymnus) 등 고대 동방 문화권의 세계 생성에 관한 신화들은 이스라엘의 창조신앙에 대해 깊은 의미를 가진다(Müller 2005, 166). 하늘의 신 엘(El)을 믿고 있던 가나안 종교와 이스라엘의 족장들은 고대 동방의 우주론적 표상들과 우주 생성에 관한 생각들을 잘 알고 있었다. 아브라함에 관한 전승에서 아브라함의 하나님 신앙은 가나안 종교의 엘 신앙과 결합된다.

우리는 이것을 예루살렘의 엘 엘르욘(El Eljon)의 제사장 멜기세덱과 아브라함의 만남에 관한 이야기에서 발견한다. 멜기세덱은 "하늘과 땅을 만든 엘 엘르욘"의 이름으로 아브라함을 축도한다(창 14:19).[1] 이와 같이 고대 이스라엘은 "고대 동방의 세계와 창조에 관한 생각에 참여하고 있었으며, 그 다음에 자신의 특유한 역사 경험과 하나님 경험을 이 생각의 지평 속에서 이해하였다"(Schmidt 1973, 11).

그러므로 우리는 이렇게 정리할 수 있다. 고대 중동지역의 신화들처럼 이스라엘의 신앙도 출애굽 이전부터 창조신앙을 내포하고 있었다. 이 창조신앙이 후에 출애굽의 구원신앙과 결합되어 다윗과 솔로몬 왕 때 부분적으로 기록되었고, 바빌론 포로생활 때 정교하게 문서화된 것으로 보인다. 이 과정에서 출애굽의 구원의 역사의 빛에서 하나님의 창조를, 창조신앙의 빛에서 출애굽의 구원의 역사를 보게 된다. 이러한 관점에서 우리는 창조신앙의 성서적 근거를 살펴보고자 한다.

A. 시편과 지혜문학의 창조신앙

시편에서 우리는 바빌론 포로기 이전부터 전승되어 온 가장 오래된 창조신앙의 본문들을 발견한다. 이 본문들은 이스라엘이 그 주변 세계, 특히 가나안 지역의 종교적 표상들을 수용하면서 그것을 자신의 야웨 신앙 속에 통합하는 동시에 변형시킨 것을 보여준다. 이 본문들은 "태초에" 있었던 하나님의 창조 행위를 전제하지만, 야웨를 통한 창조의 지속적 유지를

---

1) 이 책에서 성서 본문은 필자의 편의에 따라 번역되거나 풀어서 표현되기도 했다. 대부분의 의역은 표준새번역판을 따랐다. 성서 책의 약자 표기가 없는 ( ) 안의 장과 절은 바로 그 위에 있는 책을 가리키고, 저자 이름과 출판년도 표기가 없는 ( ) 안의 숫자는 바로 그 위의 문헌을 가리킨다.

더 강조한다. 이 본문들에 의하면 하나님의 창조자 되심은 온 땅이 하나님에게 속한 하나님의 소유이며, 그러므로 하나님이 태초의 카오스적 세력들의 위협에서 땅을 지키는 데 있다. "땅과 그 안에 가득 찬 것이 모두 다 주님의 것, 온 누리와 그 안에 살고 있는 모든 것도 주님의 것이다. 분명히 주님께서 그 기초를 바다를 정복하여 세우셨고 강을 정복하여 단단히 세우셨구나"(시 24:1-2; 참조. 95:3-5).

여기서 하나님은 생육과 번성을 가져오는 자연 질서의 힘으로 생각되지 않고(가나안 종교와는 달리) 땅의 소유자와 통치자로 간주된다. 태초에 하나님은 생명을 위협하는 큰 물, 혹은 바다의 형태로 묘사되는 카오스를 이기고 그의 왕권을 세우심으로써 온 땅을 그의 소유로 갖게 되었다. 그는 땅의 기둥을 큰 물 위에 튼튼히 세우시고 영원 전부터 그의 보좌를 땅 위에 세우심으로써 땅을 지킨다. 야웨는 이를 통해 그의 왕권을 증명한다 (시 93편; 참조. 33:6-9; 74:12-17; 98:9-15; 78:69; 148편; 이에 관해 Kehl 2006, 110 이하 참조).

이와 관련하여 시편 기자는 하나님의 유일하심을 고백한다. 곧 이 고백은 시편 기자의 창조신앙에서 나온다. 천지를 창조하신 야웨만이 참 신(神)이요, 주변 세계의 다른 신들은 인간이 만든 헛된 것이다. "만방의 모든 백성이 만든 신은 헛된 우상이지만, 주님은 하늘을 지으신 분이시다"(시 96:5).

창조에 관한 시편의 본문들은 창조자인 동시에 구원자요 유지자이신 하나님의 자비와 은혜, 그의 무한한 능력과 위대하심을 찬양한다. 하늘과 땅을 창조하신 하나님은 그의 생명의 영을 통해 피조물의 생명을 유지하며, 지금도 그의 영을 보내어 피조물을 창조하시고 "지면을 새롭게 한다"(시 104:30). 여기서 하나님의 계속적 창조(creatio continua)가 고백된다.

또한 시편 기자는 친히 지으신 "모든 것에게 긍휼을" 베푸시며 "때를 따라 저희에게 식물을 주시며 손을 펴사 모든 생물의 소원을 만족케" 하시는 하나님의 은혜와 돌보심을 감사하면서 하나님의 창조를 고백한다(시

145:19-21; 104:10-15). 또한 하나님이 창조하신 자연의 질서와 법칙들에 근거하여 세계의 든든함과 하나님의 의로우심을 믿는다(93편, 104편). 자연의 질서와 아름다움, 모든 생명에 대한 하나님의 은혜로운 배려, 인간에게 부여한 하나님의 특별한 사명을 보면서 창조자 하나님을 찬양하며(8편), 세계의 기초를 놓으신 하나님의 창조에 근거하여 하나님의 변함없는 신실하심과 구원과 통치를 신뢰한다. "주님은 그 보좌를 하늘에 든든히 세우시고, 그의 나라는 만유를 통치하신다"(103:19).

구약성서의 지혜문학은 자연의 현상들과 자연 질서, 역사와 일상생활의 과정과 사건들을 관찰함으로써 삶에 유익한 지혜를 이야기한다. 지혜(*hokma*)는 신화적인 것이 아니라 실제적이요, 피안이 아니라 차안에서의 지혜롭고 행복한 삶을 지향한다. 지혜의 이러한 특징은 구약성서의 신앙과 관계되어 있다. 구약성서의 신앙은 삶을 부정하지 않고 긍정한다. 그것은 거룩과 세속의 이원론적 분리를 알지 못하며 세속성이란 것을 알지 못한다. 세계의 모든 것이 하나님의 창조이기 때문이다.

지혜문학도 창조신앙에 기초하고 있음을 보여준다. 하나님은 하늘과 인간의 생명을 창조하신 전능자이다(욥 10:9; 35:10-13; 잠 8:27; 20:12; 전 7:29 참조). 그는 지혜로 만물을 창조하였고 땅을 세우셨다. 그는 명철로 하늘을 굳게 펴셨다(시 136:5; 잠 3:19; 참조. 렘 51:15). 그러므로 세계는 질서와 조화와 아름다움을 가지며, 세계의 역사와 인간의 삶은 결국 하나님의 법 안에 있다.

세계는 하나님의 지혜로 창조되었기 때문에 하나님의 지혜를 계시한다. 밤과 낮, 사계절의 리듬에 따라 모든 것이 자기의 자리와 때를 가진 세계의 질서는 하나님의 지혜를 나타낸다. 건축물에서 건축 설계자의 지혜와 능력을 볼 수 있듯이 우리는 자연의 세계 속에서 하나님의 지혜와 능력을 볼 수 있다. 경건한 자의 삶에서도 그의 삶을 이끌어가는 하나님의 지혜가 나타난다. 세계의 모든 사건들도 그의 주권적 섭리 속에서 일어난다. 하나님은 모든 피조물을 염려하며 그들을 유지한다. 지혜로운 자는 자

연의 질서와 아름다움에서, 인간의 운명과 세계의 완전함 속에서 살아계
신 하나님의 지혜와 능력을 볼 수 있다. 그 반면 어리석은 자는 피조물의
형상을 하나님과 혼동하며 어리석음과 부패와 불의에 빠진다(시 106:20; 롬
1:18-25).

창조신앙에 근거하여 지혜자는 역사의 법칙과 인간이 마땅히 지켜야
할 도리와 지혜를 이야기한다. 하늘과 땅을 창조하신 "주를 경외함이 지식
의 근본이다"(잠 1:7; 9:10; 욥 28:28). 위로 하나님을 경외하고 아래로 모든 피
조물에게 하나님의 공의와 자비를 행하며 바르게 사는 것이 창조의 질서
요 지혜의 기초이다.

지혜문학은 지혜를 하나님의 속성으로 이해하는 동시에(욥 28:12-27)
지혜를 인격화시키며, 창조 이전부터 있었던 지혜의 선재(先在)와 하나님
의 창조에 있어 지혜의 공동사역을 이야기한다. "나는 그분 곁에서 창조의
명공이 되어…"(잠 8:30). "나를 얻는 사람은 생명을 얻고", "나를 미워하는
사람은 죽음을 사랑하는 사람이다"(8:35-36). 구약성서의 외경 지혜서에 의
하면, 지혜는 하나님이 세상을 창조할 때부터 있었던 하나님의 창조의 공
동사역자로 "하나님의 선하심을 보여주는 형상"으로 규정된다(지혜서 9:9;
7:21, 26; 여기서 지혜는 여성형이란 사실을 유의할 필요가 있음; 아래 "그리스도론" 참조).

시편 33:6에서 하나님이 "말씀으로" 하늘을 창조하였다면, 지혜는 하
나님의 말씀과 동일시될 수 있다. 신약성서는 이러한 생각을 그리스도론
적으로 해석한다(요 1:3; 히 1:2 이하; 골 1:15-17). 이리하여 아버지 하나님의 아
들 혹은 하나님의 형상이신 로고스(말씀)를 통해 모든 것이 창조되었다고
고백한다. "그 아들은 보이지 않는 하나님의 형상이시오…만물이 그분 안
에서 창조되었습니다"(골 1:15-16).

또한 지혜문학의 창조신앙은 올바른 사회윤리적 삶의 태도를 제시한
다. 하나님이 인간을 창조하였기에 모든 인간은 하나님 앞에서 평등하다
(잠 22:2). 따라서 약한 생명을 억압하고 착취하는 것은 지혜가 아니다. 여
기에는 짐승도 속한다. 짐승도 하나님의 피조물이기 때문이다. 의인은 짐

승을 돌보는 사람이다(12:10). 가난한 사람을 학대하는 것은 그를 지으신 하나님을 멸시하는 것이요, 궁핍한 사람을 불쌍히 여기는 것은 하나님을 존경하는 것이다(14:31). 빈곤한 자를 불쌍히 여기는 사람은 복이 있는 사람이다(14:21).

지혜문학은 차안의 세계와 삶의 허무함을 깊이 통찰한다. "헛되고 헛되며 헛되고 헛되니, 모든 것이 헛되도다. 사람이 해 아래서 수고하는 모든 수고가 자기에게 무엇이 유익한고!"(전 1:2-3) 그럼에도 불구하고 지혜문학은 하나님이 지으신 차안의 세계와 삶을 긍정하며 이것을 누릴 것을 권고한다. 하나님이 모든 것을 지으시되, 때를 따라 아름답게 하셨다. 그러므로 사람은 먹고 마시는 것과 수고함으로 낙을 누리는 것이 하나님의 선물인 줄을 알아야 하며, 기뻐하고 선을 행하는 것보다 나은 것이 없는 줄을 알아야 한다(3:11-13).

B. 제2이사야의 창조신앙

우리는 포로기 시대에 생성된 것으로 보이는 하나의 위대한 창조 이야기를 "제2이사야"(Deutero Jesaja, 사 40-55장)와 제3이사야(Trito Jesaja, 사 56-66장)의 문헌에서 발견한다. 익명의 이 예언자들은 바빌론 포로기 후기와 이스라엘 백성의 석방과 귀국을 체험했던 것으로 추정된다. 이 시기는 구약 이스라엘의 역사에서 가장 절망적인 시대였다. 하나님이 약속하였고, 이 약속에 따라 얻은 땅과 나라와 예루살렘 성전을 잃어버린 것은 이스라엘 백성에게 충격적인 사건이었다. 하나님의 백성이 이방 민족의 땅으로 끌려가 포로생활을 하는 기막힌 상황 속에서 이스라엘의 선택, 땅과 모든 민족과 그들의 신들에 대한 야웨 하나님의 우주적 왕권과 전능하심에 대한 믿음은 크게 흔들리게 된다. 야웨의 왕권은 어디에 있는가? 그가 정말 유일하고 전능한 신(神)인가? 그가 정말 땅과 하늘, 곧 이 세계의 주(主)이

신가?

이러한 절망적 상황 속에서 제2이사야와 제3이사야는 이스라엘에 대한 하나님의 신실하심과 구원의 미래를 선포한다. "한 소리가 외친다. 광야에 주님께서 오실 길을 닦아라.…주님의 영광이 나타날 것이니, 모든 사람이 그것을 함께 볼 것이다"(40:3-5). 제2이사야는 이에 대한 근거를 하나님의 창조에서 발견한다. 하늘과 땅을 창조한 하나님만이 신(神)이시다. 그러므로 하나님은 이스라엘을 구원할 수 있다. 그는 자기를 앙망하는 자에게 새 힘을 주실 수 있다(40:12-31; 45:18 이하; 50:8 이하 참조). "이스라엘의 창조자"(43:15) 하나님은 이스라엘 백성을 이집트에서 탈출시킨 "구원자"시다(43:3).

그러므로 하나님은 이스라엘을 다시 구원할 수 있다. 세계의 처음에서 마지막까지 모든 것이 하나님의 손 안에 있다. 야웨 하나님이 세계의 시작과 마지막이요 알파와 오메가이며, 태초에도 있는 자요 나중에도 있는 자다(41:4; 44:6; 48:12). 하나님 안에 세계의 근원과 존속과 완성이 있다. 이에 근거하여 제2이사야는 첫 장 12절부터 실의에 빠진 그의 백성에게 창조자 야웨 하나님의 무한한 능력과 구원의 약속을 선포하면서 용기와 희망을 일깨운다. "주님은…땅 끝까지 창조하신 분이시다.…피곤한 사람에게 힘을 주시며, 기운을 잃은 사람에게 기력을 주시는 분이시다"(사 40:28-29).

이와 연관하여 제2이사야는 야웨 하나님의 유일하심과 열강의 민족들이 숭배하는 신들의 헛됨을 선언한다. 창조자 하나님 앞에서 다른 민족들과 그들의 통치자들, 그들의 신들은 "아무것도 아니다"(40:17; 41:24). 열강의 왕들은 하나님의 계획을 수행하는 도구일 뿐이다(사 44:28; 45:1-7). 다른 신들은 인간이 만든 제작품이요, 아무 힘도 없다. 이로써 제2이사야는 이스라엘 백성의 유일신론을 완성하며, 구원의 길을 유일신 하나님에게서 발견한다. "이스라엘의 창조자요 왕"이신 야웨 하나님 외에 다른 "구원자가 없다"(43:11, 15).

제2이사야는 하나님을 새 창조자로, 이스라엘의 구원을 새 창조로 이해한다. "보라, 내가 새 일을 행하리니…"(43:18; 48:6-7). 하나님의 새 창조는 이스라엘과 다른 민족들의 구원을 넘어 자연의 구원을 포괄하는 우주적·생태학적 비전을 가지며, "종말론적으로 메시아적 미래를 향해 열려" 있다(Müller 2005, 176). "내가 광야에 길을 내겠으며 사막에 강을 내겠다"(43:19-20; 참조. 41:18; 50:2; 51:3).

새 창조의 우주적·생태학적 비전은 제3이사야에게서 "새 하늘과 새 땅"의 창조에 대한 메시아적 약속으로 발전한다. "보라, 내가 새 하늘과 새 땅을 창조하나니…"(65:17-25). 새 창조의 생태학적·우주적 비전과 함께 제2, 제3이사야는 하나님의 고난받는 메시아적 존재를 약속한다(43:1-4; 53장). 메시아의 오심을 통해 새 하늘과 새 땅이 이루어질 것이며 하나님의 영광이 모든 것 안에 나타날 것이다. 모든 육체가 그것을 볼 것이다(40:5).

메시아적 약속과 더불어 제3이사야는 철저한 회개와 복종을 요구한다. 즉 새 창조의 세계를 이루기 위해 중요한 것은 성전과 희생제물이 아니라 겸손한 마음과 회개하는 마음, 하나님을 경외하고 그의 계명에 복종하며(66:2), 연약한 생명을 돌보고 공의를 세우는 데 있다(58:2, 6-11). 이사야서의 모든 증언들은 하나님의 새로운 생명의 세계에 대한 메시아적 지평 속에서 전개된다. 이 지평은 이스라엘의 창조신앙의 필연적 귀결이다. 온 세계가 하나님의 창조이므로, 메시아의 오심을 통해 하나님의 영광이 "온 땅에 충만한" 세계가 세워지기를 바라는 메시아적 기다림이 이사야서 곳곳에 나타난다(11:6-9; 32:1-4; 35장).

구약의 다른 예언서들도 하나님의 새 창조에 대한 메시아적 비전을 고백한다. 하나님은 세상에 새 일을 창조하실 것이다(렘 31:22). 그는 "새 계약"을 세울 것이며 우리의 날을 새롭게 하실 것이다(31:31; 애 5:21). 하나님은 그의 영을 모든 사람에게 부어 주리니 "너희 자녀들이 장래 일을 말할 것이며 너희 늙은이는 꿈을 꾸며 너희 젊은이는 이상을 볼 것이다"(욜 2:28).

예수가 태어나기 전 유대인들이 가지고 있었던 묵시사상(혹은 묵시론, 묵시문학[Apocalyptik])은 하나님이 창조하신 세계가 인간의 죄악으로 인해 소멸할 것이며, 하늘로부터 하나님의 "새 하늘과 새 땅"이 초월적으로 내려올 것이라 기대한다. 묵시사상의 초월적 기다림은 구약성서의 예언서와 신약성서에 부분적으로 나타난다. "그 날에 하늘은 요란한 소리를 내면서 사라지고, 원소들은 불에 녹아버리고…"(벧후 3:10). 이에 반해 예언자 전통은 하나님이 창조하신 이 세계가 하나님의 새 하늘과 새 땅으로 변화될 것을 기대한다. 여기에 예언자 전통과 묵시사상의 차이가 있다. 그러나 현 세계에 만족하지 않고 하나님의 새로운 생명의 세계를 기다린다는 점에서 양자는 공통점을 가진다.

C. 창세기 1, 2장의 창조 이야기

창세기 1, 2장의 창조 이야기는 1:1~2:4a까지의 세사장 문서(P 문서)와, 2:4b~3:24까지의 야위스트(J 문서) 문서의 두 가지 이야기로 구성되어 있다. 이 두 가지 이야기들은 창세기 1장부터 11장의 "원역사"(原歷史: Urgeschichte) 서두에 배열되어 있다. 원역사란 실사적(實史的, historisch) 의미의 사건들, 과거의 특정한 시점에 단 한 번 일어난 특정한 사건들이 아니라 하나님과 세계와의 관계에 있어 모든 인류가 가진 보편적 성향 내지 특징을 묘사한다. 그것은 "한 번밖에 없었던 것을 이야기하는 것이 아니라, 처음에 있었던 것을 보편적인 것으로 이야기한다. '한 번도 없었지만 언제나 있는 것'을 이야기하며, '각 사람이 알지만 알지 못하는 것'을 드러내며, 미리 주어진 이 지식과 본질을 가지고 삶을 극복하도록 돕고자 한다. 이 이야기들에 나오는 영웅들과 반 영웅들은 실사적 인물들(historische Figuren)이 아니다. 그러나 이들은 철저히 역사적(geschichtlich)이다. 각 사람이 그들에게 참여하기 때문이다"(Schneider 1992, 130).

따라서 창세기 1, 2장이 말하는 "아담"은 모든 인류를 포괄하는 "사람 일반"을 가리키며, 창조에 관한 창세기 1, 2장의 이야기들은 "경험적으로 파악될 수 있는 세계와 인간의 시작에 관한 눈으로 볼 수 있는 보고 (anschauliche Reportage)"를 제시하는 것이 아니라 세계의 시작을 가리키면 서 "현재의 하나님 경험과 세계 상황을 독자에게 풀이하고자" 한다(Müller 2005, 172). 이를 위해 창세기 기자는 고대인들의 자연과학적 지식을 사용 한다. 여기서 우리는 창세기 1, 2장의 두 가지 창조 이야기를 비교함으로 써 원역사의 창조신앙의 중요한 면모들을 살펴보고자 한다.

1) 두 가지 창조 이야기 중에 둘째 이야기가 더 오래 된 것으로 추정되 는데, 이 이야기를 가리켜 우리는 야위스트(Jahwist)의 창조 이야기라 부른 다. 여기서 하나님은 "야웨"(Jahwe)로 불리기 때문이다. 그것은 이스라엘의 족장시대부터 가나안 종교와의 만남 속에서 갖고 있었던 이스라엘의 아 주 소박한 구전(口傳) 형태의 민속신앙을 나타낸다.

이에 비해 P 문서의 창조 이야기는 이스라엘 백성이 바빌론에서 포로 생활을 할 때, 그 당시 바빌론의 창조신화의 자극을 받아 기록된 것으로 보인다. 신들의 투쟁을 통한 창조, 신들의 성관계, 손을 통한 창조 행위, 말 씀을 통한 창조, 이 네 가지 모델 가운데 P 문서의 기자는 말씀을 통한 창 조를 선택한다. 그러나 P 문서의 기자는 말씀을 주술적인 말씀이 아니라 창조자의 의지를 현실화시키는 힘을 가진 말씀으로 이해함으로써 말씀을 탈신화화시킨다. 여기에 "하나님의 형상"에 대한 고대 이집트의 황제신화 의 영향도 나타난다.

2) P 문서의 히브리어 원문은 독특한 표현 양식과 문학적 특징을 가지 고 있다. 반복하여 읽을 수 있는 문장 형식, 표현의 반복들, 도식적 구조, 지식의 전달과 정확한 수(數)에 대한 관심, 창조의 사건에 대한 반복적 확 인("있으라 하시매…있었고"), 창조된 것에 대한 하나님의 반복적 인정과 기쁨, 반복되는 종결어(終結語: "저녁이 되며 아침이 되니, 이는 첫째 날이니라")가 이에 속 한다. 이러한 특징들은 이스라엘 백성의 지식층, 곧 제사장 계층이 창조 이야기를 기록했음을 시사한다. 따라서 P 문서는 제사장이 백성들 앞에서 멋있게 낭송할 수 있는 시적 운율을 가진다.

이에 반해 J 문서의 창조 이야기에는 시적 운율이 전혀 없다. 그것은 시골 사람들이 입에서 입으로 전해 준, 아주 단순한 민속설화의 형식을 띤다. 그 속에는 P 문서에서 볼 수 있는 조직적 체계와 도식적 구조, 논리적 치밀성과 문학적 반복이 전혀 보이지 않는다.

3) P 문서의 창조 이야기는 세계의 생성에 관해 해박한 우주론적 지식 체계를 보인다. 그 속에는 다음과 같은 삼층의 구조를 가진 우주론적 세계상이 나타난다. ① 사람과 자연의 생물들이 사는 땅의 영역과 새들이 사는 하늘의 영역. 이 영역은 튼튼한 막으로 둘러싸인 반원(半圓)으로 생각된다. 여기서 하늘은 해와 달과 별들이 "걸려 있는" 튼튼한 막, 곧 "궁창"으로 생각된다. ② 궁창 위에 있는 물이 가득한 대양(大洋)과 같은 영역(참조. 시 148:4, "하늘 위에 있는 물들도 찬양하라"). ③ 물이 가득한 땅 아래의 영역. 그러므로 J 문서는 노아 홍수를 물이 아래 위에서 쏟아져 들어온 것으로 묘사한다. "바로 그 날에 땅 속 깊은 곳에서 큰 샘들이 모두 터지고, 하늘에서는 홍수 문들이 열려서 사십일 동안 밤낮으로 비가 땅 위로 쏟아졌다"(창 7:11-12).

P 문서의 우주론적 세계상에 비해 J 문서는 민속설화적인 "에덴동산"을 이야기하며 하나님과 인간과 자연의 세계에 대한 옛 시골 사람들의 아주 소박한 표상들을 나타낸다(예를 들어 흙으로 인간을 빚고, 남자의 갈빗대로 여자를 만들었다는 이야기, 생명의 나무와 선악과에 관한 이야기 등). 전체적으로 J 문서의 창조 이야기는 ① 인간의 창조, ② 죄의 타락, ③ 은혜로운 창조자 하나님의 새로운 시작 등의 세 부분으로 구성되어 있다.

4) 창조의 순서에서 J 문서는 체계가 없는 모습을 보인다. 하나님은 인간과 자연의 생물들이 생존할 수 있는 자연 환경의 조건들이 전혀 마련되지 않은 상태에서 인간을 창조한다. 물이 없어 위급하기 때문에, 하나님은 급히 강을 끌어들여 물을 공급한다. 그 다음에 에덴동산을 지으시고 인간과 더불어 살아야 할 자연의 생물들을 지으신다.

이에 반해 P 문서의 창조 이야기는 치밀한 논리적·조직적 체계성을 가진다. 시작(첫째 날), 중심(넷째 날), 끝(일곱째 날)의 세 "각의 날"(Eck Tage)에 생명의 기본이 되는 시간적 질서가 창조된다. 첫째 날에 낮과 밤을 구별하고, 하나님의 창조 행위에 대한 시간 기준을 설정하는 빛이 창조된다. 넷째 날에는 별들을 창조하여 시간이 일(日)과 월(月)에 따라 구별되고, 계절의 리듬, 심는 때와 거두는 때, 축제일의 질서가 결정된다. 이리하여 연수를 계산할 수 있게 된다. 창조의 사역이 완성되는 일곱째 날은 시간을 노동하는 날과 안식하는 날로 구별하고 연약한 생명의 회복을 가능케 하는 시간의 질서를 세운다. 이를 통해 P 문서는 안식일이 하나님의 창조질서임을 나타낸다(이에 관해 Kehl 2006, 121-122).

이 세 날 사이에 하나님은 세계의 유지에 필요한 가장 기본적인 것부터 창조한다. 둘째 날에는 하늘이 창조되고 하늘 위에 있는 물과 하늘 아래 있는 물이 나누어진다. 이로써 생명의 공간이 마련된다. 셋째 날에는 땅과 식물들이, 다섯째 날에는 물 속의 생물들과 하늘의 새들이, 여섯째 날에는 땅 위의 짐승들과 사람이 창조된다. 창조의 완성은 일곱째 날에 있는 것으로 나타난다.

5) P 문서에서 물은 땅 위의 모든 생명들을 위협하는 요소로 생각된다. 그래서 하나님은 땅 위에 있는 생물들의 생명을 가능케 하기 위해 물을 위로 밀어내고 튼튼한 막(궁창)을 만들어 물이 쏟아져 내리지 못하도록 한다. 하늘은 타원형의 튼튼한 막으로 간주된다. 이 막에 하나님이 해와 달과 별들을 달아 둔 것으로 생각된다. 여기서 하나님이 창조하였고 "하나님 보시기에 좋은" 세계는 물, 바다 등으로 표현되는 카오스적 세력(תהו, ובהו, tohuwabohu)의 위협을 당하고 있는 것으로 표상된다. P 문서에 반해 J 문서에서 물은 생명의 유지를 위해 없어서는 안 될 중요한 요소로 취급된다. 그리하여 강물을 끌어들여 물을 공급하는 것이 하나님의 창조사역의 중요한 일로 부각된다.

여기서 우리는 두 이야기가 생성된 지역을 추정할 수 있다. P 문서의 이야기는 물이 범람하는 지역, 곧 바빌론 지역에서 생성된 것으로 보이며,

J 문서의 이야기는 물이 부족하여 메마르고 척박한 지역, 곧 팔레스타인 지역에서 만들어진 것으로 보인다.

6) P 문서는 세계에 대한 하나님의 초월성과 전능하심을 부각시키려는 경향을 보인다. 여기서 하나님은 말씀을 통해 만물을 "없음"에서 있게 하는 전능한 분으로 나타난다. P 문서가 사용하는 동사 *bara*(ברא, 창조하였다)는 구약성서에서 하나님의 창조적 행위에만 사용되며(특히 제2이사야서에서), 인간의 행위와 구별되는 하나님의 창조의 무전제성, 곧 없는 것을 있게 하는 절대적 시작을 나타낸다. 이에 근거하여 초기 기독교 공동체는 "무로부터의 창조"(*creatio ex nihilo*)를 고백한다(롬 4:17; 히 11:3; 참조. 마카베오2서 7:28). 여기서 세계는 하나님 앞에(*coram Deo*) 있는 세계로, 하나님은 세계 앞에 있는 하나님으로 나타난다.

이에 비해 J 문서에서 하나님은 시골 농부처럼 땀을 흘리면서 수고하는 모습을 보인다. 여기서 하나님과 세계의 내적 관계성과 하나님의 노동이 부각된다. 하나님은 사람과 짐승을 흙으로 빚어 만들며, 강을 끌어들이고 생명에 필요한 물을 공급한다. 여기서 하나님에 대한 세계의 의존성이 두드러진다. 모든 생명은 하나님이 공급하는 물에 의존한다. 하나님이 그의 숨 혹은 영(רוח, *ruach*)을 불어넣을 때 모든 생물들은 살아 움직이는 영, 곧 생령이 된다.

7) P 문서에서 땅 위의 세계는 하나님이 세우신 영원한 질서를 가지며 모든 것이 조화되어 있는 피라미드처럼 생각된다. 이 피라미드 꼭대기에는 인간이 있다. 그는 하나님이 지으신 세계를 다스리고 돌보아야 할 유일한 "하나님의 형상"이다. 이로써 P 문서는 자연에 대한 인간의 구별성과 존엄성과 독립성을 강조한다. 그는 하나님을 대리하여 자연의 세계를 다스리고 하나님의 영광을 나타내야 한다.

이에 비해 J 문서는 자연에 대한 인간의 소속성과 의존성, 인간 존재의 허무성을 강조한다. 하나님은 인간을 흙으로 빚어 만드신다. 그는 흙, 곧 자연에 속한, 자연으로부터 오는 존재이다. 땅에 대한 인간의 소속성과 의존성은 "인간", 곧 *adam*(אָדָם)이란 히브리 단어와 "땅"을 가리키는 *adamah*(אֲדָמָה)란 단어의 어원적 동일성을 통해 증명된다. 이 관계성은 창세기 3:19에 반복하여 나타난다. "너는 흙에서 나왔으니 흙으로 돌아갈 것이다." 여기서 땅은 인간의 생명을 가능케 하는 생명의 기초인 동시에 인간이 맡아서 돌보아야 할 것으로 규정된다(2:15). 인간과 마찬가지로 짐승들도 흙으로 만들어진 "살아 있는 영"(נֶפֶשׁ חַיָּה, *nephesh haja*)이라 불린다(2:19). 인간의 생명은 자연과의 친족관계에 있다는 사실이 여기에 나타난다.

자연에 대한 인간의 소속성과 의존성은 P 문서의 창조 이야기에도 숨어 있다. 인간은 하나님이 그를 창조하기 이전에 미리 창조하신 자연에 연결되어 있으며, 이 연결고리 안에서 생존할 수 있다. 그는 땅에서 나오는 음식물에 의존할 수밖에 없다(1:29).

"하나님의 안식"은 P 문서에만 발견되는데, 자칫 이신론에 대한 근거로 오해될 수 있다. 즉 하나님은 안식일의 도입과 함께 세계의 창조를 완성하였다. 그 이후로 그는 더 이상 세계의 과정에 개입하지 않으며 세계가 그 자신의 내적 법칙에 따라 움직이도록 하였다. 그는 세계의 건축가이다. 또 이 구절은 진화론에 반해 기독교가 주장하는 불변하는 세계관(theory of consistency)에 대한 근거로 오해될 수 있다.

8) P 문서에서 남자와 여자는 다같이 "하나님의 형상"으로 창조된다. 이에 반해 J 문서에서 여자는 남자의 갈비뼈로 만들어진다. 그러나 인간은 남자와 여자, 곧 두 가지 성(性)을 가진 존재로 더불어 살도록 창조되었다는 점에서 두 가지 문서는 일치한다.

9) P 문서는 세계에 대한 인간의 가능성과 능력을 드러내는 반면, J 문서는 하나님의 계명 안에서 살아야 할 인간의 하나님에 대한 의존성과 삶의 한계를 드러낸다. 인간은 동산 안에 있는 모든 나무의 열매는 먹어도 좋지만 "선과 악을 알게 하는 나무의 열매만은 먹어서는 안 된다"는 "하나님의 한계" 안에서 살아야 한다. 이 한계를 넘어설 때 죽음이 예고된다(2:16-17). J 문서는 결국 인간이 하나님의 한계를 지키지 않음으로 인해 인

간의 사회는 물론 온 세계가 죄와 죽음의 세력에 사로잡혀 있는 인간 세계의 현실을 내다보면서 하나님의 창조를 이야기한다. P 문서도 피조된 세계를 위협하는 카오스적 세력을 간과하지 않는다. 창세기 1장의 "혼돈과 공허"(tohuwabohu), "궁창 아래의 물과 궁창 위의 물"은 창조의 세계를 위협하는 카오스적 세력을 나타낸다.

두 가지 창조 이야기의 차이들은 결코 모순이 아니라 하나님과 세계와 인간에 대해 각자의 관점을 각자의 언어로 다양하게 이야기하면서 하나님과 세계와 인간의 다양한 측면들을 드러낸다. 이를 통해 성서의 창조 이야기들은 더욱 풍성한 내용들을 갖게 된다. 그러나 "하나님이 세계를 창조하였고, 세계의 모든 것은 하나님의 피조물이다"라는 점에서 이들은 일치한다.

D. 구약성서의 창조신앙의 주요 관심

위에서 살펴본 바와 같이 창조에 관한 구약성서의 증언들은 다양한 자료층으로 구성되어 있고 다양한 측면들을 나타낸다. 이들은 하나의 통일된 사상체계가 아니라 여러 시대에 걸친 다양한 "삶의 자리"에서 고백되었고 세계와 인류의 생성에 대해서, 또 창조의 목적과 미래에 대해 다양한 표상들을 수용한다. 그래서 우리는 내용과 표현 양식에 있어 다양성을 가지며 때로 일치하지 않는 경우도 있다는 사실을 볼 수 있었다.

이러한 다양성 속에서 성서 기자들이 하나님의 창조를 고백하는 목적은 무엇인가? 이 증언들의 목적은 소위 태초에 일어난 하나님의 창조에 관한 자연과학적 지식이나 정보를 우리에게 전달하는 데 있지 않다. 곧 "그 옛날 어느 시점에 단번에 일어났던 사실을 말하려는 데 초점이 있는 것이" 아니라 각자의 상황 속에서 "창조자와 피조자의 근본적 관계에" 대해 고백하는 데 있다(정재현 1999, 134).

성서가 이야기하는 세계의 "시작"과 "종말"은 우리 인간의 사고의 능력을 벗어난다. 우리 인간은 시간적·공간적·역사적·문화적·언어적 제약성을 벗어날 수 없다. 그럼에도 불구하고 우리가 세계의 시작과 종말에 대해 이야기하고자 할 때 우리는 그림으로써 그것을 나타낼 수밖에 없다. 그러므로 세계의 시작, 곧 태초와 종말에 관한 성서의 이야기들은 "사실들의 언어"가 아니라 "그림언어"(Bildersprache)이며 은유일 따름이다. 그것은 우리 인간의 "표상을 벗어난 한계들"을 넘어서는 "희망의 언어"이다(Link 1991b, 496). 이 희망의 언어를 나타내기 위한 수단으로서 성서의 기자들은 그들이 알고 있던 고대인들의 자연과학적 지식을 사용한다. 따라서 우리에게 중요한 것은 성서에 기록되어 있는 자연과학적 지식 자체가 아니라 성서 기자들이 증언하고자 하는 내용에 있다. 그럼 성서의 기자들은 무엇을 말하고자 했던가? 그들의 주요 관심은 무엇이었을까?

앞서 살펴본 바와 같이 구약성서의 창조신앙은 종교학적·철학적 사변에서 나온 것이 아니라 이스라엘 백성이 처한 역사적 상황 또는 "삶의 자리"에서 생성되었다. 따라서 구약성서의 창조신앙의 주요 관심을 파악하고자 할 때, 이들이 처한 역사적 상황이 진지하게 고려되어야 할 것이다.

구약성서에 기술된 이스라엘의 역사는 전체적으로 고난의 역사라 말할 수 있다. 400여 년의 이집트 노예생활, 남북 왕조의 멸망, 50여 년의 바빌론 포로생활(주전 586-536)은 이들이 당한 고난의 역사를 요약한다. 고난의 역사 속에서 이스라엘 백성은 하나님의 창조를 고백한다. "주님께서는 하늘과 하늘 위의 하늘과 거기에 딸린 별들을 지으셨습니다. 땅과 그 위에 있는 온갖 것, 바다와 그 안에 있는 온갖 것들을 지으셨습니다"(느 9:6; 참조. 출 31:17; 신 4:32; 대상 16:26; 대하 2:12; 렘 32:17; 51:19; 암 4:13; 욘 1:9; 말 2:10). 제2이사야와 제3이사야는 하나님의 선택받은 자기 민족이 국가와 땅과 성전을 잃어버리고 강대국의 식민지가 되어버린 역사적 상황 속에서 하나님의 새 창조를 고백한다. 고난의 역사 속에서 구약성서의 기자들은 하나님의 창조에 대한 고백을 통해 무엇을 말하고자 하는가?

1) 구약성서의 기자들은 하나님의 창조에 대한 고백을 통해 무엇보다 먼저 그들이 믿는 야웨 하나님만이 참 신(神)이라는 점을 증언하고자 한다. 물론 성서 기자는 타 종교의 영향들을 수용한다. 그러나 신들의 성행위와 출생, 신들의 투쟁의 산물로서 세계가 창조되었다는 주변 세계의 창조신화를 거부하고 야웨만이 참 하나님이라는 유일신론을 고백한다. 천지를 지으신 창조자 하나님만이 참 하나님이요, 그 밖의 모든 다른 신들, 곧 바알과 아세라, 바빌론 창조신화의 신들은 인간이 만들어 낸 것에 불과하다. "야웨는 신들 가운데 한 신이 아니라" 유일한 신이다(Müller 2005, 173). "하늘을 창조하신 주, 땅을 창조하시고 조성하신 하나님" 밖에는 "다른 신은 없다"(사 45:18; 참조. 44:2-6).

이를 통해 성서의 기자들은 이스라엘의 창조자 하나님을 타 종교들의 신화에 나타나는 신들로부터 구별한다. 그는 신들 사이의 성관계를 통해 자연을 소생시키고 번성케 하거나(바알 종교의 경우), 다른 신을 죽이고 그의 시체로써 우주를 만들지 않는다(바빌론 창조신앙의 경우). 타 종교의 신들처럼, 그는 인간과 비슷한 존재가 아니다. 창조자 하나님은 하늘에 계신 분, 곧 초월하시는 분이요(시 2:4; 전 5:2), 세계의 모든 것에서 구별되는 거룩한 분이다(사 41:20).

구원의 길은 이 하나님에게 있다. 다른 신들은 인간이 만든 헛것에 불과하며 우리를 도울 수 없다. 우리는 이 하나님만을 섬겨야 하며 거룩한 하나님의 "거룩한 백성"이 되어야 한다. 바로 여기에 창조신앙의 일차적 관심이 있다. 이 관심은 십계명의 제1계명에 명백히 나타난다. "너희는 내 앞에서 다른 신들을 섬기지 못한다"(출 20:3).

고대세계에서 점성술은 보편적 종교 현상이었다. 해와 달은 인간이 섬겨야 할 하늘의 신으로 생각되었다. 이리하여 천체를 숭배하는 종교가 생성되었다. 이에 반해 P 문서 기자는 이렇게 고백한다. 하나님은 시간과 계절을 구별하고 땅을 비추기 위한 목적으로 해와 달을 지으시고 초롱불처럼 하늘에 매달아놓으셨다. 이로써 P 문서의 기자는 자연의 영역을 탈신화화·탈신격화시키고, 바빌론의 해와 달과 별들에 대한 숭배와 제의, 고대의 점성술에서 인간을 해방하고 온 세계에 대한 하나님의 소유권과 주권을 확보한다.

2) 구약성서의 기자들은 창조신앙의 고백을 통해 그들이 믿는 야웨 하나님의 전능하심을 증언하고자 한다. 그들은 "우주의 질서와 그의 근원을 구원의 역사의 하나님에게 소급시킴으로써" "그의 역사적 행위 속에서 자기를 나타내는 하나님의 전능하심을" 증언한다(Pannenberg 1991, 25). 우리는 이것을 시편 33편에서 대표적으로 발견할 수 있다. "한마디 주님의 말씀으로 모든 것이 생기고 주님의 명령 한마디로 모든 것이 견고하게 제자리를 잡았다." "말씀으로 하늘을 지으시고 입김으로 모든 별을 만드신" 하나님은 "하늘에서 굽어보시며 사람들을 낱낱이 살펴보신다." 그는 "뭇 나라의 도모를 흩으시고 뭇 민족의 계획을 무효로 돌리신다."

P 문서는 하나님의 창조에 대해 "bara"(창조하다, 짓다) 동사를 사용하는데, 이 동사는 천지를 만드는 데 필요한 재료를 나타내는 목적격이나 전치사를 갖지 않는다. 따라서 하나님의 창조는 "재료가 없는 창조", 곧 "무에서의 창조"(creatio ex nihilo)다. 그의 창조는 이미 주어진 그 무엇에 의존하지 않으며, 그것으로 말미암은 어떤 필연성 때문에 일어난 것이 아니다. 그것은 다른 존재와 함께 있기를 원하는 하나님의 사랑으로 말미암은 자유로운 행위, 전제가 없는 행위로서 하나님의 전능을 나타낸다. "말씀에 의한 창조"(dabar)도 이것을 나타낸다. P 문서의 기자는 자기의 민족이 나라를 잃어버리고 이방 민족의 포로가 되어버린 희망이 없는 상황 속에서 천지를 창조하신 하나님의 전능을 고백한다. 창조자 하나님은 "그가 하고자 하는 모든 것을 이룸으로써…세계에 대해 전능한 자로 자기를 증명한다"(Müller 2005, 173).

3) 구약성서의 기자는 창조신앙에 대한 고백을 통해 유일하고 전능한 창조자 하나님만이 이스라엘 백성을 새롭게 구원할 수 있다는 믿음을 증언하려고 한다. 창조자 하나님만이 참 신이라면 구원의 길은 하나님에게

있다. "만물을 창조한" 하나님, "손수 하늘을 폈으며 그 모든 별에게 명령을 내린" 하나님이 이스라엘을 구원하실 "구원자"시다(사 44:24 이하; 45:12 이하). "하늘을 펴시며 땅의 터를 세우시며 사람 안에 심령을 지으신" 하나님이 먼저 유다의 장막을 구원하실 것이다(슥 12:1-7). 그는 말씀으로 세계를 무에서 창조한 전능한 분이다. 그러므로 사람의 눈으로 볼 때 구원의 가능성이 전혀 보이지 않는 상황에서도 하나님은 우리를 구원할 수 있고 우리를 도울 수 있다.

구약성서의 기자는 이것을 출애굽 사건을 통해 증언하기도 한다. 사람의 눈으로 볼 때 출애굽의 구원은 불가능한 일이었다. 하나님은 이 불가능한 일을 가능하게 했다. 그는 무에서 만물을 있게 한 전능하신 창조자이기 때문이다. 여기서 하나님의 창조에 대한 신앙과 출애굽의 구원에 대한 경험이 결합된다. 곧 창조론과 구원론이 결합된다. 출애굽의 구원의 하나님은 창조의 하나님으로, 창조의 하나님은 출애굽의 구원의 하나님으로 인식된다. 우리는 이것을 시편 136:5-16에서 대표적으로 발견한다. "지혜로 하늘을 지으신 이에게 감사하라.…애굽의 장자를 치신 이에게 감사하라.…이스라엘을 저희 중에서 인도하여 내신 이에게 감사하라. 그 인자하심이 영원함이로다."

이스라엘의 유일신론은 이러한 맥락에서 등장한다. 유일신론은 신의 존재에 대한 철학적 혹은 종교학적 사색에서 나온 것이 아니라 하나님의 창조와 구원에 대한 믿음에서 나온 귀결이었다. 구원의 길은 오직 천지를 지으신 창조자 하나님에게 있다. 그분만이 참 하나님이다. 여기서 하나님의 신적 존재의 배타성과 구원의 가능성의 배타성이 결합된다. "나무 우상을 들고 다니는 자들과, 구원하지도 못하는 신에게 기도하는 자들은 무지한 자들이다"(사 45:20-21).

4) 구약성서의 기자들은 창조신앙을 고백함으로써 역사에 있어 하나님의 신정(神正, Theodizee)과 통치에 대한 믿음을 증언하고자 한다. 이유를 설명할 수 없는 억울한 고난과 모순과 불의가 세계에 가득하다. 그러나

결국 하나님의 의로우심이 증명될 것이다! 그가 "모든 것을 지으시되, 때를 따라 아름답게 하셨다." 그러므로 "천하에 범사가 기한이 있고 모든 목적이 이룰 때가 있다." 세상의 모든 일들은 때가 있기 마련이다(전 3:1-11 참조). 세계가 혼돈과 모순으로 가득한 것처럼 보이지만, 하나님이 기초를 세우신 질서가 세계를 다스린다. 하나님 없는 자들이 "너의 하나님이 어디 있느냐?"(시 42:3; 79:10), "하나님이 무엇을 아시겠으며…어떻게 우리를 심판하실 수 있겠느냐?"고 비웃지만(욥 22:13), 하늘이 그들의 죄악을 드러낼 것이요 땅이 일어나 그들을 칠 것이다(20:27). "주님은 정의로 세상을 심판하시며, 그의 진실하심으로 뭇 백성을 다스리실 것이다"(시 96:13).

또한 하나님이 세계를 창조하였기 때문에 자연의 세계도 하나님의 질서와 통치 아래 있다. "하나님이 쉬시는 숨으로 물이 얼고 넓은 바다까지도 꽁꽁 얼어버린다.…구름은 하나님의 명을 따라서 뭉게뭉게 떠다니며…"(욥 37:10-12). 그는 "사람이 없는 땅, 인기척이 없는 광야에 비를" 내리게 하며, "메마른 거친 땅을 적시며, 굳은 땅에서 풀이 돋아나게" 한다(38:26-27). 특히 출애굽과 관련하여 성서는 자연에 대한 하나님의 통치를 이야기한다. "이집트 땅, 소안 땅에서 하나님께서는 조상의 눈앞에서 기적을 일으키셨다. 바다를 갈라서 물을 강둑처럼 서게 하시고…광야에서 바위를 쪼개서, 깊은 샘에서 솟아오르는 것같이 물을 흡족하게 마시게 하셨다"(시 78:12-15).

하나님이 세계를 창조하였기 때문에 인간의 삶도 창조자 하나님의 통치와 섭리 아래 있다. "주님은 지혜로 땅의 기초를 놓으셨다." 이 지혜는 생명을 생동케 하고 번성케 하는 "생명의 나무"다. 그 오른손에는 장수가 있고, 그 왼손에는 부귀영화가 있다. 그 모든 길에는 평안이 있다. 그것을 붙드는 사람은 복이 있다. 그는 "누워도 두렵지 않고 누우면 곧 단잠을 자게 될 것이다"(3:13-24). 하나님을 경외하고 그의 계명을 청종하는 자는 복을 받을 것이고, 그 마음에 하나님을 부인하고 악을 행하는 자는 "자기의 똥처럼 영원히 망할 것이다"(욥 20:7). 의인은 "시냇가에 심은 나무가 철따라 열매를 맺으며 그 잎이 시들지 아니함 같을" 것이요, 악인은 "바람에 흩날리는 쭉정이와 같다.…의인의 길은 주님께서 인정하시지만 악인의 길은 망할 것이다"(시 1:3-6).

개인의 삶은 물론 세계의 역사 전체가 창조자 하나님의 통치 아래 있다. 이집트, 아시리아, 바빌론, 페르시아가 세계의 역사를 지배하는 것 같지만, 그들은 결국 하나님의 통치와 섭리 아래 있다. 말씀으로 모든 것을 생기게 한 하나님이 "뭇 나라의 도모를 흩으시고, 뭇 민족의 계획을 무효로 돌리신다"(시 33:9-10). "하나님은 민족들을 강하게도 하시고, 망하게도 하시고, 뻗어나게도 하시고, 흩어버리기도 하신다"(욥 12:23). 하나님이 세계를 창조하였기 때문에 세계의 모든 일이 하나님의 통치 아래 있다. 그의 나라는 영원하고, 그의 통치는 대대에 이를 것이다(단 4:3). 천지를 창조하시고 역사를 통치하는 하나님의 평화가 다스리는 세계가 올 것이다. "놀랍고도 반가워라! 희소식을 전하려고 산을 넘어 달려오는 저 발이여! 평화가 왔다고 외치며 복된 희소식을 전하는구나. 구원이 이르렀다고 선포하면서 시온을 보고 이르기를 '너의 하나님께서 통치하신다' 하는구나"(사 52:7).

5) 구약성서의 기자들은 창조신앙의 고백을 통해 하나님의 구원의 우주적 보편성을 드러내는 동시에 온 세계를 아우르는 새 창조에 대한 그들의 동경과 기다림을 나타내고자 한다. 이스라엘을 구원하신 하나님은 온 우주의 주님이시요, 그의 구원은 온 세계를 포괄한다. 하나님의 창조가 하나님의 존재와 구원의 보편성에 대한 근거가 된다. 창조자 하나님의 보편성이 그의 존재와 구원의 보편성을 근거시킨다. 온 세계가 하나님의 피조물이라면, 하나님의 구원은 온 세계로 확대될 수밖에 없는 보편성을 가진다. 구약의 창조신앙은 "이스라엘의 계약의 하나님을 온 세계의 주님과 창조자로 나타내며 이와 함께 유일한 단 한 분 하나님의 보편성을 드러낸다. 이를 통해 온 우주와 모든 인류와 민족들이 이스라엘이 경험했고 희망하는 구원의 빛 속으로 등장한다. 창조는 이스라엘의 특별한 역사적 하나님

경험의 보편적 지평이다"(Moltmann 1985, 67).

구원의 우주적 보편성은 미래의 새 창조에 대한 보편적 기다림과 희망으로 발전한다. 천지를 창조한 전능한 하나님은 그가 지으신 세계를 구원할 수 있고 새롭게 창조할 수 있다. "보아라 내가 새 하늘과 새 땅을 창조할 것이니…"(사 65:17, 22). 여기서 우리는 창조신앙의 언어가 약속과 희망의 메시아적 언어임을 발견한다. 창조신앙의 기자들은 과거에 있었던 하나님의 창조에 대한 정보를 전달하는 것이 아니라, 하나님이 보이지 않는 인간의 죄악된 현실 속에서 하나님의 주권과 새로운 생명의 세계를 향한 하나님의 새 창조에 대한 메시아적 기다림과 희망을 증언한다. 그들은 자신이 동경하고 기다리는 구원받은 새로운 생명의 세계를 태초에 있었던 "하나님이 보시기에 좋은" 세계로 묘사한다.

6) 지금까지 기술한 바와 같이, 구약성서의 기자는 하나님의 창조에 대한 고백을 통해 하나님의 유일하심과 전능하심, 인간의 삶과 세계사에 있어 하나님의 옳으심과 통치, 하나님의 구원과 새 창조에 대한 기다림을 고백하면서 이 하나님만을 신뢰하며 그의 계명에 청종할 것을 요구한다. 바로 여기에 구약성서 창조신앙의 또 한 가지 관심이 있다. 그것은 단지 과거에 있었던 창조의 사실들을 이야기하려는 것이 아니라 창조자 하나님의 전능하심과 그의 옳으심과 통치, 그의 구원과 새 창조에 대한 믿음 속에서 하나님에 대한 신뢰와 복종과 책임적인 삶을 요구한다. 구원의 길은 하나님을 인정하고 그를 경외하는 데 있다. "주님은 말씀으로 하늘을 지으시고 입김으로 모든 별을 만드셨다.…온 땅아, 주님을 두려워하여라. 세상 모든 사람들아, 주님을 경외하여라"(시 33:6-8).

지금까지 우리는 구약성서의 기자가 창조신앙을 통해 증언하고자 하였던 바를 분석하였다. 이 내용들은 창조에 대한 삼위일체론적 해석의 토대가 되어야 할 것이다. 이때 창조신앙의 삼위일체적 해석은 구약성서의 창조신앙과 연속성을 갖게 될 것이며 그것이 지닌 내용들을 승계할 것이다.

3
창조에 대한
신약성서의 해석

기독교는 하나님을 일자(一者)가 아니라 삼위일체 되신 분으로 이해한다. 따라서 하나님의 창조사역을 삼위일체 하나님의 사역으로 이해한다. 즉 태초의 창조는 아버지 하나님만의 사역이 아니라 성령을 통해 아버지 하나님이 그의 아들과 함께 이루신 사역이다. 이로써 하나님의 창조는 삼위일체적 근거와 지향성을 갖게 된다.

A. 창조의 그리스도론적 해석

신약성서의 기자들은 구약성서의 창조신앙을 수용한다. 우주와 하늘과 땅과 바다와 그 가운데 만물이 하나님에 의해 창조되었다(행 4:24; 14:15; 17:24; 롬 4:17; 고전 8:6; 엡 3:9; 골 1:16; 히 3:4; 계 10:6; 14:7). 하나님은 창조의 일곱째 날에 쉬셨다(히 4:11). "만물이 주에게서 나오고, 주로 말미암고, 주에게로 돌아간다"(롬 11:36).

　　예수도 구약성서의 창조신앙을 전제하고, 하나님의 창조자 되심을 인정한다(마 11:25; 눅 10:21). "하나님께서는 창조 때로부터 사람을 남자와 여자로 만드셨다"(막 10:6). "그런 환난은 하나님께서 세상을 창조하신 이래로 지금까지 없었고 앞으로도 없을 것이다"(막 13:19).

또 예수는 아버지 하나님이 창조하신 세계의 아름다움을 찬양하며, 모든 피조물을 향한 아버지 하나님의 사랑과 섭리를 고백한다(마 6:26-30). 그는 좋은 나무가 좋은 열매를 맺고, 나쁜 열매가 나쁜 열매를 맺는 창조질서를 전제한다(마 12:33). 땅 위의 모든 생명들은 창조자 하나님의 돌보심 속에 있다(마 6:25-34). 참새 한 마리도 창조자 하나님의 염려와 관심 속에 있다(10:29). 예수의 비유의 말씀에서 하나님이 창조한 자연의 세계는 하나님 나라의 유비(*analogia*)로서의 가치를 가진다. 그런데 하나님의 창조와 예수 자신은 어떤 관계에 있는가?

1) 먼저 복음서에서 예수는 하나님의 새 창조자로 나타난다. 하나님 나라에 관한 예수의 선포와 활동을 통하여 하나님의 새 창조가 일어난다. 그가 행하는 하나님 나라의 표징들, 곧 병자들을 고치며 악한 사탄의 세력을 내쫓으며, 자연의 힘들을 제어하며, 죄를 용서하며, 성전을 정화하고 성전의 제의를 상대화하며, 이른바 의롭고 경건한 자의 불의와 불경건을 폭로하며, 과부와 결혼한 여자와 어린이 등 그 사회의 약자의 권리를 보호하는 일들 속에서 옛 창조의 시대는 지나가고 새로운 창조의 시대가 태동한다.

생명을 살리는 하나님의 새 창조의 영(*ruach*)이 예수 안에서 활동한다. 인간을 억압하고 착취하는 상황들이 극복되고, 하나님의 정의와 자비 속에서 모든 피조물이 자유롭고 평등하며, 거짓과 죄와 질병과 굶주림이 없는 새로운 현실이 세워진다. 여기서 하나님의 구원(*soteria*)은 건강하고 생육하는 생명의 회복, 곧 샬롬을 뜻한다. 이웃을 자신의 몸처럼 사랑해야 하며 높은 자는 섬기는 자가 되어야 한다는 예수의 명령(마 23:11)은 옛 세계에 모순되는 새로운 창조 세계의 윤리를 나타낸다.

예수의 새로운 창조의 활동은 구약성서에 기록된 하나님의 창조적 행위(*bara*)에 비교될 수 있다. 하나님의 새로운 창조가 이제 예수를 통해 구원론적으로 일어난다. 하나님의 메시아적 약속이 그 안에서 성취된다. 예수의 십자가와 부활은 온 세계를 구원하고 새로운 생명의 세계를 세우고자 하는 창조자 하나님의 의지를 계시한다. 요한복음은 이 예수 안에서 새로운 생명의 세계를 발견한다. "나는 길이요 진리요 생명이다"(요 14:6).

2) 신약성서의 기자들은 예수의 십자가의 죽음과 부활을 통해 일어난 하나님의 구원을 새 창조로 파악한다. 곧 예수의 구원은 새 창조를 뜻한다. 바울에 의하면 이 세계는 아담의 타락으로 인해 죄와 죽음의 지배 아래 있다(롬 5:7). 모든 피조물이 허무와 썩어짐의 종살이를 하며 신음하고 있다(8:20-22). 요한 문서에 의하면 온 세계가 "이 세계의 주권" 아래 있으며 "어둠" 속에 있다(요 12:31; 1:5). 그것은 한마디로 "어둠의 세계"요 참 생명을 알지 못하는 죽음(=사망)의 세계다(엡 6:12; 요일 3:14). 그러나 예수의 십자가의 사건 속에서 하나님과 인간의 화해가 일어나며 죄와 죽음의 세력이 극복된다(롬 5:21; 6:23). "죽은 사람들을 살리시며 없는 것들을 불러내어 있는 것이 되게 하시는 하나님"(롬 4:17)을 통해 새 창조가 일어나기 시작한다. "누구든지 그리스도 안에 있으면 그는 새로운 피조물입니다. 옛 것은 지나갔습니다. 보십시오, 새 것이 되었습니다"(고후 5:17). 불의한 죄인이 "새로운 피조물"로 새롭게 태어나는 구원의 사건 속에서 새 창조가 일어난다. 한 인간의 칭의(稱義 혹은 認義, 義認, 得義)와 다시 태어남(重生)은 새 창조를 뜻한다. 그는 그리스도와 성령 안에서 창조자의 형상으로 새롭게 창조된 "새 사람"으로 실존하며, 하나님의 정의와 진리와 거룩 속에서 살아간다(엡 4:24).

예수의 부활은 죽음의 세력을 극복하고 세계를 구원하고 새로운 생명의 세계를 창조할 수 있는 하나님의 능력을 계시하는 동시에 보증한다. 생명이신 예수 그리스도의 부활과 함께 영원한 생명의 세계, 새 창조의 세계가 죽음의 세계 한 가운데서 시작하였다. 세계를 새롭게 창조하고자 하는 하나님의 의지 앞에서 죽음의 세력도 장애물이 될 수 없다. 이제 하나님의 새 창조는 이스라엘 민족의 한계를 벗어나 보편적으로 일어나기 시작하였다. 구약에서 출애굽의 하나님이 세계의 창조자로 고백된다면, 신약에서는 예수를 죽음에서 부활시킨 부활의 하나님이 새 창조자, 곧 "죽은 사람들을 살리시며 없는 것들을 불러내어 있는 것이 되게 하시는 하나님"으로 고백된다(롬 5:17). 하나님이 부활시킨 그리스도, 곧 "죽은 사람들 가운데서 제일 먼저 살아나신 분" 혹은 "새 아담"을 통해 하나님의 새 창조가 일어난다(고전 15:21 이하; 고후 5:17-18).

3) 신약성서는 하나님의 새 창조자 예수를 태초의 창조의 중재자로 이해한다. 바울은 예수 그리스도 안에서 "하나님의 지혜"를 발견하면서(고전 1:24-30) 창조에 있어 하나님의 아들 예수의 중재자 역할을 고백한다. 아버지 하나님의 영원한 말씀이요(요 1:3) 영원한 아들(골 1:12-20; 엡 1:3-14; 고전 8:6)이신 예수는 아버지 하나님의 공동 창조자(Mitschöpfer)였다. 곧 만물이 아버지 하나님에게서 나오는 동시에 그의 아들 예수 그리스도로 "말미암아" 있게 되었다(8:6).

예수가 지닌 창조의 중재자 역할은 제2 바울 서신들과 요한복음, 그리고 신약성서 후기문헌에 공식화되어 나타난다. 그는 만물의 "근원"(골 1:18)이요 "보이지 않는 하나님의 형상"(골 1:15; 참조 지혜서 7:26)이며 "모든 피조물보다 먼저 나신 분"(골 1:15)이다. 만물이 "그분 안에서", "그분으로 말미암아 창조되었다"(1:16). 하나님은 그의 아들을 통해 온 세상을 지으셨다(히 1:2). 태초부터 하나님과 함께 있었던 말씀을 통해 만물이 있게 되었다(요 1:3; 참조. 17:24). 아버지 하나님의 공동 창조자인 예수 그리스도는 만물을 유지하는 자로, 또 새 창조의 종말론적 목적으로 인식된다. 만물이 "그분 안에서 존속하며", "그 분을 향하여" 창조되었고, 그분 안에서 하나로 연합될 것이다(골 1:16-17). "우리에게는 한 하나님 곧 아버지가 계시니 만물이 그에게서 나왔고, 우리는 그를 향해 살며, 또한 한 주 예수 그리스도가 계시니 만물이 그로 말미암아 있고, 우리도 그로 말미암아 있다"(고전 8:6; 엡 1:10, 20-22).

4) 신약성서의 기자들은 창조의 중재자 예수를 만물의 원초론적 (protologisch) 근원으로 이해하는 동시에 종말론적(eschatologisch) 목적으로 이해한다. 그는 "처음이요 마지막"이다(계 1:17). 새 창조의 세계, 곧 "새 하늘과 새 땅"은 만물의 "알파와 오메가, 곧 처음(proton)이요 마지막 (eschaton)"이신 그분 안에서 완성될 것이다(계 21:1-6). 따라서 창조된 세계는 예수의 구원의 종말론적 완성을 지향한다. 그의 구원이 완성될 때 창조가 완성될 것이다. 여기서 구원의 완성은 창조의 완성으로, 창조의 완성은 구원의 완성으로 이해된다.

예수의 부활은 종말에 이루어질 새 창조의 완성을 약속한다. 그것은 창조의 세계를 파괴하는 죽음의 세력에 대한 하나님의 우월하심과 결정적 승리를 계시하는 동시에, 죽음의 세력이 극복된 메시아적 새로운 생명의 세계를 약속한다(고전 15:46, 54-57). 그리스도인들은 부활을 통해 약속된 새 창조의 현재와 미래의 완성의 변증법 속에서 실존한다. 죄와 죽음의 세계 속에서 하나님의 새 창조는 성령의 능력 속에서 이미 시작하였다. 그러나 그것은 시작에 불과하며, 그것의 완성은 약속된 미래로 남아 있다. 그러므로 그리스도인들은 이미 시작한 새 창조의 약속된 완성을 기다린다 (롬 8:19-24).

B. 창조의 삼위일체론적 해석

창조의 그리스도론적 해석은 삼위일체론적 해석과 직결된다. 예수는 성령을 통해 그의 아버지 하나님과 구별되는 동시에 한 몸을 이루며 모든 일을 함께 행하기 때문이다. 따라서 창조는 단지 아버지 하나님의 단독 사역이 아니라 성부·성자·성령의 삼위일체적 공동사역이다. 이를 가리켜 신학의 전통은 다음과 같이 고백한다. "바깥을 향한(=세계를 향한) 삼위일체의 사역들은 나누어지지 않는다"(opera trinitatis ad extra sunt indivisa).

물론 신약성서는 창조의 삼위일체적 사역을 명백히 말하지 않는다. 그러나 우리는 신약성서가 증언하는 예수 그리스도의 "창조의 중재자직"에서 이를 명시적으로 발견한다. 만물이 예수 그리스도 "안에서", 예수 그리스도를 "통해" 창조되었다. 예수 그리스도는 만물이 창조되기 전부터, 곧 영원 전부터 계셨다. 그분이 만물의 "근원"이다(골 1:16-18).

요한복음은 예수 그리스도를 P 문서의 창조 이야기가 말하는 "말씀"과 동일시한다. 태초에 말씀이 하나님과 함께 계셨다. 만물이 말씀, 곧 아버지 하나님의 아들로 말미암아 창조되었다(요 1:1-3). 바울은 이 말씀을 "하나님의 능력" 혹은 "하나님의 지혜"와 동일시하는데(고전 1:24), 구약성서에서 하나님의 지혜는 하나님의 창조의 공동사역자로, 세계의 "기초"로 생각된다. 하나님은 지혜로 하늘을 지으셨고 지혜로 땅의 기초를 놓으셨다(시 136:5; 잠 3:19). 지혜는 사람들에게 "생명의 나무"이다(잠 3:18).

또한 구약성서는 하나님의 창조가 하나님의 영, 곧 성령을 통해 일어났음을 시사한다. 창조가 있기 전 혼돈과 공허의 상태 속에서 하나님의 영(*ruach elohim*)이 물 위에 움직이고 있었다(창 1:2; 히브리어 *ruach*는 여성형임을 유의할 필요가 있음). 하나님이 그의 영, 곧 생명의 기운을 불어넣으시니 모든 생물들은 살아 움직이게 된다(2:7). 에스겔 37장에서 하나님의 영은 죽은 생명을 살리는 새 창조의 영 혹은 생명을 "살리는 영"(*spiritus vivificans*), 생명을 주시는 자로 나타난다. 예수 그리스도의 부활을 통해 새롭게 시작한 하나님의 새 창조에서도 성령은 구성적 위치를 차지한다. 예수를 살리신 하나님의 영이 여러분의 죽을 몸도 살리실 것이다(롬 8:11). 결론적으로 성부 하나님은 성자를 통해 성령 안에서 세계를 창조한다. "만물과 만사는…성부로부터 성자를 통하여 성령 안에서 이루어진다"(유해무 1997, 205 이하).

창조가 삼위의 공동사역이란 사실은 성령을 통한 예수 그리스도와의 만남 속에서 밝혀진다. 예수 그리스도를 만날 때, 우리는 창조자 아버지 하나님과 창조의 중재자 예수와 성령을 알게 된다. 따라서 창조신앙의 역사적 전제가 구약성서에 있다면, 그것의 인식적 전제는 예수 그리스도의 계시에 있다. 예수 그리스도가 "창조의 비밀의 열쇠"다. 그리스도 안에 세계의 시작에서 종말에 이르기까지 창조의 의미와 의도가 계시되어 있다. "창조와 역사는…그리스도 예수로부터 그들의 의미와 목적에 대한 규정을 얻는다"(Kraus 1983, 212-213). 그러나 이것은 결코 구약성서의 창조신앙 없이 예수 그리스도의 계시만으로 족하다는 것을 뜻하지 않는다. 오히려 창조신앙의 전승 속에서 그리스도의 계시가 인식의 전제가 되며, 이 인식의 전제 역시 구약성서의 전승 속에서 파악되어야 함을 뜻할 뿐이다. 창조가 성부·성자·성령 삼위의 공동사역이라는 것은 무엇을 말하는가?

1) 창조가 삼위의 공동사역이라면 세계의 모든 사물은 삼위일체 하나님의 존재적 구조를 가지며, 이 점에 있어 삼위일체 하나님께 상응한다. 아우구스티누스가 말한 것처럼, 그의 존재적 구조에 있어 세계는 "삼위일체의 흔적"(vestigium trinitatis)이다. 성부·성자·성령과 마찬가지로 세계의 피조물도 각자의 고유성을 가지고 서로 구별되면서 한 몸을 이루는 구조를 가진다. 그러므로 피조물은 틸리히가 말하는 "개체화와 참여"(individualization - participation)의 경향을 가진다. 곧 자신의 고유성을 통해 개체성을 가지는 동시에 타자의 존재에 참여하여 한 몸을 이루고자 하는 본성을 가진다. 이 본성은 인간에게서 가장 분명히 나타난다. 형제자매, 부부일지라도 자신의 고유성과 개체성을 가지는 동시에 사랑의 영 안에서 한 몸을 이루며, 한 몸을 이루는 동시에 자신의 고유성과 개체성을 확보하고자 한다. 이 두 가지 측면이 조화를 이룰 때 생명이 유지될 수 있다.

2) 하나님의 삼위일체는 하나님의 사랑을 뜻한다. 그러므로 모든 피조물이 삼위일체 하나님의 창조라면, 그들은 삼위일체 하나님의 사랑 안에서 살도록 규정되어 있다. 성부는 "성자에 대한 그의 영원한 사랑의 힘으로 세계를 창조하기 때문에, 세계는 선을 향한 그의 영원한 의지를 통해 규정되어 있으며 그의 사랑의 표현일 뿐이다"(Moltmann 1980, 127). 하나님의 창조는 그의 자유로운 의지에 상응하는 동시에 그의 영원한 사랑에 상

응한다. 세계는 하나님의 자유로운 의지의 산물인 동시에 삼위일체 하나님의 사랑의 산물이다. 성부와 성자와 성령 사이의 삼위일체적 사랑은 피조물을 창조하고 유지하는 창조자 하나님의 사랑과 자비로 나타난다. 그의 삼위일체적 사랑 안에서 모든 피조물이 살도록 하나님은 세계를 창조한다. 이 사랑이 하나님의 아들 예수의 역사적 삶 속에 육화되어 나타난다. "예수는―다른 피조물과는 달리―아버지 하나님으로부터 그의 구별됨을 수용하고 자기를 철저히 하나님의 피조물로 긍정하고 인정하며 바로 이 점에서 하나님을 그의 아버지와 창조자로 긍정하고 인정한다. 이를 통해 예수의 피조물적 현존은 그의 삶의 수행 속에서 모든 피조물의 현존의 본질적 구조와 본질적 규정을 실현한다"(Pannenberg 1991, 38).

무한한 사랑이신 삼위일체 하나님에 의해 창조되었기 때문에 피조물들은 사랑 안에서 더불어 살고자 하는 본성을 가진다. 물론 피조물들은 자신의 생명과 종(種)을 유지하기 위해 다른 생물체를 먹거리로 삼는다. 그러나 자연 생물들의 경우 이 먹거리는 당장 필요한 양(量)에 국한된다. 생명의 유지에 필요한 것만을 취하면서 자연의 생물들은 일반적으로 군집 생활을 통해 더불어 살고자 하는 본성을 가진다.

자기의 생명과 종을 유지하고자 하는 욕구는 성부·성자·성령의 자기 구별과 인격적 고유성에 상응한다. 자기의 생명과 종을 유지하려는 욕구가 없다면 피조물의 세계는 유지될 수 없을 것이다. 피조물의 생명과 종이 유지되고 존속함으로써 창조의 세계를 위한 하나님의 목적에 봉사할 수 있고 자신의 완성에 도달할 수 있다. 이웃과 사랑을 나누며 더불어 살고자 하는 욕구는 성부·성자·성령의 한 몸 됨에 상응한다. 우주적 질서 혹은 우주적 원리가 있다면 그것은 자기의 생명과 종을 유지하면서 이웃과 더불어 살고자 하는 만물의 공통된 본성 내지 존재의 구조이다.

독일계 러시아 동물학자 케슬러(K. Keßler, 1815-1881)에 의하면, 모든 유기체들은 두 가지 욕구, 곧 "영양 섭취의 욕구와 종족 번식의 욕구"를 지닌다. 영양 섭취의 욕구는 유기체로 하여금 서로 투쟁하고 말살하게 만드는 반면에 종족 유지의 욕구는 유기체로 하여금 서로 접근하고 도와주도록 한다. 유기체적 세계의 진화에 있어 "개체 생물들 사이의 상호지원이야말로 상호투쟁보다 훨씬 더 중요한 역할을 한다"(Kropotkin 2005, 33 이하에서 인용). 생물계에 나타나는 이 현상은 무한한 사랑이신 삼위일체 하나님의 창조에 기인한다. 성부·성자·성령이 자기를 구별하고 유지하는 동시에 한 몸을 이루는 데 상응하여, 자연의 생물들도 자기를 유지하는 동시에 사랑 안에서 더불어 살고자 한다. 법정 스님에 의하면, "살아 있는 것들은 끼리끼리 어울린다. 그러니 자리를 같이하는 그 상대가 자신의 한 분신임을 알아야 한다"(법정 2006, 101).

3) 창조는 삼위일체 하나님의 공동사역이요 삼위일체 하나님이 세계의 근거라면, 창조는 삼위일체 하나님의 현실을 지향해야 할 당위성을 갖는다. 삼위일체 하나님의 현실은 예수 그리스도 안에 계시된다. 예수 그리스도는 삼위일체 하나님의 자기계시이기 때문이다.

예수 그리스도 안에 계시된 삼위일체 하나님의 현실이 세계의 유일한 현실이다. "두 가지 현실은 없다. 오직 하나의 현실이 있을 뿐이다. 그것은 그리스도 안에 계시된, 세계의 현실 안에 있는 하나님의 현실이다.···그리스도의 현실은 세계의 현실을 그 속에 내포한다"(Bonhoeffer 1975, 208 이하). 세계는 그리스도의 현실을 향해, 곧 "그리스도 안으로" 창조되었다(골 1:16).

세계는 그리스도 안에 계시되는 삼위일체 하나님의 현실, 곧 하나님 나라의 메시아적 현실을 향해 새롭게 창조되어야 한다. 하나님의 삼위일체는 세계가 지향해야 할 새로운 생명의 세계를 제시한다. 그것은 "우리의 진정한 사회적 프로그램"으로서(L. Bott) "형제자매들의 자발적 사귐, 곧 지배와 종속, 특권과 억압의 질서가 없는 상호간의 사랑의 사귐, 자유와 평등이 기초가 된 공동체를" 향해 우리의 세계가 개혁되어야 함을 시사한다(곽미숙 2009, 190). 따라서 창조의 삼위일체적 해석은 창조에 대한 메시아적·종말론적 해석으로 발전한다.

C. 창조의 목적과 하나님의 자기제한

하나님은 무엇 때문에 세계를 창조하였을까? 그의 창조의 목적은 무엇인가? 우리는 이 질문에 대한 명백한 대답을 성서 어디에서도 발견하기 어렵다. 단지 이에 대한 암시를 발견할 수 있을 뿐이다.

창조의 목적에 대해 기독교 신학은 일반적으로 이렇게 대답한다. "하나님께서 자신의 영광을 드러내시기 위하여 우주를 창조하셨다"(이범배 2001, 213). 창조의 목적에 대한 이러한 생각은 칼뱅의 전통에 속한다. "오직 하나님에게만 영광을!"(*Soli Deo Gloria*) 창조의 목적으로서 하나님의 자기 영광은 하나님의 자기전달(Selbstmitteilung)과 결합되기도 한다. 창조의 목적과 의미는 "세계 속에서 하나님이 자기 자신을 영광스럽게 하며 자기를 전달하는" 데 있다(Brunner 1972, 24).

그러나 하나님은 자기영광과 자기전달을 위해 세계를 창조했는가? 창조의 목적에 대한 이러한 생각들은 무한한 사랑이신 하나님의 존재의 깊이와 창소의 참 목적을 충분히 드러내지 못한다. 하나님은 사랑이다. 사랑하는 자는 자기와 구별되는 자와 함께 있기를 원하며 삶을 함께 나누고자 한다. 바로 여기에 창조의 목적이 있다. 하나님은 자기와 구별되는 피조물의 세계와 상생하며 삶을 함께 나누기 위해 세계를 창조한다. 그는 유아독존(唯我獨尊)을 원하지 않고 함께 있기를 원하며 교통과 친교(Gemeinschaft)를 원한다. 삶의 기쁨은 여기에 있다. 하나님이 피조물과 함께 계시고, 피조물이 하나님과 함께 있는 세계, 하나님의 뜻과 피조물의 뜻이 일치하며, 피조물의 삶이 하나님 자신의 삶을 구성하고, 피조물의 기쁨이 하나님 자신의 기쁨이 되는 세계, 그러므로 "하나님 보시기에 좋은" 세계가 이루어지는 데 창조의 목적이 있다.

창조의 이와 같은 목적은 하나님의 삼위일체에 의해 근거된다. 하나님은 고독한 일자(一者)가 아니다. 그는 홀로 계시는 분이 아니라 성부·성자·성령의 삼위일체적 사랑의 친교 안에 계신다. 성부·성자·성령은 한 몸을 이루면서 모든 일을 함께 행하고, 삶의 모든 것을 함께 나눈다.

예수 그리스도는 창조의 목적을 계시한다. 참 사람이신 예수는 아버지 하나님과 한 몸 된 관계에서 실존한다. 곧 우리와 같은 사람으로서 사람들과 한 몸을 이루는 동시에 하나님의 아들로서 하나님과 한 몸을 이루고 하나님과 더불어 산다. 그가 아버지 하나님 안에 있고, 아버지 하나님이 그 안에 있다. 아버지 하나님의 뜻과 그의 뜻이 일치한다. 그의 말씀은 곧 하나님의 말씀이요, 그의 행동은 곧 하나님의 행동이다(요 14:10 이하). 이와 동시에 그는 이웃과 연대하며 이웃과 하나가 된다. 하나님과 피조물이 한 몸의 관계 속에서 삶을 함께 나누며 살아가는 예수의 새로운 존재 안에 창조의 목적이 계시된다.

지금까지 많은 신학자들은 하나님의 창조사역에 있어 하나님의 자유와 전능을 강조하였다. 앞서 살펴 본 바와 같이, 하나님의 창조는 ① 어떤 외적 필연성으로 말미암은 것이 아니라 하나님 자신의 자유로운 결단으로 말미암은 것이며, ② 미리 주어져 있는 어떤 재료나 원리에 의존하지 않는 "무로부터의 창조"이며, ③ 수고로움이 없는, 단지 "있으라"는 말씀에 의한 창조라는 점에서, 많은 신학자들은 "창조 행위의 제한되지 않은 자유"와 무한한 능력(Unumschränktheit)을 강조한다(Pannenberg 1991, 27-28).

물론 외적·인과론적 필연성이나 어떤 소재에 의존하지 않으며 하나님 자신의 자유로운 결단에서 이루어졌다는 점에서 "창조는 우연도 아니요, 하나님에게 필연적 강제도 아니다"(유해무 1997, 207). 그것은 하나님의 자유롭고 전능한 행위다. 무로부터의 창조는 하나님과 피조물 사이의 뛰어넘을 수 없는 차이를 나타내며, 하나님만이 "존재하는 모든 것의 근원"이요 "비신적 존재의 유일한 원천"임을 나타낸다(Schneider 1992, 210). 그것은 "신의 창조가 신 자신 외의 다른 것에 의존하지 않고 신의 절대적 주권에 의한 것임을 철저히 못박으려는 의도를" 지닌다. 무로부터의 창조는 무한하신 하나님 앞에서 "티끌만도 못한" 모든 피조물의 "상대적 유한성", 특히 인간의 유한성을 나타낸다(정재현 1999, 136-146).

필자의 생각에 의하면 무로부터의 창조는 피조물의 세계에 대한 하나님의 차이와 초월, 없음에서 있음을 창조할 수 있는 하나님의 무한한 능력을 나타내는 동시에 창조에 있어 하나님의 무한한 사랑을 나타낸다. 간단히 말해 "무로부터의 창조"(creatio ex nihilo)는 "사랑으로부터의 창조"(creatio ex amore)를 뜻한다. 세계의 창조는 브루너가 말한 바와 같이 하나님의 무한한 능력의 행위인 동시에 하나님의 무한한 사랑으로 말미암은 것이다. "창조는 신적 전능의 사역이다. 그러나 그것은 그의 전능의 사역일 뿐 아니라 그의 거룩한 사랑의 사역이기도 하다. 하나님은 절대적 자유 속에서 세계를 창조한다.…그의 자유는 그의 사랑과 동일하다"(Brunner 1972, 23).

여기서 다음의 사실이 추론된다. 즉 하나님의 사랑이 세계의 근거 또는 기초이다. 세계의 모든 피조물은 하나님의 사랑 안에서 사랑을 함께 나누며 살도록 창조되었다. 피조물의 삶의 원리는 경쟁과 투쟁이 아니라 사랑에 있다. 인간의 삶과 세계의 의미와 목적은 경쟁과 투쟁을 통해 힘과 소유를 늘리고 자기의 유전자를 번식시키는 데 있는 것이 아니라 하나님의 사랑 안에서 더불어 사는 데 있다.

여기서 우리는 하나님의 자유와 절대 주권의 보다 더 깊은 차원을 볼 수 있다. 하나님의 자유는 단지 외적 필연성이 전혀 없는 자유로운 결단과 창조의 무소재성과 무전제성에 있는 것이 아니라, 자기를 자기 아닌 자에게로 낮추며 자기를 제한하며 고난을 스스로 짊어질 수 있는 사랑에의 자유다. 그의 절대적 주권은 위계질서에 따른 "높으심"에 있지 않고 사랑에의 자유에 있다. 사랑에의 자유와 주권 속에서 하나님은 세계를 창조한다. 그의 전능하심은 모든 것을 행할 수 있음을 말하는 동시에, 스스로 자기를 제한하고 불편과 수난을 당할 수 있는 사랑의 능력을 말한다.

따라서 하나님의 세계 창조는 하나님의 자기비하(自己卑下)와 자기제한(自己制限)의 행위요, 자기수난(自己受難)으로서의 자유로운 행위다. 그것은 단순히 하나님의 적극적 행위, 곧 *actio*가 아니라 자기수난, 곧 *passio*

로서 *actio*이며, *actio*로서 *passio*이다(Moltmann 1980, 138). 사랑에의 자유 속에서 하나님은 자기를 낮추시고 제한함으로써(=*passio*) 타자를 있게 하며 그것을 기뻐하고 좋아한다(=*actio*). 창조의 세계에 대한 하나님의 기뻐하심과 친교는 자기비하, 자기제한, 자기수난 속에서 일어난다. 그것은 "구원의지"를 내포한다. 따라서 무로부터의 창조는 "애시당초 창조와 구원이 하나로 얽혀야 함을 지시한다"(정재현 1999, 141).

그동안 세계의 많은 신학자들이 하나님의 창조를 수고로움이 없는 창조로 해석하였다. 그들은 이에 대한 근거를 "말씀에 의한 창조"(*dabar*)에서 발견한다. 하나님은 다른 신들과 투쟁하거나 노동하지 않고 단지 말씀을 통해 창조했기 때문이라는 것이다. 그러나 이 생각은 타당하지 않다. 말을 할 때, 우리의 기(氣)가 빠져나간다는 것은 일반적 상식에 속한다. 그래서 설교나 강의가 끝났을 때 거의 탈진 상태가 되기도 한다. 말을 할 때, 우리는 단지 입술만 움직이는 것이 아니라 우리의 심혈을 거기에 쏟아 붓기 때문이다. 심혈을 쏟은 말 속에는 말하는 사람의 기(氣), 곧 힘이 들어 있고, 이 힘이 듣는 사람의 마음을 움직인다. 그 말은 빈 말이 아니라 그 말을 하는 사람의 심혈이 담긴, 그래서 그 사람이 뜻하는 바를 일으키는 힘을 가진다. 그래서 "말이 씨가 된다"고 말하는 것이다.

그러므로 무에서 만물을 있게 하는 하나님의 말씀은 생명의 힘이 들어 있는 말씀이요, 따라서 말씀을 통한 그의 창조는 매우 힘들고 수고스러운 창조였다고 말할 수 있다. J 문서의 창조 이야기는 이것을 감각적 형태로, 즉 하나님이 손수 흙으로 사람을 빚으시고 강물을 끌어들이는 형태로 나타낸다.

여기서 우리는 창조에 대한 삼위일체론적 해석의 타당성을 발견한다. 예수 안에 계시되는 삼위일체 하나님은 자기를 낮추며, 인간의 모든 제약성을 자신의 것으로 수용하며 십자가에서 죽음의 고통을 당한다. 이 삼위일체 하나님이 세계를 창조하였다면, 그의 세계 창조는 힘들고 수고스러운 창조였다고 말할 수밖에 없다. 그는 피조물과 더불어 살기 위해 자기를 제한하고 비하시키며, 스스로 불편과 고통을 감내한다. 그는 사랑이기 때문이다. 우리는 이 삼위일체의 흔적(vestigium trinitatis)을 자녀에 대한 부모의 사랑에서, 연인들과 친구들 사이의 사랑과 우정에서 발견할 수 있다.

여기서 우리는 다음과 같은 삶의 지혜를 볼 수 있다. 자기와 다른 피조물들과 더불어 살고자 할 때 우리는 우리 자신을 제한하고 자신의 삶의 공간을 제약해야 한다. 자연의 피조물의 생존을 위해 우리의 삶의 영역을 제한하고 불편을 감수해야 한다. 서로 자기를 제한하고 상대방이 삶의 공간을 가질 수 있도록 배려할 때 우리는 삶의 더 큰 풍요로움과 기쁨을 얻을 수 있다. 자녀를 얻었을 때 부모는 자기의 영역을 제한함은 물론 자기를 희생해야 한다. 이를 통해 자녀의 생명이 가능케 되고 부모는 스스로 어려움을 당하면서도 삶의 더 큰 풍요와 기쁨을 경험한다. 베푸는 것 자체가 삶의 기쁨이요 행복이다. 그러므로 돌려받을 생각을 아예 하지 말고 주는 것 자체를 기쁘게 생각하며 그것으로 끝나는 것이 좋다.

4

창조신앙의 세계관

위에서 우리는 성서에 기록된 창조신앙의 중요한 내용들을 고찰하였다. 그 속에는 세계 이해에 관한 내용들이 이미 내포되어 있다. 여기서 우리는 그것을 조금 더 체계적으로 살펴보고자 한다.

A. 비신격화·탈신화화 된 세계

고대세계는 신화적 세계관을 가지고 있었다. 세계의 중요한 사물들 안에 신성 혹은 신적 존재가 내재한다고 생각되었다. 한국의 민속신앙에 의하면 나무에는 목신(木神)이 있고, 물에는 수신(水神)이, 산에는 산신(山神)이, 문지방에는 문지방 귀신이, 장독간에는 장독간 귀신이 있다. 고대 그리스 신화에 의하면 바다에는 포세이돈 신이 살고 있고, 숲속에는 아르테미스 신이, 산과 들에는 판 신이 살고 있다. 고대 스토아 철학에 의하면 우주에는 인간의 운명과 세계의 운명을 결정하는 영원한 신적 질서 또는 신적 원리가 있고 이에 따라 인간과 세계의 운명이 결정되어 있다. 우리 주변의 이른바 운명철학 내지 점(占)이나 점성술, 운명론은 이러한 신화적 세계관에서 유래한다. "모든 것이 신적인 것으로 가득하다"(panta plere theion)는 플라톤(Platon)의 말은 고대세계의 신화적 세계관을 요약한다.

성서의 창조신앙에서 고대세계의 신화적 세계관은 깨어져버린다. 창조신앙에 의하면 세계는 하나님의 신적 존재에서 구별되는 비신적인 것으로 규정된다. 하나님은 시간적 시작을 갖지 않는, 곧 영원부터 존재하는 반면 세계는 시간적 시작을 가진 것으로, 전자는 창조자로, 후자는 그의 피조물로 구별된다. 창조자 하나님만이 신(神)이요, 세계의 모든 것은 신이 아니라 그의 피조물이다.

하나님의 신적 존재와 세계의 비신적 존재의 구별성은 하나님의 "말씀에 의한 창조"에 나타난다. P 문서에 의하면 하나님이 "…가 있으라!" 말씀하심으로(דבר, dabar) 세계의 모든 것이 있게 되었다. 말씀으로 세계의 피조물을 창조하기 이전에 하나님 외에는 아무것도 없었다. 따라서 창조자 하나님과 피조물 사이에는 양자를 연결시킬 수 있는 인과율적 필연성이 존재하지 않는다. 영원 전부터 계시는 하나님과 시간의 시작을 가진 피조물의 세계는 구별된다. 그들의 존재 사이에는 "연속성"(Kontinuum)이 없다. 거기에는 "무"가 있다(Bonhoeffer 1968, 24, 19). 그들을 연결시킬 수 있는 것은 하나님의 사랑, 곧 그의 "말씀"뿐이다.

하나님의 신적 존재와 세계의 비신적 존재의 구별을 가리켜, 오늘날 일련의 신학자들은 하나님과 세계의 이원론이라 비판하면서 하나님과 세계의 유기체적 관계성을 주장한다. 슐라이어마허의 뒤를 이어 "세계가 없다면 하나님도 없다", "세계 없는 하나님 없고, 하나님 없는 세계도 없다"고 주장하는 학자도 있다. 그러나 세계가 없다면, 정말 하나님도 없을까?

물론 성서는 세계와 관계 속에 있는 하나님에 대해 이야기할 뿐이다. 그러나 성서는, 하나님의 세계 창조는 세계가 있기 이전부터 계시는 하나님의 존재를 전제한다. "산이 생기기 전, 땅과 세계도 주께서 조성하시기 전, 곧 영원부터 영원까지 주는 하나님이시니이다"(시 90:2). 그러므로 "우리는 세계 없이 계시는 하나님이시며, 세계를 세우는 하나님을 생각할 수밖에 없다"(Brunner 1972, 13). 여기서 영원 전부터 계시는 하나님과 시간적 출발점을 가진 세계는 창조자와 피조물, 신적 존재와 비신적 존재로 구별된다. 이 구별은 기독교 신학이 포기할 수 없는 진리에 속한다. 이 진리는 다음과 같은 내용을 내포한다.

1) 세계의 비신격화를 통해 유일신론이 형성된다. 하늘과 땅을 창조한 하나님 밖에는 다른 신이 없다. 다른 신들은 인간이 자신의 손으로 만든 것에 불과하며 아무 힘도 없다. 그러므로 성서의 창조신앙은 세계가 신의 존재에서 만들어진 것으로 보는 고대의 신적 출생(Theogonie) 신화를 거부하고 말씀에 의한 "무로부터의 창조", 곧 모든 물질적 전제로부터 자유로운 하나님의 주권적 창조 행위와 그의 초월성을 강조한다. "하나님은 하늘에 계시고 너는 땅에 있다"(전 5:2). "하나님의 보좌는 하늘에 있다"(시 11:4). 여기서 하나님은 유일한 신적 존재, 곧 초월적 유일신으로 생각된다.

오늘날 많은 신학자들이 하나님의 초월성과 유일신론을 비판한다. 그러나 어떤 과학자에 의하면 기독교는 "하나님의 초월과 전능에 기초한다." 만일 이것이 부인될 때 "기독교의 중심 개념인 구원은 무의미하게 될 것이다"(H.-D. Mutschler, Kehl 2006, 312에서 인용).

2) 하나님의 신적 존재와 세계의 비신적 존재의 구별, 그의 초월성을 통해 세계의 탈마귀화(Entdämonisierung) · 탈신화화(Entmythologisierung) · 비신격화(Entgöttlichung) · 비신성화(Entdivinisierung)가 일어난다. 세계의 모든 것이 무에서 창조된 비신적인 것으로 드러난다. 이로 인해 더 이상 "신적인 땅도, 신적인 짐승들도, 신적인 별들이나 인간이 접근할 수 없는 신적인 영역도" 인정되지 않는다(Wolff 1974, 238). 하나님과 세계의 엄격한 구별을 통해 창조신앙은 세계를 귀신이나 마성(魔性)에서 해방시키며, 자연에 대한 공포와 두려움에서 인간을 해방한다. 이로써 자연에 대한 "과학적 사유의 기초"가 형성되며, 세계의 세속화(Säkularisierung)가 시작한다.

3) 고대 바빌론을 위시한 많은 민족들은 별들이 인간의 운명을 지배한

다고 믿고 별들을 신으로 숭배하였다(암 5:26 참조). 하지만 창조신앙에 의하면 별들은 다른 피조물들과 동일하며, 하늘에서 "땅을 비춰게 하는 것", 달과 함께 하나님이 "밤의 빛"으로 규정한 것에 불과하다(창 1:17; 렘 31:35). 이를 통해 인간은 운명론에서 해방된다. 그러나 별들은 낮과 밤을 구별하고, 달력에 따라 시간을 구별하는 중요한 기능을 가진다.

4) 주전 20세기 바빌론의 아트람카시스(Atramchasis) 신화에 의하면, 하층계급의 신들은 성전 건축의 고된 노역을 견디지 못해 반란을 일으킨다. 이 반란을 평정하기 위해 지배계급의 신들은 인간을 창조하고 인간에게 성전 건축의 노역을 맡긴다. 그러나 성서에서 하나님은 신들의 어떤 필요를 충족하기 위해 인간을 창조하지 않는다. 피조물의 창조는 피조물과 교통하며 새로운 삶의 세계를 이루고자 하는 하나님의 의지에 그 원인을 가질 뿐이다. 여기서 인간은 하나님의 친교의 대상이나 친구로 생각된다. 여기에는 여자도 포함된다. 여자도 남자와 동일한 하나님의 피조물이요, "하나님의 형상"으로 창조되었기 때문이다. 고대세계에서 이것은 혁명적 생각이라 할 수 있다.

5) 고대 페르시아에서 왕은 신이 세운 우주 질서의 수호자로 간주되었다. 그러나 성서의 창조신앙은 특정한 정치질서와 지배구조, 왕이나 황제의 통치 권력을 정당화시키지 않는다. 오히려 그것을 상대화시킨다. 세계의 모든 정치적·사회적 질서는 인간이 만든 것에 불과하다. 그것은 하나님의 존재와 무관하다. 모든 사람이 하나님의 창조라면 특정한 인물과 통치 권력의 절대화는 타당성을 상실한다.

오늘날 일련의 신학자들, 특히 생태신학자들은 성서의 창조신앙을 통한 세계의 비신격화·탈신화화를 비판한다. 창조신앙을 통해 세계는 모든 신성과 신비로움을 상실하고 인간이 마음대로 정복하고 지배할 수 있는 단순한 "물건"으로 "세속화"되었다고 비판하면서, 고대의 신화적 세계관과 범신론이 마치 생태학적 구원의 길인 것처럼 생각한다. 그리하여 만물의 "거룩함"과 "신성"(M. Fox), "자연의 재신격화"를 주장한다. 이러한 주장은 자연의 가치와 존엄성을 회복하기 위한 계기를 제공한다. 그러나 자연을 이상화(理想化)·신격화시키는 비현실적 일면성을 보여주며 창조신앙을 통한 세계의 비신격화·탈신화화의 숨은 진리를 간과한다. 그것은 "자연의 재마법화(re-enchant)의 위험성을 가진다"(M. Bookchin, 김애영 2003, 592).

창조신앙을 통한 세계의 비신격화·탈신화화 혹은 탈마성화의 본래 목적은 자연을 인간의 정복과 착취의 대상으로 전락시키는 나쁜 의미의 "세속화"(Profanierung)에 있지 않다. 그 목적은 ① 세계에 대한 하나님의 주권을 세우며, ② 자연의 신화적 세력에 대한 예속과 공포에서 인간을 해방하고 인간의 존엄성을 회복하며, ③ 이를 통해 자연과 인간의 올바른 관계를 세우며, ④ 세계의 거짓된 신격화에 근거한 정치적 지배 이데올로기에서 세계를 해방하는 데 있다. 자연의 세계가 인간의 정복과 착취의 대상이 된 것은 근대 자연과학의 발전과 함께 기독교의 종교적 권위를 더 이상 인정하지 않는 근대세계에서 시작하였으며, "땅의 정복"과 "자연의 통치"를 창조신앙 전체의 문맥에서 분리시켜 그것을 인간 중심적으로 해석함으로 말미암아 일어난 일이다. 물론 이에 대해 기독교 신학도 책임이 있다.

종합적으로 말해 세계는 신적인 것도 아니고 악마적인 것도 아니다. 인간에 의한 숭배의 대상도 아니고 저주와 파괴의 대상도 아니다. 세계는 하나님이 창조한 하나님의 피조물이요, 인간이 관리하고 돌보아야 할 자연일 뿐이다(창 2:15, "주 하나님이 사람을 데려다가 에덴동산에 두시고, 그 곳을 맡아서 돌보게 하셨다"). 이와 동시에 세계는 하나님의 피조물로서, 인간과 모든 피조물의 삶의 기초로서 자신의 존엄성과 가치를 가진다.

B. 하나님의 소유, 값없는 은혜로서의 세계

성서의 창조신앙은 고대세계의 신화의 안개를 걷어버리고 세계를 탈신격화시키는 동시에 그것을 하나님의 소유로 선언한다. 그것은 하나님이 창조하였기 때문에 하나님의 것이다. "하나님이 하늘과 땅을 창조하였다는 것, 곧 자연의 만물이 하나님으로 말미암아 존재하게 되었다는 것은 자연의 만물이 본래 하나님의 소유임을 의미하는 것이다"(곽미숙 2008, 80). "하늘과 하늘 위의 하늘, 땅과 땅 위의 모든 것이 다 주 당신들의 하나님의 것이다"(신 10:14). "땅과 그 안에 가득 찬 것이 모두 다 주님의 것, 온 누리와 그 안에 살고 있는 모든 것도 주님의 것이다"(시 24:1). 낮도 주의 것이요 밤도 주의 것이며, 자연의 질서와 땅의 경계도 하나님이 만드신 것이다(74:16-17; 참조. 50:10-12; 89:11; 95:4-5). 만물은 하나님이 지으신 것이다(렘 51:19). 이 생각은 신약성서에 계승된다(요 1:3; 행 4:24; 17:24; 롬 11:36; 고전 8:6; 엡 3:9; 벧후 3:4; 계 4:11).

한편 하나님은 세계를 관리하고 다스릴 수 있는 권리를 인간에게 주신다(창 1:28). 그러나 소유권을 인간에게 주신 것은 아니다. 단지 "하나님의 형상"으로서 하나님을 대리하여 세계를 관리하고 다스릴 수 있는 청지기의 책임과 사명을 맡겼을 뿐이다. 세계의 소유권은 하나님에게 있다. 세계를 하나님의 소유로 보는 창조신앙의 세계관은 현대인에게 다음과 같은 의미를 가진다.

1) 오늘날 자연의 대재난들의 원인은 인간이 세계를 자신의 소유물로 착각하는 데 있다. 그는 자기가 세계의 주인인 것처럼 행동한다. 세계의 모든 것이 인간에 의한 정복과 소유의 대상으로 생각된다. 하늘과 땅, 하늘의 공기와 땅 속의 모든 자원들이 그의 소유가 되어야 한다. 달(月)에 있는 땅도 인간의 소유가 되어야 한다. 그래서 달에 있는 땅의 판매가 이미 시작되었다. 세계는 인간이 그 속에서 모든 다른 생물들과 더불어 살아야 할 집으로 생각되지 않고, 가공(加工)의 대상, 노동의 대상, 이용의 대상, 경제적 가치 창출의 대상으로 생각된다.

이와 같은 현대세계의 추세에 대해 성서의 창조신앙은 세계의 모든 것이 하나님으로 말미암아 있게 된 하나님의 소유라고 선언한다. 공관복음서 기자는 예수가 하나님의 것과 카이사르(로마 황제)의 것을 나눈 것처럼 보도하지만(마 22:21, 병행구; 이것은 예수가 그를 체포하려는 유대교 지도자들의 올무를 피하기 위한 것이었다는 복음서의 보도를 유의할 필요가 있음), 예수가 선포한 하나님의 나라는 세계의 모든 것이 하나님의 통치영역에 속한 하나님의 소유임을 전제한다. 그러므로 요한복음 1:11은 땅, 곧 세계를 삼위일체 하나님의 것이라 규정한다. 곧 성육신한 말씀이신 하나님의 아들 예수는 그에게 속한 "자기의 땅에" 오셨다. 바울 서신도 이렇게 생각한다. 땅과 그 안에 있는 모든 것이 주의 것이다(고전 10:26). 그러므로 우리는 세계를 하나님의 소유로 적극 인정해야 한다.

2) 세계의 모든 것은 하나님의 소유이기 때문에 그 자체로서 가치와 존엄성을 가진다. 그것은 하나님이 기뻐하며 귀하게 여기시는 것이기 때문이다. 인간은 모든 사물의 가치와 존엄성을 경제적 가치에 따라 평가하지만 하나님에게는 모든 것이 그 자체로서 귀하고 아름답다. 모든 사물의 "있음", 곧 "있다는 것" 자체가 가치 있고 아름다운 것이다. 또한 세계의 모든 것은 피조물의 생명을 가능케 하는 조건으로서 가치와 존엄성을 가진다. 하늘의 구름에서 시작하여 땅 위의 작은 벌레들에 이르기까지 모든 피조물은 서로 의존하며 서로의 생명을 가능케 하는 하나님의 값없는 은혜의 선물로서 그 자체의 가치와 존엄성을 가진다.

따라서 세계의 모든 것은 하나님의 뜻에 따라 보존되고 관리되어야 한다. 세계를 오염시키고 파괴하는 것은 하나님의 소유에 대한 침해이다. 물론 인간도 생명의 권리를 갖기 때문에 자연을 변형시킬 수 있다. 그러나 그 변형은 최소한의 범위에서 조심스럽게 이루어져야 한다. 자연의 보호와 보존을 위해 개인의 재산권 행사는 통제되어야 한다. 그렇지 않을 때 인간 자신의 생명이 해를 당하게 된다. 우리는 그 대표적인 예를 2008년 4월 20만 명의 생명을 앗아간 미얀마의 사이클론, 같은 해 5월 10만 명 이상의 생명을 희생시킨 중국 스촨성의 대지진에서 볼 수 있다.

3) 세계의 모든 피조물이 하나님의 것이라면 우리 인간에게 그것은 하나님이 허락하신 하나님의 은혜이다. 다시 말해 창조는 하나님의 은혜이

다(Weber 1972a, 529). 땅의 열매도 하나님이 주신 것이다(시 85:12). 하늘과 땅, 하늘의 공기와 새들, 땅 속의 물과 생물들, 땅 위의 식물들과 동물들, 바다 속의 생물들, 이 모든 것 중에 인간이 스스로 만들 수 있는 것은 아무것도 없다. 세계의 모든 것이 하나님의 "창조의 은혜" 혹은 "녹색은총"이다(이정배 2005, 370).

우리는 우리에게 주어진 모든 것을 당연하게 여기지만 실제로는 모든 것이 하나님의 은혜요 선물이다. 우리가 마시는 물과 공기, 하늘과 땅, 우리의 눈과 손, 밥 한 그릇도 그분의 은혜이다. 우리의 생명과 삶의 시간도 하나님의 은혜요, 아름다운 시와 음악과 미술품을 만들 수 있는 재능과 학문을 발전시킬 수 있는 사고의 능력, 신경세포도 하나님의 은혜다. 우리에게는 하나님의 은혜가 아닌 것이 없다. 우리의 눈이 어두워 그것을 보지 못할 뿐이다.

4) 온 세계가 하나님의 소유이고 모든 인간을 위한 하나님의 은혜라면, 세계의 재화를 독점하고 독점적으로 소비하는 것은 하나님과 이웃에 대한 죄다. 사회 계층과 인종과 성을 초월한 모든 사람이 자연의 연결고리 속에서 모든 피조물과 더불어 땅에서 나오는 식물을 먹고 살아야 한다. 개인의 소유에는 차이가 있을 수밖에 없지만, 소유의 과도한 집중 내지 편중은 사회 계층 간의 갈등과 분열, 사회 전체의 와해와 멸망을 초래한다. 그것은 결국 하나님의 심판을 초래한다. 빈궁한 사람들을 짓밟고 이 땅의 가난한 사람을 망하게 하면서 부(富)를 축적한 자들의 별장들과 상아로 꾸민 집들과 저택들을 하나님은 부수어버릴 것이라는 예언자의 말씀은 역사의 진리에 속한다(암 8:4; 3:15). 구약의 희년 계명은 소유의 과도한 편중을 금지한다.

5) 특히 성서는 땅의 독점을 금지한다. 땅과 거기 충만한 모든 것이 본래 하나님의 것이다(신 25:23; 시 102:25; 119:90; 사 45:12; 고전 10:26). 한 세대는 가고 또 한 세대가 오지만 땅은 영원히 있다(전 1:4). 그것은 모든 피조물의 생명을 위해 허락하신 하나님의 은혜요 생명의 터전이다(창 3:19 참조). 땅을 독점하는 것은 다른 생명들의 터전을 빼앗는 일이요, 그들을 죽음으로 내모는 일이다. 모든 생명이 자신의 땅을 확보하고 그 땅 위에서 행복하게

사는 것이 하나님의 뜻이다. 그러므로 하나님은 땅이 없는 히브리인들에게 땅을 약속한다. 예수도 땅을 약속한다. "온유한 사람은 복이 있다. 그들이 땅을 차지할 것이다"(마 5:5).

구약 희년의 계명은 땅의 독점을 방지하고, 땅이 모든 사람에게 골고루 점유되어야 함을 명령한다. "땅 무르는 것을 허락해야 한다." 땅을 되돌려 살 힘이 없을 경우 그 땅을 "산 사람이 희년이 될 때까지 소유한다. 희년이 되면 땅은 본래의 임자에게 되돌아간다"(신 25:28). 희년이 오면 집도 "본래의 임자가 그것을 다시 차지한다"(25:31).

또한 하나님은 가난한 사람의 땅을 빼앗아 땅의 경계 내지 지계석(地界石)을 옮기는 것을 엄격하게 금지한다. "너의 선조들이 세워 놓은 그 옛 경계표를 옮기지 말아라"(잠 22:28; 참조. 15:25; 23:10). 땅에 땅을 사서 땅을 넓히는 자는 하나님의 심판을 받고 땅을 모두 잃을 것이다(미 2:2-5 참조). 땅은 하나님의 것이요, 우리 인간은 나그네 혹은 임시 거주자에 불과하다는 사실을 우리는 의식해야 한다(신 25:23-24).

6) 현대세계는 인간 중심의 세계라 말할 수 있다. 세계를 파멸시킬 수도 있고 세계를 보존할 수 있는 힘이 인간에게 있기 때문이다. 세계의 운명이 인간의 손에 달려 있다. 인간은 자연의 피조물은 물론 자신의 생명도 조작할 수 있는 힘을 갖고 있다. 자연의 모든 피조물이 인간을 두려워하고 있다. 사나운 맹수들도 인간이 나타나기만 하면 꼬리를 감추어버린다. 그러나 하나님이 세계의 소유자이고 주인이라면 세계의 중심은 인간이 아니라 하나님이다. 따라서 인간은 하나님의 뜻에 복종해야 하고 하나님의 뜻에 따라 세계와 관계해야 한다. 여기에 구원의 길이 있다.

C. "하나님 보시기에 좋았더라"

P 문서는 하나님의 한 가지 창조사역이 끝날 때마다 "하나님이 보시기에 좋

았다"고 증언한다. 마지막 창조사역 다음에는 "보시기에 매우 좋았다"고 말한다(창 1:31). P 문서의 이 증언은 세계가 본래 하나님에게 좋은 세계, 그가 기뻐하는 세계였음을 말한다. 그러면 세계는 어떤 점에서 좋은 세계인가?

먼저 피조물의 세계가 "있다"는 것 자체가 기쁘고 좋은 일이다. 들의 풀 한 포기, 산과 들과 땅이 "있다"는 것, 피조물들이 사랑의 영 안에서 서로의 생명을 가능케 하면서 더불어 사는 것이 하나님에게는 물론 우리 인간에게도 좋은 일이다.

또한 하나님은 천상천하 유아독존(天上天下 唯我獨尊) 하기를 원하지 않는다. 또 자기와 동류(同類)의 존재들과 모여 살기를 원하지 않는다. 오히려 그는 자기와 다른 피조물들과 삶을 나누며 이를 통해 자신의 삶이 풍요롭게 되기를 원한다. 피조물의 세계를 통해 이것이 가능케 되었기 때문에, 피조물의 세계는 하나님에게 좋은 것이다. 우리는 세계에 대한 하나님의 "좋아하심"에서 다음의 내용들을 추론할 수 있다.

1) 세계가 "하나님 보시기에 좋았다"는 것은 세계에 대한 하나님의 기쁨과 긍정을 뜻한다. 여기서 세계에 대한 염세주의적 태도는 거부된다. 고대 바빌론의 창조신화인 에누마 엘리시(Enuma Elish)에 따르면, 세계는 반역의 여신 티아마트(Tiamat)의 시체를 물질이 되게 한 후, 이 물질로 만든 것이다. 여기서 세계와 그 속의 모든 것은 반역적인 것, 그러므로 인간이 저주하고 등을 돌려야 할 것으로 규정된다. 특히 여성의 존재는 저주와 억압과 착취의 대상으로 전락한다. 여성은 여신 티아마트에 가장 가까운 존재이기 때문이다(자세한 내용에 관해 김균진 2006, 216).

세계에 대한 염세주의적 태도는 고대의 다양한 종교사상 내지 철학사상에 나타난다. 세계는 인과의 법칙에 묶여 있는 "무상(無常)의 세계", "가상(假像)의 세계", "고(苦)의 세계"다. 우리는 열반에 도달함으로써 세계의 모든 괴로움을 벗어나야 한다. 극락정토(極樂淨土)는 세계의 모든 괴로움이 극복된 새로운 현실에 있는 것이 아니라 진리를 깨달은 사람의 마음속에 있다. 여기서 현실의 세계는 방기된다. 플라톤에 의하면 피안의 세계는 영원하며 참된 세계인 반면 차안의 세계는 허무하고 무가치한 것, 그러므로 우리가 등을 돌려야 할 것으로 생각된다.

이러한 이원론적·염세주의적 세계관은 초대교회의 영지주의와 신약성서의 후기문서에도 나타난다. 여기서 세계는 인간이 그 속에 묶여 있는 "하나님을 적대하는 세력의 영역", "악마적인 세력들의 지배 영역"으로 이해된다(Bultmann 1968, 257, 258). "세상적인 것"은 "정욕적이요 마귀적인 것"으로 규정되며(약 3:15) "땅의 일" 혹은 "땅의 것"은 악한 것으로 규정된다(빌 3:19; 골 3:2). 묵시사상에 의하면 세계는 불에 타서 녹아버릴 것으로 생각된다(벧후 3:10-12; 자세한 내용에 관해 김균진 2006, 217 이하).

성서의 창조신앙은 염세주의적 세계관을 거부한다. 이 세계가 죄와 죽음의 세력에 사로잡혀 있음은 사실이지만 그럼에도 불구하고 그것은 하나님이 기뻐하고 좋아하는 하나님의 세계이다. 이 세계의 현실이 곧 하나님의 현실이요, 이 세계의 삶이 하나님 자신의 삶을 구성한다.

구약성서의 이러한 세계관은 신약성서에 계승된다. 세계는 본래 하나님으로 말미암아 생겨난 하나님의 것, 곧 "자기의 땅"이다(요 1:10-11). "땅과 거기 충만한 것이 주의 것이다"(고전 10:26). 그러므로 하나님의 아들 예수는 이 땅을 떠나지 않고 오히려 이 세상 안으로 들어온다. 그는 이 땅 안에서, 이 땅을 위해 일한다. 그는 땅에서 나오는 것을 먹고 즐긴다. 그래서 "먹고 마시기를 탐하는 자"라는 비난을 받기도 한다. 그러므로 하나님의 자녀들은 이 세계를 기뻐하고 예수의 뒤를 따라 이 세계를 위해 일해야 한다. 하나님이 허락하신 것을 누릴 수 있어야 한다.

2) 우리 인간은 일반적으로 무엇을 얻을 수 있을 때, 그것을 기뻐하며 "보기에 좋다"고 여긴다. 우리에게 아무것도 줄 수 없는 것에 대해서는 무관심하다. 그러나 하나님은 무엇을 얻을 수 있고 소유할 수 있기 때문이 아니라 피조물의 "있음 자체"(being itself)를 기뻐하고 좋아한다.

있음 자체를 기뻐하고 좋아하는 것은 삶의 지혜에 속한다. 산다는 것이 괴롭고 힘들지만, 또 못된 이웃으로 인해 고통을 당할 때도 있지만, 그래도 이웃과 자연의 사물들이 있다는 것은 좋은 일이다. 참으로 "좋음"은 소유가 아니라 사물들의 존재 자체에 있고, 그들의 존재를 가능하게 하는 사랑에 있다. 그것은 천상천하 유아독존에 있지 않고, 너와 내가 더불어 살며 삶을 함께 나눔에 있다. 여기서 우리는 "소유의 기쁨"이 아니라 "존재의 기쁨"을 발견한다. 삶의 참 기쁨과 행복은 더 많은 소유에 있는 것이 아니라, 피조된 세계의 있음 자체를 기뻐하고 감사하는 마음에서 시작한다.

3) 하나님이 창조한 모든 것이 "하나님 보시기에 좋았다"는 구절은 모든 피조물들의 가치와 존엄성을 다시 한 번 나타낸다. 들의 풀 한 포기, 땅속의 지렁이 한 마리가 "있다"는 것 자체가 가치있고 존엄스러운 일이다. 모든 것이 하나님의 관심과 사랑의 대상이다. 그러므로 모든 피조물의 "있음"이 원칙상 보존되어야 하며, 그들의 "있음"의 가치와 존엄성이 존중되어야 한다. 놀이터에서 뛰노는 천진무구한 어린이들, 들판에 피어 있는 한 송이의 코스모스는 얼마나 아름답고 귀한 것인가! 이러한 생각은 법정 스님의 말씀에도 나타난다.

"우리 곁에서 꽃이 피어난다는 것은
얼마나 놀라운 생명의 신비인가.
곱고 향기로운 우주가 문을 열고 있는 것이다.
잠잠하던 숲에서 새들이 맑은 목청으로 노래하는 것은
우리들 삶에 물기를 보태 주는 가락이다.
이런 일들이 내게는
그 어떤 정치나 경제 현상보다
훨씬 절실한 삶의 보람으로 여겨진다"(법정 2006, 246).

4) 기독교 신학은 일찍부터 플라톤의 형이상학의 영향을 받았다. 형이상학(Metaphysik)이란 우리가 살고 있는 자연의 세계(physis) 저 너머에 (meta) 이상적 관념의 세계가 있으며, 현상의 세계는 허무하고 무의미한

반면 이상적 관념의 세계, 곧 저 세계는 영원하고 불변하며 참 의미를 가진 세계라고 보는 이원론적 세계관을 말한다. 이러한 이원론적 세계관은 인간과 자연, 정신과 물질, 영과 육의 이원론으로 구체화된다. 그것은 먼저 신약성서의 후기문서와 특히 요한 문서에 영향을 준다. 이 세상은 "지나가는" 것, 곧 허무한 것이며(요일 2:17), 그리스도와 그리스도인들 그리고 하나님의 나라는 이 세상에 속하지 않는다(요 8:23; 15:19; 18:36). 살리는 것은 영이요 육은 악하고 무익하다(6:63). 이러한 이원론적 세계관은 아우구스티누스를 위시한 기독교의 많은 신학자들에게 영향을 준다.

그러나 온 세계가 "하나님 보시기에 좋았다"는 창조신앙의 고백을 통해 모든 형태의 이원론이 거부된다. "창조가 선하다는 진술 속에는 모든 형태의 형이상학적 이원론(metaphysical dualism)에 대한 거부가 포함되어 있다. 즉 하나님이 창조한 것의 어떤 부분이나 영역이 본질적으로 악하다는 주장을 부인하는 것이다"(Migliore 2012, 185).

1) 먼저 이 세계와 저 세계의 이원론이 거부된다. 하나님은 저 세계가 아니라 먼저 이 세계를 좋아하고 기뻐한다. 그는 이 세계 안에 그의 나라가 세워지기를 원한다. 이 세계 안에 하나님의 구원과 영광이 나타나야 한다. 이 세계가 하나님의 세계다. 하늘은 그의 보좌요 땅은 그의 발판이다(사 66:1). 그는 "온 땅의 주(主)"이시다(시 97:5). 중세기의 에리우게나(Eriugena)가 말하듯이, "창조되었고 또 창조하는 자연"(*natura creata creans*), 곧 영원한 관념의 세계에 반해 이 세계는 "창조되었고 또 창조하지 못하는 자연"(*natura creata non creans*)에 불과하지 않다. "창조되었고 또 창조하는 자연"이 바로 이 세계이다.

2) 인간과 자연의 이원론이 거부된다. 자연의 세계도 하나님의 피조물이요 그의 소유이며 그의 나라에 속한다. 자연의 모든 사물이 하나님의 사랑과 염려와 구원의 대상이다. 공중의 새도 하나님이 먹이시고 들의 백합화와 풀 한 포기도 하나님이 입히신다(마 6:25-30)는 예수의 말씀은 자연에 대한 하나님의 적극적 사랑과 돌봄을 나타낸다. 자연에 대한 인간의 정복

자적 태도는 여기서 거부된다.

3) 정신과 물질의 이원론이 거부된다. 하나님은 정신은 물론 물질도 좋아하고 기뻐한다. 물질도 그의 선한 창조이고 소유이며 그의 나라에 속한다. 물질은 피조물의 생명을 가능케 하는 기본 조건에 속한다. 그러나 하나님은 인간이 물질의 노예가 되어서는 안 된다고 경고한다(눅 12:13-21 의 "어리석은 부자의 비유" 참조).

4) 세계의 많은 종교 사상들과 철학 사상들이 영과 육의 이원론에 근거하여 인간의 육을 천시한다. 영지주의에 의하면 인간의 육은 영의 감옥으로 간주된다. 데카르트(Descartes)에 의하면 인간의 정신은 사유하는 실체(res cogitans)에 속하는 반면, 육체는 연장되는 물질(res extensa)의 영역에 속하며 기계와 같다. 그것은 사유하는 정신의 지배 대상이다. 이와 같이 성서는 인간의 육 혹은 육체를 인간의 영이나 정신에 예속시키고 비하시키는 형이상학적 전통의 이원론을 거부한다. 하나님은 영은 물론 육도 좋아하고 기뻐한다. 영은 물론 육도 하나님의 소유이며 그의 나라에 속한다. 모든 육체가 하나님의 구원과 영광을 볼 때가 있을 것이다(사 40:5; 눅 3:6). 하나님은 "모든 육체의 하나님"이다(렘 32:27).

그러므로 예수는 인간의 육을 천시하지 않는다. 오히려 인간의 육을 귀중히 여기고 육체의 질병과 장애를 고치며 건강을 회복한다. 육체에 필요한 양식을 마련해 주기도 한다(떡 다섯 개와 생선 두 마리의 이야기). 모든 육체의 건강과 행복한 삶을 위해, 하나님은 물질의 소수의 사람들에게 독점되는 것을 원하지 않는다(구약의 희년의 계명 참조). 이원론적 전통은 인간의 성(性)을 죄악시한다. 그러나 인간의 육체가 긍정될 때, 인간의 성이 긍정된다. 인간의 성도 하나님의 창조이다. 그러나 성서는, "모든 육체는 풀이요, 그의 모든 아름다움은 들의 꽃과 같을 뿐"이란 사실을 간과하지 않으며(40:6), 육체의 정욕의 노예가 되지 않아야 한다고 경고한다.

종합적으로 말해 하나님은 이 세계와 자연과 물질과 육을 긍정한다. 이 모든 것이 하나님에게는 "좋은 것", 곧 "선한 것"이다. 그러므로 하나님은 모든 생물이 번성하기를 원한다. "생육하고 번성하여 여러 바닷물에 충만하여라. 새들도 땅 위에서 번성하여라"(창 1:22). 자연과 물질과 육을 포함한 이 세계 전체가 하나님의 창조이며 하나님이 기뻐하는 그의 소유이다. 그러므로 기독교는 일찍부터 세계의 모든 것이 하나님의 창조임을 부인하는 영지주의와 마르키온(Marcion)의 이원론을 거부하고, "하늘과 땅, 보이는 것과 보이지 않는 것, 그를 통해 모든 것이 창조된 창조자"를 고백한다(*factorem coeli et terrae, visibilium et invisibilium...per quem omnia facta sunt*, Brunner 1972, 30).

5) 세계의 모든 것이 "하나님 보시기에 좋았다"는 성서의 증언은 하나님의 생명윤리를 담지한다. 1919년 슈바이처(Albert Schweitzer)가 말한 "생명의 경외"(Ehrfurcht vor dem Leben)는 본래 예수가 가르친 사랑의 윤리를 확대시킨 것으로 창조신앙에 담긴 생명윤리를 잘 나타낸다. 모든 생명은 하나님의 것이요 "하나님 보시기에 좋은" 것이다. 그것은 하나님의 소유이다. 하나님은 그들의 있음 자체를 기뻐하고 좋아하며 그들의 생명을 사랑한다. 그러므로 모든 생명은 그 자체로서 가치와 존엄성을 가지며 생명의 권리를 가진다.

생명에 대한 모든 피조물의 권리는 원칙상 동등하다. 즉 "모든 생물은 생명에 대한 동등한 권리를 가진다." 죽지 않고 살고자 하는 의지와 권리에 있어 가치가 작거나 가치가 없는 생명은 존재하지 않는다. "나는 살고자 하는 생명들 가운데서 살고자 하는 생명이다"(Ich bin Leben, das leben will, inmitten von Leben, das auch leben will)라는 슈바이처의 말은 생명에 대한 모든 생물들의 동등한 권리와 연대성을 나타낸다. 그러므로 원칙상 모든 생명이 보호되고 보존되어야 한다. 하나님은 모든 생명이 행복하게 더불어 살기를 원하는 "모든 육체의 생명의 하나님"이다(민 16:22; 27:16; 시 42:8).

"생명의 경외"를 통해 슈바이처는 인간의 삶의 기본 동기가 "권력에의 의지"(Wille zur Macht)에 있다고 보는 니체(F. Nietzsche)의 생각을 거부하고,

인간 상호간의 관계는 물론 모든 생물에 대한 인간의 관계를 규정하는 생명경외의 윤리학적 개념을 선언한다. "생명경외의 윤리를 통해 우리는 우주에 대한 정신적 관계에 도달한다"(Schweitzer 1988, 21).

그러나 슈바이처의 생명경외의 윤리는 비현실적으로 들린다. 자연의 먹이사슬 속에서 한 생명의 생존은 언제나 다른 생명의 희생을 전제한다는 것이 자연의 냉혹한 현실이기 때문이다. 만일 생명경외의 윤리가 직접적 행동 프로그램으로서 엄격하게 지켜질 경우 인간은 생존할 수 없을 것이다. 파리나 모기, 바이러스 균을 죽여서도 안 될 것이다.

슈바이처의 생명경외의 윤리는 어떤 생명도 다른 생명을 희생해서는 안 된다는 생물 평등주의의 직접적 행동 프로그램이 아니라 우리 인간의 "기본적 태도에서 실천되어야 할 원리"를 말한다(Josuttis 1987, 250). 곧 모든 생물의 생명에 대한 권리와 연대성을 의식하면서 다른 생명의 희생과 희생의 고통을 최소화시켜야 할 행동의 방향을 가리킨다. 나 자신의 생명의 권리를 존중하듯이 다른 생명의 권리를 존중하며 다른 생명의 관심을 자기 자신의 관심처럼 진지하게 여겨야 할 윤리적 의무를 가리킨다. 여기서 윤리적으로 "선하다"는 것은 "생명을 유지하고 장려하는 것"을 말하며, 윤리적으로 "나쁘다"는 것은 "사려없이 생명을 훼손하고 죽이는 것"을 말한다(Altner 1988, 192).

모든 생명에 대한 경외를 주장한 슈바이처는 채식주의자도 아니었고 동물 실험의 반대자도 아니었다. 그는 생명을 죽이고 훼손할 수밖에 없는 필연성을 알고 있었다. 따라서 그가 말한 생명경외의 윤리는 어떤 생명도 희생해서는 안 된다는 것을 말하는 것이 아니라 인간이 동물에게 가하는 고통에서 동물들의 생명을 최대한 보호해야 함을 말한다.

그러나 이 세계의 모든 것이 "하나님 보시기에 좋았다"는 것은 현존의 세계에 대한 무비판적인 긍정을 뜻하지 않는다. 오히려 이 세계는 본래 "하나님 보시기에 좋은" 세계였기 때문에, 하나님 보시기에 좋은 세계가 "되어야 한다"는 정언명령을 뜻한다. "하나님 보시기에 좋았다"는 P 문서의 증언은 결코 "부정적인 것의 긍정"을 뜻하지 않는다. 오히려 이 세계를 추하게 만드는 모든 부정적인 것의 부정을 뜻하며, 참으로 하나님이 기뻐할 수 있는 세계를 가리킨다. 이런 뜻에서 "하나님 보시기에 좋았다"는 P 문서의 진술은 구약성서의 약속과 기다림의 전통에 속한다. 그것은 하나님이 약속하는 새로운 생명의 세계를 가리키는 메시아적 언어이다.

D. 하나님과 피조물의 집으로서의 세계
– 하나님과 세계의 관계

칼 바르트의 신학은 20세기 개신교회의 신학에 큰 영향을 주었다. 그리하여 20세기 개신교 신학은 하나님과 인간, 하나님과 세계를 구별하고 하나님의 전적 타자성과 초월성, 자족성(Aseität)과 독립성을 직간접적으로 강조하였다. 세계는 하나님의 존재에서 분리되어 하나님 바깥에 있는 것으로 전제되었다. 성육신을 통해 하나님이 세계에 오시고 성령을 통해 그의 자녀들 가운데 임재할지라도, 양자는 분리되어 있는 것으로 생각되었다. 그래서 오늘날 일련의 신학자들은 바르트 신학의 핵심 문제가 하나님과 세계의 이원론에 있다고 비판한다.

물론 성서는 하나님과 세계를 구별하며 그의 초월성을 전제한다. "하나님의 보좌는 하늘에 있다"(시 11:4). "하나님은 하늘에 계시고 너는 땅에 있다"(전 5:23). 따라서 "하나님과 세상 사이, 창조자와 창조세계 사이에는 존재론적 차이가 있다.…하나님만이 존재하는 모든 것의 근원"이다. "하나님은 신비로운 타자이며 존재하는 모든 것은 전적으로 철저하게 그분에게 의존한다"(Migliore 2012, 179-180). 하나님과 세계 사이에는 "존재의 유비"(analogia entis)가 있을 수 없다.

그러나 하나님은 사랑이다. 사랑은 구별성을 전제하는 동시에 함께 있음을 뜻한다. 그러므로 성서는 세계에 대한 하나님의 초월성을 이야기하

는 동시에 다양한 형태로 하나님의 내재성을 이야기한다. 시편 104:28-30
에 의하면, 하나님이 그의 영(靈)을 거두어들이시면 피조물은 죽어서 흙으
로 돌아가고, 그의 영을 불어넣으시면 그들은 다시 소생한다. 하나님의 영
이 그 안에 있을 때 이스라엘 백성은 살 수 있게 된다(겔 37:14). 여기서 하
나님의 영은 피조물 안에서 피조물의 생명을 유지하는 생명의 힘으로 생
각된다. 하나님의 영이 있는 곳에 하나님이 계시다면 "하나님은 그의 영을
통해 그의 창조 안에 현존한다. 모든 창조는 하나님의 영의 작용으로 가득
하다.…창조 안에는 영(靈) 없는 물질도 없고 비물질적인 영도 없다. 정보
화된 물질만이 존재하기 때문이다"(Moltmann 1985, 28; 자세한 내용에 관해 『기
독교 신학』 제1권 "신론" 참조).

그러나 하나님이 영을 통해 그의 피조물들 안에 계시다면, 피조물의 세계는
하나님의 집(oikos)이라 말할 수 있다. 그것은 하나님이 그 안에 거하는 하
나님의 "장막"이요 "성소"다. 하늘이 하나님의 보좌요, 온 땅이 그의 발 받
침대라는 구절도 이것을 시사한다(사 66:1). 야곱은 자기가 있는 그 곳이
"하나님의 집"이란 사실을 발견한다(창 28:17). 이스라엘 백성이 만든 성막
과 성소와 성전이 "하나님의 집"으로 생각된다(삿 18:31; 대상 6:48; 시 42:4).

그러나 성서는 하나님의 집이 성전에 제한되는 것을 거부하고, 온 세
계를 하나님의 집으로 인식한다. 이 인식은 성전을 건축한 솔로몬의 봉헌
기도에 나타난다. "저 하늘, 저 하늘 위의 하늘이라도 주님을 모시기에 부
족할 터인데, 내가 지은 이 성전이야 더 말해 무엇 하겠습니까?"(대하 6:18)
하나님이 하늘에 계시다면(시 2:4; 전 5:2), 하늘도 하나님의 집이다.

온 세계가 하나님의 집이라는 인식은 신약성서에 계승된다. "우리는
하나님 안에서 살고, 움직이고, 존재하고 있다"(행 17:28). 히브리서 3:4에
의하면 어떤 사람이 지은 집이 그 사람의 집이다. 하나님이 만유를 지으셨
다면, 만유 곧 온 세계가 하나님의 집이다. 외경 도마복음 어록 77절은 피
조물 안에 계신 하나님을 다음과 같이 감각적 형태로 나타낸다. "나는 모
든 것 위에 있는 빛이다. 나는 만유이다. 만유가 내게서 나왔고 만유는 내

게로 돌아온다. 나무를 쪼개보아라. 내가 거기에 있다. 돌을 들어보아라. 그러면 너희는 나를 발견할 것이다."

유대교 랍비신학의 쉐키나(שכינה, Shechina) 이론은 하나님의 백성과 피조물의 세계가 하나님의 집이라 생각한다. 쉐키나는 하나님이 그의 피조물 안에 "거하심" 혹은 내주(內住)하심을 뜻하는 개념으로, 먼저 하나님과 이스라엘의 계약(=언약)에 나타난다. 이 계약을 통해 하나님은 이스라엘 자손들 가운데 있는 그의 거하심, 곧 쉐키나를 약속한다. "내가 이스라엘 자손 가운데 머물면서…"(출 29:45). 하나님은 하늘에 계신 동시에 그의 사랑의 영을 통해 겸손한 사람들, 가난하고 굴욕을 당하는 사람들 가운데 계신다(사 57:15).

여기서 우리는 하나님과 세계의 관계에 대한 몇 가지 유형을 다음과 같이 요약할 수 있다.

1) 초월적 유형: 초기 칼 바르트의 『로마서 강해』에 나타나는 것처럼, 하나님은 "전적 타자"다. 하나님과 세계 사이에는 뛰어넘을 수 없는 절대적 간격, 질적 차이가 있다. 성육신 된 그리스도만이 이 간격을 극복할 수 있다. 그의 부활 속에서 하나님의 "새로운 세계"는 "옛 세계"와 접촉하지만, "탄젠트가 하나의 원(圓)을 접촉하듯이, 세계와 접촉함이 없이 세계와 접촉한다"(Barth 1922, XIII). 그의 은혜는 유성이 하늘로부터 떨어지듯이 "위로부터 수직으로" 세계 속에 들어와 기적을 일으키지만, 하나님은 세계와 인간으로부터 여전히 분리되어 있는 것으로 생각된다.

2) 이신론적 유형: 이신론에 의하면 하나님은 세계와 인간을 창조할 때, 세계에 대해 목적과 법칙과 질서를 부여하고 더 이상 세계에 개입하지 않는다. 세계는 하나님이 부여하신 자신의 법칙과 질서에 따라 움직임으로써 하나님의 목적을 이루어나간다. 여기서 하나님은 세계의 창조자가 아니라, 시계 제작공, 세계 건축가 내지 장인(Baumeister)으로 이해된다.

3) 내재적 유형: 일련의 신학자들에 의하면 하나님은 세계의 질서 내지 원리 혹은 모든 존재자들의 "존재 자체"(Being itself: 있음 자체, Tillich)로서

세계 안에 내재하며, 피조물 자신의 활동을 통해, 혹은 피조물에 대한 끊임없는 권유와 설득을 통해(과정신학) 자기의 목적을 이루시는 형식으로 세계와 관계한다. 이 유형에서 하나님은 우주 진화의 원리(de Chardin)로, "모든 것을 규정하는 현실"(die alles bestimmende Wirklichkeit, W. Pannenberg, W. Härle)"로 이해되기도 하고, 우주의 "자기조직화의 원리"(F. Capra)로, "진화 과정의 완성"(A. Peacocke)으로 이해되기도 한다.

우리는 내재적 유형의 극단적 예를 여성신학자 맥페이그(S. McFague)가 말하는 "하나님의 몸"(body of God) 개념에서 볼 수 있다. 물론 맥페이그는 이 개념을 하나의 은유에 불과하다고 생각한다. 우리는 이 은유를 통해 하나님과 세계의 분리를 극복하고 하나님과 세계의 관계성과 연대성을 나타내고자 하는 맥페이그의 의도에 대해 충분히 동의할 수 있다. 세계 속에 일어나는 것은 곧 하나님 자신에게 일어난다. 세계의 삶의 경험이 하나님 자신의 삶을 구성한다. 피조물들의 기쁨과 고통은 하나님 자신의 기쁨과 고통이다.

그러나 "하나님의 몸"이란 개념은 하나님과 세계의 관계에 대한 내재적 유형의 위험성을 예시한다. 이 개념은 현재의 주어진 세계를 하나님의 몸으로 정당화시키는 동시에 세계의 모든 것을 하나님의 몸을 구성하는 신적인 것으로 볼 수 있는 범신론적 위험성을 내포한다. 여기서 하나님이 세계와 동일시되며, "세계가 곧 하나님이다", "세계의 모든 것이 하나님의 흔적이요 자기계시"라고 말할 수 있게 된다.

4) 변증법적 유형: 이러한 위험성을 피하기 위해 오늘날 일련의 신학자들은 만유재신론 혹은 범재신론(Panentheismus)을 말한다. 만유재신론은 하나님이 세계의 모든 피조물들, 곧 만유(pan: 모든 것) 안에 계시다는 것을 시사한다. 하지만 그것은 "모든 것이 신적이다"라고 보는 범신론을 말하는 것이 아니라 하나님의 내재와 초월을 변증법적으로 나타내고자 한다.

필자가 여기서 사용하는 "하나님의 집"이란 개념도 하나님과 세계의 변증법적 관계를 나타내려고 한다. 성서의 증언에 의하면 하나님은 그의 영을 통해 약속된 미래로부터 언제나 새롭게 "오시는 하나님"이다. 그는 이 세계 안에 오셔서 이 세계를 그의 처소, 곧 그의 집으로 삼는다. 이 집 안에서 일어나는 모든 일은 바로 하나님 자신에게 일어난다. 이 집의 삶이 곧 하나님 자신의 삶을 구성한다.

전통적으로 기독교 신학은 세계에 대한 하나님의 자유와 높으심을 강조하면서, 세계는 하나님에게 의존하지만 하나님은 세계에 의존하지 않는다고 주장하였다. 하나님은 "모든 것 '위에' 그리고 모든 것 '이전에' 계시며", "모든 것을 제약하지만, 그 무엇에 의해서도 제약되지 않는 분"이다 (Brunner 1972, 19). "세계는 일방적으로 하나님을 통해 제약되어 있다. 그러나 하나님은 세계를 통해 제약되지 않는다." 세계는 하나님을 통해 창조되었고 그의 근거를 하나님 안에 가지기 때문이다(Althaus 1972, 302).

이러한 생각은 진리의 요소를 가지는 동시에 하나님과 세계의 관계를 적절히 파악하지 못한다. 깊은 사랑 안에서 사랑하는 자와 사랑을 받는 자는 서로 의존한다. 세계가 하나님에게 의존하는 동시에 하나님도 세계에 의존한다. 피조물이 고통을 당할 때 하나님도 고통을 당한다. 하나님의 미래가 세계의 미래에 달려 있다. 만일 이 세계가 구원을 얻지 못한다면, 하나님의 구원의 역사도 실패로 돌아가게 된다.

이와 같이 하나님과 세계는 긴밀히 결합되어 있는 동시에 창조자와 피조물로서 구별된다. 만일 구별되지 않을 때, 세계가 "하나님의 몸"이라 말할 수 있고, "만유로서의 하나님", 피조물의 "마지막 영광", "마지막 변용"으로서의 하나님, "순수한 진리, 순수한 선(善), 순수한 미(美)…순수한 존재"로서의 하나님(Przywara 1953, 22), 혹은 세계 진화의 결과로서의 하나님(de Chardin)을 말하게 된다.

하나님과 세계의 관계에 대한 이러한 표상들은 매우 그럴듯하게 보이지만, 현존하는 세계의 부정적인 것을 긍정해 줄 수 있는 위험성, 곧 현재의 세계 그 자체를 하나님의 집으로 정당화시킬 수 있는 위험성을 가진다. 이 위험성은 "하나님의 집"이란 개념 속에도 숨어 있다. 즉 "부정적인 것"

으로 가득한 현존의 세계 자체를 하나님의 집으로 긍정할 수 있는 위험성을 말한다.

그러나 지금 우리가 경험하는 "하나님의 집"은 인간의 욕망과 무분별과 부주의로 인해 파괴되었고 오염되어 있다. 그 속에는 긍정적인 것들도 있지만, "죽은 뼈들"이 가득하다. 그러므로 성서는 예수의 부활을 통해 종말에 세워질 하나님의 새로운 집을 약속한다. 하나님이 만유 안에 거하실 것이다(고전 15:28). 하나님이 그 안에 거하시는 "하나님의 집"(장막)이 사람들 가운데 있을 것이다. 이때 모든 사람이 하나님의 백성이 될 것이다. 하나님은 그들과 함께 계실 것이며, "다시는 죽음이 없고 슬픔도 울부짖음도 고통도 없을 것이다. 이전 것들이 다 사라져버렸기 때문이다"(계 21:3-4).

이러한 종말론적 비전과 함께 성서는 온 세계가 하나님의 새로운 집으로 변화되어야 함을 시사한다. 파괴되었고 오염된 지금의 세계는 하나님의 새로운 집으로 변화되어야 한다. 모든 피조물이 거할 참 하나님의 집은 지금의 세계가 아니라 모든 부정적인 것이 극복된 미래의 세계에 있다. 따라서 하나님이 약속하는 미래의 새로운 하나님의 집은 지금의 세계의 모든 부정적인 것의 부정과 변화를 요구하는 변증법적·메시아적 성격을 가진다. 미래의 새로운 집은 그리스도인들과 그들의 공동체를 통해 이 세계 안에 자리를 잡기 시작한다. 그리스도인들은 "하나님의 동역자들이요…하나님의 집이다"(고전 3:9; 히 3:6). 하나님의 집은 "하나님의 교회요 진리의 기둥과 터이다"(딤전 3:15).

여기서 우리는 다음의 사실을 유의해야 할 것이다. 즉 세계는 하나님의 집인 동시에 모든 피조물의 집이요 본향이란 사실이다. 세계는 하나님의 집도 아니고 인간만의 집도 아니다. 그것은 하나님과 인간과 자연의 모든 피조물이 더불어 사는 공동의 집이다. P 문서가 묘사하는 창조의 세계와 J 문서가 묘사하는 에덴동산은 하나님의 집 - 피조물의 집을 나타낸다. 욥기의 생태학적 본문들은(예를 들어 욥 36-39장) 자연의 피조물들이 하나님의 창조질서 안에서 더불어 살아가는 자연의 집을 나타내고 있다. 요한계시록 21-22장의 "새 예루살렘"도 이를 시사한다.

라틴어 "자연"(natura)의 개념은 태어남(natus)이란 개념에서 유래하며, "물질"(materia)이란 개념은 모든 생명의 모체 혹은 자궁(matrix)인 어머니 (mater)에서 유래한다. 이 두 개념은 여성과 관계되어 있기 때문에 라틴어 natura와 materia는 둘 다 여성형이다. 모든 생명이 거기서 태어나는 여성의 자궁은 모든 생명의 본향이다. 자연의 세계(natura)는 여성의 자궁과 같다. 우리가 자연 안에서 평화와 안식을 느끼는 것은, 그것이 우리 '인간의 본향'이자 삶의 터전이요, '인간의 영원한 안식처요, 어머니'이기 때문이다(곽미숙 2008, 83).

결론적으로 세계는 "생명이 숨쉬고 사는 집이요, 하느님(한울님)이 생명의 살림살이 하는 한울(타리)"이다(김흡영 2004, 188). 이 집의 주인은 인간이 아니라 하나님이다. 그렇다면 우리 인간은 이 집의 권리를 존중해야 하며, 46억 년 전 인간이 등장하기 전부터 이 집 안에서 이미 자리를 잡고 살고 있는 모든 피조물의 주거의 권리를 존중해야 한다. 이 집을 파괴하는 것은 결국 우리 자신의 삶의 터전을 파괴하는 것이다.

E. "하늘은 하나님의 영광을 드러내고···"

성서의 기자는 하나님이 창조하신 세계의 아름다움을 찬양하며 이 세계를 창조하신 하나님의 지혜와 전능함을 찬양한다. 7일의 창조사역에 대한 P 문서의 이야기는 모든 사물들이 질서있게 자리를 잡고 있는 아름다운 세계를 제시한다. 창조된 사물들은 자기 앞서 창조된 사물들에 의존하면서 상생한다. 인간은 자연의 연결고리 마지막에 창조되며, 창조의 마지막에 하나님의 안식이 온다. J 문서의 "에덴동산"은 남자와 여자, 사람과 자연의 피조물이 더불어 사는 이상적인 세계를 묘사한다.

성서는 이른바 태초에 있었던 이상적 세계의 모습을 곳곳에서 다음과 같이 묘사한다. "주님께서는 땅의 기초를 든든히 놓으셔서, 땅이 영원히 흔들리지 않게 하셨습니다.…주님은 골짜기마다 샘물이 솟아나게 하시어 산과 산 사이로 흐르게 하시니 들짐승이 모두 마시고 목마른 들나귀들이 갈증을 풉니다. 하늘의 새들도 샘 곁에 깃들며, 우거진 나뭇잎 사이에서 지저귑니다"(시 104:5 이하).

구약성서의 증언에 의하면 세계의 질서와 아름다움은 하나님의 지혜에 근거한다. 하나님은 지혜로 세계를 창조하고(시 104:24; 참조. 136:5; 렘 10:12; 51:15), 지혜로 땅의 기초를 놓으셨기 때문에(잠 3:19), 세계는 질서와 조화와 아름다움을 가진다. "주께서 땅을 세우셨으므로" 모든 것이 결국 "하나님의 법도"와 "하나님의 규례"대로 이루어진다(시 119:90-93 참조). 자연의 모든 일들은 하나님의 질서 안에서 이루어지며 하나님의 살아계심과 그의 오묘하심, 그의 자비와 공의를 계시한다. 도스토예프스키(F. M. Dostoevskii)는 자연 세계의 아름다움과 하나님의 신비로움을 다음과 같이 이야기한다. "우리는 하나님께서 내리신 이 지상의 아름다움과 위대한 신비에 대해서 이야기를 나누었다. 한 줄기의 풀잎, 한 마리의 곤충, 한 마리의 개미, 한 마리의 꿀벌, 이 모든 것이 지성을 갖지 못하면서도 신기하리만큼 자기들이 가야 할 길을 알고 있고 하느님의 신비를 대변해 주고 있으며 그들 자신이 끊임없이 그것을 수행하고 있는 것이다"(Dostoevskii, 2001, 423).

한마디로 구약성서는 세계를 하나님의 계시로 이해한다. "하늘은 하나님의 영광을 드러내고, 창공은 그의 솜씨를 알려 준다. 낮은 낮에게 말씀을 전해 주고, 밤은 밤에게 지식을 알려 준다. 그 이야기, 그 말소리, 비록 아무 소리가 들리지 않아도 그 소리 온 누리에 울려 퍼지고, 그 말씀 세상 끝까지 번져간다"(시 19:1-4).

그러므로 우리는 자연을 통해 하나님의 존재와 의지에 대해 알 수 있다. "이 세상 창조 때로부터 하나님의 보이지 않는 속성, 곧 그분의 영원하신 능력과 신성은, 사람이 그 지으신 만물을 보고서 깨닫게 되어 있습니다"(롬 1:20). 법정 스님은 자연이 신적 계시임을 다음과 같이 암시한다. "자연은 우리 인간에게 영원한 어머니일 뿐 아니라 위대한 교사이다. 자연에는 그 나름의 뚜렷한 질서가 있다. 자연은 말없이 우리에게 많은 깨우침을 준다. 자연 앞에서는 우리가 알고 있는 얄팍한 지식 같은 것은 접어 두어야 한다. 그래야 침묵 속에서 우주의 언어를 들을 수 있다.…자연 앞에서 인간은 침묵의 의미를 배워야 한다. 그리하여 인간도 자연의 일부임을 깨달아야 한다"(법정 2006, 213, 이하 지면 관계로 시의 문체를 서술체로 바꿈).

그러나 이것은 자연의 세계에 대한 너무 감상적인 이야기가 아닌가? 인간의 세계를 포함하여 온 자연의 세계가 자기의 생명을 유지하고 자기의 힘을 확장시키기 위한 생존경쟁과 투쟁과 살육으로 가득하지 않은가? 그럼에도 불구하고 자연의 세계를 하나님의 계시라고 보는 것은 자연의 세계 속에서 일어나는 모든 부정적인 것을 미화시키고 은폐시켜버리는 것이 아닌가? "모든 것에 대한 모든 것의 투쟁"이 자연 세계의 원리가 아닌가?

물론 자연의 세계 속에는 자기의 생명을 유지하기 위한 투쟁과 살육이 끊임없이 일어난다. 나무 가지들도 자기의 영역을 확보하기 위해 옆에 있는 나무 가지들과 눈에 보이지 않게 다툰다(그래서 나무들이 어느 정도 자랐을 때, 더 크고 튼튼하게 자랄 수 있도록 옆에 있는 나무들을 잘라주어야 한다. 나무를 심기만 하는 것으로는 부족하다).

그러나 우리는 자연의 세계 속에서 일어나는 투쟁과 살육을 가리켜 죄라고 말할 수 없을 것이다. 그것은 자기의 생명과 종(種)을 유지하기 위한 최소한의 범위에서 일어나는 창조질서라 말할 수 있다. 자연의 생물들은 배가 부르면 더 이상 다른 생물을 죽이지 않는다. 그들은 부(富)의 축적을 모르기 때문이다.

그러므로 도스토예프스키는 말하기를, 자연은 "아무 죄도 없다"고 한다. "그리고 황소를 보아라. 언제나 순하게 생각에 잠긴 채 사람에게 젖을 주기도 하고 사람을 위해 일을 하지 않느냐? 말이나 소의 얼굴을 보아라.

얼마나 겸손한가? 걸핏하면 무자비하게 채찍질을 가하는 인간에게 얼마나 헌신적이냐! 그 얼마나 관대하고 그 얼마나 사람을 신뢰하며 그 얼마나 아름다운가! 그들은 아무 죄도 없다.…인간을 제외한 모든 것들은 죄를 짓지 않도록 만들어져 있기 때문이지. 그리스도께서는 우리 인간보다 먼저 그들과 더불어 계셨던 거야"(Dostoevskii 2001, 424).

여기서 우리는 세계의 이중구조를 발견한다. 한 편으로 세계는 생명이신 하나님의 지혜에 기초한다. 하나님의 사랑의 영이 모든 피조물 안에 임재하며, 모든 피조물은 "하나님 안에서 살고, 움직이고, 존재한다"(행 17:28). 하나님에 관해 알 수 있는 것이 그들 속에 있다(롬 1:20). "하늘은 하나님의 영광을 드러내고, 창공은 그의 솜씨를 알려 준다"(시 19:1-4). 다른 한 편 세계는 언제나 무의 위협 속에 있다. 그것은 무로부터 있게 되었기 때문이다. 그 속에는 생명의 힘이 작용하는 동시에 파멸과 무의 세력이 작용한다. 빛이 있는 동시에 어둠이 있다(창 1:3, "하나님이 말씀하시기를 '빛이 생겨라' 하시니, 빛이 생겼다").

그러나 자연의 세계 그 자체는 악한 것이 아니다. 그것은 하나님의 선한 창조이며, 모든 피조물의 생명을 위한 하나님의 축복이요 은혜이며 하나님의 광채다. 그것은 하나님의 오묘하신 능력과 자비와 은혜를 계시한다. 그것은 하나님을 나타내는 "하나님의 세상적 비유"(welthaftes Gleichnis)이며, 하나님 나라의 흔적(vestigium)이요 희미한 광채다(Chr. Link, 박종천 1992, 156). "우리 주위에 있는 하느님의 선물을 보십시오. 맑은 하늘, 깨끗한 공기, 부드러운 풀, 작은 새들, 자연은 아름답고 순결합니다. 그런데 우리는 우리 인간만은 어리석게도 하느님을 모르고 인생이 낙원이라는 사실을 모르고 있습니다. 우리가 참으로 그것을 이해하려고 노력한다면 낙원은 곧 예쁘게 단장을 하고 나타날 것이며, 우리는 서로 껴안고 울게 될 텐데…"(Destoevskii 2001, 440).

중세 신비주의자 마이스터 에크하르트(Meister Eckhart)에 의하면, "창조는 하나의 펼쳐진 책에 비유할 수 있다.…자연은 하나님의 영광을 반영하며 그의 본질의 표지를 지닌다. '하나님은 모든 피조물을 만드셨으며 또한 그 안에 머무십니다. 그분은 자신이 놀랍게 창조하신 것 안으로 흘러들어 오셨습니다. 그러므로 모든 피조물에서 그를 조망할 수 있습니다'"(이은재 2003, 393).

그러나 오늘날 자연은 점점 더 그 본래의 아름다움을 상실하고 있다. 인간의 문명이 발전할수록 자연은 그 자리를 점점 더 잃어가고 있다. 자연이 있던 자리에 건물들과 공장과 물류창고를 위시한 각종 산업시설들과 위락시설들과 골프장들이 들어선다. 자연의 아름다움과 여유로움을 경험할 수 있는 기회는 점점 더 줄어든다. 지구 주변의 우주 공간도 쓰레기장으로 변하고 있다.

이러한 세계를 가리켜 "하나님의 자기계시"라고 말하는 것은 현실을 망각한 자연의 예찬에 불과하지 않은가? 자연 파괴로 말미암아 죽음을 당하는 생물들에게 그것은 어처구니없는 이야기, 너무도 감상적인 이야기가 아닌가? 물론 그것은 감상적으로 들린다. 그러나 감상적으로 들리는 이 이야기 속에 하나님의 메시아적 언어가 숨어 있다. 즉 이 세계는 더 이상 억울한 고난과 죽음이 없는 세계, 하나님의 살아계심과 그의 영광을 계시하는 세계로 변화되어야 한다는 메시아적 목적 지향성을 시사한다. 무엇보다 먼저 우리 인간이 하나님의 계시가 되어야 한다. 그는 "하나님의 형상"으로 창조되었고 하나님과 인격적 교통을 가질 수 있는 유일한 존재이기 때문이다.

F. 만물은 형제자매이다
- 성서의 유기체적 세계관

하나의 집은 다양한 부분들로 구성되어 있다. 모든 부분들은 서로 연결되어 있고 의존하면서 이 집을 유지한다. 한 부분이 유지될 때 다른 부분도 유지될 수 있다. 집의 한 부분이 훼손되고 파괴될 때 집 전체가 영향을 받는다. 우리는 집을 생명이 없는 하나의 "물건"으로 생각하지만, 집은 그 속의 모든 부분들이 서로 영향을 주고받으면서 그 집을 유지하는 하나의 유기체 또는 생명체에 비유될 수 있다. 그래서 예로부터 "벽이 숨을 쉰다", 사람들이 말하는 것을 "벽이 듣는다"고 말한다.

자연의 집도 마찬가지다. 자연의 모든 피조물이 서로 의존하면서 타자의 생명과 존속을 가능케 한다. "피조물의 상호 의존성은 피조된 현존의 유한성에 속한다. 모든 피조물은 다른 피조물에 의해, 다른 피조물을 위해 살며, 다른 피조물의 현존 위에서 생육하며, 거꾸로 다른 피조물을 위한 기반이 된다"(Pannenberg 1991, 200). 그들은 한 하나님에 의해 창조된 형제자매요, 세계는 형제자매들이 함께 얽혀 있는 유기체라 말할 수 있다.

어느 한 존재 계층이 유지될 때 다른 존재 계층이 유지될 수 있고, 나아가 유기체 전체가 유지될 수 있다. 어느 하나가 건강하지 못하면 다른 것도 건강하지 못하게 되고, 결국 유기체 전체의 건강이 훼손된다. 모든 피조물은 유기체적 관계 속에서 거대한 "생명의 그물망"을 구성하기 때문이다. 따라서 한 부분에게 일어나는 일은 사실상 생명의 그물망 전체에 영향을 준다. "부분과 전체"는 분리될 수 없이 결합되어 있다(W. Heisenberg의 자서전 『부분과 전체』는 이것을 시사함). 모든 것이 서로에게 의존하며 다른 존재를 통해 자신의 생명을 유지한다. 그러므로 "존재하는 모든 것들의 상호의존 관계만이 본질적 특성일 수 있다"(이정배·이은선 1993, 46).

성서는 유기체적 세계관에 대한 직접적 지식이나 이론을 이야기하지 않는다. 특정한 세계관에 대한 정보를 전하는 것이 성서의 목적이 아니기 때문이다. 그러나 우리는 하나님과 세계와 인간에 대한 성서의 이야기 곳곳에 유기체적 세계관이 나타나는 것을 볼 수 있다. 지혜문학의 생태학적 본문들에 의하면, 세계는 그 속의 모든 피조물들이 하나님의 영 안에서 서로 연결되어 있는 하나의 유기체로 생각된다. "주님은 골짜기마다 샘물이 솟아나게 하시어…들짐승이 모두 마시고, 목마른 들나귀들이 갈증을 풉니다. 하늘의 새들도 샘 곁에 깃들며…누각 높은 곳에서 산에 물을 대주시니, 이 땅은 주님께서 내신 열매로 만족합니다"(시 104:10-26). "하나님이 쉬시는 숨으로 물이 얼고", "구름은 하나님의 명을 따라서 뭉게뭉게 떠다니며", "하나님은 땅에 물을 주시려고 비를 내리신다"(욥 37:10-13).

또 자연의 피조물을 살아 있는 인격체로 생각하는 성서의 표상에서 우리는 성서의 유기체적 세계관을 볼 수 있다. 인간은 물론 자연의 모든 피조물이 인격성을 갖고 있다. 그래서 성서는 인격체가 할 수 있는 일을 자연의 피조물도 행할 수 있는 것으로 묘사한다. 인간이 악을 행하면 그의 토지가 부르짖어 그를 책망하며 그 이랑이 일시에 울 것이다(욥 31:38). 물들이 하나님을 보고 두려워하며(시 77:16) 새벽별들이 하나님을 노래한다(욥 38:7). 모든 피조물이 신음하면서 하나님의 구원을 기다리고 있다(롬 8:13-22). 자연의 세계는 하나의 유기체이기 때문에, 자연의 모든 피조물이 공통된 인격성을 가지며 서로 소통할 수 있는 것으로 생각된다. "담에서 돌들이 부르짖으면, 집에서 들보가 대답할 것이다"(합 2:11). "낮은 낮에게 말씀을 전해 주고, 밤은 밤에게 지식을 알려 준다"(시 19:2).

모든 생명이 흙에서 와서 흙으로 돌아간다는 성서의 표상도 유기체적 세계관을 나타낸다. 땅 위의 모든 생명은 "흙"이라고 하는 공통된 요소를 가진다. 그들은 모두 하나님께 속한 동시에 땅에 속한 "땅의 피조물"(Erdengeschöpf)로서 하나로 연결되어 있다. 여기서 흙은 자연에 대한 소속성을 가리키는 동시에 땅 위에 있는 모든 유한한 생명들의 유기체적 연대성을 가리킨다. 그들은 모두 흙에서 와서 흙으로 돌아가야 할 운명 공동체 안에 있다(욥 34:14-15). 사람이나 짐승이나 "모두 흙에서 나와서 흙으로 돌아간다"(전 3:20).

성서의 유기체적 세계관의 뿌리는 단지 고대세계의 세계관에 있는 것이 아니라 하나님의 창조에 근거한다. 아버지 하나님은 그의 영(靈)을 통해 세계를 창조하셨기 때문이다. 창조자 하나님의 영이 피조물들 안에 임재한다. 그들 안에 임재하는 하나님의 영을 통해 모든 피조물은 유기체적

"전체"를 구성한다. 하나님의 영이 떠날 때, 그들은 모두 흙으로 돌아갈 수밖에 없는 유한한 존재로 창조되었다. 유한성에 있어서 그들은 하나로 결속되어 있다. 그들은 모두 "육"(בָּשָׂר, *basar*)이다. "모든 육체는 다 함께 죽으며, 사람은 흙으로 돌아간다"(욥 34:15). 유기체적 생명의 그물망 안에서 모든 피조물은 공동의 운명을 가진다.

유기체적 생명의 그물망 안에서 모든 피조물은 자신의 자리를 가지며 다른 피조물의 생존을 가능하게 한다. 한 피조물에게 일어나는 것은 생명의 그물망 전체에 영향을 준다. 또 전체에 일어나는 것은 개별의 피조물에게 영향을 준다. 부분과 전체는 유기체적 관계성 안에 있다. 이 관계성 안에서 모든 피조물은 그 자신의 가치와 존재 의미를 가진다.

일반적으로 우리는 땅 속에 있는 지렁이를 징그럽게 여긴다. 그러나 지렁이는 땅 속의 모든 더러운 것과 독소를 섭취하여 땅을 정화시키고, 땅에 좋은 자양분을 배출함으로써 땅을 비옥하게 만든다. 우리는 들판에서 죽은 짐승의 시체를 뜯어먹는 새를 징그럽게 여기지만 이를 통해 자연의 부패와 질병이 예방된다. 이와 같이 자연의 생물들은 상호 의존 속에서 자연의 유기체 전체를 유지하는 데 기여한다.

그러므로 우리는 자연의 미물(微物)도 귀중히 여기며 그들의 상호 의존성과 민감성을 존중해야 한다. 우리에게 귀찮고 위험하다 하여 자연의 일부를 파괴하거나 멸종시킬 때 자연의 유기체에 균열이 일어난다. 인간의 생명도 자연의 거대한 유기체에 속한다. 그러므로 이 유기체를 훼손할 때 우리는 인간 자신의 생명이 해를 당하게 된다는 것을 의식해야 한다. 자연의 유기체를 자신의 몸처럼 소중히 여기고 이를 보호할 때 자연의 유기체도 우리의 생명을 보호해 줄 것이다. 자연의 모든 피조물은 유기체적 관계 속에 결합되어 있는 한 가족이기 때문이다.

우리는 인간만이 지혜로우며 자연은 지혜로운 인간의 지배 대상이라 생각하기 쉽다. 그러나 자연도 그 나름대로의 깊은 지혜를 가진다. 자연의 피조물들은 환경의 모든 악조건 속에서 자기를 적용하고 유지하며, 서로에게 도움을 주고 도움을 받으면서 서로의 생명을 가능하게 한다. 그리하여 생명 공동체를 유지한다. 또 이웃과 군락생활을 하면서 생명의 희생을 최소화하고 삶을 함께 나눈다. 수천 킬로미터를 여행한 후 알을 낳기 위해 자기가 태어난 장소로 돌아오는 연어의 지혜는 인간이 설명할 수 없는 신비에 속한다.

필자는 가끔 들판에 피어 있는 코스모스를 보면서 햇빛과 바람과 물과 흙을 가지고 이 소박하고 청순하게 보이는 꽃을 만들어 낸 하나님에게 깊은 감사의 마음을 느낀다. 그리고 자연의 피조물이 우리 인간에게 위대한 교사가 될 수 있음을 발견한다. 코스모스는 누가 가르쳐 주지 않아도 오랜 인고의 시간을 거쳐 자기를 성실히 가꾸어내며 무리를 이루어 가을의 들녘과 하늘을 노래한다. 서로 어우러져 들판의 바람을 막아주며 강인한 뿌리를 통해 토양을 유지한다. 서로 더 많이 갖기 위해 싸우지 않으며 자기에게 주어진 것에 만족하면서 더불어 소박하게 살아간다. 불신하고 미워하며 사는 우리 인간은 들판에 피어 있는 저 코스모스에서 더불어 소박하게 사는 삶의 지혜, 공동체적 평화의 지혜를 배울 수 있지 않을까. 저 코스모스야말로 우리 인간에게 삶의 지혜를 줄 수 있는 우리의 형제자매가 아닐까 생각해 본다.

물론 우리 인간은 모든 생물들 가운데 가장 높은 정신적·지적 능력을 가진 존재임은 사실이다. 그러나 아무리 높은 능력을 가진 인간일지라도 그는 자연의 사물들 없이 생존할 수 없다. 그는 하나님이 지은 창조 공동체의 연결고리 안에서만 생존할 수 있다. 그런 점에서 자연의 모든 사물들은 인간의 생존을 가능케 하는 그의 형제자매라고 말할 수 있다. 자연의 사물들을 지배와 착취의 대상으로 생각하는 현대사회의 추세에 반해 그들을 우리의 형제자매로 여기는 지혜가 참으로 필요하다.

5

하나님 나라의 미래를 향한
창조의 세계

A. 무의 세력에 사로잡힌 창조의 세계

성서의 많은 이야기들은 과학적으로 검증될 수 없는 하나의 종교적 이야기로 생각될 수 있다. 그러나 이 종교적 이야기 속에는 인간의 삶과 세계의 깊은 진리들이 숨어 있다. P 문서의 창조 이야기에 의하면, 하나님이 지으신 생명의 공간 위와 아래에는 물이 있다(창 1:7). 이 물은 생명의 공간을 위협하는 파멸적 세력을 상징한다. 땅의 "큰 샘들이 모두 터지고" 하늘의 "문"이 열려, 물이 생명의 공간으로 쇄도함으로써 생명의 공간이 파괴된다 (7:11). 구약성서 곳곳에서 물 혹은 큰 물, 바다는 피조물의 세계를 위협하는 카오스의 세력 혹은 죽음의 세력으로 생각된다(출 15:5; 욥 38:34; 시 69:2). 따라서 종말에 이루어질 "새 하늘과 새 땅"은 더 이상 바다가 있지 않는 세계로 묘사된다(계 21:1).

물에 관한 성서의 이 이야기는 무엇을 말하는가? 그것은 우리가 살고 있는 이 세계가 언제나 그것을 파괴하려는 무의 세력, 곧 죄와 죽음의 세력의 위협 속에 있음을 말한다. 여기서 우리는 세계의 양면성을 발견한다.

한 편으로 세계는 하나님이 지으신 하나님의 아름다운 생명의 세계이다. 이와 동시에 그것은 언제나 파멸의 세력, 무의 세력의 위협 속에 있다. 성서는 세계의 이 양면성을 "빛과 어둠"의 구도를 통해 이야기하기도 한다 (창 1:4). 이 구도는 신약성서에 전승된다. 빛과 "빛의 자녀들"(엡 5:8) 혹은 "하나님의 자녀들"(요일 5:2)이 생명의 힘을 가리킨다면, 어둠과 "어둠에 다니는 자"(요 12:35) 혹은 "마귀의 자녀들"은 죄와 죽음, 곧 무의 세력을 가리킨다. 생명의 근원이신 하나님 없는 세계는 "어둠의 세계", "어둠과 죽음의 그늘" 속에 있는 세계에 비유된다(엡 6:12; 눅 1:79).

J 문서의 창조 이야기는 이것을 감각적 형태로 나타낸다. 하나님은 그의 지혜로 에덴동산을 세우시고, 이 동산 안에 "생명의 나무"와 "선과 악을 알게 하는 나무", 곧 죽음에 이르게 하는 나무를 있게 하신다. 생명의 나무가 이 세계의 기초를 이루는 하나님의 지혜 혹은 하나님의 말씀을 가리킨다면, 선과 악을 알게 하는 나무는 생명의 세계를 위협하는 무의 세력의 잠재성을 가리킨다. 생명의 길과 죽음의 길, 유의 세력과 무의 세력, 선의 세력과 악의 세력이 에덴동산 안에 공존한다. 뱀은 악의 세력의 화신(化身)으로 표상된다.[2]

"선과 악을 알게 하는 나무의 열매를 따 먹어서는 안 된다"는 하나님의 명령은 무엇을 말하는가? 이 명령은 에덴동산에 있는 특정한 나무의 열매를 따먹지 말라는 것이 아니라 하나님이 설정하는 한계 내에서 우리 인간이 살아야 함을 말한다. 곧 하나님 없이 자기중심적으로 살지 않고, 하나님의 사랑 안에서 이웃과 더불어 살아야 함을 말한다. 그러나 유한한 인간이 자기의 한계를 부인하고 "하나님과 같은 인간"이 되고자 함으로 말미

---

2) 만일 이 이야기를 역사적 사실(fact)로 생각한다면, 우리는 땅 위에 있는 모든 뱀을 멸종시켜야 할 것이다. 그러나 호주에서 활동하는 한 선교사의 체험에 의하면, 그가 선교하는 지역에 토끼를 산 채로 잡아먹기도 하는 뱀이 많이 살고 있는데, 이 뱀들이 땅 속에 구멍을 파서 지진을 막아준다는 것이다. 여기서 우리는 성서 문자주의가 터무니없는 주장임을 알 수 있다.

암아 인간은 물론 온 세계가 파멸과 죽음의 세력에 사로잡히게 된다.

파멸과 죽음의 세력, 카오스적 무의 세력은 인간의 죄를 통해 구체적으로 나타난다. 죄를 지을 때 인간은 무의 세력의 종(從)이 된다. 이 인간을 통해 무의 세력은 세계를 파멸과 죽음으로, 곧 무(無)로 이끌어간다. 인간은 창조자 하나님을 섬기지 않고 우상을 섬기며, "가난한 사람과 궁핍한 사람을 죽이고 밤에는 도둑질을 하며", 어둠 속에서 간음을 일삼고 지계표(地界標)를 옮기며, 고아의 나귀를 빼앗고, "과부가 빚을 갚을 때까지 과부의 소를 끌어가는" 악인이 호의호식하며, 의롭고 순전한 자를 조롱한다(욥 12:4).

또한 무의 세력은 세계의 모순에도 나타난다. "악한 사람이 받아야 할 벌을 의인이 받는가 하면, 의인이 받아야 할 보상을 악인이 받는다"(전 8:14). 무고한 자들이 고난과 죽음을 당하며 굶주림과 질병과 고통 속에서 살아가는 이 세상은 한마디로 무의 세력에 붙들린 세상이라 말할 수 있다. 이러한 세상은 한마디로 무의미하고 헛된 세상이다. "헛되고 헛되다. 모든 것이 헛되다. 사람이 세상에서 아무리 수고한들, 무슨 보람이 있는가?"(1:2-3)

신약성서는 무의 세력을 우주론적으로 파악한다. 무의 세력은 세계를 지배하는 하나의 우주론적 세력이다. 온 세계가 "어둠과 죽음의 그늘" 속에 있다(눅 1:79). 이 세력은 아담의 죄의 타락으로 인해 있게 되었다. 한 사람으로 말미암아 죄가 세상에 들어왔고, 또 그 죄로 말미암아 죽음이 들어왔고(롬 5:12), "아담 한 사람의 범죄 때문에 그 한 사람으로 말미암아 죽음이 왕노릇하게 되었다"(5:17). 이리하여 모든 사람이 "죄의 법"의 포로가 되어, "원하는 선한 일은 하지 않고, 도리어 원하지 않는 악한 일을 한다"(7:23, 19). 인간은 물론 모든 피조물이 허무의 세력, 곧 죄와 악의 세력에 사로잡혀 신음하고 있다(8:20-22). 요한 문서에 의하면 온 세계가 어둠의 세력에 잠겨 있다(요 1:5). 하나님 없는 자들은 어둠과 죽음 속에서 살고 있다. 이 어둠과 죽음은 하나님의 진리를 행하지 않으며 형제를 사랑하지 않고 형제의 생명에 해가 되는 일을 하는 인간의 행위를 통해 구체화된다(요일 1:6; 3:14-15 참조). 한마디로 하나님 없는 이 세계는 "어둠의 세계"다(엡 6:12).

공관복음서는 이 세계를 귀신에 사로잡힌 세계로 묘사한다. 귀신 들린 두 사람이 거기 살고 있는 "무덤"은 하나님을 부인하고 죄와 죽음의 세력에 붙들려 사는 인간의 세계를 상징한다(마 8:28). 그 속에는 "탐욕과 악독이 가득하다"(눅 11:39). 그것은 "죽음의 음침한 골짜기"와 같다(시 23:4).

이것은 단지 하나의 종교적 이야기가 아니라 바로 오늘 우리의 세계를 묘사하고 있지 않은가? 물론 의롭고 선한 사람들이 우리 주변에 많이 있고, 이런 사람들이 있기 때문에 사회가 유지된다. 이와 동시에 많은 사람들이 하나님의 진리 대신에 거짓을 사랑하며, 탐욕과 허영과 사치와 부패와 타락에 빠져 자기의 생명은 물론 이 세계를 무덤과 같은 것으로 만들어가는 현실을 볼 수 있다. 땅바닥에 가래침과 껌을 뱉고 쓰레기를 내버려 하나님의 집을 더럽게 만들어버린다. 사용하다 내버린 폐기물과 쓰레기가 강바닥에 쌓여 강물을 오염시킨다. 가지고 싶다고 사들인 애완동물들이 귀찮다 하여 인정사정 볼 것 없이 길거리에 내버리고, 자기가 낳은 딸과 손녀, 조카를 겁탈하기도 한다. 이러한 인간의 세계는 한마디로 무의 세력, 죄와 죽음의 세력에 사로잡힌 "무덤"이라 말할 수 있다.

현재 지구상에 존재하는 51,000기가 넘는 핵폭탄(오늘날 핵폭탄 한 개의 위력은 세계 제2차 대전에서 사용된 화력의 전체를 능가한다고 함), 세계 각지에서 일어나는 자살테러, 인종분규와 종교적 갈등으로 인한 대량학살, 전쟁과 인종청소 등은 현대세계를 사로잡고 있는 무의 세력을 나타낸다.

최근에 세계 각지에서 일어난 대규모의 자연 재해를 보면서 우리는 이렇게 생각할 수 있다. 인간이 있기 전에 자연이 먼저 있었다. 인간의 문명이 등장하기 전에도 태풍이나 허리케인이 있었을 것이다. 그것은 자연이 그 자신을 정화하기 위해 일어날 수밖에 없는 매우 "자연적인" 현상이라 볼 수 있다. 태풍을 통해 땅의 오물들이 제거되며 공기와 물이 맑아진다. 그래서 우리는 태풍이 지난 후 깨끗해진 하늘과 공기와 물을 눈으로 볼 수 있다. 그러나 오늘날 태풍이나 허리케인은 인간이 배출하는 더운 공기와 지구의 온실화 현상으로 인해 더 빈번히 일어나며 더 강화된 양상을 보인다. 이것은 상당 부분 인간의 자업자득(自業自得)이라 볼 수 있다.

따라서 오늘날 세계 각지에서 일어나는 태풍이나 허리케인은 인간에 의해 오염되었고 파괴된 자연이 자기를 정화시키고 자신의 생명력을 회복하려는 몸부림이요, 자신을 파괴하는 인간에 대한 저항이라 볼 수 있다. 강에 거대한 교량을 세워 물길을 방해하고, 거대한 고층 빌딩을 짓고 간판을 세워 바람의 흐름을 막아버리고, 자연의 자원들을 캐내어 자연을 오염시키고 쓰레기장으로 만든 인간의 횡포에 대해 자연은 저항하지 않을 수 없을 것이다. 우리는 태풍의 재해를 "재해"라고 부르지만 그것은 자신의 생명력을 회복하려는 "자연의 몸부림"이라 볼 수 있다.

태풍이나 자연의 재해로 인해 죽음을 당한 사람들, 가진 재산을 전부 잃어버린 사람들에 대해 우리는 애석한 마음을 금할 수 없다. 그러나 인간의 욕심으로 말미암아 떼죽음을 당하는 자연의 생명들의 억울한 고통과 죽음, 더운 바닷물을 견디지 못해 해안으로 나와서 죽음을 당한 수 십 마리나 되는 고래의 죽음의 고통을 우리는 어떻게 보상할 수 있단 말인가? 자연의 재난들은 자연에 대한 인간의 범죄에 대해 하나님도 분노하며 인간을 심판할 수밖에 없다는 사실을 우리에게 보여주는 하나님의 묵시사상적 계시이다. 하나님이 지으신 자연을 인간이 인위적으로 변경하고 조작하고 파괴할 때, 자연은 온 세계를 파멸할 수 있는 무의 세력으로 돌변할 수 있다.

자연은 그 자신의 삶의 리듬을 가지고 있으며, 그 자신의 능력을 통해 생육하고 번성한다. 인간은 자연 없이 생존할 수 없지만 자연은 인간이 없어도 얼마든지 생존할 수 있고 진화의 역사를 이어갈 수 있다. 오늘날 자연과학은 인간의 생명을 복제하고 그의 유전자를 조작할 수 있는 단계에 이르렀다. 유전자 조작은 인간의 유전성 질병을 제거할 수 있다. 생명

복제 기술은 인간에게 필요한 장기를 공급할 수 있다. 그러나 자연을 자연 그대로 두지 않고 변경시킬 때 부작용이 일어나기 마련이다. 이 부작용으로 인해 인간 자신이 직접 간접으로 해를 당할 수밖에 없다. 인간 복제의 과정에서 인간 괴물이 등장할 수 있는 가능성을 누가 부인할 수 있겠는가?

무의 세력은 인간 바깥에는 물론 인간 안에서도 작용한다. 무엇보다 먼저 그것은 유한한 인간이 자기의 유한성을 부인하고 무한한 존재로서 자기를 확대시키고자 하는 욕망의 형태로 작용한다. 유한한 인간의 무한한 욕망은 인간의 생명을 생동케 하는 활력이 되는 동시에 그의 생명을 무로 이끌어간다. 그것은 무의 세력의 잠재성을 가진다. 아무리 소유해도 만족할 줄 모르는 인간의 물질욕, 권세욕, 명예욕, 아무리 채워도 채워지지 않는 성욕은 단 한 번밖에 없는 인간의 생명을 무적(無的)인 것으로 만들어버린다. 인간의 욕망이란 자신의 생명은 물론 세계의 모든 것을 무로 돌릴 수 있는 "전차"(戰車)와 같다. "욕망이란 이름의 전차"란 영화 제목은 욕망의 노예가 되어 이 세계를 지옥과 같은 것으로 만들어버리는 인간을 보여준다. 여기서 우리는 "네가 이 나무열매를 따먹을 때, 너는 죽을 것이다"(창 2:17)라는 J 문서 창조 이야기의 깊은 뜻을 볼 수 있다.

B. 하나님의 나라를 향한 변증법적 과정으로서의 세계
– 창조의 종말론적·메시아적 이해

이와 같은 현대세계에 대해 성서의 창조신앙은 무엇을 말하는가? 파라다이스와 에덴동산에 관한 성서 기자들의 진술들은 오늘날 우리 세계에 아무 의미도 없는 옛날이야기에 불과한가? 그들은 위기에 처한 오늘 우리의 세계에 대해 무엇을 말해주는가?

1) 먼저 우리가 확정해 두고자 하는 것은, 성서의 기자들은 단지 옛날

에 있었던 파라다이스 혹은 에덴동산에 관한 감상적 이야기를 하려는 것이 아니라 죄와 죽음의 세력에 사로잡힌 세계의 현실을 직시하면서 하나님의 창조를 이야기한다는 점이다. 세계를 파멸하려는 무의 세력을 보면서 그들은 하나님의 창조를 증언한다.

파멸의 세력 앞에서 창조신앙의 기자들은 세계의 모든 악한 상황에도 불구하고 이 세계는 하나님의 소유이며 그의 관심과 사랑의 대상임을 증언한다. 이 세계는 하나님에게 등을 돌린 "하나님 없는" 세계지만, 세계에 대한 창조자 하나님의 사랑은 변함이 없다. 하나님은 그의 신실하심을 지킨다. 이원론적 종교 사상들이 말하는 것처럼 하나님은 세계를 죄악되고 무가치한 것으로 포기하지 않으며 저주하지 않는다. 그의 모든 더러움과 죄악과 고난에도 불구하고 세계는 여전히 하나님이 사랑하고 기뻐하는 그의 창조이며 그의 소유이다. 그리고 인간은 "죄 안에서, 죄에도 불구하고" 여전히 "하나님의 피조물"이다(Luther, Link 1991a, 34).

그러나 이것은 결코 현존의 세계에 대한 긍정이 아니다. 오히려 그것은 현존하는 세계의 부정적인 것의 부정을 뜻한다. "세계는 하나님의 창조이다"라는 서술형 문장은 "그러므로 이 세계는 하나님이 창조한 본래의 세계로 변화되어야 한다"는 명령형 문장을 내포한다.

성서의 창조 이야기들은 바로 이것을 말하고자 한다. 그들은 과거에 있었던 파라다이스에 대해 말하려는 것이 아니라 세계를 위협하는 카오스적 무의 세력을 직시하면서 이 세계가 본래의 모습으로 회복되어야 함을 시사한다. 우리가 살고 있는 이 세계는 무의 세력에 묶여 있지만, 본래 그것은 "하나님 보시기에 좋은" 하나님의 창조이다. 그러므로 창조신앙은 이 세상이 정말 "하나님 보시기에 좋은" 세계, 하나님이 기뻐할 수 있고 하나님을 계시하는 아름다운 세계로 변화되어야 한다는 것을 암시한다.

달리 말해 창조의 세계에 대한 성서의 서술들(Indikativ)은 죄와 죽음의 세력에 사로잡힌 우리의 세계가 하나님이 기뻐하는 세계로 회복되어야 한다는 당위성(Imperativ)을 나타낸다. 그것은 본래 하나님의 세계이기 때문에 하나님의 세계다운 세계로 회복되어야 한다. 모든 것이 "하나님의 법도"와 "하나님의 규례대로" 이루어져야 하며 하나님의 질서를 따라야 한다. 그러므로 제2이사야는 하나님의 "새 창조"를 이야기한다. 이 세계는 하나님이 기뻐하는 새로운 세계로 새롭게 창조되어야 한다.

따라서 창조신앙의 세계는 메시아적·변증법적 성격을 가진다. 그것은 비본래적 상태를 버리고, 아직 주어지지 않은, 그러나 하나님이 약속하는 "새 하늘과 새 땅", 곧 하나님의 정의와 자비가 모든 것을 지배하는 메시아적 현실로 끊임없이 변화되어야 한다. 에베소서 1:10, 골로새서 1장의 우주적 희망의 비전은 물론 사멸의 세력에 묶인 모든 피조물이 신음하면서 "하나님의 자녀들의 영광의 자유"를 기다린다는 로마서 8:21은 메시아적 현실을 향한 기다림과 희망을 나타낸다.

2) 따라서 성서가 묘사하는 소위 태초의 세계는 과거에 있었던 것에 대한 서술이 아니라 지금의 세계가 지향해야 할 미래의 세계에 대한 약속과 지시의 성격을 지닌다. 과거에 있었던 것으로 묘사되는 "에덴동산"은 우리의 세계가 지향해야 할 미래의 세계를 가리킨다. 곧 "태초"(=처음, *proton*)는 "종말"(나중, *eschaton*)을 지시하며, 시원론(Protologie)은 종말론(Eschatologie)에 상응한다. 구약성서에서 창조는 "종말론적 개념"이다 (Koehler 1953, 72). 그것은 과거의 것을 이야기하는 것 같지만, 사실상 미래의 "새로운 것"(*Novum*)을 이야기한다. 즉 미래의 새로운 현실을 과거의 형태로 이야기하며 그것을 약속한다.

따라서 창조신앙의 언어는 새로운 미래를 지시하면서 그것을 약속하는 "약속의 언어"요 "메시아적 언어"다. 그것은 새로운 미래를 향한 "해방의 언어"다. 창조신앙의 밑바닥에는 새로운 생명의 세계를 기다리고 동경하는 메시아적·유토피아적 정신이 깔려 있다. 구약성서의 창조신앙은 "하나님이 역사를 주관한다는 신앙이다.…선하고 의로운 하나님이 천지를 창조하고 세상 역사를 시작했기 때문에, 지금의 현실이 아무리 암울하더라도 희망이 있고 정의가 승리하게 될 것이라고 믿었던 것이다. 이스라엘 백성에게 창조 신앙은 역사적인 질곡으로부터의 해방에 대한 신앙이요, 역사적인 정의에 대한 신앙이다"(박재순 1988, 162).

여기서 우리는 성서의 창조신앙의 본질을 발견한다. 성서의 창조신앙의 본질은 과거에 대한 이야기에 있는 것이 아니라 "하나님 보시기에 좋은" 새로운 생명의 세계에 대한 메시아적 약속과 희망에 있다. 하나님이 세계를 창조하였고 세계의 기초를 세우셨다면, 세계의 마지막은 우주적 재난을 통한 대파멸과 폐기가 아니라 하나님 보시기에 좋은 파라다이스, 곧 예수가 선포한 하나님의 나라가 이루어지는 데 있다. 바로 여기에 세계의 미래가 있다. 성서의 창조신앙은 이 미래를 가리킨다. 그것은 과거를 지시하는 것이 아니라 미래를 지시하며, "보편적 기다림의 지평을 열어준다. 창조는 새로운 것의 알림이다. 창조와 역사의 관계 속에서 변화의 시작이 정립된다. 자유의 표징은 출애굽을 통해 비로소 일어나지 않는다. 성서의 창조 이야기는 자유의 이야기다"(Kraus 1983, 215).

3) 흔히 말하기를 인간이 창조의 완성이요 창조의 면류관이라 한다. 여기서 인간의 창조가 세계의 목적인 것처럼 생각된다. 그러나 P 문서에 의하면 창조의 목적은 하나님의 안식에 있다. 창조 목적은 인간의 창조에 있는 것이 아니라 모든 피조물이 하나님의 정의와 자비 속에서 평화롭게 더불어 사는 하나님의 안식에 있다(창 2:2-3).

P 문서가 말하는 "하나님의 안식"은 단지 6일 간의 창조사역을 끝내고 하나님이 쉬었다는 과거의 사실(factum)을 말하는 것이 아니라 역사의 종말에 모든 피조물이 도달해야 할 세계의 미래를 가리킨다. "그의 안식에 들어갈 약속이 우리에게 마련되어 있다"(히 4:1). 따라서 하나님의 안식은 모든 피조물의 안식에 대한 하나님의 "언약", 곧 약속이요 초대이다(오만규 2004, 137, 507 이하).

현대세계는 한마디로 안식이 없는 세계라 말할 수 있다. 보다 많은 이익과 소유를 얻기 위해 "경쟁"이 최고의 원리로 생각된다. 가는 곳마다 경쟁해야 한다고 난리다. 경쟁이 있는 곳에 안식이 있을 수 없다. 치열한 노력과 눈에 보이지 않는 투쟁이 삶을 지배한다. 내 주변에 있는 모든 사람들이 경쟁의 상대로 보인다. 경쟁을 통해 더 많은 업적을 남기고 더 많은 소유를 얻어도 우리는 만족하지 못한다. 더 많은 소유를 얻기 위해 더 많이 일하고자 한다. 주말의 휴일은 참 의미의 안식을 위한 것이 아니라, 다음 주간에 필요한 힘을 회복하는 준비기간으로 생각된다. 더 많이, 더 효율적으로 노동하여 더 많은 소유를 얻고자 하는 욕구로 말미암아 현대인은 참 안식을 알지 못한다.

이러한 현대세계에 대해 P 문서의 창조 이야기는 세계의 목적이 안식에 있음을 제시한다. 안식이 없는 현대세계는 하나님과 모든 피조물이 안식할 수 있는 상태로 변화되어야 한다. 모든 피조물이 안식을 누리며 하나님도 안식할 수 있는 세계가 이루어지는 데 세계사의 궁극적인 목적이 있고, 이 목적이 이루어질 때 하나님의 창조는 완성될 것이다. 7일째 찾아오는 안식일을 통해 이 궁극적 목적이 선취되며, 종말에 모든 피조물이 누릴 영원한 생명이 앞당겨 경험된다. 피조물의 안식 속에서 하나님 자신이 안식하신다. 하나님이 세계와 모든 생명의 창조자로 인식된다. 죄와 죽음의 세력에 묶여 신음하던 모든 생명이 자유와 평화를 누리게 된다. 안식일은 "생명의 날로서 곧 삶의 날"이다. 그 날은 "하나님이 뭇 '생명을 살리는'(막 3:4) 날이고 뭇 삶을 살려내는 날이다"(오만규 2004, 29). 우리는 이 안식에 들어가고자 힘써야 한다(히 4:11).

4) 따라서 성서의 창조신앙은 과거 지향성이 아니라 미래 지향성을 그 본질로 한다. 그것은 미래에 대한 꿈을 과거에 대한 꿈의 형식으로 이야기하며, 해방과 개혁과 변화에로 우리를 초대한다. 그것은 악의 위협 속에 있는 현존의 세계가 도달해야 할 메시아적 미래를 지시함으로써 현존의 세계를 부정하고 메시아적 미래를 향해 우리를 부른다. 그것은 과거의 에덴동산을 이야기함으로써 역사를 폐기하는 것이 아니라, 하나님 나라의 미래를 향한 "세계의 역사화"를 일으킨다(Moltmann 1969, 124).

성서의 창조신앙에 의하면 세계는 우연히 있게 된 것이 아니라 하나님이 지으신 것이다. 하나님이 세계의 근원이다. 존재의 근원(Ursprung)이 존재의 미래와 방향(wozu, wohin)을 규정한다. 세계는 하나님을 자기의 근원으로 가지기 때문에 하나님이 지시하는 미래를 지향해야 한다.

창조신앙의 약속의 언어, 메시아적 언어는 새로운 생명의 세계에 대한 하나님의 메시아적 약속으로 명백히 나타난다. "보라, 내가 새 하늘과 새 땅을 창조하리니 이전 것은 기억되거나 마음에 생각나지 아니할 것이다. 너희는 나의 창조하는 것을 인하여 영원히 기뻐하며 즐거워할 것이다" (사 65:17-18). 하나님이 약속하는 메시아적 세계에는 우는 소리와 부르짖는 소리가 들리지 아니할 것이며, 수(壽)를 다하지 못하고 죽는 사람이 없을 것이며, 피조물들 사이에 해함과 상함이 없을 것이다(65:19-25). 거기에는 죽음이 없을 것이며(25:8), 하나님을 아는 지식이 충만할 것이며, 사람과 사나운 짐승들이 평화롭게 더불어 살 것이다(11:6-9). "사막은 꽃이 무성하게 피어 크게 기뻐할 것이며 즐겁게 소리칠 것이다. 레바논의 영광과 샤론의 영화가 사막에서 꽃 피며, 사람들이 주님의 영광을 보며, 우리 하나님의 영화를 볼 것이다.…그 때에 눈 먼 사람의 눈이 밝아지고 귀먹은 사람의 귀가 열릴 것이다.…광야에서 물이 솟겠고 사막에 시냇물이 흐를 것이다"(35:2-6).

세계는 이와 같은 메시아적 생명의 세계를 향해 변화되어야 한다. 아브라함이 자기에게 주어진 땅을 떠나듯이, 세계는 하나님의 메시아적 약속의 땅을 향해 주어진 자리를 떠나야 한다. 그것은 끊임없는 떠나감 혹은 넘어감을 그 존재규정으로 한다. 떠나지 않고 폐쇄된 체계 속에 머물게 되면 반드시 부패가 일어나고, 부패는 멸망을 초래한다. 종교도 끊임없이 자기를 개혁해야 한다. 개혁과 변화가 있는 곳에 생명의 길이 있다. 끊임없는 정권교체가 필요한 이유가 여기에 있다.

바르트가 말하는 "창조의 내적 근거"는 단지 "계약"에 있는 것이 아니라(Barth 1970, 258), 하나님의 "새 하늘과 새 땅", 곧 메시아적 생명의 세계가 이루어지는 데 있다. 계약이 창조의 목적이 아니라 모든 피조물이 그리스도 안에서 연합되고 평화롭게 더불어 사는 하나님의 메시아적 세계가 창조의 목적이다. 창조는 이 목적을 지향한다. 창조의 세계는 하나님의 구원의 역사가 그 위에서 전개되는 무대 배경에 불과하지 않다(Barth에 반해). 오히려 창조의 세계 전체가 구원의 대상이요, 구원의 역사의 구성요소이다.

현대 자연과학에서도 세계는 폐쇄된 정적 체계가 아니라 미래를 향한 동적 과정으로 이해된다. 우주는 지금도 팽창 과정 속에 있다. 세계 속에는 "통계학적인 법칙들"(statistische Gesetze)이 있지만, 이 법칙들은 인과 법칙들(Kausalgesetze)이 아니다. 세계의 사물들에 대한 반복될 수 있는 "통계학적인 설명들"은 존재하지 않는다. 그 속에는 "예측할 수 있는 것"(das Wahrscheinlichere)이 아니라 "예측할 수 없는 것"(das Unwahrsheinlichere)이 실현되며, 합리적으로 설명될 수 없는 "우연"이 다스린다. 이러한 체계 속에서 일어나는 일들을 인과 법칙에 따라 설명하려는 모든 노력은 좌절할 수밖에 없다(Stegmüller 1975, 340). 이른바 물질도 "제한되지 않은 변화의 능력"을 가진다(unbegrenzte Verwandlungsfähigkeit, 343).

하나님의 약속된 미래를 향한 세계의 변증법적 운동은 먼저 그리스도인들과 그들의 공동체를 통해 구체적으로 일어난다. 그들은 하나님의 새 창조의 현실이다. 세례를 통해 "옛 사람"은 그리스도와 함께 십자가에 달려 죽고, "죄의 세력에서 해방된" "새 생명"의 현실이 그리스도인들의 삶과 그들의 공동체 안에서 자리를 잡기 시작한다. 그들은 "빛의 자녀들" 혹은 "빛의 아들이요 낮의 아들"이다(엡 5:8; 살전 5:5). 그러므로 그들은 "빛의 갑옷"을 입고(롬 13:12) 하나님의 빛의 세계를 확장시켜야 하며 "만물을 새롭게 하는"(계 21:5) 하나님의 새 창조에 참여해야 한다. 그런 뜻에서 그리스도인들은 글자 그대로 "그리스도의 사람들", 곧 "메시아의 사람들"이다.

C. 하나님의 계속적 창조와 세계의 유토피아적 본성

진화론과 창조신앙 간의 대화에서 한 가지 심각한 문제는 일부 창조론자들(Creationists)이 주장하는 세계의 불변론(theory of consistency)에 있다. 진화론은 생명의 체계들이 자연의 오랜 과정 속에서 끊임없이 진화하고 변화해 왔다고 주장하는 반면, 창조론자들은 생명의 체계들은 지금 우리가 보는 바와 같이 창조되었고, 창조 이후로 지금까지 전혀 변화하지 않았다고 본다. 물론 대다수의 창조론자들은 종외 진화를 인정하는 적극적 진화를 거부하더라도 종내 진화를 인정하는 소극적 진화를 옹호한다.

창조론자들의 이러한 주장은 성서가 증언하는 태초의 창조는 6일째에 완성되었다는 기독교의 전통적 생각에 근거한다. "6일의 사역"(Hexameron)은 태초의 창조를 6일째에 완성된 것으로 보는 기독교의 전통적 창조관을 대변한다(Moltmann 1985, 67). 전능하신 하나님은 6일 간의 창조사역을 통해 완전한 세계 내지 완성된 세계를 창조하였다. 이 세계는 노동의 수고와 고통이 없으며 아무 변화도 필요 없는 "낙원" 또는 "원초의 상태"(Urzustand)라 생각된다. 여기서 하나님의 창조는 태초의 창조로 제한되며 무역사적으로 생각된다. 이른바 에덴동산은 완전무결한 세계이며, 새로운 변화가 없는, 그러므로 역사가 없는 세계이기 때문이다. 그래서 하나님과 세계의 역사는 죄의 타락을 통해 비로소 일어나기 시작하며, 잃어버린 낙원(=실락원)을 되찾을 때 완성될 것이라 생각된다.

그러나 창세기 1, 2장이 묘사하는 태초의 창조는 완성된 원초의 세계를 말하는 것이 아니라, 우리가 도달해야 할 새로운 생명의 세계를 향한 미래의 지평을 열어준다. 그것은 "완성된 과거의 것"을 말하는 것이 아니라 "완성되어야 할 미래의 것"을 가리킨다. 따라서 태초의 창조와 더불어 "역사의 지평이 열린다"(von Rad 1968, 143). 그것은 "최종적인 완결이 아니라 미래적인 완결을 향한 모형"이었다(문경규 2008, 93). 따라서 하나님과 세계의 역사는 타락 이전의 창조와 함께 이미 시작한다고 말할 수 있다.

기독교 신학의 관점에서 볼 때, "태초의 창조"는 6일 만에 끝나버린 "6일의 사역"이 아니라 예수 그리스도의 부활을 통해 일어나기 시작한 종말의 완성을 향해 열려 있다. 그것은 그리스도 안에서 만물이 하나로 연합되고, 하나님이 모든 것 안에서 모든 것이 되시는 세계를 지향하는 변증법적 과정이다. 그것은 완성되었고 더 이상의 변화를 필요로 하지 않는 "*factum*"이 아니라, 예수 그리스도 안에 계시된 새로운 생명의 세계를 향한 "되어감"(*fieri*)이다. 그것은 완전하게 완성된, 그러므로 더 이상의 변화가 있을 수 없는 폐쇄된 체계가 아니라, 예수 안에 계시된 하나님의 미래를 향해 "변화될 수 있는 창조"(*creatio mutabilis*)다.

우리는 이것을 아우구스티누스(Augustinus)가 말하는 "시간의 창조" 개념에서 발견한다(*De Civitate Dei* XI, 6). 세계는 시간 안에서 창조된 것이 아니라 시간과 함께 창조되었다(*non est mundus factus in tempore, sed cum tempore*). 시간은 창조 이전부터 있었던 것이 아니라 창조와 함께 생성된다. 시간도 하나님의 피조물이다. 하나님은 시간 없이(*sine tempore*) 혹은 이미 존재하는 시간 안에서(*in tempore*) 세계를 창조한 것이 아니라, 시간과 함께(*cum tempore*) 창조하였다. 태초의 창조와 함께 시간이 시작한다. "하나님은 시간 안에서가 아니라 세계와 함께 시간을 창조하였다. 세계의 창조는 시간의 시작이기도 하였다"(Joest 1984, 175).

시간은 변화가 있을 때 경험될 수 있다. 아무 변화가 없을 때 우리는 시간을 경험할 수 없다. 거기에는 무시간성, 무역사성이 지배한다. 태초에 하나님이 시간과 함께 세계를 시간적 세계로 창조했다면, 세계는 변화될 수 있는 세계로 창조되었다. 따라서 태초의 창조는 시간과 변화에 대해 개방되어 있다. 그것은 하나님의 메시아적 미래를 향해 변화될 수 있는 가능성과 조건들의 창조이다.

그러므로 성서는 단지 과거의 창조자에 관해 말하는 것이 아니라, 현재와 미래의 창조자에 관해 이야기한다. 하늘과 땅의 창조에 관한 말씀이 성서 처음에 기록되어 있고, 새 하늘과 새 땅에 관한 말씀이 성서 마지막에 기록되어 있다. 여기서 하나님은 "과거에 있었던 사역의 작용자가 아니라" 지금도 살아 활동하는 "살아계신 창조자" 또는 "계속적 창조자"로 증언된다. 성서의 창조 이야기는 과거에 있었던 세계의 소위 황금기(黃金期)에 관심을 갖기보다, 메시아적 미래를 향한 하나님의 계속적 창조, 새 창조를 향해 우리의 눈을 돌리게 한다. "창세기의 첫 창조 이야기는 창조자의 안식일의 쉼과 향유를 목적으로 전개되고 있다. 또 새 창조의 역사는 새 하늘과 새 땅에서 완벽하게 실현될, 하나님과 다른 피조물들과 함께 온전하게 향유할 축하와 축제를 목적으로 삼는다"(Migliore 2012, 189).

성서는 다양한 차원에서 하나님의 계속적 창조를 이야기한다. 인간의 차원에서 그것은 먼저 하나님이 사람의 마음속에 깨끗한 마음을 창조함으로써 일어난다(시 51:10). 옛 피조물의 모습을 벗어버리고 "새 피조물"(고후 5:17)로서 살아가며 하나님의 나라를 기다리는 하나님 자녀들의 삶과 그들의 공동체를 통해 계속적 창조가 이 세상 한가운데서 일어난다. 역사의 차원에서 세계 열국(列國)들과 문화권들의 흥망성쇠와, 하나님의 작용을 통해 일어나는 새로운 역사의 사건들을 통해 계속적 창조가 일어난다(단 7장; 사 13장 이하 참조). 자연의 차원에서 하나님의 계속적 창조는 하나님의 영 안에서 이루어지는 자연의 삶의 과정 자체를 통해 일어난다는 것을 구약 지혜문학의 생태학적 본문들은 암시한다(욥 36:27 이하). "겉으로 보기에 나무들은 표정을 잃은 채 덤덤히 서 있는 것 같지만, 안으로는 잠시도 창조의 손을 멈추지 않는다"는 법정 스님의 말씀은 자연의 계속적 창조를 시사한다(법정 2006, 211).

또한 하나님의 계속적 창조는 "유에서 유를 창조하는 아사(עָשָׂה, asah)"를 통해 일어난다. "만들다"를 뜻하는 히브리어 동사 "asah"는 성서에 2,600여 회 나오는데, "이차적인 창조, 즉 선재(先在)하는 것을 새롭게 변화시키는 재창조를 뜻한다." 하나님은 asah의 창조력을 인간에게 부여하였다. "asah의 창조력은 하나님의 창조를 재창조할 수 있는 능력이다." 따라서 "이 asah의 창조력을 통하여 인간이 이성으로 사유하고 지식을 축적하며, 도구를 만들고, 자연을 재창조하여 문화를 생산"하는 것은 하나님의 계속적 창조에 속한다. 또 "생명체가 잉태를 한다는 것은 또 다른 존재를 낳아 자신을 확대하는 창조행위라고 볼 수 있으며 생명체가 생명체를 낳은 것은 경이롭고 새로운 창조가 되는 것이다"(문경규 2008, 30-31).

새로운 것을 창조하는 하나님의 계속적 창조로 말미암아 세계는 유토피아적 본성을 가진다. 새로움을 창조하고자 하는 하나님의 영이 피조물들을 자극한다. 이리하여 피조물들은 주어진 현재에 만족하지 않고 끊임없이 새로운 것, 아직 주어지지 않은 것, 의미 있는 것에 이르고자 하는 미래 지향성을 가진다. 양자물리학에 의하면 세계의 모든 것은 결정되어 있는 것이 아니라 결정되지 않은 상태, 곧 열린 상태에 있다. 모든 것이 그 속에 개연성을 가진다. 세계, 곧 전체는 부분들의 합(合)이 아니라 "부분들의 합 이상의 것이다"(Dürr 2003, 11). 부분들의 합을 넘어서는 전체의 예측할 수 없는 잠재성이 부분들에게 영향을 주며, 예기치 못한 새로움을 일으킨다. 이른바 자연법이란 것은 영원히 변할 수 없는 기계적 법칙이 아니라 인간이 자신의 관심에 따라 관찰한 것의 산물일 따름이다. 세계의 시간적 연속성은 객관화될 수 있고 정확히 측정될 수 있는 물질이나 고정된 법칙에 있는 것이 아니라 세계 속에 내재하는 잠재성에 있다. 세계는 잠재성 자체이다. 따라서 "객관화될 수 있는 세계"란 존재하지 않는다. "이 세계는 매 순간 새롭게 일어난다." 그 속에는 "그의 시간적 발전을 형성하는 '기다림'이 내재한다." 그러므로 세계는 그것의 미래를 정확히 측정할 수 없는 "기다림의 구조"(Erwartungsstruktur)를 가진다(40).

물리학자 뒤르의 이러한 생각은 성서가 시사하는 세계의 유토피아적 본성에 상응한다. 뒤르에 따르면 하나님이 창조한 세계는 아직 주어지지 않은 하나님의 미래를 향한 "기다림의 구조"를 가진다. 피조물들 안에 내재하는 하나님의 영으로 말미암아 세계는 주어진 것에 머물지 않고 그것을 넘어 하나님의 나라를 기다리며, 기다림 속에서 그것을 지향한다. 산위에 있는 나무들과 하늘의 별들, 양로원에 있는 노인들과 배움의 도상에 있는 젊은이들, 이 모든 피조물이 보다 나은 내일을 기다리며 내일을 향한 꿈 속에서 오늘을 살아간다. 우리는 이를 가리켜 만물의 유토피아적 본성이라 말할 수 있다.

오늘날 많은 학자들이 "유토피아"란 개념을 위험한 것으로 간주한다. 그것은 "아무 데도 없는 것"(ou + topos)을 가리키는 공허한 개념이요, 기독교 종교를 부인하고 주어진 현실을 전복시키려는 무신론적·사회주의적 이데올로기로 변질하여 무수히 많은 생명들을 희생시킨 역사의 전철을 밟기 때문이다. 유토피아 개념의 이러한 변질은 그것이 자신의 모체인 성서의 하나님 신앙과 메시아니즘을 버리고 세속의 정치철학적 개념으로 발전하였기 때문이다. 이것은 서구의 국가종교가 된 기독교의 책임이기도 하다. 이리하여 유토피아의 개념은 많은 학자들이 회피하는 천덕꾸러기 신세가 되어버렸다.

그러나 현대세계의 가장 심각한 문제는 유토피아적 지향성을 상실한 데 있다. 현대세계는 "과학기술의 발전", "경제성장"을 최고의 가치로 삼지만 성장과 발전의 궁극적 목적을 알지 못한다. 이는 마치 목적을 알지 못하고 앞을 향해 내달리는 호랑이와 같은 모습이다. 따라서 현대세계의 성장과 발전은 목적이 없는, 곧 맹목적 성장과 발전이라 말할 수 있다. 이러한 현대세계에 대해 무엇보다 먼저 필요한 것은 올바른 목적을 설정하고 이 목적을 향한 지향성을 자극하는 데 있다.

현대세계의 이러한 현실 속에서 성서는 세계가 지향해야 할 목적을 제시하며 이 목적을 향한 유토피아적 지향성을 자극한다. 곧 하나님의 새로운 생명의 세계를 약속하고 이 세계를 향한 하나님의 새 창조와 계속적 창조를 이야기함으로써 세계의 유토피아적 지향성을 일깨운다. 여기서 우리는 아래 두 가지 세계관과 구별되는 성서적 세계관의 특징을 볼 수 있다.

1) 세계를 동일한 법칙과 활동이 반복되는 폐쇄된 체계, 곧 하나의 시계와 같은 것으로 보는 기계론적 세계관에 반해, 성서는 세계를 하나님의 새로운 생명의 세계를 지향하는 개방된 체계로 이해한다. 그것은 예수 그

리스도의 부활을 통해 약속된 새로운 생명의 세계를 향한 지향성을 그 본질로 한다. 세계의 모든 사물 속에는 하나님의 미래를 향한 지향성이 잠재되어 있다.

2) 세계를 새로운 미래가 없는, 단지 자기의 생명과 종을 유지하며 보다 더 복잡한 체계로 발전하려는 맹목적 진화 과정으로 보는 진화론적 세계관에 반해, 성서는 세계를 하나님의 약속된 생명의 세계를 지향하는 세계로 이해한다. 이런 의미에서 성서는 목적론적 세계관을 가진다. 그러나 이 목적은 하나님 없는 공산주의 세계가 아니라 하나님의 자비와 정의가 모든 것을 결정하는 "하나님의 나라"를 가리킨다.

앞서 언급한 창조에 대한 삼위일체론적 해석은 세계의 유토피아적 미래 지향성을 삼위일체론적으로 규정한다. 세계는 삼위일체 하나님을 통해 창조되었고, 삼위일체 하나님이 세계의 근거이다. 그러므로 세계는 삼위일체 하나님의 현실을 지향하는 유토피아적 미래 지향성을 가진다.

삼위일체 하나님은 역사적 예수 그리스도 안에서 자기를 계시한다. 삼위일체의 참 흔적이 예수 그리스도 안에 나타난다. 세계는 "그리스도를 통하여", "그리스도를 향하여" 창조되었다(골 1:16). 여기서 그리스도의 창조의 중재자직은 세계의 목적을 규정하는 동시에 모든 피조물의 유토피아적 미래 지향성을 시사한다. 피조물은 창조의 중재자 예수를 통하여 창조되었다. 따라서 피조물은 예수 안에 계시되는 하나님의 삼위일체적 현실, 곧 하나님 나라의 미래를 향해 끊임없이 변화되고 그것을 지향하는 메시아적·유토피아적 미래 지향성을 가진다. 역사의 목적은 삼위일체 하나님의 현실, 곧 하나님의 나라 혹은 "새 하늘과 새 땅"이 이루어지는 데 있다. 신음하는 모든 피조물들이 이것을 기다리며 동경하고 있다.

6
세계에 대한
하나님의 섭리

기독교는 개인의 삶과 세계와 역사에 대한 하나님의 섭리를 믿는다. 곧 하나님이 인간과 세계의 피조물들을 돌보시고 유지하며 그의 목적을 향해 인도한다고 믿는다. 칼뱅에 의하면 하나님은 "헤아릴 수 없는 지혜로 모든 것을 인도하며 자신의 목적 속에 그 모든 것을 두신다"(Inst. I,16,4).

A. 섭리신앙의 구체적 내용

일반적으로 개신교회의 섭리신앙은 루터교회 정통주의 신학자 크벤슈테트(J. A. Quenstedt, 1617-1688)의 이론에 근거하며 그의 이론은 오늘도 많은 신학자들에 의해 수용된다.

1) 유지(conservatio): 무로부터 창조된 피조물의 세계는 언제나 무의 위협을 당하고 있다. 그것은 하나님이 원하지 않는 무의 상태로 돌아갈 수 있는 위험 속에 있다. 은혜로우신 하나님은 피조물의 세계를 포기하지 않고 유지하고자 한다. 사랑은 상대방의 생명이 유지되기를 원하기 때

문이다. 모든 피조물은 하나님의 생명의 힘을 통해 자신의 생명을 유지한다. 하나님이 그의 입김을 거두시면 피조물의 생명은 먼지로 돌아간다(시 104:29). 자연의 모든 생명들은 하나님이 "때를 따라 주시는 먹이를 기다리며" 그것을 먹고 생명을 유지한다(104:27-28). 궁극적으로 하나님은 그의 아들 예수의 십자가의 죽음과 부활을 통해 악의 세력을 극복하고 세계를 유지하고자 한다. 유지는 "죄에도 불구하고 반복되는 하나님의 그의 피조물에 대한 긍정이다"(Ebeling 1979, 327).

여기서 세계를 유지하기 위한 인간의 노력, 특히 하나님을 알지 못하는 사람들의 노력과 하나님의 유지 행위가 어떤 관계에 있는가가 문제된다. 이 문제에 대해 우리는 다음과 같이 대답할 수 있다. 하나님은 생명의 힘으로서 모든 사람들의 마음속에 임재하면서 그들에게 선한 마음과 지혜를 주시고 세계를 유지하도록 자극한다. 세계를 유지하고자 애쓰는 모든 사람들의 노력과 선한 일들은 하나님의 생명의 영의 작용에 기인한다.

유지는 계속적 창조(creatio continua)라 말할 수 있다(Trillhaas 1972, 152; 정통주의 신학자 Calov는 creatio continuata, 곧 계속된 창조라 부름. 이종성 교수는 "섭리를 계속적 창조"라고 부름; 이종성 1980, 312). 하나님을 통한 세계의 유지는 무로부터 세계를 있게 한 하나님의 행위의 연속이기 때문이다. 그의 창조 능력은 지금도 활동 중이며 세계는 이 활동으로 인해 유지된다. 그러나 창조와 유지는 구별된다. 창조는 무로부터 창조된 피조물의 세계의 시작을 뜻하는 반면 유지는 창조의 기초 위에서 이루어지기 때문이다. 하나님의 유지는 "결코 '무로부터' 일어나지 않으며, 오히려 존재하고 행동하는 피조물의 존재를 유지하며 그러므로 이것을 전제하고 있다"(Weber 1972a, 557).

2) 동반 혹은 협동(concursus, cooperatio): 사랑하는 사람은 그가 사랑하는 자를 사랑의 영 안에서 언제나 동반한다. 하나님도 그의 사랑의 영 안에서 피조물과 동반한다. 피조물이 가는 곳으로 함께 가시며 피조물과 함께 계신다. 이스라엘 백성이 이집트를 탈출하여 광야를 헤맬 때, 하나님은 그들과 동반하며 그들의 모든 고통을 함께 나눈다. 사랑의 하나님은 지금

도 연약한 생명들과 동반하며 그들의 모든 것을 아신다. 이와 동시에 그는 선한 일들을 하는 피조물의 활동 속에서 함께 작용한다. 피조물들의 선한 활동은 예수 그리스도 안에서 우리를 구원하기 위해 스스로 고난을 당하기로 한 하나님의 결단 속에서 이루어진다. 곧 하나님의 사랑과 고난에의 결단 속에서 피조물의 활동이 일어난다. "하나님이 작용함으로써 피조물들의 사건들이 일어난다"(Barth 1961, 150). 하나님의 작용 또는 협동 속에서 피조물들의 선한 일들이 완성된다. "일의 결과는 여러 가지이지만, 모든 사람 안에서 모든 일을 이루어주시는 분은 같은 하나님이다"(고전 12:6). 그러나 "인간의 눈으로 볼 때 하나님의 역사적 작용은 통찰될 수 없으며 비밀스러운 것으로 존속한다"(Härle 2007, 293).

하나님의 작용과 인간의 자유는 어떤 관계에 있는가? 그의 작용은 인간의 자유를 억압하거나 제한하지 않는가? 우리는 이 관계를 계약의 개념에서 찾을 수 있다. 계약은 먼저 하나님으로 말미암아 시작한다. 하나님이 인간에게 계약을 제의하고, 인간은 하나님의 계약의 파트너로 부름을 받는다. 여기서 인간의 자유가 억압받거나 제한되지 않는다. 하나님의 부르심을 받은 인간은 그 자신의 자유로운 결단을 통해 계약의 파트너가 된다. 사랑의 하나님은 인간이 자유롭기를 원한다. "주님은 성령이다. 주님의 성령이 계신 곳에는 자유가 있다"(고후 3:17).

전통적으로 기독교 신학은 세계를 유지하고 그의 목적을 이루는 하나님의 활동에 있어 인간의 활동은 무의미한 것처럼 이야기해 왔다. 인간의 활동은 하나님의 활동의 제1원인으로 말미암아 일어나는 제2원인으로 간주되었다. 여기서 하나님은 전능하고 가장 높은 제1원인자로 간주되며, 인간은 그 아래 있는 제2원인자로 간주된다. 이러한 위계질서 속에서 인간의 활동의 의미는 약화된다. 그러나 사랑의 하나님은 이러한 위계질서를 원하지 않을 것이다. 깊은 사랑 안에서 사랑하는 자와 사랑을 받는 자는 서로를 돕는다. 하나님은 인간을 돕고, 인간은 하나님을 돕는다. 인간의 도움 없이 하나님의 단독적 활동으로 세계의 모든 일들이 이루어진다고 생각하는 것은 착각이다. 만일 그렇다면 인간의 선교 활동, 세계를 유지하고 개선하기 위한 인간의 모든 노력은 필요하지 않을 것이다.

물론 세계의 모든 선한 일들의 시작은 하나님에게 있다. 그러나 하나님도 인간의 도움을 필요로 한다. 그래서 모세와 예언자들과 사도들을 부르신다. "하나님이 모든 일을 이루신다"는 한국 개신교회의 통속적 이야기는 세계에 대한 그리스도인들의 책임의식을 마비시킨다. "하나님이 모든 일을 이루신다"는 말은 "그러므로 우리는 아무것도 할 필요가 없다"는 말이 아니라, "우리가 노력하되, 그것을 시작하며 완성케 하시는 이는 하나님이요, 그러므로 영광을 받을 분도 하나님이다"라는 신앙의 겸손을 나타낸다.

3) 인도(gubernatio): 세계에 대한 하나님의 보존과 동반 내지 공동작용(협동)은 하나님의 목적을 지향한다. 현실적으로 하나님이 아니라 악의 세력이 피조물의 세계를 지배하며 그것을 이끌어가는 것처럼 보인다. 그러나 성서는 악이 승리하며 세계를 지배하는 것처럼 보이는 바로 그 순간에 하나님이 그의 의도하는 바를 이루신다고 증언한다. 인간의 눈으로 볼 때 올바른 이유와 목적을 설명할 수 없는 십자가의 죽음의 순간에 하나님은 그의 뜻을 이루신다. 사랑의 하나님은 지금도 피조물들 안에 임재하면서, 피조물들의 모든 활동 속에서, 그들의 활동을 통해 그들을 자기의 목적으로 인도한다.

여기서도 하나님의 활동은 피조물의 자유에 모순되지 않는다. 피조물은 그들 자신의 자유 가운데서 활동하며 그들 자신의 목적을 추구한다. 하나님은 피조물들의 바로 이 활동을 자신의 도구로 삼으시고 그의 목적을 이룬다. 이리하여 피조물의 활동은 결국 하나님의 목적을 위해 봉사하며 이 목적으로 인도된다(롬 8:28 참조). 정통주의 신학에 의하면 하나님의 인도하심은 아래 네 가지 형태를 가진다.

a. 허락(permissio): 하나님은 피조물의 자유로운 활동을 방해하지 않고 이들에게 자유와 자유로운 활동을 허락하며, 이를 통해 그 자신의 목적을

달성한다.

b. 방해(*impeditio*): 하나님은 그의 목적에 대립하는 피조물의 활동을 방해할 수 있다.

c. 지시(*directio*): 하나님은 피조물의 활동 방향을 지시하여 그의 목적에 봉사하게 한다(창세기의 요셉 이야기 참조).

d. 결정(*determinatio*): 하나님은 피조물의 활동의 한계를 결정하며, 악이 도달할 수 있는 한계를 결정할 수 있다.

또한 정통주의 신학은 하나님의 섭리를 보편적 섭리(*providentia universalis*), 특별한 섭리(*providentia specialis*), 가장 특별한 섭리(*providentia specialissima*)로 구별한다. 보편적 섭리는 피조물 세계 전체에 보편적으로 해당하는 하나님의 섭리를 말한다. 특별한 섭리는 하나님의 형상으로 창조되었고 그들을 위해 하나님이 그리스도 안에서 고난당하신 인간에게 해당하는 하나님의 섭리를 말한다. 가장 특별한 섭리는 신앙의 순종과 사랑과 감사 가운데서 하나님의 인도하심을 통찰할 수 있는 사람들에게 해당하는 하나님의 매우 특별한 섭리를 말한다(Konrad 1960, 1549). 또한 하나님의 섭리는 상규적 섭리(*providentia ordinaria*)와 비상규적 섭리(*providentia extraordinaria*)로 구별되기도 한다. 상규적 섭리는 자연법칙 안에서 이루어지는 섭리를 말하며, 비상규적 섭리는 자연법칙을 넘어서는 하나님의 특별한 섭리를 말한다. 여기서 자연법칙과 기적의 관계가 문제된다.

B. 섭리신앙의 근거와 역사적 발전

기독교의 섭리신앙은 본래 성서에 근거한다. 성서는 "섭리"라는 개념을 사용하지 않지만, 도처에서 피조물에 대한 하나님의 사랑과 신실하심에 근거한 그의 인격적 섭리를 고백한다. 은혜로우시고 자비로우신 하나님은 피조물들을 언제나 새롭게 찾아오시며, 그들과 함께 계시고 그들의 생명을 유지한다. 자연의 모든 일들이 그의 섭리 속에서 일어난다. "그가 물을 가늘게 이끌어 올리신 즉 그것이 안개가 되어 비를 이루고 그것이 공중에서 내려 사람 위에 쏟아진다"(욥 36:27-31; 참조. 시 104편). 목자 되신 하나님은 우리에게 부족함이 없게 하시며, 우리의 영혼을 소생시키시고 의로운 길로 인도한다(시 24:1-3). 하나님이 우리의 갈 길을 가르쳐 보이시고 우리를 주목하여 훈계하신다(시 32:8). 우리의 시간은 하나님의 손 안에 있다(31:15). 인생의 길은 자기에게 있지 않고 하나님에게 있으며, 걸음을 인도함이 하나님에게 있다(렘 10:23). 천지를 지으신 하나님은 졸지도 않고 주무시지도 않으면서 그의 자녀들을 실족하지 않도록 지키신다. 그는 "네 우편에서 네 그늘이 되시나니…"(시 121편). 또한 하나님은 인간의 계획과 활동을 통해 그 자신의 목적을 이루신다. 사람의 마음에 많은 계획이 있어도 마지막에는 하나님의 뜻이 이루어진다(잠 19:21). 구약의 시편과 지혜서는 자연의 모든 일들이 하나님의 섭리 가운데서 이루어진다는 것을 시사한다.

예수도 하나님의 섭리를 이야기한다. 하늘과 땅의 통치자이신 아버지 하나님은(마 11:25; 눅 2:29) 의인과 악인에게 골고루 햇빛과 비를 주신다(마 5:45). 하나님이 허락하지 않으면, 참새 한 마리도 땅에 떨어지지 않는다(10:29). "생명을 위하여…염려하지 말라"는 예수의 말씀은 인간의 생명과 자연에 대한 하나님의 섭리를 요약한다. 바울에 의하면 창조자 하나님은 모든 사람에게 생명과 호흡을 주시고 생명에 필요한 모든 것을 주시며 하늘과 땅을 다스린다(행 17:24-25). 하나님은 심는 자에게 씨와 먹을 양식을 주시며, 가난한 사람들을 돕는 자들에게 심을 것을 주사 풍성하게 하시고 의의 열매를 더하게 하신다(고후 9:9-10). "하나님을 사랑하는 사람들 곧 하나님의 계획에 따라 부르심을 받은 사람들에게는 모든 일이 서로 작용해서 좋은 결과를 이룬다"(롬 8:28). 역사의 마지막에는 하늘과 땅에 있는 모든 것이 그리스도 안에서 하나가 될 것이며, "모든 일을 그 마음의 원대로 역사하시는 자의 뜻"이 이루어질 것이다(엡 1:10-11).

본래 "섭리"의 개념은 고대 그리스-로마 문화권에서 유래하며, 나중에 이 문화권에서 등장한 기독교가 수용한 것이다. 그것은 그리스어 *pronoia*(라틴어 *providentia*)에서 유래하며 주전 5세기에 생성되었다. 후에 그것은 신플라톤 철학과 스토아 철학을 통해 우주론적으로, 또 범신론적으로 발전된다. 스토아 철학에 의하면 세계는 신적 이성의 합목적적 질서를 가지고 있으며, 자연의 모든 사건들과 인간의 운명은 이 신적 질서, 곧 신(神)의 섭리에 따라 일어난다. 스토아 철학자 세네카(Seneca)에 의하면, "운명이 우리를 이끌어간다. 각 사람에게 부여된 모든 시간이 출생의 첫 시간에 이미 결정되어 있다"(Kraus 1983, 220). 이와 비슷한 생각이 전도서 6:10에 나타난다. 세계 안에 일어나는 모든 일은 미리 결정되어 있다. 사람이 어떻게 될 것인가도 미리 정해져 있다. 그러므로 사람은 자기보다 강한 자와 다툴 수 없다!

스토아 철학의 섭리 개념은 다음과 같은 특징이 있다. ① 인간의 삶과 세계의 모든 것은 우주의 신적 질서 내지 원리에 따라 이미 결정되어 있는 것으로 보는 결정론이 스토아 철학의 섭리 개념의 주요 특징을 형성한다. ② 이 결정론으로 말미암아 피조물들 자신의 활동, 특히 인간의 자유와 자유로운 활동이 사실상 부인되며, ③ 인간의 삶과 세계사 속에서 일어나는 모든 사건들의 구체적 원인들이 고려되지 않으며, ④ 세계의 불의한 제도와 구조를 하나님의 섭리로 수용하고 이를 절대화 내지 정당화시킨다. ⑤ 결정론은 운명론과 직결된다. 삶과 세계의 모든 일은 인간의 힘으로 변경할 수 없는 운명으로서 이미 결정되어 있다. 스토아 철학은 이 운명을 사랑하고(*amor fati*) 이에 순응하는 것을 미덕으로 생각한다. 인간은 이미 결정된 운명에 의해 지배되는 존재로 자기를 이해하게 되며, 주어진 상황을 자신의 운명으로 수용하고, 수용함으로써 이에 순응하고 이를 고착시킨다. 또한 운명론은 세계에 대한 인간의 책임의식과 세계의 불의와 악에 대한 저항의 정신을 약화시키고 윤리적 정적주의(Quietismus)에 빠지게 한다.

소아시아(지금의 터키 서남부 지역)와 지중해 연안 지역에 살고 있던 초대 교회의 변증가들은 고대 그리스 철학과 스토아 철학에 정통한 인물들이 었다. 그래서 그들은 일찍이 스토아 철학에서 섭리의 개념을 수용한다. 그러나 성서에 근거하여 섭리를 하나님의 인격적 행위로 수정한다. 그것은 우주적 법칙이나 원리에 근거한 것이 아니라 정의롭고 자비로운 하나님의 인격적 행위 또는 작용으로 이해된다.

우리는 이것을 아우구스티누스의 『고백록』(Confessiones)에서 발견할 수 있다. 이 책에서 아우구스티누스는 하나님이 은밀하게 자신의 삶을 인도하여 그리스도를 믿는 신앙과 교회로 인도하였음을 설명한다. 하나님은 강제적으로 혹은 외적 원인을 통해서가 아니라 아우구스티누스 자신의 자유로운 결단과 행동을 통해 그의 목적을 이루신다. 『고백록』 다음에 쓴 그의 저서 『하나님의 도성』에서 아우구스티누스는 로마제국의 몰락의 소용돌이 속에서 역사하시는 하나님의 섭리의 손길을 발견한다. 독재, 불의, 전쟁, 사회적 붕괴, 그리고 모든 악한 일들은 하나님에 의한 것이 아니라 인간이 자신의 자유를 오용함으로써 일어난 것이다. 아우구스티누스는 하나님이 이 모든 사건들이 일어나도록 허락하며, 이들을 통해 그의 목적을 완성하며, 부정적이고 파괴적인 것에서 선한 일을 이루시는 방법으로 악에 대한 주권을 행사한다는 것을 제시한다.

1563년 개혁교회의 「하이델베르크 교리문답서」에서도 우리는 하나님의 섭리가 하나님의 사랑과 신실하심에 기초한 인격적 범주로 파악되고 있음을 발견할 수 있다. "하나님은 이 (전능하며 항존적인) 권능으로 마치 자신의 손으로 하는 것처럼 하늘과 땅과 모든 피조물을 계속 지탱한다. 그리고 그분은 나뭇잎과 풀, 비와 가뭄, 풍년과 흉년, 먹을 것과 마실 것, 건강과 병, 부와 가난, 그 외 모든 것을 우연이 아니라 하나님의 자애로운 아버지 같은 손을 통해 우리에게 일어나는 방식으로 모든 것을 통치한다" (Migliore 2012, 209에서 인용). 여기서 우리는 기독교 신학이 스토아 철학에서 "섭리"의 개념을 수용하지만 이것을 하나님의 사랑과 신실하심에 기초한 인격적 범주로 파악하려고 노력했음을 볼 수 있다.

그러나 신학의 역사에서 우리는 스토아 철학의 섭리 개념이 오랫동안 많은 신학자들에게 영향을 주었음을 발견한다. 근대 초기의 휴머니즘의 영향을 받았던 종교개혁자들과 개신교회 정통주의 신학자들도 섭리에 관한 스토아 철학의 이론에 대해 개방적이었다. 이리하여 하나님의 섭리를 결정론의 범주로 이해하는 경향을 보인다. 인간의 행동을 포함한 모든 사건은 "신적 섭리의 필연성으로 말미암아 일어난다." 모든 사건의 원인자는 하나님이다. 츠빙글리(Zwingli)에 의하면 살인이나 간음과 같은 동일한 범죄가 하나님을 원인자로 하는 측면에서 그것은 범죄가 아니다. 그러나 인간을 원인자로 하는 측면에서 그것은 범죄이다(Brunner 1972, 187). 우리는 세계의 "모든 사건은 하나님의 은밀한 계획에 의하여 통치되고, 어떠한 것도 하나님에 의하여 기꺼이 정해지지 않은 것은 없다"는 칼뱅의 생각에서도 스토아 철학의 영향을 볼 수 있다(*Inst.* I,16,2, 3). 칼뱅은 신학을 공부하기 이전부터 스토아 철학자 세네카를 연구하였고(Calvin의 문헌 *De clementia*, 1532 참조), 종교개혁 운동에 참여한 후에도 세네카의 입장에 충실하였기 때문이다(Kraus 1983, 220).

우리는 근대의 이신론에서 스토아 철학의 섭리 개념의 변용을 발견한다. 스토아 철학의 우주적 법칙 내지 원리 대신에 하나님이 세계를 창조하면서 설정한 세계의 질서와 법칙의 개념이 등장한다. 혹은 하나님이 창조한 "미리 고정되어 있는 조화"(prästabilierte Harmonie, Leibniz)의 개념이 등장한다. 하나님은 세계를 창조하실 때 세계의 질서와 법칙을 함께 창조하시고, 이 질서와 법칙에 따라 세계가 움직이도록 하였다. 이제 하나님은 더 이상 세계에 초월적으로 개입하지 않는다. 세계의 모든 것은 하나님이 부여한 세계의 질서와 법칙에 따라 일어나며 하나님의 목적을 이룬다. 이런 뜻에서 세계의 모든 것은 하나님의 계획과 섭리 속에 있다. 세계는 하나님이 미리 부여한 법칙에 따라 모든 부분들이 움직이는 기계와 같다. 세계의 기계적 활동을 통해 하나님은 세계를 다스리며 그의 목적을 이룬다.

이런 의미에서 세계는 "하나님의 국가"이다(Leibniz).

우리는 이신론의 섭리 개념이 가진 몇 가지 중요한 신학적 문제점을 다음과 같이 지적할 수 있다.

a. 하나님은 세계 속에 일어나는 모든 사건들의 법칙의 총괄개념 내지 원인자로서 자유를 상실하며, 세계의 창조자가 아니라 세계의 건축가 혹은 현존하는 세계의 질서의 근거로 이해된다. 이로써 하나님은 사실상 "세계로부터 추방된다." 그는 "역사 안에서 그리고 인간의 삶 안에서 작용하는 세력 혹은 힘으로서 아무런 영역을 갖지 못한다"(Härle 2006, 288).

b. 세계는 자신의 내적 법칙에 따라 움직이며 자신 안에 폐쇄되어 있는 하나의 기계와 같다. 기계는 새로움을 알지 못한다. 기계에는 동일한 것의 반복이 있을 뿐이다. 그것은 새로운 미래와 초월을 알지 못한다.

c. 기계와 같은 세계 속에서 인간의 자유와 자유로운 활동의 가능성은 사실상 부인된다. 인간도 세계와 같이 하나의 기계이며, 그의 모든 사고와 활동은 세계의 기계적 활동을 벗어날 수 없다. 시계의 활동처럼 인간의 모든 활동과 삶의 길도 사실상 결정되어 있다(이신론이 등장할 당시 가장 정교한 기계는 시계였다. 그러므로 그 당시 세계는 시계에 비유되었다).

스토아 철학과 이신론의 섭리 개념과 달리 성서의 섭리신앙은 다음과 같은 특징을 가진다.

a. 성서의 섭리신앙은 세계의 보편적 법칙을 말하는 일종의 세계관이 아니라, 세계에 대한 하나님의 신실하심과 인도하심과 통치에 대한 인격적 신앙고백이다. 그것은 스토아 철학의 우주론적·범신론적 성격의 것이 아니라 하나님의 사랑과 신실하심에 근거한 인격적 성격의 것이다.

b. 성서의 섭리신앙은 지금도 일어나는 창조자 하나님의 새로운 오심과 은혜로운 활동에 기초함으로써 결정론을 인정하지 않으며,

c. 인간 자신의 자유와 활동의 영역을 인정하고 인간의 결단과 책임성을 요구함으로써 "운명의 모든 힘들을 탈마성화"시키며,

d. 창조의 영역 안에서 일어나는 불의와 악의 현실을 간과하지 않는다.

세계는 그 자신 안에 폐쇄된 체계가 아니라 악의 현실을 극복하고 하나님이 약속한 메시아적 현실로 변화되어야 할 개방된 체계로 이해된다.

e. 성서의 섭리신앙은 현실의 불의와 악을 수용하지 않고 오히려 이에 맞서며 하나님의 섭리에 대한 믿음 속에서 진리의 길을 택할 것을 요구한다. 시편 37편이 이를 예시한다. "행악자를 인하여 불평하여 하지 말며 불의를 행하는 자를 투기하지 말찌어다.…여호와를 의뢰하여 선을 행하라.…너의 길을 여호와께 맡기라. 저를 의지하면 저가 이루시고 네 의를 빛같이 나타내시며 네 공의를 정오의 빛같이 하시리로다."

계몽주의 시대에 섭리신앙은 심각한 도전을 받게 된다. 근대 프랑스의 초기 사회주의자 프루동(P. J. Proudhon, 1809-1865)은 "섭리의 탈운명화"(défatalisation der Vorsehung)가 근대 혁명의 과제라고 주장한다(Kraus 1983, 218). 곧 인간은 자기 자신을 운명에 예속시키고 주어진 상황에 순응하며, 순응함으로써 그것을 고착시키는 섭리신앙에서 해방되어야 한다. 섭리신앙은 인간에게 주어진 힘과 능력을 약화시키며 자신의 삶과 세계에 대해 인간을 나약하고 무책임한 존재로 만들어버린다. 이제 인간은 세계의 목적을 신의 섭리에 맡길 것이 아니라 스스로 세계의 목적을 설정하고 자신의 노력과 투쟁을 통해 이 목적을 쟁취해야 한다. 세계를 섭리하는 하나님의 자리에 "초인"(Übermensch)이 등장해야 한다(Nietzsche). 섭리신앙에 대한 근대 계몽주의자들의 비판은 성서의 섭리신앙에 대한 것이라기보다 초대교회가 수용한 스토아 철학의 섭리 개념에 대한 비판이라 말할 수 있다.

C. 섭리신앙 속에 담긴 내용들

오늘의 세계 현실을 바라볼 때 하나님의 섭리를 이야기하는 것은 매우 어렵게 보인다. 하나님의 섭리는 고사하고 하나님 자신이 사라진 것처럼 보인다. 인간 자신이 초래한 파멸의 세력이 땅 위에 있는 모든 피조물의 생명을 위협하고 있다. 그러므로 기독교의 섭리신앙은 무의미하다고 주장하는 학자도 있다. 그러나 우리는 하나님의 섭리에 대한 신앙이 오늘도 기독교 신앙에 깊이 영향을 주고 있음을 교회의 삶에서 쉽게 발견한다. "모든 것이 다 하나님의 섭리다", "하나님의 섭리에 순종해야 한다"는 이야기를 교회에서 자주 들을 수 있다.

1) 우리는 이러한 이야기들 속에서 섭리신앙의 두 가지 기능을 볼 수 있다.

a. 섭리신앙은 그리스도인들의 삶을 유지해 주는 힘으로서 작용한다. 그리스도인들은 세계의 불의와 모순들, 삶의 고난과 고통에도 불구하고 하나님의 섭리에 대한 믿음 속에서 모든 어려움을 견디며 하나님을 신뢰한다. 이것은 섭리신앙의 순기능에 속한다.

b. 이와 동시에 섭리신앙은 결정론적으로 이해됨으로써 인간의 행동과 세계의 모든 사건에 대한 원인을 하나님에게 돌리고 인간의 자유와 책임성에 대한 의식을 약화시킬 수 있다. 또한 주어진 운명을 하나님의 섭리로 생각하고 주어진 삶의 상황에 순응하게 하는 역기능을 가질 수 있다. 이리하여 섭리신앙은 주어진 삶의 상황을 고착시키고, 세계의 불의한 구조와 질서를 하나님의 섭리로 정당화시키는 문제점을 가지고 있다.

2) 우리는 여기서 섭리신앙의 순기능과 역기능을 고려하면서 섭리신앙이 본질적으로 무엇을 말하고자 하는지 그 속에 담긴 내용을 파악하려고 한다. 섭리신앙은 주어진 삶의 상황을 하나님의 섭리로 돌리고 현실에 순응하게 하는 일종의 운명론인가? 그것은 현실의 고통을 하나님의 섭리로 생각하고 아무 저항 없이 이를 받아들임으로써 고통을 느끼지 않게 하는 진통제 역할을 하는가? 또 섭리신앙은 인간의 자유와 책임성에 모순되며 그것을 약화시키는가?

a. 하나님의 섭리에 대한 신앙 속에는 피조물에 대한 하나님의 변함없는 사랑과 신실하심에 대한 고백이 담겨져 있다. 하나님의 섭리에 대한 고백은 곧 하나님의 사랑과 신실하심에 대한 고백이다. "하나님은 신실하시

다"(고전 1:9). 섭리신앙은, 인간의 죄를 통해 피조물의 세계는 악의 세력에 묶여 있지만 하나님은 그가 창조한 세계에 대한 그의 신실하심을 지키신다는 것과 그의 사랑은 변함이 없다는 것을 말하고자 한다. 그의 사랑으로 말미암아 세계를 창조하신 하나님은 지금도 세계에 관여한다. 창조자 하나님과 피조물의 관계는 과거에 있었던 창조의 사건과 함께 끝난 것이 아니라 지금도 계속되고 있다. 그는 세계와 역사를 주관하시며, 예수 그리스도 안에 계시된 그의 자비하심 가운데서 세계를 유지하고 그의 목적으로 인도하신다. 따라서 세계의 창조자 하나님은 지금도 세계의 주님이시요, 세계는 하나님의 통치 가운데 있다. 이런 점에서 섭리신앙은 그 본질에 있어 하나님의 주권에 대한 신앙고백이요 선포이다.

b. 섭리신앙 속에는 피조물을 위한 하나님의 계속적 창조에 대한 인격적 고백이 담겨 있다. 따라서 섭리신앙은 창조신앙의 연장이라 말할 수 있다. 창조자 하나님은 이신론이 말하는 것처럼 그가 건축한 세계를 자신의 법칙에 따라 움직이도록 방치하지 않는다. 하나님이 칠 일째에 쉬었다는 것은 하나님이 활동을 멈추었다는 것을 뜻하지 않는다. 피조물들은 하나님의 보살핌과 다스림을 통해서만 존속할 수 있기 때문에, 하나님의 창조사역은 연장(continuatio)을 필요로 한다. 하나님의 유지하고 다스리는 활동이 없다면, 피조물은 무로 돌아갈 수밖에 없을 것이다(Augustinus, Pannenberg 1991, 51). 피조물의 존재의 근원은 물론 피조물의 삶의 과정도 하나님에게 의존한다.

이와 같이 섭리신앙은 하나님에 대한 피조물의 끊임없는 의존성을 고백한다. 곧 하나님은 과거에 세계와 인간을 창조했을 뿐 아니라, "'나를' 창조하신 '나의' 하나님과 '나의' 아버지라는 것을" 말하고자 한다(Weber 1972a, 554). 과거에 세계를 창조하신 하나님은 지금도 우리를 염려하고 지키시며 우리의 삶을 주관하신다. 우리의 삶의 시간은 결국 하나님의 손안에 있다. 하나님은 세계의 주님인 동시에 우리의 주님이라는 확신이 섭리신앙 속에 담겨 있다.

c. 칼뱅이 말하는 바와 같이 섭리신앙은 하나님의 통치에 대한 인격적 믿음 속에서 삶의 불안과 근심으로부터 우리를 자유롭게 하는 동시에 삶의 역경과 고난을 받아들이고 이를 극복할 수 있는 겸손과 용기를 가르친다. 또 우리가 삶의 안정을 누리거나 역경과 고난을 당할 때에도 하나님께 감사하며 불의한 세력과 타협하지 않고 하나님을 신뢰하도록 가르친다. "모든 일의 결과가 좋은 것에 대한 감사와, 역경 속에서의 인내와, 미래에 대한 불안으로부터의 믿기 어려운 자유, 이 모든 것들은 하나님의 섭리를 이해할 수 있을 때에 비로소 생겨난다"(Inst. I.17.7). 사실 많은 그리스도인들이 하나님의 섭리에 대한 믿음 속에서 삶의 불안과 근심을 극복하고, 삶의 역경과 고난 속에서도 하나님께 감사하면서 하나님을 신뢰하고, 보다 나은 내일을 바라보며 살아가는 모습을 우리는 발견할 수 있다.

d. 기독교의 섭리신앙은 결정론과 운명론에 대한 거절이다. 세계와 인간의 삶을 다스리는 것은 이미 결정되어 있는 운명이나 고정된 법칙 내지 원리가 아니라 바로 하나님이다. 이른바 운명의 힘은 인정되지 않는다. 우리의 삶과 세계는 운명의 힘이나 우주적 원리에 묶여 있는 것이 아니라, 예수 그리스도 안에서 우리를 대신하여 고난당하시고 이 세계 속에 그의 나라를 시작하신 하나님의 주권 아래 있다.

섭리론의 가장 큰 문제는 피조물의 활동과 하나님의 섭리적 작용이 어떤 관계에 있는가 문제이다. 피조물의 모든 활동은 하나님의 섭리적 작용으로 인해 독자성을 갖지 못하는가? 인간이 무엇을 한다 하지만, 그가 행하는 모든 일은 하나님의 섭리 속에서 사실상 결정되어 있는 것에 불과한가?

이 질문에 대해 우리는 다음과 같이 대답할 수 있다. "하나님은 사랑이다." 사랑은 상대방의 모든 것을 내 뜻에 따라 결정하려고 하지 않는다. 상대방을 내 뜻에 따라 움직이는 자동기계나 꼭두각시로 만들지 않는다. 오히려 상대방의 잠재성과 새로움의 가능성, 자유와 창조적 활동을 존중하며, 이 잠재성과 새로움의 가능성이 실현되기를 기다린다. 이 기다림 속에서 상대방의 생명을 유지하고 인도하며 동반하는 가운데서 모든 것이 합하여 선(善)을 이루기를 기다린다.

하나님의 섭리는 하나님이 피조물의 모든 것을 결정한다는 결정론을 뜻하지 않는다. 백두산의 호랑이가 토끼를 잡아먹는 것은 하나님의 결정으로 말미암은 것이 아니라 배고픔 때문에 호랑이 자신이 행하는 자유로운 행위다. 만일 하나님의 섭리가 하나님의 절대적 결정을 뜻한다면, 죄의 원인자는 하나님일 것이며 죄의 책임은 인간에게 있지 않고 하나님에게 있을 것이다. 인간이 아니라 하나님이 죄에 대한 벌을 받아야 할 것이다. 이것은 현실적으로 있을 수 없는 역설이다.

하나님은 사랑이다. 따라서 하나님은 피조물에게 자유와 창조적 활동을 허락하며, 그들 속에 잠재되어 있는 새로운 가능성들이 실현되기를 기다린다. 인간의 삶과 세계사의 과정이 하나님의 주권 아래 있지만 하나님의 뜻과 계획에 따라 모든 것이 결정되어 있는 것은 아니다. 따라서 인간의 삶과 세계사의 과정은 인간의 자유와 책임성의 영역에 속하며 미래를 향해 개방되어 있다. 피조물들 자신의 자유로운 활동 속에 하나님은 함께 계시면서 피조물들과 동반하고, 때로 새로운 일을 일으킨다. 그는 자신의 결정이나 강요가 아니라 설득을 통해 그의 목적을 지향하게 한다. 하나님은 이런 의미에서 인간의 삶과 세계사의 과정을 인도하며, 따라서 이들은 하나님의 주권 아래 있다.

e. "모든 것이 하나님의 섭리다", "모든 것이 하나님의 섭리 안에 있다"라는 말은 주어진 현실을 하나님의 섭리로 수용하고 정당화시키며 이에 순응하는 말처럼 들린다. 이 말은 악의 세력 앞에서 아무것도 하지 못하는 나약한 사람들의 자기변명처럼 들릴 수 있다. 그러나 나약하게 들리는 이 말 속에는 악의 세력에 대한 비웃음과 부정이 담겨 있는 동시에 하나님에 대한 신뢰가 담겨 있다. 악이 강한 것 같지만, 결국 하나님이 그의 뜻을 이루실 것이며 세계를 지배하실 것이라는 신념이 그 속에 내포되어 있다.

이로써 섭리신앙은 악의 세력을 거부한다. 악의 세력에 대해 하나님의 주권을 대칭시키며, 또 대칭시킴으로써 그것을 상대화시킨다. 따라서 섭리신앙은 악의 세력을 거부하는 조심스러운 저항의 몸짓이다. 그 속에는 악에 대한 저항의 잠재성이 숨어 있다. 섭리신앙은 죄악의 세력에 대한 굴종이 아니라 세계의 운명을 결정하려는 "죄의 전능에 대한 거절이요, 하나님은 내 자신과 악의 모든 힘에도 불구하고 그의 의지를 관철하며 관철할 것임에 대한 확신의 증언이다. 그것은 하나님이 예수 그리스도 때문에 모든 거짓된 힘에 대하여, 내 자신을 시험하고 노예화시키려는 힘에 대하여 그의 피조물인 나의 편이 되었음에 대한 확신의 증언이다"(Weber 1972a, 554).

f. "모든 것이 하나님의 섭리다"라는 말 속에는 하나님의 섭리가 모든 것을 결정하는 새로운 세계에 대한 기다림과 희망이 담겨 있다. 그것은 이 기다림과 희망의 매우 조심스러운 표명이다. 이것을 우리는 다음과 같은 시편 기자의 고백에서 발견할 수 있다. "내가 산을 향하여 눈을 들리라. 나의 도움이 어디서 올까. 나의 도움이 천지를 지으신 주님에게서로다"(시 121:1-2). 시편 기자의 이 고백 속에는 하나님이 보이지 않는 세계에 대한 거부와, 하나님이 도우시고 모든 것을 결정하는 새로운 삶의 세계에 대한 기다림과 희망이 함께 내포되어 있다.

성서의 기자들은 하나님의 섭리가 세계를 다스리는 것이 아니라 악이 세계를 다스리는 것처럼 보이는 현실을 직시하면서 하나님의 섭리를 고백한다. 따라서 기독교의 섭리신앙은 하나님의 섭리가 모든 것을 다스리는 새로운 생명의 세계에 대한 종말론적·메시아적 기다림의 표현이요 희망이다. 그것은 그리스도인들을 불의하고 모순된 현실에 순응시키는 이데올로기적 진통제 역할을 하는 것처럼 보이지만, 하나님의 섭리가 다스리는 새로운 생명의 세계에 대한 기다림 속에서 불의한 현실과의 타협을 거부하게 하는 기능을 그 내면에 담고 있다. 그것은 운명에 대한 순응을 가르치는 것이 아니라 새로운 세계에 대한 믿음과 기다림 속에서 운명의 세력을 극복할 수 있는 힘과 용기의 원천으로 작용한다.

지금 우리가 경험하는 세계는 하나님의 섭리 안에 있지 않다. 인간은 하나님의 *pro-videntia*(미리 내다봄, 염려하고 돌봄)를 신뢰하지 않고, 자신의 능력을 통한 *pro-videntia*를 신뢰한다. 그는 하나님의 돌보심(Vor-sorge)을 신뢰하지 않고 자신의 돌봄(Selbstsorge)를 신뢰한다. 이러한 현실 속에서 그리스도인들은 하나님의 섭리가 우리의 삶과 세계의 모든 것을 다스리는 현실을 바라보며 그것을 고백한다. 이 고백을 통해 그리스도인들은 하나님의 새로운 세계를 앞당겨 온다. 악의 세력을 따르지 않고 하나님의 섭리를 따르고자 하는 그들의 삶 속에 하나님의 섭리의 세계가 선취된다. 이런 점에서 섭리신앙은 메시아적·종말론적 성격을 가진다. 성서에 기록되어 있는 하나님의 섭리에 관한 모든 고백들은 메시아적·종말론적 기다림과 희망의 표현이요, 악한 길을 버리고 의로운 길을 걸어가는 참 생명으로 우리를 초대한다.

7
신정론과 악의 문제

A. 신정론의 의미와 역사적 발전

신정(Theodizee)이란 "하나님의 정당화"(Rechtfertigung)를 뜻한다: 만일 하나님이 의로우시다면 세계의 악은 어디로부터 오는가?(*Si Deus iustus, unde malum*) 만일 하나님이 전능하고 자비로운 분이라면 어떻게 세계의 모든 억울하고 무의미한 고난과 악을 허용할 수 있는가? 전능하신 하나님이 창조하신 세계 속에 어떻게 악이 있을 수 있는가? "만일 악이 있다는 것을 하나님이 원하지 않는다면 왜 그는 악을 금지하지 않는가?"(*Si non vult Deus esse malum, cur non vetat*) 이 세계의 고난과 악의 현실 앞에서 하나님은 어떻게 자기의 옳으심을 변호하고 정당화할 수 있는가? 이 질문은 기독교 신앙과 신학에 있어 가장 곤혹스러운 질문이라 할 수 있다. "이 질문에 대한 대답을 발견하지 않고서는 어떤 사람도 기독교의 하나님 신앙을 견지할 수 없을 것이다"(Brunner 1972, 194).

신정론의 질문은 하나님의 존재 자체에 대한 질문으로 발전한다. "하나님께서 악을 제거하거나 막을 능력이 없다면 그는 전능하지 않을 것이다. 그러나 그럴 수 있음에도 그렇게 하기를 원치 않았다면 하나님이 선하다고 말할 수 없을 것이다. 전능하지도 선하지도 않은 그런 신을 우리는 신이라고 할 수 없을 것이다"(박영식 2008, 117).

신정론이란 이러한 질문이나 고발에 대해 하나님의 옳으심(정당성)을 밝히고자 하는 이론적 노력 또는 논쟁을 말한다. 본래 이 질문은 전능하고 의로우신 하나님에 대한 신앙과 악한 현실의 경험 사이의 모순으로 말미암아 일어난다. 그것은 하나님을 향한 탄식이요 고발(Klage, Anklage)이라 말할 수 있다. 여기서 인간은 고발자의 위치에, 하나님은 인간의 탄식과 고발에 대해 그의 옳으심을 변호해야 할 피고발자의 위치에 있다.

신정에 대한 질문은 다음과 같은 요소들을 전제한다. ① 전지(全知), 전능, 정의와 사랑의 속성을 가진 하나님 상(像), ② 이 하나님의 세계 창조와 섭리에 대한 믿음, ③ 세계의 불의하고 비인간적인 현실과 이로 인한 피조물들의 심각한 고난에 대한 경험, ④ 이 고난을 경험하는 인간의 무력함.

하나님과 그의 창조에 대한 믿음 그리고 세계에 대한 경험, 이 두 가지 요소의 모순 앞에서 인간은 이 모순이 어떻게 해결될 수 있는지 해답을 얻지 못한다. 그러므로 그는 신정의 문제를 제기한다. 여기서 문제를 제기하는 인간은 하나님의 현실을 의심하지 않고 오히려 그것을 전제하며 하나님의 도우심을 간구한다. 아무런 도움을 얻지 못하며 더 이상 힘과 인내심을 갖지 못할 때, 그의 문제 제기는 하나님에 대한 고발로 발전한다. 하나님에 대한 고발은 하나님에 대한 부인으로 발전한다(욥 2:9; 시 14:1). 이리하여 신정론에 대한 질문은 무신론으로 발전할 수 있다. 수 천만 명의 인명을 희생시킨 제1, 2차 세계대전, 450만 명의 생명을 희생시킨 한국의 6·25 전쟁, 홀로코스트(Holocaust), 인간에 의한 자연의 파괴와 오염으로 말미암은 수많은 생물들의 고난과 죽음을 보면서, 어떻게 우리는 전능하고 자비로우며 의로운 하나님의 존재를 인정할 수 있는가?

일반적으로 구약성서의 욥기가 이 문제를 중점적으로 다룬다고 말한다. 그러나 욥기뿐 아니라 구약성서의 많은 문헌들이 이 문제를 제기한다.

전능하시고 의로우신 하나님이 살아계시다면 어떻게 악한 자가 복을 누리고 의로운 자가 고난을 당하는가? 의롭고 순전한 자가 조롱거리가 되는 반면 강도의 장막이 형통하고 하나님을 진노케 하는 자가 평안을 누리지 않는가?(욥 12:4, 6) 예레미야는 이 문제를 다음과 같이 요약한다. "내가 주께 질문하옵니다. 악한 자의 길이 형통하며 패역한 자가 다 안락함은 무슨 연고니이까?"(렘 12:1)

묵시사상은 신정론의 문제와 연관하여 생성된다. 주전 2, 3세기 이스라엘 백성의 끊임없는 고난과 시련 속에서 하나님과 율법을 버리고 외세와 결탁한 자들이 행복하게 살고, 의로운 자들이 고난과 순교의 죽음을 당하는 역사의 모순이 계속된다. 하나님의 의가 세계를 다스리지 않고 악이 세계를 다스리는 것처럼 보인다. 이러한 현실 앞에서 묵시사상은 세계의 파멸적 종말, 죽은 자들의 부활과 최후심판을 통해 대답한다. 불의가 가득한 이 세계는 파멸로 끝날 수밖에 없을 것이다. 마지막 종말에 하나님의 메시아는 죽은 자들을 부활시키고 살아 있는 자들과 함께 심판하실 것이다. 의로운 자들에게는 영원한 생명을, 불의한 자들에게는 영원한 형벌을 내릴 것이다. 이를 통하여 하나님은 그의 의로우심을 증명하실 것이다.

신정의 문제는 예수의 십자가의 고난에서 극적으로 나타난다. "하하, 너는 성전을 헐고 사흘 만에 다시 짓는다더니, 십자가에서 내려와 네 목숨이나 건져 보아라"(막 15:29)는 예수에 대한 유대인들의 조롱, "나의 하나님, 나의 하나님, 어찌하여 나를 버리셨습니까?"(15:34)라는 예수의 마지막 부르짖음 앞에서 하나님은 침묵한다. 그는 신정의 질문에 대해 아무런 대답도 하지 않는다.

철학사에서 이 문제를 처음으로 제기한 인물은 고대 그리스의 에피쿠로스(Epicouros)이다. "하나님은 악을 제거하기를 원하지만 그것을 제거할 수 없다. 아니면 그는 제거할 수 있지만 제거하고자 하지 않는다. 아니면 그는 제거할 수도 없고 제거하고자 하지도 않는다. 아니면 그는 제거할 수도 있고 제거하기를 원하기도 한다. 만일 하나님이 악을 제거하기를 원하지만 제거할 수 없다면, 그는 무력할 것이다. 이것은 하나님에게 해당하지 않는다. 만일 그가 제거할 수 있지만 제거하고자 하지 않는다면, 그는 은혜롭지 못할 것이다. 이것도 하나님에게는 낯선 일이다. 만일 그가 제거하기를 원하지도 않고 제거할 수도 없다면, 그는 은혜롭지 않은 동시에 무력할 것이며, 하나님이 아닐 것이다. 악을 제거하고자 하며 제거할 수도 있는 이것만이 하나님에게 적절하다. 그렇다면 악은 어디로부터 오며, 왜 그는 악을 제거하지 않는가?"(Epikur 1949, 80)

기독교 신학은 일찍부터 악의 존재 이유에 대한 다양한 해명을 통해 신정의 문제에 대답한다. 피조물에게 고난을 일으키는 악은 좋은 것과 나쁜 것, 선한 것과 악한 것을 구별할 수 있는 인간의 명석한 사고력을 기르기 위해(Origenes), 선과 악의 대립을 통해 선이 더 분명히 드러나게 하기 위해(Irenaeus) 필요한 필요악으로 설명된다. 악은 정말 실재하는 것이 아니라 존재하지 않는 것, 곧 선의 결핍(privatio boni)이요, 올바르게 사용될 때 좋은 효과를 일으키는 독(毒)처럼 피조물의 세계에 좋은 것으로 설명되기도 한다(Augustinus). 또 그것은 존재와 비존재, 선과 악의 정도의 차이를 드러내며, 인간을 교육하기 위해(Aquinas), 인간의 죄를 벌하기 위해, 인간을 연단하고 믿음을 강화시키며 하나님께로 인도하기 위해 필요한 것으로 설명되기도 한다.

신정론의 고전적 형태는 1710년에 발표된 라이프니츠의 『신정론』이다. "하나님이 있다면, 악은 어디서 오는가? 그가 있지 않다면, 선은 어디서 오는가?"(Si Deus est, unde malum? Si non est, unde bonum?, Leibniz 1996a, 239) 우리가 살고 있는 이 세계는 "모든 가능한 세계들 가운데 가장 좋은 세계"이다. 그것은 하나님에 의해 창조되었기 때문이다. 하나님은 세계를 만든 "건축 장인(Baumeister)으로서, 모든 것이 왕이신 하나님에게 적절하도록 만들었다"(373). 또한 하나님은 모든 사물의 근거요 원인이며, 피조물들 안에서 물리적으로 함께 작용한다. 세계의 "모든 것은 그의 의지의 결정들과 그의 힘의 행사의 결과로서 실존한다.…모든 것은 사물들의 질서 속에서 함께 결합되어 있다. (사물들의) 작용을 일으키기에 가장 적절한 원인 없이는 아무것도 일어날 수 없기 때문이다"(208 이하). 그러므로 "미래의 모든 일들은 결정되어 있다"(293). 악은 완전성의 결핍을 뜻한다. 불완전성은 피조물의 본질에 속하기 때문에, 악은 하나님이 창조한 세계에 필연적으로 속한다. 하나님은 악이 있기를 원하지 않지만, 피조물들에게 자유와 이성을 허락하기 위해 악이 생성될 수 있는 가능성을 허용하였다. 그는 자연적인 악을 목적으로 원하지 않는다. 그러나 벌을 주거나 시험하기 위한 수단으로서 그것을 원할 수 있다. 이에 반해 그는 도덕적 악을 목적으로서는 물론 수단으로서도 원하지 않는다. 도덕적 악은 선의 "없어서는 안 될 조건"(conditio sine qua non)이다(Schneider 1992, 197).

라이프니츠에 반해 칸트는 사물을 인식하는 이론적 이성의 차원에서는 신정의 가능성을 부인하고 실천적 이성의 차원에서는 신정의 가능성을 주장한다. 우리는 우리에게 주어진 감각적 세계로부터 이 세계의 창조자를 추론할 수 없으며, 세계사의 과정 속에서 모든 것을 계획하는 신적 이성을 발견할 수 없다. 그러나 실천적 차원에서 우리는 도덕적이며 지혜로운 세계의 원인자가 이 세계를 세웠다는 사실을 전제할 수밖에 없다. 도덕적으로 행동하는 인간에게 세계는 "악에의 경향성"(Hang zum Bösen)과 "마음의 전도(顚倒)"에도 불구하고 도덕성을 실현할 수 있는 영역으로 경험되며, 도덕적이며 지혜로운 신적 원인자로 소급되기 때문이다(Kant 1794, 212 이하).

낙관주의적 신정론을 가장 조직적으로 전개한 근대의 대표적 인물은 헤겔(G. W. F. Hegel)이라 말할 수 있다. 그의 철학적 신학 또는 신학적 철학 전체 체계는 "역사에 있어 신정"을 중심 문제로 한다. 세계의 모든 것은 하나님이 자기 자신(an sich)을 타자로 소외 내지 대상화시킴으로 말미암아 있게 된 것이다(für sich). 그러나 세계의 모든 것은 그 속에 부정적인 것, 곧 불완전하고 악한 것을 포함한다. 따라서 그것은 하나님의 자기소외 내지 대상화를 통해 생성된 이 세계에 필연적으로 속한 것이다. 정신(혹은 靈)으로서의 하나님은 악한 것을 부정함으로써 세계를 보다 더 높은 진리의 세계로 발전시킨다. 마지막 목표는 정신이 자기를 그 속에서 완전히 인식할 수 있는 세계, 곧 하나님의 나라가 이루어지는 데 있다(an und für sich). 이 세계가 이루어질 때 정신은 자기 자신에게로 돌아간다. 세계사는 정신이 자기 자신으로 돌아가는 길(Rückkehr)이다.

헤겔의 이론에서 악은 정신의 변증법적 자기활동에 없어서는 안 될 요소, 곧 변증법의 구성요소로 생각된다. 변증법은 악의 전제 하에서 가능하기 때문이다. "부정적인 것", 곧 악의 부정을 통해 일어나는 변증법적 발전의 과정이 곧 세계사요, 세계사는 "정신의 현실적인 되어감(Werden)이다.…이것이 참된 신정이며 역사에 있어 하나님의 정당화이다.…이미 일어났으며 언제나 일어나는 것은 하나님으로부터 오고, 하나님 없이는 일어나지 않을 뿐 아니라, 본질적으로 하나님 자신이 하는 일이다"(Hegel 1968, 938). 선과 악은 이원론적으로 나누어질 수 없다. 악은 선으로 넘어가는 과정 속에 있으며, 악의 요소가 전혀 없는 완전한 선이란 유한한 세계 속에 있을 수 없다.

진화론적 사고는 헤겔과 비슷한 대답을 제시하며, 많은 학자들에게 영향을 준다. 세계의 불의와 고난은 점차적으로 진화되고 있는 세계를 동반하는 요소로 생각된다. 그것은 점차적으로 진행되는 진화의 필연적 부수현상이며, 아직 완성에 이르지 못한 세계의 진화를 통해 극복되는 과정 속에 있다. 샤르댕(Teilhard. de Chardin)의 진화신학도 이와 유사한 사고 유형을 보여준다. 인간이 "초월적 슈퍼 에고(Ego)", 곧 하나님의 존재로 변화되고, 세계가 하나님처럼 되는 오메가 포인트를 향한 세계의 진화 과정 속에서 악은 극복될 것으로 생각된다.

20세기에 이르러 신정론은 심각한 회의의 대상이 된다. 두 차례의 세계대전, 600만 명에 달하는 유대인의 학살, 히로시마와 나가사키에 투하된 원자폭탄의 무서운 파괴력, 자신의 정치적 권력을 유지하기 위해 2,000만 명에 달하는 사람을 죽인 스탈린의 만행, 이러한 악의 세력 앞에서 하나님은 사라진 것처럼 보인다. 따라서 신정론은 더 이상 논의할 수 없는 문제로 간주된다. 표현주의 사상가 벤(G. Benn)에 의하면 세계의 전체적 특징은 "영원한 카오스"이다. 라이프니츠에 반해 세계는 "미리 설정된 조화"를 가진 것이 아니라 "미리 설정된 부조화"(prästabilierte Disharmonie)를 가진다. 유럽 세계는 "해골이 쌓인 곳"(Schädelstätte)과 같다(Pöhlmann 1973, 108).

가톨릭 신학자 디에캄프(F. Diekamp)에 의하면, 피조된 세계 속에서 자연적 악은 세계의 유지를 위해 필연적이다. 한 생명의 죽음은 다른 생명의 영양공급과 유지를 위해 봉사한다. 만일 세계의 모든 자연적 악이 제거된다면 인내의 훈련, 자비를 베푸는 행위, 영웅적 덕목 등의 윤리적 선이 사라질 것이다(Diekamp 1949, 231 이하).

영국의 철학자요 종교학자인 존 힉(John Hick)도 이와 비슷하게 생각한다. 초대교부 이레나이우스가 말한 것처럼, 하나님은 인간을 단번에 완성품으로 창조하지 않고 동물적 단계를 거쳐 서서히 진화하여 발전하는 방법을 선택했다. 인간은 아직도 완전을 향해 발전해 가는 과정 속에 있다. 이 과정 속에서 그는 아직 동물적 단계를 완전히 벗어나지 못했기 때문에 동물적 본능과 자기 본위의 이기주의에 따라 삶을 살아간다. 이로 인해 도덕적 악이 생긴다. 이 도덕적 악은 태풍, 지진, 홍수, 전쟁, 질병, 죽음, 중노동, 실직 등의 고통과 더불어 "인간을 도덕적, 정신적으로 교육하고 훈련하는 소재와 기회가 된다"(박하규 2002, 479). 인간의 삶은 내세에까지 계속되는 하나님의 긴 창조과정의 작은 일부에 불과한데, 개인들이 현세에서 경험하는 악과 고난은 "앞으로 더 큰 선(greater good)을 이루기 위해 치러야 할 대가의 일부이며", 창조의 과정이 완성된 단계에서 과거를 돌아본다면 "모든 것이 유익하고 가치 있었던 것으로 평가될 것이다"(481).

틸리히에 따르면 "자연적 악은 피조물의 유한성의 자연적 귀결이다" (Tillich 1956, 309). 절대적으로 선한 것과 절대적으로 악한 것은 없다. 무엇이 있다는 것은 그 자체로서 좋은 것, 곧 선한 것이기 때문에 "존재하는 것은 아무것도 완전히 악하게 될 수 없다"(Tillich 1966, 461). 피조물은 본질의 상태에 있지 않고 실존의 상태에 있기 때문에 끊임없이 무의 위협을 당한다. 이와 동시에 그들은 존재하는 한 "존재 자체" 곧 하나님에게 참여되어 있다. 이로 인해 무의 위협을 이기고 존재할 수 있는 "존재의 힘"을 얻는다. 이것이 신정의 문제에 대한 대답이다. "피조물의 삶의 부정성(Negativität)에 대한 신적인 삶의 참여에 대해 말하는 이것이 신정의 문제에 대한 마지막 대답이다"(Tillich 1956, 311).

칼 바르트에 의하면, 라이프니츠와 18세기 이후 그의 추종자들은 악의 심각성을 무마시킴으로써 세계의 현실을 다르게 해석할 뿐이며 신정의 문제에 대한 대답을 주지 못한다(Barth 1970, 172 이하). 위에 기술한 신학자들의 이론들도 세계의 피조물들이 당하는 무의미한 고난과 악의 문제에 대해 충분한 대답이 되지 못한다. 지금도 세계 도처에서 굶주림과 질병으로 죽음을 당하는 사람들에게 이러한 이론들은 탁상공론으로 들릴 것이다. 그러므로 푈만(H. G. Pöhlmann)은 다음과 같이 결론을 내린다. "하나님이 세계의 이렇게 많은 악을 허락한다는 것이 무슨 의미를 가지는지 우리 인간은 알 수 없다. 그러나 하나님은 아신다. 이것으로 족하다.…" "하나님이 아니라 인간이 자기의 옳음을 나타내야 한다. 신정은 없다. 인정(人正, Anthropodizee)만이 있을 뿐이다"(Pöhlmann 1973, 109).

B. 신정론은 "불신앙의 행위"인가?

1) 오늘날 일련의 신학자들은 다음과 같은 이유로 신정론을 다루는 것을 반대한다.

a. 하나님의 정당성을 변호하고자 하는 모든 신정론의 대답들은 악으로 말미암은 피조물들의 고난의 역사 앞에서 충분한 대답이 되지 못한다. "신정론의 대답들은…전체적으로 불충분하다"(Oelmüller 1990, 101). 어떠한 학문적 이론도 신정의 문제에 대해 완전히 만족할 만한 대답을 제시할 수 없다. 악의 문제는 이론적으로 설명할 수 없는 수수께끼에 속한다. 악의

문제는 이론적 문제가 아니라 그리스도인들이 현실적으로 극복해야 할 실천적 문제이다.

b. 악의 문제는 이론적으로 해결할 수 없는 문제이기 때문에, 그리스도 인들은 하나님 신앙과 현실의 경험 사이의 모순과 갈등 속에서 실존할 수 밖에 없다. 이 모순과 갈등은 기독교 신앙이 수용할 수밖에 없는 불가피한 요소이다. 그럼에도 불구하고 지금까지의 신정에 관한 철학적·신학적 이론들은 이 모순과 갈등을 현실로서 인정하지 않고 그것을 사유를 통해 해결하고자 하며, 이를 통해 모순과 갈등의 심각성을 약화시키고 중성화시켜버린다. 신정의 문제를 해결할 수 있는 것은 인간이 아니라 하나님이다. 이 하나님을 신뢰하는 것이 신앙의 길이다. 인간의 사유를 통해 문제를 해결하려는 것은 하나님에 대한 교만이다.

c. 신정론은 "불신앙의 한 가지 형식"이나 "불신앙의 행위"다. 신정론의 문제에 있어 인간은 중립적 방관자의 입장을 취한다. 그는 자신의 책임성을 의식하지 않은 채 하나님의 의지와 세계의 악의 관계를 질문하며, 고발자의 입장에서 하나님을 고발하고 법적 싸움을 벌이며, 인간이 재판관의 입장에서 정의에 대한 자신의 기준에 따라 하나님의 옳음과 그름을 판단하려고 하기 때문이다. 이것은 하나님에 대한 교만이다. 신앙의 입장을 버리고 재판관의 자리를 취하는 자만이 신정의 문제를 다루고자 한다. 그러므로 "신정의 문제를 잘못 설정된 질문이라 부르며 그러므로 그것을 거부하는 신학자들이 옳다." 그렇다 하여 이 문제에 대한 대답의 모색을 애초부터 부인해서는 안 된다(Brunner 1972, 201 이하).

d. 인간의 죄와 불의로 인해 고난과 악이 이 세계에 있게 되었다. 따라서 고난과 악의 문제에 대한 책임은 인간에게 있다. 그러나 신정론은 문제의 화살을 하나님에게 돌린다. 신정론은 "하나님 앞에서, 하나님을 향한 질문이다. 이 질문은 (세계의) 해결되지 않는 모든 고통을 하나님에게 돌린다. 그것은 하나님의 정당성을 변호하는 것이 아니라 하나님과 다툰다. 이리하여 하나님과의 관계가 문제화된다. 그것은 하나님을 자유롭게 하는 것이

아니라, 창조의 고난에 대한 책임을 하나님에게 돌린다"(Wölfel 1981, 33).

2) 그러나 신정의 문제를 다루는 것은 하나님에 대한 교만도 아니고 불신앙의 행위도 아니다. 그것은 인간이 재판관의 입장에 서서 하나님과 벌이는 법적 싸움(Rechtsstreit)도 아니다. 신정의 문제는 악과 고난이 가득한 세계 속에서 하나님을 믿는 모든 그리스도인들이 제기할 수밖에 없는 문제이다. 물론 이 문제에 대한 모든 이론적 해답은 고난을 당하는 사람 자신에게는 불충분할 수밖에 없으며, 궁극적 대답에 접근하려는 시도에 불과하다. 또 신정의 문제는 무신론에 이를 수도 있다. 그럼에도 불구하고 기독교 신학은 다음과 같은 이유로 신정론을 다루지 않을 수 없다.

a. 그리스도인들이 믿는 하나님은 세계를 창조한 창조자요 역사를 주관하는 분이다. 그는 세계사의 주님이다. 이 하나님에 대한 믿음과 세계 현실이 갈등을 일으키기 때문에, 그들은 신정의 질문을 제기하며 악의 문제를 해명할 수밖에 없다. 이 문제를 방치하거나 포기하는 것은 세계에 대한 하나님의 주권을 방치하거나 포기하는 것을 뜻한다.

신정론은 세계의 죄와 불의와 고난과 악의 현실 속에서 하나님의 하나님 되심과 그의 주권에 대한 질문이다. 그것은 불신앙의 질문이 아니라 불의하고 무자비한 세계 속에서 하나님의 주권과 정의를 향한 부르짖음이요, 역사에 있어 하나님의 옳으심에 대한 기다림과 희망의 표현이다. 그것은 기독교 신앙이 책임져야 할 이론적 "문제"(Problem)인 동시에, 스스로 해결할 수 없는 고난을 당하거나 다른 피조물의 고난을 자신의 고난으로 함께 느끼는 모든 그리스도인들의 실존적 "질문"(Frage)이다(이론적 신정의 "문제"와 실존적 신정의 "질문"의 구별에 관해 Kessler 2000, 14-21). 따라서 이론적 문제 제기는 잘못된 것이고, 실존적 질문은 타당하다는 학자들의 생각은 타당하지 않다. 실존적 질문에서 이론적 문제가 제기되고, 그럼으로써 실존적 질문에 대한 해답을 찾기 때문이다.

b. 신정론을 다룰 수밖에 없는 궁극적 원인은 하나님과 피조물에 대한 그리스도인들의 사랑에 있다. 하나님과 피조물을 향한 사랑이 그 마음

속에 있는 사람은 하나님에 대한 인식과 세계 현실 사이의 모순을 해명할 수 없는 문제로 내버려둘 수 없다. 그는 악의 문제를 해결할 수 없는 수수께끼로 방치할 수 없다. 어떤 형태로든지 악의 문제는 하나님 앞에서 설명되어야 한다. 그 자신이 과거에 당한 고난, 지금도 세계 도처에서 무고한 피조물들이 당하는 하늘에 사무친 고난과 울부짖음이 그의 마음을 아프게 하며, 세계의 불의와 모순에 대해 분노를 느끼기 때문이다. "네 하나님이 어디 있느냐?", "돈 있고 힘 있는 놈이 결국 세계를 지배하지 않느냐?"는 조롱 앞에서 기독교 신학은 살아계신 하나님과 그의 옳으심을 증명하려고 한다.

c. 하나님의 구원은 예수가 선포한 하나님의 나라가 이 땅에 세워지며, 지금의 세계가 새 하늘과 새 땅으로 변화되는 데 있다. 이때 피조물의 고난과 악의 문제는 극복될 것이다. 거기에는 더 이상 "죽음과 슬픔과 울부짖음과 고통이" 없을 것이다. 하나님의 이러한 약속에 반해 세계는 고난과 악으로 가득하다. 모든 피조물이 구원을 기다리며 신음하고 있다. 이러한 현실을 극복하고 세계를 창조한 하나님의 옳으심이 증명될 때 구원의 역사가 완성될 것이다. 따라서 하나님의 구원의 역사의 성공과 실패 여부가 신정의 문제에 달려 있다. 기독교 신학이 신정의 문제를 다루지 않을 수 없는 또 하나의 원인이 여기에 있다.

C. 악의 현실들에 대한 고찰

라이프니츠는 신정의 문제를 야기하는 악의 현실을 아래 세 가지 형태로 분류한다(Leibniz 1996a, 241 이하).

① 형이상학적 악(*malum metaphysicum*): 하나님이 아니라 땅에 속한 존재로 창조된 피조물의 유한성과 불완전성으로 말미암아 야기되는 악을 말한다. 곧 인간의 시간적 제약성과 공간적인 제약성, 죽음의 불가피성,

지식과 힘의 제약성이 여기에 속한다.

② 자연적 악(*malum physicum*): 자연의 영역에서 일어나는 홍수, 지진, 화재 등 자연의 재난들, 이러한 재난들로 말미암아 일어나는 피조물의 죽음, 인간이 당하는 육체적 고통과 영적·정신적 고통, 질병, 장애 등을 통해 일어나는 고난과 악의 현실을 말한다. 하나님은 자연적 악을 죄에 대한 벌로서, 더 큰 악을 물리치거나 더 큰 선을 얻기 위한 목적의 수단으로서 원하신다. 따라서 자연적 악은 그것을 견딜 수 있는 사람의 더 큰 완성에 기여한다.

③ 도덕적 악(*malum morale*): 인간이 자신의 결단에 따라 행하며 스스로 책임져야 할 악들, 곧 윤리적 실수, 죄와 죄책, 이웃과 또 자기 자신에게 행하는 불의가 이에 속한다.

악의 현실에 대한 라이프니츠의 분석은 오늘도 많은 학자들에게 의해 수용되며 신정론의 기초를 이루고 있다. 우리는 그것이 가진 타당성과 문제점에 대하여 다음과 같이 말할 수 있다.

1) 우리는 인간의 피조성과 유한성으로 말미암은 인간의 시간적·공간적 제약성, 지식과 힘의 제약성, 죽음의 자연적 불가피성을 악이라 말할 수 없다. "악은 피조물의 우연성과 유한성과 혼동될 수 없으며, 그것으로부터 반드시 일어나지 않는다"(Müller 2005, 176). 피조물의 유한성으로 인한 제약들을 악이라 규정할 때, 우리는 어떤 대가를 치루든지 모든 제약과 고통이 없는 세계를 이루고자 노력하게 될 것이다. 이것은 인간의 피조물성과 자연성을 거부하는 일이며, 사회적·인격적 문제를 초래할 수 있다. "세상에 어떤 형태의 투쟁도 고통도 없기를 바라는 것은 창조 자체를 바라지 않는 것과 같다"(Migliore 2012, 211). "악의 뿌리"는 피조물의 유한성에 있는 것이 아니라 "유한성의 한계에 대한 반항", "자신의 유한성을 받아들이는 것을 거부함"에 있으며, 하나님처럼 되고자 하는 "환상"에 있다(Pannenberg 1991, 199). 이른바 형이상학적 악을 악이라 규정할 때, 신정의 모든 시도는 좌절하게 된다. 인간은 피조물의 유한성을 벗어날 수 없기 때문이다.

2) 라이프니츠가 분석하는 악의 세 가지 형태는 고난과 악의 현실 전부를 포괄하지 못하며, 구체적 고난과 악의 심각성을 충분히 나타내지 못한다. 예를 들어 잘못된 사회제도, 경제제도, 정치제도, 교육제도를 통해 일어나는 인간의 고통과 죽음, 실직과 실직으로 인한 가정 파탄과 자살, 사회적 적응력의 부족 등으로 인한 좌절감, 자신에 대한 실망과 자살, 잘못된 도시계획과 생활환경, 잘못된 사회적 질서로 말미암은 고통과 질병과 죽음, 근친결혼으로 인해 태어난 장애인들의 고통은 위의 세 가지 형태에 포함되기 어려운 악의 구체적 형태들이다. 자기가 사랑하는 것, 의미 있다고 생각하는 것을 위해 스스로 고난을 짊어짐으로써 당하게 되는 악은 형이상학적 악, 자연적 악, 도덕적 악, 그 어느 것에도 속하지 않는다.

3) 피조물의 유한성으로 인한 노화, 질병, 죽음 그 자체는 본래 악이라 볼 수 없을 것이다. 그것은 하나님의 창조질서에 속한다. 만일 죽음이 없다면, 피조물의 세계는 공간 부족, 오물 처리의 문제 등으로 인해 지옥과 같은 세계가 될 것이다. 1932년에 헉슬리(A. Huxley)는 그의 유명한 소설 『멋진 신세계』(Brave New World)에서 고난이 없는 세계를 묘사한다. 이 세계에서 인간의 자연적 고난은 유전자 조작, 교육과 의약(醫藥)을 통해 제거되고 통제된다. 헉슬리는, 고난과 악이 없는 이러한 세계는 인간적인 세계가 아니라 일종의 비인간화 된 세계임을 이 책에서 말하고자 한다. 여기에는 인간의 성숙과 감정이 결여되어 있기 때문이다(Härle 2007, 449).

피조물의 유한성으로 말미암은 질병과 노화 등의 자연적 고난은 인간의 발전과 성숙에 도움이 될 수 있다. 어린이는 질병을 통해 죽음을 당하기도 하지만 면역력을 얻게 된다. 고난을 당해 본 사람이 다른 피조물의 고난에 민감할 수 있고 동정심을 가질 수 있다. 굶주림을 당해 본 사람만이 굶주림을 당하는 사람의 고통과 서러움을 이해할 수 있고, 죽음의 문턱을 경험해 본 사람만이 죽음을 당하는 사람의 고통을 이해할 수 있다. 이로써 자연적 고난과 악은 인간성 있는 세계를 형성하는 데 기여하는 요소로 인정될 수 있다. 따라서 이 세계에 자연적 고난과 악이 있다는 사실은 세계의 창조자 하나님에 대한 신앙과 모순되지 않고 조화될 수 있다.

그렇다 하여 인류가 당하는 모든 형태의 자연적 고난과 악이 선하고 긍정적인 의미를 가진다고 일반화시킬 수 없다. 이 긍정적 의미는 자연적 고난과 악을 당하는 사람이 그것을 통찰할 때에만 인정될 수 있으며, 대개의 경우 고난의 과정이 끝난 다음에야 깨닫게 된다. 질병의 과정이 끝난 후에야 질병이 자신의 내적 성숙에 도움이 된다는 것을 깨닫는다. 따라서 자연적 고난과 악이 긍정적 의미를 가진다는 것은 희망 사항에 속한다. 그것은 고난을 당하는 사람 자신이 인정해야 한다. 타인이 바깥에서 이를 말할 경우, 예를 들어 죽어가는 아기를 안고 있는 엄마에게 "이 아기의 죽음은 당신의 내적 성숙에 도움이 된다"고 말한다면, 그 엄마에게는 모욕으로 들릴 것이다. 따라서 자연적 고통과 악이 없는 세계는 인간적 세계가 아니라 비인간적이고 빈곤한 세계라는 점은 일반화시킬 수 있는 명제가 아니다. 그러나 그리스도인들은 모든 것이 결국 하나님의 선을 이루는 데 통합된다는 것을 믿는다(롬 8:28).

어떤 학자는 자연의 먹이사슬을 자연적 악이요 자연의 비극이라 정의한다. 그러나 자연의 먹이사슬을 악이라 규정할 때, 자연의 생물들과 인간은 땅에서 나오는 어떤 식물도 먹어서는 안 될 것이다. 식물도 생명이기 때문이다. 먹이사슬은 자연의 유지에 필요한 창조질서에 속한다고 말할 수 있다. 창세기 1장에서 먼저 인간과 동물 그리고 식물 사이의 먹이사슬은 하나님 자신을 통해 설정된다.

오스트리아의 행동과학자요 의사인 로렌츠(Konrad Lorenz, 1903-1989)에 의하면, 동물들 사이에 나타나는 "공격심"(Aggression)은 자연의 생명계를 유지하는 긍정적 측면을 가진다. 동물들의 공격심은 주로 암컷을 차지하기 위한 수컷들의 "투쟁의 본능"으로 나타난다. 이 투쟁에서 이긴 수컷이 암컷과 교미하여 강한 종자를 낳게 되고, 패배한 수컷은 교미에서 제외된다. 이를 통해 약한 종자가 도태되고 종(種)의 생명력이 강화된다. 또 종의 수(數)가 적절하게 유지될 수 있다. 따라서 동물들의 공격심은 종의 위계질서를 유지하는 수단이 되며, 자연의 생명계를 유지하는 데 봉사하는 긍정적 기능을 가진다(Lorenz 1971, 33 이하).

4) 어려운 문제는 자연적 악으로 분류되는 고난과 악의 현실들 가운데 상당수가 자연적인 것이 아니라 인간의 무분별과 탐욕과 죄악 등 도덕적 악으로 인해 일어나는 "비자연적인" 것이란 사실에 있다. 라이프니츠를 위시한 많은 학자들은 이 점을 지적하지 않는다. 가난한 사람들이 당하는 질병과 죽음, 오늘날 범세계적으로 일어나고 있는 자연의 많은 재난들은 자연에 대한 인간의 무분별한 개입과 오염과 파괴와 착취로 말미암은 비자연적인 것이다. 전쟁으로 말미암은 수많은 사람들의 죽음도 인간의 유한성으로 말미암은 자연적인 것이 아니라 인간의 탐욕과 증오로 말미암은 비자연적인 것이다. 따라서 자연적인 악과 도덕적인 악이 결합되어 있는 경우가 많다.

악에 대한 밀리오리의 분석도 동일한 문제점을 보인다. 밀리오리는, 죄악된 인간의 현실 속에서 일어나는 고난과 악의 현실은 단지 자연적 원인이나 피조물의 유한성으로 말미암은 "자연적인" 것이 아니라 세계와 사회의 경제적·정치적·사회적 상황과 관계되어 있다는 점에 대해 침묵한다. 이리하여 그는 갓난아기의 에이즈 감염, 자동차 사고로 인한 어린이들의 죽음 그리고 자연의 재난들, "고통과 병, 슬픔, 실패, 무능력, 엄연한 노화와 종국적 죽음의 가능성" 등을 "자연적인 악"으로 분류한다(Migliore 2012, 211 이하). 운명적으로 일어나는 고난은 물론 타자의 행동과 자신의 행동을 통해 초래되는 고난, 예를 들어 전쟁으로 말미암은 부상과 죽음, 강간, 신체적, 정신적 장애, 사고로 말미암은 죽음과 고난은 자연적인 것이 아니다(Härle 2007, 444에 반해). 지구 위의 수많은 어린이들이 지금도 굶주림과 질병으로 죽음을 당하며 미성년의 여자 아이들이 성매매에 내몰리는 일도 자연적인 악이 아니라 인간 자신에 의해 극복되어야 하고 또 극복될 수 있는 "인류의 죄"에 속한다.

5) 로렌츠가 말하듯이, 엄밀한 의미에서의 악은 인간의 자기중심적 무

분별과 무감각, 탐욕과 죄로 말미암은 도덕적 악이라 말할 수 있다. 엄밀한 의미에서의 악은 인간의 정신과 관계되어 있다. 어떤 짐승도 인간과 동일한 정신을 갖고 있지 않다. 따라서 짐승은 인간이 행하는 것과 같은 악을 행할 수 없다. 정신을 가진 인간만이 엄밀한 의미에서 악을 행할 수 있다. 진짜 악은 도덕적 판단을 내릴 수 있는 인간만이 행할 수 있는 인간학적 현상으로서 도덕적 범주에 속한다(Lorenz 1983, 195 이하).

성서도 인간의 도덕적 악으로 말미암아 온 세계가 악의 세력에 사로잡히게 되었다고 말한다. 이것은 오늘도 마찬가지다. 인간의 자기중심적 무분별과 탐욕으로 말미암아 자연적 차원의 고난과 악이 야기되는 경우가 허다하다. 인간의 도덕적 악으로 말미암아 온 세계가 위기에 처하여 있다. 따라서 도덕적인 악 그 자체는 긍정적 의미를 가질 수 없으며 정당화될 수 없다. 그것은 "있어서는 안 될" 바의 것이다. 도덕적 악을 통해 세계가 보다 더 흥미롭게 되고 풍요롭게 된다는 이야기는, 이 악으로 인해 고통을 당하는 사람들에게는 "어처구니없는" 모욕일 뿐이다.

아우슈비츠(Auschwitz)의 수용소(KZ=Konzentrationslager의 약자)에서 살아남은 유대인 작가 위젤(E. Wiesel)이 쓴 『밤』(Night)이란 제목의 작품은 그가 수용소에서 목격한 고난과 도덕적 악의 심각성을 다음과 같이 묘사한다. "비밀경찰은 두 명의 유대인 남자와 한 명의 소년을 운집한 포로들 앞에서 교수대에 매달았다. 두 명의 남자는 곧 숨을 거두었지만, 소년의 죽음의 투쟁은 반 시간이나 계속되었다. 내 뒤에 서 있던 한 포로가 이렇게 물었다. '하나님이 어디 있느냐? 그는 지금 어디에 있느냐?' 시간이 한참 지난 후에도 밧줄에 목이 매인 소년이 고통을 당하고 있을 때, 그 남자가 다시 묻는 것을 나는 들었다. '하나님은 지금 어디에 있느냐?' 나는 마음속에서 다음과 같이 대답하는 음성을 들었다. '그가 어디에 있느냐고? 그는 여기에 있다.…그는 저기 교수대에 매달려 있다'"(Moltmann 1972, 262에서 인용).

D. 악은 어디로부터 오는가?

- 귀신 혹은 사탄이란 무엇인가?

여기서 문제가 제기된다. 왜 하나님은 악이 발생할 수 있는 세계를 창조했는가? 그가 정말 전능하고 완전하다면, 악이 발생할 수 없는 세계를 창조했어야 하지 않는가?

성서에 의하면 하나님은 본질적으로 사랑이다. 사랑은 상대방의 "독자성"과 "자유"를 허용한다(Kehl 2006, 271). 사랑하는 자와 사랑을 받는 자가 각자의 독자성과 자유를 가질 때, 양자의 참 사랑이 가능하다. 인간의 자기발전과 성숙과 자기실현도 독자성과 자유가 있을 때 가능하다. 독자성이 있기 때문에 인간은 인격일 수 있다. 독자성과 자유를 통해 피조물은 그 자신의 길을 갈 수 있는 가능성을 소유한다. "독자성은 피조물의 완전성"이기도 하다(Pannenberg 1991, 199). 그 나름대로의 독자성을 통해, 자연의 세계는 진화의 과정 속에서 생명의 풍부한 다양성을 얻게 되고, 인간의 세계는 문화의 풍요로운 다양성을 갖게 된다.

만일 하나님이 우리 인간을 자유와 독자성이 없는 존재로 창조했다면, 우리 인간은 어떤 존재일까? 만일 그렇다면 우리 인간은 하나님의 뜻에 따라 행동하도록 제작되어 있고 조종되며 통제되는 로봇과 같은 존재일 것이며, 인간의 세계는 각종 로봇들이 모여 사는 세계일 것이다. 거기에는 새로운 가능성도 없고, 하나님과의 인격적 교통도 없을 것이다. 인격적 교통은 자유와 독자성이 있을 때 가능하기 때문이다. 인간의 인격적 성숙과 자기완성도 기대할 수 없을 것이다. 이것은 하나님의 사랑에 모순된다. 그러므로 하나님은 자유와 독자성을 가진 인간을 창조한다.

그러나 자유와 독자성은 위험을 동반한다. 그것은 하나님을 버리고 하나님의 뜻을 역행할 수 있는 가능성을 포함한다. "생명의 나무"를 택할 수도 있고, "죽음의 나무", 곧 "선과 악을 알게 하는 나무"를 택할 수도 있다. 바로 여기에 악의 잠재적 가능성이 숨어 있다. 악은 "피조물의 자유로운 의지가 그의 목적이신 하나님을 떠남으로 말미암아" 생성된다. 그것은 "그의 목적인 선으로부터 피조물의 의지가 떠남(Abgewendetheit)에 있다" (Müller 2005, 176). 그러나 악의 잠재적 가능성은 어디로부터 오는가?

우리는 이것을 창세기 1:2의 "혼돈"(tohuwabohu), 곧 카오스에서 찾을 수 있을 것이다. 이 구절에 의하면 형태가 없고 어둠으로 가득한 카오스가 하나님이 창조한 세계에 대칭한다. 이 카오스는 하나님이 창조한 것이 아니며, 영원 전부터 하나님 곁에, 하나님과 함께 있는 것도 아니다. 영원 전부터 있는 것은 하나님 자신뿐이다. 하나님 외의 모든 것은 시간적 시작을 가진다. 그러므로 "토후와보후"란 형용사로 기술되는 카오스는 하나님 외에 아무것도 없는 상태, 곧 무(無)를 가리킨다. 과정신학자들은 카오스를 창조 이전부터 있는 "그 무엇"으로 이해하지만, 그것은 하나님 외에 아무것도 "없음"(nothingness)을 뜻한다. 이 무로부터 하나님은 피조물의 세계를 있게 한다.

무는 글자 그대로 "없음"을 뜻한다. 그러나 하나님이 피조물의 세계를 있게 할 때, "없음"이 "있음"에 대해 대칭하면서 마치 실재하는 것처럼 설정된다. 물체가 있는 곳에 그림자가 생기는 것과 마찬가지다. 이런 의미에서 무는 하나님이 원하는 실재가 아니라 창조의 부수적 현상일 뿐이다. "그것은 언제나 이미 부인된 것으로서 일어난다"(Bonhoeffer 1968, 20). 무는 "하나님도 아니고 하나님의 피조물도 아니다. 그것은 하나님과 그의 피조물이 존재하는 것처럼 존재할 수 없다." 그것은 "제3의 방식으로", 다시 말해 "무로서" 혹은 "존재하지 않는 것으로서"(als nicht-seiend) 존재한다(Barth 1961, 402).

존재하지 않는 것, 곧 무는 사실상 아무 힘도 없다. 그것은 글자 그대로 "없는 것"이기 때문이다. 어떤 물체의 그림자가 아무 힘을 갖지 못하는 것과 마찬가지다. 그러나 인간이 그에게 주어진 자유를 하나님의 의지에 역행하여 사용할 때, 곧 "하나님과 같은" 존재가 되고자 할 때, 무는 세계를 "없음"(無)의 상태로 되돌리고자 하는 파괴적인 악의 세력으로 작용하게 된다.

우리는 무를 "어둠"에 비유할 수 있다. 방 안에 켜 둔 전등을 꺼버리면 어둠이 방의 공간을 지배한다. 그리고 사람들은 이 어둠을 두려워한다. 인간을 위협하는 어떤 무서운 세력이 그 속에 있는 것처럼 느낀다. 그래서 사람들은 어둠을 싫어한다. 그러나 어둠은 사실상 "없는" 것, 곧 무이다. 그것은 사실상 아무 힘도 없다. 캄캄한 방 안에 전등을 밝히면 어둠은 아무 힘도 없이 사라져 버린다. 그럼에도 불구하고 사람들은 어둠을 두려워하며, 그것을 실재하는 것으로 표상한다. 무도 마찬가지다. 세계의 빛이 되신 하나님이 계실 때, 무는 아무 힘도 갖지 못한다. 그것은 그림자에 불과한 것, 글자 그대로 "없는 것"이다. 그러나 빛이신 하나님이 사라질 때, 무는 유(有)의 세계를 "없음"의 상태로 되돌리고자 하는 파괴적 세력, 곧 악의 세력으로 작용한다. 그것은 피조물로서 등장하는 것이 아니라, 인간의 의지가 만물의 근원이요 목적이 되는 선(善)을 떠날 때 등장하여 고난의 현실을 야기한다(Müller 2005, 176).

성서가 말하는 사탄 혹은 귀신이란 무엇인가? 신화적 사고에 따르면 귀신 혹은 사탄은 실제로 존재하는 하나의 실물 내지 실체로 생각된다(어떤 목회자는 긴 머리카락과 함께 입술 양쪽에서 피를 흘리는 흉측한 사람의 얼굴을 가진 귀신을 보았다고 함). 그래서 사람들은 귀신이나 사탄을 두려워하며, 어떤 이들은 이를 이용하여 금품을 갈취하기도 한다.

성서의 창조신앙에 의하면 귀신 혹은 사탄은 하나님처럼 영원 전부터 하나님 곁에 있는 것도 아니고, 하나님이 만든 하나님의 피조물도 아니다. 그것은 악의 세력을 사람의 형태로 실체화시킨 것에 불과하다. 그것은 하나님이 지으신 창조의 세계를 파괴하고 폐기시키려는 "초주체적 세력들"(transsubjektive Mächte)이다. 이 세력들의 목적은 하나님의 창조 세계를 파괴하고 폐기하는 데 있을 뿐이다. 그것은 모든 것을 무로 되돌리고자 하는 "악의 구조적이며 그러므로 피할 수 없는 세력의 표현에 불과하다." 한마디로 그것은 "신화"이다. 창조자 하나님에 대한 신앙은 귀신이나 사탄의 세력의 "탈신화화"를 뜻한다(Kraus 1983, 381). 무에서 만유를 있게 한 창조자 하나님 앞에서 귀신은 아무 힘도 없다. 빛이 비칠 때 어둠이 사라지듯이, 빛이요 생명이신 하나님의 아들 예수가 나타날 때 귀신은 아무 힘도 없이 물러난다(마 8:28-34). 그러므로 우리는 귀신이나 사탄을 두려워할 필요가 없다. 또 심리적 억압과 정신 질환에 걸린 사람을 "귀신들린 사람"이라 규정하고, 이른바 귀신을 쫓아내기 위해 그를 감금하거나 구타를 하는 일을 해서는 안 될 것이다. 귀신의 족보를 만드는 것도 성서적 근거가 없는 미신에 속한다.

E. 악을 극복하신 하나님

성서의 증언에 의하면 세계는 악의 세력에 묶여 있다. 모든 피조물이 무의 세력에 굴복되어 썩어짐의 종노릇을 하고 있다(롬 8:20-21). 이 악을 피조물의 세계에 이끌어들인 존재는 인간이다. 인간의 죄와 탐욕으로 인해 무고한 생물들이 떼죽음을 당하며, 인간 자신의 생명이 죽음의 위협을 당한다. 라이프니츠가 그의 『신정론』에서 말한 바와 같이, "우리들의 고난의 원인은 우리 자신이다"(Nostrum causa malorum Nos sumus, Leibniz 1996b, 3).

그런데 악의 현실을 극복할 수 있는 길도 인간에게 있다. 문제를 일으킨 것도 인간이요, 문제를 해결할 수 있는 능력도 인간에게 있다. 행동과학자 로렌츠가 말한 것처럼 인간도 하나의 동물임은 부인할 수 없는 인간 존재의 한 측면에 속한다. 따라서 인간에게도 공격적 본능이 있다. 그러나 동물과는 달리 인간은 그의 본능을 조정할 수 있는 능력을 가지며, 동물들과는 달리 이성적으로 또 책임적으로 행동할 수 있는 능력을 가진다. 그는 악을 억제하고 선을 행할 수 있다.

그러므로 우리는 질문의 방향을 인간에게 돌려야 할 것이다. 선을 택할 수 있는 능력이 있음에도 불구하고 왜 우리 인간은 악을 택하는가? 악에 대한 책임은 하나님에게 있는 것이 아니라 인간에게 있지 않은가? 고난과 악을 극복할 수 있는 능력이 인간에게 있음에도 불구하고 왜 세계에는 이토록 많은 고난과 악이 있는가? 문제의 핵심은 인간에게 있다. 핵폭탄을 만든 것도 인간이요, 오늘날 생태계의 재난을 일으키는 것도 인간이다. 또 이러한 현실을 극복할 수 있는 것도 인간이다. 따라서 우리는 "하나님이 어떻게 자기의 정당성을 변호할 수 있는가?" 곧 신정을 물을 것이 아니라 인간의 정당화, 곧 "인정"(人正: Anthropodizee)을 물어야 할 것이다. 선을 행할 수 있는 능력과, 고난과 악을 극복할 수 있는 능력을 가진 인간이 있음에도 불구하고 어찌하여 고난과 악이 존재하는가? 그는 어떻게 자기의 정당성을 변호할 수 있는가?

그러나 인간은 악의 세력에 붙들린 상태에 있기 때문에 자신의 힘으로 악의 세력을 벗어날 수 없다. 그는 선(善)이 무엇인가를 알지만 그것을 행할 수 있는 능력이 부족하기 때문에 오히려 악을 행한다. "나는 내가 해야겠다고 생각하는 선은 행하지 않고, 해서는 안 되겠다고 생각하는 악을 행하고 있습니다.…누가 이 죽음의 육체에서 나를 구해 줄 것입니까?"(롬 7:19-24)

성서에 의하면 인간이 감당할 수 없는 고난과 악의 문제를 하나님이 감당한다. 이 문제를 해결하기 위해 하나님의 아들 예수는 인간의 몸을 취하고 이 세상으로 오신다. 그는 현실을 지배하는 악의 세력과 타협하지 않는다. 오히려 악의 세력을 상대화시키는 하나님의 나라를 선포하고 연약한 생명들과 연대함으로써 악의 세력에 대항한다. 그는 귀신의 세력을 추방하고 건강한 생명의 세계를 회복한다(마 8:16 이하; 막 1:34; 눅 4:33 이하). 하나님의 아들 예수 앞에서 악의 세력은 무력한 것으로 나타난다. 예수가 "물러나라"고 명령할 때, 악의 세력은 아무 힘도 없이 자기의 영역을 예수에게 물려주고 떠나간다. 빛이 비칠 때, 어둠이 사라지는 것과 같다.

그러나 하나님의 아들 예수는 악의 세력으로 말미암아 십자가의 죽음을 당한다. 그의 억울한 죽음 앞에서 하나님은 침묵을 지킨다. 그는 전능한 분이 아니라 "무능하고 연약한" 분처럼 보인다(Bonhoeffer). 하나님의 전지,

전능 등의 형이상학적 신(神)의 속성들, 유일하고 전능하신 하나님의 창조 질서에 따라 모든 것이 합목적적·합법칙적으로 움직이는 일원론적·이신 론적 세계상은 무의미한 것처럼 보인다. 여기서 신정에 관한 질문은 "형이 상학적 질서의 하나님에게 모순된다"(박영식, Park 2007, 100).

그렇다면 예수의 십자가에서 신정에 대한 질문은 아무 대답도 발견할 수 없는가? 신정(Theodizee)은 없고 인정(Anthropodizee)만 있는가? 인간의 눈으로 볼 때, 예수의 십자가의 죽음은 신정의 질문에 대해 아무것도 대답 하지 않는다. 그러나 하나님은 그 자신의 방법으로 신정의 문제에 대답한 다. 그런 점에서 "그리스도의 십자가는 '기독교적인 신정'이다. 곧 인간이 살도록 하기 위해 심판과 저주가 하나님 자신에게 돌아가는 하나님의 정 당화이다"(Moltmann 1968, 48). 예수의 십자가의 죽음을 통해 하나님은 신 정의 문제에 대해 어떻게 대답하는가?

1) 예수의 죽음 속에서 하나님은 악의 모순을 순순히 받아들인다. 인 간의 눈으로 볼 때 이것은 하나님의 패배로 보인다. 그러나 바로 이 순간 에 하나님은 악을 극복한다. 그는 악을 악으로 갚지 않고 선으로 악을 이 긴다. 이를 통해 악의 순환, 곧 악순환을 끊어버린다. 인간의 힘으로 대답 할 수 없는 하나님의 자비와 피조물의 고난의 "모순"을 하나님 자신이 짊 어진다(Link 1991b, 582). 참으로 강한 것은 악의 세력이 아니라 사랑이며, 그의 사랑 앞에서 악은 사실상 힘을 잃은 것임을 계시한다. 이를 통해 하 나님은 그의 옳으심을 나타낸다.

2) 악은 결국 하나님의 주권 아래 있으며, 하나님의 뜻을 이루기 위한 도구로 사용된다는 사실이 십자가에서 계시된다. 이를 통해 하나님은 악 의 세력이 아무리 강할지라도 결국 그의 목적을 이루시며 이를 통해 신정 을 완성할 것임을 나타낸다. 예수의 부활은 신정의 문제에 대한 하나님의 궁극적 대답이다.

예수의 십자가의 고난은 모든 피조물의 고난의 깊이를 계시한다. 아버 지 하나님은 예수의 죽음의 고난을 성령 가운데서 함께 당한다. 그의 고난은 삼위일체 하나님의 삼위일체적 사건이었다. 이를 통해 삼위일체 하나님은 고난 속에 있는 모든 피조물을 동반하며 그들의 고난을 함께 당한다는 것을 계시한다. 피조물들과 함께 "고난당하는 하나님"으로서 그는 자기의 옳으심을 나타낸다.

오늘날 많은 신학자들은 하나님을 피조물과 함께 "고난당하는 하나님"으로 이해한다. 예수의 십자가에서 하나님은 "함께 고난당하는 하나님"으로 계시된다(Moltmann 1972, 6장). 화이트헤드도 이와 비슷하게 생각한다. 하나님은 "우주 속에서 발생하는 삶의 고통, 실패, 그리고 황폐뿐 아니라 또한 함께 발생하는 삶의 새로운 가치의 창조와 그 아름다움을…물리적으로 느낄 수" 있는 "참 좋은 동반자―이해하며 함께 고통받는 분"(the great companion―the fellow-sufferer who understands)이다(손호현 2006, 215).

그러나 다음과 같은 질문이 제기된다. "고난당하는 하나님"이 신정의 문제에 대한 충분한 답이 되는가? 하나님이 함께 고난당한다 하여 피조물들에게 무슨 도움이 되는가? "역사 한 가운데서 인간적으로 함께 고난당하는 하나님"은 고난을 극복할 능력이 없는 "무력한 하나님"이 아닌가?(Kehl 2006, 275, 276) 이러한 질문과 함께 몰트만은 다음과 같은 비판을 받게 된다. 몰트만이 말하는 "고난당하는 하나님"은 악의 문제를 해결하지 못하고, 하나님과 악을 영원히 병행시키지 않는가? 따라서 신정의 문제를 해결하지 못하고, "너희들이 당하는 고난을 나도 함께 당한다"고 위로하면서 고난의 현실을 고착시키는 이데올로기적 기능을 갖지 않는가?

성서의 증언에 의하면 하나님은 악의 모순을 영원히 수용하고 힘없이 고난을 함께 당하기만 하는 분이 아니다. 그는 피조물들의 활동을 통해, 심지어 악한 세력의 활동을 통해 그의 목적을 이룬다. 그는 신음하는 피조물들과 함께 고난당하는 분인 동시에, 구원의 미래를 향해 새로운 역사를 일으키는 "구원의 하나님"이요 "새 창조의 하나님"이다. 우리는 이 사실을 출애굽 사건에서 분명히 볼 수 있다. 참된 위로는 고난을 함께 당하기만 하는 데 있는 것이 아니라 고난을 야기하는 악의 세력을 극복하는 데 있다. 그러므로 하나님은 수동적으로 고난을 영원히 당하기만 하지 않고, 악의 세력이 극복된 그의 나라를 세움으로써 "그의 창조와 함께 목적에" 이르고자 하며, 그의 옳으심을 나타내고자 한다(Link 1991b, 582).

F. 신정의 종말론적·메시아적 미래

한국의 격언에 사필귀정(事必歸正)이란 말이 있다. 이 말은 불의와 악이 강한 것 같지만, 결국은 모든 일이 바르게 끝나기 마련이란 삶의 경험을 요약한다. 성서는 이것을 다음과 같이 말한다. 하나님이 "모든 것이 제때에 알맞게 일어나도록" 창조했기 때문에 "모든 일에는 때가 있고 모든 행위는 심판받을 때가" 있다(전 3:17, 11). 하나님이 "땅의 기초"를 놓으시고 "땅의 주춧돌"을 놓으셨기 때문에 하나님의 정의가 세상의 모든 일들을 다스린다(욥 24:18-25). 도스토예프스키의 작품『죄와 벌』은 하나님의 옳으심이 결국 증명된다는 삶의 법칙을 나타낸다. "죄짓고 오래 못 간다"는 한국의 속담도 일상의 삶 속에 나타나는 신정의 현실을 반영한다.

우리는 신정의 현실을 "문화권의 이동" 현상에서도 볼 수 있다. 한 문화권이 모든 어려움을 극복하고 고도의 발전을 이루었을 때 향락과 부패와 타락 현상이 나타난다. 그리하여 그 문화권은 차츰 쇠퇴하고 하나님의 심판이 그 문화권에 내린다. 그리하여 문화의 중심이 다른 민족으로 이동한다.

우리는 이 역사의 법칙을 주전 146년 로마에 의한 카르타고의 몰락에서 볼 수 있다. 카르타고는 700년의 긴 세월 동안 에스파니아(지금의 스페인)에 이르기까지 지중해 연안의 넓은 땅과 바다를 지배했고 경제적으로 부요한 고대시대의 강국이었다. 카르타고의 명장 한니발은 카르타고의 식민지였던 에스파니아에서 알프스 산맥을 넘어 로마로 진격하여 이탈리아 반도 남부에 요새를 확보하고 16년이나 로마를 위협하였다. 로마의 장군 스키피오 아이밀리아누스는 카르타고로 진격하여 항복을 요구한다. 그는 끝까지 항복을 거부하고 항쟁하는 카르타고를 원로원의 마지막 훈령에 따라 완전히 파괴하여 평지로 만들어버린 다음, 로마의 방식에 따라 소금을 뿌린다. 불모의 벌판으로 변해버리는 현장을 목격하면서, 승리한 로마 장군은 그리스인이지만 그의 20년 친구인 폴리비오스의 손을 잡고 이렇게 말한다. "폴리비오스, 지금 우리는 지난날 영화를 자랑했던 제국의 멸망이라는 위대한 순간을 목격하고 있네. 하지만 지금 이 순간 내 가슴을 차지하고 있는 것은 승리의 기쁨이 아니라 언젠가는 우리 로마도 이와 똑같은 순간을 맞이할 거라는 비애감이라네"(시오노 1995, 19).

역사가 토인비(Arnold Toynbee)가 말하는 세계 모든 문명들의 "생성, 발전, 쇠퇴"의 법칙은, 하나님 없는 인간의 세계는 언젠가 멸망으로 끝날 수밖에 없다는 역사의 법칙을 나타낸다. 그래서 "세계사가 곧 세계 심판이다"(Weltgeschichte ist Weltgericht, Schiller)라고 말한다. 세계사의 과정을 통해 이루어지는 세계 심판을 통해 하나님은 그의 옳으심을 증명한다. 인간의 삶과 세계는 결국 하나님의 법 아래 있다. 그분은 "역사와 인간의 생사화복을 지배하시는 하나님"이다(유동식 2007, 149). 이와 같은 신정의 역사적 현실들로 인해 사람들은 모든 고난을 이기고 바르게 살고자 노력한다.

예수의 부활은 세계의 종말에 이루어질 신정의 완성을 약속한다. 예수의 부활을 통해 하나님은 죄와 죽음의 세력을 극복한다. 이를 통해 악은 하나님 앞에서 아무 힘도 없으며, 결국 하나님의 옳으심이 증명될 수밖에 없다는 사실이 계시된다.

여기서 신정의 문제는 종말론의 문제로 밝혀진다. 죄와 죽음과 악의 세력은 예수의 부활을 통해 결정적으로 극복되었고 힘을 잃었다. 이를 통해 신정이 시작되었다. 그러나 그것은 역사의 종말에 완성될 미래로 남아 있다. 더 이상 죄와 고난과 악이 존재하지 않는 새 하늘과 새 땅의 메시아적 현실이 이루어질 때, 하나님의 정당성 또는 옳으심이 완전하게 증명될 것이다. 따라서 신정은 하나님의 정당함이 완전히 증명될 하나님 나라의 메시아적 현실, 곧 새 하늘과 새 땅을 가리킨다. 그것은 미래적인 동시에 현재적이다. 그러므로 "종말론 없는 신정론은 없다"(Trillhaas 1972, 166).

하나님을 믿는다는 것, 곧 하나님 신앙은 예수의 부활을 통해 약속된 신정의 궁극적 실현을 믿고 기다리며 희망하는 것을 말한다. 그리스도인들은 "십자가에서 고난당하는 하나님"을 믿는 동시에 "출애굽의 하나님"을 믿는다. 피조물을 설득하는 하나님을 믿는 동시에 "열방의 도모를 폐하시며 민족들의 사상을 무효케 하는" 하나님을 믿는다(시 33:10). 약속의 성취에 대한 기다림과 희망 속에서 그들은 미움과 갈등이 있는 곳에 사랑을, 거짓이 있는 곳에 진실을, 불의가 있는 곳에 정의를 세운다. 이를 통해 그들은 하나님의 나라와 그의 정의를 이 땅 위에 세우며 하나님의 옳으심 또는 정당함을 나타낸다.

악의 세력으로 인해 고난을 당하는 사람들에게 신정에 대한 유일한 대답은 악의 세력과 고난을 극복하는 데 있다. 고통과 고난 속에 있는 모든 피조물들이 "악의 실제적 극복을 향해 부르짖고 있다. 하나님의 창조와 구원이 일치하게 될 때 신정의 문제가 궁극적으로 해결될 것이다(Pannenberg 1991, 191). 창조와 구원의 일치는 악의 세력과 피조물의 고난을 극복하고 하나님의 나라를 이 땅 위에 세우는 실천을 통해 가능하다. 이 실천이 결여된 신정에 대한 모든 이론적 대답은 고난당하는 사람들에게 "먹물 먹은 사람들의 웃기는 소리"로 들릴 것이다.

하나님은 이집트에서 고난을 당하는 이스라엘 백성에게 출애굽을 통해 신정의 문제에 대답한다. 그리스도인들은 신정의 실천을 향해 하나님의 부르심을 받은 사람들이다. 그들은 하나님의 친구요 동역자들이다. "기독신앙의 신정론은 세상의 무의미한 고난과 부조리에 대한 신적인 해명이 아니라 모든 부정적인 것의 완전한 소멸을 희망하며 삶을 파괴하는 부정적 경험에 저항한다.…신앙은 삶을 파괴하는 부정적인 힘들에 저항하는 모험이다"(박영식 2008, 129). 부정적 힘들에 저항하는 그리스도인들의 모험 속에서 신정의 종말론적 미래는 현재화된다.

그러나 악의 세력은 너무도 강하며, 피조물의 고난은 하늘에 사무친다. "네 하나님이 어디 있느냐?"라는 악한 자들의 비웃음에도 불구하고 하나님은 침묵을 지킨다. 그러므로 그리스도인들은 희망을 잃어버리고 좌절하기 쉽다. 시편 기자는 신정의 문제로 고뇌하는 그리스도인들의 실존을 다음과 같이 묘사한다. "하나님이여…사람들이 종일 나더러 하는 말이 네 하나님이 어디 있느냐 하니, 내 눈물이 밤낮으로 내 음식이 되었도다.…내 영혼아 네가 어찌하여 낙망하며, 어찌하여 내 속에서 불안하여 하는고"(시 42:1-5).

그러나 하나님을 믿는다는 것은 모든 시련에도 불구하고 그의 약속을 믿고 신뢰한다는 것을 내포한다. "주님께서 다스리시니, 세계는 굳게 서서 흔들리지 않는다. 주님이 만민을 공정하게 판결하신다"(96:10). "너는 하나님을 바라라. 그 얼굴의 도우심을 인하여 내가 오히려 찬송하리로다"(시 42:5). 박하규 박사에 의하면 "우리가 잊지 말아야 할 또 하나의 사실이 있다. 그것은 인간의 역사의 드라마는 아직도 진행 중이라는 사실이다. 극장에서 연극을 보고 있는 관객은 연극의 마지막을 보기 전에 그 드라마의 의미에 대해서 속단해서는 안 되듯이, 현재 진행 중인 역사 안에서 생기고 있는 일들에 대해서 성급한 결론만은 내리지 않는 게 현명하다"(박하규 2002, 488 이하).

8
기적이란 무엇인가?

A. 성서가 증언하는 기적의 주요 관심

구약성서는 다음과 같은 하나님의 다양한 기적들에 대해 보도한다.

1) "인간이 '놀라워하는' 모든 것", "관찰하는 사람에게 놀라움을 불러일으키는 일들"(사 13:18; 시 139:6), 하나님의 세계 창조(시 136:4-9), 창조된 세계의 유지(104:9 이하; 136:25), 인간의 존재, 동물의 세계의 다양성, 자연의 질서 등 창조의 세계 전체가 하나님의 놀라운 기적으로서 찬양의 대상이 된다(104:11 이하; 욥 38:39-39:30).

2) 비일상적인 자연의 사건들, 예를 들어 해와 달이 움직이지 않고 멈추어 섬(수 10:12 이하), 하늘에서 불이 떨어짐(삼상 18:38), 바위로부터 불이 솟아오름(삿 6:21), 그림자를 열 칸 뒤로 물러나게 함(왕하 20:10 이하), 물에 빠진 쇳덩이가 물 위로 떠오름(왕하 6:1 이하), 죽은 사람이 다시 살아남(왕상 17:17 이하; 왕하 4:33 이하).

3) 하나님이 이스라엘을 그의 백성으로 선택하고 이스라엘과 계약을 맺으며 이스라엘에게 율법을 주신 일(시 119편; 129편; 136:10-24; 위의 내용에

관해 Vollborn 1960, 1833).

4) 그 무엇보다 구약성서는 이스라엘 백성의 출애굽, 홍해를 무사히 건너간 사건, 하나님이 불기둥과 구름 기둥으로 이스라엘을 인도하며 광야에서 먹을 것과 마실 것을 주신 일, 가나안 땅을 얻게 하신 일을 하나님의 기적으로 보도한다. 이 사건들은 이스라엘 백성이 새로운 생명의 세계를 얻게 된 참으로 놀라운 하나님의 "기이한 일", 곧 기적이었다. 이 기적을 통해 하나님만이 참 하나님이란 사실이 증명된다. "여호와여, 신(神) 중에 주와 같은 자 누구니이까?"(출 15:11; 시 78:12-16; 느 9:9 이하) 나아가 구약성서는 아브라함의 선택에서 시작하여 이스라엘에 대한 하나님의 구원의 역사 전체를 "그의 행하신 기사와 이적"으로 간주한다(시 105편; 느 9장).

구약성서가 증언하는 이러한 기적들의 주요 관심은 기적 그 자체에 있는 것이 아니라 ① 세계의 창조자요 유지자이신 하나님의 능력과 정의와 자비를 증언하며, ② 하나님의 새 창조와 구원의 새로운 가능성을 증언하며, ③ 이스라엘의 하나님만이 참 하나님이심을 증언하며, ④ 이 하나님만을 의지하고 신뢰하며 그의 계명에 복종할 것을 요구하는 데 있다.

기적에 관한 신약성서의 증언들은 주로 복음서와 사도행전에 기록되어 있다. 성령에 의한 예수의 잉태(마 1:18), 귀신추방(마 8:28-34; 막 1:21-28), 질병과 신체적 장애의 치유(막 2장), 풍랑을 잔잔케 하고 물 위로 걸어간 일(6:30-44), 빵 다섯 개와 물고기 두 마리로 장정만 오천 명을 먹임(6:30-44), 죽은 자를 살림(마 6:35-43), 예수의 변모(마 9:2-3), 예수의 부활, 부활한 예수께서 제자들에게 다시 나타나심(28), 베드로가 앉은뱅이를 고친 일(행 3:1 이하), 주의 사자가 옥문을 열어 사도들을 풀어준 일(행 5:17 이하), 바울과 실라가 갇힌 옥문이 지진으로 열린 일(16:26) 등의 기적에 대해 보도한다.

복음서가 증언하는 예수의 기적들 가운데 질병과 신체적 장애의 치유, 귀신추방은 비판적 역사가들도 의심하지 않는 역사적 사실로 보인다. 우리는 이 사건들을 가리켜 일반적으로 "기적"이라 부른다. 그러나 복음서는 어디에서도 예수의 치유하는 행위를 가리며 "기적"(그리스어 *thauma*,

라틴어 *miraculum*, 독일어 Mirakel)이라 부르지 않는다. 오히려 예수의 "능력의 행위"(그리스어 *dynameis*) 혹은 "표징"(*semeia*, 독일어 Wunder)이라 부른다 (Schneider 1992, 245, 271; 그러나 여기서 우리는 편의상 후자를 가리켜 기적이라 부르기로 한다).

복음서에 의하면 예수의 주요 사역은 이적(*miraculum*)을 행하는 데 있지 않았다. 그는 기적 전문가나 마술사가 아니었다. 그의 주요 사역은 하나님의 나라를 선포하며, 그것을 앞당겨 오는 데 있었다. 따라서 예수의 "능력 있는 행위", 곧 기적은 크게 두 가지 기능을 가진다. ① 예수를 통해 지금 일어나고 있는 하나님의 나라를 가시적으로 보여주며, ② 이 예수가 하나님의 아들 메시아임을 증거하는 기능을 가진다. 복음서가 보도하는 이른바 예수의 기적들은 이러한 기능을 수행하는 "부수적 현상"에 불과하다(Käsemann 1967, 443).

예수의 기적들은 "고난과 죽음을 그의 특징으로 가진 세계의 과정 속에 해방하는 하나님이 등장하며 그의 그리스도 안에서 선취되는 새 창조의 표징"이요, "오고 계신 하나님 나라의 표징"이다. 이들은 "예수의 능력 있는 행위" 속에서 행동하는 하나님과 그의 주권이 예수 안에서 시작되고 있음을 나타낸다(Kümmel 1972, 55). 그들은 "하나님 나라의 기적들"로서 예수의 메시아 되심을 증거하는 동시에 "하나님의 나라를 선포하는 일에 봉사한다"(Küng 1976, 225).

우리는 예수의 대표적 기적이라 말할 수 있는 귀신추방과 병고침의 기적을 예수 당시의 사회적 배경에서 파악해야 한다. 이를 통해 우리는 기적의 깊은 의미를 파악할 수 있다. 예수 당시의 유대교 사회에서 질병과 귀신들림은 죄 때문이라 생각되었다. 그리하여 이들은 "죄인"으로서 사회적 차별과 소외를 당하였다. 귀신들린 두 사람이 무덤 사이에 거하였다는 복음서의 보도는, 이들이 그 사회에서 어떤 취급을 당하였는가를 예시한다 (마 8:28). 예수의 치유의 기적들은 ① 이러한 사람들에 대한 하나님의 자비와 그의 놀라운 구원과 새 창조의 행위를 보게 하며, ② 이들을 사회적 차별과 소외와 고난에서 해방하고 인간으로서의 가치와 존엄성을 회복하며, ③ 그 사회를 지배하는 악의 세력을 깨뜨리며, ④ 하나님의 나라와 그의 정의를 세우며, ⑤ 이 일을 행하는 예수가 하나님의 메시아임을 증언한다. 이 기적들은 신체적 치유를 뜻함은 물론 "오고 있는 그의 나라의 역사 속에서 해방하는 하나님의 종말론적 행위들"이요, "해방하는 하나님을 증언하는 하나님 나라의 표징들"이다. 그것은 "하나님의 통치의 가까움을 몸적으로 나타내는 표징"이다(Kraus 1983, 380, 303).

종합적으로 말해 성서가 증언하는 기적의 목적은 기적 그 자체에 있지 않다. 신약성서가 보도하는 기적의 주요 관심은 메시아적 세계, 곧 하나님의 나라를 향한 하나님의 구원의 역사가 예수 안에서, 예수를 통해 지금 여기에 일어나고 있음을 증언하며, 이 예수가 하나님의 아들이심을 증언하는 데 있다. 그리고 하나님에 대한 믿음과 구원의 역사에 대한 참여를 촉구하는 데 있다. 따라서 성서가 보도하는 기적은 세인(世人)의 놀라움을 일으키는 기이한 요술(miraculum)이 아니라 "표징적이며 종말론적 구원의 성격"을 가진 하나님의 "표징"(semeia)이다. 그것은 죄와 죽음과 고난이 가득한 세계를 구원받은 새 창조의 세계를 향해 "해방하는 하나님의 표징과 증거"이다(Kraus 1983, 379).

그러나 기적 자체가 객관적 증명의 힘을 갖는 것은 아니다. 하나님의 말씀에 대해 자기를 폐쇄하고 예수 그리스도의 복음을 거부하는 사람, 하나님의 말씀에 복종하지 않고 오히려 하나님에게 객관적 증명을 요구하는 사람에게, 기적은 아무것도 증명할 수 없다. 그러므로 예수는 기적을 요구하는 사람들에게 다음과 같이 말한다. "어찌하여 이 세대가 기적을 보여달라고 하는가! 나는 분명히 말한다. 이 세대에 보여줄 표징은 하나도 없다"(막 8:12).

예수의 기적들은 예수에게 마음의 문이 열린 사람들, 죄를 자복하고 회개할 마음이 갖추어진 사람들에게만 하나님의 놀라운 증거의 효력을 가진다. 신약성서가 보도하는 기적은 누구나 볼 수 있는 소위 기이한 일

(*miraclum*)이 아니다. 그것은 믿음의 눈이 열려 있는 사람만이 볼 수 있는 "믿음의 기적"이요 "목적을 위한 수단"이다. 믿음으로 말미암아 기적이 나오는 것이지, 기적으로 말미암아 믿음이 나오지 않는다(요 4:48; 20:29). 그러므로 예수는 치유의 기적을 행한 다음, "믿음이 너를 낫게 하였다"고 말한다(마 9:22; 참조. 막 6:2-6).

B. 온 우주에 가득한 하나님의 기적들

종교의 세계에서 예수의 기적들은 전혀 새로운 것이 아니다. 다른 종교에서도 기적들이 일어난다. "하나님도 기적을 행할 수 있지만 사람도 행할 수 있으며, 예언자도 기적을 행할 수 있지만 마술사도 행할 수 있다"(Bultmann 1972, 216). 복음서도 이것을 인정한다. 적(敵) 그리스도도 "큰 기적과 이상한 일들을 행할 것이다"(마 24:24; 살후 2:2 참조). 참 기적도 있고 "거짓 기적"도 있다(살후 2:9). 케제만에 의하면 예수의 부활 후 그의 공동체는 "적 그리스도인들에게서도 기적이 나타난다는 것을 잊지 않으며, 이로 인해 유혹에 빠지지 않기를 경고한다"(Käsemann 1960, 1837). 그러므로 종교의 세계에서 예수의 기적들 그 자체는 새로운 것이 아니다.

예수의 궁극적 관심은 기적이나 마술을 행하는 것이 아니라 하나님의 나라와 하나님의 정의를 이 땅 위에 세우는 데 있었다. 그러므로 기독교 신앙은 기적 자체를 주요 관심사로 삼아서는 안 될 것이다. 오히려 예수가 관심을 가졌던 그 일에 주요 관심을 가져야 할 것이다. 기적을 목적으로 삼을 때, 기독교는 메시아적 새로운 생명의 세계를 세우고자 하는 하나님의 새로운 창조를 보지 못하고, 미신과 광신에 빠진 유치한 종교현상으로 전락할 것이다.

여기서 우리는 하나님의 기적들, 곧 하나님이 행하신 놀라운 일들에 대해 우리의 시선을 보다 더 넓게 확대할 필요가 있다. 크게 나누어 이 기적들은 창조의 기적들, 개인의 삶 속에서 경험할 수 있는 사적(私的) 기적들, 해방과 구원과 새 창조의 기적들로 분류될 수 있다.

1) 창조의 기적들은 하나님이 창조한 세계와 그 속의 모든 피조물이 우리에게 주어져 있으며 지금도 유지되고 있다는 사실을 말한다. 욥기 36:27 이하의 본문은 자연 속에서 일어나는 하나님의 기이한 일들, 곧 기적들을 이야기한다. 우리는 이 기적들을 쉽게 발견할 수 있다. 똑같은 바닷물 속에서 갖가지 맛을 가진 생선들, 똑같은 땅에서 갖가지 맛을 가진 과일과 채소와 곡물과 꽃들이 철을 따라 나오는 것은 기적이라 말하지 않을 수 없다. 물과 공기, 땅과 하늘과 그 속에 있는 모든 생명들, 시간과 공간, 지구의 중력, 자연의 순환과정, 밤과 낮의 질서, 모든 생물들이 가진 환경에의 적응력과 진화의 능력, 우리 인간의 놀라운 상상력과 사고력, 문명과 문화를 창조할 수 있는 능력, 양심의 감수성과 도덕적 판단력, 언어와 정보교환의 능력, 한마디로 말해 우주 전체가 하나의 기적이라 말할 수 있다. 이 모든 기적들에 대해 우리는 하나님께 감사하고 그의 놀라운 능력을 찬양해야 할 일이다.

2) 우리는 일상의 삶 속에서 하나님의 기적을 발견할 수 있다. 우리에게 주어진 생명, 내가 여기에 "있다"는 것, 마음을 나눌 수 있는 친구들이 "있다"는 것, 건강한 몸으로 음식을 먹을 수 있는 것도 기적이라 말할 수 있다. 성서는 여러 곳에서 이러한 기적에 대해 이야기한다. "주님의 인자하심과 인생에게 행하신 기이한 일을 인하여 그를 찬송할지어다"(시 107:8; 또한 40:5; 26:7; 78:4 이하; 96:3; 98:1 참조).

3) 구약의 이스라엘 백성에게 가장 중요한 기적은 출애굽의 해방과 구원이었다. 그것은 인간의 눈으로 볼 때 불가능한 새 창조의 사건이었다. 한국인이 경험한 일본의 식민지 통치에서의 해방은 이스라엘 백성의 출애굽에 상응한다. 신약성서에서 가장 중요한 기적은 하나님의 성육신, 메시아 예수를 통한 하나님 나라의 선취(Antizipation), 예수의 부활이었다. 또한 불의한 죄인이 하나님의 용서를 받고 하나님의 자녀로서 살게 되며, 불

의와 죄와 악이 다스리는 세계 속에 하나님의 새로운 생명의 세계가 자리를 잡게 되는 하나님의 구원과 새 창조의 사건이야말로 기적 중에 기적이라 말할 수 있다.

하나님은 어디에나 계신다. 그러므로 온 우주가 하나님의 기적으로 가득하다. 우리는 "어디에서나 기적을 경험할 수 있다"(Küng 1976, 219). "주 하나님 지으신 모든 세계, 내 마음 속에 그리어 볼 때, 하늘의 별, 울려 퍼지는 뇌성, 주님의 권능 우주에 찼네"(통일찬송가 40장). 세계의 모든 것을 우연으로 생각하는 사람에게는 우연으로 보이겠지만, 하나님의 자녀들에게는 세계의 많은 일들이 창조자 하나님의 "놀라운 일"로 경험되며 감사와 찬양의 대상이 된다. 그러므로 시편 기자는 이렇게 고백한다. "주 나의 하나님이여, 주의 행하신 기적이 많고, 우리를 향하신 주의 생각도 많도소이다. 내가 들어 말하고자 하나, 주의 앞에 베풀 수도 없고 그 수를 셀 수도 없나이다"(시 40:5).

아우구스티누스가 말하는 바와 같이, 일상의 일들 속에서 하나님의 기적을 인지하지 못하는 것은 우리의 감각이 무디어졌기 때문이다. 온 세계가 하나님의 기적으로 가득하지만 우리는 그것을 우연한 것으로 간주하며 감사하게 생각하지 않는다. 몸이 건강하고 많은 음식을 배불리 먹을 수 있어도 만족할 줄 모르고 감사할 줄 모른다. 그러나 세계는 우리가 감사해야 할 하나님의 놀라운 일들로 가득하다. 우주의 존재 자체가 기적이기 때문이다. 슐라이어마허에 의하면 무한한 것, 곧 우주와 관계되어 있는 모든 사건, 가장 자연적이며 가장 일상적인 사건도 하나의 기적이다. 익숙한 습관과 현실에 대한 실용주의적 관심으로 인해 우리가 이것을 보지 못할 뿐이다(Pannenberg 1991, 62).

하나님의 기적에 대한 이러한 넓은 시야(視野)는 기독교 신앙의 성숙에 도움이 될 수 있다. 병을 고치고 귀신을 내쫓는 소위 "기적"에 집중하기보다, 우리의 삶과 자연의 세계와 역사 속에서 하나님의 "놀라운 일들", 예수 그리스도의 구원의 "놀라운 일"을 생각하고 감사하면서 세계를 새롭게 창조하고자 하는 하나님의 목적을 위해 우리의 삶을 바치는 성숙한 신앙으로 인도할 수 있다.

C. "기적은 없다" - "하나님의 기적이 있다"

기적에 대해서 우리는 두 가지 상반된 태도를 볼 수 있다. 첫 번째 태도는 기적에 대한 맹목적·성서 문자주의적 신앙이다. 부활의 기적에 대한 신앙 속에서 죽은 사람의 시체를 지하실에 보관하기도 하고, 독사의 굴에 손을 집어넣는 사람도 있다. 이를 가리켜 우리는 맹목적 기적신앙(Wundergläubigkeit)이라 말할 수 있다.

두 번째 태도는 합리적·과학적 사고에 익숙한 많은 현대인들의 기적에 대한 거부(Wunderverwerfung)이다. 이들에게 성서의 기적 이야기들은 고대인들의 신화일 뿐이다. 이들은 인간의 합리적 사고에 모순되며 그것을 저해하는 기적에 대한 신앙은 추방되어야 한다고 믿는다. 자신의 능력으로 문제를 해결하고자 노력하지 않고 초월적 기적을 바라는 것은 인간을 나태하게 만든다. 기적을 통해 질병을 치료할 수 있다는 굳센 믿음 때문에 의사의 치료 행위를 거부함으로써 질병의 치료를 어렵게 만드는 일이 지금도 가끔 일어난다. 그래서 어떤 의사는 환자에 대한 목사의 개입을 금지한다.

기적에 대한 불신은 하나님의 존재에 대한 불신과 관계되기도 한다. 만일 하나님이 기적을 행할 수 있다면 왜 그는 악의 세력을 방치하며 이 세계를 이 모양으로 내버려두는가? 하나님은 기적을 통해 이 세계를 속히 에덴동산으로 변화시켜야 하지 않겠는가? 따라서 그들은 하나님의 기적에 관한 성서의 이야기들이 사실일 수 없다고 생각한다.

이신론적 사고(思考)에 따르면, 하나님은 세계를 만들 때 자연의 법칙들을 세우고 이 법칙들에 따라 세계의 모든 것이 이루어지도록 하였다. 세계는 이 법칙들에 따라 움직임으로써 하나님의 뜻을 이루며 그의 목적을 지향한다. 그러므로 하나님은 더 이상 세계의 과정에 개입할 필요가 없다. 이른바 하나님의 기적은 불필요하다. 하나님이 기적을 통해 세계의 과정에 개입하는 것은 자연의 법칙들과 세계의 질서에 모순된다.

이른바 과학적 사고에 익숙한 현대의 많은 사람들은 기적을 인정하기 어렵다. 과학적 사고에 의하면 세계의 모든 일들은 인과율에 따라 일어난다. 땅 위의 수분이 증발하여(=원인) 구름을 형성하고(=결과), 구름의 양이 증가하여(=원인) 비나 눈이 내리게 된다(=결과). 그런데 기적은 인과율을 벗어난다. 곧 자연적 원인 없이 일어난다. 따라서 기적은 자연의 법칙을 벗어난다. 자연의 법칙을 벗어나는 것은 인정될 수 없다. 그러므로 이 세계에는 어떤 기적도 있을 수 없다.

일련의 신학자들도 기적을 부인한다. 슐라이어마허에 의하면 기적이란 어떤 "놀라운 것"(Wunderliches)이 아니라, 세계의 "주어진 것에 대한 종교적 이름"에 불과하다. 성서의 이야기들의 탈신화화를 주장하는 불트만은 기계론적 사고의 영향 속에서 기적을 부인한다. "이적으로서의 기적에 관한 생각은 오늘 우리에게 불가능하게 되었다. 우리는 자연의 사건을 자연법칙을 따르는 사건으로 이해하며, 기적이란 자연의 사건의 자연법칙적 연관성을 깨뜨리는 것으로 이해하기 때문이다"(Bultmann 1972, 214). "신약성서가 이야기하는 영들의 세계나 기적의 세계를 믿으면서 전기불과 라디오를 사용하는 것은 불가능하다." 오직 단 하나의 기적이 있을 뿐이다. 그것은 "하나님 없는 자를 위한 하나님의 은혜의 계시"의 기적이요, "죄용서"의 기적이다(Bultmann 1960, 17 이하).

그럼 기독교 신앙은 하나님의 기적을 믿지 말아야 하는가? 기적을 불신하거나 부인하는 입장에 대해 우리는 아래와 같이 대답할 수 있을 것이다.

1) 기적을 부인하는 학자들의 주장에 대해 우리는 부분적으로 동의할 수 있다. 사실 성서가 이야기하는 여러 가지 기적들, 예를 들어 물에 빠진 쇳덩이가 다시 물 위로 솟아오르며, 해와 달이 움직이지 않고 멈추어 섰다

는 이야기들은 건전한 이성과 상식을 가진 현대인에게 인정될 수 없는 신화적 이야기로 들릴 수밖에 없다. 이러한 기적 이야기들은 그 자체에 목적을 가진 것이 아니라 세계에 대한 하나님의 주권과 능력, 구원과 새 창조의 역사를 증언하고 "하나님의 놀라운 세계"를 향해 믿음의 눈을 열기 위한 수단일 뿐이다. 또 병고침, 귀신추방 등의 기적 행위로 말미암은 사회적 폐해를 생각할 때, 계몽주의자들이 기적신앙을 거부하고 인간과 세계의 문제를 인간의 이성을 통해 합리적으로 해결하기 위해 교육의 중요성을 강조한 입장을 이해할 수 있다.

2) 그러나 우리는 과학적 사고에 근거하여 기적을 완전히 부정하는 입장에 대해 동의할 수 없다. 이른바 기적을 부인하는 과학적 사고는 인과율에 근거한다. 인과율이 세계의 모든 것을 결정하는 보편적 법칙으로 전제된다. 그러나 세계의 모든 것이 인과율에 따라 지배된다면 인간의 "행동의 자유"는 불가능하다. 원인과 결과의 법칙을 벗어나는 "새로운 것"은 인정될 수 없다. 우연적인 것, 새로운 것은 인식 대상에서 제외된다. 반복을 통해 검증될 수 있는 것만이 증명되고, 반복될 수 없는 것은 증명되지 않는다. 그렇다면 이 세계에는 반복되는 것만이 있고, 반복될 수 없는 새로움이 없을 것이다.

그러므로 인과율이 지배하는 세계에는 기적이 있을 수 없다. 원인과 결과의 법칙(=인과율)에 따라 움직이는 톱니들로 구성된 시계가 기계적으로 움직이는 것처럼, 이 세계 안에는 인과율에 따른 기계적인 활동만이 있을 뿐이다. 거기에는 합법칙적인 것, 동일한 것의 연장(延長)과 반복이 있을 뿐이다. 따라서 "우주는 변화하지 않는다", "우주는 영원하다"는 생각이 20세기에 이르기까지 물리학과 우주학의 정설이었다. 상대성 이론을 발견한 아인슈타인(A. Einstein)도 영원히 고정되어 있는 우주, 곧 우주의 고정성(Stabilität)을 믿었다. 그는 자기의 신념을 관철하기 위해 일종의 반 중력(Anti-Gravitationskraft)을 가정하였다(Hattrup 2006, 20). "신(神)은 주사위 놀이를 하지 않는다"는 유명한 명제와 함께 아인슈타인이 양자 물리학을 뒤집어놓기 위해 부단히 노력한 원인이 여기에 있다(이에 관해 이상성 2008, 274).

그러나 변화가 있을 수 없는 세계, 모든 것이 인과율에 따라 결정되어 있는 세계는 차츰 질식 상태에 빠질 것이다. 그것은 모든 것이 결정되어 있는 폐쇄된 세계, 새로운 미래가 없는 세계일 것이다. 그것은 "하나의 시계처럼 (외부의, 필자) 어떤 영향도 받지 않고 진행될 것이다"(Dürr 2003, 38). 카뮈의 작품 "페스트"는 기적이 있을 수 없고 미래가 없는 이러한 세계를 묘사한다. 하지만 성서가 이야기하는 하나님의 기적들은 세계의 폐쇄성을 깨뜨리고 "새로움"을 향해 세계를 개방한다.

3) 기독교 신앙의 입장에서 볼 때, 하나님의 자비로운 의지의 자유와 하나님의 자유로운 행위, 곧 기적은 자연의 법칙을 파괴하거나 그것에 모순되지 않는다. 그것은 자연의 세계 안에서 일어나지만, 자연의 법칙을 넘어서는 "하나님의 사건"이다. 그것은 자연법칙에 따라 일어나는 자연의 사건들과는 다른 질서에 속한다. 다른 질서에 속한 사건이 자연의 세계 속에 일어난다 하여 그것이 자연의 법칙을 파괴하거나 그것에 모순된다고 말할 수 없다. 문제는 자연의 법칙을 넘어서는 하나님의 능력과 의지를 인정하느냐 인정하지 않느냐에 있다.

자연법칙에 따라 일어나는 사건들은 인간에게 당연한 것, 자연적인 것으로 보이는 반면 하나님의 기적은 자연법칙에 따라 설명되지 않는 "놀라운 것", 인간의 파악 능력을 넘어서는 것으로 보일 뿐이다. 피조물의 세계를 구원하고자 하는 하나님의 의지로 말미암아 일어나는 하나님의 기적은 자연의 질서와 법칙을 파괴하거나 제한하지 않는다. 자연의 법칙에서 볼 때 그것은 "기대할 수 없고 설명할 수 없는 것"으로 보일 뿐이다(Barth 1961, 214).

아우구스티누스에 의하면 기적은 세계의 질서의 틀 안에서 일어나는 하나님의 창조적 자유를 나타낸다. 그것은 "사물들의 자연에 모순되는 (contra naturam) 것처럼 보일 수도 있는 비일상적인 것(das Ungewöhnliche) 이다." 그러나 우리가 기적이라 부르는 이 낯선 일은 자연에 모순되는 것이 아니라, 단지 자연의 과정에 대한 우리의 제한된 지식에 모순될 뿐이다(Pannenberg 1991, 60). 하나님은 그가 창조한 자연의 질서에 따라서만 행동하지 않고, 이 질서 바깥에서(praeter naturam) 행동할 수 있다. 만일 그렇게 할 수 없다면, 그래서 하나님의 예기치 못한 기적이 불가능하다면, 하나님은 피조물의 세계에 대해 더 이상 하나님이 아닐 것이며, 무로부터의 창조, 죽은 예수의 부활, 새 하늘과 새 땅에 대한 하나님의 약속도 불가능할 것이다. 이 모든 것이 없는 인간의 세계에는 이집트의 "고기 가마"밖에 없을 것이다(출 16:3).

기독교 신앙은 "인과율의 왕국"을 벗어난 하나님의 존재와 그의 은혜로운 의지의 자유를 믿는다. 물론 하나님은 인과율을 통해 활동할 수도 있다. 이와 동시에 그는 인과율을 벗어나 활동할 수도 있다. 그는 인과율을 통해 설명할 수 없는 새로운 것을 약속할 수 있고, 새로운 일을 일으킬 수 있다. "보라, 내가 새 일을 행하리니…"(사 43:19).

한마디로 하나님은 기적을 행할 수 있다. 그는 인간이 예측할 수 없는 일들을 행할 수 있다. 그는 세상의 연약한 자들을 그의 백성으로 선택하고 그들의 고난을 함께 당한다. 세상의 높은 자를 낮추고 낮은 자를 높인다. 예수의 십자가와 부활을 통해 죄와 죽음의 세력에서 인간을 해방하고 하나님 나라의 새 창조의 역사를 시작한다. 하나님의 기적이 있기 때문에 이 세계에는 새로움과 희망이 있고, 그리스도인들은 하나님께 기도할 수 있다.

4) 일반적으로 사람들은 성서가 이야기하는 기적은 과학적으로 증명될 수 없기 때문에 사실이 아니라고 생각한다. 그러나 세계의 모든 일들이 과학을 통해 증명되지 않는다. 과학은 세계의 현실 전체를 설명할 수 있는 능력이 없다. 과학이 파악하는 우주의 현실은 4%에 불과하다. 과학은 과학자가 가진 특수한 인식의 "그물"에 걸리는 현실의 측면들을 증명할 수 있을 뿐이요, 이 증명도 개연적인 것에 불과하다. 현실에 대한 절대적 인식, 이른바 현실의 "객관성이란 의미가 없다"(Hattrup 2006, 16).

우리는 과학적으로 설명될 수 없는 일들을 가리켜 "우연"이라 말한다.

그러나 세계의 현실은 과학적 인식 방법, 곧 "그물"에 걸리지 않는 "우연한 것"으로 가득하다. 너와 나의 만남, 좋아함과 싫어함, 꿈과 용기와 좌절, 신뢰와 불신, 예술가들의 예술적 감각, 지구의 인력 등은 인과율의 그물에 완전히 걸리지 않는다. 세계의 모든 현실을 설명할 수 있는 "세계 공식"(Weltformel)은 실현될 수 없는 꿈에 불과하다. 아인슈타인의 생각과는 달리 세계 안에 일어나는 사건들은 누군가가 주사위 놀이를 하는 것처럼 일어나기 때문이다. 만일 세계의 모든 현실이 과학을 통해 증명될 수 있다면, 세계 속에는 과학적으로 증명되는 사실들 혹은 객체들만 있을 것이다. 그러나 "객체들은(Objekt) 아무것도 말하지 않는다. 주체들만 언어를 가진다"(Hattrup 2006, 17).

성서가 이야기하는 기적들 중에 기적은 새로운 생명의 세계를 향한 하나님의 메시아적 약속이요, 이 약속이 성취된 하나님의 나라와 예수의 부활이다. 이 기적들은 인과율이 지배하는 세계, 새로운 가능성이 없는 세계를 넘어서는 하나님의 새로운 가능성을 시사한다. 하나님의 기적들이 있기 때문에 세계는 인과율의 왕국을 넘어서는 새로운 미래의 꿈과 희망을 가질 수 있고, 그리스도인들은 모든 것을 참고 견디며 믿음과 희망과 사랑 속에서 하나님의 나라를 기다리며 살아갈 수 있는 힘과 용기를 얻을 수 있다. 성서가 이야기하는 하나님의 기적들은 그 본질에 있어 하나님의 메시아적 미래를 가리키며, 이 미래를 향해 인간을 부르시고 새로운 용기와 힘을 주는 메시아적 표징들이다.

5) 20세기 초에 등장한 양자 물리학은 "자연과학적 세계상의 중대한 혁명"을 일으킨다(Dürr 2003, 104). 그것은 고전 물리학의 기계론적·결정론적 세계관을 거부하고, 유기체적이고 역동적이며 개방된 세계상을 제시한다. 이 새로운 세계상은 하나님의 기적의 가능성을 시사한다. 고전 물리학에 따르면 세계는 더 이상 나누어질 수 없는 가장 작은 소립자로 구성되며, 이 소립자는 물질적인 것으로 생각된다. 따라서 세계는 물질 덩어리이다. 이에 반해 양자 물리학자에 의하면 소립자는 물질적인 것이 아니라

"정신적인 것"에 더 가깝다(W. Heisenberg). 그것은 존재하는 것도 아니고 존재하지 않는 것도 아닌 일종의 잠재적 상태, 곧 "발생하려는 경향"으로 묘사될 수 있다.

소립자는 관찰 방법에 따라 입자(Teilchen)로 나타나기도 하고 파동 (Welle)으로 나타나기도 한다. 입자는 일정한 장소와 양과 크기를 가진 것을 말하며, 파동이란 공간의 영역으로 확대되며 양이 없고 일정한 한계를 갖지 않은 것을 말한다. 나아가 파동은 파장, 주파수, 진폭(Wellenlänge, Frequenz, Amplitude)과 같은, 입자에게 적용될 수 없는 특징들을 가진다. 그런데 소립자가 때로 입자로, 때로 파동으로 나타날 때, 인과율을 따르지 않는다. 따라서 그것은 정확한 관찰과 예측을 벗어난다. 여기서 기계론적 세계관의 기초가 되는 인과율은 "만유의 지배권"을 상실하고, 인과율을 벗어나는 "우연한 것"을 인정하게 된다. "우연을 제거할 수 있는 출발점은 아예 존재하지 않는다. 양자이론은 우연을 자연의 필연성의 위치로 격상시켰다.···물리학에서는 비법칙적인 것이 법칙으로 격상되었다" (Hattrup 2006, 15).

그러므로 "시간적으로 동일하게 존재하는, 객관화될 수 있는 세계 (objektivierbare Welt)"란 존재하지 않는다. 오히려 세계는 "매 순간 새롭게 일어나는" 세계로 드러난다. "지금" 이 순간의 세계는 "과거의 순간의 세계와···동일하지 않다"(Dürr 2003, 39). "미래의 사건은 더 이상 결정되어 있고 확정되어 있지 않다. 오히려 개방되어 있다." 세계는 기계적으로 움직이는 시계와 같은 것이 아니라 "지속적 전개(Entfaltung)의 성격을 가진다. 창조는 끝나지 않았다 - 세계는 매 순간마다 새롭게 일어난다"(36). 과학자는 세계의 객관화될 수 있는 현실 자체를 보는 것이 아니라 자신의 인식 방법, 곧 인식의 "그물"에 따라 대상 현실의 한 측면을 볼 수 있을 뿐이며, 이것마저 개연성을 내포한다.

카프라(Fritjof Capra), 보옴(David Bohm), 폭스(Matthew Fox), 쉘드레이크 (Rupert Sheldrake) 등 일련의 학자들이 대변하는 20세기의 "신과학 운동",

카오스 이론과 자기조직화(Selbstorganisation) 이론은 기적의 가능성을 암시한다. 이 이론들의 중심적 문제는 우연의 문제에 있다. 19세기에 등장한 엔트로피 법칙에 의하면, 폐쇄된 체계로서의 자연 세계는 카오스 상태로 발전할 수밖에 없는 경향을 가진다. 사용될 수 있는 에너지 양은 감소하는 반면 사용될 수 없는 에너지 양은 증가한다. 이러한 자연과학적 이론에 반해 19세기 후반기에 이르러 프리고진(Ilya Prigogine)과 하켄(Hermann Haken)은 자연의 개방된 체계들(예를 들어 살아 움직이는 생물체)이 더 많은 엔트로피를 방출함으로써 새로운 복합적 구조를 형성하는 자발적 경향을 가진다는 사실을 발견한다. 이 복합적 구조 속에는 우연하고 새로운 것이 언제나 다시금 일어난다. 우리는 이를 가리켜 "자기조직화"라 부른다(Kehl 2006, 314).

자기조직화의 체계로서의 자연은 상호관계의 전일적 그물망과 같다. 이 그물망의 한 부분에 일어나는 일은 그물망 전체에 영향을 주고, 그물망의 미세한 변화가 모든 부분에 영향을 준다. 이 그물망 안에서 일어나는 일들은 인과율을 통해 파악될 수 없는 복합성을 지닌다. 그리하여 부분들에 대한 분석과 관찰을 통해 예측될 수 없는 일들이 언제나 다시금 일어난다. 따라서 자연에 대한 관찰을 통해 과학이 확정하는 "자연의 법칙들이 모든 현실을 결정하지 못한다"(Hattrup 2006, 10; 이에 관해 현요한 2002, 302 이하; F. Capra 1989, 147 이하 참조).

이와 같은 20세기의 새로운 자연과학적 세계상이 하나님의 기적의 가능성을 직접 인정하는 것은 아니다. 그러나 그것은 인간에 의해 예측될 수 없는 하나님의 새로운 창조적 활동과 기적의 가능성을 부인하지 않으며, 원인과 결과의 법칙에 따라 세계를 설명하는 인과율의 전능(全能)을 부인하고 과학의 차원에서 기적의 가능성을 시사한다. 오늘의 자연과학이 인정하는 "우연"이 곧 하나님의 기적이라 말하기는 어렵다. 그러나 우연은 "하나님의 현재의 그림자", 혹은 하나님의 "새 창조의 아날로기아"일 수 있다(Hattrup 2006, 53; Beinert 1995, 462).

D. 거짓된 기적은 어떤 것인가?

언젠가 경기도 어느 기도원에서 죽은 사람들의 시체가 발견되었다. 하나님은 죽은 사람들을 살리는 기적을 행할 수 있다는 믿음 때문에 기도원에서 죽은 사람들의 시체를 보관해 두었다는 것이다. 이러한 사실은 성서 문자주의로 말미암은 기적에 대한 잘못된 이해가 초래할 수 있는 어처구니없는 결과를 예시한다. 하나님의 기적을 빙자하여 금품을 갈취하고 "기적 사업"을 벌이는 일이 지금도 한국 개신교회 저변에서 일어나고 있다. 이러한 현상을 보면서 우리는 올바른 기적과 올바르지 못한 기적의 기준이 무엇인가를 고찰하고, 기독교 신앙이 지향해야 할 참 기적의 방향을 모색하고자 한다(아래 내용에 관해 Barth 1961, 239 이하; Küng 1976, 225 이하 참조).

1) 복음서에 의하면 예수가 행한 기적들은 미리 짜여진 계획에 따라 의도적으로 일어나지 않는다. 예수는 미리 짜여진 각본이나 절차에 따라 기적을 행하지 않는다. 그의 기적들은 특별한 상황이나 필요로 인해, 혹은 그의 도움을 간절히 바라는 요청 때문에 비계획적으로, 예기치 않게 뜻밖에 일어난다. 짜여진 계획이나 절차에 따라 의도적으로 일어나는 기적은 거짓된 기적이라 볼 수 있다.

2) 예수의 기적들은 비의도적으로 뜻밖에 일어나기 때문에 연속성을 갖지 않는다. 그것은 조직화 된 기구(機構)나 단체의 지속적 사업으로 일어나지 않는다. 예수는 기적을 전문으로 삼는 기도원이나 기독교 요양소를 세우지 않았다. 그가 행한 기적은 그가 선포한 하나님의 나라에 대한 표징에 불과했기 때문이다. 이에 반해 조직화 된 기관이나 기구를 통해 기적이 전문적으로 일어난다면, 이 기적은 참된 하나님의 기적이 아니다. 복음서에서 예수는 "기적 사업"을 하는 기도원이나 요양소를 세우라고 명령하지 않는다.

3) 예수는 타인을 위해 기적을 행하지만, 자기의 영광이나 생계유지를 위해 기적을 행하지 않는다. 그는 하나님께 열두 군단(軍團)의 천사를 보내

자신을 보호해 줄 것을 요청하지 않는다(마 26:55). 그는 "남은 살리면서 자기는 살리지 못한다"(마 27:42). 예수는 자기 자신을 위한 기적을 거부한다. 이웃을 위한 기적을 행한 다음, 그는 아버지 하나님께 영광을 돌린다. 그가 기적으로 도와준 사람에게서 부동산이나 금품을 받았다는 기록은 전혀 없다. 오히려 그는 제자들에게 이렇게 말한다. "너희가 거저 받았으니, 거저 주어라"(10:8). 기적으로 도움을 받은 사람들에게 그는 하나님께 찬양을 드릴 것을 기대한다(눅 17:18). 그 밖의 아무것도 그는 바라지 않는다. 만일 어떤 사람이 기적을 통해 자기의 영광과 자기의 유익을 추구한다면, 그가 행하는 기적은 거짓된 것이다.

4) 예수는 심리요법을 사용하지 않는다. 기적을 행할 때 그가 하는 말은 미리 정해져 있는 주술이나 신비한 공식이 아니다. 기껏해야 환자에게 손을 얹고 눈에 침을 발라주었을 뿐이다. 그는 환자에게 기도하라고 강요하지 않으며, 그들과 기도하였다는 기록도 복음서에는 없다. 또 어떤 협동을 요청하지도 않는다. 그는 단지 치유를 받아야 할 사람의 불쌍한 처지와 "그의 믿음을 보시고" 사랑의 연민 때문에 기적을 행한다. 거의 예외 없이 예수는 말씀과 기도를 통해 기적을 일으킨다. 인위적 기술이나 주술을 사용하여 이루어지는 기적은 참 기적이 아니다. 귀신에 걸렸다는 사람을 구타하고 독방에 감금하거나, 암 부위를 손톱으로 긁어내는 일은 기적에 속하지 않는다.

5) 예수가 행한 기적은 하나님의 나라에 관한 그의 선포와 결합되어 있었다. 그것은 지금 그를 통해 일어나는 하나님 나라의 현실을 가시적으로 보여주는 "가시적 말씀"(*verbum visibile*)이요, 하나님의 새 창조의 역사에 사람들을 초대하기 위해 "봉사하는 행위들"이었다. 또 그의 기적은 기적이 일어난 사람의 믿음과 결합되어 있었다. 기적 자체가 결코 목적이 아니었다. 그러므로 예수는 그가 행한 기적에 대해 소문을 퍼뜨리지 말라고 부탁한다. 하나님 나라에 관한 말씀의 선포와 믿음과 관계없는 기적, 기적 자체를 목적으로 삼는 기적은 참된 하나님의 기적이 아니다.

6) 예수가 행한 기적들은 역사의 현실 속에서 그리스도인들의 공동체가 무엇을 해야 할 것인가를 비유적으로 말하는 성격을 가지고 있다. 예를 들어 예수가 광야에서 장정만 5천 명을 먹인 기적은 오늘도 굶주리고 있는 사람들을 위해 그리스도인들과 교회가 해야 할 바를 비유적으로 시사한다. 예수가 바다를 잔잔케 한 기적은 오늘도 세계사 속에서 일어나는 수많은 풍랑들을 회상케 하며, 이 풍랑들을 잔잔하게 하기 위해 그리스도인들과 교회가 무엇을 해야 하는가를 암시한다. 이러한 비유의 성격을 갖지 않은 기적은 예수의 기적과는 거리가 멀다.

7) 예수가 행한 기적들은 하나님 나라의 메시아적 현실을 향해 그 사회를 개방하고 하나님의 해방의 역사를 일으키는 기능을 가진다. 그것은 새로운 출애굽의 의미를 가지며, 종말론적·메시아적 의미를 가진다. 여기서 우리는 참 기적과 사이비 기적을 구별할 수 있는 기준을 발견한다. 기독교의 참 기적은 종말론적·메시아적 의미를 가진 기적을 말한다. 그것은 "하나님의 놀라운 세계"에 대해 사람들의 눈을 뜨게 하고 믿음으로 인도하며, 예수의 부활을 통해 하나님이 약속한 새 하늘과 새 땅을 향해 살도록 봉사한다. 하나님의 새 창조의 역사가 지금 이 세계 안에 일어나고 있음을 제시하고, 하나님의 "새로운 피조물"로서 세상을 바르게 살아가도록 돕는 기능을 가진다.

돈이 많은 사람들은 기적에 대해 별로 관심이 없다. 하나님의 기적이 없어도 그들의 삶은 돈을 통해 보장되어 있기 때문이다. 그들은 돈의 힘으로 문제를 해결할 수 있다. 질병은 병원에 가서 해결할 수 있고, 심리적 문제는 상담가나 정신과 의사를 통해 해결할 수 있다. 이에 반해 가난한 사람들은 하나님의 기적을 찾는다. 그들은 그렇게 할 수밖에 없다. 하나님 외에 다른 도움의 손길이 보이지 않기 때문이다. 기적 속에서 그들은 하나님의 살아계심과 놀라운 도우심을 경험하고 하나님의 자녀로서 살기 시작한다. 그들 속에서 하나님의 메시아적 생명의 세계가 자리를 잡는다. 이런 점에서 성서가 이야기하는 기적들은 메시아적 전망을 가진다. "기적"

이란 본래 가난한 사람들의 언어요 메시아적 언어에 속한다. 구약성서에서 "기적들 중의 기적"이라 말할 수 있는 출애굽의 사건이 이를 예시한다. 그러나 아무리 돈이 많아도, 우리는 돈으로 인간의 모든 문제를 해결할 수 없다는 것을 목격할 수 있다.

8) 끝으로 기적에 대한 기독교의 신앙은 광신적 형태로 전락하지 않고, 건전한 이성과 상식을 가진 사람들이 납득할 수 있는 방향으로 발전하는 것이 바람직하다. 하나님의 기적을 믿는다 하여 의료 행위와 의약을 거부하지 않아야 할 것이다. 오히려 이것을 하나님의 도움의 손길로 수용할 수 있어야 할 것이다. "귀신들렸다"는 사람들을 위한 기도와 예배도 필요하지만, 정신과 의사와 상담가의 도움을 받아야 할 것이다. 또한 기적의 올바른 발전을 위해 교인들의 교육이 필요하다. 교육이 있을 때 성경도 바르게 이해할 수 있고, 교인들의 기적신앙이 광신으로 전락하지 않을 수 있을 것이다. 교육도 하나님의 "놀라운" 도움의 손길일 수 있다. 종교개혁을 일으킨 루터도 학교를 세워 교육을 실시해야 한다고 주장하였다.

9
빅뱅이론과
성서의 창조신앙

20세기에 이르기까지 물리학과 우주학에서는 "고정 우주론"(Steady-State-Model)이 지배적이었다. 이 이론에 따르면 우주는 무한한 과거로부터 존재해 왔다. 즉 우주는 영원하다. 우주는 영원히 현재의 모습과 상태를 그대로 유지하면서 고정되어 있다. 또 그것은 지금 상태 그대로 영원히 지속될 것이다. 그러므로 우리는 우주의 마지막에 대해 이야기할 필요가 없다. 뉴턴(Isaac Newton)의 절대공간과 절대시간의 관념은 고정 우주론을 반영한다. 이것을 깨뜨린 아인슈타인도 1916년에 그의 일반 상대성 이론에서 우주를 고정된 체계라고 믿었다.

이러한 고정 우주론에 반해, 1922년에 러시아의 독일계 물리학자 프리드만(Alexander Friedmann, 1888-1925)은 역동적 우주론을 발표한다. 1929년에 허블(Edwin Hubble)은 우주가 정지해 있지 않고 계속 팽창하고 있다는 점을 관측을 통해 확인하고, 은하계들은 지구로부터 멀리 떨어져 있을수록 더 빨리 멀어지며, 심지어 어떤 은하계는 거의 빛의 속도만큼 빠르게 멀어진다는 사실을 설명한다. 이에 근거하여 벨기에의 예수회 수도사이자 우주물리학자인 르메트르(Georges Lemaître, 1894-1966)는 1931년에 이른바 대폭발, 곧 빅뱅(Big Bang) 이론의 기초를 발표한다. 그의 주장에 따르면 우주는 계속 팽창하고 있다. 그렇다면 우주는 과거의 어느 시점에 시작했을 것이다. 즉 시간적 시작이 있었을 것이다. 그 이전에는 시간과 공간이 없는 "특이점" 내지 제로 포인트가 있었다. 우주 배경 복사파를 기초로 계산할 때, 이 제로 포인트는 약 150억 년 전에 있었던 것으로 추정된다. 제로 포인트는 "원초적 원자"(atome primitiv) 혹은 고도의 복사열을 가진 "우주적 달걀"(cosmic egg)의 상태를 가리킨다. 이것이 폭발하여 원자를 형성한다. 이 원자가 계속 폭발하여 더 작은 원자들로 분화되어 산소, 탄소, 헬륨 등의 화학적 원소들로 발전하여 우주를 이루게 되었다. 은하계는 지금부터 약 80억년 내지 100억 년 전에 형성되었다. 우리가 보는 태양의 나이는 약 70억 년으로, 지구의 나이는 46억 년으로 추정된다. 지구 위의 생물은 10억 년 전에 시작한 것으로 보인다. 우주는 지금도 계속 팽창하고 있다. 별들과 은하계가 폭발로 인해 생을 마감하는 동시에 새로운 별들과 은하계가 생성된다.

이와 같은 빅뱅이론은 창조신앙과 일치하는 것처럼 보인다. 그것은 우주가 시작도 없고 끝도 없다는 우주의 영원성을 부인하고, 우주의 시간적 시작을 이야기하며, 시간과 공간도 이 시작과 함께 있게 된 것으로 설명하기 때문이다. 또 그것은 우주의 생성에 있어 어떤 원인도 전제하지 않기 때문에 하나님을 우주의 생성의 유일한 원인자로 보며, 기독교가 말하는 "무로부터의 창조"를 지지하는 것처럼 보인다. "빛이 있으라"는 P 문서 말씀은 우주의 무한한 밀도의 복사광과 일치하는 것으로 간주될 수 있다.

그러므로 교황 피우스 12세(Pius XII)는 1951년 11월 22일에 빅뱅이론이 기독교의 창조신앙을 증명한다고 선언한다. 천체물리학자 로버트 자스트로(Robert Jastrow)에 따르면, 대 폭발에 관한 천체물리학의 이론은 세계의 창조에 관한 성서의 증언과 조화된다. 『하나님과 천문학자들』(God and the Astronomers)이란 그의 저서는 다음과 같은 인상 깊은 구절로 끝난다. "자연과학은 창조의 신비가 두르고 있는 베일을 결코 벗길 수 없는 것으로 보인다. 이성의 힘을 신뢰한 과학자에게 이 이야기는 하나의 악몽처럼 끝난다. 그는 무지의 산 위로 올라갔다. 이제 그는 가장 높은 산꼭대기를 정복할 찰나에 있다. 그가 산꼭대기의 마지막 바위 위로 올라섰을 때, 그는 이미 수백 년 전부터 거기에 앉아 있는 일군의 신학자들의 환영 인사를 받는다"(Jastrow 1978, 116).

그러나 우리는 빅뱅이론과 성서의 창조신앙을 결합시키고자 노력할 필요가 없을 것이다. 우주의 생성에 관한 두 가지 설명은 다른 종류의 것이기 때문이다. 양자는 각자 서로 다른 관심을 가지며, 상이한 방법으로 우주의 생성을 이야기한다. 빅뱅이론은 우주의 생성에 관한 사실적 설명이요, 성서의 창조신앙은 하나님의 창조에 관한 믿음이다. 전자는 우주의 생성에 관한 사실들을 과학적 방법으로 이야기하는 반면, 후자는 하나님과 인간의 관계에서 우주의 근원과 의미와 목적을 신앙고백의 방법으로 이야기하며, 하나님과 세계에 대한 인간의 위치와 책임을 시사한다. 하나는 사실을 추구하는 과학적 설명이요, 다른 하나는 신앙의 고백이다. 그러므로 이 두 가지 입장을 짜 맞추려고 노력할 필요가 없다. 그것은 인위적인 일이요, 하나님을 믿지 않는 과학자들에게 그것은 또 한 번 "웃기는 이야기"로 들릴 수 있다. 한스 큉에 의하면 창조에 관한 성서의 진술들과 자연과학의 이론들을 조화시키려는 시도는 포기될 수밖에 없다(Küng 1995, 717).

오늘날 많은 과학자들은 빅뱅이론을 거의 정설로 인정하지만, 그것도 하나의 가설에 불과하며, 구체적 내용에 있어 학자들마다 전제와 해석이 다르다. 빅뱅이 일어나기 전의 특이점에 대해서, 학자들은 어떤 확실한 것도 말하지 못한다. 시간과 공간의 곡률이 무한대가 되는 특이점에서는 모든 과학이론이 붕괴할 수밖에 없기 때문이다(이상성 2003, 174). 우주 배경 복사파에 근거하여 우주의 확장을 가정하는 것은 타당하지 않다고 비판하는 학자도 있다.

우주의 나이와 종말에 대한 학자들의 이론들도 매우 다양하다. 우주가 영원하다고 말하는 학자도 있고, 우주는 나이를 가진다고 말하는 학자도 있다. 우주에 관한 지식의 양(量)은 크게 증가했지만, 우주가 시작을 갖느냐 갖지 않느냐의 질적 문제는 아직도 혼란 속에 있다. 핵 물리학자들에 의하면 우주 안에 있는 개체의 사물들은 각자의 시간을 가지며, 따라서 각자의 시간이 흐르는 속도가 다름에도 불구하고 단 하나의 시간 모델을 가지고 우주의 나이를 계산하는 것도 옳지 않다.

빅뱅이론은 가설의 성격을 벗어날 수 없다. 왜냐하면 빅뱅이 일어났던 "태초의 조건들"은 실험실에서 본래 있었던 그대로 반복될 수 없기 때문이다. 단지 간접적으로, 곧 우주의 현상들로부터 출발하여 개연적 원인을 이야기할 수 있을 뿐이다. 빅뱅이론이 전제하는 제로 포인트 혹은 최초의 특이점은 "그 원인이 도저히 설명될 수 없는 유일회적 현상"이다(Beinert 1995, 464). 그러므로 본(Bonn) 대학의 우주학자 한스 외르크(Hans Jörg)는 주장하기를, 빅뱅이론은 우주의 시작과 진화를 설명하는 유일한 모델이 아니며 한계가 있다고 말한다(빅뱅이론의 문제성에 관해 Hattrup 2006, 20-38).

우주의 종말에 관한 자연과학자들의 이론도 혼란 속에 있다. 이른바 "닫힌 우주 모형"에 의하면 지금의 우주는 열사(熱死, heat death, '열역학적 죽음'이라고도 함)에 도달한 후 수축하여 한 점에 모이게 될 것이며, 다시 빅뱅과 팽창과 소멸의 과정을 반복할 것이다. "열린 우주 모형"에 의하면 우주는 무한히 팽창하면서 별들이 가진 연료들이 모두 소모된 후 차갑게 식어들어 혹한의 죽음을 당할 것이며, 시작도 끝도 없는 무의미한 죽음의 우주가 되어 영원히 존재할 것이다. "편평한 우주 모형"에 의하면 우주는 열사(heat death) 상태에 빠져 영원히 어두운 죽음의 상태로 끝날 것이다(이상성 2003, 177 이하). 뜨거워져서 모든 것이 폐기된다고 말하기도 하고, 핵의 동결로 모든 것이 얼어 죽는다고 말하기도 한다. 학자들의 혼란스러운 가설에서 우리는 우주의 시작과 마지막에 대한 어떤 확실한 대답도 발견할 수 없다.

확실한 대답을 발견할 수 없는 궁극적 이유는, 인간의 경험에서 유래하는 제한된 개념들을 가지고 인간의 경험을 넘어서는 현상들, 곧 우주의 시작과 마지막을 파악하려는 데 있다. 바버(I. G. Barbour)에 따르면 시간이 시작이 있는지 아니면 영원 전부터 있는 것인지, 무한히 지속되는지 아니면 끝이 있는지의 문제들에 대해 과학은 아무 대답도 줄 수 없다. 이 문제들은 인간의 경험의 영역을 벗어나기 때문이다(Barbour 2003a, 279). 지금 우리는 이 세계에 적용하는 물리학적 법칙들을 가지고 t=0의 시점에 있었던 상황과 사건들을 파악할 수 없다. 폰 바이체커(C. F. von Weizsäcker)에 따르면, 인간이 경험할 수 있는 "모든 한계들 저 너머에 있는 공간과 시간 속에 무엇이 있는가에 대해 우리는 결코 알 수 없다." 공간과 시간에 대한 과학의 개념들은 인간의 경험의 한계를 넘어서는 일들에 대해 적용될 수 없다. 물체가 존재하는 한 우리는 공간과 시간에 대해 말할 수 있다. 그러나 "그 법칙성들이 어떠한 기준과 시계도 더 이상 허용하지 않는 영역에 이를 때, 공간과 시간은 너무도 추상적이고 무의미할 수도 있는 구성물이 되어버린다"(Weizsäcker 1992, 45).

여기서 우리는 세계의 시작과 마지막에 관한 자연과학적 인식에서 자연과학 자신의 힘으로 극복할 수 없다고 생각되는 "간극"(Lücke)을 발견하고, 이 간극을 극복할 수 있는 해결책으로서 창조신앙의 타당성을 주장하려는 것은 아니다. 본회퍼가 그의 『옥중서신』에서 말하듯이, 이것은 또 하나의 "퇴각전술"에 불과하다. 단지 빅뱅이론이 세계의 시작에 관한 궁극적 대답이 아니며, 세계의 시작과 마지막의 문제는 자연과학이 설명할 수 있는 영역에 속하지 않는다는 사실을 지적하고, 특정한 자연과학적 인식에 의존하지 않는 창조신앙 자체의 의미와 타당성을 시사하고자 할 뿐이다.

필자의 생각에 의하면 "태초에 하나님이 하늘과 땅을 지으셨다"는 기독교의 창조신앙은, 세계는 하나님의 인격적 결단으로 말미암아 "있게 되었다"는 신앙의 고백이지, 우주의 생성에 관한 자연과학적 이론이 아니다. 하나님의 창조에 대한 성서의 신앙고백은 우주 생성에 관한 자연과학적 이론과 동일한 차원에 속하지 않는다. 창조과학회 소속 학자들은 창세기 1, 2장의 이야기를 과학적 사실이라 주장함으로써 이른바 "성경의 진리"를 수호하고자 한다. 이것은 매우 신앙적인 일로 보이지만, 사실은 성서의 창조신앙을 자연과학적 이론의 차원으로 전락시키는 일이다. 그러므로 생물학자 신영오 교수는 이렇게 말한다. 창조과학회가 주장하는 "창조론은 비성서적이며 반기독교적이다. 왜냐하면 창조의 섭리를 한낱 과학의 여러 이론 중 하나로 만들어 주장하면서 다른 이론과 비교하며 시비를 가리고 있기 때문이다. 적그리스도라 말할 수 있다"(신영오 2005).

성서의 관심은 우주의 생성에 관한 고대인들의 자연과학적 지식을 전달하려는 것이 아니라 하나님은 세계의 창조자요 세계는 하나님에게 속한 하나님의 소유로서, 하나님으로부터 그의 근원과 목적과 의미를 가진다는 신앙을 고백함에 있다. 이 신앙고백은 빅뱅이론을 부인하지도 않지만, 빅뱅이론을 통해 근거되거나 증명될 필요가 없다. 빅뱅이론은 창조신앙을 지지하는 데 도움이 될 수 있지만, 창조신앙을 명백히 증명하지 않는다.

그렇다 하여 빅뱅이론을 위시한 세계의 과학적 인식과 창조신앙이 상호 무관심 속에서 분리되어야 한다는 것은 아니다. 양자는 각자의 관심과 방법에 따라 우주의 기원을 설명함으로써, 세계의 보다 나은 내일을 위해 기여하고 서로 도움을 줄 수 있다. 이 문제는 과학과 종교의 관계 문제와 연관된다.

10
과학과
종교의 관계

A. 과학과 종교의 분열과 과학의 한계

고대의 동양 문화권에서는 세계에 대한 종교적 인식과 자연에 대한 과학적 지식이 엄격히 나누어지지 않는 경향이 지배적이라 말할 수 있다. 이 문화권에서는 세계에 대한 종교적 인식은 곧 자연과학적 지식을 뜻한다. 동양 문화권에서 종교로부터 독립된 자연과학이 발전하기 어려웠던 이유가 여기에 있다. 고대 그리스에서도 세계에 대한 자연철학적 지식은 곧 자연과학적 지식이었다. 중세 기독교 신학의 우주론적 세계관은 곧 자연과학적 세계관이었다. 이리하여 중세 후기에 이르기까지 세계에 관한 교회의 종교적 교리가 자연과학적 지식을 지배하였고, 이로 인해 자연과학이 발전하기 어려웠다.

그러나 17세기 데카르트의 합리주의와 함께 종교적 세계상에서 합리적 세계상이 분리되어, 뉴턴의 고전 물리학의 기계론적 세계상에서 꽃을 피우게 된다. 이를 통해 종교에서 자연과학이 분리되어 독립적으로 발전하기 시작한다. 18, 19세기 자연과학의 급속한 발전과 함께 세계에 대한 자연과학의 합리적 인식과 기독교의 종교적 인식은 점점 더 깊은 대립에 빠진다. 자연과학자들은 세계에 대한 인식에 있어 기독교의 종교적 간섭을 거부하고 하나님의 존재를 배제한다. 이리하여 이른바 과학적 무신론이 등장하게 된다.

과학적 무신론은 다음과 같이 주장한다. 과학적 인식에 있어 하나님의 존재는 필요하지 않다. 과학적 지식에 충실하기 위해 하나님 신앙은 포기되어야 한다. 종교의 진리들은 과학적으로 증명되지 않는 고대세계의 신화에 속하며, 주관적 "주장" 내지 "자기기만"일 뿐이다(A. Comte). 이러한 주장을 통해 자연과학의 하나님 없는 세계 인식과 하나님 신앙에 근거한 기독교의 종교적 세계 인식은 타협하기 어려운 상황에 처한다.

이러한 대립 속에서 객관성과 합리성을 주장하는 자연과학적 지식이 점점 더 큰 힘을 얻게 된다. 수학의 방법이 모든 학문의 가장 "정확한 방법"으로서 이상화되고, 물리학이 "최고의 학문"으로 평가된다. 실험과 관찰, 논리적·수학적 추론을 원리로 가진 자연과학적 방법을 통해 획득되는 과학적 지식이 종교의 신앙적 내용들을 자신의 진리 기준에 예속시키려는 시도가 일어난다. 세계의 모든 것을 해명할 수 있는 보편적 "세계 공식"을 발견하려는 자연과학의 공격직 위세(威勢) 앞에서 현대 기독교 신학은 인간의 내면성으로 도피하고, 자연과학의 공격에서 차단된 자신의 안전한 영역을 확보한다.

이로써 자연과학이 관계하는 자연의 영역과 기독교 신학이 관계하는 인간 내면의 종교적 영역을 깨끗하게(?) 나누는 "영역분할"이 일어난다. 자연의 영역은 자연과학자들에게 맡겨지고, 신학은 인간 내면의 종교적 영역으로 후퇴한다. 이를 통해 자연과학과 종교는 휴전상태로 들어간다. 이른바 과학의 영역과 종교의 영역의 분리, 분리 속에서의 상호 불가침(不可侵)과 불간섭의 협약이 이루어진 셈이다. 이로써 자연은 "하느님 활동과 무관한 영역"으로 간주되며(이정배 2003, 34), 하나님의 현실은 인간 내면의 영역으로 위축된다. 다음과 같은 칼 바르트의 유명한 말은 자연과학과 기독교 종교의 영역분할과 정전협정을 잘 보여준다. "자연과학은 신학이 창조자의 사역으로서 기술하는 것 저편에 자신의 자유로운 영역을 가진다. 그리고 신학은 자연과학이…그에게 주어진 한계를 가지는 거기에서 자유롭게 움직일 수 있고 또 움직여야 한다"(Barth 1970, Vorwort).

이러한 정전협정에도 불구하고 "자연과학의 개선행진"이 계속된다. 자연과학은 영역분할의 약속을 지키지 않고 세계의 모든 현실을 과학적으로 설명하고자 한다. 이리하여 종교의 영역마저 위태롭게 된다. 자연과학은 자기에게 주어진 영역을 넘어, 세계의 모든 현실을 설명하려는 철학적 세계관 내지 하나의 대체종교(Ersatzreligion)로 등장한다. 예를 들어 19세기 후반 유럽의 의학계를 지배한 헬름홀츠(Hermann Helmholtz) 학파에 따르면, 자연의 비유기체적 사물들처럼 인간의 몸도 물리 화학적인 에너지들이 상호작용하는 하나의 기계와 같은 유기체로 이해된다. 이 유기체 안에는 물리 화학적 힘들의 작용 외에 어떤 다른 작용도 일어나지 않는다. 따라서 인간의 의식, 정신, 사유의 과정, 종교적 감정, 기쁨과 슬픔, 사랑과 증오, 양심과 가치관, 도덕적 판단, 이런 내면적 현실마저 뇌세포의 물리 화학적 활동을 수학적으로 분석함으로써 파악할 수 있다고 믿는 과학주의 또는 물리주의는 현대 자연과학의 개선행진을 대변한다(Denett 1993 참조).

자연과학은 설명할 수 있는 모든 것을 설명해야 한다. 설명할 수 없는 것은 설명할 수 있도록 만들어야 한다. 종교의 영역으로 간주되는 인간의 의식, 정신, 영혼, 감정, 사회적 행동 등 이 모든 것도 과학적으로 설명되어야 한다! 생물학이 세계의 모든 현실을 설명하는 보편적 기초가 되어야 한다. 모든 학문은 생물학적 기초 위에서 통섭되어야 한다(O. Wilson의 통섭론). 자연과학의 이러한 신념 속에는 세계에 대한 인식에 있어 하나님의 존재를 배제하고, 세계의 모든 현실, 인간의 정신적·정서적 활동마저도 물질적인 것의 작용으로 보는 물질론적(=유물론적)·무신론적 세계관이 내포되어 있다. 우리는 이를 가리켜 자연과학적 제국주의라 말할 수 있다.

본래 자연과학은 자연 현상의 경이로움이나 놀라움에서 시작하여, 이 놀라움을 해명하기 위한 지식을 추구한다. 이 지식 자체는 모든 특정한 관심과 가치관에서 자유롭다. 그래서 자연과학은 "가치중립적"(wertneutral)이라 말한다. 그러나 현실적으로 자연과학의 지식은 가치중립적이지 않다. 현실적으로 그것은 특정한 정치적·경제적·군사적 관심과 그 사회의 가치관에 의해 지배된다.

자연과학의 지식 그 자체는 순수한 지식일 뿐이다. 그러나 현실에 있어 그것은 순수한 지식에 머무르지 않는다. 오히려 그것은 힘을 얻고자 하는 인간의 욕구에 봉사하며 이 욕구의 시녀 역할을 한다. 자연과학의 지식을 통해 인간은 자연의 연관들과 과정들, 아직 나타나지 않은 미래를 보다 더 잘 파악할 수 있고 자연을 지배할 수 있으며, 자신의 관심과 목적을 위해 자연을 사용할 수 있게 된다. 이로써 자연과학은 세계의 운명을 결정할 수 있는 힘을 얻게 된다. 자연과학의 지식은 세계를 지배할 수 있는 힘이다. 그래서 세계 각국이 자연과학의 발전을 위해 막대한 국가 예산을 투자하는 것이 오늘의 현실이다. "지식은 힘이다"라는 16세기 프란시스 베이컨(Francis Bacon)의 말은 현대세계의 이러한 현상을 예보한다. 인간 바깥에 있는 자연의 영역은 물론 인간 자신 안에 있는 자연의 영역, 곧 인간의 유전자와 생명 현상이 "명예와 돈과 힘"을 얻고자 하는 인간의 관심에 예속된다.

오늘날 자연과학과 그것의 지식을 응용한 과학기술(Technologie)이 세계를 지배한다 해도 지나친 말은 아닐 것이다. 우리는 과학기술 없는 현대인의 삶을 상상할 수 없을 정도이다. 과학기술은 인간을 물질적·신체적 고통에서 해방하고 삶의 향상에 기여하며, 위기에 처한 지구를 회복하는 데 기여할 수 있다. 이와 동시에 자연과학과 과학기술은 자연을 조작하고 모든 피조물의 생명의 그물망을 파괴할 수도 있다. 현재 인류가 보유하고 있고, 자연의 힘들이 그 속에 집약되어 있는 핵폭탄은 땅 위에 있는 모든 생명을 파괴하기에 충분하다. 과학기술이 발전할수록 세계는 보다 더 나은 세계로 발전해야 할 텐데, 오히려 과학기술만으로 해결하기 어려운 보다 더 심각한 문제와 위기에 빠지고 있다. 사회의 양극화, 생태계의 대재난들과 총체적 위기, 우울증과 자살, 테러와 대량학살 등 세계는 과거와 비교할 수 없는 더 큰 어려움에 부딪치고 있다.

그러므로 많은 학자들은 불안한 마음으로 다음과 같이 질문한다. 오늘의 자연과학과 과학기술의 끊임없는 발전은 세계를 어디로 끌고 갈 것인가? 그 발전의 마지막은 무엇인가? 계몽주의자들이 큰 기대를 걸었던 인간의 이성은 현대세계의 자연 재난과 위기를 극복하기에 충분한가? 현대 세계는 목적을 알지 못하고 내달리는 호랑이 등에 앉아 있는 형국이 아닌가? 이정배 교수와 이은선 교수는 현대 과학기술의 문제를 다음과 같이 지적한다.

> 과학기술은 "점차 자연법칙 자체로부터 해방되려는 경향성을 자신의 고유한 속성으로 갖게 되었고, 그것의 빠른 진보속도는 이제 자신의 확장을 위하여 오히려 인간의 통제를 벗어난 자율성과 권력의지(Machtaspekt)를 본질적 요소로서 수용하고 있다. 즉 과학기술은 이제 그 자체로서 끊임없이 진보해 나가려는 충동적 힘으로 존재하게 되었다. 이러한 와중에서 기술은 자연을 더 이상 살아 있는 유기체로서가 아니라 개발 가능한 자원들의 저장고로 이해하고, 이에 대한 대상의 지배를 근간으로 종국에는 인간까지도 물화시켜 버리는 세력장을 획득하고 있다. 대상적 지배를 본질로 삼는 기술의 자기전개(기술을 위한 기술) 과정에서 인간은 더 이상 주체로서 살 수 없고 오히려 거대한 기술조직과 상품의 홍수 속에서 수동적·중립적 그리고 익명적 존재로 살아갈 수밖에 없게 되었다.…잠정적 시장상황에 의존하는 현대기술의 권위적 특성은 이제 점차 기술과 자연, 인간과 기술 사이의 어떠한 공생관계도 허락하지 않는 것이다"(이정배·이은선 1993, 141).

이러한 염려와 함께 오늘날 일련의 과학자들은 자연과학과 기술의 한계를 지적한다. 자연과학은 자연 세계의 사실들에 대한 지식을 제공하지만, 이 세계가 어떻게 되어야 할 것인가에 대해 아무것도 말하지 않는다. 또 이 지식이 어떻게 사용되어야 할 것인가에 대해서도 침묵한다. 세계가 "있다"는 사실 외에 아무런 목적이나 목표, 가치관을 그 자체 속에 지니고 있지 않다. 생물들이 존재하는 유일한 목적은 자신의 생명과 종(種)의 유지에 있는 것으로 생각된다. 자연과학은 세계의 "사실들"에 대해 이야기할 뿐, 이 사실들이 "어떻게 되어야 하는가?"에 대해 아무것도 말하지 않는다.

과학적 지식은 우리가 원하는 것을 줄 수 있지만, 우리가 참으로 무엇을 원해야 하는가에 대해서는 침묵한다. 지식의 양(量)은 빠른 속도로 증가하는데, 어떤 목적을 향해, 누구를 위해 이 지식을 사용해야 할 것인가에 관한 윤리적 질문에 대해서는 침묵한다. 과학적 지식의 양은 엄청난 속도로 증가하지만, 우리 인간이 이웃과 세계에 대해 어떻게 행동해야 하는지, 삶의 참 의미와 가치가 무엇인지, 무엇을 바라고 희망해야 하는가에 대한 윤리적 판단의 능력은 답보 상태에 있다. 본래 과학적 지식 자체 안에는 인간의 윤리적 판단 능력이 포함되어 있지 않다. 그러므로 "물리학, 화학, 생물학이 가르치는 모든 것을 내가 안다 할지라도, 이 지식을 가지고 내가 무엇을 해야 할 것인가를 나는 전혀 알지 못한다"(H.-D. Mutschler, Kehl 2006, 303). 수학의 공식들은 삶의 가치와 윤리에 대해 아무것도 말하지 않는다. 가치관과 윤리가 결여된 과학적 지식은 악의 도구가 될 수 있다. "지식은 힘이다. 그러나 이 힘은 마지막에 자기 자신을 파괴할 수 있다"(von Weizsäcker 1992, 113).

B. 과학과 종교의 상호보완을 향한 모색들

내일의 세계에 대한 염려와 불안 속에서 자연과학과 종교는 영역분할과 단절의 상태를 극복하고 대화와 상호보완의 새로운 관계로 발전해야 한다는 주장이 오늘날 자연과학자들과 신학자들 양편에서 제기된다. 두 영역의 대화와 상호보완을 시사한 20세기의 대표적 자연과학자는 아인슈타인이다. 본래 아인슈타인은 인격적 하나님을 믿는 신실한 기독교 신자는 아니었다. 그는 "개별 피조물들의 행동에 직접 영향을 주거나 그의 피조물들을 직접 심판하는 자리에 앉아 있는" 하나님을 믿지 않았다(Einstein 1981, 63). 인과율에 기초한 결정론을 포기할 수 없었기 때문에 양자이론을 결국 반대하고 말았던 아인슈타인은, 자연의 법칙을 무시하고 주사위를 마음대로 던지듯이 자유롭게 행동하는 하나님의 존재를 인정하기 어려웠다.

그러나 아인슈타인은 무신론자는 아니었다. 1979년 유명한 문학가 뒤렌마트(Friedrich Dürrenmatt)가 아인슈타인 탄생 100주년 기념 강연에서 그를 가리켜 "가면을 쓴 신학자"였다고 말할 정도로 아인슈타인은 하나님의 존재에 대해 자주 말하였다(Hattrup 2006, 266). 그는 자연과학자로서 자연과학의 한계와 문제성을 잘 알고 있었다. 그러므로 그는 자연과학과 종교의 상호보완을 제의한다. "종교 없는 자연과학은 절름발이이고, 자연과학 없는 종교는 장님이다"(Naturwissenschaft ohne Religion ist lahm, Religion ohne Naturwissenschaft blind).

아인슈타인의 뒤를 이어 20세기의 많은 자연과학자들도 종교와 자연과학의 대립을 반대하고 양자의 상호보완을 제의한다. 양자 물리학의 대변자 하이젠베르크는 그의 자서전 『부분과 전체』에서 그의 스승 막스 플랑크(Max Planck)의 견해를 다음과 같이 전한다: 종교와 자연과학은 현실의 두 가지 전혀 다른 영역과 관계한다. 자연과학은 객관적 물질세계를 다루며, "객관적 현실"에 대해 바르게 진술하고 그것의 연관들을 바르게 이해해야 할 과제가 있다. 종교는 가치의 세계를 다루며, "무엇이냐의 문제가 아니라 무엇이 되어야 하며, 우리가 무엇을 행해야 하는가"(was sein soll, was wir tun sollen, nicht von dem was ist)를 다룬다. "자연과학은 무엇이 바르고 무엇이 틀렸는가를 다룬다면, 종교는 무엇이 선이고 무엇이 악인가를 다룬다. 자연과학은 기술적으로 합목적적인 행동의 기초이고, 종교는 윤리의 기초이다." 하이젠베르크는 세계의 현실을 주관적 영역과 객관적 영역으로 나누고 지식과 신앙을 분리시키는 그의 스승 플랑크의 이분법적 입장에 동의하지 않지만, 양자의 상호보완의 필요성에 동의한다 (Heisenberg 1971, 116 이하).

아인슈타인과 막스 플랑크를 통해 시작된 양자 물리학의 통찰은 자연과학과 종교의 대화를 위한 촉매제가 된다. 양자 물리학에 의하면, 미시세계의 영역에서 자연과학의 인식은 결코 대상 현실에 대한 객관적·총체적 인식이 아니라 현실을 관찰하는 과학자 자신의 관심과 관찰 방법에 의존하는 주관성과 제한성을 벗어날 수 없으며, 언제나 그 속에 가설적 성격을 가진 개연성의 것이다. 그것은 과학적 관찰의 패러다임이 바뀔 때 타당성을 상실하는 일시적인 것이다. 자연과학이 사용하는 개념들과 공식들은 문화적 제약성을 벗어날 수 없기 때문에, 이들을 통한 자연과학적 인식도 제약성을 벗어날 수 없다. 따라서 대상 현실을 전체적으로 파악한다는 것은 불가능하다. 칸트가 말한 것처럼, "사물 자체"(Ding an sich) 혹은 사물의 참 본질은 과학의 인식에 대해 언제나 숨어 있다. 이른바 자연의 법칙들은 세계의 시공간적 구조 또는 질서를 나타내고자 하는 인간의 시도일 따름이다.

슈뢰딩거(Erwin Schrödinger)에 의하면 대상 현실은 정신(Geist)이고, 나누어질 수 없는 전체이며 하나이다. 모든 부분들은 서로 결합되어 있다. 따라서 "실재하는 것은 전체이다"(Es ist die Ganzheit, die real ist: David Bohm, Dürr 2003, 109). 그러나 과학적 사유는 대상 현실을 분석하고 그것을 부분으로 나누어버린다. "모든 객관화(Objektivierung)는 분리를 뜻한다. 다시 말해 관찰자와 관찰되는 체계가 서로 그 속에서 결합되어 있는, 객관적이지 않은 통일성의 파괴를 뜻한다"(112). 전체를 부분으로 나눌 때 인식의 정확성이 가능하다고 생각한다. 그러나 대상 현실의 전체를 부분으로 나누어버릴 때 대상 현실은 자신의 참 본질과 전체적 통일성을 잃어버린다. 그것의 참 본질과 통일성은 전체에 있기 때문이다. 과학적 사유는 나누어진 부분들을 자신의 방법에 따라 다시 전체로 재구성하고, 부분들의 합

(슴)이 전체라 생각한다.

전체를 부분으로 나누고, 나누어진 부분들을 다시 전체로 재구성하는 것이 현대 자연과학의 기본적 방법이다. 그러나 나누어진 부분들의 합은 대상 현실 자체가 아니라 과학적 사유의 구성물(Konstruktion)이요, 과학적 사유는 이 구성물을 "객관적 현실"로 간주한다. 그러나 이 구성물은 대상 현실의 특수한 측면들을 나타낼 수 있으나, 유기적 전체로서의 대상 현실 자체가 아니다. 그것은 대상 현실 자체에서 추상화된 것이요, 수학적 공식으로 단순화된 것이다. 니체는 이것을 다음과 같이 냉철하게 말한다. "모든 인식 기재는 추상화의 기재요 단순화의 기재다(Abstraktions-und Simplifikationsapparat). 즉, 인식을 지향하지 않고 사물의 지배(Bemächtigung)를 지향한다"(Kraus 1983, 247). 그러므로 대상 현실의 전체를 있는 그대로 파악하는 것은 자연과학에 있어 도달할 수 없는 꿈으로 남게 된다.

도스토예프스키는 전체를 보지 못하는 과학의 문제점을 다음과 같이 지적한다. "세상의 학자들이 거침없이 냉혹하게 분석 평가하고 해부하는 것으로 말미암아 지금까지 신성시되어 왔던 모든 것이 흔적도 찾아볼 수 없을 만큼 완전히 소멸되고 말았다. 그러나 그들은 부분적인 규명에만 급급했기 때문에 가장 핵심적인 전체의 모습을 놓쳐 버리고 만거야"(Dostojewski 2001, 241).

과학적 인식의 한계성은 단지 대상 현실을 관찰하는 과학의 방법에만 있는 것이 아니라 대상 현실 자체에 있다. 19세기 말에 이르기까지 세계는 원인과 결과의 법칙에 따라 움직이는, 그러므로 어떤 외적 영향도 받을 수 없고 모든 부분들이 결정되어 있는 시계와 같은 것으로 생각되었다. 종교가 말하는 초월적인 것은 주관적 기만으로 간주되었다. 그러나 데이비드 보옴(David Bohm)에 의하면 세계는 손으로 붙잡을 수 없는 흐르는 물, 혹은 의식의 강물과 같다. 이 강물을 형성하는 모든 물들은 분리될 수 없이 결합되어 하나의 전체를 이룬다. 그런데 전체를 부분으로 나누는 과학적 사유는 이 강물 속에서 상대적 독자성과 안정성에 도달한 개별의 파도나 소용돌이를 "현실"로 간주한다. 그러나 이 현실, 곧 개별의 파도나 소용돌이는 전체 강물의 한 부분이지 강물 전체가 아니다.

하이젠베르크에 의하면 세계를 구성하는 최소의 단위체는 물질적인 것이 아니라 정신적인 것, 형이상학적인 것에 가깝다. 그것은 아리스토텔레스가 말한 형식 또는 잠재성에 비유될 수 있다. 미시세계에서 이 단위체들로 구성된 대상 현실은 다양한 이론들의 도움으로 이루어지는 다양한 관찰들의 과정 속에서 다양한 형태로 관찰된다. 이 형태들은 서로 모순되기도 하며 상호 보완적인 성격을 갖는다. 그러므로 미시세계에서 원자적 현상의 과정들은 상호 보완적으로 관찰되어야 한다.

덴마크의 양자 물리학자 닐스 보어(Niels Bohr)가 말한 "상보성"(Komplementarität)의 원리는 세계의 현실에 대한 자연과학적 인식과 종교적·신학적 인식의 상호 보완성을 암시하며, 이로써 자연과학과 종교의 새로운 관계를 촉구한다. 이에 자극을 받은 일련의 학자들은 자연과학과 종교의 대화와 통합을 시도한다. 자연과학의 인식과 종교의 인식이 서로를 보완할 때 우리는 현실을 보다 더 적절하게 인식할 수 있으며, 세계에 유익한 열매를 얻을 수 있을 것이라 기대한다. 양자이론과의 대화 속에서 등장한 칼 하임(Karl Heim)의 비대상적 공간개념, 샤르댕의 진화신학, 화이트헤드의 과정철학은 이런 문제를 해결하려고 한 20세기 전반기의 대표적 노력들이다.

오늘날 자연의 대재난과 더불어 세계가 처한 위기 상황을 보면서, 많은 지성인들은 과학기술만으로 이 위기를 극복하기 어렵다고 생각한다. 이 때문에 일련의 과학자들은 과학과 종교, 지식과 지혜의 새로운 관계를 모색하기도 한다. 이와 관련하여 많은 신학자들은 기독교 신학의 "자연의 영역에서의 후퇴"를 반성한다. 신학에서 분할되어 자연과학에 맡겨진 자연도 하나님의 창조이다. 하나님이 온 세계의 창조자라면, 세계는 자연과학의 영역과 종교의 영역으로 나누어질 수 없다.

그러므로 신학은 더 이상 자연을 하나님의 활동과 "무관한 영역"으로 간주할 수 없으며 자연과학자들에게 그것을 맡겨버려서는 안 된다. "신학이 교회를 위한 학문이며 인간 영혼을 핵심주제로 삼을 수 있는 고유 권한을 가진 것도 사실이지만, 하느님의 창조 세계, 즉 과학의 탐구 영역인 물리 세계나 정치 경제적 사회 현실을 논외로 한다면 신학 자체의 권위는 반감되고 말 것이다"(이정배 2003, 34). 그러므로 자연을 연구하는 과학과, 자연을 하나님의 창조로 이해하는 기독교 신학의 만남이 불가피하다. 자연에 대한 과학적 인식과 기독교의 종교적 인식이 어떤 형태로든지 서로 연관되어야 한다. 그러므로 영국의 물리학자요 신학자인 피콕(Arthur Peacocke)은 기독교 신학과 자연과학의 분리는 하나의 "신화"에 불과하다고 선언한다. 이러한 생각과 함께 오늘날 과학과 종교의 관계를 모색하는 일련의 학자들은 다음의 문제를 극복하고자 한다.

1) 과학적 지식에 충실할 때 세계는 정신적 의미와 목적을 상실한다. 자연의 현실에 대한 과학의 지식 그 자체는 이 문제에 대해 아무것도 말해주지 않는다. 본래 이에 대한 논의는 엄밀한 의미의 자연과학에 속하지 않는 것으로 과학자들은 간주한다. 세계의 정신적 의미와 목적을 이야기할 경우 자연과학은 자신의 영역을 넘어서게 되어 더 이상 엄밀한 의미의 자연과학이 될 수 없다. 자연과학에 의하면 정신적 의미와 목적을 전혀 갖지 않은 단순한 사실들의 연관이 있을 뿐이다. 그러므로 바인베르크(S. Weinberg)는 우주의 기원에 관한 그의 책 마지막에서 이렇게 말한다. "우주가 우리에게 파악되면 될수록 그것은 더욱더 무의미한 것으로 나타난다"(Weinberg 1980, 162). 그러나 세계가 의미를 찾지 못할 때 세계는 목적을 소유하지 못하게 되며, 목적이 없을 때 지향해야 할 방향을 상실하게 된다.

2) 그 반면 종교를 수용할 때 자연과학을 통해 증명되지 않는 "비과학적인" 내용들을 인정하게 된다. 이것은 과학적 사실에 충실하지 않음을 말한다. 그러므로 자연의 과학적 사실들을 다루는 과학과 비과학적인 내용들을 다루는 종교는 별개의 것이라고 일반적으로 생각된다. 이로써 과학의 영역과 종교의 영역이 분리된다. 그러나 이 분리는 세계의 현실을 위해

바람직하지 않다. 사실에 대한 과학의 신실성과 인간과 세계에 관한 종교적 이해가 통전되는 것이 바람직하다.

이러한 성찰과 함께 일련의 과학자들과 신학자들은 과학과 종교의 "갈등"과 "독립"(=분리)의 관계를 극복하고 양자의 새로운 관계를 모색한다. 새로운 관계를 위한 학자들의 노력은 크게 나누어 두 가지 형태로 나타난다. ① 자연과학과 종교의 독자성을 인정하면서 양자의 관계성과 상호보완을 추구하는 통합(Integration)의 형태, ② 통합에 머물지 않고 양자의 적극적 융합 내지 동화(Synthese, Assimilation)를 시도하는 형태(Ian G. Barbour는 전자를 "대화이론"으로, 후자를 "통합이론"으로 분류함, Barbour 2003b).

통합의 형태는 과학적으로 해명하기 어려운 자연의 어떤 신비스러운 현상을 발견하고, 이 현상에서 과학과 종교가 통합될 수 있는 공통영역 또는 공명(Plattform, Konsonanz) 가능성을 발견한다. 여기서 공명 가능성이란 자연에 대한 과학의 이해와 신학의 이해 사이의 "연관되고 상응하는 영역"을 가리킨다(서창원 2003, 90). 예를 들어 자연의 사물들이 지향하는 세계의 "중심적 질서"(W. Heisenberg), 수학의 불완전성의 원리(K. Gödel, 괴델에 의하면 제1불완전성은 수학의 체계 안에는 증명될 수도 없고 반증될 수도 없는 명제가 존재하는 것을 말하며, 제2불완전성은 수학의 체계 내에서 그 체계의 무모순성을 증명하는 것이 불가능한 것을 말한다), 과학적 인식에 대해 언제나 은폐되어 있는 대상 현실의 초월성, 모든 과학적 인식의 개연성과 주관성, 데이비스(Paul Davies), 프리고진(I. Prigogine), 폴킹혼(J. Polkinghorne) 등 일련의 현대 과학자들이 말하는 카오스 이론, 복잡성의 이론, 자기 조직화의 이론, 합리적 설명을 벗어나는 자연의 우발적 사건들(=우연), 자연 현상들의 신비로운 합목적성과 "이성적 설계"(intelligent design), 인간원리, 정신적 범주에 속한 "정보"의 개념(A. Peacocke) 등에서 과학과 종교가 만날 수 있는 공통영역을 발견한다. 또는 자연과학도 사실의 언어가 아니라 특정한 패러다임에 기초한 비유들과 상징 언어로 말할 수밖에 없다는 사실에서 양자의 공통영역을 발견한다. 로렌츠는 진화의 과정 속에서 "한 번도 존재한 적이 없는 더 높은 것을 더 낮은 존재로부터 생성케 하는 창조적 힘"을 발견하고, 이 힘에서 "그의 창조 안에 내재하는 창조자"를 발견함으로써 양자의 통합 가능성을 발견한다(Lorenz 1983, 284; 이에 관해 박하규 2002; 현우식 2006).

샤르댕의 진화신학과 판넨베르크(W. Pannenberg)의 자연신학은 자연과학과 종교의 통합에 머물지 않고 양자의 융합 혹은 동화를 시도한다. 샤르댕에 의하면 물질과 정신은 서로 반대되는 것이 아니라 우주의 실체의 "외면"과 "내면"에 불과하다. 따라서 영혼 없는 물질은 없다. 단지 낮은 수준의 물질에서는 그 영혼이 발현되지 못할 뿐이다. 미시세계에서 물질은 끊임없이 활동하는 일종의 "안개구름"(Nebelwolke)과 같다(de Chardin 1970, 53). 물질 속에는 "무한한 분리(Divergenz)의 영역"이 있는 동시에 "일치의 중심"(Zentrum der Konvergenz) 또는 "종합의 요소"가 있다. 이 종합의 요소는 물질의 "영혼" 혹은 "정신"이라 말할 수 있다(54). 그러므로 물질은 끊임없이 나누어지는 동시에 모든 부분들의 완전한 일치와 조화와 아름다움이 있는 중심점을 향해 움직인다. 물질을 포함한 모든 사물들과 우주 전체가 이 중심점, 곧 "오메가 포인트"를 향해 움직인다. 이 오메가 포인트가 그리스도이다.

샤르댕은 이에 대한 근거를 신약성서에서 발견한다. 세계의 모든 사물들은 그리스도 안에서, 그리스도를 통하여, 또 그리스도를 향하여 창조되었고, 그리스도 안에서 하나로 통일될 것이다(골 1:16-17; 엡 1:10). 그리스도가 우주의 "알파와 오메가", "시작과 마지막", "주춧돌과 마지막 돌, 충만함과 충만케 하는 자"이다(61). 그리스도가 모든 사물들의 "중심"이요, "우주의 충만함, 우주의 종합적 원리"이다(60). 그리스도를 향한 우주의 진화 과정은 땅의 생성(Géogenèse) - 생명의 생성(Biogenèse) - 정신의 생성(Noogenèse) - 그리스도의 생성(Christogenèse)의 순으로 이루어진다. 곧 생명이 살지 않는 세계 - 생명이 사는 세계 - 인간의 세계 - 그리스도의 세계가 생성된다. 오메가 포인트는 우주 전체가 그리스도의 영으로 채워지며 그리스도화되는 데 있다. 여기서 우주의 진화 과정 자체가 하나님의 직접적 활동을 통한 창조의 과정과 동일시된다. 이로써 "기독교적 우주론은 (자연과학자들의) 인간적 우주론과 조화하고…근본적으로 동질적 (homogeneous)인 것으로" 융합 내지 종합된다. 샤르댕은 이 융합을 가리켜 "창조적 합일이론"(theory of creative union)이라 부른다(서창원 2003, 93, 94).

판넨베르크의 자연신학은 샤르댕의 진화신학보다 한층 더 철저하게 자연과학과 종교의 융합을 시도한다. 판넨베르크에 따르면 하나님은 "존재하는 모든 것의 근원이며 세계의 근원"이요, "세계의 창조자요 주님"이다(Peters 1993, 51). 그러므로 자연도 하나님의 영역이요 신학적 성찰의 대상이다. 따라서 자연은 결코 자연과학의 전유물이 될 수 없다. 그것은 신학의 장(場)이기도 하다. 하나님은 "인간의 역사는 물론 자연을 결정하는 힘"이요, "모든 것을 결정하는 현실"이다(75). 그러므로 자연의 모든 우발적 사건들은 하나님에 의해 일어난다. 그것들은 "하나님에 의해 결정되는 '하나님의 행위'"다. 자연 속에서 일어나는 모든 개별의 사건들은 물론 세계 전체의 우발성은 "역사적으로 행동하는 성서의 하나님의 창조적 활동의 표현"이다(Pannenberg 1991, 89).

판넨베르크에 의하면 물리학이 말하는 힘의 장(Feld)들은 성령의 역동적인 힘의 장들과 동일하다. 라이프니츠와 뉴턴을 통해 발전된 힘의 이론과 페러데이(Faraday) 이후의 장 이론을 통해, 자연 속에서 일어나는 하나님의 영의 작용은 물리학의 자연 설명과 연결될 수 있다. 성서가 묘사하는 성령의 작용들은 "역동적인 장의 작용들의 성격을 가진다." 곧 성령의 활동은 장의 운동으로서 일어난다(Pannenberg 1991, 99 이하). 자연의 사물들이 가진 관성은 이들을 유지하는 하나님의 길이다. 곧 관성을 통해 하나님은 피조물을 유지한다. 창발적 진화(emergent evolution)는 "새로움의 원천"이신 하나님으로 말미암아 일어나는 하나님의 계속적 창조이다.

그 외에도 공간과 시간, 시간과 영원, 진화론에 대한 분석을 통해 판넨베르크는 자연의 세계를 결정하고 유지하며 피조물과 함께 작용함으로써 그의 "세계 통치"를 이루는 하나님을 논증하고, 이를 통해 자연과학과 종교 내지 신학의 대담한 융합을 시도한다(서창원 2003, 95 이하). 부활을 포함한 하나님의 모든 구원의 행위는 "원칙상" 역사적-비판적으로 검증될 수 있는 "역사적 사실"(historische Tatsache)이라는 그의 주장은 자연과학과 신학을 융합시키고자 하는 그의 대담성을 보여준다(Pannenberg 1972, 95). "역사적 사실"은 자연과학의 검증 대상이기 때문이다.

C. 과학과 종교의 올바른 관계를 향해

그러나 필자는 세계에 대한 자연과학적 인식과 종교적·신학적 인식의 융합 내지 동화는 적절하지 않다고 생각한다. 이렇게 주장할 수 있는 근본 이유는 세계에 대한 종교적·신학적 인식은 자연의 사실들에 대한 자연과학적 설명이 아니라 신앙고백의 차원에서 이루어지는 세계 해석이기 때문이다. 예를 들어 "세계는 하나님을 통해 창조되었다", "하나님은 세계를 유지한다"는 신학적 진술은 과학적 사실에 대한 진술이 아니라 하나님과 세계에 대한 종교적·신학적 해석이요 신앙적 진술이다. 신앙고백의 차원에서 이루어지는 세계에 대한 해석을 자연과학적 지식과 종합시키는 것은 "억지 춘향"이 될 뿐이다. 양자의 병행과 분리도 타당하지 않지만 양자를 동일한 범주에 속한 것으로 융합 내지 동화시키는 것도 타당하지 않다. 자연과학적 지식과 종교적 지식은 각기 다른 관심과 관점에서, 또 각기 다른 방법으로 세계를 설명하며, 각자의 설명은 존중되어야 한다.

그러므로 종교가 자연과학에 대해 규범과 한계를 설정할 수 없지만 자연과학도 종교에 대해 규범과 한계를 설정할 수 없다. 세계에 대한 자연과학적 지식이 종교의 검증을 받을 필요도 없고, 세계에 대한 종교적·신학적 해석이 자연과학의 검증을 받을 필요도 없다. 종교는 자연과학적 지식을 종교적으로 검증하려고 하거나 종교적 지식을 자연과학자에게 강요해서는 안 될 것이며, 거꾸로 자연과학은 종교적 지식을 과학적으로 검증하려고 해서도 안 될 것이다. 종교는 종교다워야 하며, 과학은 과학다워지는 것이 바람직하다. 전자가 세계의 의미와 목적에 관한 문제와 관계한다면, 후자는 세계의 사실들과 관계한다. 전자는 "주관적 언어", 곧 시(詩)에 가까운 언어를 사용하며 과학은 사실적 언어, 곧 "수학적 언어"를 사용한다(현우식 2006, 27).

이를 무시하고 자연과학적 지식과 종교적 지식의 융합 또는 종합을 꾀할 때 자연과학적 문제는 종교적 문제가 되고 종교적 문제는 자연과학적 문제가 될 것이다. 과학은 종교적 색깔을 가진 "종교적 과학"이 되어야 하고, 종교는 과학의 인식과 일치하는 "과학적 종교"가 되어야 할 것이다. 양자가 정말 융합 내지 종합될 경우 종교적 지식은 과학적으로 증명되어야 할 것이다. 예를 들어 자연의 물리적 장이 성령이 작용하는 영적 장이라 것이 하나님을 믿지 않는 자연과학자에 의해서도 인정되어야 할 것이다. 그러나 오늘날 어떤 자연과학자도 이것을 과학적 사실이라 인정하지 않을 것이다(Polkinghorne 1988, 82). 특정한 과학적 지식의 배(船) 위에 신학적 주장을 싣는 것은 위험스러운 일이다. 과학의 지식은 시대에 따라 변천한다. 장의 이론이 침몰할 때, 판넨베르크의 영의 이론도 함께 침몰하지 않겠는가?(Peters 1993, 14)

우리는 세계에 대한 자연과학적 인식과 종교적·신학적 인식이 모순된다고 생각할 필요가 없다. 양자는 각자의 관심과 관점에서 세계를 인식할 뿐이다. 종교적·신학적 인식이 이른바 객관성과 보편타당성을 결여한다 하여 거짓이라 말할 수 없다. 한 포기의 꽃에 대한 시인이나 화가의 인식은 자연과학자의 인식과 차원을 달리한다. 그렇다 하여 시인과 화가의 인식이 거짓이라 말할 수 없다. 각자는 그 나름대로 타당성을 가지며 우리의 삶을 풍요롭게 할 수 있다.

자연과학과 종교가 자신의 관점과 방법과 기능에 충실하지 않고 상대방과 융합을 이루고자 할 때 양자는 자신만이 기여할 수 있는 바를 상실하게 된다. 비트겐슈타인(Wittgenstein)이 말한 것처럼, 우리가 과학적으로 세계를 측정하고 조작한다 해도 세계의 의미에 관한 질문은 제기되지 않는다. 우리 인간이 무엇 때문에, 무엇을 위해 살아야 하는가의 문제는 자연과학을 통해 대답될 수 없다. 종교의 기능은 바로 이 질문에 대한 대답에 있다. 이 질문에 대한 대답은 종교의 고유 기능에 속한다. 종교가 이 기능에 충실하지 않고 자연과학과 종합 또는 융합을 꾀할 때 그 자신의 고유한 기능을 상실할 수 있다. 그리고 자연과학과 종교는 새로운 갈등 관계에 빠질 수 있다. 서로 차원이 다르기에, 종합될 수 없는 것을 억지로 끼워 맞추기 때문이다.

성서의 창조 기사는 고대세계의 자연과학적 인식과 자신의 종교적 인식의 종합에 관심이 없다. 또 양자의 갈등을 느끼지도 않는다. 오히려 그는 당시의 자연과학적 인식을 인정하고, 이에 근거하여 세계에 대한 자신의 종교적 인식을 고백한다. 그는 자연과학이 행할 수 없는 자신의 고유 기능에 충실하며 이를 통해 세계 정신사에 유례를 발견할 수 없는 공적을 남긴다.

세계의 현실에 대한 과학적 인식과 종교적·신학적 인식은 세계의 동일한 현실에 대한 인식이란 점에서 일치한다. 그러므로 우리는 양자 사이의 공통영역 내지 공명성을 인정할 수 있다. 그러나 만일 양자가 하나로 융합된다면 하나님의 존재와 하나님의 모든 활동은 과학적으로 검증되어야 할 것이다. 예수의 부활도 "역사적 사실"로서 과학적으로 검증되어야 할 것이다. 만일 부활을 위시한 하나님의 모든 활동이 과학적으로 검증될 수 있다면 하나님 신앙은 불필요하게 될 것이다. 하나님의 존재와 그의 모든 활동은 더 이상 신앙의 대상이 아니라 과학적 지식의 대상이 될 것이다. 이것은 사실상 하나님의 신적 존재의 폐기를 뜻한다.

오늘날 일련의 자연과학자들이 제시하는 자연과학과 신학 사이의 공통영역이나 공명성이나 유사성은 신학자들에게 매력적으로 들린다. 과학적 인식의 한계성에 대한 자연과학자들의 지적은 종교적·신학적 인식의 타당성을 지지하는 것처럼 보인다. 그것은 자연과학의 공세를 이기지 못해 인간 내면성의 영역으로 퇴각한 기독교 종교와 신학을 구해 주는 구원 투수처럼 보인다. 그래서 많은 신학자들이 이 구원 투수에게 갈채를 보내며 그에게서 희망을 발견한다.

물론 우리는 자연과학이 아직 완전히 해명하지 못한 자연의 현실들, 예를 들어 자연의 지적 설계, 인간원리, 자연의 우발적 사건 등에 근거하여 자연과학과 종교의 공통영역 내지 공명 가능성을 시사하는 자연과학자들의 우호적 태도에 감사해야 할 것이다. 그러나 필자의 생각에 의하면, 자연과학과 종교의 공통영역 또는 공명성은 과학적 인식과 종교적·신학적 인식이 하나로 융합될 수 있음을 뜻하지 않는다. 오히려 그것은 "과학과 신학의 통합보다는 오히려 개념적 자율성의 보장을 강조하는 것을 의미한다"(Polkinghorne 2009, 14). 그것은 자연과학과 종교가 상대방의 관심과 연구방법과 개념과 인식을 존중하면서 서로를 개방하고 자신을 보완할 수 있는 가능성을 시사할 뿐이다.

양자물리학을 위시한 오늘날 일련의 자연과학적 이론들이 말하는 "비판적 실재론"은 자연과학과 신학이 만날 수 있는 공통의 장을 열어준다. 자연과학이 인식하는 실재(=대상의 현실)가 객관적이지 않다는 생각은 "신학과 과학 모두에게 적용 가능한 개념"으로서(Polkinghorne 2009, 41) 양자의 만남을 가능하게 하는 공통의 장(場)이 될 수 있다. 그렇다 하여 우리는 현실에 대한 과학적 인식과 종교적 인식의 종합이나 융합을 기대할 수 없을 것이다.

과학과 종교의 종합 내지 융합은 양자 모두에게 바람직하지 않다. 만일 양자가 종합 또는 융합된다면, 종교적 인식들은 과학적 사실들의 영역에 속하게 될 것이며 과학적 방법을 통한 과학적 연구 대상이 되어야 할 것이다. 하나님의 존재와 천지창조, 예수의 부활 등은 과학적 실험과 관찰을 통해 증명되어야 할 것이다. 또 과학적 인식은 과학적 사실성과 순수성을 결여하게 될 것이다. 일종의 "종교적 과학"과 "과학적 종교", 순수한 과학도 아니고 순수한 종교도 아닌, 양자의 어떤 혼합물이 등장해야 할 것이다. "만약 수학의 정리를 시의 언어로 번역해야 한다면", 또 "시를 수학의 언어로 번역하여 증명을 시도해야 한다면 어떤 일이 일어나겠는가? 두 시스템은 본연의 일을 수행하지 못하여 생명력을 잃게 될 것이고 결국은 멈추게 되고 말지도 모른다"(현우식 2006, 28).

과학과 종교는 분명히 목적과 방법과 언어를 달리한다. 과학은 자연의 사실을 설명하려고 하며 종교는 인간의 삶과 세계의 의미와 목적을 이야기하고자 한다. 과학은 실험과 관찰의 방법을 사용하며 종교는 신앙의 방법을 사용한다. 전자는 과학적 사실들의 언어를, 종교는 종교적 상징의 언어를 사용한다. 양자는 각자의 목적과 방법과 언어에 충실하면서 대화를 통해 서로를 보완할 때 세계의 현실에 도움이 될 수 있다.

그러므로 김희준 교수(서울대 화학과)는 하나님에 대한 신앙을 전제로 하고 그것을 과학적으로 설명하려는 과학과 종교의 섣부른 공명성의 한계를 지적하고, 각기 다른 패러다임을 가진 과학과 종교의 상호보완을 제의한다. "음-양, 완-급, 이성-감성, 논리-직관, 체험-상상, 이상-현실, 물질-정신, 진보-보수, 안정-자유, 우연-필연 등" 세상의 많은 일들이 상보적이다. "많은 진지한 과학자들은 과학과 종교도 상보적이라고 믿는다." 과학과 종교는 "둘 다 존재해야 하는 DNA 이중나선의 두 가닥처럼 제각기 다른 방식으로 진리를 찾는, 세상을 보는 두 가지 근원적으로 다른 패러다임"이라 말할 수 있다(김희준 2008, 122).

"참된 것은 전체이다"(Hegel 1952, 21). 구원과 진리는 전체에 있다. 참된 인식은 전체에 대한 인식이다. 과학적 인식, 종교적 인식, 철학적 인식, 예술적 인식 등 인간의 다양한 현실 인식은 전체에 대한 인식의 다양한 측면들이다. 이 측면들 가운데 어떤 측면도 절대성과 배타성을 주장할 수 없다. 각 측면들은 그 나름대로의 타당성을 지니며 인간의 삶의 현실을 구성하고 그것을 풍요롭게 한다. 우리는 인식의 다양한 측면들을 통해 현실 전체의 인식에 접근할 수 있다. "다양성 안에서의 일치성", "일치성 안에서의 다양성"(unity in diversity, diversity in unity)이란 공식이 인식의 모든 측면들에게 해당한다.

그러므로 과학, 종교, 철학, 예술 등 현실에 대한 각 영역의 인식은 자신의 고유성을 유지하는 동시에 다른 영역들의 인식을 겸허한 자세로 경청하고 자기를 보완할 수 있어야 한다. 여기서 과학자에게는 "지성의 겸허함"이, 종교인에게는 "영혼의 겸허함"이 필요하다(R. Feynman, 1918-88; 현우식 2006, 22에서 인용). 과학과 종교는 각자의 자율성과 전문성을 유지하면서 상대방을 존중하고 대화를 통해 "서로를 심화시키고 상대방으로 인해 자신이 새롭게 조명되는 관계"를 가지는 것이 바람직할 것이다(Polkinghorne, 이정배 2003, 38 이하).

오늘날 이 세계는 파멸의 위기에 직면해 있다. 죽음의 그늘이 온 세계를 드리우고 있다. 그럼에도 불구하고 각 학문 영역에 종사하는 학자들은 자기 영역의 연구 업적을 쌓기에 급급한 실정이다. 이러한 현실 속에서 모든 학문 영역들은 자신의 달팽이 집 안에 머물지 않고 서로간의 대화를 통해 이 위기를 극복할 수 있는 공동의 지혜를 찾아야 할 것이다. 우리 세계가 지향해야 할 미래가 무엇인지, 우리가 무엇을 참으로 희망해야 하는지, 희망하는 바에 도달하기 위해 무엇을 어떻게 해야 할 것인지, 과학적으로 가능한 모든 것을 행해야 할 것인지, 인류에게 주어진 과학의 힘을 어떤 방향으로 사용해야 할 것인지에 대한 해답을 얻고자 노력해야 한다. 물질적 풍요 속에서 방향을 상실한 이 세계에 대해 방향을 제시해야 하며, 돈을 최고의 가치로 생각하는 인간의 현실에 대해 참 가치가 무엇인가를 제시해야 한다. 과학과 종교는 무엇보다 먼저 이러한 문제들에 대한 해답을 모색함으로써 위기에 처한 세계를 구하는 일에 앞장서야 할 것이다. 과학과 종교는 물론 모든 학문 영역들이 이 문제들에 대한 해답을 함께 모색할 때 하나님이 창조한 세계는 보다 밝은 희망을 가질 수 있을 것이다.

제6부

보다 나은 내일을 기다리는
인간 존재

- 인 간 론 -

1
신비로서의 인간 존재와
현대의 위기 상황

"우리는 누구인가? 우리는 어디로부터 오는가? 우리는 어디로 가는가? 우리는 무엇을 기다리는가? 무엇이 우리를 기다리고 있는가?"

이 질문들은 에른스트 블로흐(Ernst Bloch)의 유명한 저서 『희망의 원리』(Das Prinzip Hoffnung) 머리말의 첫 문장들이다. 물질적 문제, 사회-경제적 문제를 주요 관심으로 하는 좌파 마르크스주의자 블로흐가 그의 주요 저서 첫 머리에서 인간에 관해 질문하는 것은 매우 이색적인 일이다. 그가 무엇보다 먼저 인간에 관해 질문하는 까닭은 무엇일까? 그 까닭은 세계의 모든 문제들 가운데 가장 본질적 문제가 인간의 문제라고 생각했기 때문일 것이다.

그러므로 블로흐는 그의 정신적 스승인 칼 마르크스의 말을 빌어 모든 사회적 문제의 뿌리를 인간에게서 발견한다. 인간의 "자기소외는 거짓된 사회 속에서 생성된 것이요, 그것의 유일한 원인이 되는 이 사회와 함께 사라져야 할 것이다. 이와 동시에 자기소외는 더 깊은 원인을 가진다. 마르크스는 다음과 같이 말하였다. '극단적'(radikal)이란 말은 사물을 뿌리(라틴어 radis, 필자)에서부터 파악하는 것을 말한다. 모든 사물들의 뿌리는 인간이다"(Bloch 1988, 350 이하).

인간론의 핵심 문제는 "인간이란 무엇인가?"의 문제이다. 기독교 인간론은 이 질문에 대해 기독교 신앙의 입장에서 대답한다. 한편으로 그것은 하나님과의 관계에서, 곧 "하나님으로부터, 하나님 앞에서, 하나님을 향하여" 인간이 무엇인가를 설명하고자 한다. 다른 한편으로 그것은 인간 자신이 경험하고 이해하는 인간을 이야기하려고 한다. 곧 인간에 관한 "신학적인 것"을 이야기하는 동시에 "인간학적인 것"을 서술하고자 한다. 그것은 신학인 동시에 인간학이고자 한다(Beinert 1995, 500). 바로 여기에 일반 인간학과 구별되는 기독교 인간학의 특징이 있다.

전통적 교의학에서 인간에 관한 진술들은 창조론, 신앙론 혹은 구원론 그리고 종말론에서 나누어져 다루어진다. 특히 창조론에서 중점적으로 자세히 논의된다. 인간은 하나님의 창조에 속하기 때문이다. 그 뿐만 아니라 교의학을 구성하는 모든 명제들은 인간의 문제를 직간접적으로 다루지 않을 수 없다. 달리 말해 교의학 혹은 조직신학의 모든 진술들은 어떤 형태로든지 인간과 관계되어 있는 인간학적 진술이라 말할 수 있다.

그러므로 20세기 이후 기독교 신학은 인간에 관한 하나의 통일된 상(像)을 제시하기 위해 신학적 인간론을 하나의 독립된 분야로 다루기 시작했다. 또한 철학, 의학, 생물학, 심리학 등 인간에 관한 개별 학문들의 인간상과 구별되는 기독교 특유의 인간상을 제시해야 할 시대적 필요성 때문에, 오늘날 대부분의 교의학자나 조직신학자들은 신학적 인간론을 독립된 분야로 다룬다.

"인간이란 무엇인가?" 이 질문 자체는 매우 간단하게 보인다. 그러나 이 세계의 문제들 가운데 이보다 더 대답하기 어려운 문제는 없을 것이다. 영적·정신적·육체적·몸적 존재, 정신적·합리적 존재, 자연적·비합리적 존재, 종교적·도덕적 존재, 충동적·이기적 존재, 개체적 존재, 사회적 존재, 결핍의 존재, 도구적 존재, 문화적 존재, 정치적 존재, 경제적 존재, 이기적 유전자의 운반체(R. Dawkins) 등 인간에 관한 수많은 관점들과 이론들이 있지만, "인간이란 무엇인가?"의 문제는 여전히 하나의 수수께끼로 남아 있다. 이 모든 관점들이 인간에 관한 진리를 말하지만, 단 한 번밖에 없는 "내 자신의 존재"는 어떤 학문적 정의와 개념을 통해서 완전히 파악될 수 없는 하나의 신비로 남는다. 우리는 몇 가지 이유를 아래와 같이 개진할 수 있다.

1) "인간이란 무엇인가?"의 문제는 이른바 객관적 문제가 아니라 내 자신의 존재가 달린 문제다. 그것은 "인간 일반"에 관한 질문인 동시에 내 자신에 관한 나의 질문이다. "인간 일반"에 대해 객관적으로 질문할 때 "내 자신"의 존재가 여기에 포함된다. 질문하는 내가 인간 일반에 속하기 때문이다.

여기서 인간은 자기 자신으로부터 출발하여 자기를 질문하고, 자기가 제기한 질문에 답하는 자로서 자기 자신에게로 돌아온다. "문제가 되는 대상"과 "문제에 답하고자 하는 주체"가 동일하다. 따라서 인간학의 질문과 대답의 구조는 다른 학문들의 구조와는 다르다. 다른 학문들에서는 질문의 대상과 이 질문에 대답하는 주체가 다르다. 그러나 인간학에서는 질문의 대상과 이 질문에 대답하는 주체가 동일하다. 질문의 대상이 되는 인간 자신이 자기 문제에 대하여 스스로 대답해야 한다. 그러므로 이 문제에 대한 인간의 대답은 완전할 수 없고, "인간이란 무엇인가?"의 문제는 여전히 풀리지 않은 수수께끼로 남게 된다.

2) 또한 인간은 다양한 관계 속에 있다. 깊은 산골 속에서 혼자 산다 할지라도 인간은 최소한 그에게 주어진 자연환경, 역사적·문화적 전통과의 관계 속에서 실존한다. 그가 사용하는 언어, 그의 사고방식은 이미 역사적·문화적 관계성의 산물이다. 그의 운명은 그가 맺고 있는 관계들에 의해 결정되기도 한다. 그런데 이 관계들은 매우 복합적이다. 객관적으로 설명할 수 없는 미묘한 복합성 속에서 인간의 존재와 삶에 영향을 주고 그것을 결정한다. 관계의 복합성 속에 있는 인간이 무엇인가를 완전하게 파악하는 것은 사실상 불가능하다. "인간은 무엇인가?"를 대답할 때, 인간

은 그의 존재를 구성하는 복합적 관계들로부터 추상화되고 질문하는 인간 자신의 특정한 관심과 전제에 따라 대답된다. 이 대답은 대답하는 인간의 현재적 실존의 상황을 통해 제약되며, 그가 속한 역사적·문화적·사회적 배경 속에서 결정된다.

인간은 죽음의 순간까지 "완결되지 않은 존재"로 존속한다. 그는 끊임없는 되어감 속에 있다. 그러므로 "인간 존재"(Mensch sein)는 인간됨(Mensch werden)"이다(Thielicke 1976). "우리는 존재한다. 그러나 우리는 우리를 소유하고 있지 않다"(Plessner 1964, 49). 인간이란 이미 결정된 존재가 아니라 결정되어가는 삶의 과정, 곧 역사이다. 이것이 인간 존재의 현실이다. 이 현실에서 추상화된 인간의 그 "무엇"을 말한다는 것은 인간 존재의 현실로부터의 추상화일 따름이다.

3) 인간은 영혼, 정신, 육체, 이성, 양심, 감정 등이 하나로 결합되어 있는 복합적이며 전체적인 존재다. 그는 이성적으로 사유하는 존재인 동시에, 눈, 코, 입 귀, 피부 등을 통해 사물을 경험하는 감각적 존재다. 그는 합리석 존재인 동시에 감성적 존재다. 그는 자연의 다른 생물들처럼 육체적 욕구를 느끼는 동시에 양심의 도덕적 명령을 듣는 존재다. 그는 전통을 통해 결정되는 동시에 새로운 전통을 형성한다. 그는 이 세계에 단 한 번밖에 없는 "단독자"인 동시에 주변의 사물들과 상호작용 속에서 살아간다. 그는 자기를 의식하고 사물에 대해 사색하는 동시에 사회적 관계 속에서 행동하고 노동하며 살아간다. 그는 현실에 묶여 오늘을 살아가는 동시에 이 현실을 넘어 보다 나은 내일을 기다리며 살아간다. 이 모든 요소들이 인간을 형성한다.

그런데 우리가 "인간이란 무엇인가?"를 질문하고 대답할 때 우리는 전체로서의 인간을 이야기하지 못하고 인간의 한 측면만을 이야기한다. 전체로서의 인간을 전체적으로 이야기하는 것은 현실적으로 불가능하다. 앞서 기술한 인간에 관한 다양한 정의와 개념들, 이에 근거한 인간학의 다양한 형태들은 전체적 존재로서의 인간이 아니라 인간의 특정한 측면들을 이야기할 뿐이다. 인간학적 정의들과 개념들을 통해 전체로서의 인간은 다양한 측면들로 나뉘어져 버리고, 그의 전체성은 사라진다. 전체는 사라지고 부분들만 이야기된다.

"인간이란 무엇인가?"의 질문에서 우리는 인간의 본질, 곧 "본질적으로 인간은 무엇인가?"를 질문한다. 그런데 "본질"이란 모든 시대와 상황을 초월하여 변하지 않고 동일하게 존재하는 것, 모든 시대의 모든 개체 사물들에게 공통적인 것을 가리킨다. 예를 들어 인간은 "정신적 존재" 혹은 "사유하는 존재"라고 정의할 때, 이 정의는 모든 시대의 모든 인간에게 공통되는 인간의 본질에 속한다. 그러나 이 정의는 인간의 전체가 아니라 한 측면을 이야기할 뿐이다. 인간은 사유하는 정신적 존재인 동시에, 먹고 배설하며 감각적으로 느끼는 물질적·감성적 존재이기 때문이다.

어떤 인간도 자신의 구체적 삶에서 추상화 된 "보편적 본질"로 환원될 수 없다. 모든 인간은 다른 사람과 교체될 수 없는 자신만의 삶의 역사를 가진 단 한 번밖에 없는 존재다. 따라서 이른바 인간의 보편적 본질에 대한 모든 이야기들은 개체 인간 자신과 일치하지 않는 개연적인 것에 불과하다. 인간의 자기 정체성은 보편적 본질로 환원될 수 없다. 모든 인간은 자신의 존재가 하나의 보편적인 것, 일반적인 것, 곧 "본질"로 환원되는 것을 원하지 않는다. 그렇게 될 수도 없고 또 그렇게 되어서도 안 된다. 바로 여기에 "인간이란 무엇인가?"라는 질문에 대답하기 어려운 원인이 있는 동시에 인간의 존엄성이 있다.

이러한 어려움에도 불구하고 우리는 인간에 대해 이야기하지 않을 수 없다. 한 번밖에 없는 자기의 삶을 "무덤"과 같은 것으로 만들어버리며, 인간의 생명이 하나의 "물건"으로 대상화·물건화·상품화되는 오늘의 현실 속에서 인간의 존엄성에 대해, 삶의 가치와 목적에 대해, 그의 존재의 근원과 미래에 대해 이야기하지 않을 수 없다. 만일 우리가 인간에 대해 아무것도 말하지 말아야 한다면, 우리는 인간에 관한 어떤 윤리적·규범적인 것도 말할 수 없을 것이다. 무엇 때문에, 무엇을 위해 살아야 하는지, 이웃과 자연환경과 어떤 관계를 가져야 하는지 말할 수 없을 것이다.

일련의 학자들, 특히 경험과학자들은 인간의 본질에 대한 서술적 진술에서 규범적·윤리적 진술을 추론하는 것은 타당하지 않다고 주장한다. 예를 들어 "인간은 도덕적 존재다"라는 서술적 진술에서, "그러므로 인간은 도덕적이어야 한다"는 규범적·윤리적 진술을 말하는 것은 잘못이라는 것이다. 학자들은 이를 가리켜 "잘못된 자연주의적 추론"(naturalistischer Fehlschluss)이라 말한다. 이 개념은 존재(Sein)에 대한 진술에서 윤리적 당위(Sollen)를 추론할 수 없다는 데이비드 흄(David Hume)의 생각에서 유래한다. 존재에 대한 서술적 진술 자체에는 규범적·윤리적 진술이 포함되어 있지 않다는 것이다.

이러한 주장은 자연주의적 인간관에서 유래한다. 인간은 주어진 자연상태로 존재해야 하며 어떤 윤리적 규범 내지 당위성에 예속되어서는 안된다. 윤리적 규범 또는 당위성은 인간의 자유를 속박한다는 것이다. 그러나 이것은 잘못된 생각이다. 모든 사물들, 특히 인간에 대한 모든 서술적 진술들은 그 속에 윤리적 규범성 또는 당위성을 내포한다. "인간은 이성적 존재다"라는 서술적 진술은 "그러므로 인간은 이성적이이야 한다"는 윤리적 규범성을 내포한다. 만일 우리가 인간에 대해 아무것도 말하지 않을 경우 인간이 지켜야 할 윤리적 규범과 당위성에 대해 침묵하게 된다. 이것은 인간을 주어진 상태에 방치하고 포기하는 것을 뜻한다.

물론 우리는 "인간이란 무엇인가?"를 질문하지 않고 살아갈 수 있다. 그러나 모든 인간은 이 질문에 대한 그 나름대로의 대답을 가지고 있다. 단지 그 대답을 의식하느냐 의식하지 못하느냐에 차이가 있을 뿐이다. 이 문제를 의식적으로 제기하고 대답함으로써 인간은 자기 자신의 존재를 규정한다. 곧 그가 이상적 존재라 생각하는 바를 향해 자기를 규정하며 이를 통해 자기를 형성하게 된다. 따라서 그가 지향하는 "참 자기"는 그에게 아직 도달하지 못한 "미래"로 남아 있다. 이 미래는 미래이기 때문에 인간은 아직도 해명되지 않은 하나의 신비로 존속한다. 그래서 우리는 인간에

대한 다양한 개념들과 이론들에도 불구하고 끊임없이 새롭게 질문하게
된다. 도대체 인간이란 무엇인가? 인간을 인간되게 하는 참으로 인간적인
것(humanum)은 무엇인가? 그는 어디로부터 와서 어디로 가는가? 그는 어
떤 존재가 되어야 하는가? 그가 바라고 희망하는 것은 무엇인가?

오늘날 특히 경험과학의 영역에서 인간 존재의 신비로움을 해명하려
는 시도들이 활발히 일어나고 있다. 경험과학적 인간학은 인간을 과학적
으로 관찰하고, 관찰에서 얻은 자료들을 방법적으로 처리함으로써 인간
에 관한 인식을 얻고자 한다. 인간이란 종(種)의 유래와 진화에 관한 생물
학적 이론에서 시작하여 인간의 유전자 구조와 그것의 조작 가능성을 연
구하는 유전학, 보다 우수한 인간의 종(種)의 배양을 목적으로 인간의 생
체실험도 마다치 않는 우생학, 인간의 뇌를 포함한 신체기관들과 그들의
기능들에 관한 의학적·해부학적·신경과학적 연구, 그리고 인간의 영적·
정신적 구조와 사회적 구조, 인간의 행동양식에 대한 심리학적·사회학적
·행동과학적 연구에 이르기까지 매우 다양하다.

이와 같은 경험과학적 연구들은 인간의 모든 영적·정신적 활동과 신
체적 활동을 뇌세포의 물리적 운동법칙으로 환원시키며, 수학적 공식을
통해 인간의 모든 활동을 파악하고자 한다. 물리주의(physicalism)가 오늘
날 경험과학적 인간학의 추세라 해도 과언이 아닐 것이다. 그래서 인간에
관한 물리주의적 해석들이 끊임없이 발표되고 있다.

물론 인간에 관한 경험과학적 연구는 인간의 생물학적·유전적 본성
과 구조, 그의 반응양식과 행동 등 인간에 관한 중요한 정보들을 제공한
다. 기독교 인간학은 이 정보들을 진지하게 고려해야 할 것이다. 그러나
인간에 관한 경험과학적 연구는 심각한 문제점을 노출한다. 그것은 그 시
대의 사회적 상황과의 연결 속에서 특정한 관심과 특정한 인간상의 전이
해(前理解)에 의존한다. 그러나 이들의 관심과 전이해 자체는 비판적 성찰
의 대상이 되지 않는다. 그것은 자신의 특정한 관심과 관점에 따라 인간의
존재를 과학적으로 분석하고 정의할 수 있는 대상으로 만들어버린다. 곧

인간 존재의 대상화가 일어난다. 인간 존재의 대상화는 인간 존재의 물건화(Verdinglichung), 곧 인간을 하나의 물건처럼 생각하는 결과를 초래한다. 인간 존재의 물건화는 인간 존재의 상품화로 이어진다. 이를 통해 인간의 가치와 존엄성은 부인된다. 그는 단지 먹고 영양을 섭취하고 배설하고 성교하고 자기의 유전자를 확장시키는 "생물기계"로 간주된다.

오늘날 인간에 대한 경험과학적 연구들은 다음의 사실을 인정하지 않으려 한다. 즉 인간은 경험적 관찰과 이 관찰을 통해 얻게 되는 수식적(數式的) 인식과 정의를 넘어선다는 점이다. 인간은 경험적으로 관찰될 수 있고 수식을 통해 파악될 수 있는 하나의 생물로 간주된다. 그러나 우리는 인간을 단지 하나의 "생물"로 간주하는 현대사회의 추세가 어떤 윤리적 귀결을 초래하는지 직접 보고 있다. 인간은 비인간적 대우를 받고 개(犬)가 인간적 대우를 받는 일들이 일어난다. 이럴 바에야 "모두 죽여버리자"는 생각으로 "묻지마 살인"이 일어나기도 한다. 여자의 난자와 남자의 정자는 물론 인간 자신이 상품으로 팔리기도 한다(보다 자세한 내용에 관해 아래 제2장 참조).

현대의 이런 상황 속에서 기독교 신학은 인간에 대해 무엇을 말할 수 있고 또 말해야 하는가? 인간을 인간답게 하는 "인간적인 것"(humanum)은 무엇인가? 물질의 풍요인가? 아니면 아름다운 정신과 영혼인가? 이 질문에 대해 답하기 전 우리는 다양한 인간학의 형태들을 먼저 고찰하고자 한다. 이를 통해 우리는 인간에 관한 시야를 넓히는 동시에 기독교 인간학의 보다 의미를 파악할 수 있을 것이다.

2
인간학의
다양한 형태들

A. 형이상학적 · 이원론적 인간학

기독교 인간학에 가장 큰 영향을 준 것은 고대 그리스 철학에서 유래하는 형이상학적 인간학이다. "형이상학"(Metaphysik)이란 눈에 보이는 자연의 세계(*physis*) 저 너머에(*meta*) 있는 본질적이며 영원한 것을 전제하고 그것에 이르고자 하는 인간의 정신적 노력을 말한다. 여기서 비본질적이고 유한하며 참되지 못하고 허무한 가상(假想)의 세계인 차안의 세계와, 본질적이며 영원하고 참된 피안의 세계가 구별된다. 이를 통해 이른바 차안과 피안의 이원론적 세계상이 형성된다.

이원론적 세계상에 상응하여 인간의 육은 차안의 세계에 속한 비본질적이며 유한하고 참되지 못한 것으로 이해되는 반면, 인간의 영(靈)은 영원하고 참된 피안의 세계에 속한 것으로 이해된다. 인간은 차안의 세계에 속한 육과 피안의 세계에 속한 영이 결합되어 있는 존재로 이해된다. 육은 영을 가두고 있는 감옥으로 생각된다. 여기서 이른바 영과 육의 이원론적 인간상이 등장하며 이 이원론은 영혼불멸설의 근거가 된다.

형이상학의 이원론적 인간상은 인간의 영에 대해 우호적인 반면 인간의 육에 대해 적대적일 수밖에 없다. 양자는 위와 아래, 지배와 피지배의 관계에 있는 것으로 생각된다. 인간의 참 본질과 가치가 그 속에 있다고 생각되는 영은 장려되어야 할 "선한 것"으로 생각되는 반면, 물질의 세계에 속한 육은 억압되고 통제되고 버려야 할 "악한 것"으로 생각된다. 육체의 모든 자연적인 욕구들이나 충동들, 특히 성욕은 악한 것으로 간주된다.

구약성서는 고대의 보편적 종교 현상인 이원론적 인간상의 영향에서 자유롭지 못하다. 그래서 이원론적 인간상이 구약성서에도 나타난다. "육체는 원래 왔던 흙으로 돌아가고 영은 그것을 주신 하나님께 돌아간다"(전 12:7). 하나님이 인간의 몸을 흙으로 빚으시고 그의 영을 불어넣으심으로 인간이 살아 움직이는 생명체가 되었다는 창조 이야기에도 영과 육의 이원론의 영향이 나타난다(창 2:7).

형이상학의 이원론적 인간학은 초대교회의 영지주의를 거쳐 기독교 신학과 철학에 결정적 영향을 준다. 아우구스티누스를 위시한 많은 초대 교부들이 이원론적 인간상을 이야기한다. 그것의 영향은 신약성서에도 나타난다. 영은 선하고 육은 악하다. 영은 인간을 살리는 반면 육은 무익하다(요 6:63). 육을 따르지 않고 영을 따를 때 율법의 요구를 이룰 수 있다(롬 8:4). 육신에 속한 생각은 죽음이요 영에 속한 생각은 생명과 평화이다(롬 8:6). 육에 속한 사람은 죄인을 가리키며 영에 속한 사람은 의로운 사람을 가리킨다(고전 3:1).

이원론적 인간상을 주장한 근대의 가장 대표적 인물은 "근대철학의 아버지"라 불리는 데카르트이다. 그의 『성찰』에 의하면 인간은 사유하는 영적·정신적 부분(res cogitans)과 연장되는 육체의 물질적 부분(res extensa)으로 구성된 존재다. 육체에 있어 인간은 모두 동일하다. 그러나 영 혹은 정신에 있어 구별된다. 따라서 인간의 정체성과 존엄성은 영 혹은 정신에 있다. 정신의 고유 기능은 이성적 사유에 있다. 따라서 인간은 본질적으로 사유하는 존재로서 자기의 육체를 지배 대상으로 가진다. "나는 사유하는 주체이며 나는 나의 육체를 소유한다. 나는 나의 소유로서의 육체에 대해 명령하고 그것을 이용하면서 대칭한다"(Moltmann 1985, 255).

헤겔에 의하면 인간의 존재는 신적 영 혹은 정신으로 환원된다. "영 (=정신)으로서의 하나님"(Gott als Geist)이 자기를 소외 내지 대상화시킴으로써 세계와 인간의 존재가 성립된다. 인간은 하나님의 영의 "타재" (Anderssein)다. 그의 "보편적 본질"은 자연에 속한 육에 있지 않고 "신적 영 (靈)", 곧 정신에 있다. 그는 철저히 정신적 존재다. 정신의 본질은 사유에 있다. 그러므로 인간은 본질적으로 외적 사물에 의존하지 않고 자기 자신과 관계하는, 자유롭게 "사유하는 존재"다. 사유를 통해 "자기를 알고 인식하는 것"이 정신의 행위요, 신적 정신의 변증법적 자기활동이다. 이 활동은 자기를 타재시킨 신적 정신이 본래의 자기에게로, 곧 "참 자기에 대한 앎"으로 돌아가는 "귀향"(Rückkehr)의 길이다(Hegel 1968, 73, 181). "인간은 기독교적으로 이해된 정신(Logos)이며 세상적 욕구로 가득한 인간에 불과하지 않다"고 보는 "헤겔의 철학적 신학"은 "기독교적 의미에서 인간에 대한 존재'론'적 규정" 아래 있다(Löwith 1953, 332).

인간의 정신과 사유는 인간의 자유와 존엄성에 대한 근거가 된다. 인간의 육체는 세계의 물질적 영역에 묶여 있는 반면, 인간은 그의 정신과 사유에 있어 물질의 영역과 세계에 대해 자유롭다. 그는 비물질적인 정신과 사유를 자신의 본질로 소유한 존엄스러운 존재다. 정신과 사유의 자유를 통해 인간은 세계의 모든 대상으로부터 자기를 구별하며 세계를 대상화시킬 수 있다. 그는 비교, 추상화, 보편화를 통해 개념들을 형성하고 이 개념들을 통해 현실을 파악하며, 세계를 지배할 수 있는 지식을 획득한다. 그는 정신의 자유로운 사유를 통해 언어와 학문과 과학기술을 발전시키고 자기를 실현하는 세계의 지배자가 된다.

또한 인간은 자유로운 사유의 활동을 통해 자기의 삶을 미리 내다보고 그것을 계획하며 형성할 수 있다. 심지어 그는 자기 자신을 자기에게 대칭시키며, 자기를 지배와 통제의 대상으로 삼을 수 있다. 그는 사유하는 정신을 통해 자기의 자연적 본능들을 억제함으로써 자기의 존엄성을 유지하고 원만한 사회생활을 영위할 수 있다. 이로써 인간의 삶은 그 자신이 형성해야 할 하나의 과제가 된다.

그는 삶을 소유한 것이 아니라 자유와 책임 속에서 자기의 삶을 스스로 형성해야 한다. 여기서 형이상학적·이원론적 인간학은 인간의 자유와 존엄성을 근거시키는 동시에 인간과 자연의 세계를 대칭시키고, 자연의 세계를 대상화·대물화시키며, 그것을 인간의 지배 대상으로 만들어버리는 결과를 초래한다. 인간 자신의 육체는 물론 인간의 생명마저 인간의 지배 대상, 조작 대상으로 전락하게 된다(보다 더 자세한 내용에 관해 아래 "영과 육의 전일체로서의 인간"을 참조할 것).

B. 물질론적·자연주의적 인간학

물질론적·자연주의적 인간학은 앞서 고찰한 형이상학적·이원론적 인간학과 정반대 되는 입장을 취한다. 그것은 이미 고대 그리스 철학의 유물론자 데모크리도스(Demokritos)에게서 발견된다. 그에 의하면 자연의 사물들은 물론 인간의 영혼도 원자들로 구성된다. 인간의 사유는 원자들의 운동이다. 인간의 영적 삶은 가장 섬세한 불의 원자들의 활동에 불과하다. 인간의 사유도 원자들의 활동으로 환원된다. 인간의 모든 사상들과 표상들도 원자들의 활동을 통해 생성된다. "다양한 형태와 운동 속에 있는 물질만이 참되고 '본래적으로' 현실적인 것으로 생각되며, 모든 정신적 삶은 거기서부터 파생되는…현실로 생각된다. 이로써 데모크리토스의 체계는…물질론의 성격을 갖게 된다"(Windelband 1957, 94).

물질론적 인간관은 기계론적 인간관과 결합하여 근대 계몽주의의 무신론적 물질론자들에게서 다시 나타난다. 이 시대의 프랑스 물질론자들에 의하면, 인간의 사유는 "물질의 속성들과 변용들"(des propriétés et des modifications de la matière)이요, "신체 조직의 결과"(résultantes de l'organisation de notre corps)일 따름이다. 좀 더 정확히 말해 뇌의 조직의 결과에 불과하다(Hügli 1980, 1081). 인간을 하나의 기계로 보는 라메트리에 의하면, 인간의 영혼은 신체 조직에서 유래하며, 인간의 높은 이성적·영적 능력은 인간의 뇌가 오랜 기간을 통해 진화함으로써 형성된 것이다. 인간의 의식은 원자들의 활동의 부산물이다. 이미 1745년에 출판된 그의 저서 『영혼의 역사』(Histoire naturelle de l'âme)에서, 그는 형이상학적 이원론을 거부하고 인간의 영적 능력을 물질 속에 들어 있는 동적인 힘의 산물로 파악한다. 라메트리는 데카르트의 기계론이 이것을 증명하였다고 생각한다(1082).

콩디야크(E. B. de Condillac, 1715-1780)에 따르면 의식의 모든 활동은 영혼으로부터 오는 것이 아니라 다양한 육체적 감각들의 인지에서 유래한다. 디드로(Diderot, 1713-1784)에 따르면 인간 영혼의 활동들은 눈으로 볼 수 없는 아주 미세한 신경의 활동일 따름이다. 카바니스(P. J. G. Cabanis, 1757-1808)는 인간의 물리적 본성과 정신적·영적 본성을 연구한 후 인간의 영혼은 성(性), 연령, 기후 등의 영향을 받으며 육체와 물리적 관계들에 의해 결정된다는 결론에 도달한다. 인간의 영혼은 육체로부터 독립된 실체가 아니며 의식의 담지자가 아니다. 영혼의 활동은 육체의 조건들과 외부 환경의 물리적 조건들을 통해 결정된다. 인간의 영혼의 상태는 육체의 화학적 변화에 따라 결정된다.

브루새(F. J. V. Broussais, 1772-1838)와 같은 의사들은 보다 더 철저한 물질론적 인간상을 주장한다. 그들의 주장에 의하면 인간의 지적 활동은 뇌의 기능들의 "결과들 중 하나의 결과"일 따름이다. 인간의 심리적 능력들은 뇌의 특정한 곳에 자리 잡고 있다. 독일의 남작 홀바흐(Heinrich Dietrich von Holbach, 1723-1789)는 그의 저서 『자연의 체계』(Système de la nature, 1770)에서 다음과 같이 주장한다. 인간의 도덕적·지적 능력들은 심리적·생물학적·사회적 상호작용들을 통한 기계적 방법으로 가장 잘 설명될 수 있다.

1697년에 독일의 의사 볼프(P. Wolff)에 의하면 인간의 사유는 인간의 육체의 물리적 활동일 따름이다. 인간의 정신적 삶과 동물의 그것 사이에는 정도의 차이가 있을 뿐이다. 인간의 모든 표상들과 의지의 활동들은 외부의 자극을 받은 뇌의 섬유질의 기능들에 불과하다. 인간은 훈련과 교육을 통해 보다 더 높은 존재로 고양되어야 한다.

이와 같은 물질론적 인간관은 인류의 정신사에서 하나의 혁명으로 평가될 수 있다. 그것은 인간을 영적·정신적 존재, 사유하는 존재로 보는 기독교 신학과 철학의 형이상학적 인간상의 허구성을 주장하면서 인간의 생명을 구성하는 물질적·자연적 측면을 드러낸다. 인간의 생명을 구성하는 본질적 요소는 영혼이나 정신, 정신의 본질적 기능인 사유가 아니라 자연적 물질이다. 참된 것은 영혼이나 정신이 아니라 물질이다. 물질에 있어 인간과 동물은 동일성을 가진다. 물질적 존재로서 인간은 자연에 의존하는 자연적 존재다. 이것은 기독교 신학이 수용해야 할 인간의 진실이라 말할 수 있다.

물질적 인간관은 포이어바흐(L. Feuerbach, 1804-1872)와 칼 마르크스의 철학에서 가장 체계적으로 나타난다. 이들의 물질론적 인간관은 헤겔의 관념론적 인간이해의 관점을 거꾸로 뒤집어버림으로써 등장한다. 신적 정신에서 인간의 본질을 발견하는 헤겔에 반해 포이어바흐는 몸을 가진 감성적이며 구체적이며 현실적인 인간에게서 철학의 출발점을 발견하고 헤겔의 철학적 신학을 철학적 인간학으로 바꾸어 버린다. 헤겔이 그의 출발점으로 삼는 "영으로서의 하나님"은 인간의 투사물에 불과하다. 따라서 신적 본질은 인간의 본질에 불과하다. "신학의 비밀은 인간학이다"(Feuerbach 1976, 13). "중요한 문제는 하나님의 존재냐 아니면 비존재냐의 문제가 아니라 인간의 존재냐 아니면 비존재냐의 문제이다.…하나님의 것을 하나님에게, 황제의 것을 황제에게 돌려주는 것이 중요한 문제가 아니라 인간의 것을 인간에게 돌려주는 것이 중요한 문제다"(15).

포이어바흐에 의하면 참으로 현실적인 것은 감각적 개체이다. 헤겔이 말하는 보편적인 것과 정신적인 것은 인간의 환상일 따름이다. 인간은 감성적 존재요 자연적 존재다. 그는 자연의 본질에 속하며 "자연이 그 속에서 하나의 인격적이며 의식과 이성을 가진 존재가 되는…자"이다. 인간의 영 혹은 정신은 "다르게 존재하는 자연"(Natur in ihrem Anderssein)으로서 신체의 물질적 조건으로 환원된다. 정신의 모든 활동들은 육체의 물질성에 따라 결정된다. 인간의 신체의 다양한 기관들이 다양한 분비물을 배출하는 것처럼 인간의 표상과 의지는 뇌의 "분비물"에 불과하다.

포이어바흐는 인간의 생명을 구성하는 가장 본질적 요소를 물질, 곧 음식물로 환원시킨다. 인간의 존재는 그가 먹는 바에 달려 있다. "인간은 그가 먹는 바의 것이다!"(der Mensch ist, was er ißt) "음식물만이 실체이다. 음식물은 정신과 자연의 정체성이다. 지방이 없으면 육이 없지만, 지방이 없으면 뇌도 없고 정신도 없다. 지방은 오직 음식물에서 온다.…모든 것은 무엇을 먹고 마시느냐에 달려 있다." "존재는 먹는 것과 하나이다"(김균진 2007, 298에서 인용). 먹지 못하면 정신도, 사유도, 예술도, 종교도 없다. 기도를 할 수도 없고 예배를 드릴 수도 없다. 먹지 못하면 죽는다. 죽음과 함께 예술도 끝나고 종교도 끝난다.

포이어바흐의 뒤를 이은 초기 마르크스(K. Marx, 1818-1883)의 물질론적 인간 이해는 이미 그의 박사학위 논문에 나타난다. 이 논문에서 인간은 "완전히 자연 속에 통합되어 있는" 존재로 파악된다. 그는 "…영원한 자연의 유한한 나타남이다. 원자들 가운데 한 원자로서 인간도 자연의 '물질적 기체(基體, Substrat)'이며, 이리하여 세계의 본질에 참여한다"(Marx 2004, 53).

박사학위 논문에 나타나는 마르크스의 물질론적 인간이해는 헤겔의 이론에 대한 반대명제로서 시작된다. 신적 정신, 곧 하나님의 영을 "인간의 역사의 첫째 전제"로 보았던 헤겔에 반대하여 청년 마르크스는 "살아 움직이는 개인들의 실존"을 첫째 전제로 삼는다(Marx 1971, 86). 인간을 "정신적 존재", "사유하는 존재", "자기의식"으로 보았던 헤겔에 반해 그는 인간을 "몸적인, 자연적 힘을 가진, 살아 움직이는, 현실적인, 감각적인, 대상적인 존재", "고난을 당하는(leidendes) 그리고 자기의 고난을 느끼는 존재, 열정을 가진(leidenschaftliches) 존재"로 파악한다(71). 인간은 동물과 식물과 마찬가지로 "고난을 당하며 제약되어 있고 제한되어 있는 존재"다.

초기 마르크스의 물질론적 인간이해는 자연주의적 인간이해로 발전한다. 인간은 자연의 생물들과 마찬가지로 굶주림, 목마름 등을 해결하고자 하는 "자연적 욕구들"(Bedürfnisse)을 느낀다. 이 욕구들이 해결될 때 인간은 생존할 수 있다. 그에게는 자연적 욕구들을 해결하고 이를 통해 자기의 생명을 유지할 수 있는 "자연적인 힘들, 생명의 힘들로 갖추어져 있다." 이 힘들은 인간 안에 "충동"(Triebe)으로 존재하며 인간은 이 충동으로 말미암아 "활동하는 자연적 존재"다. 그는 자기 바깥에 있는 대상들을 통해 자신의 욕구들을 충족시키고 그의 본질의 힘을 활동케 하고 증명한다. 이런 뜻에서 그는 "자연적 존재일 뿐 아니라 인간적인 자연적 존재"다 (70). "역사는 인간의 자연역사(Naturgeschichte)", 곧 인간 안에 있는 자연의 역사이다(72).

초기 마르크스의 물질론적·자연주의적 인간이해는 사회-경제적 차원에서의 물질론적 인간이해로 발전한다. 그리하여 인간은 사회-경제적 관계 속에서 노동하는 존재, 노동의 활동을 통해 상품을 생산하는 존재, 그러나 노동으로 말미암아 소외되는 사회적·경제적 존재로 파악된다. 인간은 단지 사유하는 존재가 아니라 물질적 생산 노동을 통해 자기를 실현하는 존재다. 생산의 방식은 자기의 삶을 나타내는 인간의 특수한 방식이요, "특수한 삶의 방식"이다. 인간은 자기의 삶을 나타내는 바대로 존재한다. 그의 존재는 노동을 통해 그가 생산하는 것, 그리고 생산하는 방법과 일치한다. "인간이 무엇인가는 그가 무엇을 생산하는가, 그리고 어떻게 생산하는가에 달려 있다"(86). 인간의 정체성은 정신이나 자기의식에 있는 것이 아니라(Hegel에 반하여) 노동과 노동을 통한 생산의 방법, 그리고 생산물에 있다.

물질만이 참으로 현실적인 것이다. 인간의 정신, 의식, 그의 모든 관넘들, 이론, 사상, 사회적 의식 등은 사회의 물질적 현실의 거울에 불과하다. 사회의 삶을 이끌어 나가는 힘을 인식하기 위해 우리는 관념이나 이론을 탐구할 것이 아니라 사회적 삶의 물질적 기초를 탐구해야 한다. 물질적이며 현실적인 삶의 방식이 인간의 사고를 결정한다. 정신적 상부구조(Überbau)가 물질적 하부구조(Unterbau)를 결정하는 것이 아니라 물질적 하부구조가 정신적 상부구조를 결정한다. 사회의 물질적·경제적 조건이 인간의 정신과 의식을 결정한다. "의식이 삶을 결정하는 것이 아니라 삶이 의식을 결정한다"(92).

마르크스는 자본주의의 시장경제 질서 속에 있는 인간을 "소외된 존재"로 파악한다. 시장경제 질서 속에서 인간의 노동은 그가 생산한 생산품과, 자기의 노동과, 그가 속한 사회와, 자기 자신으로부터의 소외를 초래한다. 그러므로 노동을 통한 인간의 "삶의 표현(Lebensäußerung)은 그의 소외(Entäußerung)이며, 그의 실현은 그의 퇴락(Entwirklichung)이요 하나의 낯선 현실"이다. 인간의 본질의 궁극적 실현은 노동의 소외가 더 이상 존재하지 않는 공산주의 사회에서 이루어질 것이다. 공산주의 사회는 "역사의 해결된 수수께끼"다. 그러나 20세기 공산주의 국가의 역사는 마르크스의 이 예언이 희망사항에 불과하였다는 사실을 증명한다.

좌파 마르크스주의자인 블로흐는 인간에 대한 기본 인식에 있어 마르크스의 뒤를 따른다. 인간의 가장 기본적인 욕구는 "자기유지의 욕구"(Selbsterhaltungstrieb)에 있다. 자기의 생명을 유지하기 위해서는 무엇보다 먼저 먹어야 한다. "기름이 부어져야 할 첫째 램프는 위(胃)다"(Bloch 1970, 72). 굶주린 배를 채운 다음에야 종교도 있고 예술도 있고 섹스도 있다 (Freud에 반대하여). 굶주림을 해결하고 자기의 생명을 유지하기 위해 필요한 것은 경제적 수단이다. 따라서 "경제적 관심"이 "유일한 관심은 아니지만 기본적 관심"이다(74). 여기서 블로흐가 말하는 "굶주림"은 생물적 현상을 뜻하는 동시에 "여타의 사회적인, 따라서 역사적으로 다양한 형태로 나타나는 욕구들과의 상호작용 속에 있는, 사회적으로 되며 조정되는 욕구"

를 가리키는 복합적 개념이다(76). 곧 그것은 사회적 연관 속에서 인간이 가진 모든 욕구들의 핵심이요 요약이라 말할 수 있다.

굶주림을 해결하고 자기의 생명을 유지하려는 인간의 기본 욕구는 "보다 나은 삶에 대한 꿈들", 곧 "낮의 꿈들"(Tagträume)로 발전한다(85). 그는 "이미 주어진 것"에 만족하지 않고 "아직 주어지지 않은 것", 곧 새로운 미래를 꿈꾸며 그것을 기다린다. 그러므로 그는 주어진 현재에 머물지 않고, 보다 나은 내일, 보다 정의롭고 인간성 있는 세계, 곧 그의 "본향"을 희망하며 그것을 향해 끊임없이 나아가고자 하는 본성을 가진다. 인간은 본질적으로 아직 주어지지 않은 것을 희망하는 유토피아적 존재다. 그의 존재는 그가 희망하는 바를 향해 끊임없이 나아가는 시간적 과정 속에 있다. 그의 사유는 본래적 세계를 향해 끊임없이 나아감을 뜻한다. "사유는 넘어감을 뜻한다"(Denken heißt Überschreiten, 2). 땅 위의 모든 사물들이 보다 나은 내일을 기다리며 아직 주어지지 않은 미래를 향한 과정 속에 있다. "현실적인 것은 과정이다"(225). 물질도 그 속에 경향성과 잠복성(Tendenz und Latenz)을 가진 "과정물질"(Prozeßmaterie)이다. 현실을 지배하는 것은 기계론적 법칙성이 아니라 경향성과 잠복성이다. 그러나 모든 사물의 과정이 "하나님 없는 하나님의 나라"를 지향하는 여기에 블로흐의 "희망의 원리"의 신학적 문제점이 있다(Moltmann 1976, 23).

자본주의 사회는 마르크스주의의 유물론을 신랄하게 비판한다. 특히 기독교 지도자들이 그렇게 한다. 그러나 오늘날 자본주의 사회는 마르크스가 말한 것보다 훨씬 더 저속한 형태의 물질론을 그 원리로 삼고 있다. 한 중학교 선생님이 소개하는 어린 학생들과의 대화는 자본주의 사회의 저속한 물질론을 보여준다. "어린 학생들과의 대화는 늘 이렇답니다. '무조건 돈을 많이 벌고 싶어요.' '어떻게 벌건데요?' '어떻게든요.' '그래서 뭐 할 거예요?' '그냥 잘 먹고 잘 살래요.' '누구랑 잘 살고 싶어요?' '나만 잘 살고 싶어요. 다른 누구보다 내가 잘 살고 싶어요.'" 물론 모든 아이들이 그런 것은 아니지만 "정신은 간데없고 물질이 최고이자 최선이 되어버

린 세상", "'부자 되세요!'가 최고의 인사가 된 건 오래전의 일이고 철학과
윤리가 보이지 않더라도 돈 잘 버는 세상 만들어 준다는 그 한마디면 국
민의 대표가 될 수도 있는 세상에서 아이들만 나무랄 수는 없습니다"라고
선생님은 물질에 찌든 자본주의 사회의 현실을 개탄한다(강영란 2008, 213).
그러나 우리는 공산주의 혹은 사회주의 사회도 해결책이 되지 못한다는
것을 20세기의 역사를 통해 경험하였다.

C. 근대 계몽주의의 기계론적 인간학

근대 계몽주의에 이르러 인간을 분자나 원자의 물리적·화학적 작용으로
구성된 기계로 보는 기계론적 인간관이 등장한다. 이 기계론적 인간관은
자연 현상을 수학적 법칙에 따라 움직이는 거대한 기계로 이해하는 근대
기계론적 세계관의 인간학적 적용에 불과하며, 물질론적 인간학의 귀결이
라 볼 수 있다.

　기계론적 인간관은 수학의 방법을 최고의 학문적 방법으로 보는 데카
르트의 철학에 근거한다. 1692년에 출판된 "올바른 이성의 사용과 과학적
진리 연구의 방법에 대한 논문"에서 데카르트는 수학적 방법에 기초한 철
학의 개혁을 시도한다. 진리는 형이상학적 이론이나 경험적 지식이 아니
라 수학을 통해 발견될 수 있다. 수학, 곧 기하학이 가장 확실하고 합리적인
학문이다. 자연에 대한 모든 인식의 뿌리는 수학에 있다. 수학이 모든 학문
의 이상이다. 자연과학적 귀납법의 과제는 객관적으로 측정될 수 있는 현상
들 속에 언제나 동일한 형태로 존속하는 "수학적 관계"를 발견하는 데 있다
(mathematisches Verhältnis: Windelband 1957, 332). 모든 지식은 수학의 모형을
따라야 한다. 세계는 수학적 법칙에 따라 움직이는 기계, 곧 시계와 같다.

　대우주(makrokosmos)로서의 세계가 하나의 기계라면, 그 속에 있는 소
우주(mikrokosmos)로서의 인간도 하나의 기계다. 사유할 수 없고 단지 연

장될 수 있는 인간의 육체는 자연의 짐승들처럼 물질의 영역에 속하며, 원인과 결과의 법칙, 곧 인과율에 따라 움직인다. 데카르트의 생존 당시 가장 정교하고 경탄스러운 기계는 시계였기 때문에 데카르트는 인간의 육체를 시계와 같은 것으로 본다. 톱니바퀴들로 구성되어 있는 시계는 자연의 모든 법칙들을 지키면서 그것을 제작한 사람의 의도를 만족시킨다. 인간의 육체는 "뼈, 신경, 근육, 혈관, 피 그리고 털로 결합되어 있는 일종의 기계"와 같다(Descartes 1960, 75). 사유할 수 없는 짐승들도 움직이는 기계다. 짐승을 때려서 짐승이 소리를 내는 것은 사람이 오르간 건반을 눌러서 소리가 나는 것과 동일하다.

그러나 인간에게는 공간적 연장을 본성으로 가진 육체 외에 비공간적 사유를 본성으로 가진 정신이 있다. 인간의 육체는 기계라고 볼 수 있지만 육체에 반대되는 비공간적 속성을 가진 인간의 정신은 기계라고 볼 수 없지 않은가? 여기서 문제가 제기된다. 전혀 다른 본성을 가진 정신과 육체가 어떻게 결합될 수 있고 심지어 혼합될 수 있는가?

데카르트는 이 문제를 설득력 있게 설명하지 못한다. 그럼에도 불구하고 그는 인간을 육체와 정신의 분리될 수 없는 합일체 또는 전일체로 본다. 인간은 그의 육체에 대해 "마치 뱃사공이 그의 도구에게 현재적인 것처럼 현재적이 아니라 가장 밀접하게 육체와 결합되어 있고 흡사 혼합되어 있어서 육체와 통일성을 형성한다." "굶주림, 목마름, 고통 등의 지각들"은 단지 육체에서 오는 것이 아니라 "정신과 육체의 결합과 혼합에서 생성된, 혼란스럽게 된 의식의 규정들"이다(Descartes 1960, 72 이하).

육체와 정신이 하나로 결합되어 있다면 정신도 육체와 동일한 기계적 법칙 아래 있는 하나의 기계라고 볼 수 있다. 이리하여 데카르트는 인간에 대한 기계론적·환원론적 이론의 기초를 마련한 것으로 평가된다. 데카르트는 하나님 인식에 참여하는 정신적 실체가 인간에게 있다고 주장하며, 이를 통해 인간에 대한 기계론적 이해를 거부하는 것처럼 보인다. 그러나 이 "정신적 실체에 관한 이론을 가지고 그는 신학자들이 '기계론의 은폐된

독(毒)'을 삼키도록" 했다(Hügli 1980, 1081).

데카르트와 달리 스피노자(Spinoza, 1632-1677)는 인간 바깥에 있는 자연의 영역에도 "사유의 무한한 가능성"이 있음을 인정한다. 인간의 육체가 "자연의 한 부분"인 것처럼 인간의 정신도 "자연의 한 부분"이기 때문이다 (Spinoza 1976, 330). 그러나 기쁨과 슬픔, 사랑과 미움 등 인간의 모든 지각들과 행동들은 엄격한 자연적 필연성에 따라 일어난다. 인간은 자유롭게 선택할 수 있고 결단할 수 있는 의지의 자유와 결단의 자유를 가진다고 생각할 수 있다. 그러나 이것은 착각이다. 인간의 행동은 공중에 던진 돌이 정확하게 그의 길을 따라 땅에 떨어지는 것과 같은 기계적 법칙에 따라 일어난다. 그러므로 인간의 행동도 수학적 객관성을 가지고 관찰될 수 있고 분석될 수 있다.

인간을 영적·정신적 존재가 아니라 육체의 지각과 충동에 묶인 철저히 감각적 존재로 보는 홉스(Th. Hobbes, 1588-1679), 인간의 모든 표상이 감각적 경험에서 시작하는 것으로 보는 존 로크(J. Locke, 1632-1704)의 영향으로 인해 인간의 정신적·영적 활동도 동물들처럼 신경조직으로 환원될 수 있다는 기계론적·환원론적 인간관이 계몽주의에 등장한다.

이러한 추세는 스피노자의 속성 평행론을 통해 강화된다. 인간에게서 영혼의 삶의 과정과 육체의 삶의 과정은 서로 병행하며 상응한다. 그들 가운데 어느 것이 원인이고 어느 것이 결과인지, 어느 것이 근원적인 것이고 어느 것이 파생된 것인지 말할 수 없다. 영혼과 육체의 삶이 병행하면서 상응한다면, 육체의 삶의 법칙들과 영혼의 삶의 법칙들도 상응할 수밖에 없다. 이리하여 스피노자는 물질론(=유물론)을 주장하며, 육체의 삶의 과정이 기본적인 것인 반면 정신적 삶의 과정은 동반 현상에 불과한 것으로 파악했다는 비판을 받게 된다(Windelband 1957, 390).

기계론적 세계관에 반해 라이프니츠(Leibniz, 1646-1716)는 "근원적 단자"(Urmonade), 곧 하나님으로부터 출발하는 하나의 유기체적 세계관의 단서를 제시한다. 그러나 라이프니츠도 기계론적 사고의 영향을 벗어나지는 못한다. 세계 속에 있는 모든 생물의 유기체적 육체는 "일종의 신적 기계 혹은 자연적 자동기계"이다. "자연의 기계들, 곧 살아 움직이는 육체들은 그들의 가장 작은 부분들에 이르기까지⋯기계들이다"(Leibniz 1956, 64).

기계론적 인간이해는 프랑스 계몽주의의 물질론자(=유물론자)들, 특히 심리학자들과 의학자들에게서 다시 나타난다(Windelband 1957, 392, 547 참조). 볼테르(F.-M. A. Voltaire, 1694-1778)는 인간의 자아를 기계적 법칙에 따라 움직이는 그의 육체에 있는 것으로 파악하고 의지의 자유를 부인한다. 본래 의사였다가 후에 철학자가 된 라메트리(J. O. La Mettrie, 1709-1751)는 근대 기계론적 인간관의 대변자라 말할 수 있다. 그는 자신의 질병을 통해 인간의 영혼과 육체가 서로 의존한다는 사실을 발견하고, 동물과 인간의 삶의 기계적 법칙들을 연구하였다. 그의 견해에 의하면 데카르트가 말한 동물들의 삶의 기계적 법칙들은 인간에게도 해당한다. 데카르트의 기계론에 의하면 인간은 "사실상 짐승에 불과하다." "물론 그는 특별히 완전한 종류의 짐승, 곧 기계이다"(Hügli 1980, 1082). 정신의 활동들은 뇌의 기계적 기능들에 불과하다. 그의 저서 『기계로서의 인간』(L'Homme machine, 1748)은 근대 기계론적 인간학을 대변한다.

D. 헤르더의 생물학적-신학적 인간학

계몽주의자 헤르더(J. G. von Herder)의 인간학은 근대 인간학에 결정적 영향을 준다. 그는 먼저 인간을 자연의 생물들과 비교함으로써 인간이 무엇인가를 파악하기 때문에, 그의 인간학은 "생물학적 인간학"이라 명명될 수 있다. 그러나 그의 생물학적 인간학은 현대 자연과학의 물질론적인 생물학적 인간학에 머물지 않고 신학적 인간학으로 발전한다. 그는 인간을 단지 생물들 중 하나로 간주하지 않고 "종교성"을 가진 하나님의 피조물로서 "하나님의 형상"으로 자기를 완성해야 할 존재로 보기 때문이다. 여기서 우리는 헤르더의 주장을 통해 생물학적·자연과학적 인간상과 신학적 인간상의 결합을 볼 수 있다(아래 내용에 관해 Moltmann 1971, 16 이하; Pannenberg 1983, 40 이하 등을 참조).

헤르더의 저서 『언어의 기원에 관하여』(Über den Ursprung der Sprache, 1770)에 의하면 자연의 동물들은 "전문화된 존재", 하나의 완결된 존재로 태어난다. 그들은 태어나자마자 주어진 환경에 적응할 수 있는 능력을 가지며 외부로부터 오는 자극에 대해 본능적으로 반응한다. 그들의 반응양식은 결정되어 있다. 그러나 동물은 주어진 환경을 벗어나지 못한다. 그들은 주어진 "자연환경에 묶여 있음"(Umweltgebundenheit)을 특징으로 한다. 그들의 신체기관들이 전문화되면 될수록 그들은 더욱더 주어진 환경에 제한된다. 동물은 하나의 결정된 존재로서 주어진 환경에 묶여 살아간다. 이런 의미에서 그는 "등이 구부러진 노예"(ein gebückter Sklave)이다.

이에 반해 인간은 "전문화되지 않은 존재", "결핍의 존재"(Mängelwesen), "결정되지 않은 존재"(unfertiges Wesen)로 태어난다. 그는 "동물에 비하여 힘과 본능의 안전성에 있어 훨씬 뒤떨어지며, 많은 동물의 종들이 타고나면서 가진 기술적 숙련성과 본능(Kunstfertigkeiten u. Kunsttriebe)이라 불리는 것을 전혀 갖지 않는다." 벌과 개미는 본능적으로 자기의 집을 짓는 방식을 알고 있다. 그들은 그 이상을 필요로 하지 않는다. 그러나 인간은 어떤 고정된 방식을 알지 못한다(Dostojewski). 이 방식을 터득하고 자기의 생명을 유지할 수 있는 능력을 얻기까지 인간은 오랜 학습과정을 필요로 한다. 방금 태어난 아기를 동물과 비교할 때 이 아기는 "자연의 가장 불쌍한 고아가 된 아이(das verwaisteste Kind der Natur)다. 그는 벌거벗었고 노출되었으며, 약하고 결핍된 상태에 있으며, 수줍고 무장하지 않은 상태에 있다." 그에게 "자연은 그를 거부하는 매우 엄격한 계모"이다. 그는 "자연의 의붓자식"처럼 보인다(Stiefkind der Natur: Heintel 1960, 15 ff.).

인간은 "결핍의 존재"로 태어나는 동시에 "창조의 첫 해방된 자"(die ersten Freigelassenen der Schöpfung)로 태어난다. 그의 결핍성은 창조적 자유의 이면이다. 그의 비전문성은 창조적 가변성(Variabilität)의 배면이요, 그의 비완결성은 창조적인 힘과 상상력의 뒷면이요, 본능에 있어서의 불확실성은 의식적으로 행동할 수 있는 능력의 배후이다. 그는 자기에게 주어진 삶의 영역에 묶이지 않고 그것을 넘어서 새로운 삶의 세계를 형성할 수 있는 "세계 개방성"을 가진다. 그는 동물들처럼 결정되어 있는 존재가 아니라, 하나님이 부여한 하나님의 형상으로 자기를 발전시킬 수 있는 미확정된 존재, 개방된 존재다. 동물들에게 하나님은 "본능"을 주셨지만, 그는 인간에게 "그의 형상과 종교와 인간성"을 주셨다. 우리는 "거의 본능 없이 태어나지만 오랜 연습을 통해 인간성을 개발할 수 있다. 인간이라는 우리의 종(種)의 완전성은 물론 부패성도 여기에 달려 있다." 그러므로 "인류의 교육"이 중요하다. "각 사람은 오직 교육을 통해 사람이 될 수 있다" (Pannenberg 1983, 42).

『인류의 역사의 철학에 관한 생각들』이란 제목의 저서에서 헤르더는 인간을 가리켜 "두 세계 사이에 있는 중간부분(Mittelglied)"이라 정의한다. 한 편으로 인간은 땅 위의 피조물들 가운데 "가장 높은 마지막 지체"로서 피조물들의 생태 고리를 완성한다. 다른 한 편 그는 "피조물들 가운데 가장 낮은 지체"로서 "그들의 더 높은 종(種)의 고리를 시작한다." 그는 "창조의 서로 교차하는 두 가지 체계들 사이의 중간고리(Mittelring)"다. 동물은 그 자신으로부터 살며 그의 숙달된 기량들은 생래적으로 주어져 있다. "그는 본래 있어야 할 바대로 있다. 인간만이 그 자신과 그리고 이 땅과 모순 속에 있다." 그는 피조물들 가운데 "가장 숙련된 피조물인 동시에 가장 숙련되지 못한 피조물"이다(Herder 1966, 146). 인간이 그 자신의 둥지를 마련하도록 하기 위해, 자연은 인간을 내쫓는다.

동물은 자기에게 주어진 환경에 안주하는 반면 인간은 그 자신의 둥지, 곧 그 자신의 삶의 세계를 만들고 자기를 완성한다. 자기의 문화적 삶의 세계를 형성하는 것은 인간이 자기를 완성하는 길이다. 동물과 식물에 대해 자연은 그들이 따라야 할 규정들을 부여하는 동시에 이 규정들을 스스로 집행한다. 동물과 식물들은 이 규정들을 수동적으로 따르기만 한다. 이에 반해 이성과 자유를 통해 인간은 의식적으로 행동할 수 있다. 자연이 그에게 규정들을 부여하지만 이 규정들을 성취하는 문제는 인간 자신에게 달려 있다. 이것을 수행하는 것이 이성과 자유에 근거한 인간의 행동이다. 인간의 언어는 자신의 존재를 성취하는 기본 형태이다. 그는 언어적 존재다. 그는 언어의 영향을 받는 언어의 피조물인 동시에 언어의 창조자다. 그는 자기에게 열려 있고 자극으로 가득한 세계를 언어의 그물로 파악하며, 언어를 통해 새로운 삶의 세계를 창조한다. 그는 유전적으로 타고나지 않은 새로운 정보들을 언어와 문화의 수단 속에 저장할 수 있다. 인간에 대한 헤르더의 해석은 현대의 생물학적 인간학, 문화 인간학, 철학적 인간학에 깊은 영향을 준다.

E. 생물진화론, 사회진화론, 우생학의 인간학

다윈(Ch. Darwin, 1809-1882)의 진화론은 인간학의 역사에서 하나의 혁명을 일으킨다. 그것은 인간을 하나님의 창조로 보는 기독교 인간학과 달리 자연 진화의 우연적 산물로서 원숭이류와 동일한 조상을 가진 것으로 보기 때문이다. 그는 진화의 과정을 설명할 때, 하나님의 존재와 그의 역사 계획을 전제하지 않으며 모든 종교적 전제를 떠난 자연적 과정으로 설명한다. 유기체적 생물들의 유일한 문제는 자기의 생명과 종(種)을 유지하는 데 있다. 이 문제를 해결하기 위해 생물들은 환경에 적응하며, 공간과 양식을 확보하기 위해 경쟁자들과 싸워야 한다. 또 천적의 공격에서 종의 생명을 지킬 수 있는 방어기법을 개발해야 한다. 환경에 가장 적절하게 적응하고 생존을 위한 투쟁(struggle for survival)과 경쟁에서 이기는 종들이 선택되며(survival of the fittest), 이 경쟁에서 패배하는 종들은 도태된다(selection). 이를 통해 불완전하고 질적으로 낮은 종들이 질적으로 더 높고 더 완전한 종들로 진화한다. "자연은 파라다이스적인 정원이 아니라(우리는 그것을 갖고 싶어 하지만), 싸움터이며 거대한 무덤이다"(Wuketits 2004, 189). 인간은 진화의 과정 마지막에 등장한 가장 완전한 존재다.

『종의 기원』(On the Origin of Species by Means of Natural Selection, 1859)에서 다윈은 인간을 동물의 계보에 귀속시키지 않는다. 그러나 그는 진화의 법칙에 따라 "인간의 생성과 그 역사"를 해명할 수 있음을 시사한다. 그의 추종자였던 헉슬리(Th. H. Huxley, 1825-1895)와 헤켈(E. Haeckel, 1834-1919)이 인간은 원숭이류의 조상에서 유래한다는 이론을 발표하자, 이에 상응하여 다윈도 그의 저서『인간의 유래』(The Descent of Man)에서 원숭이와 인간의 해부학적·신체적·심리적 유사성을 기술한다. 이리하여 그는 이른바 인간의 "원숭이 조상설"에 대한 기초를 세운다.

다윈의 진화론에서 인간은 자연으로 환원된다. 그는 자연의 진화과정 속에서 마지막으로 등장한 가장 완전한 생물이지만, 자연의 진화과정에 속한 자연의 일부이다. 이로써 진화론은 인간 중심주의를 극복하고 인간이 자연의 진화과정에 통합되는 생태학적 세계관과 인간관을 제시한다. 이와 동시에 진화론은 인간의 존재를 자연 생물들의 차원으로 환원시킨다. 인간이 진화과정에서 생성된 하나의 생물로 환원될 때 인간과 자연의 생물들은 생물학적 친화성 또한 친족성을 가진다. 따라서 인간도 자연의 생물들과 동일한 법칙 아래 있는 것으로 생각된다. "생존을 위한 투쟁", "가장 강한 자의 생존" 혹은 "적자생존"의 생물학적 법칙은 인간에게도 해당한다. 사람의 특성과 동물의 특성 간의 차이는 축소된다. 굶주림, 목마름, 성욕 등으로 말미암은 일차적 욕구들에 있어 인간과 동물은 차이가 없다. 그들은 동일한 생물류에 속하기 때문이다.

이로써 다윈의 진화론은 인간의 신체적 기능들은 물론 그의 모든 정신적 기능들과 사회적 행동마저 생물학적 법칙에 따라 관찰하는 생물주의적 인간관을 초래한다. 자연 생물들의 삶을 지배하는 생물학적 법칙이 인간의 모든 활동을 결정한다. 다윈은 "인간과 짐승의 연속성을 너무도 강조한" 결과 인간의 모든 현상들은 생물학의 기본 법칙들을 통해 설명될 수 있는 것으로 생각된다(Barbour 1998, 92). 헉슬리에 따르면 크게 진화한 원숭이와 사람의 차이는 크게 발전한 원숭이와 그렇지 못한 원숭이의 차이보다 더 적다. 인류의 역사가 보여 주는 "윤리적 발전 과정"도 보편적 진화 과정의 일부일 따름이다(Hügli 1980, 1090). 이로써 진화의 생물학적 법칙을 인간의 사회적 법칙으로 확대시킬 수 있게 된다.

헉슬리는 스펜서(Herbert Spencer, 1820-1903)와 함께 다윈의 생물학적 진화론을 사회철학적으로 응용하여 이른바 사회진화론(Social Darwinism)을 세운다. 다윈은 생물학적 차원에서 "생존을 위한 투쟁", "가장 강한 자의 생존" 혹은 "적자생존"을 말했으나, 헉슬리는 1888년 "생존경쟁과 그것이 인류에 미치는 영향"이란 논문에서 이 개념들을 현대 자본주의 사회에서 일어나는 경쟁과 투쟁에 적용하고 "생존을 위한 투쟁"을 홉스(Hobbes)가 말한 "만인에 대한 만인의 투쟁"으로 해석한다.

"도덕론자의 입장에서 보면 동물의 세계는 검투사들이 보여주는 쇼와 거의 같은 수준이다. 거기에 나오는 동물들은 곧바로 싸울 수 있도록 매우 잘 훈련되어 있다. 가장 강하고 가장 빠르며 가장 교활한 놈이 살아남아 그 다음 날에 또 싸우게 된다. 패자에게는 아무런 자비도 베풀어지지 않으므로 관객들은 굳이 엄지를 아래로 내릴 필요도 없다."

"가장 약하고 어리석은 종들은 궁지에 빠지지만, 어떤 의미에서 최상은 아닐지라도 환경에 맞서 가장 잘 적응한, 가장 강하고 가장 영리한 종들은 살아남았다. 삶은 끝없이 계속되는 싸움이며, 가족이라는 제한적이고 일시적인 관계를 넘어서 각자가 만인에 맞서 벌이는 홉스적인 의미의 전쟁이야말로 정상적인 존재의 상태이다"(Kropotkin 2005, 29, 30에서 인용).

다윈은 그의 저서 "인간의 유래"에서 사회진화론에 반대되는 생각을 암시한다. 즉 가장 적응을 잘 한 종들은 육체적으로 가장 강하거나 제일 교활한 종들이 아니라 공동체의 이익을 위해 강하든 약하든 서로 돕고 합칠 줄 아는 종들이라는 것이다. "가장 협력을 잘하는 구성원들이 가장 많은 공동체가 가장 잘 번창하고 가장 많은 수의 자손을 부양한다"(Kropotkin 2005, 27에서 인용).

그러나 사회진화론자를 위시한 다윈의 추종자들은 생존경쟁의 개념을 협소하게 제한하고, 굶주린 개체 생물들이 먹이를 얻기 위해 벌리는 무자비한 투쟁을 인간 사회의 진화의 법칙으로 이해한다. 생존을 위한 경쟁과 투쟁에서 강한 자가 약한 자를 이기고 살아남는 것이 사회의 진화를 촉진시킨다. 즉 "생존을 위한 투쟁"과 "적자생존"이 사회의 진화와 인류 발전의 동력이다. 따라서 개인과 개인, 단체와 단체의 경쟁, 인종과 인종 사이의 갈등과 투쟁은 인류의 진화를 위해 유익한 것으로 정당화된다.

여기서 인간은 자기의 생명을 유지하기 위해 서로 투쟁하는 동물과 같은 존재로 간주된다. "생존을 위한 투쟁"이 그의 본성이다. 그 본성에 있어 인간은 자기의 생명과 종을 유지하기 위해 서로 투쟁하며, 피에 굶주린 늑대와 비슷하다. 경쟁에서 패배하는 자, 곧 약한 자들과 무능한 자들은 사라지게 되는데, 이것은 자연의 진화과정에서 약한 종(種)이 사라지는 것과 동일한 자연적 현상이다. 경쟁과 투쟁에서 약한 자들을 이긴 성공한 자들이 살아남게 되고, 인류의 진보를 위해 기여한다.

여기서 사회적으로 약한 자들이 강한 자들에게 예속되고 그들의 지배를 받으며 사회에서 도태되는 것은 당연하고 자연스러운 일로 정당화된다. 그들은 사회적 강자들의 지배를 받아야 한다. 이로써 식민주의적 지배와 착취, 중상주의, 인종주의, 사회의 양극화가 정당화되며, 서구세계와 사회 부유층의 부(富)는 경쟁과 투쟁에서 승리한 강자들의 우수성과 능력에 대한 증명이 된다. 아프리카의 흑인들, 아메리카 인디안들과 인디오스들이 백인의 지배를 받으며 사회에서 도태되는 것도 "자연적인" 일로 간주된다. 이러한 내용의 사회진화론은 사회적 약자들의 생명을 비하시키고 지배계층에 대한 그들의 예속을 정당화시키는 현대판 생물학적·사회학적 이데올로기라 말할 수 있다.

사회진화론은 후에 우생학(Eugenik)을 통해 강화된다. 우생학은 그리스어 *eu*(=좋은, 우수한)와 *gennan*(=생산하다)의 합성어이다. 한마디로 열등한 인간의 종들을 제거하고 우수한 종들을 배양함으로써 인간의 종을 개량해야 한다는 이론을 말한다. 이 이론은 다윈 이전에도 있었지만, 다윈의 사촌 갈톤(Francis Galton)에 의해 체계화된다. 갈톤은 유명하고 성공적인 인물들의 생애와 가족의 역사를 연구한 끝에 다음의 결론에 도달한다. 인간의 재능과 정신적 에너지와 성격은 유전적으로 결정된다. 그는 이것을 수학 공식을 통해 증명하였다. 그의 연구 결과를 요약한 저서 『유전적 재능』(*Hereditary Genius*)에 의하면, 생존경쟁에서 열등한 인간은 도태되어야 하고, 결혼할 때 상대방의 유전적 기초를 고려해야 하며, 이를 통해 민족의 영속적 진보를 이루어야 한다. 이러한 생각과 함께 갈톤은 그 자신이 우생학이라 명명한 학문의 창시자가 된다. 1904년 "사회학회"(Sociological Society)의 강연에서 그는 우생학을 다음과 같이 정의한다. "우생학은 인종의 타고난 자질들을 개선하는 모든 영향들, 다시 말해 이 자질들을 가장 좋은 것으로 발전시키는 영향들을 다루는 학문이다"(Eugenics is the science which deals with all influences that improve the inborn qualities of a race; also with those that develop them to the utmost advantage). "우리는 자연이 맹목적으로, 천천히 그리고 무자비하게 행하는 것을 신중하게, 빨리 그리고 친절하게 행할 수 있을 것이다. 이것이 우리의 능력 안에 주어져 있다면 이 방향으로 작업하는 것은 우리의 의무가 된다."

갈톤의 영향을 받은 학자들은 다음과 같이 주장한다. 신체적·정신적으로 특별히 약한 아기들과 기형의 아이들, 45세 이상의 어머니와 50세 이상의 아버지에게서 태어난 아기들은 제거되어야 한다. 그 반면 유전적으로 건강하고 재능을 가진 사람들의 종은 장려되어야 한다. 니체가 말한 "초인"(Übermensch)과 같이 높은 재능을 가진 사람들을 배양해야 한다.

독일, 프랑스, 오스트리아 등지에서 우생학은 그 이전부터 존재하던 인종주의와 결합되어 유럽인들을 문화적으로 최고의 인종으로 보고 다른 인종들을 제거하려는 인종정책으로 발전한다. 이 정책을 세운 히틀러는 정신박약자들, 유전성 질병환자들, 신체장애자들을 살해하고 외국인들, 특히 유대인들을 제거함으로써 아리안 사람, 곧 푸른 눈과 갈색 머리카락을 가진 북유럽인들의 인종적 "순수성"을 회복시키고자 하였다. 이리하여 갈톤의 우생학은 수많은 장애인들과 저능자들을 제거하고 600만 명의 유대인들을 독가스실에서 죽이는 홀로코스트의 이론적 근거가 된다. 제2차 세계대전 때 일어났던 인간의 생체실험도 우생학에 근거하여 일어났다. 일부 한국인도 만주에서 일본 군의관들의 생체실험 대상(마루타: 일본말로 '통나무'를 뜻하며, 2차 대전 당시에 일본의 세균 부대 중 하나였던 '731부대'에서 희생된 인체실험 대상자를 일컫는 말)이 되었다.

20세기 초 우생학의 기본 사상은 미국에서도 영향력을 행사하였다. 1906년에 미국의 어떤 주정부는 인간의 유전적 기초의 개선 가능성을 연구하는 과학자들의 위원회를 구성하였다. 그리고 의료진의 판단을 거쳐 정신질환이 있는 남자들과 열등한 범죄자들에게 불임수술을 시행할 수 있는 법을 제정하였다. 이것은 열등한 유전자의 확산을 막기 위한 예방조치로 간주되었다.

여기서 우리는 진화론에 기초한 생물주의적 인간관의 마지막 결과를 볼 수 있다. 인간의 생명이 진화의 우연한 산물로서 과학적으로 설명될 수 있는 물질적 요소들로 환원될 때, 인간의 생명은 인간 자신의 목적과 기준에 따라 마음대로 처리될 수 있는 물건으로 전락한다. 그것은 실험실에서 생체실험을 당할 수 있고, 정관수술을 할 수도 있고, 필요에 따라 제거할 수 있는 한 마리의 생쥐와 같은 존재로 간주된다. 인간의 생명은 그 자체로서의 가치와 존엄성을 상실하고 특수 계층의 인간이 가진 특수한 관심에 예속되어버린다. 우리는 우생학의 이러한 위험성을 현대 생명공학이나 유전공학에서도 볼 수 있다.

F. 문화 인간학

"문화"의 개념은 라틴어 *cultura*"에서 유래하며 땅을 경작하는 것, 가꾸는 것을 뜻한다. 즉 자연의 세계를 가꾸어 자연에 대한 공포와 의존성에서 자기를 해방하며, 자기의 생명을 유지하고 자기를 실현할 수 있는 삶의 세계를 이루고자 하는 인간의 노력을 뜻한다. 따라서 "문화"는 인간이 그에게 주어진 자연환경 속에서 그 자신의 힘으로 가꾼 삶의 세계 전체, 곧 문화적 세계를 가리킨다. 인간이 그 자신을 표현하고 실현하며 이웃과 공동의 삶을 영위하는 모든 형식들, 곧 인간의 언어, 사고방식, 행동양식, 습관, 윤리, 경제질서, 정치질서, 국가의 형식, 사회 질서와 제도(Institution), 법체계, 학문, 예술, 종교 등이 포함된다. 흔히 물질과 기술의 영역을 가리키는 문명(Zivilisation)과 문화를 구별하지만, 문명도 문화에 포함된다. 물질을 생산하는 도구와 기술, 생산방식, 생산의 분배제도, 소비생활의 패턴도 문화에 속하기 때문이다.

문화 인간학은 진화론적 인간학에 대칭한다. 인간을 자연의 생물로 환원시키는 진화론적 인간학에 반해, 문화 인간학은 인간을 문화적 존재로 파악하기 때문이다. 인간은 단지 자기의 목숨과 종(種)을 유지하기 위해 환경에 적응하고 경쟁하고 투쟁하는 생물적 존재에 불과한 것이 아니라, 문화적 세계를 만들어 이웃과 더불어 사는 문화적 존재요 사회적 존재다. 아무리 미개한 종족일지라도 문화 없는 종족은 지구상에 존재하지 않는다. 그 종족이 사용하는 언어와 행동양식과 도구는 이미 문화에 속한다. "인간은 단지 자연적 우주 안에서 사는 것이 아니라 하나의 상징적 우주 안에서 산다.…그는 언어의 형식들, 예술 작품들, 신화적 상징들 혹은 종교적 의식들 가운데서 산다. 이리하여 그는 이 문화적 매체들의 중재를 통하지 않고서는 아무것도 경험할 수 없고 사물을 파악할 수 없다"(Cassirer, Perpeet 1976, 1321).

문화인간학의 시조는 헤르더라 말할 수 있다. 인간은 결정되어 있지 않은 개방성의 존재이다. 그는 자기를 하나님의 형상으로 발전시킴으로써 자기를 완성해야 한다. 그는 주어진 자연환경에 묶이지 않고 이를 초월하여 새로운 삶의 세계를 창조할 수 있는 정신적 잠재력을 가진 존재라고 보는 헤르더의 생각은 인간을 문화적 존재로 파악하는 문화인간학을 통해 구체화된다. 인간의 결핍성과 모든 기능의 비전문성은 문화의 세계를 형성할 수 있는 내적 동력이다. 문화를 창조함으로써 인간은 자연으로부터 해방되며 자기를 실현한다. 그는 문화를 창조하는 동시에 문화의 영향을 받는다. 그의 사고방식, 행동 방식, 삶의 방식, 언어와 습관, 가치관 등은 전승된 기존의 문화의 영향 속에서 형성된다.

짐멜(Georg Simmel, 1858-1918)에 의하면 진화의 과정에서 인간의 생명은 "더 많은 생명"(Mehr-Leben)을 추구하는 생물적 욕구와 힘을 소유한다. 이 점에서 인간과 동물은 크게 다르지 않다. 그러나 인간은 생물적인 것으로 만족하지 않는다. 그의 생명 속에는 그 이상의 것을 추구하는 "초월"의 본성이 내재한다. 초월의 본성으로 인해 인간은 "생명 이상의 것"(Mehr-als-Leben), 곧 문화를 추구한다. 법, 도덕, 학문, 예술, 종교 등으로 구성되는 문화는 그 자신의 법칙을 가지며 인간의 생명에 대칭하는 동시에 인간의 생명으로부터 생성된다. 문화는 정신과 문화의 형식을 통해 객관적 삶의 형태에 이르고자 하는 인간의 초월적 본성의 실현이다(Störig 1974, 401). 따라서 "모든 문화는 인간이 그 자신에게 이르는 길"이다.

인간에 대한 철학적 해석에 있어 문화인간학은 진화론의 생물주의적 인간학과 함께 인간의 양면성을 나타내는 두 가지 극을 이룬다. 이 극은 생물주의와 문화주의, 생물 결정론과 문화 결정론의 첨예한 대립으로 나타난다. 전자에 의하면 인간의 생명을 결정하는 기본 요인은 생물학적·유전적 조건에 있다. 인간이 창조하는 문화도 생물학적·유전적 조건을 벗어날 수 없다. 오히려 이 조건에 의존한다. 그러나 생물주의는 인간과 그의 역사를 생물학적·유전적 인자의 조작을 통해 완벽하게 조작 또는 조정할 수 있다는 우생학적 이데올로기, 생물 결정론에 근거한 사회진화론, 인종

차별주의로 발전한다.

그 반면 문화주의에 의하면 사회적·문화적 현상들은 생물학적 요인들과 무관하며, 인간의 생명은 대체적으로 사회적·문화적 요인들에 의해 결정된다. 그의 의식과 사유와 행동은 생물학적·유전적 요인이 아니라 사회적·문화적 요인에 의해 결정된다. 그러나 문화주의는 과학기술을 통해 역사와 인간까지도 인간이 완전하게 만들어 낼 수 있으며 자연의 조건을 떠난 인공적 생명의 세계를 만들 수 있다는 과학주의적 이데올로기로 발전한다. 인공적 생명의 세계를 만들려는 실험이 이미 미국에서 일어난 적이 있다.

공동 진화(Koevolution)의 개념은 이 두 가지 입장을 다음과 같이 종합한다. 인간의 생물학적·유전적 진화와 사회적·문화적 진화는 서로 영향을 주고받으면서 함께 일어난다. 생물학적 조건이 문화의 형성에 영향을 주는 동시에 문화적 조건이 생물학적 조건에 영향을 준다. 인간의 삶에 있어 생물학적 요인과 문화적 요인은 분리되어 생각될 수 없다. 이 두 가지 요인들은 공동으로 인간의 생명에 영향을 주며 그것을 형성한다. 그러나 생물주의와 문화주의의 이러한 종합에서 문제의 씨앗은 남아 있다. 인간을 규정하는 데 있어 생물학적 요인들이 차지하는 비중은 어느 정도이며, 인간이 생물학적 진화를 계속하고 있는 동안에도 발전을 거듭해 온 인간의 문화가 점하는 비중은 어느 정도일까? 어느 요인이 인간의 삶의 현상에서 더 큰 힘을 가지는가?

G. 프로이트의 심리분석적 인간학

인간의 본질을 사유에 있다고 보며 인간을 합리적 존재로 보는 합리주의적 전통에 반해, 프로이트는 인간의 무의식이 인간의 행동과 삶에 있어 주요한 동기가 된다는 점을 드러낸다. 프로이트에 의하면 인간의 가장 기본적 욕구는 "자기유지의 욕구"다(Pannenberg 1983, 186). 이 욕구는 식욕, 성욕, 물질에 대한 소유욕, 힘에 대한 소유욕 등의 구체적 형태들로 나타난다. 이 욕구들 가운데 가장 강한 욕구는 성적 욕구, 곧 리비도(Libido)이다. 인간은 그의 본질에 있어 자기의 생명을 유지하며 성적 쾌락을 얻고자 하는 본능을 가진다. "쾌락의 원칙"(Lustprinzip)이 그의 삶의 구성적 원리다. 여기서 인간은 그의 가장 깊은 본질에 있어 성적 쾌락을 탐하는 존재로 규정된다. 자기유지의 욕구와 더불어 성적 쾌락의 욕구가 그의 삶을 이끌어가는 기본 동기다. 프로이트는 인간 존재의 이러한 측면을 가리켜 "이드"(Id, 라틴어로 "그것"을 뜻함)라 부른다. 이드는 쾌락을 추구하는 인간의 심층적 존재를 나타낸다.

인간의 내면 속에 깊이 숨어 있는 쾌락의 본능, 곧 이드는 이성이나 논리 법칙의 지배를 받지 않으며 가치나 윤리, 도덕성을 갖지 않는다. 이드의 목적은 오직 쾌락의 원리에 따라 본능적 욕구를 만족시키는 데 있다. 이드는 충동적이고 비합리적이며, 반사회적이고 이기적이며, 쾌락의 즉각적 충족을 바란다. 그것은 외부 세계와 접촉하지 않기 때문에 문화적 삶을 통해 변경되거나 제한되지 않으며 시간의 경과와 함께 변하지도 않는다. 이드는 개인이 외부 세계를 경험하기 이전부터 존재하는 인간 자아의 깊은 내면을 구성한다. 이드의 관점에서 볼 때 인간은 "관능적 욕망 그 자체"이며 (안정수 1993, 93), "시간과 공간에서 독립되어 있는, 욕구의 에너지들의 변하지 않는 묶음"이다(Marcuse, Thielicke 1976, 54). 그는 외부 세계와 접촉 없이 자기 자신 안에서 홀로 관능적 욕망에 사로잡혀 있는 외로운 "개체"다.

그러나 문화적 세계 속에 실존하는 인간은 쾌락의 본능들을 노출시킬 수 없다. 만일 이것을 억제하지 못하고 노출시킬 때 그는 사회에서 추방을 당하게 된다. 그러므로 그는 쾌락의 본능들, 특히 성적 쾌락의 욕구를 억압하거나 적절한 방법으로 조정할 수밖에 없다. 프로이트는 이것을 행하는 인간의 기능을 가리켜 "자아"(Ego)라 부른다. 자아는 인간의 본능적 쾌락의 욕구를 억압하거나 조정하여 "쾌락의 원칙"을 "현실의 원칙"(Realitätsprinzip)에 적응시킨다. 이를 통해 인간은 문화의 세계 속에서 자기의 생명을 유지하며, 조화된 사회생활을 영위할 수 있게 된다. 여기서 자아는 "욕구의 영역에 대한 반대 주무기관"(Gegeninstanz zur Triebsphäre)의 기능을 가진다. 그것은 자기유지의 방어 기제, 곧 메카니즘이다. 그런데 인간에게는 부모와의 관계를 통해 형성된 초자아(Überich)가 있다. 인간의 "양심"을 가리키는 초자아의 명령에 따라 자아는 이드의 쾌락의 욕구들을 억제하고 조정한다.

자아의 방어 메카니즘으로 인해 성적 쾌락의 욕구는 전혀 인지되지 않거나 의식되지 않기도 한다. 그것은 자아의 원초적 방어 메카니즘을 통해 애초부터 무의식 속으로 배제되고 억압되어버린다. 그러나 이 욕구는 무의식 속에서 끊임없이 충족되기를 갈망한다. 그리하여 그것은 꿈을 통해 가상의 만족 내지 대리만족을 얻거나, 아니면 노이로제 현상으로 표출된다. 심리치료의 과제는 꿈이나 노이로제 현상으로 나타나는 인간의 배제된 성적 쾌락의 욕구들, 곧 충족되지 못하고 무의식 속으로 억압된 욕구들을 드러내고 이것을 의식하게 하며, 환자와 치료자의 상담과 협동을 통해 이를 해결하는 데 있다.

프로이트에 의하면 인간의 많은 심리적·정신적 질환들, 곧 노이로제 현상은 인간의 배제되고 억압된 성적 욕구나 충동으로 말미암아 일어난다. 이 질환들의 뿌리는 인간이 어릴 때부터 가지는 어머니에 대한 애정과 아버지에 대한 질투, 곧 "오이디푸스 콤플렉스"(Ödipus Komplex)에 있다. 무의식적으로 자기의 아버지를 죽이고 자기의 어머니와 결혼한 오이디푸스(Ödipus) 왕의 신화는 모든 인류의 무의식 속에 숨어 있는 이 갈등을 반영한다.

프로이트는 근대에 인류가 당한 세 가지 "모욕"을 이야기한다. 첫째 모욕은 지구와 인간을 우주의 중심에서 변두리로 추방한 코페르니쿠스(Kopernikus)의 지동설을 말한다. 둘째 모욕은 인간의 조상은 동물이라고 말하는 다윈의 진화론을 말한다. 셋째 모욕은 인간의 자유로운 의지가 아니라, 그가 의식하지 못하는 본능적 욕구들이 인간의 인격을 지배한다는 프로이트 자신의 이론을 말한다(Thielicke 1976, 43 이하).

프로이트의 이론은 우선 성적 쾌락의 욕구가 인간의 행동과 삶을 결정하는 인간의 진실을 드러내는 타당성을 갖고 있다. 하지만 그것은 동시에 인간의 정신적·인격적 측면을 부정하고 인간을 성적 생물로 환원시키는 생물주의적 환원론, 인간의 심리적 문제의 뿌리를 성적 갈등에 있는 것으로 보는 심리주의적 환원론, 인간의 심리적 문제에 대한 분석에서 사회적·문화적 요인들을 배제하고 고립된 개체로서 인간의 문제에 집중하는 "사회학의 결핍"(Soziologiemangel) 등의 문제점을 드러낸다(최광현 217). 그가 말하는 인간의 성숙은 퇴행적 의미를 가진다. 곧 "쾌락의 원칙"을 억제하고 "현실의 원리"에 순응하는 "지혜로운 체념"을 뜻한다. 프로이트는 보다 인간적이고 정의로운 새로운 삶의 세계를 향한 꿈과 이상을 알지 못하고 이드의 성적 쾌락의 욕구와 초자아의 도덕적 명령 사이의 갈등에 시달리는 인간, 보다 나은 생명의 세계를 향한 건강한 "낮의 꿈"을 알지 못하고 억압된 성적 쾌락의 욕구로 시달리다가 그 욕구를 꿈을 통해 해결하는 "밤의 꿈"밖에 알지 못하는 음침한 인간상을 제시한다.

H. 20세기의 철학적 인간학

20세기 "철학적 인간학"의 대표자 막스 셸러(Max Scheler)에 의하면 인간이 자연의 생물로부터 유래한다는 진화론은 타당하다. 그러나 진화론의 생물학적 패러다임에 따라 인간을 "자연적 존재"로 파악할 때 자연의 다른 생물들로부터 구별되는 인간의 특징을 간과하게 된다. 인간과 인간 이전의 생물들 사이의 차이는 정도의 차이에 불과한 것으로 생각된다. 동물과 인간의 인식적·심리적·신체적 기능들은 크게 다르지 않다. 생물학적 차원에서 동물과 인간은 "엄격한 연속성"이 있다. 생물학적 범주들은 자연의 다른 생물들에 비해 인간을 더 높은 특별한 존재로 평가하는 것을 허락하지 않는다.

그러나 인간에게는 진화의 과정으로 환원될 수 없는 정신이 있다. 정신을 통해 그는 문화의 세계를 창조하며 종교를 가진다. 그는 동물들처럼 자연환경에 묶이지 않고 그것을 넘어 새로운 삶의 세계를 창조할 수 있는 "세계 개방성"(Weltoffenheit)을 그의 본질로 가진다. 바로 여기에 "우주에 있어 인간의 특별한 위치"가 있다. 동물은 자연환경의 구조적 조건과 한계에 제한되어 있고, 주어진 본능에 따라 행동한다. 따라서 동물의 존재는 결정되어 있다. 이에 반해 인간은 그가 지닌 정신의 힘으로 자기의 본능을 억제하고 의식적으로 행동할 수 있다. 그는 "본능과 환경에 묶이지 않고 오히려 '환경에서 자유롭다'"(Scheler 36).

셸러에 의하면 인간을 인간답게 만드는 것은 정신에 있다. 인간의 정신은 생명의 진화과정으로 환원될 수 없다. 만일 환원될 수 있다면, 그것은 "오직 사물들 자체의 가장 높은 단 하나의 근거"(auf den obersten einen Grund) 또는 "가장 높은 존재의 근거"로 환원될 수 있다(35, 44). 여기서 우리는 셸러의 철학적 인간학이 헤르더의 생물학적 인간학의 내용과 매우 비슷하며, 형이상학적 인간학으로 기울어지는 것을 발견한다. 판넨베르크의 인간학도 인간과 자연의 동물을 비교하고, 동물에게서 발견할 수 없는 "세계 개방성"과 이에 근거한 "하나님 개방성"을 인간의 본질로 파악한다(Pannenberg 1972a, 12).

철학적 인간학의 또 다른 대표자 플레스너(Helmut Plessner)는 셸러의 형이상학적 인간학에 전적으로 동의하지 않는다. 철학자이자 동물학자인 플레스너는 자연에 대한 인간의 구별성을 인정하지만, 자연에 대한 그의 의존성을 간과하지 않는다. 자연의 다른 생물들과는 달리 인간은 자기의 실존을 실현할 수 있는 특별한 방법을 태어나면서부터 자연적으로 갖지 않는다. 그는 자기의 생명을 유지하기 위해 문화를 창조하도록 되어 있다. 인간의 이 특별한 실존의 형식은 그의 자연적인 생명의 욕구들을 채우기 위한 형식이다(Plessner 1965, 316). 셸러가 말한 것처럼 인간의 정신은 인간의 생명에 대칭하는 원리가 아니다. 오히려 그것은 모든 피조물들 공동의 세계, 곧 우리의 세계 혹은 인격들의 공동체 안에서 자기를 실현한다. "인격의 정신적 성격은 자기의 고유한 자아의 우리라고 하는 형식(Wirform)에 있다"(303). 곧 그것은 자연과 인간 공동의 세계(Mitwelt)에 있다. 오직 이 공동의 세계 속에서 인간은 자기 자신의 의식을 발전시킬 수 있다.

셸러는 인간의 정신에 근거하여 인간의 완전한 세계 개방성을 주장하는 반면, 플레스너는 인간의 동물적 본성과 비동물적 본성의 혼합된 성격을 강조한다. 플레스너는 셸러가 주장하는 "인간의 원칙적 세계 개방성과 자유"를 다음과 같이 반박한다. "환경에 묶여 있음과 세계 개방성은 인간에게서 서로 충돌하며 조화될 수 없는 서로 간의 교차관계 속에서만, 즉 동물적인 '본성'과 비동물적 '본성'을 통해 주어진 가능성 안에서 타당성을 가진다." 따라서 환경에 대한 인간의 자연적 적응과 인위적 적응을 정확하게 구별하는 것은 불가능하다(Engels 1999, 19).

게엘렌(Arnold Gehlen)은 셸러가 말하는 정신의 개념을 거부하지만 자연 안에 있는 인간의 특별한 위치에 대한 셸러의 생각은 수용한다. 인간을 "동물로부터 단지 점차적으로 구별되는 것으로 생각하거나, 단지 '정신'을 통해 그를 규정하는" 것은 타당하지 않다(Gehlen, 1971, 29). 인간과 동물의 차이는 단지 인간의 정신에 있는 것이 아니라 인간의 "물리적 행동 양식들"에 있다. 동물로부터 구별되는 인간의 중요한 특징은 정신에 있는 것이 아니라 인간의 행동(Verhalten)에 있다. 본질적으로 인간은 행동하는 존재다. 자연의 다른 생물들에 비하여 인간은 육체적인 면에서 그리고 본능의 면에서 결핍의 존재다. 그는 오랜 학습의 과정을 통해 환경에 적응하고 자기의 생명을 유지하는 방법을 터득해야 한다. 그는 이러한 결핍의 조건들을 자신의 행동을 통해 생명을 연장하는 기회로 삼는다. 행동을 통해 그는 자기의 세계를 극복하고 자기 자신을 창조한다.

게엘렌이 말하는 행동은 언어와 문화와 기술을 창조하는 행동을 말한다. 행동을 통해 그는 자기에게 주어진 생물학적 결핍의 단점들을 극복한다. 생물학적 결핍의 단점들은 언어와 문화와 기술을 생성시키는 장점으로 작용한다. 언어는 문화를 창조하는 인간의 대표적 행동이다. 언어를 통해 인간은 상징의 세계를 창조하며 외부로부터 오는 거의 무한에 가까운 인상들과 자극들을 다스린다. 이를 위해 인간은 문화를 창조한다. 그는 본성상 "문화적 존재", 곧 문화를 창조하는 존재다. 문화를 통해 그는 결핍의 조건들을 극복하고 자기의 생명을 유지한다. 따라서 엄격한 의미의 자연적 인간이란 존재하지 않는다. 종교와 신의 존재는 세계를 극복하기 위한 인간의 활동의 부산물로 간주된다(Pannenberg 1983, 37 이하).

I. 현대과학의 신기계론적 인간학

1953년 왓슨(J. D. Watson)과 크릭(F. Crick)이 DNA의 이중 나선구조를 밝혀냄으로써 기계론적 인간관은 결정적 힘을 얻게 된다. 인간을 자연적으로 진화된 유전자의 명령에 따라 행동하는 하나의 기계와 같은 존재 내지 물질기계로 보는 이른바 신기계론적 인간관이 등장한다.

우리는 신기계론적 인간학의 구체적 형태를 먼저 현대 신경과학(Neuroscience)에서 발견한다. 신경과학은 인간의 정신작용과 행동을 창출하는 뇌의 현상을 연구하여 뇌의 작동기전을 해명하려는 과학의 한 분야를 말한다(김흡영 2006 143 이하 참조). 신경과학에 의하면 인간의 뇌는 약 1조 개에 달하는 신경세포들(neuron)로 구성된 거대한 세포의 망이다. 뉴런은 1개당 1천 개 또는 1만 개의 신경접합이라 불리는 접촉점을 가지며, 이 접합부위에 적절한 전기신호가 전달되어 정보가 교환된다. 따라서 인간의 뇌는 최소한 1천조(10^{15})개의 스위치를 가진 거대한 전자장비라 말할 수 있다.

인간의 모든 신체적·정신적 활동들은 신경세포들의 물리적 활동으로 말미암아 일어난다. 인간의 정신적 활동은 정신이란 특정 부분의 활동이 아니라, 신경세포의 물리화학적 활동으로 일어나는 합목적적 정보처리 과정에 불과하다. 이 과정은 수학적으로, 또 논리적으로 명확히 분석되고 기술될 수 있다. 여기서 인간의 모든 활동은 신경세포의 물질로 환원된다.

크릭에 의하면 인간의 기쁨과 슬픔, 기억과 야망, 인격의 정체성과 자유의지에 대한 지각 등은 "신경세포들과 그에 연관된 분자들로 구성된 방대한 집합체의 운동에 불과하다"(210). 따라서 기쁨과 슬픔, 불안 등의 정신활동은 물리화학적 개입을 통해 조작될 수 있다. 예를 들어 기쁨을 유발하는 뇌의 중추와 불쾌감을 느끼게 하는 중추에 전극을 삽입하여 자극하면, 아무런 이유 없이 쾌감이나 불쾌감을 느낄 수 있다. 인간의 마음도 이와 같은 관점에서 연구된다.

크릭은 신경과학의 "유물론적 환원주의의 '놀라운 가설'"을 다음과 같이 요약한다. "놀라운 가설이란 '당신', 당신의 기쁨과 슬픔, 당신의 기억과 야망, 그리고 인격적 정체성과 자유 의지에 대한 당신의 지각 등은 사실 신경세포들과 그에 연관된 분자들로 구성된 방대한 집합체의 운동에 불과하다는 것이다"(현요한 2002, 310 이하).

신경과학의 "유물론적 환원주의"는 인지과학(cognitive science)이라는 새로운 학문 분야를 탄생시켰다. 신경과학이 "뇌의 구조와 전기화학적 특성, 즉 인간의 마음을 창출하는 기관의 하드웨어"를 중점적으로 연구한다면, 인지과학은 "마음을 구성하는 기능적 요소들의 서술과 분류, 그리고 마음의 현상들의 진행과정 같은 소프트웨어" 연구에 치중한다. 인지과학에 의하면 인간의 마음은 "합목적적인 정보처리 과정"이다. 이 과정은 수학적으로 분석될 수 있는 컴퓨테이션의 과정과 같다. 비인지적 요소로 생각되는 기쁜 감정이나 슬픈 감정, 곧 인간의 정서도 "독립적인 경험이 아니라 하급수준에서 이루어지는 정보처리 결과에 대한 가치 판단이라는 기능적 역할로" 설명된다. 이 역할은 컴퓨터로 모델링되고 시뮬레이션 된다. 그래서 감정이나 자기성찰과 같은 인간 고유의 기능까지 수행하는 인공지능(artificial intelligence)이 등장하게 되는데, 어떤 기능은 인간의 기능을 능가하기도 한다.

김흡영 교수에 의하면 아래 세 가지 범주는 신경과학의 기계론적 인간상의 특징을 잘 나타낸다. ① 물리주의(physicalism) 또는 물질주의(materialism): 인간의 정신은 육체와 구별되는 속성과 존재양식을 갖는 실체가 아니라 물리적 법칙에 따라 활동하는 뇌라고 하는 물질에 전적으로 의존한다. ② 결정론(determinism): 우리가 경험하는 현실은 우리의 뇌 속에서 일어나는 물리적 현상에 의존한다. 따라서 "뇌는 실재보다 선행한다"는 명제가 성립된다. ③ 환원론(reductionism): 인간의 모든 정신 현상은 뇌세포의 특정한 전기화학적 상태로, 뇌세포는 유전자들의 작동으로, 유전자들의 작용은 유전자를 구성하는 화학물질들의 상호작용으로 환원될 수 있다(150 이하). 전자는 후자에 의해 결정된다. 인간의 마음은 신경세포들이 작동하여 생기는 부산물로 환원되며 종교체험도 신경세포의 작동으로 환원된다. 인간의 종교적 초월체험은 "뇌의 한 특수한 상태에 지나지 않는다"(153; 신경과학에 대한 비판에 관해 현요한 2002, 311).

다니엘 데닛(Daniel Dennett)에 의하면 인간의 모든 정신적 활동은 물리적으로 설명될 수 있다. 인간의 자아는 "지배적인 시나리오들을 끌어 모으는 서술 구조의 중심이며 삶에 질서를 제공하고자 우리가 창조해 낸 유용한 허구이다." "유물론자에 의하면 우리는 방사능, 광합성, 생식, 영양 그리고 성장을 설명하기에 충분한 물리 법칙과 원재료를 가지고 모든 정신 현상을 설명할 수 있다(원칙적으로)!" "당신은 로봇으로 만들어졌거나 그와 똑같은 것, 이를테면 수조 개의 거대 분자 기계들로 구성되어 있다"(Barbour 2003b, 210 이하).

미국 뉴올리언스(New Orleans) 주(州) 튤레인(Tulane) 대학의 수리물리학 교수인 프랭크 티플러(Frank J. Tipler)에 따르면, 모든 형태의 생명들은 전자 혹은 양자와 동일한 물리적 법칙의 지배를 받는다. 따라서 인간은 "특별한 종류의 기계에 불과하며, 인간의 뇌는 정보처리를 위한 하나의 기구일 뿐이며, 인간의 영혼은 뇌라 불리는 컴퓨터에 의해 수행되는 프로그램이다.…또한 지성을 갖고 있거나 갖고 있지 않은 모든 가능한 범주의 생물은 원칙상 동일한 종류의 것이며, 정보를 처리하는 모든 기구들과 동일한 물리적 법칙들 아래 있다"(Tipler 1994, 15). 인간은 육체와 영혼으로 구성되어 있는 것이 아니라 "인간의 육체라 부르는 특별한 하드웨어 위에서 작용하도록 설계된 프로그램"이다. 이 프로그램은 복사될 수도 있고 전이될 수도 있다. 인간은 "생화학적 기계"이며, 이 기계는 "우리가 알고 있는 물리적 법칙들에 의해 포괄적으로 또 충분히 묘사될 수 있다. 그 속에는 비밀스러운 '생명의'(vitale) 힘이 존재하지 않는다.…우리는 '인격'을 특별한 (그리고 매우 복합적인) 타입의 컴퓨터 프로그램으로 보아야 할 것이다. 인간의 영혼은 뇌라 불리는 계산기 속에서 작동하는 특수한 프로그램에 불과하다"(24). 그러나 하나의 기계로서의 인간은 그가 만든 기계들과는 달리 "자유의지를 가진다."

티플러의 기계론적 인간관 혹은 생명관은 진화론에 기초한다. 모든 유기체는 맹목적 우발성과 자연선택을 통한 진화의 산물로서, 자연의 물리적 법칙들에 따라 움직이는 하나의 기계이다. 인간도 예외가 아니다. 인간도 진화의 산물이기 때문이다. 자연환경으로부터 오는 모든 위험을 극복하고 자기의 생명과 종을 유지하기 위해 모든 유기체는 정보를 처리하고 결합시키며, 결합된 정보들을 자연선택을 통해 보존한다. "생명"이란 "일종의 정보처리이며, 인간의 정신은―영혼과 마찬가지로―매우 복합적인 컴퓨터 프로그램이다." 그것은 "자연선택을 통해 보존된 정보이다"(163, 164). 인간적 차원에서 정보처리는 무감정하고 냉정한 것이 아니라 감정이 있고 인간적인 활동들이다. 그러나 인간의 정보처리도 모든 생물들의 정보처리와 마찬가지로 물리적 법칙에 따라 일어난다. 여기서 인간은 물리적 법칙에 따라 정보를 처리하는 기계와 같은 존재로 이해된다.

현대 물리학자 스티븐 호킹에 의하면(Hawking 1995, 28 이하), 자연의 생물들과 마찬가지로 인간도 "질소와 인과 같은 소수의 원자를 동반한 탄소

원자 사슬"을 그의 생명의 기반으로 한다. 인간은 한마디로 탄소 덩어리이며, 그의 모든 활동은 유전자에 의해 결정된다. 모든 다른 생물들처럼 인간의 몸도 하나의 기계다. 그의 생명은 하나의 "기계적 생명"이다. 기계적 생명이 더 진화된 생명이다. 탄소 덩어리로서의 생명과 쇠덩어리로서의 생명은 큰 차이를 갖지 않는다. 인간의 몸의 각 부분은 기계의 부품이다. 고장이 난 부품은 다른 부품으로 교체될 수 있다. 또 유전자 조작을 통해 그것의 형질을 개량할 수 있다. 인간이란 이름의 기계는 유전자 조작을 통해 "초인"이라는 슈퍼 기계가 될 수 있다. 지배하고 살육하며 강탈하는 인간의 공격적 본성은 유전자 조작 기법을 사용하여 선량하게 개량될 수 있다. 이 기법은 21세기 중에 발견될 것이다. 얼마 후 인간의 생명은 유전자 조작을 통해 10만 년간 생존하게 될 것이다.

신기계론적 인간이해는 아래 몇 가지 중요한 문제를 제기한다. ① 인간의 모든 활동은 뇌신경의 물리적 법칙에 따라 결정되는가? 만일 그렇게 된다면, 인간은 물리적 법칙에 따라 결정되는 존재인가? ② 만일 인간의 모든 활동이 뇌신경의 물리적 법칙에 따라 결정된다면, 인간에게 의지의 자유가 있다고 말할 수 있는가? ③ 신기계론적 인간이해에 있어 인간의 가치와 존엄성을 말할 수 있는가? 인간은 영성이나 정신적 가치를 알지 못하는 물질적 기계로 전락하지 않는가? 이로써 인간에 의한 인간 생명의 조작과 지배와 상품화를 부추기게 되지 않는가?

임홍빈 교수는 신기계론적 인간이해의 신학적 문제와 위험성을 다음과 같이 지적한다. 오늘날 유전자 조작과 인간복제는 인간의 생명에 대한 신기계론적 이해의 패러다임 아래서 시도되고 있다. "인간 정신과 영혼 혹은 인간의 영적 가치추구와 삶은 인정되지 않는다. 그리하여 생명 속에 있는 초월적인 것 등은 당연히 인정되지 못하고 있다." 복제인간은 "바이오 로봇(Bio-Robot)정도로 취급하여 가지고 노는 존재로 인식하게 될 것이다." 인간 이해의 신기계론적 패러다임이 지속될 때 "생명체는 DNA 조작으로 마음대로 개조, 복제, 생산되고 생명체가 갖는 생명의 신비는 생명정

보라는 말로 대체될 것이다. 그래서 사람들은 인간의 영성이나 영적인 가치를 허상으로만 받아들이게 되고…결국 인류는 영성파괴와 영성적 가치의 몰이해에 의한 육체적인 가치만을 지향하다가 종말을 맞이하게 될 것이다"(임홍빈 2003, 375).

근대의 기계론적 인간관과 현대의 신기계론적 인간관의 근본 문제는 인간의 몸을 구성하며 인간의 모든 활동의 근원이 되는 입자가 고정된 "물질적인 것"이 아니라 일종의 "안개구름"과 같다는 사실을 간과하는 데 있다. 따라서 인간은 물리적 법칙에 따라 움직이는 물질적 기계가 아니라 그것의 미래를 정확히 예측할 수 없는 개방된 유기체라는 점을 간과한다. 따라서 인간에 대한 기계론적 이해는 근거를 상실한다. 인간은 기계처럼 움직이는 결정된 존재, 자유가 없는 존재가 아니라 그의 행동을 예측할 수 없는 개방된 존재, 미지의 존재이다. 현대 의학의 심신상관설도 마음과 신체가 하나로 결합되어 있어 기계론적으로 설명되기 어려운 인간의 신비스러운 존재를 시사한다.

J. 윌슨과 도킨스의 사회생물학적 인간학

하버드 대학교의 생물학 교수 에드워드 윌슨(Edward O. Wilson)은 1975년 그의 저서 『사회생물학: 새로운 종합』(Sociobiology: The New Synthesis)을 통해 진화론적·물질론적·자연주의적 인간상을 통합한 그의 독특한 생물학적·유전자 결정론적 인간상을 제시한다. 인간의 사회적 행동은 생물학적으로 결정된 것인가 아니면 문화적 전통과 학습을 통해 습득된 것인가, 유전결정론인가 아니면 문화결정론인가, 유전인가 아니면 환경인가의 문제에 있어 윌슨은 문화와 전통과 학습의 영향을 부인하지 않는다. 그는 개별적 학습이 중요하며 외적인 영향에 의해 인간의 행동이 변화될 수 있는 가능성을 인정한다.

그러나 윌슨은 궁극적으로 인간의 사회적 행동을 결정하는 것은 유전자라고 주장한다. 한 사람의 행동은 "자신의 문화 속에서 무엇을 경험하는가에 달려 있지만, 원숭이의 행동 배열이나 흰개미의 행동 배열처럼, 인간이 지닌 가능성의 배열 전체도 유전되는 것"이기 때문이다(Wilson 2000, 155). 이리하여 그는 과감히 "유전자 결정론"을 주장한다(90).

따라서 윌슨은 기독교가 전통적으로 주장한 영혼의 독자성과 자유의지를 반대한다. "우리의 유전자들이 유전되고, 우리의 환경이 우리가 태어나기 전부터 작동하고 있었던 물리적 사건들의 인과사슬이라고 한다면, 어떻게 뇌 속에 진정한 독립행위자가 있단 말인가? 행위자 자체는 유전자와 환경의 상호작용을 통해 창조된다. 그러므로 자유란 단지 자기기만이 아닐까?"(111 이하) 꿀벌은 자유롭게 날아다니는 것처럼 보인다. 그러나 꿀벌의 비행경로는 그의 유전자 또는 생물학적 조건에 의해 결정되어 있으며, 이 비행경로는 최신 컴퓨터 기술에 의해 정확히 예측될 수 있을 것이다. 이와 마찬가지로 인간의 미래도 이미 결정되어 있다. 그러나 인간의 정신은 그것을 자유의지에 의한 선택이라고 자기를 기만한다.

생물들 가운데 이타적 행동이 나타나기도 한다. 예를 들어 개미들은 그들의 집단을 지키기 위해 자신의 목숨을 희생한다. 윌슨에 따르면 개미의 이러한 이타적 사회 행동은 개미의 유전자 배열로 말미암아 일어난다. 개체 수준에서 개미의 행동은 이타적으로 보이지만, 유전자 수준에서 분석해 보면 자신의 유전자를 증식시키려는 이기적 행동에 불과하다. 인간도 마찬가지다. 인간의 이타주의는 궁극적으로 이기적 속성을 가진다. "자연선택이 가까운 친척들에게 이익을 가져오는 방향으로 개인들의 행동에 작용해 왔기 때문에, 인간 본성은 우리를 이기심과 종족주의의 명령에 복종시킨다"(270).

많은 생물의 종들 가운데 보편적으로 나타나는 근친상간의 금지도 유전자로 말미암은 것으로 설명된다. 근친상간을 가질 때 몸에 해로운 열성(劣性)의 유전자들이 생성되며, 정신적·신체적으로 비정상적인 혹은 불구의 후손들이 태어난다. 이리하여 근친상간은 환경에 대한 생물들의 적응력을 약화시키며 멸종의 위험을 초래한다. 진화의 과정 속에서 유전자는 이 위험성을 인지하고 무의식적으로, 즉 "본능적으로 근친상간을 기피한다"(71).

월슨의 사회생물학은 인간의 도덕적 규범도 생물학적 진화과정과 유전자로 환원시킨다. 도덕은 인간 유전자의 후천적 발현이며, 인간은 어떤 행위들을 도덕적으로 "선한" 것으로 믿도록 유전자를 통해 조작된다. 그러므로 월슨은, 윤리 문제는 단지 철학자들만이 다룰 수 있는 것이 아니라 생물학자들에 의해 생물학적으로 다루어질 수 있다고 조심스럽게 말을 꺼낸다(Ayala 2002, 233).

신(神)의 존재와 종교도 유전자 활동으로 환원된다. 공포와 불안을 극복하고 내세에 대한 믿음을 통해 위로를 얻을 때, 인간의 유전자는 더 안전하고 성공적으로 번식할 수 있다. 그러므로 유전자는 신의 존재와 종교를 고안해 내는 방향으로 활동한다. 선사시대에 "도처에서…신들이 탄생했다. 그들은 우리가 인간에게서 존중하거나 두려워했던 그런 속성과 의도로 충만해 있었다. 신을 최초로 창조한 것은 공포였다"(Riedl 1988, 167).

이와 같이 월슨은 인간과 사회의 모든 현상을 유전자의 생물학적 기초로부터 설명하기 때문에, 생물학이 모든 학문의 기초가 되어야 하며 생물학의 기초 위에서 자연과학, 인문과학, 사회과학 등 모든 학문들이 통합되어야 한다고 주장한다. 이것이 바로 월슨과 그의 제자 최재천 교수(이화여대 석좌교수)가 주장하는 모든 학문의 "통섭론"이다(이에 관해 Wilson 2005). 이 통합에 있어 월슨은 생물학적 지식이 사실상 모든 지식을 지배하는 일종의 "생물학 보편주의"를 과감히 시도한다(김흡영 2006, 112 이하). 그러나 우리는 그의 생물학 보편주의는 사회진화론의 위험성을 내포하고 있음을 간과하지 말아야 할 것이다.

옥스퍼드 대학의 사회생물학자인 도킨스의 유명한 저서 『이기적 유전자』(The Selfish Gene, 1989)는 월슨의 기계론적·환원주의적 입장을 심화시킨다. 그의 이론은 윌슨의 이론과 마찬가지로 생존경쟁과 자연선택을 원리로 하는 다윈의 진화론에 근거한다. 그러나 진화의 단위를 개별의 생명체로 보지 않고 유전자로 보는 점에서 다윈의 진화론에서 구별된다.

도킨스에 따르면 모든 생명체의 기본 단위는 불멸의 유전자이고 세포는 유전자의 화학공장이다. 인간의 몸을 포함한 모든 생물체는 유전자의 집합체이거나 군체(colony)이다. 그것은 유전자의 생존기계(survival machine)이며 운반체(vehicle)다. 유전자의 본성은 자기를 복제함으로써 자기를 유지하며 확장시키고자 하는 이기성에 있다. 유전자는 "자기의 생존을 위해 목적의식을 가지고 일하는 능동적 존재"이다(Dawkins 1993, 314). 자기유지와 확장을 위해 유전자들 사이에는 경쟁이 불가피하다. 어떤 유전자는 100만 년을 살 수 있지만, 많은 새로운 유전자는 최초의 한 세대조차 넘기지 못하는 일도 일어난다.

인간을 포함한 모든 생물체의 몸은 자기를 복제하고 확장시키려는 유전자의 수단에 불과하다. 여기서 유전자와 생물 개체의 몸과의 관계는 자기 복제자와 운반자, 목적과 수단의 관계로 정의된다. 때때로 무작위적인 돌연변이를 수반하는 유전자는 세계를 지각하지도 못하고 적극적으로 행동하지도 않으면서 생물 개체들에게 자신을 증식하도록 작용하며, 이 작용의 영향으로 생물 개체는 그 몸의 유전자를 증식시키도록 작용한다. 모든 생물 개체의 몸은 자신 안에 있는 유전자를 전하려 노력하는 담당자 또는 운반자다. 그러나 운반자 자신은 자기를 복제하지 못한다. 운반자는 자기를 구성하는 자기 복제자들, 곧 유전자들을 증식하도록 작용하는 유전자의 수단일 뿐이다. 유전자는 우리의 몸을 자기복제를 위한 생존기계라는 수단으로 사용한 후 무참하게 버린다. 그것은 "자기의 목적에 따라 자기의 방법으로 몸을 조절하며, 몸이 노쇠하거나 죽음에 이르기 전에 죽을 운명에 있는 그들의 몸을 차례로 포기해 버림으로써 세대를 거치면서 몸에서 몸으로 옮겨간다.…시간이 지남에 따라 세계는 가장 강하고 재주 있는 자기 복제자로 채워져 나가게 된다"(414).

인간은 "유전자를 전하기 위해 만들어진 유전자 기계이다." 유전자는 자신의 생존기계의 체제를 미리 만들고 개체로 독립시킨 후, 그 속에 점잖게 앉아서 그들의 행동을 조종한다. 인간의 사회적 행동은 그의 몸 안에 있는 유전자의 조종을 통해 일어난다. 유전자는 컴퓨터의 프로그램 작성자처럼 자기의 생존기계인 인간의 행동을 조종한다(48, 68 이하, 319; 이에 관해 김흡영 2006, 101 이하; 신재식 2006, 2 이하 참조).

유전자는 자기를 복제하여 자기 복사본을 더 많이 확산시키려는 이기적 본능 자체이다. 그것은 자기의 생존을 위해서라면 거기에 얼마나 큰 고통이 수반되든 무엇이나 할 수 있다. 인간을 포함한 생물들 사이에는 이타적 행위도 일어난다. 그러나 생물들의 이타적 행동은 외견상 이타적일 뿐이며 실상은 이기적이다. 즉 그것은 유전자가 자기의 복사본을 최대한으로 증식시키기 위한 유전자의 이기적 전략에 불과하다. 개체의 이타적 행동이 결국 유전자의 증식을 더 성공적으로 이끈다는 것을 경험을 통해 통찰함으로써 무의식적으로 일어나는 이기적 행위일 따름이다. 유전자가 참으로 바라는 것은 유전자 자신의 생존과 증식이지 협동과 상생이 아니다. 유전자의 우수성의 기준은 "이기성"에 있다. 바꾸어 말해 이기적인 존재일수록 우수한 존재이다.

유전자의 차원에서 볼 때 부모와 자녀, 배우자 간의 순수한 이타적 사랑은 존재하지 않는다. 우리는 아이들의 본성에 이타주의가 생물학적으로 심어져 있다는 것을 전혀 기대할 수 없다. 부모와 자녀, 배우자 간의 관계는 생존을 위한 하나의 다툼일 뿐이요, 쌍방이 서로에게 기대하는 이상적 상태에서 타협이 이루어진 것에 불과하다.

그런데 "문화"라고 하는 "신종의 자기 복제자", 곧 문화적 유전자가 진화의 역사에서 최근에 유전자 수프에 등장한다. 도킨스는 이 문화적 유전자를 "밈"(meme)이라 부른다(mimeme(모방)+gene(유전자)). 밈, 곧 문화적 유전자는 문화를 구성하는 다양한 요소들을 가리킨다. 곧 인간의 생활 습관들과 관념들, 도덕과 윤리, 기술과 예술, 유행가, 옷차림, 종교적 관념 등을 가리킨다. 유전자가 유전자의 풀(pool) 안에서 생물 개체를 운반체로 하여 몸에서 몸으로 증식하며 진화하는 것처럼, 밈도 밈의 풀 안에서 모방과 같은 과정을 매개로 뇌에서 뇌로 이동하며 자기를 증식하고 진화한다. 유전자와 마찬가지로 밈도 이기성을 가지고 서로 경쟁하며 "자기의 생존을 위해 목적의식을 가지고 일하는 능동적 존재"다. 인간의 문화는 문화적 유전자, 곧 밈의 기계적 조종의 산물에 불과하다. 인간의 뇌는 "밈이 살고 있는 컴퓨터"이다. 뇌는 복잡한 입력 패턴을 분석하여 저장되어 있는 정보를 조회한 후 복잡한 출력 패턴을 발생시킨다는 점에서 컴퓨터와 유사하다.

종교도 일종의 밈에 속한다. 신(神)과 신에 대한 믿음이란 밈이 밈의 풀 속에서 어떻게 발생했는지는 분명하지 않다. 아마도 그것은 돌연변이에 의해 발생했던 것 같다. 종교적 밈들이 높은 생존가를 나타내는 것은 실존에 대한 심원한 질문에 대해 그럴듯한 해답을 주며, 인간의 불완전함과 현세의 불의에 대해 내세의 구원과 정의를 약속하는 "위약(僞藥)", 곧 가짜 약과 같은 효력을 가지기 때문이다. 그래서 종교적 밈들은 세대에서 세대로 쉽게 인간의 뇌에 복사된다(316, 91, 309 이하).

결론적으로 사회생물학에서 인간은 이기적 존재로 규정된다. 그는 문화의 영향을 받기도 하지만 근본적으로 유전자를 통해 결정되는 존재다. 문화도 유전자를 통해 결정된다. 물론 도킨스는 "이기적인 자기 복제자들의 전제에 반항할 수 있는" 인간의 자유를 인정하며(322), "마음씨 좋기"(=선한 마음)와 "관용"이 "승리하는 전략에 두 가지 특징"임을 시사한다(328). 또 "이기적인 세계에서조차도 협력과 상호 부조가" 번창한다는 것을 인정한다(354). 그러나 도킨스는 유전자 결정론과 인간의 도덕적 자유, 유전자의 이기적 본성과 인간의 선한 마음의 관계를 설득력 있게 해명하지 못한다. 그가 반복하여 말하듯이 이기성이 유전자의 기본 본성이라면 인간의 모든 선한 행위들은 자기를 확장시키고자 하는 유전자의 "이기적 전략"이라 볼 수 있다.

사회생물학의 인간이해에 드러나는 몇 가지 문제점은 다음과 같다. ①

인간의 모든 행동은 유전자에 의해 결정된다고 보는 유전자 결정론, ② 인간의 삶의 다양한 측면들을 유전자의 생물학적 기초로 환원시키며 인간의 정신을 뇌신경의 기계적 활동으로 환원시키는 환원주의, ③ 사회과학과 정신과학의 모든 인식들이 진화론에 기초한 유전학적·생물학적 인식으로 환원되며, 따라서 생물학적 인식이 모든 학문적 인식의 기초가 되어야 한다고 보는 인식론적 환원주의 내지 생물학적 제국주의, ④ 물질로 구성된 유전자가 개인과 사회의 삶을 결정한다고 보는 생물주의와 과학적 물질론(=유물론), ⑤ 인간의 생명이 유전자 기계 내지 운반체에 불과하다면, 인간 생명의 존엄성을 이야기하는 것은 어렵게 된다. ⑥ 경쟁과 투쟁에서 패배한 자는 도태하고 승리한 자가 자기의 유전자를 유지하고 확장시킨다고 보는, 그리하여 힘있는 자의 힘을 정당화시켜 주는 사회진화론의 인종주의적·제국주의적 위험성(Wilson의 사회생물학에 대한 Holmes Rolston의 비판에 관해 현요한 2002, 309 이하 참조) 등이다.

K. 현대 자연과학적·물리적 인간학의 인종주의적 위험성

지금까지 우리는 인간에 관한 다양한 이론들을 살펴보았다. 여기서 우리는 인간학의 두 가지 큰 흐름을 발견한다. ① 첫째 흐름은 형이상학적·이원론적 인간학, 헤르더의 기독교 인간학, 문화 인간학, 20세기의 철학적 인간학에 나타나는 정신과학적(=인문학적) 인간학이다. 정신과학적 인간학은 인간의 본질과 가치와 존엄성, 삶의 의미 등 철학적·정신적 문제들을 다룬다. ② 인간학의 둘째 흐름은 물질론적 인간학, 기계론적 인간학, 진화론적 인간학, 생물학적 인간학이 대변하는 자연과학적·물리적 인간학으로, 이는 인간의 신체적·물질적 구조를 과학적으로 분석함으로써 인간의 근원과 본성(Natur)을 해명하고자 한다. 전자는 인간의 정신에 관심을 갖는 반면, 후자는 인간의 자연적·신체적 "사실들"에 관심을 둔다. 인간학의 이 두 가지 큰 흐름은 다음과 같은 경향성을 지닌다.

정신과학적 인간학은 인간 중심주의의 경향을 나타내는 반면, 자연과학적·물리적 인간학은 자연 중심주의 혹은 자연주의적 경향을 나타낸다. 전자가 인간의 육체에 대한 정신의 독자성과 우위성을 주장하는 반면, 후자는 정신을 육체로 환원시키거나 육체에 대한 정신의 의존성을 강조한다. 전자는 인간을 정신적 존재로 파악하는 반면, 후자는 인간을 물질적·자연적 존재로 파악한다. 전자는 인간의 정신적 욕구와 정신적 삶을 중요시하는 반면, 후자는 인간의 자연적·신체적 욕구와 물질적 삶을 중요시한다. 전자는 자연에 대한 인간의 구별성 내지 "특별한 위치"를 강조하는 반면, 후자는 자연에 대한 인간의 소속성과 유기체적 관계성을 강조한다. 전자는 자연에 대한 인간의 적극적 자유와 존엄성을 강조하는 반면 후자는 자연에 대한 인간의 수동적 의존성과 자연에 의한 결정성(Determiniertheit)을 강조한다. 전자는 정신적 가치 추구를 인간의 삶의 동인으로 보는 반면, 후자는 생물적 자기유지를 위한 생존경쟁과 투쟁과 이기적 본성을 삶의 동인으로 보는 경향을 가진다.

오늘날 세계의 많은 자연과학자들의 자연과학적·물리적 인간이해는 많은 사람들에게 관심과 흥미의 대상이 되고 있다. 실증주의, 물리주의의 입장에 선 미국과 영국의 유명 대학의 교수들이 이를 대변한다. 오늘날 이들의 이론은 자신의 영역, 곧 자연적 사실들의 영역을 넘어 인간의 외적 행동은 물론 정신적 현상, 문화 현상, 정치, 경제, 사회 현상을 망라한 세계의 모든 현실을 설명하는 보편적 원리가 되어야 한다고 주장한다.

자연과학적·물리적 인간학은 다음의 사실을 강조한다. 인간과 자연의 생물을 동일한 류에 속한다. 그러므로 양자는 근친성을 가진다. 인간과 침팬지의 유전자는 98.4%나 똑같다. 인간의 유전자와 쥐의 유전자는 90%, 초파리의 유전자는 60% 정도 동일하다. 따라서 인간과 자연의 생물은 근친성을 가지며, 사실상 한 가족에 속한다. "우리 인간과는 너무나도 차원이 달라 보이는 생물, 예컨대 지렁이라든가 진드기, 심지어는 박테리아같은 아주 보잘 것 없는 미물하고도 상당히 많은 유전자를 공유한다.…분자 생물학적 관점에서 우리는 모두 하나의 연속선상에 있는 생명체들이다. 다른 말로 하면 지구 생명은 모두 가족이다"(김기석, 2005, 357 이하). 따라서 인간과 자연 생물들의 차이는 정도의 차이에 불과하며, 인간의 모든 특별한 자질 내지 능력들은 진화의 산물에 불과하다. 인간에 대한 이러한 자연주의적 표상은 인간을 자연으로부터 구별하는 인간 중심주의를 비판하면서 오늘의 생태학적 위기를 극복할 수 있는 대안으로 제시된다.

오스트리아의 생물학자 부케티츠(F. M. Wuketits)는 생물학자답게 다음과 같이 말한다. "인간이 창조의 꽃이라면 다른 생물들 또한 창조의 꽃입니다. 모든 종(種)은 제각기 유일무이한 속성을 가지고 있으니까요.…오리너구리도 자연계에서 유일무이한 존재이기 때문에 특별한 위치를 차지한다 할 수 있겠지요. 말하자면 인간이라고 해서 생물학적으로 별다른 동물이 아니라는 거예요.…어쨌거나 저는 인간이 창조의 꽃이라기보다는 그저 진화의 도중에 생겨난 여러 생물 가운데 하나라고 생각합니다"(Dürr 2001, 136 이하).

자연과학적·물리적, 또는 자연주의적 인간상은 오늘날 기독교 신학이 수용해야 할 타당한 내용들을 담지하고 있다. 우리 인간도 자연의 생물들 가운데 한 생물임을 인식하고, 자연의 생물들을 우리의 가족과 형제자매로 인지하는 것은 오늘의 생태학적 위기를 극복하기 위해 절실히 필요한 일이다. 또 인간의 유전성 질병을 예방하고 신체적 조건들을 개선하며 행복한 삶을 가능케 하기 위해, 인간의 신체에 대한 자연과학적·물리적 연구는 계속되어야 할 것이다. 그러나 인간의 신체에 대한 자연과학적·물리적 인식이 인간의 생명 현상을 총체적으로 설명하는 보편적 원리라고 주장할 때, 다음과 같은 위험성이 일어난다.

무엇보다 먼저 인간을 생물들 중의 한 생명으로 환원시키고 인간의 몸의 생물학적·물리화학적 사실들에 집중하며, 인간의 영적·정신적·도덕적 측면을 무시하고 인간의 존엄성에 대해 이야기하지 않는 실증주의적 위험성이 등장한다. 인간의 생명의 본질은 기계적·생물적 기능들, 신체의 자연적 현상들, 곧 신체의 자율성, 생식, 대사, 영양, 성장, 정보 처리 등으로 환원되기도 한다(P. Davies). 그리고 인간의 생명을 하나의 물건으로 대상화·상품화시키며, 특정한 인종의 유전자와 신체적 특성이나 신체 구조를 이상적인 것으로 간주하여 인종차별주의 또는 인종주의를 파급시킬 수 있는 위험성이 그 속에 숨어 있다.

인간을 하나의 생물로 환원시키고 그의 생물적 사실들에 집중하는 인간학은 실증주의 철학과 연관하여 이미 19세기 중반부터 "물리적 인간학"(physische Anthropologie)의 이름으로 크게 유행하여 대학의 중요한 연구 분야가 되었다. 그것은 의학적·생물학적 관찰기술과 측정기술의 도움으로 인간의 신체적 형태, 특히 인간의 두개골과 골격 연구에 집중하면서, 인간에 대한 모든 철학적·신학적 인식을 배제하였다. 정신과학적 질문들은 물론 자신의 실증주의적 방법과 사유의 전제들, 철학적·도덕적·정치적 전제들은 물리적 인간학 내에서 전혀 비판적 성찰의 대상이 되지 않았다. 이로써 자연과학적 인간학과 철학적·신학적 인간학은 깨끗이 분리되었다. 인체 생물학, 고생물학적 인간학, 영장류 연구, 인류학, 인종학, 종족 심리학, 해부학, 정신의학 등의 분야들이 인간학의 연구 분야로 각광을 받으면서 "벌거벗은" 인간의 과학적 사실들을 파악하는 데 집중하였다. 다윈의 생물학적 진화론을 문화적·사회학적 진화론으로 확대 해석하고, 원시 사회의 문화의 단계 속에서 인간 발전의 초기 단계를 발견하고자 했으며, 문화를 가지기 이전의 인간 생명의 근원과 본성을 밝히고자 했다(이에 관해 Schoberth 2006, 52 이하).

물리적 인간학의 이러한 연구 경향은 근대 유럽의 제국주의, 식민주의와 연결되어 인종주의로 발전하였다. 인간의 골격과 뇌의 크기를 비교 연구하고 원시 부족들의 신체적 형태를 유럽인들의 그것과 비교함으로써 유럽인들의 지적·합리적·심리적·사회적 능력의 우월성을 증명하려고 했다. 뇌 안에 인간의 이성과 의지와 감정이 자리잡고 있다고 생각되었기 때문에 두개골의 연구를 통해 인간의 지적 능력과 도덕적 자질의 차이를 해명하려 하고, 인류의 출처, 문화와 언어와 사회와 종교의 근원과 시작 등을 해명하고자 하였다. 나아가 인류를 인종과 민족으로 분류하고 그들의 역사적 발전을 과학적으로 설명하려고 시도하였다.

이러한 연구에서 서구인들의 인종적 우월성이 전제되었다. 흰 피부색, 파란 눈, 갈색의 머리카락, 큰 키, 높은 코, 큰 눈, 긴 다리 등 서구인들의 외모가 기준이 되고, 이 외모를 많이 닮은 종족일수록 더 높은 지적·도덕적·사회적·정치적·경제적 능력을 가진 것으로 간주되었다(이러한 추세가 오늘의 한국 사회에서도 발견된다. 그러나 만일 동양의 세계가 경제적으로 더 우세할 때, 동양인의 외모가 세계 모든 민족의 기준이 될 것이다). 이리하여 19세기의 물리적 인간학은 인간에 관한 순수한 이론에 불과한 것이 아니라 서구인들의 인종적 우월성을 자연과학적으로 증명하는 인종주의적·제국주의적 도구 역할을 하였다.

한 걸음 더 나아가 그것은 열등한 인종의 폐기와 우수한 인종의 배양을 주장하는 우생학을 지지하는 도구 역할을 하였다. 독일 나치 정권의 우생학적·인종주의적 정책, 오늘날 세계 곳곳에서 발견되는 인종차별주의는 이미 19세기에 크게 유행한 물리적 인간학의 이론에 근거한다. 헉슬리는 이 근거를 이렇게 말한다. 우리는 "유전적으로 열등한 인간들을 보다 더 확실하게 제거할 수 있어야 하며, 그 반면 우수한 유전자 구조의 보다 더 빠른 재생산을 일으킬 수 있는 힘들을 일으켜야 한다"(J. S. Huxley, Schoberth 2006, 56 이하).

이러한 방향으로 발전한 19세기의 물리적 인간학이 오늘날 자연과학적·물리적 인간학을 통해 재연되고 있다. 따라서 우리는 19세기의 물리적 인간학의 문제점이 오늘날 윌슨과 도킨스가 대변하는 사회생물학적 인간학 속에 숨어 있다는 사실을 간과하지 말아야 할 것이다. 물론 우리는 인간 생명의 건강과 행복을 위해 인간의 신체에 대한 자연과학적 연구가 계속되어야 한다는 사실을 잘 알고 있다. 그러나 인간의 신체에 대한 과학적 인식이 결코 인간의 본질에 대한 총체적 설명이 될 수 없다. 그것이 인간의 본질에 대한 총체적 설명의 보편 원리가 되어야 한다고 주장할 때, 많은 문제점을 일으키게 된다. 우리는 그 문제점을 다음과 같이 요약할 수 있다.

a. 인간을 사실상 하나의 물질 덩어리와 이 물질 덩어리의 물리적 운동 체계로 환원시키며 참으로 "인간적인 것", 곧 인간의 본질을 물질적인 것에 있다고 주장하는 물질론 및 생물학적·물리적 환원주의,

b. 인간의 모든 활동은 그의 몸을 구성하는 물질, 곧 유전자 혹은 신경 세포의 물리적 법칙에 따라 결정되는 것으로 보는 결정론,

c. 물리적 법칙에 따라 결정되어 있는 생물적 존재로서 인간의 인격적 자유와 정신적·도덕적 존엄성과 생명의 가치의 상실,

d. 다양한 관계, 곧 역사적·문화적·사회적 관계 속에서 인간을 보지 않고, 이 모든 관계에서 추상된 고립된 개체로서의 인간과 그의 행동을 과학적 혹은 생물학적 관점에서 관찰하는 개체주의적 추상성과 내지 일면성,

e. 인간을 객관적으로 관찰되어야 할 하나의 과학적 관찰 대상 내지 물건으로 전제하며 관찰자 자신은 그 대상에서 분리되어 있는 것으로 전제됨으로써 일어나는 주체와 객체의 분리, 인간 생명의 대상화·물건화, 이로 인해 일어나는 인간 생명의 상품화, 인간의 생명에 대한 냉담한 태도 (인간의 생체실험 등),

f. 인간에 대한 정신과학의 전제들, 특히 신학적·철학적 전제들을 거부하지만, 자신의 전제와 관심에 대해서 성찰하지 않는, 즉 자신에 대한 무비판적 태도,

g. 인종과 문화의 다양성을 부인하고 특정한 인종과 사회계층을 이상화시키며, 이들의 지적·문화적·인종적 우월성과 지배를 정당화시키는 인종주의적·제국주의적·사회 이데올로기적 위험성, 우수한 인간 종자는 장려하고 열등한 종자는 제거해야 한다고 보는 우생학적 위험성.

오늘날의 자연과학적·물리적 인간학은 실증주의에 근거한다. 이 실증

주의는 검증될 수 있는 객관적 사실들만을 인정하며, 검증될 수 없는 현상들을 거부한다. 실증주의가 하나님의 존재와 모든 종교 현상을 거부하는 것은 당연한 일이다. 이러한 실증주의에 근거하여 오늘날 자연과학적·물리적 인간학은 인간의 신체와 심리작용, 행동양식을 객관적으로 관찰함으로써 인간의 본질을 파악하고자 한다. 그래서 관찰의 결과를 수치화하기도 한다. 그러나 기쁨과 슬픔, 미움과 사랑, 거짓과 진실, 추함과 아름다움, 좌절과 희망, 불안과 용기, 꿈과 기다림 등 수없이 많은 삶의 경험들을 가진 우리 인간의 내면적 존재는 과학적 관찰과 분석을 넘어선다. 뇌세포의 물리·화학적 활동을 과학적으로 분석한다 할지라도, 그 분석들은 불안과 기다림, 좌절과 희망 가운데 있는 우리 자신의 내면적 삶의 열정과 고뇌를 충분히 파악하지는 못할 것이다. 우리가 무엇 때문에, 무엇을 위해 살아야 하는지, 우리가 무엇을 바라고 희망해야 하며, 우리의 삶의 참 가치와 의미가 무엇인가를 이야기하기 어려울 것이다.

과학적 분석을 통해 인간과 세계의 모든 현상을 완전히 파악할 수 있다고 보는 현대 경험과학의 물리주의는 과학적 분석과 수식화(數式化) 될 수 없고, 모든 정의와 개념을 넘어서는 인간의 내면성, 그의 역사적·문화적·사회적 관계들의 복합성, 인간 존재의 미확정성과 예측 불가능성을 배제하고 인간을 물리적 법칙에 따라 움직이는 물질적 기계로 간주하는 경향을 가진다. 그러나 현대과학에 의하면 물질도 결정되어 있고 확정될 수 있는 것이 아니라 미확정적인 것, 미래를 예측할 수 없는 것이다. "수수께끼로 가득한 물질"(die rätselvolle Materie)이 있을 뿐이다. 물질의 최소 단위체, 곧 입자는 고정된 물질이 아니라 "안개구름" 내지 정신적인 것에 가까운 "장"(Feld)이다(Stegmüller 1975, 341, 361). 그것은 과학의 객관적 분석과 인식을 벗어난다.

이러한 관점에서 볼 때, 인간은 생물적 기계로서 고정되어 있는 존재, 과학적 분석과 관찰을 통해 완전히 파악될 수 있고 그의 미래를 완전히 예측할 수 있는 "분자 덩어리"가 아니다. 그는 완전히 파악될 수 없고 예측될 수 없는 하나의 신비요 수수께끼다. 그는 수치화·계량화·일반화 될 수 있는, 그러므로 자신의 가치와 존엄성을 갖지 못한 하나의 "물건"이 아니라 그 자신만의 내면성과 새로운 가능성, 가치와 존엄성을 가진 "주체"요 "인격"이다. 고유한 주체와 인격으로서의 인간은 단지 하나의 생물로서 평준화·일반화(Generalisierung) 될 수 없다. 그는 하나의 쥐새끼처럼 조작될 수 없다.

그러나 현대세계에서 인간의 인격적 가치와 고유성을 무시하고 인간의 생명을 하나의 물건처럼 다루는 일들이 과학자들의 실험실에서는 물론 사회 도처에서 일어나고 있다. 실험실에서 일어나는 인간 존재의 일반화는 인간의 존재를 번호로 일반화시키고 하찮은 기계 부품처럼 간주하는 사회 현상과 같은 문맥 속에 있다. 실험실에서 일어나는 인간 생명의 경시(Bagatellisierung)는 사회적 현상으로 발전한다. 슈바이처가 말한 "생명의 경외"(Ehrfurcht vor dem Leben)는 강(江) 건너간 것처럼 보일 지경이다.

이러한 현실 앞에서 기독교 인간학은 단지 인간의 영원히 변할 수 없는 본질에 관한 신학적 정의와 진술에 관심을 기울이기보다, 계량화·수치화·일반화 될 수 없는 인간의 가치와 존엄성을 회복하고, 과학기술과 시장경제가 지배하는 그러나 파멸의 위기 앞에 서 있는 세계 속에서 인간이 인간답게 살 수 있는 길을 모색하는 데 관심을 갖는다. 그것은 단지 인간에 관한 생물적 "사실들"과 이 사실들의 통계 수치에 관심을 갖기보다, 인간의 구원과 희망과 미래에 관심을 갖는다.

3

관계성 안에 있는
하나님의 피조물로서의 인간

일반적으로 기독교 인간학은 ① 하나님의 피조물로서 인간의 규정과, ②
이 규정에 모순되는 죄인으로서의 인간에 관한 두 가지 부분으로 구성된
다. 이 구성에 따라 우리는 먼저 하나님의 피조물로서의 인간이 무엇인가
를 파악하고자 한다.

일반 학문에서 인간은 자연 진화의 우연한 산물로 간주된다. 그러나 기
독교는 인간을 하나님이 지으신 하나님의 피조물이라 믿는다. 인간의 삶
의 근원과 목적은 하나님에게 있다. 이것은 어느 다른 인간학도 말하지 않
는 기독교 신앙의 특유한 내용이다. 자기를 하나님의 피조물로 인정하고,
하나님에 근거하여, 하나님이 지시하는 바에 따라 사는 여기에 인간다운
인간이 될 수 있는 가장 근원적 차원의 "인간적인 것"(*Humanum*)이 있다.

또한 인간은 하나님의 피조물이기 때문에 그의 생명은 하나님의 소유
이다. 세계의 모든 피조물이 하나님의 것이라면(시 24:1), 인간의 생명도 하
나님의 것이다. 하나님의 창조는 태초의 창조에 불과한 것이 아니라 역사
적·계속적 창조를 포함한다. 따라서 역사적으로 생존하는, 또 생존할 모
든 사람의 생명은 하나님의 것이다.

구약성서는 이것을 감각적으로 표현한다. "주님께서 살과 가죽으로 나를 입히시며, 뼈와 근육을 엮어서 내 몸을 만드셨다"(욥 10:11). 인간의 생명은 진화의 우연적 산물이 아니라 궁극적으로 하나님이 주신 것이다. "주님께서 나에게 생명과 사랑을 주시고…"(욥 10:12). 하나님은 모든 사람에게 "생명과 호흡과 모든 것을 주신다"(행 17:25). 이것은 다음과 같은 내용들을 함의한다.

A. 하나님의 기쁨과 사랑의 대상으로서의 인간

1) P 문서에 의하면 하나님이 지으신 피조물은 "하나님 보시기에 좋았다." 이것은 인간에게도 해당한다. 인간도 하나님의 피조물이요 그의 소유이기 때문이다. 한마디로 인간은 하나님의 기쁨과 사랑의 대상이다. 그러므로 하나님은 사랑과 자비, 거룩, 정의 등 자기의 속성들을 인간에게 부여하며, 스스로 결단할 수 있고 자기를 완성해야 할 인격적 존재로 인간을 창조한다. 또 하나님을 대신하여 피조물의 세계를 돌보고 가꾸어야 할 창조의 공동시역자 내지 청지기로 세운다.

인간을 향한 하나님의 기쁨과 사랑은 인간에 대한 하나님의 적극적 돌봄과 배려, 그의 수고와 고난에 드러난다. 구약에서 그것은 출애굽 사건에 대표적으로 나타난다(이 책의 제1권 "신론" 참조). 신약성서에서 그것은 예수의 성육신과 십자가의 고난을 통해 정점에 도달한다.

2) 인간에 대한 하나님의 기쁨과 사랑은 아무런 조건을 갖지 않는다. 그것은 조건이 없는 기쁨과 사랑이다. 모든 인간의 생명 그 자체가 아무 조건 없이 그의 피조물이다. 그러므로 모든 인간은 "인간"이라는 사실 자체에 있어 침해될 수 없는 동등한 가치와 존엄성을 가지며 행복에의 권리를 가진다. 모든 인간이 행복하게 살 수 있어야 한다.

행복하게 사는 길은 무엇인가? 전통적으로 기독교 신학은 하나님을 명상하고 관조하는 데 삶의 참 행복이 있다고 가르쳤다. 특히 신비주의 계열의 신학이 이 점을 강조하였다. 또 많은 현대인들은 돈만 있으면 행복하게 살 수 있다고 생각한다. 물론 이러한 생각들은 타당성을 가지는 동시에 일면성을 가진다. 기독교 신학의 관점에서 우리는 행복의 조건을 다음과 같이 제시할 수 있다.

- 참 행복은 물질적 결핍이 없으며 질병에 걸리지 않고 몸의 건강을 유지할 수 있을 때 가능하다. 물질, 곧 돈은 인간을 인간답게 만들 수 있는 구성적 요소이다.
- 참 행복은 이웃과의 인격적 교통 속에서 인간으로서의 가치와 존엄성을 인정받으며 적절한 노동과 문화생활을 누릴 수 있을 때 가능하다.
- 참 행복은 하나님과의 인격적 관계가 있을 때 가능하다. 이웃과의 인격적 교통과 돈만으로는 부족하다. 하나님을 경외하며 하나님이 지시하는 삶의 의미와 가치와 목적을 깨닫고, 하나님의 목적을 향해 의미 있고 가치 있는 일을 행하며 사는 데 참 행복의 길이 있다.
- 참 행복은 하나님이 창조하신 이웃과 세계를 기뻐하고 감사하게 생각하며, 하나님이 주시는 모든 것을 누리며, 그의 계명을 지키며 사는 데 있다. 삶의 시간도 하나님이 주신 것이다.
- 참 행복은 시민으로서의 의무와 공중도덕을 지키는 동시에 인간으로서의 기본 권리, 곧 생존의 권리, 자유의 권리, 생명 보호의 권리, 종교적 자유의 권리, 자유로운 의사 표현과 집회의 권리, 자유로운 교통의 권리, 노동의 권리, 식생활의 권리, 주거의 권리, 정치와 경제 등의 분야에서 공동 결정의 권리 등을 보장받을 때 참 행복이 가능하다.

이와 같은 포괄적 차원에서 하나님은 모든 인간이 행복하고 기쁘게 살기를 원하며, 그들의 동등한 가치와 존엄성이 회복되기를 원한다. 이를 위해 "생명가치"가 "경제가치보다 중시"되어야 한다(김영선 2003, 253). 구약의 율법에서 우리는 이에 대한 근거들을 발견할 수 있다.

3) 하나님은 인간의 생명을 기뻐하고 사랑하기 때문에 인간의 생명이 폐기되지 않고 존재하기를 원한다. 사랑은 생명의 "없음"을 원하지 않고 "있음"을 원한다. 사랑은 없는 것을 있게 하며 있음을 유지할 수 있는 있음의 힘이다. 하나님은 사랑이다. 그러므로 하나님은 인간의 생명이 "있기를" 원한다. 그는 "생명의 하나님"이다(민 16:22; 27:16; 시 42:8). 예수는 "생명의 떡"이다(요 6:35). 하나님이 성육신 하신 것도 인간의 생명을 살리기 위해서다.

그러므로 구약성서에서 하나님은 인간의 생명에 대한 살상과 억압과 착취를 거부한다. "남을 죽인 사람은 반드시 사형에 처해야 한다"(레 24:17). 다른 사람의 눈을 다치게 한 사람에게는 눈으로, 이를 다치게 한 사람에게는 이로 갚아야 한다(출 21:23). 인간의 생명은 하나님이 기뻐하고 사랑하는 하나님의 소유이기 때문에 보호되고 장려되어야 한다. 율법은 이를 위해 인간은 서로 사랑과 자비를 베풀고 정의를 세워야 한다고 가르친다. "많은 성서의 텍스트들이 가난한 자, 특히 과부와 고아, 이방인들의 인권과 생존권이 보호받고 있는지에 대해 주의를 집중하고 있다"(권진관 1992, 420).

요즘 한국 사회에서 자살이 큰 사회적 문제가 되고 있다. 2007년 한 해에 자살한 사람의 수는 13,407명에 달한다. 하루 평균 36.7명이 자살한 셈이다. 이것은 경제협력 개발기구(OECD)에 속한 국가들 가운데 가장 높고, 전체 평균(11.2명)의 두 배에 이른다. 부모와 자식을 하나로 보는 가족 중심적 사고가 강하기 때문에 일가족 동반 자살이 자살 3건 가운데 1건이다(「중앙일보」, 2008. 9. 9., 11면). 자살은 상당 부분 사회 양극화를 초래한 천민 자본주의의 결과이며, 이에 대한 책임은 사회 전체에 있다. 그러나 원인이 어디에 있든 자살은 생명에 대한 하나님의 기쁨과 사랑, 그의 소유권에 모순된다. 특히 어린이를 포함한 일가족 동반자살은 하나님의 마음을 아프게 한다.

4) 모든 인간의 생명이 하나님의 소유라면 땅 위에 있는 모든 인류는 한 형제자매다. 이것은 인류학적으로도 증명된다. 여자와 남자, 딸과 아들, 가난한 자와 부유한 자, 사회적 위치가 높은 자와 낮은 자, 백인종과 유색 인종 등 땅 위에 있는 모든 인간의 생명은 평등하며 자유롭다(갈 3:28). 그들은 평등한 자유와 생명에의 권리를 가진다.

그러므로 어떤 사람도 다른 사람의 소유물이 될 수 없다. 인간에 의한 인간 생명의 소유, 억압과 착취, 모든 형태의 차별 대우는 하나님의 소유권에 대한 침해인 동시에 생명에 대한 죄악이다. 인신매매와 강제노동은 하나님의 뜻에 어긋난다. 아들과 결혼한 여성을 그 가정의 소유물처럼 생각하고 종(從)처럼 부려먹는 것도 마찬가지다. 생명에 대한 인간의 권리는 평등하게 인정되고 존중되어야 한다.

5) "43m² 임대아파트 세입자는 한 달에 10만원인 임대료를 3년간이나 못 냈다. 그러자 아파트관리사무소 측은 강제집행을 신청했다. 강제집행을 위해 현장에 나간 기씨(법원 강제집행관)의 눈에 여중생 교복 한 벌이 들어왔다. 벽에 걸려 있었다. 기씨는 채권자인 아파트 관리소 직원에게 명도집행을 좀 늦추자고 도리어 '부탁'을 했다. '아이가 갑자기 자기 방이 없어져 버린다면 그 여린 마음이 다치지 않을까요?'라는 말로 며칠만 시간을 달라고 한 것이다. 관리인도 '딸 생각이 난다'며 승낙을 했다"(「중앙일보」, 2008. 9. 19., 10면).

어느 강제집행관의 이 일지는 인간의 생명에 있어 물질이 얼마나 중요한가를 보여준다. 인간의 생명이 유지되고 가치와 존엄성을 유지할 수 있기 위해서는 무엇보다 먼저 굶주린 배를 채울 수 있어야 한다. 최소한의 물질적·경제적 조건이 갖추어져야 하며, 이것을 가능하게 하는 정의로운 사회 경제적 질서가 있어야 한다. 포이어바흐가 얘기하듯이 배 속에 아무것도 없으면 머릿속에도 아무것도 없게 된다. 먹을 것이 눈에 보일 뿐이다.

성서도 인간 생명의 물질적 측면을 중요시한다. 그래서 하나님은 이스라엘 백성에게 "젖과 꿀이 흐르는 땅"을 약속하며, 예수는 장정만 5천 명이 넘는 사람들에게 먹을 것을 공급한다. 힘없고 가난한 사람들의 울부짖는 소리가 하나님께 들리지 않도록 해야 한다. 귀를 막아 가난한 자의 부르짖는 소리를 듣지 아니하면 자기가 부르짖을 때에도 들을 자가 없을 것이다(잠 21:13). 종의 해방에 관한 구약 율법의 계명들, 안식일, 안식년, 희년의 계명, "이스라엘의 잃어버린 자들"을 찾는 예수의 하나님 나라 운동은 사회적 약자의 가치와 존엄성에 대한 하나님의 관심과 염려를 예증하며, 이들의 존엄성이 법적으로 보장되어야 함을 시사한다(김영진 2005, 7-29). 하나님은 모든 인간의 존엄성이 유지되기를 원한다. 그들은 하나님이 기뻐하고 사랑하는 그의 소유이기 때문이다.

그러나 정의로운 사회 경제적 질서와 물질의 풍요로움이 있음에도 불구하고 존엄스러운 사람이 되지 못하는 경우가 허다하다. 오히려 사치와 타락과 향락 속에서 "짐승보다 못한 인간"이 되기도 하고 삶의 무의미를 견디지 못해 자살해버리는 사람들도 있다. 도스토예프스키의 작품 『카라마조프가의 형제들』에 나오는 아버지 표도르는 이러한 인간의 모습을 보여준다.

인간이 참으로 가치있고 존엄스러운 사람, 사람다운 사람이 되기 위해서는 필요한 물질과 너불어 하나님과 그의 말씀이 그에게 있어야 할 것이다. 창조자 하나님과 이웃을 경외하는 마음이 있어야 한다. 사람이 떡으로만 살 것이 아니라 하나님의 말씀으로 살아야 한다는 예수의 말씀이 이를 시사한다.

B. 관계적 존재로서의 인간과 그의 개체성

현대사회의 한 가지 심각한 문제는 개인주의 내지 개체주의에 있다. 인간이 자기가 속한 공동체와 역사로부터 소외되어 고립된 개체로 살아가는 것이 현대사회의 전반적 추세라 말할 수 있다. 이웃 사람이 죽어도 알지 못하며, 직장의 동료들은 경쟁대상으로밖에 보이지 않는다. 근대 산업사회의 등장과 함께 생성된 이러한 개체주의는 자기의 존재가 이웃과 자연 환경에 의존한다는 사실을 망각하고, 자기 바깥에 있는 모든 것을 정복해야 할 대상으로 보는 공격적 인간상과 윤리관을 초래한다. 그것은 인간 자신을 고독하게 만드는 동시에 인간 세계의 적대관계를 유발한다.

1) 이러한 개인주의나 개체주의에 반해 성서는 인간을 관계적·공동체적 존재로 파악한다. "인간의 본질이 무엇인가(what) 하는 것은 인간이 어떻게(how) 물질적 차원에서, 생물적 차원에서, 심리사회적 차원에서, 종교철학적 차원에서, 자기를 형성하며 관계 맺는가에 따라 결정된다"(김경재 2000, 16). "우리는 곧 우리의 관계성들이다"(이정배·이은선 1993, 316).

우리는 먼저 인간의 관계적·공동체적 본성에 대한 신학적 근거를 하나님의 삼위일체에서 발견한다. 하나님의 삼위일체는 성부·성자·성령이 구별되지만 한 몸을 이루고, 서로 의존하면서 삶의 모든 것을 함께 하는 관계성 또는 공동체성을 가리킨다. 달리 말해 그것은 하나님의 사랑을 가리킨다. 인간은 이 삼위일체 하나님의 피조물이다. 따라서 인간의 참 존재 혹은 인간의 본성(Humanum)은 공동체적 관계성에 있다.

예수는 삼위일체 하나님의 공동체적 관계성을 계시한다. 주후 451년에 칼케돈 공의회는 예수를 가리켜 "참 하나님, 참 인간"(vere Deus, vere homo)이라 고백하였는데, 이 고백은 예수가 계시하는 공동체적 관계성의 두 가지 측면을 나타낸다. 즉 하나님과 한 몸 된 공동체의 관계성과 피조물과 한 몸 된 공동체의 관계성을 나타낸다. 우리는 이 예수에게서 하나님이 창조한 인간의 본성을 발견한다. 하나님이 창조한 인간은 관계적·공동체적 존재이다. 하나님의 공동체적 존재 안에서 그는 이웃과 더불어 삶을 나누며 살아야 할 존재로 창조되었다.

동양 문화권도 일찍부터 인간을 관계적 존재로 파악하였다. "한자어인 '인간'人間이란 말 자체가 문자 그대로 풀이하자면 '사람의 사이'를 뜻하는 것이고, '사람人'자도 두 개의 기둥이 서로 기대어 얽혀 있는 것을 상징하여 조형된 상형문자"이다. "또한 사회라는 개념을 정의함에 있어서도 '둘 이상의 사람이 이루는 관계'라는 표현"으로서, "'관계'는 인간의 사회를 이루는 핵심적인 것"이다(정재현 1999, 66).

성서의 창조신앙에 의하면 인간은 먼저 하나님과 한 몸 된 공동체의 관계 속에서 살아야 할 존재로 창조되었다. 바로 여기에 기독교 인간학의 기본적 특징이 있다. 인간이 참 인간이 되는 길(Humanum)은 하나님과의 관계성에 있다. 곧 창조자 하나님을 인정하고 경외하며, 하나님의 말씀을 듣고 그의 은혜에 응답하며 사는 데 있다. 모든 것을 자기의 능력으로 획득한 자기의 소유로 생각하지 않고 하나님께서 주시는 은혜로 생각하며 감사와 기쁨 속에서 살아가며, 자기중심적 욕망을 따르지 않고 하나님의 의지를 따르는 데 있다. "협력과 섬김의 삶을 살도록 인간을 부르는 살아 계신 하나님은 인간에게 말씀하며, 이를 통해 인간은 자유로운 행위자, 역사의 주체가 된다. 인간이 된다는 것은 하나님의 은혜로운 말씀에 자유로운 순종으로 반응함을 의미한다"(Migliore 2012, 250).

인간의 가장 기본적 욕구는 죽지 않고 자기의 생명을 유지하고자 하는 데 있다. 이 욕구를 충족시키기 위해 가장 일차적으로 필요한 것은 굶주린 배를 채우는 일이다. "수염이 석자라도 먼저 먹어야 한다"는 격언은 이 것을 말한다. 그러나 인간은 배가 부르다 하여 자기의 삶에 만족하지 않는다. 굶주림의 문제가 해결되었을 때, 그는 삶의 참 가치와 의미와 목적에 대해 질문한다. 가난하고 굶주릴 때는 소유를 얻는 것이 일차적 과제로 생각되지만, 충분한 소유를 얻은 다음에는 그 소유가 우리에게 삶의 참 의미와 보람과 기쁨을 주지 못한다는 것이 인간의 삶의 보편적 진리다. 명품을 걸치고 다닌다 해도 마찬가지다. 무엇 때문에, 무엇을 위해 살아야 하는가에 대한 질문이 그의 의식 속에 언제나 숨어 있다. 왜 그럴까?

그 이유는 인간이 생명의 근원이신 하나님의 피조물이기 때문이다. 자기의 생명의 근원이신 하나님과 한 몸 된 공동체의 관계 안에 있을 때, 인간은 죽음의 한계를 넘어서는 삶의 참 의미와 목적을 발견하게 되고, 참 구원과 희망을 발견할 수 있다(시 62:5-6 참조). 인간이 존엄성 있는 존재가 될 수 있는 길도 여기에 있다. 하나님과 한 몸 된 공동체의 관계성을 파기할 때 인간은 삶의 참 의미와 목적과 가치와 존엄성을 상실한 비인간이 될 수 있다. "어리석은 사람은 마음속으로 '하나님이 없다' 하는구나. 그들은 한결같이 썩어서 더러우니, 바른 일 하는 사람 아무도 없구나"(시 53:1).

2) 인간은 하나님과 한 몸 된 관계 안에서 사는 동시에 이웃과 한 몸 된 관계 안에서 살아야 할 존재로 창조되었다. 하나님과의 공동체적 관계성과 이웃(=세계)과의 공동체적 관계성이 인간의 존재(Humanum)를 구성한다. 인간은 고독한 개인이 아니라 이웃과 대화하고 친교를 나누며, 예의와 예절을 지키고 상호 의존 속에서 살아야 할 존재로 창조되었다. 이웃은 그에게 하나님의 은혜요 축복이다. 이웃을 통해 우리는 더불어 살아가는 삶의 기쁨을 경험할 수 있고 삶의 지혜를 얻을 수 있다. 태어난 지 얼마 안 되는 어린 아기가 친구를 보며 좋아하는 모습에서 우리는 이웃과 더불어 살고자 하는 인간의 "자연"을 볼 수 있다. 참으로 우리의 삶을 풍요롭게 하는 것은 더 많은 소유와 소비와 쾌락이 아니라 이웃과의 친교 속에서 공동체에 유익한 가치있는 일을 행하는 데 있다. 인간의 생명의 근원은 그를 창조한 선하신 하나님에게 있기 때문이다.

인간이 어머니의 태(胎)에서 태어나는 것, 목숨을 유지하기 위해 매일 음식물을 섭취하는 것 자체가 관계적 사건이다. 음식물을 먹을 때 그는 이웃과 관계한다. 음식물을 "먹는다"는 것은 정보를 전달받는 사건이다. 음식물을 생산한 땅과 물과 햇빛과 농업 종사자, 생산된 음식물의 저장과 유통에 관한 정보, 음식물의 요리와 수고들이 우리에게 전달된다. 음식물을 먹을 때 우리는 사실상 이 정보들을 함께 먹는다. 그리고 우주적 정보 공동체와 연대한다.

관계의 본질은 사랑과 정의에 있다. 관계를 가진다는 것은 "알고 지낸다", "서로 정보를 교환한다"는 차원을 넘어 사랑의 영(靈) 안에서 삶을 함께 나누며 더불어 사는 것, 운명을 같이 하는 것을 말한다. 운명을 같이 하는 데 참 사랑이 있고 관계의 본질이 있다. 인간이 하나님의 피조물이라는 것은 관계적·공동체적 존재로서 하나님과 이웃과 자연의 피조물과 운명을 같이하며 더불어 사는 삶의 질서를 가리킨다. 따라서 인간의 인격성이란 관계적·공동체적 인격성이다. 그의 주체성이란 고립된 내면의 개체적인 것이 아니라 관계와 상호작용 속에 있는 "상호 주체성" 혹은 공동체적 주체성이다(Moltmann 1991, 37).

여기서 우리는 인간의 존재를 구성하는 두 가지 측면을 발견한다. 즉 인간은 하나님과 한 몸 된 관계 안에서 살아야 할 존재인 동시에 이웃과 한 몸 된 관계 안에서 살아야 할 존재이다. 하나님과의 공동체적 관계성과 이웃과의 공동체적 관계성이 그의 존재를 구성한다. 참 인간이 되는 길은 이 두 가지 관계성을 지키는 데 있다. 달리 말해 마음과 뜻과 정성을 다해 하나님을 사랑하는 동시에 하나님이 사랑하는 이웃을 자신의 몸처럼 사랑하는 데 있다(마 24:37-40).

물론 두 측면은 대등하지 않다. 하나님과의 공동체적 관계성이 이웃과의 공동체적 관계성에 대한 근거가 되며, 후자는 전자를 통해 가능하게 되기 때문이다. 그러나 하나님과의 공동체적 관계는 이웃과의 공동체적 관계없이 존재하는 것이 아니라 이웃과의 공동체적 관계를 통해 구성된다. 하나님과의 관계가 이웃에 대한 그의 관계를 결정하며, 이웃에 대한 그의 관계가 하나님과의 관계를 구성한다. 여하튼 인간은 이 두 가지 측면의 긴장관계 안에서 살아야 할 존재이다.

성서가 말하는 "이웃"에는 자연의 피조물도 포함된다. 인간은 자연 안에서, 자연과 더불어, 자연에 의존하며 살도록 창조되었다. 자연은 인간의 생명을 가능케 하는 조건이요 인간의 이웃이다. 양자는 사실상 운명 공동체 안에 있다. 자연에 대한 인간의 관계가 하나님 관계를 구성한다.

하나님이 사람을 여자와 남자로 창조하였다는 것은 공동체의 관계 속에서 살아야 할 인간의 존재를 가리킨다. 곧 깊은 사랑 안에서 하나가 되어 서로 의존하며 삶을 함께 나누며 살아야 할 인간의 성적 구별성을 나타내는 동시에 인간의 공동체적 관계성, 곧 사회성을 가리킨다. 여자를 남자의 갈비뼈로 만들었다는 창세기 2:22의 이야기는 고대인의 전설에 속한다. 그것은 남녀의 우열관계를 묘사하는 것이 아니라 남녀의 분리될 수 없는 동질적 관계성을 묘사한다. "여성이 남성의 '결맞는 돕는 자', 즉 '에제르 케네그도'로 창조되었다"는 것은 "남자와 여자가 서로에게 합당한 평등한 파트너였다는 것을 나타낸다"(이경숙 2005, 29). "남자"(히브리어 이쉬: אִישׁ, isch)로부터 온 "여자"라는 이름(이샤: אִשָּׁה, ischah)은 "남자와 여자의 존재적 동일성"을 보여준다(이은애 2005, 53).

칼 바르트는 인간의 상호 존재성과 남녀의 상호 공존을 인정하지만, 남자와 여자의 관계를 상하의 관계로 본다. 즉 남자가 위에 있고 여자는 아래에 있으며, 남자는 결정하고 여자는 그 결정을 따라야 할 존재로 본다. 그러나 삼위일체 하나님의 빛에서 볼 때 양자의 관계는 위와 아래, 명령과 복종의 위계질서가 아니라, 서로 구별되지만 나누어지지 않고 서로의 존재에 침투하여 한 몸을 이루는 공동체의 관계라 말할 수 있다. 이 관계 속에는 명령과 복종이 아니라 함께 말하고, 듣고, 함께 일하고, 예의를 지키고, 삶의 모든 것을 함께 나누고, 상대방을 자발적으로 섬기고 자기를 희생하는 사랑과 평등이 있다. 여자와 남자가 함께 하나님의 형상으로 창조되었다. 그들은 그리스도 안에서 모두 하나이다(갈 3:28).

여자와 남자의 관계는 모든 인간관계에 해당한다. 남녀의 관계는 "한 몸 됨의 관계" 속에서 더불어 살아야 할 모든 인간관계의 원형이다. 그들은 모두 한 하나님의 피조물로서, 하나님의 창조 공동체 안에서 서로 의존한다. 나 혼자 살 수 있는 사람은 아무도 없다. 나의 운명이 너의 운명에, 너의 운명이 나의 운명에 영향을 준다. 너와 나는 사실상 운명 공동체 안에 있다. 운명 공동체가 깨어지고 사회 양극화가 심해질 때 자살과 살인과 각종 사회범죄가 일어나고, 사회는 멸망의 길을 걷게 된다.

성서의 빛에서 볼 때 인간과 하나님, 인간과 이웃의 공동체적 관계성은 유기체적 관계성으로 이해될 수 있다. 하나님의 사랑은 유기체적 일체성(unity, 한 몸 됨)을 뜻하기 때문이다. 인간은 하나님과 이웃과 유기체적 관계 안에 있다. "모든 것은 모든 점에서 모든 것과 연결되어 있다"(Boff 1996, 15). 유기체적 관계 속에서 이들은 삶을 함께 나누며 공동의 역사를 이루어나간다. 김흡영 교수가 제의하는 "신·우주·인간(삼태극)의 묘합"은 하나님, 인간, 자연의 유기체적 관계성을 역동적으로 설명한다(김흡영 2004, 185).

우리 인간은 삼위일체 하나님의 관계적 존재·공동체적 존재로 창조되었기 때문에 우리는 우리 바깥에 다른 피조물들이 있음을 인정하고, "적으로서 존재했던 다른 사람 역시 나의 환경의 일부를 이루고 있다는 사실을" 수용해야 한다. "모든 사물이 내적으로 상호관계성 속에 있으며 따라서 환경과 더불어 조화롭게 살아갈 수 있는 인간 본성에 대한 새로운 이해가 우리 문화의 근거가 되고, 새로운 토대가 되어야 한다.…이웃과 자연과 미래가 함께 어우러져야 한다는 이런 의식의 전환이야말로 사물의 진리…이며, 사물의 내적인 진리와 우리를 결합되게 하는 것이며,…사물의 내적 본성과 더불어, 즉 진리와의 사실적 만남을 도와주게" 한다(이정배·이은선 1993, 24, 25). 오늘의 생태학적 위기 속에서 인간의 관계적·공동체적 존재를 강조하는 것은 긴요한 시대적 요청이다.

3) 그러나 여기서 우리가 간과할 수 없는 한 가지 사실은 인간이 관계적·공동체적 존재인 동시에 자기를 자기 바깥의 모든 것에서 구별하고 자기의 자기 됨, 곧 개체성을 추구하는 존재라는 사실이다. 여기서 우리는 인간의 존재를 구성하는 **첫째 양극성**(Polarität)을 발견한다. 인간은 관계적·공동체적 존재인 동시에 자기를 모든 것에서 구별된 개체로 의식하는 개체적 존재다. 그는 관계적·공동체적 존재인 동시에 모든 것에서 자기를 구별하며 자기를 자기로 의식하는 자기의식적 존재다.

자기의식이 있기 때문에 인간은 자기를 자기로 주장하고 그 사회의 대중적 추세와 거짓에 대하여 "아니오!"라고 말할 수 있다. 그는 나의 "나 됨"을 추구하며, 단 하나밖에 없는 자기의 가치와 존엄성을 의식한다. 그는 개체적 존재로 구별되기 때문에 스스로 결단할 수 있는 능력을 가지며 자신의 결단과 행동에 대해 책임을 짊어져야 할 존재로 규정된다. "나는 나다. 나는 너의 한 부분만은 아니다 하고 맞섬으로 생명은 거룩한 것이다" (함석헌 1999, 317).

종합적으로 말해 인간의 존재는 공동체적 관계성과 개체적 구별성이란 양극의 교차 속에서 형성된다. "다름(개별성)과 관계는 인격을 이루는 핵심 개념이다"(정홍열 2000, 204). 인간은 자기를 이웃으로부터 구별하는 동시에 이웃과 관계를 맺는다. 타자의 존재에 참여하는 동시에 타자로부터 자기를 구별하고, 구별하는 동시에 참여한다. 그는 "개체성과 관계성의 입체적 얽힘"이다. 개체적 존재로서 그는 자기의 "다름"을 추구하고, 공동체적·관계적 존재로서 그는 "같음"을 추구한다. 양자의 경계는 "불확정적"이다(정재현 1997, 102).

틸리히가 말하는 "개체화와 참여"(Individualisation und Partizipation)는 구별과 관계의 복합적 관계를 말한다. 그러나 개체화와 참여는 깨끗하게 둘로 나누어진 상태에서 "갈등관계"(Konflikt)에 있지 않다. 개체화는 참여 속에서 일어나고, 참여는 개체화 속에서 일어난다. 나의 "나 됨"은 공동체적 관계성 안에서 이루어지며 그것에 침투되어 있다. 거꾸로 공동체적 관계성은 각자의 "나 됨"에 기초하며 그 속에 침투되어 있다. 나의 "나 됨"을 추구하는 개체가 사회를 구성하고, 사회가 개체의 "나 됨"에 영향을 준다.

인간 존재의 양극성은 인간을 창조한 하나님의 삼위일체에 근거한다. 성부·성자·성령은 각자의 특성을 가진 위격으로 구별되는 동시에 한 몸 된 공동체의 관계에 있으며, 공동체의 관계에 있는 동시에 각자의 독특한 위격을 통해 구별된다. 일치(=한 몸 됨) 속에서 구별되고, 구별 속에서 일치한다. 우리는 일치와 구별, 구별과 일치의 변증법적 관계를 사랑으로 말할 수 있다. 하나님의 삼위일체는 바로 이 사랑을 말한다.

인간은 사랑이신 하나님의 피조물이다. 그는 하나님의 생명의 숨을 통해 살아 움직이게 되었다(창 2:7). 그의 생명의 힘은 하나님의 생명의 숨을 통해 유지된다. 따라서 인간의 생명의 본질은 자기 구별성에 기초한 사랑에 있다. 인간을 인간답게 하는 것(*humanum*)은 단지 "먹는 것"에 있는 것이 아니라, 자기를 자기로 의식하면서 슬퍼하는 자들의 슬픔을 함께 하고, 아픈 자들의 아픔을 함께 느낄 수 있는 사랑에 있다. 우리는 이것을 자녀에 대한 어머니의 사랑에서 볼 수 있다. 어머니는 자녀로부터 구별된다. 그러나 어머니는 자기의 몸 속에 10개월이나 있었던 자녀의 생명과 자기를 일치시키고, 자녀의 생명을 위해 자기를 희생한다. 자녀에 대한 어머니의 사랑이 어머니의 생명을 강인하게 만든다. 사랑이 생명의 힘이다. 참생명, 곧 영원한 생명은 "하나님의 영원한 사랑에 거하는" 데 있다(김영선 2003, 249).

또한 인간은 자기 자신을 사랑해야 한다. 우리의 생명은 단 한 번밖에 없는 하나님의 귀중한 선물이기 때문이다. 인생이 아무리 괴로울지라도 자기 자신을 귀중히 여기고 "하나님 보시기에 좋은" 생명, 곧 하나님과 이웃과 자연의 피조물들이 기뻐하는 사람이 되어야 한다. 자기의 존재를 벌레보다 못한 무가치한 존재로 만들지 않고 가치있는 존재로 만드는 데 삶의 참 기쁨과 의미가 있다. 그는 하나님께서 "존귀하고 영화로운 왕관을 씌워 주신" "하나님의 형상"이다(시 8:5; 창 1:26). 그는 하나님의 아들 예수의 "친구"다(요 15:15).

C. 하나님에게서 구별되는 유한한 존재로서의 인간

사랑의 관계는 쌍방의 구별을 전제하는 동시에 유사성을 전제한다. 만일 사랑하는 쌍방 사이에 유사성이 전혀 없다면 사랑의 관계는 불가능하다. 따라서 하나님이 사랑하는 인간은 하나님과 유사성을 가진다. 물론 "우리 인간은 신적인 존재가 아니다. 신성에 있어서는 유사성이 없다"(이문균 2005, 194). 그러나 인간은 사랑과 자비, 정의, 진실, 성실 등의 속성을 하나님과 공유한다. 삼위일체 하나님과 마찬가지로 인간도 인격성과 관계성을 그의 본질로 한다. 하나님이 사람을 좋아하고 기뻐하는 것처럼 사람도 사람을 기뻐하고 좋아하는 본성을 가진다. 그래서 갓난 아기들도 같은 또래의 친구를 좋아하고 기뻐한다. 외로운 산 속에서 사람을 만날 때 우리는 그 사람을 기뻐한다.

하나님과 인간 사이에 속성의 유사성이 있기 때문에 하나님과 인간 사이의 친교와 사랑이 가능하며, 인간은 자기의 이웃에게 "하나님을 닮은 사람", 곧 "하나님의 형상"이 될 수 있다. 그는 피조물들 가운데 하나님과 인격적 교통을 가질 수 있고 하나님의 구원과 새 창조의 역사에 참여할 수 있는 유일한 존재다. 그는 하나님과 유기체적 관계성 안에 있다. 개신교 정통주의 신학이 말하는 하나님의 "공유적 속성"이 이를 암시한다.

이와 같이 성서는 인간을 하나님과 유기체적 관계 안에서 하나님을 닮은 존재, 또 하나님을 닮아야 할 존재로 보는 동시에 하나님과 인간을 엄격히 구별한다. 인간은 창조자가 아니라 피조물이다. 하나님은 영원 전부터 계신 반면, 인간은 하나님의 창조를 통해 비로소 있게 된 존재, 곧 시간적 시작을 가진 존재다. 하나님은 하늘에 계신 반면, 인간은 땅 위에 있다. 하나님은 시간과 공간의 제약을 넘어서는 존재인 반면, 인간은 시간과 공간의 제약을 벗어날 수 없는 존재다. 곧 인간은 과거와 현재와 미래에 동시적으로 있을 수 있는 존재가 아니라, 현재의 이 순간에만 있을 수 있는 존재다. 그는 공간적으로 여기에도 있고 저기에도 있을 수 있는 존재가 아니라, 지금 이 순간 여기에만 있을 수 있는 존재다. 이런 뜻에서 인간은 시공간적으로 제약된 존재다. 하나님은 영원히 존재하는 반면, 인간은 언젠가 죽을 수밖에 없는 유한한 존재다. 그의 삶의 시간은 한정되어 있다. 그는 흙에서 와서 흙으로 돌아갈 수밖에 없는 "육"(basar)이다.

여기서 우리는 인간의 존재를 구성하는 **둘째 양극성**을 발견한다. ① 인간은 부분적으로 하나님의 속성을 가진 하나님의 자녀요 친구다. 그들은 "모두 신들이고, 가장 높으신 분의 아들들"이다(시 82:6). ② 이와 동시에 인간은 하나님에게서 구별되며 언젠가 죽을 수밖에 없는 허무하고 유한한 피조물이다. P 문서의 창조 이야기는 첫째 극을 다음과 같이 묘사한다. 인간은 하나님을 대리하여 피조물의 세계를 관리하고 다스려야 할 하나님의 형상이다. 그는 자연의 피조물에 대해 하나님을 닮은 존재, 곧 하나님의 속성을 가진 존재가 되어야 하며 이러한 존재로서 이들과 관계해야 한다. 이에 반해 J 문서는 둘째 극을 이야기한다. 인간은 흙에서 만들어진, 그러므로 흙에 속한 존재, 곧 언젠가 죽을 수밖에 없는 유한하며 연약한 존재다. 그의 생명의 힘은 하나님에게서 온다(창 2:7; 시 104:27, 30). 하나님이 그의 생명의 호흡을 거두실 때, 그는 죽어서 흙으로 돌아갈 수밖에 없다(시 104:29).

어떤 사람들은 죄의 타락 이전의 인간은 죽지 않고 영원히 사는 존재였는데, 죄의 타락으로 말미암아 죽을 수밖에 없는 유한한 생명이 되었다고 말한다. 그러나 J 문서는 "타락하기 이전에도 (인간은) 흙에서 와서 흙으로 돌아가는 가사적 존재로 지음 받았다"는 것을 시사한다. ① "인간이 죽는 것, 즉 인간의 가사성(可死性)이 타락에 대한 형벌이었다면…창세기 2장 17절은 '너는 죽을 것이다'가 아니라 '너는 가사적(可死的) 존재가 될 것이다'가 되어야 할 것이며, 뿐만 아니라 금단의 열매를 먹은 직후인 창세기 3장 7절에서는 '아담과 그의 아내는 죽었다'라는 기록이 나타나야 할 것이다", ② 생명나무에로의 접근을 금지하는 하나님의 명령(창 3:22, 24), ③ "결정적인 본문의 내적 증거는 인간(땅의 먼지)이 받은 '숨'(네샤마)은 하나님의 숨(니슈마트 엘로힘)이 아니라!! '생명의 숨'(니슈마트 하임)이라는 데 있다." 결론적으로 "인간 생명의 본질이 타락하기 이전에는 '영원성'을 지니고 있었다고 보는 것은 성서의 문맥과 일치하지 않는다"(김이곤 2005, 9-10).

인간의 유한성 자체는 결코 하나님의 벌이 아니다. 그것은 하나님의 창조질서에 속한다. 하나님은 유한한 존재로서의 인간을 창조하며, 바로 이 인간을 사랑하며 그와 교통을 나누고자 한다.

고대세계에서는 물론 현대세계에서도 특정 인물의 신격화가 끊임없이 일어난다. 이집트, 중국, 인도, 로마 등 고대 문화권에서 황제의 신격화는 보편적 현상이었다. 이른바 천황의 신격화는 지금도 계속되고 있다. 특정 종교집단의 교주가 자기를 신격화시키고 갖가지 비리를 행하는 일이 지금도 일어난다.

그러나 성서가 이야기하는 인간의 유한성은 인간의 신격화를 거부한다. 무한한 하나님 앞에서 모든 인간은 하나님의 유한한 피조물에 불과하다. 어떤 사람도 무한한 신적 존재가 아니다. 비록 하늘의 계시를 받았다 할지라도, "너는 사람이요 신이 아니다"(겔 28:2). 모든 인간은 모두 바람에 날리는 가벼운 "입김"에 불과하다(시 62:9). 우리는 모두 "티끌"에 불과하며, "인생은 그 날이 풀과 같고 피고 지는 들꽃 같아, 바람 한 번 지나가면 곧 시들어 그 있던 자리마저 알 수 없는 것이다"(103:14-15). "모든 육체는 풀이요, 그의 모든 아름다움은 들의 꽃과 같을 뿐이다"(사 40:6; 벧전 1:24).

성서가 말하는 인간의 유한성과 허무함은 하나님 없는 인간의 교만과 불의와 죄를 통해 더욱 강화된다. 인간은 "하나님보다 조금 못한", "존귀하고 영화로운 왕관을 쓴" 영광스러운 존재이다. 그러나 하나님 없는 인간은 죄로 말미암아 자기를 "구더기 같은 사람, 벌레 같은 인간"으로 만들어버린다(욥 25:6). 부자는 그가 가진 부와 영광을 자랑하지만 그것은 "풀의 꽃과 같이 사라질 것이다." 이것은 "해가 떠서 뜨거운 열을 뿜으면, 풀은 마르고 꽃은 떨어져서 그 아름다운 모습은 사라지는" 것과 같다(약 1:10-11). 누가복음 12:13-21의 "어리석은 부자의 비유"는 하나님 없는 인간의 교만과 죄, 그리고 인간의 유한성의 긴밀한 관계를 나타낸다.

인간의 삶의 지혜는 자기의 유한성을 받아들이는 데 있다. 자기의 유한성을 인식할 때, 인간은 하나님과 이웃 앞에서 겸손하게 되고, 하나님과 이웃을 경외하는 사람이 될 수 있다. 본질적이며 가치있는 것은 무엇인지, 무엇을 위해, 무엇 때문에 살아야 할 것인지를 생각하게 된다. 눈에 보이는 것을 최고의 가치로 생각하지 않으며, 연약한 생명들을 배려하는 삶의 겸손과 성숙함을 배울 수 있다.

하나님은 언젠가 죽을 수밖에 없는 인간에게 영원한 생명을 약속한다. 삼위일체 하나님과 이웃을 섬기며 사는 사람은 "죽어도 영원히 살 것이다"(참조. 요 8:51-52; 10:28; 11:25). 영원한 생명의 길은 정력보강제를 먹고 사치와 쾌락 속에서 생명의 시간을 가능한 길게 연장시키는 데 있는 것이 아니라, 자기의 피조물 됨과 유한함을 인정하고 하나님과 이웃을 경외하며, 예수 그리스도의 뒤를 따르는 데 있다. 기독교 신앙의 입장에서 볼 때, 인간이 인간답게 되는 길이 여기에 있다. 영원은 시간의 길이(Endlosigkeit)가 아니라 삶의 깊이와 질(質, Ewigkeit)에 있다.

D. 삶의 참 가치와 행복은 무엇인가?

많은 학자들이 말하는 것처럼 인간의 가장 기본적인 욕구는 자기의 생명을 유지하고자 하는 욕구이다. 이 욕구는 살아있는 모든 생명들의 공통된 욕구이다. 땅 위에 있는 아무리 작은 생명체일지라도 자기의 생명을 유지하려고 한다. 그래서 땅바닥에 놓여 있는 돌을 들어올리면 그 밑에 있는 지렁이들이 꿈틀거리는 모습을 볼 수 있다. 지렁이의 꿈틀거림은 자기의 생명을 유지하려는 지렁이의 욕구의 표현이다. 긍정적으로 말한다면 그것은 생명에의 욕구의 분출이요, 죽이지 말고 살려달라는 애절한 간청의 표현이다.

왜 모든 생명들은 죽지 않고 살고자 할까? 자기의 생명을 유지하고픈 이 욕구는 어디로부터 오는가? 우리는 이 질문에 대한 대답을 발견할 수 없을 것 같다. 단지 생명과 함께 주어진 하나의 자연현상이라고 말할 수밖에 없을 것 같다.

신학적으로 설명한다면, 자기의 생명을 유지하려는 모든 생명의 욕구는 생명의 세계를 유지하고자 하는 하나님의 의지로부터 오는 것이라 말할 수 있을 것이다. 하나님이 생명의 세계를 창조하였다. 그는 이 세계를 사랑한다. 그러므로 하나님은 모든 생명이 죽지 않고 살기를 원하며, 생육하고 번성하기를 원한다. "생육하고 번성하여 땅에 충만하여라"(창 1:28).

물질론자들이 주장하는 것처럼 생명을 유지하기 위해 가장 먼저 필요한 것은 음식물을 먹는 데 있다. 굶주린 배를 채우는 데 있다. 그 다음에 배설할 수 있어야 한다. 먹지 못해도 죽지만 배설하지 못해도 죽는다. 그러나 배설보다 먹는 것이 앞선다. 먼저 먹어야 배설할 것이 생기기 때문이다. 생명의 이러한 현상은 물질론자들이 주장하는 모든 생명의 부인할 수 없는 진리다.

먹기 위해서는 먹을 수 있는 음식물이 있어야 한다. 음식물을 얻기 위해서는 돈이 있어야 한다. 그래서 사람들은 누구를 막론하고 돈을 얻기를 원한다. 대학을 졸업한 젊은이들이 처절한 취직경쟁을 하는 이유도 여기에 있다. 돈을 벌어 먼저 굶주림을 피하고 자기의 생명을 유지하기 위해서다. 문화생활은 그 다음에 온다.

그런데 자연의 짐승들은 배가 부르면 그것으로 만족한다. 사나운 호랑이나 사자도 배가 부르면 그 옆에 있는 다른 생물들을 거들떠보지도 않는다. 먹은 것이 소화되고 배고픔을 느낄 때 그들은 다시 포획물에 관심을 갖기 시작한다. 그러나 인간은 배가 부른 것으로 만족하지 않는다. 그는 자기의 생명을 보다 더 안전하고 확실하게 유지하기 위해 더 많은 돈, 더 많은 소유를 축적해 두고자 한다. 더 많은 돈과 소유가 축적되어 있을 때 그는 안전하고 행복하게 살 수 있으리라 생각한다. 그래서 이 세계의 생물들 가운데 오직 인간만이 금고와 예금통장을 가진다. 물론 벌과 개미처럼 양식을 축적하는 생물들도 있다. 그러나 그들의 축적은 공동체를 위한 공동의 것이요 자연의 한계를 넘어서지 않는다.

그러나 인간은 자기 자신만을 위해 가능한 더 많은 돈과 소유를 축적해두고자 한다. 그의 소유욕에는 한계가 없다. 이것을 가지면 저것을 갖고 싶고, 저것을 가지면 그 다음의 것을 갖고 싶다. 1억 원을 가지면 10억 원을 갖고 싶고, 10억 원을 가지면 100억 원을 갖고 싶어 한다. 아무리 많이 가져도 늘 부족감을 느낀다. 이리하여 인간은 돈을 최고의 가치로 생각한다. 어디를 가든지 돈을 많이 가진 사람이 상석에 앉고 큰소리를 친다. 국제사회에서도 돈 많은 나라, 곧 부유한 나라가 큰 소리를 친다. 그래서 땅위에 있는 모든 나라들이 "경제성장"을 최고의 목적으로 설정한다. 돈이하나님이 되었다. Mono-theism(유일신론)이 Money-theism으로 둔갑하였다.

그러나 돈이 인간을 과연 행복하게 만드는가? 돈이 우리의 삶을 과연의미있게 만들 수 있는가? 물론 돈이 있어야 우리는 생명을 유지할 수 있다. 그러나 더 많은 돈과 더 많은 소유가 우리의 삶을 행복하게 만들지 못한다는 사실이 오히려 인간을 비인간적으로 만들고 그에게 더 큰 불행감을 안겨 준다는 사실을 필자는 지난 수 십 년 간 한국의 경제성장 과정을통해 여실히 볼 수 있었다.

1960-70년대 한국 사회는 비참할 정도로 가난하였다. "보리고개"로 많은 사람들이 죽음을 당하였다. 대학 졸업자들이 가난을 이기지 못해 서독(西獨)의 광부로 취직하였다. 그런데 세계 경제대국이 되었다는 오늘날 한국인의 얼굴 표정은 옛날에 비해 더 어둡고 불안스럽게 보인다. 아이러니하게도 경제성장에 비례하여 자살하는 사람의 수도 증가하였다.

6·25 한국전쟁 직후 부산과 서울을 왕래한 기차는 12시간 이상 걸리는 통일호뿐이었다. 통일호 다음에 무궁화호가 등장하였다. 무궁화호는약 8시간 정도 걸렸다. 무궁화호 다음에 새마을호가 등장하였다. 새마을호는 약 5시간 정도 걸렸다. 통일호, 무궁화호를 타고 여행을 할 때는 그래도 사람 사는 감을 느낄 수 있었다. 옆에 있는 사람들과 얘기를 나누고, 가지고 온 음식을 나누어 먹기도 했다. 그런데 경제가 발전하고 기차의 속도가 빨라질수록 객차 안에는 정적이 감돌기 시작했다. 옆에 있는 사람과얘기를 나누지 않고, 가지고 온 음식도 자기 혼자만 먹었다. 오늘날 KTX를 타고 가면서 옆에 앉아 있는 승객에게 얘기를 거는 사람은 정신이상자로 보일 정도가 되었다.

한마디로 경제가 성장하고 사회가 부유해질수록 사회는 개인주의적 사회, 자기 밖에 모르는 자기중심적 사회, 인간성이 메마른 냉정하고 비인간적 사회, 돈을 최고의 가치로 생각하고 수단과 방법을 가리지 않고 더 많은 돈을 얻으려는 사회, 자기가 가진 돈을 과시하면서 갖지 못한 사람들을 천시하는 유치하고 천박한 사회, 아무리 많이 가져도 만족할 줄 모르고 늘 부족감을 느끼는 사회로 변모한다. 오늘날 자본주의는 현대사회의 이러한 추세를 부추기고 있다. 칼 마르크스가 지적한 것처럼, "자본주의는 인간을 매우 탐욕적으로 만들 뿐만 아니라 인간의 물욕과 소유욕을 끊임없이 조장함으로써 쓸데없는 수요를 한없이 부풀린다. 그래서 사람들로 하여금 행복하기는커녕 늘 부족을 느끼게 만들고 무언가 늘 불만스럽게 만든다"(이정전 2009, 29).

이러한 현대사회에 대해 성서는 다음과 같이 말한다. 하나님은 사랑이다. 사랑이신 하나님이 인간을 창조하였다. 인간은 하나님의 피조물이다. 그러므로 인간의 삶의 참 가치와 행복은 더 많은 돈과 소유에 있는 것이 아니라 창조자 하나님을 경외하고 지금 내가 살아 있다는 것 자체를 감사히 생각하며 어려운 이웃에게 하나님의 사랑을 행하는 데 있다. 하나님과 신음하는 피조물들이 볼 때 가치있는 일을 행하며 사는 데 있다. 돈과 권력을 가지고 천국에 들어갈 수 없다! 지금 내가 가진 것에 행복을 느끼지 못하는 사람은 아무리 많이 소유해도 행복을 느낄 수 없을 것이다.

삶의 참 기쁨도 하나님의 사랑을 행하는 데 있다. 소유의 기쁨은 순간에 불과하다. 기껏해야 몇 시간, 며칠 정도 지속할 뿐이다. 거대한 저택을 소유한다 해도 그 기쁨은 며칠 후에 사라지고, 우리는 그 다음의 더 많은 소유를 바라보게 된다. 그러나 어려운 이웃을 불쌍히 여기고 그들에게 사랑을 행하며 가치 있는 일을 할 때 느끼는 기쁨은 오래 간다. 그것이 우리 인간의 삶을 살찌게 하며 삶의 의미와 행복감을 준다.

4
자연과 인간의 관계
- 새로운 생태학적 영성을 향하여 -

자연의 세계는 한 생명이 다른 생명을 취함으로써 유지되는 "생명파괴의 현상"과 자연적 원인으로 말미암은 자연재난들의 현상을 언제나 동반한다. 그러나 "심화되는 빈부격차와 지구 생명 시스템의 파괴로 대표되는 현재의 생태계 위기는 우리가 인류역사 안에서 지금까지 경험하지 못했던 초유의 사건이다"(전현식 2003, 154). 일련의 학자들은 이와 같은 생태학적 위기를 초래한 근본 원인을 기독교가 지난 2천 년 동안 가르친 자연에 대한 인간 중심의 관계와 영성에서 발견하고, 이를 대체하는 자연 중심의 관계와 영성을 제의한다.

　여기서 우리는 인간의 존재를 구성하는 **셋째 양극성**을 발견한다. ① 인간을 자연에서 구별되는 자연의 매우 특별한 존재로 파악하는 인간 중심의 자연관 및 인간관. ② 이에 반해 인간을 자연에 속한 자연의 일부로서 자연에 의존하는 존재로 파악하는 자연 중심의 인간관 및 자연관.

　오늘날 많은 학자들이 후자를 강조한다. 그러나 필자의 견해에 의하면 위의 양극은 각자의 타당성이 있으면서도 문제점을 갖고 있다. 여기서 우리는 이 양극의 타당성을 수용하면서 제3의 길을 제시하고자 한다. 즉 인간의 존재를 "자연을 위한 청지기"로 파악하고, 인간을 인간답게 만드는 "인간적인 것"(humanum)은 자연을 위한 섬김과 봉사에 있다는 점을 제시하고자 한다. 이를 통해 오늘의 생태학적 위기를 극복할 수 있는 생태학적 영성을 모색하려고 한다.

A. 자연에 속한, 자연의 한 부분으로서의 인간
- 자연 중심적 인간상과 영성의 한계와 더불어

창세기 1:26에 의하면 인간만이 "하나님의 형상"으로 창조된다. 하나님의 형상을 통해 인간은 자연의 모든 피조물로부터 구별된다. 자연의 피조물들에 대한 인간의 구별성은 그동안 기독교의 이른바 인간 중심주의의 근거로서 혹독한 비판의 대상이 되었다. 인간을 하나님의 형상이라 말하는 성서는 인간 중심의 책이요, 기독교는 인간 중심적 종교라고 그동안 많은 학자들이 비판하였다. 그러나 창세기 1, 2장에서 우리는 인간에 대한 전혀 다른 통찰을 발견한다.

P문서의 기자는 인간의 창조에 앞서 자연의 다양한 피조물들의 창조에 대해 이야기한다. 곧 하늘과 땅, 바다와 육지, 풀과 나무, 해와 달과 별, 물과 공기와 짐승의 창조를 이야기한 다음, 인간의 창조에 대해 이야기한다. 여기서 하나님의 창조는 말씀과 행동을 통한 직접적 창조(creatio immediata)로 이해되기도 하고(창 1:3; 2:7), 이미 창조된 피조물에 근거하여 새로운 피조물이 창조되는 간접적 창조 혹은 중재된 창조(creatio mediata)로 이해되기도 한다. 중재된 창조는 피조물들의 진화 과정 속에서 활동하는 하나님의 계속적 창조(creatio continua)를 암시한다. 창조의 과정 속에서 인간은 자기 앞서 창조된 피조물들의 연결고리에 속한 한 부분으로 창조된다.

물론 인간은 마지막 부분으로 창조되지만, 마지막 부분도 전체의 한 부분임은 틀림없는 사실이다. 그는 동물류, 식물류와 함께 생물의 계층으로 분류된다. "합리적 동물", "이성적 동물", "정치적 동물" 등의 인간에 대한 고전적 정의에서도 인간은 "동물", 곧 생물류에 속한 것으로 생각된다. 인간이 만물의 영장이라 할지라도 그는 "피조물들 가운데 한 피조물이다" (Böhme 2000, 17). 그는 하나님의 창조 공동체의 한 구성원이다. 그는 자연의 피조물들과 함께 결합되어 있고 그들과의 연대성(Solidarität) 안에 있다. 그는 동물과 같은 날에 창조되었으므로, 동물과 동일한 욕구를 소유한다 (von Rad 1972, 40). 자연의 모든 피조물들처럼 인간도 다른 피조물들에 의존하며 그들과 공동 근원과 공동 운명을 가진다. 여기서 우리는 오늘의 생태학적 위기를 극복하기 위한 생태학적 영성의 첫째 구성요소를 발견한다.

창세기 1장에 의하면 인간은 물론 모든 종류의 피조물들이 "하나님 보시기에 좋았다." 이것은 피조물들의 "있음" 자체에 대한 하나님의 긍정을 말한다. 경제적 효용가치를 떠나 생명의 다양성과 풍요로움이 있다는 것 자체가 좋고 아름다운 일이다. 뿐만 아니라 그들은 다른 피조물들의 생명을 가능케 하는 기능에 있어서도 좋고 아름답다. 해와 빛과 땅과 바다와 물 등의 비유기체적 피조물들은 유기체적 피조물의 생명을 가능하게 한다. 식물들은 동물과 인간의 먹거리가 됨으로써 그들의 생명을 유지시킨다. 인간의 타락 이후 동물도 인간의 생명을 유지시키는 기능을 가진다(창 6:5; 8:21).

이와 같이 세계의 모든 피조물은 다른 피조물의 생명을 유지하기 위해 도움을 주고 받으며 자기의 생명을 희생하기도 하면서 생명 공동체를 형성한다. 그들은 서로 영향을 주고 받으면서 운명을 함께 하는 운명 공동체를 형성한다. 그들은 "공동 근원 및 공동 운명"을 가진다(전현식 2006, 163). 그들의 있음 자체, 공동체적 삶 자체가 하나님의 기쁨이요 하나님에 대한 찬양이 된다. 이것이 그들에게 주어진 창조의 질서이다. "해와 달아, 주님을 찬양하여라. 빛나는 별들아, 모두 다 주님을 찬양하여라"(시 148:3; 시 8편 참조).

인간은 이와 같은 피조물들 가운데 한 피조물로 창조되었다. 따라서 피조물들의 규정은 인간에게도 해당한다. 인간도 피조물들 가운데 한 피조물로서 다른 생물들의 존속을 위해 도움을 주고, 또 자신의 생명을 유지하기 위해 다른 생물들의 도움을 받으면서 하나님의 아름다운 생명 공동체를 구성하고 하나님을 향한 대자연의 찬양에 참여해야 한다.

인간이 "자연의 한 부분"으로 창조되었다면, 인간은 "자연에 속한 존재"라 말할 수밖에 없다. 자연은 단순히 인간 바깥에 있는 것이 아니라 인간 안에 있다. "전체 자연은 우리 안에 참여하고 그리고 우리는 자연 안에 참여한다"(Cobb/Griffin 1993, 270). 생물학적으로 볼 때 인간은 포유류에 속한 생물로서, 300억 개의 세포를 가진 "사피엔스"(sapiens) 류에 속한다. 화학적 기본 원소들, 박테리아, 바이러스, 광물질들, 미시 유기체들, 유전자 코드 등이 그의 몸을 구성한다. 그의 몸무게 70% 이상이 물이다. 인간이 죽을 때, 그의 몸을 구성하는 모든 자연적 요소들이 자연으로 돌아간다.

창세기 2:7은 "인간의 자연 소속성"을 감각적 형태로 묘사한다. 하나님은 흙에서 사람의 형태를 빚으신다. 그의 몸에 있어 인간은, 흙, 곧 자연에 속한다는 생각은 성서의 오랜 전통이었던 것 같다. "우리는 모두 흙으로 지음을 받았다"(욥 33:6; 참소. 10:9; 고전 15:47-49). 그는 흙에서 나왔으므로 흙으로 돌아갈 수밖에 없다. "모두 흙에서 나와서 흙으로 돌아간다"(전 3:20). "너는 흙이니, 흙으로 돌아갈 것이다"(창 3:19). 본회퍼에 의하면 인간은 "한줌의 흙"이다(ein Stück Erde, Bonhoeffer 1968, 52). 구약성서에서 "인간의 자연 소속성"(Naturzugehörigkeit des Menschen)은 당연한 것으로 전제된다. 아담은 땅에서 만들어진 "땅의 사람"(Erdmann)이기 때문이다(Meyer-Abich 1997, 39). 사람을 가리키는 히브리어 "adam"은 본래 땅을 가리키는 "adamah"에서 유래한다는 사실이 이것을 증명한다.

인간이 자연에 속한 자연의 한 부분으로 창조되었다면, 인간이 "창조의 완성"이요 "창조의 면류관"이라는 기독교의 전통적 생각은 타당성을 상실한다. P 문서의 창조 이야기에서 인간은 짐승과 같은 날에 창조되며,

"생육하고 번성하라"는 하나님의 축복은 인간에게는 물론 자연의 생물들에게도 선포된다. 또한 하나님의 창조사역은 인간의 창조와 더불어 완성되는 것이 아니라 하나님의 안식과 함께 완성된다(창 2:3). 창조의 면류관은 인간이 아니라 세계의 모든 피조물이 평화와 안식을 갖기 때문에 하나님 자신도 안식할 수 있는 "하나님의 안식"에 있다(오만규 2004, 365). 안식일과 안식년 그리고 희년은 하나님의 안식을 이루는 하나님의 창조질서라 말할 수 있다. 여기서 우리는 다음과 같은 생각들을 발전시킬 수 있다.

1) 인간이 자연에 속한 자연의 한 부분으로 창조되었다면, 자연은 인간의 본향이요 인간이 그 안에서 살아야 할 인간의 집이다. 그것은 인간을 중심으로 가진 인간의 이른바 "환경", 곧 인간 주변에 있는 무대 배경이 아니며 단지 인간을 위한 자연자원의 저장고에 불과하지 않다. 오히려 그것은 인간이 더불어 살아야 할 동료이다. 곧 "Umwelt"(=인간 주변에 있는 세계)가 아니라 "Mitwelt"(=동료세계)이다. 자연의 모든 피조물은 인간의 친구요 "동료 피조물"(Mitgeschöpfe: Meyer-Abich)이다. 자연과 인간의 친구관계는 하나님과 인간의 친구관계에 상응한다(출 33:11). 인간의 역사가 자연의 세계를 결정하는 것처럼 보이지만, 사실상 인간의 역사는 자연의 대역사 안에서 일어나는 소역사에 불과하다. "인간의 역사는 자연의 역사의 일부이다"(김명용 1997, 211).

2) 인간이 자연에 속한 자연의 한 부분이라면 인간과 자연은 함께 "생명의 유기체"를 이룬다(곽미숙 2008, 93). 장회익 교수가 말하는 "온생명"(global life)은 이 유기체를 가리킨다(장회익 2008, 177). 우주의 대유기체 안에서 모든 부분들은 민감하게 결합되어 있다. 현대의 카오스 이론에 의하면 지구의 한 부분에서 일어나는 일은 지구의 유기체 전체에 파급 효과를 일으킨다. "유기체적 구조 안에서 한 부분의 아픔은 또한 전체의 아픔이 된다"(신준호 2005, 158).

물리학자인 뒤르 교수에 의하면, 땅 위에 있는 모든 생명은 단순한 개체가 아니라 "시(詩)의 복합적 관계 구조에 더 가깝다"(Dürr 2004, 68). 한 편의 시 안에서 각 글자는 각자의 특성을 가지면서도 서로 영향을 주고받으며, 시 전체에 영향을 준다. 이와 동시에 시 전체에 대한 해석에 따라 각 글자의 의미가 달라진다. 모든 글자들이 유기체적 관계 속에 있다. 이와 같이 땅 위에 있는 모든 피조물은 서로 결합하여 "복합적 관계 구조"를 가진 하나의 유기체를 구성한다. 인간이 이 유기체, 곧 자연에게 행하는 일의 파급효과는 언젠가 인간 자신에게 돌아올 수밖에 없다. 자연에 대한 인간의 태도는 결국 인간의 자기 자신에 대한 태도와 상관관계에 있다. 자연의 모든 사물의 물건화·상품화는 인간 자신의 생명의 물건화·상품화로 이어진다.

3) 자연의 유기체 안에서 모든 피조물은 다른 개체 사물에 의존하는 동시에 전체로서의 자연에 의존한다. 인간도 자연의 순환과정 속에서 자연에 의존한다. 자연에 대한 인간의 의존성은 무엇보다 먼저 먹거리에 대한 인간의 의존성에 있다. 먹거리는 물론 그가 마시는 공기와 물, 입는 옷, 이 모든 것이 자연에서 나온다. 그런 점에서 "인간은 철저히 자연 의존적인 존재요 오직 자연과 더불어, 자연 안에서 생존할 수 있는 존재이다"(곽미숙 2008, 133). 물질론자들이 주장하듯이, 인간은 자연에서 나오는 물질을 통해 그의 자연적 욕구를 충족시킬 때 비로소 생존할 수 있다. 무엇보다 먼저 굶주린 배를 채워야 한다.

또한 하나님은 자연을 통해, 곧 물과 공기 등 자연의 물질들을 통해 세계의 모든 생명들을 유지한다. 그러므로 자연은 하나님의 "공동 유지자"라 말할 수 있다. "자연은 인간 없이 살 수 있지만, 우리는 자연과 또 우리가 그 속에서 성장하였고 그 속에 자리 잡혀져 있는 땅의 생명계 없이 살 수 없다"(Dürr 20004, 76). 인간의 생명을 가능하게 하는 것은 자연의 "녹색의 힘"이다. "녹색은 모든 생산(창조) 활동의 본질이다"(Hildegard von Bingen, 1098-1179; 이은재 2003, 410).

4) 인간이 자연에 속한 자연의 한 부분이라면, 그래서 자연이 인간 안에, 인간이 자연 안에 있다면 자연과 인간은 친구관계를 넘어 친족관계에 있다고 말할 수 있으며, 이 점에서 하나님과 인간의 친구관계와 구별된다.

한 분 하나님의 피조물이라는 점에서 그들은 하나이며 친족이다. "지구상의 모든 생물들뿐만 아니라 멀리 떨어져 있는 별들과 은하수까지도 인간과의 친족관계(kinship)를 지닌다"(전현식). "자연과 인간은 한 분이신 창조자 하나님의 수고와 아픔 안에서 창조되고 생성된 하나님의 자녀들이다"(신준호 2005, 158; 이에 대한 비판적 견해에 관해 김애영 2003, 386).

자연의 피조물들과 인간의 친족관계는 땅 위에 있는 모든 생명이 하나님의 것이라는 성서의 고백을 통해 다시 한 번 증명된다. 숲 속의 모든 짐승들과 산 위의 모든 산짐승들, 들에서 움직이는 모든 생물들이 다 하나님의 것이요, 하나님이 다 알고 있는 것이다(시 50:10-11). 인간의 생명도 하나님의 것이다. 한 하나님의 소유로서 그들은 친족성을 가진다. 그들은 동일한 근원에 속하기 때문이다.

구약성서가 사용하는 "육"(basar)의 개념은 동일한 근원에 속한 인간과 자연 피조물의 친족관계를 나타낸다. 그것은 먼저 인간의 친척관계를 나타낸다(창 37:27). 또 그것은 죽은 사람들을 포함한 이웃관계로, 땅 위에 있는 모든 인류로 확대된다(사 58:7; 시 145:21). 또 그것은 "모든 육"(כָּל־בָּשָׂר, kol basar), 곧 인간과 짐승들의 "종(種)의 친족관계(Artverwandtschaft)를 나타낸다." "모든 육(basar)은 풀이요, 그의 모든 아름다움은 들의 꽃과 같을 뿐이다"(사 40:6)라는 구절에서 basar는 영원하신 하나님에게서 구별되는 땅 위의 모든 피조물의 연대성과 친족관계를 가리킨다. "사람에게 닥치는 운명이나 짐승에게 닥치는 운명이나 같다.…둘 다 같은 곳으로 간다. 모두 흙에서 나와서 흙으로 돌아간다"(전 3:19-20). 인간과 침팬지의 유전자의 차이가 98.4% 동일하다는 생물학적 사실은 인간과 자연 피조물의 친족관계를 증명한다(보다 자세한 내용들과 윤리적 귀결에 관해 김균진 2007, 317 이하).

자연의 피조물들과 인간의 친족관계는 양자의 다음과 같은 공통성을 통해 증명된다. ① 다른 생물들처럼 인간도 신체를 가지며 신체적 생동성을 가진다. 살아 있는 동안 그는 끊임없이 움직인다. 이 생동성은 먼저 자신의 생명을 보호하고 유지하는 일에 집중된다. ② 신체적 생동성과 함께 인간과 자연의 생물들은 신체적 욕구들을 가진다. 이 욕구들이 충족될 때 그들은 생존할 수 있다. 이 욕구들이 충족되지 않을 때 생존이 불가능하다는 점에서 인간과 자연의 생물들은 공통성을 가진다. ③ 이 욕구들 가운데 가장 기본적인 것은 먹고 배설하려는 욕구이다. 먹고 배설하지 않으면 생존할 수 없다. 먹고 배설하면서 자기의 생명을 유지하려는 가장 기본적 본능에 있어 인간과 자연의 생물들은 동일하다. ④ 인간과 자연의 생물들은 자기의 종(種)을 유지하려는 공통된 본능을 가진다. 이 본능은 짝짓기의 본능으로 나타난다. ⑤ 식물과 동물처럼 인간도 혼(nephesh)을 가진다. 혼은 인간에게만 있는 것이 아니라 식물과 동물에게도 있다. 혼을 통해 인간은 감각 능력을 가진다. ⑥ 일반적으로 자연의 생물들은 군락생활을 한다. 군락생활 속에서 이들은 사랑과 친교를 나누며 때로 자기를 희생하기도 한다. 이 점에서는 인간도 마찬가지다.

5) 자연의 한 부분으로서 자연에 의존할 수밖에 없는 것이 인간이라면, 인간의 존재는 자연과 수직적 관계가 아니라 수평적 관계에서 관찰되어야 한다. 그의 "자아는 타자 없이 홀로 존재할 수 있는 고립된 존재(an isolated being)가 아니라 타자와의 관계성 안에서 그리고 그 관계성을 통하여 생성되는 자아(a becoming self)이다." 그는 "만물의 상호관계성과 상호의존성 안에" 있다. 그러므로 "타자의 삶을 침해하는 것은 타자의 삶은 물론 자신의 삶을 포함하여 불가피하게 모든 실존의 공동체적 삶을 파괴한다.…타인의 행복한 삶을 침해하는 모든 행위는 개인적이고 공동체적인 결과를 가져온다.…자연 안의 한 존재의 삶의 파괴는 자연 안의 만물의 삶에 영향을 준다. 그러므로 각 실존에 대한 모든 파괴는 자연의 복지에 대한 반란이며 위반이다." 따라서 죄는 "일차적으로 창조에 대한 위반"이다 (전현식 2004, 170-71).

여기서 우리는 다음의 사실을 발견할 수 있다. 즉 많은 학자들의 비판과는 달리 성서는 단순히 인간 중심주의를 가르치지 않는다는 사실이다. 성서도 고대의 동양 문화권에서 생성되었다(구약성서가 생성된 팔레스타인은 분명히 아시아권에 속함). 그러므로 성서는 동양 문화권의 유기체적 세계관을 공유한다. 성서는 인간을 단지 자연에서 구별된, 자연 위에 있는 존재로 보지 않고, 하나님의 생명 공동체에 속한 한 부분으로서 자연의 피조물들에 의존하며 그들과 더불어 살아야 할 존재로 본다. 인간은 흙에서 와서 흙으로 돌아가야 할 존재라는 J 문서의 증언이 이를 대변한다.

오늘날 많은 학자들이 인간 중심주의를 비판하고, 자연주의 또는 자연 중심주의적 인간상과 영성이 오늘의 생태학적 위기를 극복할 수 있는 만병통치약인 것처럼 자연 중심주의를 찬양한다. 그러나 인간은 단지 자연에 속한 자연의 한 부분에 불과한가? 인간은 자연의 진화 과정의 우연한 산물로서 우주진(宇宙塵)의 덩어리에 불과한가? 인간이 자연으로 돌아가서 자연처럼 똑같이 사는 것이 현실적으로 가능한가? 물론 자연은 인간 없이 생존할 수 있다. 그러나 현실적으로 인간 없는 자연이 있을 수 있는가? 이것은 하나의 희망사항이지 현실이 아니다. 그것은 현실적으로 불가능하다.

또 인간이 돌아가야 할, 인간 안에 있는 자연이란 무엇인가? 영혼과 육체가 하나로 결합된 전인(全人)으로서 인간의 자연이란 무엇인가? 그것은 인간이 생각하는 것을 마음대로 그 속에 그려 넣을 수 있는 백지(白紙)와 같은 것이라 말할 수 있다. 즉 인간이 생각하기에 따라 달리 규정된다. 예를 들어 사랑과 자비를 베풀며 사는 것이 인간의 자연이라 말할 수도 있고, 한계를 알지 못하는 성욕과 공격성(Aggressvität)이 인간의 자연이라 말할 수도 있다(Freud, Lorenz). 타인의 생명을 파괴하면서 그것이 인간의 자연이라 말할 수도 있다.

한마디로 자연이란 시대와 종족과 지역에 따라 다르다. 한 종족이 자연이라 생각하는 것이 다른 종족에게는 비자연일 수 있다. 인간을 신의 제물로 바치는 것이 어떤 종족에게는 자연으로, 다른 종족에게는 비자연으로 생각될 수 있다. 따라서 "인간은 자연의 한 부분이다", "자연으로 돌아가라!"는 말은 매우 이상적으로 들리지만, 윤리적·사회적 혼란을 초래할 수 있는 위험스러운 말이다.

또한 인간을 단지 자연에 속한 자연의 한 부분으로 간주할 때, 우리는 인간을 자연의 차원으로 환원시키고 자연의 생물들 가운데 한 생명으로 간주하는 "자연에로의 평준화(Nivellierung)", "생물학적 환원주의"의 위험성을 간과해서는 안 될 것이다. 생물학적 환원주의는 다음과 같은 위험성이 있다. ① 인간은 자연의 생물들 가운데 한 생물에 불과하다. 그러므로 인간은 자연의 생물들처럼 살아도 좋다는 이른바 무윤리적 삶의 태도가 등장할 수 있다. ② 인간은 자연의 생물들 가운데 한 생물에 불과하다. 그러므로 인간의 생명은 자연의 생물들처럼 취급될 수 있다. 이리하여 인간의 생명을 실험실의 생쥐처럼 여기는 인간 생명의 경시와 학대, 인간 생명의 상품화·노예화, 생체실험, 집단학살이 일어날 수 있는 근거가 마련된다. "자연으로 돌아가라!"는 루소의 자연주의가 매우 타당하게 들리지만, 우리는 이 자연주의가 어떤 결과를 초래할 수 있는가를 여기서 볼 수 있다. 수많은 여성들과 관계하여 얻은 수십 명에 달하는 자신의 자녀의 양육에 대한 책임을 짊어지지 아니한 루소의 삶의 태도는 자연 중심주의 또는 자연주의의 위험성을 예시한다. 여기서 우리는 자연 중심적 영성의 타당성을 인정하는 동시에 그것의 한계를 발견한다.

생물학자 신영오 교수는 진화론과 관련하여 자연주의의 위험성을 다음과 같이 지적한다. "자연적이라는 말이 지닌 뜻은 아래에 열거하는 것들이다. 거짓말이 당연한 생존수단이다. 생존을 위한 도둑질이 용인된다. 이중적인 생존방식이 편리하다. 윤리 도덕이라는 것은 진화론의 개념이 아니다. 약육강식과 같이 힘센 편의 득세는 당연한 것이다.…인체의 일부나 인체 전체를 사고파는 것을 규제할 과학적인 근거가 없다. 사람을 노예로 부리며 기계처럼 사용하는 것을 금지할 근거를 진화론에서는 찾아볼 수 없다.…권력지상주의를 당연시한다. 황금만능이 가장 가시적인 지표가 된다. 인기, 명예, 권력, 황금은 될수록 크고 많고 강할수록 합리적이다.…국제사회에서 제국주의와 패권주의는 지극히 자연적인 것이다"(신영오 2005, 67 이하). "힘의 논리가 지배하는 사람과 인간사회가 자연적이요 과학적인 것이다"(73; 지면 관계로 문장들의 양식을 변경함).

B. 자연에서 구별되는 특별한 피조물로서의 인간

성서는 고대 근동의 유기체적 세계관의 영향 속에서 인간을 자연의 유기체적 공동체에 속한 존재로 보는 동시에, 이 공동체에서 구별되는 매우 특별한 존재로 파악한다. 이에 대한 근거를 우리는 다음과 같이 제시할 수 있다.

1) 자연의 피조물들과 달리, 인간은 하나님의 오랜 숙의(熟議) 끝에 내려진 하나님의 특별한 결단의 선언과 함께 창조된다. "우리가 사람을 만들자!"(창 1:26) 오랜 숙의 끝에 인간은 "하나님의 형상"으로 창조된다. 인간은 땅 위에 있는 유일한 하나님의 형상이다.

2) 자연의 생물들은 암수의 구별 없이 창조되는 반면 인간은 남녀의 성적 구별과 함께 인격적 교제 속에서 더불어 살아야 할 사회적 존재로 창조된다.

3) 인간은 땅을 정복하고 자연의 모든 피조물을 다스려야 할, 곧 돌보고 가꾸어야 할 책임적 존재로 규정된다. 그는 자연의 피조물들의 구원과 새 창조를 이루어야 할 하나님의 공동사역자 내지 공동 창조자다(예를 들어 모세와 예언자들과 사도 바울의 경우). 그는 자연의 피조물들을 "썩어짐의 종살이에서" 해방해야 할 하나님의 동역자다(롬 8:19-21). 그는 하나님이 창조한 세계에 대한 유일한 책임적 존재다.

4) 인간은 자연의 피조물들의 이름을 정할 수 있는 권리를 부여받는다.

5) 인간은 하나님과의 교통 속에서 살아야 할 존재로 창조된다. 그는 하나님의 말씀을 듣고 이해할 수 있으며, 하나님과 교통할 수 있는 유일한 존재다. 그는 하나님과의 교통 속에서 살아야 할 그의 규정을 지킴으로써 "하나님의 형상"이 될 수도 있고, 이 규정을 거부함으로써 "소의 형상" 혹

은 "송아지의 형상"이 될 수도 있는 자유와 책임성을 지닌 존재다. 창세기 2장이 말하는 "생명나무"와 죽음에 이르게 하는 "선과 악을 알게 하는 나무"가 이것을 시사한다.

6) 식물은 인간과 동물의 생명을 유지하기 위해 희생되어야 할 것으로, 또 인간의 타락 후에 동물은 인간의 생명을 유지하기 위해 희생되어야 할 것으로 규정된다(창 1:29-30; 9:3). 그러나 인간에게는 이 규정이 허락되지 않는다. 인간의 생명은 다른 피조물의 생명을 유지하기 위해 희생되어서는 안 된다. 그는 "하나님의 형상"으로 창조된 특별한 존재이기 때문이다. "사람은 하나님의 형상대로 지음을 받았으니, 누구든지 사람을 죽인 자는 죽임을 당할 것이다"(창 9:6).

7) 하나님의 구원의 역사는 먼저 인간과 함께 시작하며 인간을 지향한다. 아버지 하나님의 아들 예수는 어떤 다른 생물의 형태를 취하지 않고 인간의 형태를 취한다. 인간은 하나님의 아들 예수가 삼위일체 하나님의 구원과 새 창조의 역사를 이루어나가는 형태이다. 그는 하나님의 계약과 인격적 교통의 파트너로, 곧 하나님의 친구와 예수의 친구로 규정된다(출 33:11; 요 15:15). 바울의 칭의론에서 하나님의 칭의는 인간에게서 시작한다. 하나님의 구원과 새 창조의 역사는 인간에게서 시작하며 인간으로부터, 인간을 통해 온 피조물의 세계로 확대된다(롬 8장).

오늘날 일련의 자연과학자들이 말하는 "인간원리"(anthropic principle)도 자연에 대한 인간의 귀속성과 그의 특별한 위치의 양극성을 시사한다. "약한 인간원리"에 의하면 우주의 역사는 "인간의 의식을 가진 관찰자"의 생성을 가능하게 하는 방향으로 발전하였다. "강한 인간원리"에 의하면 우주는 사유하는 존재가 생성될 수밖에 없도록 설계되어 있다. 지금의 우주가 가진 것과 조금이라도 다른 조건이 주어져 있다면 사유하는 존재, 곧 인간은 생성될 수 없었을 것이다. 여하튼 인간은 우주의 발전 과정에 속한 자연적 존재요 자연의 일부다. 그러나 우주의 발전 과정은 인간에게서 정점에 도달한다. 그런 점에서 인간원리는 자연에 대한 인간의 귀속성을 말하는 동시에 "우주에 있어 인간의 특별한 위치"와 자연에 대한 인간의 구별성을 인정한다.

인간학의 역사에서 자연의 피조물로부터 인간을 구별하는 특별한 요소는 인간의 합리성(Rationalität)에 있다고 생각되었다. 기독교 신학도 예외가 아니었다. 즉 인간은 다른 피조물들과 비교할 수 없는 합리적 존재라는 것이다(*homo est animal rationale*). 이 합리성은 인간의 언어 능력, 개념과 판단 능력, 연역과 귀납의 능력, 기술의 능력, 정보 전달의 능력, 문화 창조의 능력 등 인간의 지적 능력에 있는 것으로 생각되었다. 물론 이러한 능력도 진화의 산물이라 볼 수 있다. 또 동물의 그것과 연속성을 가진 것도 있다(예를 들어 동물도 언어의 능력, 지적 능력을 가진다). 그러나 인간의 이 모든 능력은 동물들의 그것과 비교가 되지 않는 특별한 능력이요, 이 능력을 가진 인간은 자연의 피조물로부터 구별되는 특별한 존재라 말하지 않을 수 없다. 자기를 의식하고 종교를 가지며 초월의 차원을 의식하는 것도 인간뿐이다. 일찍이 헤르더가 말한 것처럼 자연의 주어진 한계를 넘어 문화적 삶의 세계를 형성할 수 있는 것도 인간뿐이다.

그러나 자연의 피조물로부터 구별되는 인간의 특별한 요소를 합리성과 지적 능력에 있다고 보는 것은 심각한 문제점을 가진다. ① 인간의 특성을 합리성과 지적 능력에 있다고 생각할 때 인간의 육체적·감성적 차원이 억압된다. 감성과 육체적 욕구들은 사악한 것, 그러므로 억압되어야 할 것으로 간주된다. 이리하여 감성이 결여된 차디찬 이성적·지적 인간이 등장할 수 있다. ② 성장과 건강의 결함으로 인해 합리성과 지적 능력이 충분히 발전되지 못한 사람들, 장애인들, 오지(娛地)의 미개인들은 인간의 개념에서 배제되며, 인간의 존엄성과 권리를 충분히 갖지 못한 것으로 생각될 수 있다. ③ 또 인간 존재의 전체를 보지 못하고 합리성과 지적 능력이라는 매우 협소한 시각에서 인간을 파악하는 제한성을 가진다. 이에 반해 우리는 보다 더 포괄적 시각에서 인간의 특수한 요소, 곧 자연의 생물들에 대한 인간의 "특별한 차이"(*differentia specifica*)와 특별한 위치를 말할 수 있다.

1) 피조물의 세계 전체를 파멸시킬 수도 있고 파멸에서 구할 수도 있는 힘을 가진 피조물은 인간뿐이다. 은행 구좌와 주식과 금고와 부동산 등 기서류를 가진 것도 인간뿐이다. 자연의 생물들은 배가 부르면 그것으로 끝나는데, 인간의 소유욕은 한계를 알지 못하기 때문이다. 그는 후손의 생식과 관계없이 성적 쾌감 자체를 목적으로 성적 관계를 가지며 정력 강화제를 섭취하고 갖가지 교태를 부린다. 그는 수태된 생명을 폐기 처분할 수 있는 아주 특별한 존재다. 짐승들은 "인공유산"과 성형수술을 알지 못한다. 배고픔과 상관없이 맛 자체를 즐기기 위해 각종 조미료를 사용한 음식을 구워 먹고 삶아 먹고 김에 쪄서 먹는 것도 인간뿐이다. 과도한 영양섭취로 인해 비만증에 걸리며, 자기의 유전자를 조작하고 상품화시키며, 자기의 생명을 자기 손으로 끊어버리는 것도 인간뿐이다. 우리는 자연의 어떤 생물이 자살하였다는 얘기를 들어본 적이 없다. 인간은 자연의 피조물들의 생명과 삶의 터전을 없애버리며, 하나님이 창조한 자연의 생명계 전체를 완전히 파괴할 수 있는 "가장 위험스럽고 해로운 독충"이다. 모든 피조물이 인간을 두려워한다. 이런 점에서 인간은 자연의 피조물로부터 구별되는 아주 특별한 존재다.

2) 그러나 우리는 인간이 긍정적 측면에서도 아주 특별한 존재임을 유의할 필요가 있다. 그는 "만물의 혈족 관계" 안에 있는 동시에 "우주 안에서 삶의 가치와 의미와 목적을 생각할 수 있고 스스로를 반성할 수 있는 유일한 존재다. 우리는 더 좋은 세계를 만들기 위해 다른 존재들과의 관계 안에서 선과 악을 말할 수 있는 도덕적 존재이다"(전현식 2002, 332). 자연의 피조물들과는 달리 인간은 자신의 자연적 욕구들을 절제하고 조정하면서 이웃과 조화로운 삶의 세계를 형성할 수 있는 도덕성과 양심을 가진다. 과거의 역사를 기록으로 보존하고 거기에서 새로운 삶의 지혜를 얻으며, 세계의 이상적인 목적을 기획하고 이 목적을 향해 세계를 역사화시킬 수 있는 능력도 오직 인간에게 있다. 세계의 운명에 대해 책임성을 느낄 수 있

는 존재도 인간뿐이다. 책임성은 사랑에 근거한다. 그러므로 참으로 인간적인 것, 인간의 본질은 사랑과 책임성에 있다.

로마서 8장이 말하는 것처럼 자연의 피조물을 "사멸의 종살이"에서 해방하고 그들의 존엄성을 회복할 수 있는 피조물도 인간뿐이다. 동물도 초보단계의 문명을 갖지만 문화를 갖지는 않는다. 짐승도 호기심이 있고 여러 가지 지식을 갖고 있지만 학문은 없다. 짐승도 놀이를 하지만 예술을 가진 것은 인간뿐이다. 그는 컴퓨터 칩에 저장된 정보를 후대에 전해줄 수 있는 유일한 피조물이다. 그는 눈에 보이는 것에 머물지 않고 언제나 보다 더 나은 내일을 지향한다. 그는 세계를 향해 개방되어 있으며, 궁극적으로 하나님을 향해 개방되어 있고 하나님과 교통할 수 있다. "하나님에 대한 개방성", "하나님과의 인격적 관계성"에 인간의 "특별한 위치"가 있다.

시편 기자는 인간의 특별한 존재의 긍정적 측면을 다음과 같이 말한다. "야웨, 우리의 주여…사람이 무엇이기에 주께서 저를 생각하시며, 사람의 아들이 무엇이기에 주께서 저를 권고하시나이까? 저를 천사보다 조금 못하게 하시고, 영화와 존귀로 관을 씌우셨나이다"(시 8:1-5).

오늘날 일련의 신학자들은 자연에 대한 인간의 구별성과 그의 "특별한 위치"를 반대한다. 이것을 말하는 사람은 오늘의 생태학적 위기를 방조하는 "인간 중심주의자"로 간주된다. 크리스챤 티이스(Christian Thies)에 의하면 인간의 "특별한 위치"에 대한 선호(選好)는 인류의 집단적 자기도취증, 곧 나르시시즘(narcissism)에 기인한다. "계통 발생학적 측면에서도, 개체 발생학적 측면에서도 우리(인간)에 대한 특별한 법칙은 존재하지 않는다." 그러므로 "인간의 생물학적 특별한 위치에 관한 명제는 폐기되어야 한다"(Thies 2000, 46 이하).

그러나 위에 기술한 것처럼, 긍정적이든 부정적이든 인간이 자연의 세계 속에서 아주 특별한 존재라는 것은 부인할 수 없는 사실이다. 오늘날 세계의 운명을 결정할 수 있는 힘이 인간에게 있다. 힘 자체는 나쁜 것이 아니다. 그것은 건설적으로 사용될 수도 있고 파괴적으로 사용될 수도 있는 양면성, 곧 "선과 악의 이중적 잠재성"을 가진다(장도곤 2003, 332).

인간은 힘의 양면성 가운데 어느 하나를 결단할 수 있는 자유를 가지며, 도덕적 책임을 의식할 수 있는 자연의 유일한 존재다. 그에게는 "지구적 생명 공동체를 파괴할 수 있는 충분한 지식과 힘이 있다"는 부정적 측면에서, 이와 동시에 "자연을 양육하고 돌보는" 하나님의 "공동 창조자"라는 긍정적 측면에서 아주 "독특한 신분과 역할 및 책임"을 가진다(전현식 2002, 332). 자연 중심주의 또는 자연주의가, 또 자연과학적·물리적 인간학이 인간을 아무리 자연으로 환원시킬지라도, 인간이 세계의 아주 특별한 존재란 것은 부인할 수 없는 오늘의 현실이다.

모든 피조물이 평등하며 동등한 내재적 가치를 가진다는 일련의 학자들(J. Nash, M. Fox 등)의 주장은 생태학적 사고(思考)의 전환을 위한 발상을 제공하지만 비현실적이다. "만약 인간이 다른 피조물과 다른 점이 없다면, 왜 인간이 자연을 돌봐야 할 책임을 져야 하는가? 아무런 힘과 능력이 없는데 책임을 수행한다는 것은 가능한 일이 아닌가?"(장도곤 2003, 333) "지구상의 모든 생물들뿐만 아니라 멀리 떨어져 있는 별들과 은하수까지도 인간과의 친족관계(kinship)를 가진다"는 주장은 타당하지만, "우주에 있어 인간의 특별한 위치"를 은폐시키며 자연에 대한 그의 책임성을 약화시킨다(김애영 2003, 586).

그러므로 일련의 과학자들은 진화론의 자연주의적 인간상을 수용하는 동시에 인간의 정신에 기초한 그의 특별한 존재, 곧 자연의 생물들에게서 발견되지 않는 특별히 "인간적인 것"을 인정한다. 화학자로서 1967년에 노벨상을 수상한 아이겐(M. Eigen)에 의하면, 생물들의 유전자들 가운데 특정한 유전자는 생물들의 특화에 유용하기 때문에 장려되는 반면 특화에 방해가 되는 유전자는 억압되고 도태되는 법칙이 지배한다. 투쟁과 조화의 원리가 유전자의 세계에서도 작용한다. 진화론 자체도 진화하며 선택의 원리 아래 있다. 모든 물질의 공통된 기초와 분자들의 영역도 진화의 법칙 아래 있으며 경쟁의 원리가 지배한다. 특수한 화학적 결합들이 다른 결합들보다 우월성을 가지며, 그들의 속성들을 발전시키고 자기를 강화하며, 자기보다 약한 분자 그룹들의 에너지를 흡수한다. 강한 자들이 약한 자들을 이기고 자기를 확장시킨다. 인간의 지식과 문화의 역사에서도 이와 비슷한 선택의 과정이 발견된다.

그러나 인간에게는 규범적 성격을 가진 법과 "정의로운 질서"가 있다. 바로 여기에 특별히 "인간적인 것"이 있다. 이들은 "자연적으로 주어진 것이 아니다." 즉 인간의 유기체를 구성하는 분자들의 자연법칙들로부터 오지 않는다. 법적 규범들은 인간이 그의 정신을 통해 "생물학적 유전에서" 자기를 해방할 때 생성될 수 있다(Eigen/Winkler 1983, 153). 인간은 생물들 가운데 한 생물이기 때문이 아니라 다른 생물들로부터 구별되는 인간이기 때문에 자기 자신에게 법적 규범들을 부여한다. 물론 이 규범들도 진화한다. 그러나 규범들은 물질세계의 사물들과는 다르게 진화한다. 그들은 인간 정신의 역사 때문에 진화한다. 인간의 정신은 모든 "인류의 욕구"를 조정하면서 그 자신의 길을 간다(197). 윤리는 필연과 우연의 놀이를 통해 우연히 생성되는 것이 아니라 자신의 길을 걸어가는 인간의 정신으로 말미암아 생성된다. "인간의 '정의로운' 질서는 그의 실현을 위해…희망, 자비, 사랑에 기초한 휴머니즘을 필요로 한다"(198). 이 휴머니즘은 우연히 진화하는 것이 아니라 인간의 정신적 노력을 통해 생성된다.

다윈의 진화론을 지지하는 행동과학자 로렌츠에 따르면, "공격심"은 같은 종(種)의 생물들에 대한 "투쟁의 본능"이요, 이 투쟁본능의 목적은 승리자가 되어 양질의 후손을 얻기 위해 암컷과 교미하는 데 있다(Lorenz 1971, 33 이하). 투쟁에서 패배한 생물은 죽임을 당하는 것이 아니라 승리자에게 예속당하든지 아니면 추방을 당한다. 이리하여 투쟁의 본능은 생물들 사이에 위계질서를 유지하고 종의 수를 유지하며, 종의 체질을 강화시킨다. 그렇다면 공격심은 종의 미래를 약속하는가? 오히려 공격심으로 인해 종은 치명적 해를 당하거나 멸종될 수도 있지 않는가?

이 질문에 대해 로렌츠는 다음과 같이 대답한다. 공격심은 종의 생명을 폐기할 수 있는 동시에 전체의 선을 지향하는, 땅 위에 있는 "모든 생물들의 체계를 유지하고 생명을 유지하는 체계의 부분"이다(66). 인간에게도 동물적 본능, 곧 공격심의 본능이 있다. 이와 동시에 인간에게는 동물들의 그것과 비교할 수 없는 높은 정신적 능력이 있다. 이 능력을 통해 인간은 개념적 사유, 문장으로 구성된 언어와 지식과 정보를 가진다. 동물들과는 달리 그는 자기의 본능들을 조정할 수 있는 정신적 능력을 가진다. 그는 목적을 의식하기 때문이다.

인간은 동종의 생물들 안에서는 사회적이고 평화적이지만 "자신의 식구에 속하지 않은 동종의 모든 생물들"에 대해 때로 "마귀"가 되는 "쥐들과 비슷한" 본성을 가진다. 그런데 쥐는 죄와 죄책을 알지 못한다. 인간만이 죄와 죄책을 안다. 그는 자기의 책임성을 의식한다. 따라서 인간만이 엄밀한 의미의 도덕적인 악, 곧 죄를 행할 수 있다. 그는 "참으로 인간적인 인간"이 되고자 하며, "부인할 수 없는 하나님의 형상"을 실현하려는 본성을 가진다(305 이하). 이 본성은 그의 공격심에 영향을 준다. 이리하여 인간은 "이웃을 사랑하라"는 등의 윤리적 규범을 지향하게 된다. 인간만이 스포츠와 같은 "평화로운 경쟁"을 통해 공격심을 조정하거나 해소할 수 있다(355). 그는 군사적·경제적 경쟁 속에서 인간성의 윤리적 규범을 존중하고 "살해의 억제"를 연습할 수 있다(320 이하). 인간은 이성적으로 그리고 책임적으로 자기의 정신적 진화를 장려해야 할, 또 그렇게 할 수 있는 특별한 존재다.

로렌츠가 인정하는 인간의 특별한 존재는 오늘의 생태학적 위기 속에서 자연을 위한 인간의 도덕성과 책임성으로 인식되어야 한다. 자연에 대해 도덕적일 수 있고 책임적 존재가 될 수 있다는 점에서 인간은 자연 안에서 아주 특별한 존재다.

여기서 우리는 생태학적 영성의 두 가지 구성요소를 발견한다. 첫째 구성요소는 인간을 자연에 속한 자연 의존적 존재, 자연 만물의 형제로 보는 자연주의적 인간이해를 말한다. 둘째 구성요소는 자연 안에서 인간의

제6부 | 보다 나은 내일을 기다리는 인간 존재

"특별한 존재", 곧 자연을 위한 인간의 도덕성과 책임성에 대한 의식을 말한다. 달리 말해 인간은 자연 안에 있는 자연의 한 부분이요 자연 의존적 존재다. 이와 동시에 그는 "초월의 능력"을 가진 특별한 존재다. 그러나 이 초월의 능력은 "창조세계 위에 계신 절대적 타자(the absolute Otherness)를 향한 개인적인 영적 여정"이 아니라 "창조세계 안에 있는 다른 존재들과의 관계 안에서 우리의 신분과 책임에 대한 의식"으로 체화되어야 한다(전현식 2004, 166).

C. 자연의 청지기로서의 인간
- 자연에 대한 인간의 통치의 참 의미

앞서 기술한 내용에서 우리는 자연과 인간의 관계에 대한 두 가지 유형을 볼 수 있다. 첫째 유형은 인간을 자연에서 구별하고 자연의 지배자로 보는 유형, 곧 "자연에 대한 지배"(dominion over nature)의 유형이다. 둘째 유형은 인간을 자연에 환원시키고 인간을 자연의 일부로 보는 "자연과의 일치"(unity with nature)의 유형이다(전현식 2003, 168).

그런데 위에서 말한 자연에 대한 인간의 "특별한 존재"는 제3의 유형, 곧 "자연에 대한 청지기직"(stewardship of nature)의 유형을 시사한다. 이 유형은 다음의 성서 구절에 직접적으로 근거한다. "주 하나님이 사람을 데려다가 에덴동산에 두시고, 그 곳을 맡아서 돌보게 하셨다"(창 2:16; 김재진 2003, 300).

그러나 자연은 과연 인간 청지기를 필요로 하는가? 자연은 인간 청지기가 없어도 자신의 힘으로 진화하고 생육하고 번성할 수 있지 않은가? 사실 진화의 역사에서 자연은 인간이 있기 이전부터 그 자신의 힘으로 생육하였고 번성하였다. 따라서 자연은 인간이라는 청지기를 반드시 필요로 하지 않는다. 또 "청지기적 모델"은 "인간을 자연의 한 구성원이라기보다는 하나님으로부터 위임받은 책임을 행사하는 자연 위에 위치하는 존재로 보게 함으로 자연에 대한 인간중심적 태도를 계속 유지"하는 문제성을 가진다(전현식 2003, 183). 그러나 현실적으로 자연의 운명이 인간에게 달려 있는 오늘의 현실을 있는 그대로 인정하고, 자연에 대한 인간의 중심적 위치를 청지기의 도덕적 책임성으로 이해하는 것이 사태의 해결에 도움이 될 것이다.

인간의 참 "인간적인 것"은 자연에 대한 인간의 책임성과 청지기적 봉사와 헌신에 있다. "청지기는 하나님으로부터 위임된 모든 생명의 파괴와 훼손을 저지하고 생명의 살림을 위해 헌신한다"(김영선 2003, 255). 하나님의 창조 세계를 책임져야 할 청지기로서 인간은 "하나님이 맡긴 자연과 동물과 땅과 하늘을 하나님의 영광이 숨쉬는 동산으로 만들고 가꾸어야 한다"(김명용 1997, 198).

여기서 우리는 자연에 대한 생태학적 영성의 셋째 구성요소를 발견한다. 이 구성요소는 자연을 위한 인간의 청지기 의식 혹은 종으로서의 자기 인식과 책임성에 있다. 생태여성학은 자연의 청지기로서 인간의 책임성을 다음과 같이 말한다. 인간은 자연의 피조물들과 "공동 기원과 공동 운명"을 지닌다. 그는 그들과 함께 "생명의 의존의 망" 안에 있다. 이와 동시에 인간은 자기를 의식할 수 있는 특별한 존재다. 자신의 의식의 능력을 "자기이익을 극대화하기 위하여 다른 생명을 부정하고 착취하는 데 사용하느냐 아니면 우리가 자연에 가장 의존적 존재임을 겸손히 인정하고 창조 전체의 보편적 복지와 구원을 위해 사용하느냐는 우리의 선택에 달려 있다. 생태여성학적 영성은 우리를 생명공동체의 방관자 및 파괴자가 아니라 헌신적인 참여자로 부르면서, 지속가능한 삶과 공동체의 생태학적 희망 및 실천을 제시해 주고 있다"(전현식 2003, 174 이하).

그런데 창세기 1:28에서 인간은 땅을 정복하고 자연을 통치해야 할 존재로 규정된다. 땅의 정복과 통치(dominium terrae)에 대한 하나님의 명령은 자연을 위한 인간의 청지기직에 모순되지 않는가?

"정복하다", "다스리다"라는 개념 자체는 자연에 대한 인간의 정복과 약탈을 정당화하기 때문에 자연을 위한 인간의 청지기 직에 모순되는 것처럼 보인다. "정복하다"(ש־ב, kabas)는 히브리어는 전쟁을 통해 다른 민족을 정복하다(민 32:22, 29; 수 18:1), 백성들을 예속시키다(삼하 8:11), 주민들을 노예로 삼다(느 5:5; 대하 28:10; 렘 24:11, 16), 여자들을 강간하다(에 7:8) 등의 의미를 내포한다. 자연의 피조물을 "다스리다"(ה־ד, radah)라는 히브리어도 구약성서에서 적을 쳐부수다, 적을 제어하다(느 9:28), "포도주를 밟는다"(욜 4:13), "정복, 복종시킨다"(민 24:19; 레 26:17), 강제노동을 통해 노예를 억압하다 등의 의미로 사용된다(이에 관해 김은규 2003, 68).

그러나 히브리어 "radah"는 본래 고대 이집트와 바빌론의 궁중 언어에서 유래하며, 억압하고 착취한다는 부정적 의미를 가진 것이 아니라 황제가 자기의 통치영역에 속한 모든 사람들을 "돌보다"는 의미를 가진다. 따라서 자연의 피조물을 "다스리라"는 하나님의 위탁 명령은 "질서의 보존자, 카오스에 대한 우주의 유지자, 삶의 질서의 보호자, 연약한 자들의 대리인, 가난한 자들의 보호자이어야 할" 과제를 가리킨다(Frevel 2003, 51).

땅을 "정복하라"는 하나님의 명령도 땅을 무자비하게 파괴하라는 뜻이 아니라 "땅을 가꾸며 돌보아라", "땅을 잘 보존하라"는 뜻을 가진다. 구약성서에서 "통치"의 개념은 "애초부터 그리고 어떤 경우에서든지 폭력의 행사와 결합될 수 없다. 창세기 1장 26과 28절에서 동사는 1장 26절 이하의…창조(특히 동물계)의 통합성과 생명의 권리를 실현해야 할 인간의 '왕적' 기능을 구체적으로 나타낸다"(Janowski 1993, 192). 성서 전체의 문맥을 고려할 때, 정복과 통치는 보존과 돌봄의 의미를 내포한다. 우리는 이에 대한 성서적·신학적 근거를 아래와 같이 제시할 수 있다.

1) "하나님은 사랑이다." 이 하나님이 인간에게 세계의 정복과 통치를 위탁했다면, 이 위탁은 "오직 사랑의 영 안에서 이해될 수 있고 또 인지될 수 있다"(Härle 2007, 438). 곧 이 위탁은 보존과 돌봄을 뜻한다. 인간에게 자연의 통치를 위탁하신 "하나님께서 모든 피조물에게 먹을 '양식'을 주셔서

생명을 보존하고 유지하도록 하신 것처럼, '인간'도 자연과 다른 모든 피조물을 보전하고 유지해야 한다"(김재진 2003, 300).

2) 하나님이 창조한 세계의 모든 것이 "하나님 보시기에 좋았다." 그러므로 하나님은 피조물들이 없어지지 않고 "있기"를 원하며, 생육하고 번성하기를 원한다. 그렇다면 자연에 대한 인간의 통치는 파괴와 착취가 아니라 보존과 보살핌으로 이해될 수밖에 없다. 여기서 특별히 유의할 점은, 하나님은 자연의 피조물에 대한 "다스림"을 명령하지만 결코 "인간에 의한 인간의 다스림"을 명령하지 않는다는 사실이다.

3) 창세기 1:16에서 하나님은 해가 낮을 다스리게 하시고, 달이 밤을 다스리게 하신다. 여기서 말하는 낮에 대한 해의 다스림, 밤에 대한 달의 다스림은 "통제와 압력"이 아니라 봉사와 섬김으로 이해되어야 한다(김은규 2003, 69).

4) 창세기 1장에서 자연에 대한 인간의 통치는 "하나님의 형상"과 연관하여 선언된다. 이것은 인간이 "하나님의 형상으로서" 자연을 통치해야 함을 말한다. 자연에 대한 통치에서 인간은 하나님의 형상이 되어야 한다. 곧 "하나님의 영광을 드러내기 위해 하나님을 대신해서 식물과 동물을 포함한 모든 창조세계를 하나님처럼" 다스려야 한다(김명용 1997, 195). "하나님처럼 다스리는 것"은 지키고 보존하는 것을 뜻한다. 하나님의 형상으로서 자연에 대한 인간의 통치는 "목자가 짐승 무리를 지키는 것과 같은 것으로 이해되어야 한다. 만일 우리가 하나님의 형상이라는 우리의 규정에 따라 살고 또 그렇게 살았다면 오늘의 위기는 있지 않을 것이다"(Meyer-Abich 1997, 41).

5) 하나님은 그가 지으신 사람과 짐승들에게 땅에서 나오는 식물을 먹거리로 제공한다(창 1:29-30). 인간이 양질의 먹거리를 얻고자 한다면 땅을 돌보고 가꾸어야 한다. 7년째 마다 땅을 경작하지 말고 땅을 쉬게 해야 한다는 안식년 계명은 이것을 명시한다. 따라서 자연에 대한 통치는 자연을 돌보고 가꾸는 것을 뜻한다. 여기서 짐승을 죽여 피를 흘리는 일은 제외되

며, "죽임이 없는 삶, 피를 흘림이 없는 통치"가 제시된다(Ebach 1989, 114).

6) 구약의 율법, 특히 안식일, 안식년, 희년의 계명은 인간과 자연의 피조물을 돌보고 가꿀 것을 명령한다. 안식일 계명은 가축의 생명력의 보호를 명령한다. 안식년 계명에 의하면 7년째 마다 땅을 쉬게 함으로써, 땅의 생명력을 보호해야 한다. 땅에 무엇을 심지 않았음에도 불구하고 그 땅에서 저절로 자란 것은 그 땅의 짐승들이 먹고 살 수 있도록 거두어들이지 말아야 한다(출 23:11).

그 밖에도 율법은 짐승들의 생명을 보호하며 그들의 최소한의 존엄성을 지킬 것을 명령한다. 소와 양의 어린 새끼는 칠일 동안 어미와 함께 있어야 한다(22:30). 힘을 잃고 엎드려져 있는 나귀는 비록 원수에게 속할지라도 반드시 부축해서 일으켜 주어야 한다(23:5; 참조. 신 22:4). "새끼 염소를 그 어미의 젖으로 삶아서도 안 된다"(23:19). "소와 양을 그 새끼와 함께 같은 날 죽이지 말라"(레 22:26). 하나님은 "사람과 짐승을 보호한다"(시 36:6; 참조. 욘 4:11). 하나님 앞에서 인간의 의로움은 가축의 생명의 돌봄을 포함한다(잠 12:10; 이에 관해 김명용 1997, 199).

7) 성서에서 하나님의 구원은 인간과 자연의 모든 피조물이 하나님의 정의와 자비와 평화 속에서 더불어 사는 하나님의 나라가 이루어지는 데 있다. 하나님의 나라가 이루어질 때 모든 피조물은 고통과 신음에서 해방될 것이다(롬 8:22). 여기서 자연에 대한 인간의 태도는 파괴와 착취가 아니라 돌보고 가꾸는 데 있음은 자명한 일이다.

8) 성서에 의하면 역사의 목적은 하나님이 세계를 통치하는 데 있다. "주님은 그 보좌를 하늘에 든든히 세우시고, 그의 나라는 만유를 통치하신다"(시 103:19). 역사가 목적에 도달할 때 하나님이 만유 안에서 만유가 되실 것이며(고전 15:28), 모든 피조물이 그리스도 안에서 하나로 통일되고 하나님과 화해될 것이다(엡 1:10; 골 1:20). 따라서 자연에 대한 인간의 통치는 결코 자연의 파괴와 착취가 아니라 청지기로서 자연을 돌보고 보살피는 것을 뜻한다.

자연의 청지기로서 인간은 과학기술의 막강한 힘을 소유하고 있다. 자연의 힘이 이제 인간의 힘으로 전이되었다. 이 힘으로 말미암아 "야기되는 인위적 재난의 규모는 자연이 일으키는 재난의 규모보다 훨씬 더 크다." 그러나 인간이 이 힘을 버리고 "힘없는 존재가 되거나 과거로 돌아갈 필요는 없다. 인간이 힘을 가지고 있다는 현실 자체가 부정적인 것은 아니다"(장도곤 2003, 331, 335). 오늘 우리에게 필요한 것은 자연을 위한 청지기직의 수행을 위해 이 힘을 사용하는 데 있다. 참 힘은 하고 싶은 것, 할 수 있는 것을 마음대로 하는 것이 아니라, 해서는 안 된다고 생각되는 것을 억제할 수 있는 데 있다. "인간은 모든 것을 해서는 안 된다는 단 한 가지를 행해야 한다.…인간이 이것저것 모든 것을 하고자 할 때…큰 혼란을 초래할 것이다"(Meister Eckhart, Beinert 1995, 612에서 인용). 참 힘은 자기의 힘을 자기를 위해서 사용하지 않고 타자를 위해 사용하는 데 있다.

5
보다 나은 내일을
기다리는 인간

A. 운명의 힘에 묶인 인간

땅 위에 있는 사람들 중에 자기의 생명을 스스로 선택한 사람은 아무도 없다. 그의 생명은 자신의 의지로써 자기가 선택한 것이 아니라, 직접적으로는 자기의 부모를 통해, 간접적으로는 종족과 민족의 역사, 가족의 전통, 생물학적 진화의 과정을 통해 그에게 주어진 것이다. 그가 태어난 가정, 종족, 지역, 시간, 그의 피부색깔, 남녀의 성별도 그가 선택한 것이 아니라 그에게 운명적으로 주어진 것이다. 또한 그의 생명은 죽음으로 제한되어 있다. 그는 "죽음을 향한 존재"다(Sein zum Tode, M. Heidegger). 죽음의 운명을 벗어날 수 있는 사람은 아무도 없다.

최소한 이런 점에서 인간은 자유로운 존재가 아니라 자신의 힘으로 어찌할 수 없는 운명에 묶인 존재다. 존재하는 한 그는 운명의 힘을 벗어날 수 없다. 그의 사고와 감정, 도덕적 판단과 결단과 행동에 있어 인간은 문화적 전통, 정치적·경제적·사회적 상황, 가족 배경, 교육 배경 등의 영향을 받지 않을 수 없다.

인간의 성격도 다양한 요인들에 의해 형성된다. 부모에게서 물려받은 유전자 구조, 지리적 조건, 기후적 조건, 공동체의 역사적·문화적 배경, 가정의 가치관, 교육적 배경, 사회적 에토스, 사회적 위치와 역할, 종교적 영향 등 다양한 요인들의 상호작용 속에서 형성된다. 인간의 행동도 단순히 자유로운 의지를 통해 일어나는 것이 아니라 이러한 요인들의 상호작용 속에서 일어난다.

인간의 신체적 형태도 인간 자신에 의해 결정되지 않는다. 그것은 유전적 구조와 지리적·기후적 조건들, 환경의 요인들, 음식물을 통해 얻는 영양 조건, 또 인간 자신의 의식(意識) 등의 요인들을 통해 형성된다. 인생의 성공과 실패, 행복과 불행도 다양한 외적 요인들에 의존한다. 이런 뜻에서 인간의 생명은 "수동적 생명", "받는 생명"(vita passiva, Luther)이라 말할 수 있다.

이와 관련하여 우리는 이른바 "자율" 개념의 문제점을 다음과 같이 분석할 수 있다. "자율"(Auto-nomie)이란 인간 자신(auto)이 자기에게 법 혹은 규범(nomie)이 되는 것, 그리하여 자기를 자기 스스로 결정하는 것을 말한다. 그러나 인간의 자기결정은 언제나 사회적·공동체적 관계 속에서, 또 외적 요인들의 영향 속에서 이루어진다. 사회적 에토스나 기대와 관계없이, 또 외적 요인들의 영향을 전혀 받지 않는 개인의 자기결정이란 인간의 세계에서 불가능하다. 인간은 태어나서 죽는 순간까지 역사적·문화적 전통과 사회적·공동체적 관계 속에서 살 수밖에 없는 존재이기 때문이다.

인간이 자기에게 설정하는 법과 윤리적 규범도 순수하게 인간 자신에 의해 결정되지 않는다. 법과 윤리적 규범이란 언제나 사회적인 것이다. 그것은 개인으로서 인간 자신이 결정할 수 있는 영역 바깥에 있다. 인간의 의식과 사고, 감정, 느낌, 도덕적 판단과 행동, 인간의 개체성, 이 모든 것이 역사적 전통과 개인적·사회적 요인들의 상호작용 속에서 형성되며 이들 요인들에 의존한다. 이런 점에서 인간은 타율적 존재라 말할 수 있다.

따라서 인간은 "자신의 행복을 만드는 대장장이" 혹은 "자기의 운명의 대장장이"라는 말은 전적으로 타당하지 않다. 그것은 인간의 "삶이 그에게 때로는 유리하게, 때로는 불리하게 다가오는 조건들의 그물망 속에 있다는 사실을 은폐시킨다"(Schoberth 2006, 140). 나는 "내 자신의 집 안에서 한 번도 주인이 아니다"라는 프로이트의 유명한 말은 인간의 삶의 진리를 나타낸다(Freud 1975, 283 이하).

일련의 현대 생물학자들과 신경과학자들의 인간학적 결정론은 운명에 묶인 인간의 존재를 드러낸다. 인간의 유전자 구조, 뇌세포 속에 주어져 있는 신경 전달물질과 물리적 운동 법칙은 인간 자신이 결정할 수 없는 것, 곧 운명적으로 그에게 주어진 것이다. 그의 모든 결단과 행동은 유전적으로 또 물리적으로 결정되어 있다. 따라서 인간의 자유와 의식은 주관적 기만일 뿐이다. 도킨스에 의하면 인간은 자기를 확장시키고자 하는 이기적 유전자의 명령에 따라 행동해야 할 운명에 묶여 있다. 그는 "유전자 기계" 혹은 "유전자 운반체"로서 자기에게 주어진 운명을 벗어날 수 없다.

바버라 오클리의 저서 『나쁜 유전자』(Oakley 2008)도 인간을 타고난 운명을 통해 결정되는 존재로 이해한다. 이 저서에 의하면 인간의 우울과 공격성, 충동성, 죄의식, 수치심뿐만 아니라 이타주의적 감정 등의 도덕적 행위도 태어나면서 운명적으로 갖게 된 신경전달 물질(세로토닌, 도파민 등)과 뇌의 물리적 기능에 의해 결정된다. 인간의 도덕성을 관장하는 뇌의 신경활동은 영상기기로 관측될 수 있다. 신경전달 물질과 뇌의 기능을 조정함으로써 인간의 도덕적 행위를 조정할 수 있다. 이를 통해 인간에 관한 경험과학은 자연의 사실들 영역에 머물지 않고, 인간의 정신적·도덕적 영역마저 과학적으로 설명하고 지배하고자 한다. "현대 의학 영상은 인간의 양심, 도덕관 및 윤리관이 더 이상 철학자의 노리개만은 아니라는 것을 증명하고 있다. 실제로 도덕성 자체를 관장하는 신경영역을 영상으로 관찰할 수 있게 되었다." 여기서 인간은 그의 양심과 도덕성 및 윤리관이 출생과 함께 그에게 주어진 신경전달 물질과 뇌의 물리적 기능을 통해 결정되는 운명에 묶인 존재로 나타난다.

운명론은 인간학적 결정론이라 말할 수 있다. 인간은 그 자신의 의지와 전혀 관계없이 수동적으로 받아들일 수밖에 없는 운명적 요인들에 결정되어 있다는 결정론이 이른바 운명론이다. 운명론은 독특한 인간상을 가진다. 인간은 자신의 힘으로 변경할 수 없는 운명에 묶여 있다. 그의 삶의 길은 운명의 힘에 의해 결정되어 있다. 그러므로 그에게는 엄밀한 의미에서 자유와 새로운 미래와 희망이 없다.

이리하여 운명론은 새로운 삶의 세계를 향한 인간의 꿈과 희망과 용기를 말살한다. 주어진 것을 있는 그대로 인정하고 수용하며, 이에 적응하고 순응하는 것이 삶의 질서로 생각된다. 모든 불의와 억울한 고난이 운명으로 수용된다. 운명론은 인간을 잘 길들여진 존재, 곧 운명의 종(從)으로 만들어버린다. 그는 길들여진 짐승처럼 자기에게 주어진 모든 것을 운명으로 수용하고 이에 복종한다. 새로운 것을 향한 도전 대신에 주어진 운명에 대한 복종이, 불의한 상황에 대한 저항 대신에 굴종이 그의 삶을 지배한다. 새로운 꿈과 희망으로 인한 기쁨과 명랑함 대신에 운명의 세력의 침울함이 인간의 정조를 결정한다. 운명론은 지배자의 지배를 편하게 만드는 아주 편리한 정치적 도구이다.

B. 자유를 가진 개방된 존재로서의 인간

그러나 인간은 운명의 힘을 벗어날 수 없다는 것이 진리의 전부일까? 그렇지 않다. 이것은 진리의 전부가 아니라 진리의 한 측면에 불과하다. 만일 그것이 진리의 전부라면, 인간은 자유가 없는, 운명적으로 주어진 것(유전자, 문화적, 환경적 조건 등)에 의해 그의 모든 것이 결정되는 기계와 같은 존재일 것이다. 이러한 인간에게 책임성을 묻는 것은 불가능할 것이다. 만일 인간이 운명에 의해 결정된 존재라면, 윤리교육이나 도덕교육, 인격교육이 사실상 필요하지 않을 것이다. 지식 교육과 종교도 필요하지 않을 것이다. 운명론이 지배하는 종족들 속에 교육과 계몽이 약화되는 이유가 여기에 있다. 하지만 지적·도덕적 차원에서 인간의 변화 가능성을 믿기 때문에 우리는 교육을 실시한다.

헤르더의 인간학은 운명론적·결정론적 인간관을 정면으로 거부한다. 그의 인간학에 의하면 인간은 하나님의 "창조에서 처음으로 해방된 자"이다. 즉 주어진 자연에 묶이지 않고 그것을 넘어 새로운 삶의 세계를 창조할 수 있는 자유와 개방성을 가진 존재다.

"선과 악을 알게 하는 나무의 열매를 따먹지 말라"라는 하나님의 명령은 그것을 따먹을 수도 있고 따먹지 않을 수도 있는 인간의 도덕적 의지의 자유, 곧 "자유의지"와 행동의 자유 그리고 인간의 개방성을 전제한다. 성서의 모든 계명들도 인간의 도덕적 의지의 자유와 개방성을 전제한다. 인간은 자신의 의지에 따라 자유롭게 결단할 수 있고 행동할 수 있는 자유를 가진 존재이기 때문에, 하나님은 그에게 계명을 주시고 계명에 대한 복종을 요구한다. 만일 인간이 운명을 통해 결정된 존재라면, 하나님이 인간에게 계명을 주고 이 계명에 대한 복종을 요구하는 일은 불가능하고 불필요할 것이다.

성서에 의하면 인간은 자기를 "하나님의 형상"으로 만들 수도 있고, "풀을 먹는 소의 형상"(시 106:20)으로 만들 수도 있는 자유와 개방성을 가진다. 그의 삶의 길은 운명의 힘에 의해 결정된 것이 아니라 그 자신의 결단에 달려 있다. "보십시오. 내가 오늘 생명과 번영, 죽음과 파멸을 당신들 앞에 내놓았습니다.…나는 오늘 하늘과 땅을 증인으로 세우고, 생명과 사망, 복과 저주를 당신들 앞에 내놓았습니다"(신 30:15-19).

인간이 도덕적 의지의 자유와 행동의 자유를 가졌다는 것은, 인간은 운명에 묶인 존재, 운명을 통해 결정되어버린 존재가 아니라 자신의 자유로운 의지의 결단에 따라 도덕적으로 자기를 언제나 새롭게 형성해 나가야 할 열려진 존재, 곧 개방된 존재임을 말한다. 인간의 자유는 인간의 개방성을 전제하며, 인간의 개방성은 그의 자유와 새로운 가능성과 미래를 전제한다.

여기서 우리는 20세기 철학적 인간학의 타당성을 수용할 수 있다. 그 대표자 셸러에 의하면, 인간은 자연의 다른 동물과는 달리 주어진 세계를 초월할 수 있는 자유와 "세계 개방성"(Weltoffenheit)을 가진다. 자연의 다른 동물들은 타고난 본능과 충동에 따라 행동할 수밖에 없는 운명에 묶여 있는 반면, 인간은 정신의 힘을 통해 자연적 본능과 충동을 억제하고 의식적으로 행동할 수 있으며 문화를 통해 새로운 삶의 세계를 창조할 수 있는 개방된 존재다.

현대에 일련의 자연과학적 이론들은 자연과학의 차원에서 인간의 개방성을 시사한다. 물리학이 말하는 모든 사물의 불안정성(Instabilität), 불확정성(Unbestimmtheit) 그리고 비결정성(Undeterminiertheit)은 인과율에 따라 결정되지 않으며, 미래를 예측할 수 없는 인간의 개방된 존재를 시사한다. 카오스 이론에 따르면 육안으로 보이는 세계는 결정된 법칙들을 따르지만, 그 속에는 불규칙적인 것이 주어져 있기 때문에 미래를 예측하는 것은 불가능하다. 복잡한 물리 체계는 고정된 것이 아니라 안개구름처럼 끊임없이 움직이고 순간순간마다 달라지기 때문에 고정된 법칙으로 파악할 수 없는 역동계(dynamic system)와 같다.

자기 조직화(Selbstorganisation)의 이론에 따르면, 소립자들이 보다 더 큰 입자로 결합될 때 예측하지 못했던 새로운 관계들이 등장한다. 그래서 상호작용과 서로간의 결합들 속에서 보다 더 복잡한 체계들이 나타난다. 이리하여 소립자, 원자핵, 원자, 분자, 거대분자, 세포, 유기체, 종(種), 생명계가 등장한다. 이와 같은 순서로 발전된 물리적 세계는 보다 더 복합적인 체계를 향해 열려 있다. 따라서 우주는 자의적이지도 않지만 규칙적이지도 않은 새로운 질서와 체계를 생성하는 경향, 곧 복잡성(Komplexität)의 경향을 가진다. 한마디로 우주는 복잡성의 개방된 체계다. 이 우주의 한 부분으로서의 인간도 복잡성의 개방된 체계이다. 전체는 부분의 합으로 설명되지 않는 미지의 것을 내포한다. 따라서 영원히 결정되어 있는 운명이란 존재하지 않는다.

물론 인간은 그에게 주어진 내적·외적 조건들을 벗어날 수 없다. 그러나 그는 이러한 조건들에 의해 전적으로 결정되지 않는다. 그에게는 이 모든 조건들을 초극할 수 있는 의지의 자유가 있다. 카오스 이론이 말하는 것처럼, 그의 사유와 느낌과 행동 속에는 예측할 수 없는 불규칙적인 것, 예외적인 것이 있다. 칸트가 말한 것처럼 인간은 두 가지 나라의 시민이다. 곧 인과율에 따라 법칙적으로 움직이는 자연, 곧 "필연성의 나라"에 속한 시민인 동시에 "자유의 나라"에 속한 시민이다. 자유의 나라에 속한 시민으로서 그는 아직 결정되지 않은 자유로운 존재요, 미래를 확실히 예측할 수 없는 개방성을 가진다. 그는 언제나 새로운 가능성의 존재다. 여기서 우리는 아래 네 가지 점을 확인할 수 있다.

1) 이른바 운명론 혹은 운명철학은 근거가 없는 헛된 이론에 불과하다. 인간의 삶의 길은 어떤 고정된 법칙, 이른바 우주적 법칙과 원리에 의해 결정되어 있지 않다. 그의 미래가 어떻게 전개될지 아무도 예측할 수 없다. 그것을 예측할 수 있는 법칙이나 원리는 인간이 만들어 낸 것에 불과하다. 운명론이나 운명철학은 인간의 창조적 가능성을 말살하고 인간의 존재와 삶의 길을 고정시키는 기능을 가진다. 하나님은 인간을 운명에 묶인 존재가 아니라 의지의 자유를 가진 개방된 존재로 창조함으로써 그를 운명의 굴레에서 해방한다.

2) 인간은 자유를 가진 개방성의 존재, 새로운 가능성의 존재다. 그렇다면 인간에 대한 타율은 거부되어야 하며 인간은 자기의 모든 것을 스스로 결정할 수 있는 자율적 존재가 되어야 한다. 인간의 사고와 행동과 삶을 결정하고자 하는 모든 외적 요인들은 배제되어야 한다. 인간은 자신의 삶을 자율적으로 형성하는 주체가 되어야 하며 자유의 권리를 실현해야 한다.

3) 인간의 미래는 결정되어 있지 않고 개방되어 있다. 그러므로 우리는 이웃을 끊임없이 용서해야 한다. "일곱 번만이 아니라, 일흔 번을 일곱

번이라도 용서해야 한다"(마 18:21). 곧 490번이라도 용서해야 한다. 이것은 무한히 용서해야 한다는 것을 뜻한다. 한 사람을 용서하지 않음은 그 사람을 그의 과거에 묶어버리는 것을 말한다. 그를 용서한다는 것은 그에게 새로운 미래를 열어준다는 것을 말한다. 자녀를 사랑하는 부모는 자녀의 과오를 끊임없이 용서한다. 이를 통해 부모는 자녀를 미래의 새로운 가능성을 향해 열어준다. 이로써 부모는 자기를 자기 자신에게서 해방한다. 상대방을 심판하고 결정하는 마음 대신에 사랑과 새로운 희망과 평화가 그의 얼굴을 밝고 평온하게 만든다.

4) 우리 인간은 죽음의 순간까지 새로운 가능성의 존재다. 따라서 우리의 삶은 아직 결정되지 않았다. "우리 삶의 위대한 작품은 아직 그려지지 않았다." 마지막 죽음의 순간에 우리의 삶의 작품은 끝날 것이다. 그 순간까지 우리는 각자의 삶의 작품을 열심히 그려야 한다. 추하게 그릴 수도 있고, 아름답게 그릴 수도 있다. 무가치한 작품을 남길 수도 있고, 가치있는 작품을 남길 수도 있다. 자기가 남길 마지막 자화상을 미리 설정해 보는 것이 좋겠다.

자연의 생물들은 새로운 미래를 알지 못한다. 그들은 주어진 환경과 질서에 묶여 있다. 이에 반해 인간은 "새로운 것"을 의식하고 기획할 수 있으며, 그것을 선취할 수 있다. 인간의 영 혹은 정신은 그의 몸적 실존의 선취적 구조를 가리킨다. 이 선취적 구조로 말미암아 인간의 신체는 앞을 향하는 특징을 가진다. 그의 눈(目)은 원칙상 뒤나 아래를 향하지 않고 앞을 향하도록 되어 있다. 자동차나 기차에서 앞쪽을 향해 앉기를 원하지, 뒤를 향해 앉기를 원치 않는다. 앞을 향한 인간의 신체구조는 그의 정신적 구조에 상응한다.

앞을 향하는 신체적·정신적 구조에 따라 인간은 "이미 주어진 것"을 넘어서서 "아직 주어지지 않은 것"을 향해 끊임없이 나아간다. 그는 미래의 새로운 가능성을 바라보면서 자기 자신과 삶의 현실을 변화시킨다. 그가 꿈꾸고 기획하는 미래에 대한 기다림 속에서, 이 미래로부터 그는 자기 자신을 형성한다. 그는 자기가 바라는 미래를 향해 개방되어 있다. 그가 바라는 미래가 그에게 생명의 힘과 의미를 부여한다. 그가 기다리는 미래가 무엇인가에 따라 그의 표정이 달라지고 삶의 역사가 달라진다.

이에 반해 현대 생명과학은 인간을 결정되어 있는 존재로 파악하는 일종의 인간학적 결정론과 운명론을 나타낸다. 태어나면서 각자에게 주어진 유전자 구조와 신경 전달물질과 뇌의 물리적 운동법칙이 인간의 사고와 감정과 행동을 결정한다고 보기 때문이다. 그러나 이것은 다음과 같은 모순을 드러낸다. 만일 인간의 모든 일들이 결정되어 있다면, 결정론을 주장하는 것도 미리 결정되어 있고, 그것을 반대하는 것도 미리 결정되어 있다고 보아야 할 것이다. 동일한 본성을 가진 인간에게서 어떻게 전혀 반대되는 두 가지 현상이 나타나며, 이 두 가지 현상이 미리 결정되어 있다고 말할 수 있는가? 그리고 결정론을 주장하는 학자가 그것을 반대하는 학자를 설득하려고 하는 것은 인간의 자유와 개방성을 전제하지 않는가? 달리 말해 인간의 자유와 개방성을 전제하기 때문에 상대방의 학자를 설득하려고 하지 않는가?

인간학적 결정론은 현대의 자연과학적·물리적 인간학의 일반적 추세인데 인과론, 곧 원인과 결과의 법칙에 근거한다. 원인 A는 반드시(=필연적으로) 결과 B를 가진다는 법칙에 따라 인간을 파악한다. 따라서 인간의 자유와 개방성이 인정될 수 없다. 인과율은 원칙상 자유와 개방성을 허용하지 않기 때문이다. 인과율을 통해 설명되지 않는 일들, 곧 인과율을 벗어난 "자유로운 일들"은 예외적인 것, 우연적인 것으로 배제된다. 하나의 대상은 인과율에 묶인 합법칙적인 것으로 파악되는 한에서, 그러므로 과학적으로 실험되고 관측될 수 있는 한에서 과학적 탐구와 인식 대상이 된다.

물론 인간의 사유와 감정과 행위는 자연과학적으로 관측될 수 있는 신경전달 물질과 뇌의 물리적 활동에 의존한다. 그렇다 하여 인간의 모든 정신적·신체적 활동들이 이들 요인에 의하여 결정된다는 극단적 결정론은 타당하지 않다. 우리의 체험들과 경험들, 감성, 감정, 사유, 행위는 원인과 결과의 법칙, 곧 인과율을 통해 완전히 설명될 수 없기 때문이다. 또 자연과학은 대상에 대한 관측과 인식의 방법을 선택함에 있어 주관성을 벗어나지 못하며, 대상의 어떤 측면들은 배제하고 어떤 다른 측면들은 관측의 대상으로 선택하기 때문이다. 따라서 인간에 대한 자연과학의 진술들은 자연의 사물들에 대한 진술들과 마찬가지로 개연적인 것에 불과하다.

결론적으로 인간은 신경전달 물질이나 뇌 기능의 인과론적 법칙에 따라 움직이도록 결정되어 있는 기계가 아니다. 물론 그의 모든 활동은 운명적으로 그에게 주어진 다양한 요인들의 영향을 받을 수밖에 없지만, 그는 이 요인들을 넘어서서 결단하고 행동할 수 있는 의지의 자유를 가진다. 그는 유전자의 명령에 따라 움직이는 완결된 유전자 로봇이 아니라, 새로운 미래를 향해 개방되어 있는 가능성의 존재다. 그의 모든 행동은 운명과 자유의 미묘한 상호작용 속에서 일어난다. 여기서 우리는 인간의 존재를 구성하는 **넷째 양극성**, 곧 운명과 자유의 양극성을 발견한다. 인간은 운명의 힘을 벗어날 수 없는 존재인 동시에, 운명의 힘을 벗어날 수 있는 자유와 개방성을 가진 존재다. 그는 운명과 자유의 갈등 속에 있다.

C. 보다 나은 내일을 기다리는 인간
– 참된 의미의 자유란?

전도서 기자는 세상의 모든 것이 헛되다고 탄식한다. "헛되고 헛되다. 모든 것이 헛되다. 사람이 세상에서 아무리 수고한들 무슨 보람이 있는가?" (전 1:2-3) 전도서 기자의 이 탄식은 세상 모든 것의 무의미에 대한 인류의 보편적 인식을 요약한다.

"모든 것이 헛되다"는 인식은 "헛되지 않은 것", 곧 "영원한 것"에 대한 인식이 인간에게 있음을 전제한다. "영원한 것"에 대한 인식이 있기 때문에 눈에 보이는 모든 것이 헛된 것으로 인식된다. "모든 것이 헛되다"는 전도자의 고백 속에는 "헛되지 않은 것", 참되고 가치 있고 의미 있는 것에 대한 인간의 동경과 갈망이 숨어 있다.

여기서 우리는 다음의 사실을 발견한다. 인간은 지금 주어져 있는 것, 눈에 보이는 것에 만족하지 않는 본성을 가진다. 그는 가치 있고 의미 있는 것을 동경하는 본성을 가진다. 그는 자기의 생명을 유지하고 유전자를 번식하기 위한 경쟁과 투쟁의 생물기계가 아니라 영원한 것을 갈망하는 존재다. 한편으로 그는 자기의 생명이 영원히 지속되기를 원한다. 즉 시간의 끝없음(end-lessness, End-losigkeit)을 갈망한다. 이와 동시에 그는 자기의 생명에 참 의미와 기쁨을 줄 수 있는 영원한 것(eternity, Ewigkeit), 가치 있는 것을 동경한다. 그는 보다 나은 내일, 곧 삶의 성취를 갈망한다. 인간 존재는 그가 갈망하는 것을 향한 끊임없는 "나아감"(Überschreiten)이다.

2007년 2월 10일 토요일 아침 필자는 KBS 텔레비전 "아침마당"에서 노동자처럼 옷을 입고 이빨 치료도 제대로 받지 못한 한 조그만 공장의 사장(?)이 인도네시아 노동자 세 사람과 함께 신나게 유행가를 부르는 것을 보았다. 노래를 시작하기 전 그 사장은 "보람 있게 사는 것이 내 인생의 목적이다"라고 말하였다. 여기서 필자는 인간의 진리를 볼 수 있었다. 인간은 먹고 사는 것에 만족하지 않고 참 의미와 가치를 찾는 존재이다. 인간은 자기의 생명을 유지하는 동시에 의미와 가치를 발견하려는 "신체적·심리적·정신적 그리고 사회적 행동"이다(Baranzke 2000, 25).

또한 인간은 참되고 선하며 아름다운 것을 갈망하는 본성을 가지고 있다. 모든 사람들과 세계 전체가 참되고 선하며 아름답게 되기를 바란다. 그러므로 인간은 거짓되고 악한 것을 보면 역겨움과 분노를 느낀다. 거짓말을 할 때 양심의 가책을 느낀다. 무질서하고 더러운 것을 보면 얼굴을 찡그린다. 참되고 선하며 아름다운 것 속에서 그는 참 가치와 의미와 영원을 경험한다. 그래서 아름다운 시와 음악과 미술품과 자연을 찾는다.

물론 인간의 생명은 자기를 자기로서 주장하며 경험하기를 원하는 본성을 가진다. 그는 자기 자신이기를 원한다. 나는 누구인가? 모든 사회적 관계와 사회적 역할을 떠난 내 자신은 과연 어떤 존재인가? 이 질문에 대한 답을 얻기 위해 그는 자기를 다른 생명들로부터 구별하며 자기 자신을 찾는다. 그는 참 자기가 누구인지를 질문하면서 자기를 개별화시킨다. 깊은 사랑의 관계 속에서도 그는 자기를 구별하고 "내 자신"이기를 원한다. 이런 뜻에서 인간의 생명은 자기의 정체성에 대한 끝없는 질문과 추구의 과정이라 정의할 수 있다.

이와 동시에 인간은 이웃과 협동하고 교제와 사랑을 나누며, 그 속에서 참됨과 선함과 아름다움, 참 가치와 의미를 경험하며, 그 속에서 영원을 경험한다. 그는 살아 있음에 만족하지 않고 의미와 가치를 찾는다. 그는 단지 "살아 있다는 사실", 곧 생물적 현실에 불과한 것이 아니라 "삶다운 삶이요, 사람다운 사람"을 찾는 존재다. 인간에 대한 질문은 "단지 생물학적 질문이 아니라", "인간의 본질과 삶의 가치에 관한 물음과 더욱 뿌리 깊게 얽혀 있다"(정재현 2006a, 209).

눈에 보이는 현실에 만족하지 않고 참되고 선하며 아름다운 것, 가치 있고 의미 있는 것을 찾는 본성 때문에 우리 인간은 내일을 기다리는 성향을 가진다. 이른 아침 신문배달원이 집 앞에 갖다 둔 신문을 펴들 때, 우리는 "오늘은 무언가 새로운 것, 무언가 좀 더 나은 것이 있지 않을까?"라는 막연한 기다림과 함께 신문을 펴든다. 그러나 우리는 대개 "오늘도 별 것 없구나!"라는 좌절감을 느끼면서 신문을 접는다. 그러나 다음 날 아침 또 새로운 기대감과 함께 신문을 펴든다. 인간의 이러한 태도에서 우리는 보다 나은 내일을 기다리는 인간의 본성을 볼 수 있다.

추운 겨울 길거리에 자선냄비를 걸어 놓고 종을 치는 구세군 봉사자들에게서도 우리는 내일을 향한 꿈과 기다림을 볼 수 있고, 이 꿈과 기다림 속에서 인간 세계의 비인간성을 거부하는 몸부림을 볼 수 있다. 차가운 길거리에 울려 퍼지는 자선냄비 종소리는 보다 정의롭고 인간성 있는 세계를 향한 동경과 기다림의 종소리인 동시에 비인간적인 세계를 거부하는 종소리라 말할 수 있다(그러므로 성탄절 때 구세군의 자선냄비 활동은 계속되어야 할 것이다). 죽을 때 차마 눈을 감지 못하고 눈을 뜬 채 죽음을 맞는 사람들의 눈에서도 우리는 주어진 존재에 대한 거부와, 아직 주어지지 않은 내일의 존재를 향한 갈망과 기다림을 볼 수 있다.

왜 인간은 주어진 현실에 만족하지 않고 참되고 선하며 아름다운 것, 의미 있고 가치 있는 것을 동경하며 보다 나은 내일을 기다리는가? 주어진 현실의 부정적인 것을 극복하고 보다 나은 내일의 세계를 향해 나아가고자 하는 인간의 본성은 어디로부터 오는가? 한마디로 인간의 유토피아적·변증법적 본성은 어디에서 오는가? 그것은 진화의 우연한 산물인가? 만일 그것이 진화의 우연한 산물이라면, 왜 우리는 98.4%의 동일한 유전자 구조를 가진 침팬지에게서는 이러한 본성을 발견할 수 없는가? 과연 이 모든 현상이 진화적 우연인가?

기독교 신학의 관점에서 볼 때 본래성의 세계를 동경하는 인간의 유토피아적 본성은 하나님의 창조로 말미암은 것이다. 참되고 선하신 하나님이 인간을 그의 형상으로 창조했기 때문에 인간은 본래성에 대한 인식과 유토피아적 본성을 가진다. 그러므로 유토피아적·메시아적 기다림의 정신이 성서의 생명선을 형성한다.

그러나 인간은 죄의 타락으로 인해 이 본성을 상실하였다. 그는 주어진 것에 안주하고 이에 순응하면서 이집트의 "고기 가마"에 빠지고자 한다. "자기보존 본능을 구실로 자기부정을 거부"한다. 이로 인해 "주어진 현상을 유지하려는 구조적 보수성의 성향이 인간에게서…단주지향성이라는 모습으로 나타난다"(정재현 1999, 266).

그러나 타락한 죄인도 하나님의 영역 안에 있다. 하나님의 진리와 사랑의 영이 죄인과 함께 계시며 그의 눈을 열어준다. 이리하여 인간은 하나님이 지으신 본래성의 세계를 의식하는 동시에 거짓되고 약한 현실 세계의 비본래성을 보게 된다. 하나님의 영은 언제나 다시금 인간의 눈을 열어 내일의 본래적 세계를 꿈꾸며 기다리게 한다.

여기서 우리는 인간의 존재를 구성하는 **다섯째 양극성**을 발견한다.

즉 질서와 형식을 만들어 그 속에 안주하고자 하는 본성과 새로운 것을 동경하고 그것을 향해 나아가고자 하는 본성의 두 가지 극을 발견한다. 이 두 가지 극은 사회적으로 보수와 진보의 양극으로 나타난다. 보수는 주어진 현실 속에 형식과 질서를 세우고 이를 통해 안전하게 머물고자 하는 반면, 진보는 기존의 형식과 질서를 벗어나 보다 더 정의롭고 인간성 있는 세계를 향해 나아가고자 하는 역동성으로 나타난다.

이 두 가지 극은 개인의 성격과 생활에도 나타난다. 질서와 형식을 좋아하는 성격의 사람이 있는가 하면 새로운 것을 향한 역동성과 창조성을 좋아하는 성격의 사람이 있다. 전자의 사람은 질서와 정돈을 좋아한다. 이에 반해 후자의 사람은 질서와 형식보다 새로운 것에 관심하기 때문에 그가 사는 방에는 물건들이 어지럽게 널려 있다. 전자의 사람은 정장을 좋아하는 반면 후자의 사람은 캐주얼 한 옷을 좋아한다. 이 두 가지 극은 정도의 차이는 있지만 모든 사람 속에 공존한다. 이 두 가지 극이 어느 정도 조화를 이룰 때 개인의 생활이 유지될 수 있다.

성서의 증언에 의하면 인간은 단지 형식과 역동성, 안주와 나아감, 보수와 진보의 두 가지 극의 갈등 속에 머물지 않는다. 이 갈등 속에서 그의 마음 깊은 곳에는 하나님의 새로운 생명의 세계를 동경하며 그것을 지향하는 유토피아적 본성이 잠재한다. 그래서 옳지 못한 것을 보면 분노하고, 옳은 것을 보면 기뻐한다. 그는 메시아적 생명의 세계를 약속하는 하나님의 피조물이기 때문이다. 하나님은 인간을 보수와 진보의 갈등 속에 내버려 두지 않는다. 오히려 새로운 생명의 세계를 향해 인간을 부르시며 새로운 역사를 시작한다. 그는 사랑이기 때문이다. 세계와 인간의 개방성의 궁극적 원인은 성령의 작용을 통한 하나님의 계시와 약속에 있다.

우리는 이것을 모세의 소명 이야기에서 볼 수 있다. 모세는 이집트 황제의 "양아들"로서 이집트 황실의 고기 가마를 버리고 미디안 광야의 양치기가 된다. 모세는 황량한 광야에서 내일의 희망이 없는 삶을 이어간다. 이러한 모세에게 하나님이 나타나 "젖과 꿀이 흐르는 땅"을 약속하고 그를 부른다. "이제 내가 너를 바로에게 보내어 너로 내 백성 이스라엘 자손을 이집트에서 인도하여 내게 하리라"(출 3:10). 모세는 이 하나님의 부르심을 여러 번 거절하다가 결국 순종한다. 그는 최소한의 생활이 보장된 미디안 광야를 떠난다. 그는 하나님의 약속된 땅을 바라보며 그의 백성과 함께 40년 동안 고난의 길을 걸어간다. 이 모세를 통해 하나님의 새로운 역사가 일어난다(그러나 모세는 40년 간 미디안 광야의 목자생활을 통해 광야에 대한 폭넓은 정보를 얻었으리라 추측된다. 이순신 장군이 남해안에 대한 정확한 정보를 가지고 있었던 것과 마찬가지다).

하나님의 새로운 역사는 이집트의 고기 가마 속에서 고기맛을 즐기는 사람들을 통해 일어나지 않는다. 오히려 이 고기 가마를 포기하고 고난의 길을 택하는 사람들을 통해 일어난다. 바로 여기에 삶의 의미와 참 기쁨이 있고 세계의 희망이 있다. 그러므로 이들은 "세상이 왜 이렇게 모순되느냐? 저 사람들은 행복하게 사는데, 나는 왜 이 모양인가?"라고 한탄할 필요가 없다. 한탄하면 똑같은 소인배가 되어버린다. 일제 강점기에 만주와 연해주에서 독립군으로 싸우다가 목숨을 잃은 그분들에게 한국 민족의 정신이 살아 있고 한국 민족의 희망이 있다. 세속의 권세와 명예를 탐하지 않고 지금도 사회 구석구석에서 자기의 사명과 책임에 성실한 사람들에게 우리 민족의 희망이 있다. 바로 여기에 그들의 자긍심과 삶의 의미가 있다. 그러므로 이들은 자기가 택한 삶의 길 그 자체에 만족하고 기뻐해야 할 것이다. 이에 대한 보상을 받느냐 받지 못하느냐의 문제는 부차적인 문제다.

성서가 증언하는 하나님은 본질적으로 "약속의 하나님"이다. 그는 사랑이기 때문이다. 그는 부모의 땅에 안주하고 있는 아브라함에게 새로운 땅을 약속하며 이 땅을 향해 그를 부르신다. 이리하여 아브라함은 하나님의 약속된 땅을 바라고 기다리며 살아가는 꿈의 사람이 된다. 예언자들도 하나님의 약속된 세계를 바라보며 하나님의 정의와 진리를 선포하는 꿈과 기다림과 모험의 사람들이었다. 나사렛 예수도 그랬다.

인간은 신체의 물리적 법칙에 따라 움직이는 생물기계가 아니다. 그는 "운명의 종"이 아니다. 그에게는 새로운 것을 꿈꾸고 기다리며 그것을 기획하고 실천에 옮길 수 있는 능력이 있다. 헤르더의 인간학, 20세기 철학적 인간학이 말하는 것처럼 주어진 세계에 머물지 않고 새로운 현실을 창조할 수 있는 능력이 그에게 있다. 여기에 자연의 다른 생물들과 구별되는 인간의 "인간적인 것"이 있다. 그는 단지 하나의 생명이 아니라 "참으로 인간적인" 생명이 될 수 있다.

인간은 영양, 소화, 배설, 번식, 경쟁과 투쟁을 삶의 원리로 가진 생물학적 의미의 "비오스"(bios)일 수도 있고, 아름다운 미래의 세계를 향한 꿈과 기다림 속에서 자기의 삶을 모험하는 참 생명, 곧 "조에"(zoe)가 될 수도 있다. 정의와 사랑의 하나님은 인간을 단지 먹고 자고 배설하고, 경쟁과 투쟁을 통해 자기의 힘을 확장하고, 성행위를 통해 자기의 종을 유지하는 생물기계로 만든 것이 아니라 보다 나은 내일을 향한 동경과 기다림 속에서 내일의 세계를 향해 나아가고자 하는 유토피아적 존재, 곧 "인간"으로 창조하였다. 그러므로 인간은 그의 본성에 있어 유토피아적 존재다. 아브라함, 모세, 예언자들, 예수와 바울이 보여주는 것처럼 인간의 존재는 아직 주어지지 않은 새로운 생명의 세계를 향한 끊임없는 "나아감"(Überschreiten)이요 모험이다. 바로 여기에 인간 존재의 특성이 있다.

프로이트에 따르면 성적 충동이 인간의 삶의 기본 동기가 된다. 블로흐에 의하면 굶주림의 문제를 해결하고 자기의 생명을 유지할 수 있는 경제적 수단을 얻기 위한 욕구로 인해 인간은 생동하게 된다. 자본주의 원리에 따르면 인간의 생명은 경쟁을 통해 더 많은 소유를 얻고자 할 때 생동하게 된다. 경쟁심은 인간 속에 잠재되어 있는 능력을 자극하여 "생산성"을 높이기 때문이다. 그래서 "경쟁의 원리"가 삶의 영역 곳곳에 도입된다. 기업체에서는 물론 교육기관과 교회에서도 경쟁의 원리가 지배한다.

그러나 경쟁을 통해 우리는 무엇을 얻고자 하는가? 경쟁의 마지막 결과는 무엇인가? 우리는 궁극적으로 무엇을 위해 경쟁을 해야 하나? 경쟁을 통해 더 큰 생산성과 경제성장을 얻을 수 있지만, 이 생산성과 경제성장의 마지막 목표는 무엇인가? 더 많은 생산성과 경제성장을 향해 눈을 부릅뜨고 전력을 다해 달려가다가 인류는 모두 낭떠러지에 떨어져버리지는 않을까? 경쟁은 인간의 생명을 생동케 할 수 있다. 그러나 경쟁에는 인간성이 없다. 상대방을 이기고 나를 더 높이 세우려는 이기심, 자기 주변의 모든 사람을 경쟁의 상대로 생각함으로 인한 개체주의, 이로 말미암은 삶의 고독과 무의미와 슬픔이 그 속에 숨어 있다. 이를 잊어버리기 위해 술을 마시고 쾌락에 빠지기도 한다. 소유에 대한 욕구와 경쟁으로 말미암은 인간의 생동성은 먹거리와 암컷을 찾아 끊임없이 배회하는 짐승들의 생동성과 크게 다르지 않을 것이다.

성서에 의하면 인간의 생명을 인간답게 만드는 생동성은 하나님의 약속과 약속된 미래에 대한 꿈과 기다림에 있다. 하나님의 약속과 약속된 땅에 대한 꿈과 기다림으로 말미암아 모세는 자기의 삶을 모험하는 생동적 인간이 된다. 참 생명의 힘, 곧 생동력은 단지 생존경쟁에서 오는 것이 아니라 하나님의 새로운 세계에 대한 꿈과 비전으로 말미암아 생성된다. 이 꿈과 비전 속에서 사는 사람은 "독수리가 날개를 치며 솟아오르듯 올라갈 것이요, 뛰어도 지치지 않으며, 걸어도 피곤하지 않을 것이다"(사 40:31).

많은 학자들이 말하듯이, 인간의 가장 원초적 본능은 자기의 생명을 유지하고자 하는 본능이다. 생명을 유지하기 위해서는 "확실하게 보장된 것"이 필요하다. 그러나 확실하게 보장된 것은 우리의 생명을 지루하게 만든다는 것이 삶의 진리다. 아무리 좋은 자동차를 가져도 그 자동차에 싫증을 느끼는 것처럼 우리는 오래 가지 않아 "확실히 보장된 사실들"에 싫증을 느낀다. 거기에는 새로움과 긴장이 없기 때문이다.

꿈과 비전, 도전과 모험이 없는 삶에는 일상의 반복이 있을 뿐이다. 거기에는 새로움과 긴장이 없다. 그래서 사람들은 무의미와 우울증에 빠진다. 소유가 아무리 많이 쌓여 있어도 마음에 즐거움과 기쁨이 없다. 톨스토이가 말하듯이 "만약 아무런 목표도 없이 생명이 단지 생명 자체만을 위해 주어졌다면 살아야 할 이유가 없을" 것이기 때문이다(Tolstoi 1997, 62).
우리 인간의 삶을 참으로 의미 있고 생동하게 하는 것은 확실하게 보장된
"사실들"이 아니라, 그가 기다리고 희망하는 미래에 있다. 기다림과 희망
이 있는 사람의 눈동자는 반짝거리게 되고 그것이 없는 사람의 눈동자는
죽은 동태 눈알처럼 되어버린다.

인간의 존재는 그가 무엇을 기다리며 희망하는가에 따라 결정된다. 그
의 참 본질은 단지 생물학적 "사실들"이 아니라 미래를 향한 기다림과 희
망에 있다. 성서적 관점에서 볼 때 인간의 참된 본질은 예수 그리스도의
부활을 통해 약속된 하나님의 "새 하늘과 새 땅"에 대한 꿈과 비전이요, 이
를 향한 도전과 모험에 있다. 인간의 생명, 그것은 유전자의 명령에 따라
먹고 섹스하고 생명을 유지하는 생물(bios)에 불과한 것이 아니라 하나님
의 미래를 향한 꿈과 도전과 모험이다. "인간의 의미있는 생명은 단지 그
가 자기에게 바라는 것의 자유로운 전개와 성취에 있는 것이 아니라 생명
의 하나님에 의해 세워진 목적에 도달하는 것, 곧 하나님의 약속의 성취에
있다"(곽미숙 2004, 106).

여기서 우리는 자유의 참된 의미가 무엇인가를 볼 수 있다. 참 의미의
자유는 자기 마음대로 할 수 있음을 말하는 것이 아니라 "자기 자신으로
부터의 자유", "내일에 대한 근심으로부터의 자유", 이웃을 "섬기는 자유와
사랑하는 자유"다. "사랑 없는 자유는 공허한 자유요 거짓된 자유다"(박재순
1988, 97-99). 참 자유는 끝없는 욕심의 충족에 있는 것이 아니라 하나님과
그의 피조물을 향한 따뜻한 마음과 함께 하나님의 약속된 세계를 기다리
며 그것을 앞당겨 오고자 하는 책임적 삶에 있다. 달리 말해 참 의미의 자
유는 하나님과 피조물에 대한 사랑과 책임성에 있으며, "죽음과 슬픔과 고
통과 울부짖음이 없는" 하나님의 새로운 생명의 세계를 지향하는 데 있다.
따라서 참 자유는 단지 자율성(Autonomie)이 아니라 하나님과 이웃에 대
한 책임적 삶을 통해 구성된다. "나는 아무의 종도 아니면서 모든 사람의
종이 된다"는 루터의 말은 참 자유의 본질을 나타낸다. "사랑으로 봉사하

는 자유인처럼 아름다운 인간상은 없을 것이다"(김재준 2001, 305).

인간이 하나님의 자유로운 피조물로 창조되었다는 것은 사랑 안에서 서로 섬기며 이웃을 책임지는 존재로 창조되었다는 것을 말한다. 참 자유는 "나와는 무관하더라도 다른 사람이 행한 것에 대하여 또한 다른 사람이 당하는 고통에 대하여 책임을 지는 것을 말한다. 내가 다른 모든 사람을 책임지고 그들의 책임까지 내 책임으로 진다는 철저한 수동성을 말한다. 여기서 주체가 생기고 그런 주체 안에 삶의 의미가 있다. 내 책임은 끝이 없고 아무도 나를 대체할 수 없다. 그러므로 나의 참다운 정체성은 책임 안에서 생긴다"(E. Levinas, 방연상 2008, 13).

6

영과 육의 전일체로서의
인간

인간은 영 혹은 정신, 영적·정신적 욕구를 가진 영적·정신적 존재다. 이와 동시에 그는 육과 육적 욕구를 가진 육적 존재다. 여기서 우리는 인간의 존재를 구성하는 **여섯째 양극성**을 발견한다. 이 두 가지 극은 다음과 같은 형태로 극단화된다. ① 인간의 영 혹은 정신은 인간의 육에 의존하지 않는 독립적 실체다. 그의 영적·정신적 활동은 그의 육체적·물질적 요소들(예를 들어 유전자, 신경세포, 신경 전달물질)과 조건에 의존하지 않으며 따라서 물리적으로 설명되지 않는 신비로움과 독립성을 가진다. ② 그렇지 않다! 인간의 영적·정신적 활동은 인간의 육체적·물질적 요소들의 활동에 불과하다. 그것은 육체적·물질적 요소들의 활동으로 환원된다. 인간은 "그가 먹는 바의 것"이 그의 영 혹은 정신을 결정하는 육체적·물질적 존재다.

여기서 우리는 인간을 영과 육의 전일적 존재, 곧 "몸"으로 파악하고, 두 가지 극의 타당성을 수용하고자 한다. 나아가 인간의 참으로 "인간적인 것"은 하나님의 미래를 바라고 기다리는 인간의 메시아적 지향성에 있음을 제시하고자 한다.

A. 영과 육의 이원론의 문제성

전통적으로 기독교는 인간을 혼(히브리어 *nephesh*, 그리스어 *psyche*, 영어 soul),
영(*ruach*, *pneuma*, spirit), 육(*basar*, *sarx*, body)의 세 가지 요소로 구성되어
있다고 보는 삼분설(Trichotomie, 살전 5:23)과, 영과 육의 두 가지 요소로 구
성되어 있다고 보는 이분설(Dichotomie)을 가르쳐 왔다.

혼과 영의 구별은 매우 모호하며, 성서에서 두 개념은 때로 인간 자체
를 나타내는 개념으로 함께 사용된다. 고대 그리스의 형이상학적 인간상
의 영향 속에서 혼은 인간의 육체에 생기를 주고 그것을 지탱하는 인간
내의 동물적 생명의 원리를 뜻하며, 영(혹은 정신)은 혼보다 고등한 인간의
지적·이성적 생명의 원리를 나타낸다. 그러나 성서에서 두 개념의 차이는
매우 불분명하며 구별 없이 같은 의미로 사용되기도 한다(이범배 2001, 293).
그러므로 기독교 신학은 일반적으로 영과 육의 이분설을 이야기한다.

영과 육의 이분설은 영과 육의 "인간학적 이원론"으로 발전한다. 인간
의 영은 비물질적이고 하나님으로부터 온다. 인간이 죽을 때 그의 영은 육
을 떠나 하나님에게 돌아간다. 그 반면 육은 땅에 속한 것으로, 인간이 죽
을 때 땅으로 돌아가 썩어버린다. 전자는 영원하고 참 가치가 있는 반면,
후자는 유한하며 무가치한 것이다. 육은 죄악된 정욕의 자리, 오류의 원
인, 악의 세력의 수단, 영혼의 감옥으로 간주된다.

영과 육의 이원론은 세계 거의 모든 종교들의 공통된 이론이라 말할
수 있다. 구약성서도 그것의 영향을 받는다. 예를 들어 하나님이 흙으로
인간의 형태를 빚으시고 그의 "생명의 숨"(נְשָׁמָה, *neshama*)을 불어넣으시니,
인간이 살아 움직이는 존재, 곧 생령이 되었다(창 2:7), 하나님이 그의 영을
거두어들일 때 인간은 죽어 흙으로 돌아간다(시 104:29), "육체는 원래 왔던
흙으로 돌아가고 영은 그것을 주신 하나님께로 돌아간다"(전 12:7)는 구절
들은 영과 육의 이원론을 전제하는 것처럼 보인다.

바빌론 포로기 이후부터 고대 그리스 철학의 이원론이 유대교의 인간

학에 영향을 주기 시작한다. "썩어 없어질 육체는 영혼을 내리누르고, 이 세상살이는 온갖 생각을 일으키게 하여, 사람의 마음을 무섭게 만든다"(지혜서 9:15; 참조. 3:1). 신약성서도 그 영향을 받는다. 육의 생각은 죽음이요, 영의 생각은 생명과 평화이다(롬 8:6). 너희가 육을 따라 살면 반드시 죽을 것이요, 영으로써 육의 행실을 죽이면 살 것이다(8:13). 우리가 영을 따라 행하면 육의 욕심을 이루지 아니할 것이다(갈 5:16). 육 안에 있다는 것은 죄 가운데 있음을 뜻한다(롬 8:5; 갈 5:17 참조). 여기서 육은 죄악된 것으로서 영의 지배를 받아야 할 것으로 규정된다. 하나님은 본질적으로 영으로 규정된다(요 4:24). 살리는 것은 영이요, 육은 무익하다(6:63). "영적인 몸"(σῶμα πνευματικόν, soma pneumatikon)은 죽지 않을 영원한 몸을 가리키며, "육의 몸"(σῶμα ψυχικόν, soma psychikon)은 죽어서 썩어 없어질 몸을 가리킨다(고전 15:44, 46).

우리는 고대 그리스 철학의 이원론적 인간학의 영향을 초대교회를 위협한 영지주의에서 더 분명하게 발견할 수 있다. 영지주의에 의하면 인간의 육은 인간이 태어나기 전부터 선재(先在)하던 영을 감금하고 있는 감옥이다. 영은 이 감옥으로부터의 해방을 동경한다. 구원자가 전하는 영지를 통해 영은 육의 감옥에서 해방되기 시작한다. 이 해방은 죽음을 통해 완성된다. 죽음을 통해 육의 감옥에서 완전히 해방된 영혼은 그의 본향으로 돌아간다. 그러므로 죽음은 구원의 완성을 뜻한다. 이를 통해 죽음이 미화된다.

죽음을 통해 불멸하는 영원한 것과 사멸하는 유한한 것이 나누어진다. 불멸의 영원한 것, 곧 영은 신적인 것에 속한다. 그러므로 인간의 본래적 삶은 육에 있는 것이 아니라 영에 있다. 인간의 육체와 감성은 하나님께 속하지 않고 악한 육과 물질의 영역에 속한 무가치한 것이다. 여기서 육과 물질의 영역은 하나님의 현실에서 제외된다. 하나님의 현실은 영과 정신의 영역에만 있는 것으로 간주된다.

그러므로 "이원론은 유일하신 하나님을 분열시킨다"고 말할 수 있다.

본래 "창조의 하나님은 영의 근원이며 동시에 육의 근원"이지만, 이원론은 육을 하나님에게 속하지 않은 것으로 보기 때문이다. 영지주의의 이원론은 육의 근원을 악한 신에게 돌린다. 이로 인해 "이원론은 그리스도의 성육신을 부정하며 그리스도께서 육체를 입으신 것은 하나의 환영에 불과하다는 가현설을 주장한다." 또 그것은 "육의 회복과 완성을 부정한다.…이원론에서 육은 악하고 저급한 것이므로 영과 분리되어야 하고 반드시 제거되어야 한다. 하지만 예수께서 오신 것은 육을 회복하고 완성하여 영에 일치시키기 위함이다"(문경규 2008, 136).

영과 육의 이원론을 통해 인간은 두 가지 측면을 가진 것으로 이해된다. 한편으로 인간은 그의 육체적·물리적 실존에 있어 다른 생물들과 다를 바가 없다. 다른 한편 그는 자기를 자기에게 대칭시킬 수 있고 자기의 육체성에서 자기를 분리시킬 수 있는 존재다. 그는 육체적·동물적 존재인 동시에 영적·정신적 존재다. 그는 자기의 육체적 조건에 의존할 수밖에 없지만, 그것으로 환원될 수 없는 영적·정신적 측면을 갖고 있다. 그는 육체에 있어 자연에 의존하며 자연에 속한 자연적 존재다. 그러나 그의 영 혹은 정신을 통해 자연에 대칭하며 자연을 벗어날 수 있는 정신적 존재다. 그는 생물적 존재인 동시에 문화적·언어적 존재요 사유하는 존재다. 그는 동물과 비슷한 자연적 욕구와 충동을 가진 충동적 존재인 동시에 이 충동을 억제하고 조정할 수 있는 이성적·합리적 존재다.

오늘날의 신학에서 영과 육의 이원론은 심각한 비판의 대상이 되고 있다. 그것은 이론의 차원을 넘어 인간의 생명과 세계의 현실에 심각한 영향을 주는 것으로 지적된다. 영과 육의 이원론에 의하면 인간의 참 본질은 그의 육에 있는 것이 아니라 그의 영 혹은 이성에 있는 것으로 생각된다. 인간의 육은 모두 동일한 반면, 인간은 그의 영 혹은 이성에 있어 구별되기 때문이다. 그래서 인간은 본질적으로 영적 존재, 이성적 존재로 규정된다. 여기서 인간의 본질은 관계성, 사회성에서 파악되지 않고 모든 사회적 관계에서 추상된 개체적인 것, 영원히 변하지 않고 언제나 동일하게 존속하는 이른바 영 혹은 이성에 있는 것으로 생각된다. 이를 통해 인간의 영 혹은 이성은 고차원적인 것으로 생각되는 반면, 몸적 감성, 감정, 몸의 자연적 욕구들, 생명의 역동적 힘 등은 영과 이성의 활동을 방해하는 삶의 저속한 차원에 속한 요소이기 때문에 억제되고 지배되어야 할 대상으로 간주된다.

데카르트의 『성찰』에 기록된 "나는 사유한다, 그러므로 나는 존재한다"(cogito ergo sum)는 명제는 영과 육의 이원론의 문제성을 대표적으로 나타낸다. 이 명제에 따르면 인간의 본질은 이성적·합리적 사유에 있다. "나의 본질은 오직 사유에 있다." 그러므로 "나는 나의 육체와는 참으로 다르며 육체 없이 실존할 수 있다"(Descartes 1960, 70). 세계의 모든 것은 불확실하지만, 내가 회의한다, 사유한다는 것은 더 이상 회의할 수 없는 "아르키메데스적 포인트"다. 여기서 인간의 존재는 인간의 사유로 위축되며, 인간은 본질적으로 사유하는 존재로 이해된다. 사유하는 존재(res cogitans)로서 인간은 대상의 세계, 곧 연장되는 존재(res extensa)의 세계에 대칭한다. 그의 자기의식은 대상 세계 없이 홀로 독립적으로 존재하며, 감각적 세계와의 관계는 이차적인 것으로 생각된다. 인간의 자아가 그 속에 있는 사유는 몸 없이, 대상 세계 없이 자기 홀로 있다.

『성찰』에 나타나는 데카르트의 영과 육, 사유하는 사물과 연장되는 사물의 이원론, 이에 근거한 합리주의적 인간상은 기독교와 서구 철학이 고대 그리스 철학에서 받아들인 인간학적 이원론의 귀결이다. 우리는 그 문제점을 다음과 같이 분석할 수 있다.

1) 영과 육의 이원론적·합리주의적 인간상은 인간을 영(혹은 이성, 정신)과 육으로 나누고, 인간의 "육을 폄훼하고 제거하려고 한다. 육체와 물질을 악한 것으로 치부하고 육을 무시하며 육에서 벗어나는 것을 구원이라고 본다"(문경규 2008, 137). 또 육체의 자연적 욕구들을 죄악되고 짐승적인 것, 인간의 영 혹은 이성의 활동을 방해하고 혼란시키며 인간을 미혹하는 "악한 것"으로 간주하며, 그러므로 영에 의해 지배되고 통제되어야 할 대

상으로 생각한다. 이리하여 고대 스토아 철학이 가르친 것처럼 영 혹은 이
성에 의한 육체의 지배가 인간이 쟁취해야 할 주요 윤리적 덕목이 된다.
육체와 육체의 욕구들은 인간의 생존을 위해 없어서는 안 될 요소라는 점
이 여기서 간과된다. 육체에 대한 영의 지배는 "다른 형태의 지배 관계들,
즉 남성/여성, 인간/자연, 신/세계, 부자/가난한 자, 백인/유색인, 제1세
계/제3세계 사이의 지배관계 안에서 되풀이된다"(전현식 2003, 103).

2) 영과 육의 이원론적·합리주의적 인간상은 인간의 참 존재를 사유
와 동일시함으로 인해(cogito, ergo sum) 인간의 신체성의 소외가 일어난다.
신체적 욕구들, 인간의 감성과 감정은 지배되고 억제되어야 할 것으로 간
주된다. 그래서 자기의 감정을 표출하지 않는 것, 곧 기뻐도 기쁜 감정을
나타내지 않고 사랑하는 사람이 죽어도 슬픈 감정을 나타내지 않는 것을
군자가 지켜야 할 윤리적 덕목이라 생각한다. 이른바 "자기지배"가 윤리적
이상(理想)이 된다. 인간은 영적·이성적·정신적 존재인 동시에 신체적·감
성적 존재이며, 감정의 표출을 통해 서로 교통하고 삶의 건강을 유지할 수
있다는 점이 여기서 간과된다.

3) 영과 육의 이원론적·합리주의적 인간상은 인간의 육체를 대상화시
킨다. 육체는 연장되는 사물(res extensa)에 속한 것으로, 모든 물체들처럼
길이, 높이, 폭, 무게 등에 따라 수학적으로 측정될 수 있고 인간 자신의
관심과 목적에 따라 기술적으로 조작되고 변형될 수 있는 대상으로 생각
된다. 이리하여 인간에 의한 인간의 신체 구조와 지식과 감정과 행동의 기
술적 조작이 일어나게 된다. 자연의 모든 물체들처럼 육체로서의 인간은
과학적 연구와 실험의 대상이 되며 수학 공식을 통해 표현될 수 있는 존
재로 생각된다.

이러한 인간상은 인간을 하나의 기계로 보는 기계론적 인간상과 결합
되어 있다. 데카르트에 의하면 식물과 동물은 복잡한 기계이다. 인간의 육
체도 "뼈, 신경, 근육, 핏줄, 피, 피부로 조합된", 그리고 자신의 법칙에 따라
움직이는 하나의 기계다(Descartes 1960, 75). 기계는 인간의 의도와 목적에

따라 마음대로 분석, 조작, 변형될 수 있다. 이리하여 인간의 육체는 자연 피조물의 육체와 마찬가지로 과학적 분석과 기술적 작업과 조작의 대상이 된다. 이리하여 인간의 생체실험이 일어나게 된다.

4) 육체의 대상화는 육체의 도구화·수단화를 초래한다. 육체는 인간 존재의 구성요소가 아니라 인간의 의지와 목적을 실행하는 도구 또는 수단으로 간주된다. 또 쾌락을 누리기 위한 수단으로 간주되기도 한다. 얼굴과 몸 전체의 외적 미모가 생명 유지의 수단으로 간주되기도 한다. 오늘 세계 각국에서 크게 유행, 발전하는 성형수술, 화장품 산업, 신체 관리 업종(피부관리, 손톱관리, 발톱관리 등)은 인간의 육체를 하나의 도구 내지 수단으로 간주하는 현대의 인간상과 일맥상통한다. 인간의 심리도 조작 대상이 된다. 인간의 심리 현상마저 수학 공식화하는 일이 심리학에서 일어난다. 그러나 수학 공식은 인간의 복합적인 심리작용에서 추상화 된 것에 불과하다. 건강을 유지하기 위한 육체의 관리는 필요하다. 또 특정한 신체 부위의 변형이 필요한 경우도 있다. 그러나 육체의 도구화를 목적으로 하는 육체의 변형은 육체를 소외시키고 비참하게 만든다. 이것은 인간의 자기소외를 초래한다.

5) 영과 육의 이원론적·합리주의적 인간상에 따르면 인간은 자기 안에서 홀로 "사유하는 개체"로 생각된다. 그는 몸과 대상 세계 없이 스스로 존재하는 개체요, 개체로서의 주체다. 이로써 인간을 개체적 주체로 보는 근대의 "주체성의 철학"과 인간의 개체화가 출현한다. 그러나 개체적 주체성이란 존재하지 않는다. 자기 안에서 홀로 사유하는 개체로서 인간의 주체성이란 거짓에 불과하다. 육체 없는 인간의 주체성이란 있을 수 없다. 인간의 육체는 그의 주체성을 구성하는 필수 요소이기 때문이다. 인간의 사유도 육체와 더불어 일어나며 육체의 영향을 받는다. 우리는 육체 없는 인간의 사유를 상상할 수 없다. 그럼에도 불구하고 현대 과학주의자들은 인간의 사유를 뇌세포의 물리적 작용으로 환원시키는 극단에 치우치기도 한다. 인간의 사유는 언제나 언어를 사용한다. 하지만 언어는 개체적인 것

이 아니라 인간의 사회적 관계성의 산물이다.

6) 세계는 자기를 개체로 의식하는 인간에게 "자기 바깥에 있는" 대상으로 인식된다. 세계의 사물들은 물론 다른 사람들, 다른 민족들도 모두 "내 바깥에 있는" 대상으로 생각된다. 이리하여 세계의 대상화, 주체와 객체의 분리가 일어난다. 대상화 된 세계에 대해 사유하는 인간은 자기를 주체, 곧 중심으로 생각한다. 대상 세계의 모든 것, 그리고 대상 세계에 대한 인간의 감각적 인식은 모두 불확실하지만, "내가 생각한다"는 것은 더 이상 의심할 수 없는 확실한 것이기 때문이다(Descartes).

여기서 인간 중심주의가 일어난다. 곧 자기 안에서 홀로 사유하는 영적·이성적 존재로서의 인간이 세계의 중심으로 상정된다. 세계의 근거는 "나는 생각한다"(cogito)에 있는 것으로 생각된다. 세계의 모든 사물들은 사유하는 인간에 의해 지배되어야 할 대상이다. 이로써 자연의 세계와 다른 민족들에 대한 공격적 태도와 약탈의 역사가 시작되며, 식민주의, 중상주의, 제국주의의 기초가 마련된다. 자연과 다른 민족들과 그들의 영토에 대한 무제한적인 정복과 약탈과 파괴가 일어난다. 기독교가 선교되는 곳마다 이런 현상이 함께 일어난 근대의 역사는 이것을 명료하게 보여 준다.

7) 대상 세계는 인간의 이성에 의해 파악되고 구성되는 한에서 의미를 가진다. 그렇게 되지 않는 것은 무의미한 것으로 간주된다. 이로써 세계의 현실은 이성에 의해 합리적으로, 또 방법적으로 인식될 수 있는 것과 동일시된다. 이를 통해 근대의 자연과학이 발전할 수 있는 방법적 기초가 마련된다. 곧 이성에 의해 미리 결정된 방법과 패러다임을 따르는 인식들만이 타당한 것으로 인정된다. 그렇지 않은 것은 예외적인 것으로서 관찰의 대상에서 제외된다. 실험이 과학의 왕도(王道)로 생각된다.

그러나 실험은 언제나 특정한 관심과 관점과 방법에 따라 이루어진다. 그러므로 대상의 현실 자체가 실험을 통해 인식되는 것이 아니라 인간이 관심하는 현실의 특정한 측면이 인식될 뿐이며, 그 외의 다른 측면들은 배제된다. 관측기구들이 인간의 지각을 대체한다. 그러나 관측기구들을 통한 이른바 관측의 정확성은 일면성과 제한성을 벗어날 수 없다. 관측되지 않는 현실의 차원들은 배제되어버리기 때문이다. 관측되는 대상의 현실은 관측의 관심과 방법에 따라 구성된다.

8) 현실의 방법적 구성은 수학 공식을 통해 표현될 수 있어야 한다. 즉 수학 공식을 통한 현실의 수학적 표현이 현실의 방법적 구성의 전제와 목적이다. 그러나 대상 세계의 현실이 수학 공식적 표현을 통해 일반화 내지 보편화될 때 현실의 유일회적이며 특수한 것, 질적이며 개별적인 것은 배제된다. 보편화·일반화될 수 있는 것만이 수학 공식화될 수 있기 때문이다. 우리가 경험하는 현실의 개별적이며 특수한 형태들이 보편적 대상들로 되어버린다. 수학적으로 보편화되지 않는 현실의 측면들은 배제되고, 우리는 보편화된 현실들만 접하게 된다.

9) 영과 육의 이원론과 이에 근거한 합리주의적 인간관은 인간의 육이 속한 물질의 영역에 대한 경시 또는 천시를 초래한다. 중요한 것은 육과 물질의 영역에서 독립된 영 혹은 이성의 영역이라 생각된다. "하나님은 영이시니"라는 구절과 함께 인간의 육과 물질의 영역은 하나님과 관계없는 것으로 간주된다. 하나님의 구원은 인간의 영과 관계된 것으로 제한된다. 육과 물질의 영역은 하나님의 구원에서 배제된다. 물질의 영역은 황제에게 속하고, 영의 영역은 하나님에게 속한 것으로 나누어진다. 이로써 하나님의 통치영역은 영의 영역으로 위축된다. 영 혹은 정신의 영역은 하나님의 영역으로, 육과 물질의 영역은 하나님께 속하지 않은 세상의 악한 영역으로 구별된다.

헤겔의 철학적 신학은 육과 물질의 영역도 하나님께 속한 것으로 파악하고자 한다. 그러나 헤겔은 하나님의 영 혹은 신적 정신으로부터 출발하여 육과 물질을 설명한다. 곧 신적 정신이 세계를 설명하는 원리가 된다. 물질의 구체적 현실들, 사회 경제적 현실들은 신적 정신의 변증법적 자기 활동의 부산물로 간주된다. 이에 대한 비판과 도전으로서 칼 마르크스의 물질론은 물질적·경제적 조건을 인간의 존재와 세계를 설명하는 보편원리로 설정한다.

지금까지 고찰한 영과 육의 이원론적 인간관에 대한 반대명제로서 등장한 물질론적 인간관은 인간의 영을 인간의 육체적·물질적 요소로 환원시키고, 육체적·물질적 요소들이 인간의 영을 결정한다고 주장한다. "인간이 먹는 그것이 인간의 존재를 결정한다"(der Mensch ist, was er ißt)는 포이어바흐의 명제가 이 주장을 요약한다.

현대 신경과학은 인간의 영 내지 정신의 실체를 거부하고 그것을 육으로 환원시킨다. 인간의 영적·정신적 활동은 뇌세포의 활동에 불과하다. 뇌세포의 활동 없는 인간의 사유, 감정 등 영적·정신적 활동은 있을 수 없다. 참으로 존재하는 것은 인간의 육체를 구성하는 물질과 그것의 물리 화학적 운동법칙뿐이다.

B. 영과 육의 전일적 존재로서의 인간

성서의 인간상은 고대세계의 유기체적 사고의 영향 속에서 형성된다. 그러므로 성서는 인간을 영과 육의 두 가지 부분으로 나누어질 수 있는 존재로 보지 않는다. 오히려 양자가 유기체의 관계 속에서 하나를 이루고 있는 전일적 존재로 파악한다. 물론 인간에게는 육체적인 측면과 비(非)육체적인 측면이 있지만 "성경은 인간을 전체로서 하나의 인격체로 본다"(유해무 1997, 251).

영과 육이 하나로 결합된 전일적 인격체로서, 인간은 하나님의 부르심과 해방과 계약과 약속의 역사 속에서 자신의 존재를 형성해 가는 존재로 파악된다. 따라서 성서는 인간의 이른바 영원히 변하지 않는 "본질"이나 "실체"에 관심을 갖지 않고 하나님의 역사 안에 있는 전일적 인격으로서의 인간, 구체적 상황 속에 있는 인간 자체에 대하여 관심을 가진다. 바로 여기에 인간에 대한 히브리적 사유의 특징이 있다. 인간은 두 부분 혹은 세 부분으로 구성된 구조물이 아니라 하나의 전일적·유기체적 존재로서 약속된 미래를 향해 나아가며, 이 속에서 자기의 정체성을 발견하는 종말론적 존재로 생각된다.

그러므로 성서에서 인간은 영원한 본질에 대한 성찰을 통해 자기를 인식하지 않고, 하나님의 계약과 역사 속에서 자기를 인식한다. 그는 "자기 안에 아무런 실체(Substanz)를 갖지 않는다. 오히려 그는 하나의 역사이다"(Moltmann 1985, 260). 성서는 인간에 관한 개념들을 확정하는 것이 아니라 하나님의 역사 안에 있는 인간의 근원과 삶의 방향과 미래의 목적과 책임에 대해 이야기한다. 우리는 전일적 인간 이해에 대한 성서적 근거를 아래와 같이 제시할 수 있다.

1) 하나님의 형상은 전일적 존재 혹은 "전인(totus homo, whole man)을 이해하는 열쇠가 된다"(정홍열 2000, 203). 창세기 1:26이 말하는 "하나님의 형상"은 인간의 한 부분, 곧 인간의 영만을 가리키는 것이 아니라 영과 육이 결합되어 있는 인간 전체를 가리킨다. 하나님의 형상은 "인간의 특정한 신체의 한 부분이나 기능에 국한시키는 것이 아니라 전인을 대상으로 하는 사건과 관련지어야 한다"(204).

2) 성서는 육체의 특정한 활동을 인간 자신의 활동과 동일시한다. 내 육체가 살아계신 하나님께 부르짖는다(시 84:2). 내 육체가 주를 앙모한다(63:1). 모든 육체가 하나님의 영광을 볼 것이다(사 40:5). 모든 육체가 하나님이 구원자요 전능자임을 알 것이다(49:26). 모든 육체가 하나님 앞에서 잠잠할 것이다(슥 2:13). 모든 육체가 하나님의 구원을 볼 것이다(눅 3:6). 여기서 앙모한다, 부르짖는다, 본다, 안다는 등의 육체적 활동은 인간 자체의 활동을 가리킨다.

또 영혼의 활동과 육체의 활동이 동일시되기도 한다. 내 영혼이 하나님을 갈망하며, 내 육체가 하나님을 앙모한다(시 63:1). 인간의 양심이 신장에 있다고 생각되며(16:7), 슬픔의 자리가 간(肝)에 있는 것으로 생각된다. 인간의 생명이 그의 피에 있는 것으로 생각되기도 한다. "육체의 생명은 피에 있다"(레 17:11). 여기서 전인적 인격체로서의 인간은 좌절과 희망, 기쁨과 슬픔, 삶의 고뇌와 희열 속에서 하나님과 그의 현실을 갈망하는 구체적 실존으로 이해된다.

3) 우리는 구약성서의 몇 가지 중요한 인간학적 개념들에서 하나님의 역사 안에 있는 전일적 존재로서의 인간에 대한 이해를 발견할 수 있다(Schneider 1992, 162 이하; Wolff 1974).

a. "네페쉬"(nephesh, 신약의 psyche, 혼)는 구약성서에서 755번 사용되며, 인간의 "내적 생동성, 생명의 의지, 생명의 욕구, 인간의 욕구와 열망"을 나타낸다. 인간과 짐승이 하나님의 네페쉬를 코 안에 얻음으로써 살아 움직이는 네페쉬, 곧 생령(生靈)이 된다(창 2:7; 1:30). "인간은 네페쉬를 가진 것이 아니라 네페쉬이다, 그는 네페쉬로서 산다"(Wolff 1974, 26). 하나님에 의해 흙에서 만들어진 인간은 살아 움직이는 네페쉬(nephesh haja)라 불린다. 본래 "목구멍"을 뜻하는 네페쉬는 숨호흡과 음식물의 섭취가 인간의 생명을 가능케 하는 기본 조건임을 드러내며, 생명의 욕구를 가진 인간을 나타낸다.

b. "루아흐"(ruach, 신약의 pneuma, 靈)는 본래 "바람", "호흡"을 의미하며, 하나님에게서 나와 하나님에게로 돌아가는 "창조적 생명의 힘"(Wolff 1974, 61), 인간의 역동적 의지와 노력, 그의 "생명의 원리"를 가리킨다(전현식 2002, 326). 또 그것은 인간의 정서, 인식, 이해, 판단의 능력을 뜻하기도 한다. 철학에서 영은 "정신"으로 번역되는데(특히 Hegel의 철학에서), 인간의 지적 기능을 가리키는 것으로 오해될 수 있다. 예수의 잉태 사실을 알게 된 마리아의 찬가에서, 영은 인간 자신을 가리킨다. 마리아가 "내 영(pneuma)이 주님을 찬양하며"라고 말할 때, 영 혹은 영혼은 마리아의 한 부분을 말하는 것이 아니라 마리아의 존재 전체를 나타낸다. 여기서 마리아의 영은 마리아 자신과 동일시된다. "내 영혼이 주를 갈망한다"(시 63:1)고 할 때 영혼은 인간 자신을 가리킨다.

c. "바사르"(basar, 신약의 sarx, 肉 혹은 육체)는 구약성서에서 273번 사용되

는데, 그 중에 104번은 동물들에게 적용된다. 따라서 그것은 인간과 동물에게 공통된 요소, 곧 그들의 육체성, 흙으로부터 오는 제한성과 유한성, 그리고 허무함을 가리킨다. 또한 성서는 인간의 육 혹은 육체를 인간 자신과 동일시한다. "저희는 육체일 뿐이다"(시 78:39). 그는 육을 가진 것이 아니라 육이다. 또 육은 친교 및 교통의 수단과 공동체적 관계성의 수단이 되는 인간의 신체성을 가리키며, 가족, 이웃, 민족, 인류의 친족관계를 나타내는 개념으로 사용되기도 한다(창 2:23; 29:14; 37:27). "사람은 육이다"라고 할 때, 육은 "한 번 가면 되돌아올 수 없는 바람과 같은 존재", 곧 인간의 유한성과 허무함을 가리키는 동시에 죄를 지을 수밖에 없는 인간의 죄성, 도덕적, 윤리적 연약함, 인간 존재의 허무함을 뜻하기도 한다. "모든 육체는 풀이요, 그 모든 아름다움은 들의 꽃과 같다"(사 40:6).

"한 육이 된다"(창 2:24)는 것은 육체적·성적 관계를 말하는 것이 아니라, 사랑의 영 안에서 한 몸이 되어 살아가는 공동체성을 말한다. 루아흐는 인간을 자연의 동물들로부터 구별하는 영적·이성적 측면을 가리킨다면, 육은 인간의 동물성과 본능적 충동성을 나타낸다. "육 안에 있다"는 것은 죄악의 세력에 사로잡혀 하나님 없이 유한함과 허무함에 빠져 있다는 것을 가리킨다. "육의 일", "육의 행실", "육의 소욕"(롬 8:5, 13; 갈 5:17)은 하나님의 의지에 모순되는 죄악의 세력에 사로잡힌 인간의 일들과 욕심을 가리킨다. "육을 십자가에 못박는다"(갈 5:24)는 것은 하나님 없는 인간의 죄되고 허무한 존재를 버린다는 것을 뜻한다.

d. 렙(그ㄱ leb, 신약의 kardia, 마음, 심장)은 구약성서에서 858번 사용되는데, 육체의 한 기관을 가리키기보다 용기와 불안, 기쁨과 염려와 같은 "특수한 정서의 자리"(Sitz bestimmter Gemütsstimmungen), 통찰, 인식, 결단의 능력을 가리킨다(Wolff 1974, 75). 신약성서에서 그것은 누스(nous)와 마찬가지로 "의욕하고 계획하며 추구하는 자로서의 나"를 나타낸다(Bultmann 1968, 221). 이스라엘은 "온 마음을 다해" 듣고 행하라는 명령을 받을 때(신 4:29; 6:5; 10:12; 11:13), 렙은 "전인을 지칭한다"(유해무 1997, 248). 하나님은 사람의

뱃속과 심장을 달아 보신다(렘 11:20). 마음(심장)이 가난한 사람은 행복하다(마 5:3), 마음에 가득 찬 것이 입으로 나온다(마 12:24), 마음에 받는 할례가 참 할례라는 구절(롬 2:29)에서도 육체의 한 부분으로서의 마음, 곧 심장은 인간의 몸의 한 부분이 아니라 전인(全人)으로서의 인간을 가리킨다.

위에 기술한 성서의 인간학적 개념들은 그 의미에 있어 명확히 구별되지 않는다. 이들은 인간 존재의 "'해부학상의' 부분이 아니라 언제나 인간 전체를 나타낸다"(Schneider 1992, 163). "구약성서와 신약성서를 공히 꿰뚫고 흘러가는 히브리적 사유에서 인간은 철저히 단일체(unity)로 묘사된다.…단일(체)성이란 구별 가능한 부분의 설정 가능성조차 허용될 수 없는 성질", 곧 유기체적 하나 됨을 일컫는다(정재현 1999, 113). 그러므로 인간은 영과 동일시되기도 하고 육과 동일시되기도 한다. 그는 영을 가진 것이 아니라 살아있는 영이다. 그는 육을 가진 것이 아니라 육이다. 육체화 된 영(verleiblichte Seele), 영으로 삼투된 육체(verseelter Körper)가 있을 뿐이다. "내 영혼이 주님의 궁정을 사모한다", "내 마음과 육체가 하나님께 부르짖는다"(시 84:2), "모든 육체가 하나님의 구원을 볼 것이라"고 할 때(눅 3:6; 참조. 막 13:20), 영혼, 마음, 육체는 인간의 한 부분이 아니라 인간 전체를 가리킨다.

4) 신약성서가 말하는 "몸"(soma)의 개념은 영과 육이 하나로 결합되어 있는 전일적 존재, 곧 하나님의 역사 안에 있는 "전체로서의 인격"을 가리킨다. "인간은 soma를 가진 것이 아니라 soma이다"(Bultmann 1968, 193-195). 그것은 육체적 욕구들, 감성, 지각, 감정, 기분, 사고의 기능과 함께 세계 속에서, 사물들과 자연의 피조물들과의 교통 속에서 살아가는 인간의 삶, "인간의 세계 안에 있음"을 가리킨다(Schoberth 2006, 136). 그것은 단지 "하나의 살아 움직이는 통일체, 자기 자신에게 대상화 될 수 있는 나(Ich)"가 아니라(Bultmann에 반해, 210) 하나님의 역사 속에서 생명을 갈망하고 좌절과 희망 속에서 자기를 형성해가는 관계적 존재, 역사적 존재로서의 인간, 이성적이고 합리적인 동시에 살고자 하는 욕구와 충동으로 가득하며 살기 위해 몸부림치는 역동적 존재로서의 인간을 가리킨다. 몸으로

서 인간의 생명은 먹을 것을 갈망하는 "목구멍"과 같다.

인간의 영은 물론 그의 육도 하나님의 피조물이요 친교와 교통이 대상이다. 영과 육을 포함한 인간 전체가 하나님의 형상이요 하나님의 염려와 구원의 대상이다. 그러므로 하나님이 인간을 찾으실 때 인간의 영만을 찾는 것이 아니라 영과 육이 하나로 결합되어 있는 전일적 존재로서의 인간 전체를 찾는다. "아담아, 네가 어디 있느냐?"(창 3:9) 아브라함과 모세와 예언자들이 하나님의 부르심을 받을 때 그들의 인간 존재 전체가 부르심을 받는다. "이스라엘이여 들어라"(Schmah Israel, 신 6:4)고 할 때 전일적 존재로서의 인간이 하나님의 말씀을 들어야 한다. 인간이 하나님의 심판과 벌을 받을 때에도 영과 육을 포함한 인간 존재 전체가 심판과 벌을 받는다.

"자기 십자가를 지고 나를 따르라"(마 16:24)고 예수가 명령할 때 영과 육을 포함한 인간 전체가 따를 것을 명령한다. 만일 영으로만 예수의 뒤를 따른다면, 예수의 뒤를 따름은 완전한 뒤따름이 아닐 것이다. 그것은 영적으로만 일어나는 부분적 뒤따름이 될 것이다. 전일적 인격체로서의 인간 존재 전체가 예수의 뒤를 따라야 한다. 전일적 인격체로서의 인간 존재 전체가 하나님의 메시야적 미래를 향한 도상에 있다.

현대의 많은 학문 영역에서도 인간은 영과 육이 하나로 결합된 전일적·통일적 존재로 이해된다. 의학 분야의 심신상관설(Psychosomatik)에 의하면 인간의 마음 혹은 영혼(psyche)과 몸(soma)은 결합되어 있으며 상관관계에 있다. 따라서 환자의 육체는 물론 그의 마음 또는 영혼을 포함한 환자의 존재 전체에 관심을 둘 때, 보다 더 효과적인 치료를 기대할 수 있다. 현대 행동주의(behaviorism)에 의하면 인간의 행동은 영혼과 육체가 하나로 결합된 인간 존재 전체의 행동일 뿐이다. 영적·정신적 행동(사유, 느낌 등)은 이미 뇌세포의 육체적·물질적 작용을 통해 일어나며, 육체적 행동 속에는 인간의 마음과 영혼이 함께 작용하고 있다.

우리는 인간의 전일적 존재를 일상생활에서도 쉽게 발견할 수 있다. 사람의 얼굴은 분명히 물질적·육체적 요소들로 구성되어 있다. 그러나 그의 얼굴에는 그 사람의 마음과 정신이 나타난다. 따라서 사람의 얼굴은 단지 육체적인 것이 아니라 육체적인 것과 영적·정신적인 것의 합일체라 말할 수 있다. 사람의 눈도 물질적인 것으로 구성되어 있지만, "마음의 거울"이요 사람의 됨됨이를 나타낸다(보다 자세한 내용에 관해 김균진 2007, 283 이하). 마음이 아플 때 육체도 고통을 당한다. 마음이 기쁠 때 온 몸의 혈액순환이 좋아진다. 손가락 끄트머리에 상처가 나도 우리의 존재 전체가 괴로움을 느낀다. 몸의 작은 한 부분이 즐거움을 느낄 때 온 존재가 즐거움을 느낀다. 인간은 영과 육이 하나로 결합된 전일적 존재이기 때문이다.

C. 영적 측면과 육적 측면의 공통된 중요성

위에서 살펴본 바와 같이 인간의 영과 육은 하나로 결합되어 있다. 따라서 인간은 전일적 존재다. 그런데 전일적 존재인 인간에게 영적·정신적 측면과 육체적·물질적 측면이 있음은 부인할 수 없는 사실이라 생각된다. 양자는 구별된다. 즉 "육체적인 측면과 비(非)육체적인 측면"은 하나로 결합되어 있는 동시에 서로 구별된다(유해무 1993, 251).

결합과 구별 속에서 이들은 함께 작용하며 영향을 주고받는다. 인간의 모든 활동은 영 내지 정신과 육의 공동작용으로 이루어진다. 아무리 단순한 육체적 활동일지라도 그 속에는 영 혹은 정신이 함께 작용한다. 또 영 또는 정신의 활동 속에는 뇌세포의 육체적·물질적 요소가 함께 작용한다. 죄를 지을 때에도 인간의 영과 육이 함께 작용한다. 그런 점에서 죄는 인간의 전인적 활동이다.

물질론적 인간학, 현대의 물리적 인간학은 인간의 영적·정신적 측면을 육적·물질적 측면으로 환원시킨다. 전자는 후자의 작용의 산물에 불과하다. 극단적으로 인간은 그가 먹는 바의 것으로 환원된다. 그 반면 이원론적·형이상학적 인간학은 영을 육에서 독립된 실체로 간주하고, 육을 영의 도구나 지배대상으로 생각한다. 여기서 인간의 육적·물질적 측면의 중요성은 충분히 인정되지 않는다.

필자는 이 두 가지 극단적 입장이 모두 적절하지 않다고 생각한다. 두 측면들은 각자의 중요성을 가진다. 한 측면을 다른 측면으로 환원시킬 때 인간의 비인간화가 일어난다. 우리는 이것을 아래와 같이 분석할 수 있다.

1) 인간은 영적·정신적·이성적 측면을 가진 동시에 육적·물질적·동물적·본능적 측면을 가진다. 지적·합리적 측면을 가진 동시에 감성적·충동적 측면을 가진다. 성서는 두 가지 측면들을 함께 중요시한다. 인간의 영은 물론 인간의 육도 하나님의 피조물이요 염려와 보호의 대상이다. 하나님이 약속하는 메시아적 세계는 영적 세계가 아니라 인간의 육을 포함하는 현실적 세계이다. 하나님은 인간의 육체에 필요한 것, 곧 "젖과 꿀이 흐르는 땅"을 약속한다. 인간의 육도 하나님의 구원의 역사에 포함된다. 모든 육체가 하나님의 영광을 볼 것이다(사 40:5). 성서에서 하나님의 구원은 인간의 육적·물질적 삶이 가난과 고통에서 해방되는 데 있다(출애굽 사건 참조).

또한 구약성서는 "육체의 건강"을 중요시한다. 하나님의 말씀은 그것을 지키는 자에게 "생명이 되며 그 온 육체의 건강이 된다"(잠 4:22). 하나님은 그가 사랑하는 자에게 잠을 주신다(시 127:2). 하나님은 "육체의 하나님"이다(렘 32:27). 그러므로 구약의 율법은 인간의 육체의 보호를 엄격하게 명령한다. "눈은 눈으로, 이는 이로, 손은 손으로, 발은 발로,…때린 것은 때린 것으로 갚으라"(출 21:24-25). 인간의 육도 보호되고 장려되어야 한다. 하나님은 육을 가진 인간이 생육하고 번성하기를 원한다. 그러므로 예수는 죄를 용서하는 동시에 인간의 육체의 질병과 장애를 고쳐준다. 여기서 우리는 성서의 종교의 차안성과 물질성을 볼 수 있다. 이와 관련하여 우리는 다음의 사항을 유의할 수 있다.

a. 기독교 신앙은 인간의 육체를 죄악시하거나 경시하지 말아야 한다. 오히려 육체를 귀중하게 여겨야 한다. 육체를 깨끗이 관리하고 육체의 건

강을 유지해야 한다. 육체가 건강하고 깨끗할 때, 영도 상쾌함을 느낀다. "육과 영은 모두 선하며 그 근원은 유일한 하나님이시다"(문경규 2008, 133). 육체의 관리와 외모에 지나친 관심을 갖는 것도 타당하지 않지만, 육체를 천시하거나 육체에 전혀 관심을 갖지 않는 것도 타당하지 않다. 담배와 술을 절제하고 마약과 각종 중독을 멀리함으로써 하나님이 우리에게 주신 육체를 건강하게 유지해야 할 책임이 우리에게 있다.

b. 기독교 신앙은 영적·정신적 차원에서는 물론 육체적·물질적 차원에서도 인간이 행복하게 살 수 있는 문제에 관심을 가져야 한다. 인간은 높은 영적·정신적 능력을 가진 동시에 먹지 않으면 살 수 없는 육적·물질적 존재다. 다른 동물들도 무엇보다 먼저 먹어야 한다. 먹지 못하면 죽는다. 그러므로 기독교 신앙은 인간의 영적 문제에 대해서는 물론 인간의 가장 기본적인 문제, 곧 굶주림의 문제, 경제적 문제에 대해서도 관심을 가져야 한다.

c. 인간은 동물들과 같은 날에 창조된 동물류에 속한다. 그는 분명히 수많은 동물들 가운데 한 동물임을 기독교는 인정해야 한다. 그러므로 인간은 다른 동물들처럼 자연적 욕구들을 가진다. 기독교는 인간의 이 자연적 욕구들, 곧 식욕, 성욕 등을 죄악시해서는 안 될 것이다. 이 욕구들은 하나님이 주신 인간의 육체로 말미암아 일어날 수밖에 없는 자연적인 것이다. 그는 다른 동물들처럼 자연적 욕구들이 충족될 때 비로소 생명을 유지할 수 있다. 그러므로 기독교는 이 욕구들을 존중해야 하며, 인간의 이 기본적 욕구들이 올바르게 충족될 수 있는, 그리하여 모든 육체가 행복하게 살 수 있는 사회적 환경과 자연환경을 조성하는 데 관심을 가져야 할 것이다. 물질의 정의로운 분배와 사회정의의 문제가 이에 포함된다.

d. 지나친 금욕주의, 영을 위해 육체를 괴롭히는 것은 "육체의 하나님"이 원하는 일이 아니다. 굶주리는 이웃을 배려하지 않고 배를 두들겨가며 먹는 것도 적절하지 않지만, "40일 금식"도 하나님이 기뻐하는 일이 아니다. "어떻게 하든지 많이 모아서 마음껏 입고 먹고 쓰다가 죽자는 것"도

타당하지 않지만, "덮어놓고 신령 신령 하면서 신자들에게 무리무지(無理無智)하게 극단적인 극기와 금욕을 강권하는" 것도 타당하지 않다. "잘 입는 것이나 먹는 것이나 쓰는 것이나 알려고 하는 모든 것을 전부 거절해야 할 것으로" 가르치는 것은 근절되어야 한다. "예수는 요한처럼 음울한 금욕가"가 아니었다. 그의 생애에서 "극심한 금욕적 경향을 찾아보기 어렵고…오히려 해롭지 않은 잔치를 즐거워 하셨다"(1950년대 조선신학교 교수 송창근 1998, 42 이하).

e. 기독교 신앙은 인간의 이성과 지성을 중요시하는 동시에 인간의 감성과 감정도 중요시해야 할 것이다. 감성과 감정을 지나치게 노출시켜 이웃에게 혐오감을 주는 것도 적절하지 않지만, 이를 너무 억제하는 것도 타당하지 않다. 적절한 선에서 자신의 감성과 감정을 표현할 수 있어야 정신건강이 유지될 수 있다(배우자의 장례식에서 슬픈 감정을 이기지 못해 방성대곡하다가 기절해버리는 것도 피해야겠지만, 눈물 한 방울 흘리지 않고 차다찬 얼굴을 유지하는 것도 적절하지 않다). 예배시간에 감성과 감정의 지나친 표현(예를 들어 귀가 날아갈 정도로 요란한 음악소리, 상가건물 아래층 사람들에게 괴로울 정도로 땅바닥을 치고 고함을 지르며 기도하는 행위 등)도 적절하지 않지만, 인간의 감성과 감정을 무시하고 이성에만 호소하는 설교 중심의 딱딱한 예배형식도 적절하지 않다.

기독교 신앙은 이성과 감성, 지성과 감정이 조화된 인간을 양육하는 일에 관심을 가져야 할 것이다. 예수는 "결코 감정을 억압하고 욕망을 끊어 없애라고 가르치신 것이 아니다." 그는 "감성과 이성이 원만히 조화된 인격자"이셨다. "진실로 원만한 자기건축의 길은 예수처럼 감성과 이성을 선하게 조화 융합하여 원만한 인격을 양성하는" 데 있다(송창근 1998, 44, 45).

f. 육체의 건강을 유지하기 위해서는 깨끗하고 건강한 생활환경과 자연환경이 필요하다. 자연은 인간이 그 속에서 살아야 할 인간의 집이요 하나님의 집이다. 그러므로 인간의 육체적 건강을 유지하기 위해 자연의 집을 건강하고 깨끗하게 유지하며, 생물들과의 친족관계, 인간의 자연적 존재를 회복해야 한다. 곧 생태계의 구원이 필요하다. 인간의 영혼이 구원을

받았다 해도 생태계가 파괴되면 인간은 자기의 수(壽)를 다하지 못하고 죽게 된다. 시끄럽고, 무질서하고, 간판이 건물을 뒤덮고 있고, 냉혹하고, 쓰레기가 도처에 널려 있고, 악취가 나는 생활환경과 자연환경은 하나님도 싫어할 것이다.

g. 인간의 육적 측면은 하나님 앞에 서 있는 인간의 유한성과 한계성, 그의 허무함을 나타내며, 언젠가 죽을 수밖에 없는 인간에게 겸손을 가르치는 긍정적 기능을 가진다. "인간은 육이다." 그가 우주공간을 향해 인공위성을 쏘아 올린다 해도 영원하신 하나님 앞에서 육으로서의 인간은 유한하고 제한된 존재다. 그의 지식도 언제나 제한되어 있다(현재 인류가 우주에서 관측할 수 있는 구성 물질은 전체의 4%에 불과함. 나머지 96%는 신비에 싸인 암흑 물질과 암흑 에너지로 남아 있음). 그는 시공간의 제약을 벗어날 수 없는 제약된 존재요, 흙으로 돌아갈 수밖에 없는 허무한 존재다. 인간의 육은 이것을 인정하고 하나님과 이웃 앞에서 겸손해지는 데 생명의 길이 있음을 가르친다.

2) 그러나 우리는 인간의 육적 측면이 인간의 한 측면에 불과하며, 그에게는 영적·정신적 측면이 있다는 사실을 유의하고자 한다. 이 사실을 간과하고 인간의 영적·정신적 측면을 육적 측면으로 환원시킬 때 인간은 "짐승보다 못한" 존재로 전락한다. 요즘 우리는 이로 인해 일어나는 상상조차 하기 어려운 문제들을 눈으로 목격하고 있다. 수많은 문제들 가운데 몇 가지를 다음과 같이 지적할 수 있다.

a. 인간의 영적·정신적 측면을 무시하고 인간은 육적인 존재에 불과하다고 생각할 때 인간은 짐승들 가운데 한 짐승으로 간주된다. 인간으로서 그의 가치와 존엄성이 무시되고 인간을 짐승처럼 다루는 일이 일어난다. 그래서 인간을 인체실험 대상으로 삼기도 하고 노예처럼 사고팔기도 하는 일이 일어난다. 인간의 성(性)과 정자와 난자가 상품화 되는 등 다양한 형태의 "인간 상품화", 현대판 "노예매매", 인간 생명의 혹독한 억압과 착취, 무자비한 살해와 시체 유기(遺棄)가 일어난다. 청소년들이 친구를 죽이

고 암매장한 다음 아무런 양심의 가책을 느끼지 않는다.

b. 인간의 영적·정신적 측면을 간과할 때 인간은 "일차원적 인간"(eindimensionaler Mensch, H. Marcuse)으로 전락한다. 가능한 한 더 많이 생산하고 소유하고 삶을 즐기며, 쾌락을 누리며 사는 것을 인생 최고의 목적과 가치로 생각한다. 손톱, 발톱, 머리카락, 피부를 가꾸고 성형수술을 하며 자기를 과시하는 데 많은 돈과 시간을 투자하지만, 일 년에 책 한 권 읽지 않는 부끄러운 일들이 일어난다. 외국에서 중저가 상품에 불과한 것을 "명품"이라 부르는 웃기는 일들이 일어난다. "나는 생각한다, 그러므로 나는 존재한다"(cogito, ergo sum)는 데카르트의 명제는 옛날의 "고상한" 말이 되어버리고, "나는 생각하지 않는다, 그러므로 나는 존재한다"(non cogito, ergo sum)는 말이 현대사회의 풍조가 되어버린 것처럼 보인다.

c. 영 혹은 정신의 측면을 간과할 때, 물질주의, 물질 제일주의, 또는 돈 제일주의가 사회 전체에 만연하게 된다. 마르크스의 물질론과는 비교가 안 되는 유치한 형태의 물질론이 자본주의 사회를 지배한다. 돈이 최고의 가치가 되어버린다. 인간의 가치도 돈의 많고 적음에 따라 결정된다. 가치관의 타락, 소유의 많고 적음에 따른 인간의 차별과 소외와 짝짓기가 일어난다. 회사 운영이 잘 되어 얻게 된 돈은 회사의 소유가 되고 그 회사의 고위직 간부들은 돈잔치를 하는 반면, 회사의 재무구조가 위험스럽게 될 때 그 회사의 유지를 위해 투입된 국가의 공적 자금은 국민의 부담이 되어버린다. 기업이 적자를 내고 망할 위기에 처해도 최고 경영자들은 고액의 화려한 파티를 벌리고 천문학적인 액수의 연봉과 퇴직 위로금(?)을 받는 불의한 일들이 일어난다. 올바른 정신적 가치관과 사회 기강이 사라졌기 때문이다. 만일 그 기업이 최고 경영자 개인의 소유라면 그렇게 하지 않을 것이다.

한마디로 인간의 영적·정신적 측면이 무시될 때 인간은 짐승과 같은 존재로 변모한다. 그는 육이기 때문에 짐승처럼 살아도 좋다고 생각한다. "짐승보다 못한" 일들을 하면서도 양심의 가책을 느끼지 않게 된다.

3) 인간의 영적·정신적 측면을 무시할 때 인간의 비인간화·비인격화가 일어난다. 사회가 발전할수록 인간이 지닌 번호의 수가 늘어난다. 학번, 군번, 주민등록 번호, 신용카드 번호 등 각종 번호가 인간의 정체성을 대신한다. 사회의 거대한 조직 속에서 인간은 인격 없는 단순한 기능자, 생산과 소비의 기계, 언론 매체와 광고를 통해 조작될 수 있는 대상, 다른 부품으로 교체될 수 있는 하나의 부품과 같은 존재, 목적을 위한 수단으로 간주된다. 또 그것은 생명공학의 유전자 조작을 통해 변형, 변질될 수 있고 복제될 수 있는 비인격적 물건과 같은 존재로 간주된다. 우리 시대의 "생물학적 시한폭탄"을 통해 이제 인간과 짐승을 혼합시킨 변종체가 생겨날 수 있게 되었고 인간에 의한 인간의 사육이 일어나게 되었다.

현대사회의 이러한 추세 속에서 기독교 신학은 인간을 영적·정신적 측면과 육적 측면이 하나로 결합되어 있는 전일적 존재로 파악한다. 그에게는 육적 측면이 있는 동시에 영적·정신적 측면이 있다. 그러므로 그는 짐승들 가운데 한 짐승에 불과하지 않다. 물론 인간의 유전자 구조의 98.4%가 침팬지의 그것과 동일하고 그의 몸무게 약 70%가 물이지만 인간은 침팬지와 비교할 수 없는 영적·정신적 차원을 가진다. 육체에 있어 인간은 다른 짐승들처럼 흙에서 오며 흙으로 돌아갈 수밖에 없지만 그는 자기를 "하나님의 형상으로"(ad imaginem Dei) 승화시킬 수 있는 영적·정신적 능력을 소유하고 있다.

오늘날 많은 신학자들은 인간의 육체성, 곧 동물성과 몸의 생명을 강조한다. "인간이 인간이기 위해서는 인간을 이루고 있는 '동물성'에 대해서 좀 더 솔직해져야 한다. 생각해 보라! 배가 고프면 하늘도 노랗게 보인다는 것은 무엇을 말하는가? 한마디로 동물성에 대한 적절한 고려 없이는 이성도 정신도 아무 소용이 없다"(정재현 1996b, 208). 인간에 대한 이러한 진술은 인간의 육체성과 몸의 생명을 무시하고 인간을 단지 영적·정신적 존재로 파악한 기독교 신앙의 일면적 전통에 대한 반응이라 말할 수 있다.

물론 인간의 몸적·육체적 생명은 중요하다. 그러나 인간에게는 동물과 비교할 수 없는 높은 영적·정신적 측면이 있다는 것도 부인할 수 없는 사실이다. 그는 자기를 "하나님의 형상"으로 만들 수도 있고 "소의 형상"이나 "쥐의 형상"으로(시 106:20; 삼상 6:5) 만들 수도 있다. 그렇게 할 수 있는 능력은 인간의 영 또는 정신에 있다.

그러므로 우리는 자연의 동물에 대한 인간의 구별성을 인정하지 않을 수 없다. 인간은 동물류에 속하지만 단지 동물성과 물질에 의해 결정되지 않는다. 그는 동물들과 동일한 육체적 욕구들을 지니고 있지만 이 욕구들을 다스릴 수 있는 정신적 능력을 소유하고 있다. 그에게는 육체적 욕구들이 있는 동시에 영적·정신적 욕구들도 있다.

"인간은 그가 먹는 바의 것이다"라는 포이어바흐의 명제는 인간의 진실을 나타낸다. 그러나 이 진실은 인간의 한 측면이지 전부가 아니다. 인간은 그가 먹는 바의 것에 의존할 수밖에 없지만, "그가 무엇을 먹느냐"가 그의 존재를 결정하지 않는다(Feuerbach에 반해). 값비싼 양질의 음식을 먹어도 짐승보다 못한 존재가 될 수 있고, 보잘 것 없는 것을 먹어도 존경스러운 존재가 될 수 있다. 그는 사회적·경제적·물질적 상황의 영향을 받을 수밖에 없지만, 이 영향을 거부하고 새로운 사회적·경제적·물질적 상황을 창출할 수 있는 정신적 자유를 가진다. 존재가 그의 의식을 결정하는 동시에, 그의 의식이 그의 존재를 결정하기도 한다. 경제적·물질적 하부구조가 정신적 상부구조를 결정하기도 하지만, 정신적 상부구조가 물질적 하부구조를 결정하기도 한다. 이들은 상관관계에 있다. 그래서 우리는 경제적·물질적 조건은 동일한데, 인간의 영적·정신적 태도에 따라 삶의 현실이 매우 다르게 형성되는 것을 자주 볼 수 있다(동일한 지역의 동일한 땅인데, 그곳에 사는 사람에 따라 깨끗하고 아름다운 땅이 되기도 하고, 쓰레기가 쌓여 악취가 풍기고 파리와 쥐가 들끓는 땅이 될 수도 있다).

따라서 인간이 인간답게 되기 위해서는 동물적·육체적 기본 욕구를 충족시킬 수 있는 경제적·사회적 여건을 조성하는 것도 필요하지만, 올바른 정신과 가치관을 개발하는 일도 필요하다. 도덕교육과 인격교육, 정신적 수양과 수련이 필요한 이유가 여기에 있다. 만일 인간이 "그가 먹는 바의 것"에 의해 결정된다면, 영적·정신적 차원의 교육이란 불필요할 것이다. 단지 "먹는 바의 것"을 개량하기만 하면 될 것이다. 올바른 정신과 가치관을 결여하고 더 많은 소유와 돈과 경제성장을 최고의 가치로 생각하는 현대의 물질주의적 세계에서 인간의 영적·정신적 측면을 장려하는 일이 절실히 요청된다.

기독교 신학의 입장에서 볼 때, 참으로 "인간적인 것"은 단지 영적·정신적 측면과 육적 측면의 균형관계 또는 조화에 있는 것이 아니라 이를 넘어 하나님의 약속된 세계를 향한 하나님의 부르심에 응답하고 이를 지향하며 살아가는 삶, 곧 메시아적 삶의 지향성에 있다. 이 지향성을 가질 때, 인간의 참된 정신적 건강과 육체적 건강이 유지될 수 있을 것이다. 그에게는 새로운 미래가 있기 때문이다.

7
하나님의 형상으로서의
인간

신학의 역사에서 "하나님의 형상"은 "하나님의 피조물로서의 인간"과 더불어 기독교 인간학의 중심 개념으로 다루어져 왔다. P 문서에 의하면 피조물들 가운데 인간만이 하나님의 형상으로 창조되었기 때문이다. "하나님이 말씀하시기를 '우리가 우리의 형상을 따라서, 우리의 모양대로 사람을 만들자. 그리고 그가 바다의 고기와 공중의 새와 땅 위에 사는 온갖 들짐승과 땅 위를 기어다니는 모든 길짐승을 다스리게 하자' 하시고, 하나님이 당신의 형상대로 사람을 창조하셨으니, 곧 하나님의 형상대로 사람을 창조하셨다. 하나님이 그들을 남자와 여자로 창조하셨다"(창 1:26-27).

이 밖에도 창세기 5:1 이하, 9:6에 하나님의 형상의 개념이 등장한다. 시편 8:6도 이 개념을 전제한다. 외경의 지혜서 2:23, 집회서 17:3도 이 개념을 알고 있다. 신약성서에서는 고린도전서 11:7, 골로새서 3:10, 야고보서 3:9에서 이 개념이 사용되며, 고린도후서 4:4, 골로새서 1:15, 히브리서 1:3은 예수 그리스도를 가리켜 하나님의 형상 혹은 "보이지 않는 하나님의 형상"이라 부른다.

여기서 우리는 인간의 존재를 구성하는 **일곱 번째 양극성**을 발견한다. ① 인간은 땅 위의 모든 생물들처럼 흙에서 와서 흙으로 돌아가야 할 유한하고 허무한 존재로서 생태계의 연결고리에 속한, 이 연결고리의 한 부분인 동시에, ② 생태계의 모든 피조물에서 구별되며, 하나님을 대신하여 모든 피조물을 관리하고 보존하고 그들에게 하나님의 모습(=형상)을 나타내야 할 존귀한 "하나님의 형상"이다. 이 양극성은 위의 세 번째 양극성, 곧 자연에 대한 인간의 소속성과 구별성과 연결된다.

하나님의 형상에 대한 보도에서 P 문서 기자는 "*zelem*"(םֶלֶצ, 형상, *eikon*, *imago*)과 "*demut*"(תוּמְדּ, 모양, 닮음, *homoiosis*, *similitudo*)의 두 가지 개념을 사용한다. 초대교부였던 이레나이우스에 따르면, 전자가 인간의 타락 이후에도 남아 있는 인간의 이성과 의지의 피조물적 자질을 가리킨다면, 후자는 죄의 타락을 통해 없어져버린 하나님의 의지에 대한 인간의 닮음과 완전성을 가리킨다. 즉 타락한 인간은 하나님의 모양 또는 의지의 닮음을 상실했으나 하나님의 형상은 상실하지 않았으므로 타락한 이후에도 인간은 이성과 의지의 자유를 가지며, 이를 통해 동물과 구별된다는 것이다.

아우구스티누스는 두 개념을 다음과 같이 해석한다. 타락 이전의 인간은 하나님과의 올바른 관계 속에서 "본래적 의"(*iustitia originalis*, 혹은 '원의'라고도 함)를 가진다. 그는 하나님의 형상이다. 그러나 타락으로 인해 하나님의 형상은 파괴되었고 본래적 의는 상실되었다. 하나님과 인간의 관계는 깨어졌다. 그러나 하나님의 형상이 완전히 없어진 것은 아니다. 하나님의 "모양"(*similitudo*)은 없어졌지만, 형상(*imago*)은 남아 있다. 그러므로 타락한 인간도 이성(*ratio*)과 오성(*intellectus*)을 가지고 있다. 타락한 인간도 "그의 이성과 오성 때문에" 하나님의 형상이다(Augustinus, 『고백록』, VIII, 32). 중세기의 신학은 전체적으로 아우구스티누스의 해석을 따른다. 개신교 정통주의 신학도 이 해석을 수용한다. 그리하여 하나님의 형상을 다음과 같이 구별한다.

1) 비본래적 혹은 보편적 하나님의 형상(*imago Dei improprie s. generaliter*): 죄의 타락 이후에도 모든 인간이 보편적으로 가지고 있는 하

나님의 형상으로서, 인간의 정신, 이성, 오성, 의지를 가리킨다.

2) 본래적 혹은 특별한 하나님의 형상(imago Dei proprie s. specialiter): 죄의 타락 이전에 인간이 가지고 있었던 의와 거룩함을 말하며, 이것은 죄의 타락을 통해 상실되었다(Pöhlmann 1973, 117).

그러나 하나님의 "모양"과 "형상"에 대한 이러한 구별은 적절하지 않다. 히브리어 zelem(형상)은 조각되어 서 있는 상(像)을 가리키며, demut(모양)은 비교될 수 있는 비슷함을 뜻할 뿐, 나누어질 수 있는 두 가지 부분을 뜻하지 않는다. 이 두 가지 개념은 함께 하나님과 피조물에 대한 인간의 특별한 관계를 나타내는 "관계의 개념"(Verhältnisbegriff)이지, 인간의 존재 안에 주어져 있는 그 무엇을 나타내는 "존재의 개념 혹은 자질의 개념"(Seins-oder Qualitätsbegriff)이 아니다(Kraus 1983, 228). 관계의 개념인 두 개념은 다음의 사실을 반영한다. 즉 인간은 하나님을 닮음으로써(demut), 하나님을 나타내는 하나님의 상(zelem)이 될 수 있다는 것이다.

A. 하나님의 형상의 시대적 의미

– 종말론적, 메시아적 개념으로서 하나님의 형상

미국의 문화인류학자 린 화이트(Lynn White)는 "우리 시대의 생태학적 위기의 역사적 뿌리"(The Historical Roots of Our Ecological Crisis)라는 제목의 논문에서 "하나님의 형상"을 신랄하게 비판한다(White 1970). 그는 하나님이 인간만을 하나님의 형상으로 창조하였다는 창세기 1:26의 이야기를 통해 인간 중심주의가 생성되었고, 자연의 파괴와 착취와 생태학적 위기가 초래되었다고 보기 때문이다. 그래서 기독교는 세계의 종교 중에 가장 인간 중심적 종교이며 자연에 대해 무자비한 종교라고 비판을 받는다. 심지어 어떤 학자는 하나님의 형상의 개념이 포기되어야 한다고 주장한다. 그러나 이러한 비판은 하나님의 형상에 담겨 있는 깊은 진리를 보지 못하고,

단지 하나님의 형상이 신학의 역사에서 잘못 해석됨으로 말미암아 일어난 결과를 지적할 뿐이다.

어떤 학자는 고대의 세계를 하나의 이상적 세계로 생각한다. 거기에는 모든 것이 상생의 유기체적 관계에 있었고, 신과 자연과 인간이 하나로 결합되어 있었다고 고대세계를 찬양한다. 그러나 이러한 생각은 고대세계의 현실을 기만하는 것에 불과하다. 고대세계는 어디든 엄격한 계급질서를 가지고 있었다. 소수의 강자에 의한 약자의 억압과 착취가 어디에나 있었다. 고대 사회의 노예제도와 순장(殉葬)제도가 이것을 여실히 보여준다. 또 자연에 대한 공포와 자연숭배는 고대세계의 보편적 현상이었다. 자연의 무서운 세력 앞에서 인간의 가치와 존엄성이 말살되었다. 자연의 노(怒)를 달래기 위해 인간의 생명을 제물로 바치기도 하고 뱀에게 제사를 지내기도 했다.

이러한 고대세계에서 하나님의 형상의 개념은 모든 정치권력을 상대화시키고 그것을 민주화시키는 의미를 가진다. 물론 기독교가 등장하기 이전의 그리스와 로마의 도시국가들은 상당히 발전한 민주체제를 가지고 있었다. 공동체의 중요한 사항들이 민회(民會)에서 결정되었고, 평민이 1년 임기의 집정관에 선출되고 원로원에 진출할 수 있는 길도 열려 있었다. 그러나 모든 인간이 하나님의 형상에 따라 창조된 평등한 존재라는 사상은 이들에게 낯선 것이었다. 그러므로 로마제국에서 황제의 신격화가 가능하였고, 신적 존재로서의 황제숭배가 로마제국의 국가종교가 되었다. 카이사르의 양자로서 제정(帝政) 로마의 제1대 황제가 된 옥타비아누스는 주전 27년 자기의 이름을 아우구스투스(정식 명칭은 "임페라토르 율리우스 카이사르 아우구스투스: Imperator Iulius Caesar Augustus; 눅 2:1은 "가이사 아구스도"라 부름)라 고쳤는데, 아우구스투스는 "지고의 존재", 곧 신격화 된 존재를 뜻한다 (Augustus는 어원적으로 권위를 뜻하는 라틴어 *auctoritas*에서 유래함).

창세기 1:26이 말하는 "하나님의 형상"은 고대 이집트의 황제 이데올로기에서 유래하는 것으로 보인다. 고대 로마의 황제는 물론 고대 이집트의 황제 파라오도 신(神)의 형상이라 불리었다. 그는 신을 대신하여 땅을 통치하는 신의 대리자요 사명자이며 신의 광채이다. 고대세계에서 황제 내지 최고 통치자의 신격화는 보편적 현상이었다. 그런데 성서는 모든 인간이 하나님의 형상에 따라 창조되었다고 선언한다. 이로써 하나님의 형상의 탈신화화·탈신격화가 일어난다. "주님께서는…그에게 존귀하고 영화로운 왕관을 씌워 주셨습니다. 주님께서 손수 지으신 만물을 다스리게 하시고…"(시 8:5-6).

모든 인간, 곧 아담이 하나님의 형상으로 창조되었다는 창세기 1:26의 보도는 인간 본질의 차원에서 모든 인간의 평등을 선언한다. 황제와 백성은 물론 남자와 여자도 하나님의 형상으로 창조되었다(1:27). 이로써 성별과 민족과 인종과 사회적 출신 계층을 초월한 모든 인간의 보편적으로 평등한 가치와 존엄성이 선언된다. 왕(monarch)을 세계의 유일한 근원자(monas + arche), 곧 신의 대리자로 보는 지배 이데올로기는 여기서 거부된다.

모든 인간이 하나님의 형상으로 창조되었다면, 모든 인간은 하나님의 평등한 형제자매다. 그러므로 구약성서는 우리의 모든 이웃, 특히 가난한 사람들을 우리의 형제라 부른다(레 25:25). 구약의 율법이 노예와 종에게도 은혜를 베풀 것을 명령하는 근본 이유가 여기에 있다. 노예와 종도 사실상 형제자매이기 때문이다. 신약성서는 구약성서의 인간관을 계승한다. 그리스도 안에서 유대 사람과 그리스 사람, 종과 자유인, 남자와 여자가 모두 하나다(롬 3:22, 29; 갈 3:28). 성찬에 참여하는 모든 사람은 그리스도 안에서 "한 몸"이다(고전 10:16).

또한 하나님의 형상은 인간의 생명을 위협하는 자연의 세력 앞에서 인간의 가치와 존엄성을 회복하는 기능을 가진다. 하나님의 형상과 연관하여 하나님이 명령하는 자연에 대한 인간의 통치는 "자연숭배를 거부하고 자연을 인간의 발 아래 두는 정신적 혁명을 일으키는데 성공했다." 그러나 성서 전체의 문맥에서 볼 때, 자연의 통치는 결코 자연의 파괴와 착취를 뜻하지 않는다. 단지 "자연에 대한 인간의 지배가 자연에 대한 인간의 약탈로 나갈 가능성을 인식하지 못했고 그 결과 이 가능성을 열어두는 잘못을 범한 것"일 뿐이다(김명용 1997, 190 이하).

현대세계에서도 하나님의 형상은 중요한 의미를 가진다. 그것은 모든 형태의 인종 차별, 인간 차별, 식민주의와 제국주의를 거부한다. 그것은 사회의 양극화, 인간에 의한 인간의 소외와 억압과 착취를 거부한다. 그것은 세계 인구의 20%가 세계의 부의 80%를 소유하며, 인간의 생명을 하나의 상품 내지 욕구 충족의 대상으로 취급하는 현대세계의 비인간적 상황을 거부한다. 그것은 시대와 장소를 초월하여 인간 생명의 물건화·상품화에 대한 비판이다. 성서가 말하는 하나님의 형상은 소유와 능력과 신체 조건과 성별과 인종을 초월한 모든 인간의 생명의 존엄성을 주장한다. "하나님의 형상대로 창조된 인간 생명은 어떤 목적을 위해서도 침해될 수 없는 신성불가침의 권리를 갖는다. 그러므로 인간 생명은 스스로를 위해 존재하는 내재적 가치를 지닌다"(전현식 2006, 150). 그러므로 하나님의 형상은 하나님의 형상들이 모여 사는 세계, 곧 하나님의 정의와 자비와 평화가 다스리는 하나님 나라의 새로운 생명의 세계를 지시한다. 그것은 하나님이 약속하는 "새 하늘과 새 땅"을 가리키는 종말론적·메시아적 개념이다.

오늘날 생태학적 위기 속에서 하나님의 형상은 자연에 대한 인간의 책임성을 시사한다. "'하나님의 형상'의 진정한 의미는 단지 자연의 피조물들과 비교하여 구별되는 인간의 우월한 특성이나 자질, 자연세계에 대한 인간의 정복과 억압과 파괴와 착취에 있는 것이 아니라 오히려 예수 그리스도처럼 섬김과 자기희생과 고난을 통해 인간과 자연세계를 책임지는 인간의 사명, 곧 인간과 자연세계에 대한 인간의 책임성에 있다"(곽미숙 2008, 112).

B. 하나님의 형상이란 무엇인가?

1) 신학의 역사에서 우리는 하나님의 형상에 대한 다양한 해석들을 발견

할 수 있다. 이 해석들은 대략 다음과 같이 분류될 수 있다.

  a. 실체론적 해석: 인간 안에 주어져 있는 실체적인 것, 곧 인간의 이성, 영혼, 의지에 하나님의 형상이 있다는 해석을 말한다.

  b. 형태론적 해석: 자연의 다른 생물들은 네 다리로 다니거나 배로 기어 다니면서 땅을 쳐다보는 반면 인간은 두 다리로 직립(直立)하여 앞을 내다보는 인간의 신체적 형태에 하나님의 형상이 있다는 해석. 그러나 직립의 형태로 걸어 다니는 남극의 펭귄이 발견되면서 이 이론은 무효화 된다.

  c. 기능론적 해석: 자연의 생물들에게서 발견할 수 없는 인간의 고도로 발전한 언어 능력과 문화를 창조할 수 있는 능력, 하나님이 지으신 피조물을 통치해야 할 인간의 기능에 하나님의 형상이 있다는 해석.

  d. 인격론적 해석: 너와 나의 인격적 관계성과 인격적 대화의 가능성에 하나님의 형상이 있다는 해석.

  e. 도덕론적 해석: 자연의 생물들과 비교할 수 없는 인간의 양심과 도덕성, 인간의 주체성과 자유, 인간의 책임성에 하나님의 형상이 있다는 해석(이에 관해 곽미숙 2008, 109).

  하나님의 형상에 대한 이러한 해석들은 다음과 같은 공통점을 가진다. 첫째, 이들은 인간을 자연의 생물들과 비교하여 자연의 생물들에게서 발견할 수 없는 인간의 특별한 요소를 확정하고, 여기에 하나님의 형상이 있다고 본다. 둘째, 이를 통해 인간을 자연의 모든 피조물 위에 있는 자연의 중심으로 보는 인간 중심주의에 대한 근거가 될 수 있다. 셋째, 이 해석들은 인간의 특정한 한 부분 혹은 특정한 기능을 하나님의 형상으로 이해하며, 전인적 존재로서 인간의 삶의 과정으로 이해하지 않는다.

  2) 이에 반해 우리는 다음과 같은 전제에서 출발하고자 한다. ① 성서가 말하는 하나님의 형상은 "하나님의" 형상이기 때문에, 하나님으로부터 해석되어야 할 것이다. 즉 인간과 자연의 생물을 비교함으로써가 아니라 하나님이 누구인가를 파악함으로써 해석되는 것이 타당하다. ② 인간은 영과 육의 전일적 존재이다. 그러므로 하나님의 형상은 인간의 한 부분이

나 특정한 기능이 아니라 "인간의 창조의 규정성으로부터 인간의 종말의 완성(하나님의 형상의 회복)에 이르기까지 인간의 전체 역사를 포함"하는 것으로 파악되어야 한다. "인간의 영혼만이 아닌 몸도 포함되며(롬 12:2), 이성만이 아닌 믿음과 사랑과 소망(고전 13:13), 그리고 인간의 전 활동이" 함께 고려되어야 한다(정홍열 2000, 202). ③ 하나님의 형상은 자연에 대한 인간의 지배와 파괴를 정당화시키는 인간 중심주의의 근거가 아니라 자연에 대한 인간의 책임성에 대한 근거로 해석되어야 한다. 예수 안에 계시되는 하나님 자신이 책임적 존재이기 때문이다. 이러한 전제 위에서 우리는 하나님의 형상을 아래와 같이 해석할 수 있다.

1) 여기서 우리는 하나님의 형상에 대한 삼위일체적·공동체적 해석을 시도하고자 한다. 성서가 증언하는 하나님은 본질적으로 사랑이다. 이것을 다르게 표현한다면 "하나님은 삼위일체 되신 분이다"라고 말할 수 있다. 이 책의 "신론"에서 말한 것처럼, 기독교의 삼위일체론은 "하나님은 사랑이다"라는 대명제에 대한 교리적 해석이기 때문이다.

하나님의 삼위일체란 하나님의 관계성을 말한다. 곧 성부·성자·성령이 그들의 존재와 기능에 있어 구별되는 동시에 사랑의 영 안에서 한 몸을 이루고 모든 일을 함께 하며 삶의 모든 것을 함께 나누는 하나님의 사랑을 가리킨다. 바로 여기에 하나님의 형상이 있다. 하나님의 형상이란 삼위일체 하나님의 형상으로서, 인간의 삼위일체적·공동체적 규정을 가리킨다. 곧 하나님과 이웃과의 관계에서 구별되지만 분리되지 않고, 한 몸의 관계 속에서 삶의 모든 것을 함께 나누며 살아야 할 인간의 삶의 규정을 가리킨다.

창세기 1:26의 "우리"라고 하는 개념이 이것을 시사한다. 즉 하나님은 고독한 일자(一者)가 아니라 공동체적 존재임을 나타낸다. 그분만이 하나님이다. 그런 뜻에서 하나님은 단 한 분이지만 "우리"로서 존재하며, "우리"로서 단 한 분이다. 그는 복수 가운데 있는 단수요, 단수 가운데 있는 복수다. 우리 인간이 이 하나님의 형상으로 창조되었다면, "우리", 곧 공동체적 존재(=복수)로서 서로 하나(=단수)가 되어 살아가는 여기에 하나님의 형상이 있고 하나님의 사랑이 있다.

하나님이 인간을 창조하시되 "남자와 여자로" 구별하여 창조하였다는 이야기도 하나님의 형상이 삼위일체적으로 해석되어야 함을 시사한다. 하나님은 인간을 고독한 개체로 창조하지 않고, 성적 관계 속에서, 곧 공동체적·사회적 관계 속에서 한 몸을 이루며 살아야 할 존재로 창조하였다. 인간의 모든 관계에서 남녀의 성적 관계가 가장 깊은 관계이며, 모든 관계들의 원형이라 말할 수 있다. 성적 관계는 단지 쾌락의 수단이나 후손의 번식을 위한 수단이 아니라 너와 내가 구별되지만 한 몸으로 녹아져 깊은 사랑을 체험케 하는 하나님의 은사요 축복이다. 그러므로 "태양-빛-열"과 같은 자연의 사물들은 물론 남녀의 성적 관계도 하나님의 삼위일체의 흔적(*vestigium trinitatis*, Augustinus)이라 말할 수 있다.

2) 이제 우리는 한 걸음 더 나아가 하나님의 형상에 대한 메시아적 해석을 시도하고자 한다. 성서에 의하면 정의와 사랑의 하나님, 삼위일체의 하나님은 "약속의 하나님"이다(이 책 제1권 "신론" 참조). 그는 사랑이기 때문에 피조물의 고통을 함께 느끼며, "이제는 죽음과 슬픔과 울부짖음과 고통이 없는" "새 하늘과 새 땅"을 약속한다. 그는 약속의 성취를 위해 끊임없이 새 창조의 역사를 일으킨다. 그는 인간 존재와 세계의 "부정적인 것의 부정"을 통해 그가 약속하신 새로운 생명의 세계를 앞당겨 오고자 한다. 그는 경배와 찬양을 받으면서 인간이 만든 성전 제단에 앉아 계신 분이 아니라 그의 고난받는 백성과 함께 약속된 땅을 향해 유리한다. 그는 새로운 생명의 세계를 향해 끊임없이 나아가는 변증법적·메시아적 존재다. 만일 하나님에게 영원히 변하지 않는 "본질"(Wesen)이 있다면, 그것은 피조물에 대한 사랑으로 말미암아 끊임없이 새로운 생명의 세계를 지향하는 그의 메시아성에 있다.

인간이 이 하나님의 형상으로 창조되었다면, 하나님의 형상은 인간이 지켜야 할 메시아적 삶의 규정에 있다. 타락한 세계의 고기 가마에 안주하

지 않고, 하나님이 약속한 새로운 생명의 세계를 향해 끊임없이 나아가고
자 하는 인간의 종말론적·메시아적 삶에 하나님의 형상이 있다. 하나님의
형상은 "삼위일체 하나님과의 관계 안에 있는 인간의 존재와 활동을 종말
론적으로 확장시키는 표현이다"(정홍열 2000, 202).

아우구스티누스의 심리학적 해석에 의하면, 하나님의 형상은 인간의
영혼에 있다. 영혼은 신적 본성의 영역에 속하며 그것에 상응한다. 그것
은 육체 위에 있으며, 육체를 살아 움직이게 하며, 그것을 자신의 도구로
사용한다. 토마스 아퀴나스에 의하면, 하나님의 형상은 인간의 영적 본성
에 있다. 여기서 인간의 육 혹은 육체는 제외된다. 그러나 전인(totus homo,
Osiander)으로서의 인간이 하나님의 형상으로 창조되었다. 따라서 하나님
의 형상에는 "육체와 정신이 다 포함된다"(유해무 1997, 236). 인간의 육체도
하나님의 형상이다(Moltmann 1985, 244).

인간의 육체도 하나님의 형상에 포함된다면, 영혼은 물론 인간의 육체
도 아름다움과 존엄성을 가진다. 인간의 영혼은 물론 인간의 육체와 육체
의 기능들도 하나님의 형상을 나타내야 한다. 영혼은 물론 육체도 건강하
고 깨끗해야 한다. 하나님은 병들고 악취가 나는 육체를 원치 않는다(그러
므로 예수는 인간의 질병을 고치고 건강을 회복해 준다).

또 우리의 모든 육체의 기능들과 행동들도 하나님의 형상을 나타내야
한다. 음식을 먹을 때 깨끗하게 먹고, 이웃에게 방해가 되는 행동을 일체
하지 않으며(예를 들어 옆에 있는 사람을 고려하지 않고 고함을 지르듯이 이야기하는
등), 예의가 있고 경우가 바른 태도를 취하며, 사회의 질서를 지키며, 어려
운 이웃을 돌보며, 정의를 세우는 행동들을 통해 우리는 하나님의 형상을
나타내야 한다. 우리의 "두뇌와 이목구비와 사지를 통하여 모든 감각과 사
상 등을 행동으로 외부에 나타낼 때에 하나님의 형상을 반영하게 된다.…
하나님께서 주신 자손번식의 능력에 의하여 우리의 형상과 같은 자손들
을 번식시키는 것은 하나님께서 그의 형상대로 인간을 창조하시는 것과
유사한 것이다"(이범배 2001, 273. 그러나 "자손번식의 능력"이 없는 사람은 하나님의

형상에서 제외된다고 볼 수 없다).

그러나 하나님의 형상은 "자손번식"과 "도의적 기준"에 따라 행동하는
(276) 것을 넘어 종말론적·메시아적 관점에서 이해되어야 할 것이다. 곧
자신의 존재와 세계의 부정적인 것을 부정하고 하나님의 약속된 세계에
보다 더 가까이 접근하려는 전인적 삶의 활동에 하나님의 형상이 있다. 하
나님의 약속된 세계를 지향하는 인간의 정신적 활동과 육체적 활동 모두
가 땅 위에 있는 하나님의 형상이요 그의 얼굴이 될 수 있다. 사랑이신 하
나님은 메시아적 하나님이다. 따라서 하나님의 형상은 메시아적 형상이
다. 메시아적 하나님 형상은 하나님이 약속한 메시아적 세계를 향한 인간
의 지향성, 곧 예수의 뒤를 따름에 있다.

인간이 하나님의 형상으로 창조되었다면, 인간이 있는 바로 거기에 하
나님의 모습(=형상)이 나타나야 한다. 모든 피조물이 인간에게서 하나님의
형상을 볼 수 있어야 한다. 그러므로 인간은 "하나님의 형상답게" 모든 피
조물과 관계해야 한다. 만일 인간이 하나님의 형상답게 자연의 피조물과
관계한다면, 오늘의 생태학적 위기는 극복될 수 있을 것이다.

하나님의 형상은 죄의 타락으로 인해 인간에게서 완전히 없어졌는가,
아니면 조금이라도 남아 있는가? 초기 칼 바르트는 인간의 죄의 타락을
통해 하나님의 형상은 완전히 없어졌다고 본다. 따라서 하나님과 인간 사
이에는 "넘을 수없는 죽음의 선이 그어져 있다." "토기장이와 토기" 사이에
아무 연속성이 없듯이, 하나님과 인간 사이에는 어떤 연속성도 있을 수 없
다(Barth 1922, 86, 341).

그러나 하나님은 사랑이다. 인간은 하나님과의 관계를 파기할지라도,
하나님은 인간에 대한 그의 관계를 파기하지 않는다. 그는 죄인과도 함께
계시며, 죄인에게도 해와 비를 주신다. 그러므로 하나님의 형상은 죄인에
게도 남아 있다. 물론 그것은 인간의 죄로 인해 파괴되고 훼손되었지만,
완전히 없어지지 않았다. "하나님의 형상은 없어지거나 나누어 줄 수 있는
소유물이나 자질이 아니(다).…성서는 타락과 함께 하나님의 형상이 상실

되었다는 어떤 암시도 주지 않고 있다"(이문균 2005, 197; 이 문제에 관한 브루너
와 칼 바르트의 유명한 논쟁에 관해 김균진 1980, 167 이하).

그러므로 하나님을 알지 못하는 사람들도 어떻게 사는 것이 인간답게
사는 것인지, 정의와 사랑이 무엇인지를 안다. 그들도 초월자에 대한 의식
을 가지며 죄를 지으면 죄책감을 느끼고 불의한 일을 보면 분노를 느낀다.
참되고 아름답고 가치있는 일을 보면 기뻐하고 거짓되고 추하고 무가치
한 일을 보면 실망을 느낀다. 그들도 이웃과 자연의 피조물에 대한 동정심
과 책임감을 느끼며 보다 나은 내일을 기다리며 오늘을 살아간다.

죄인에게도 하나님의 형상이 남아 있다는 것은 다음의 사항을 시사한
다. ① 죽을 수밖에 없는 죄인도 하나님의 형상으로서의 존엄성을 가진다.
따라서 죄인의 생명의 가치와 권리도 존중되어야 한다. 죄인도 모든 인류
의 형제자매의 공동체에 속하며, 하나님의 심판과 은혜아래 있다. 따라서
죄인의 생명도 하나의 물건이나 상품처럼 취급되어서는 안 된다. ② 죄인
도 하나님의 형상답게 살아야 하며, 하나님의 형상으로 변화되어야 할 당
위성을 가진다. 죄인도 이웃과 자연의 피조물들에게 자비를 베풀고 정의
를 세우며, 타자를 위한 책임적 존재가 되어야 한다.

C. 하나님의 메시아적 형상을 계시하는 메시아 예수

신약성서에 의하면 예수 그리스도는 "눈에 보이지 않는 하나님의 형상"이
다(골 1:15; 고후 4:4; 히 1:3). 죄의 타락으로 인해 상실한 참 하나님 형상의 완
전한 형태가 예수 그리스도에게 나타난다. 그렇다면 인간은 예수 그리스
도가 계시하는 하나님의 형상을 향해 창조되었으며, 그리스도론은 인간론
의 완성이라 말할 수 있다. "예수 그리스도는 우리에게 완성된 형태로 이
루어질 하나님의 형상의 예기적(proleptic) 출현"이기 때문이다(이문균 2004,
197). 여기서 예수 그리스도가 문제된다. 예수 그리스도는 어떤 분인가? 그

는 어떤 분이기에 "보이지 않는 하나님의 형상"이라 불리는가? 이 질문에 대한 답을 통해 우리는 성서가 뜻하는 "하나님의 형상"의 보다 더 깊은 뜻에 접근할 수 있다.

1) 전통적으로 기독교 신학은 예수를 가리켜 "참 하나님"인 동시에 "참 사람"(*vere Deus, vere homo*)이라 고백한다. 그는 먼저 참 하나님을 계시한다. 성령 안에서 그는 자기를 아버지 하나님과 동일화시키며, 아버지 하나님과의 "의지의 일치" 속에서 자기의 생명을 희생한다. 그의 행위는 아버지 하나님의 행위요, 그의 말씀은 아버지 하나님의 말씀이었다. 이 예수가 "보이지 않는 하나님의 형상"이라면, 우리 인간이 닮아야 할 하나님의 형상은 예수의 뒤를 따라 아버지 하나님과 한 몸의 관계 속에서 우리 자신의 생명을 희생하는 데 있다.

또한 예수는 참 사람이었다. 그는 우리 인간과 동일한 실존의 조건 속에서 생존하였다는 뜻에서 참 사람인 동시에, 동일한 실존의 조건에도 불구하고 인간의 본래적 모습을 보여준다는 뜻에서 참 사람이었다. 그는 자기를 하나님과 동일화시키는 동시에 세상의 연약한 생명들과 연대하며 그들과 삶을 함께 나눈다. 그는 피조물을 위해 자기를 피조물의 형태로 낮추며 자기의 생명을 내어준다. 그의 성육신과 십자가의 죽음은 그의 철저한 자기 낮추심과 자기희생을 나타낸다. 그는 "참으로 인간다운" 분이었다. 그는 참 하나님이었기 때문에 참 인간일 수 있었다. 이 예수가 "보이지 않는 하나님의 형상"이라면, 우리 인간이 따라야 할 하나님의 형상은 예수의 삶의 길을 뒤따르는 데 있다.

종합적으로 말해 예수는 하나님의 대리자인 동시에 인간의 대리자요, 하나님을 위한 존재인 동시에 인간을 위한 존재였다. 그는 피조물을 섬기는 하나님인 동시에 하나님을 섬기는 피조물이었다. 그는 철저히 "타자를 위한 존재"요 "책임적 존재"였다(Bonhoeffer). 예수의 뒤를 따라 타자를 위한 존재, 책임적 존재가 되는 여기에 하나님의 형상이 있다.

하나님의 형상에 대한 그리스도론적 해석은 오늘날 중요한 생태학적 의미를 가진다. 성서가 말하는 하나님의 형상은 분명히 인간에게 "특별한 위치"(Sonderstellung)를 부여한다. 인간만이 하나님의 형상으로 창조된 특별한 존재이기 때문이다. 그러나 인간의 이 특별한 위치는 자연에 대한 자기구별과 파괴와 착취가 아니라 자연에 대한 인간의 연대성과 책임성, 그리고 자기희생을 시사한다.

예수가 그의 아버지 하나님과 이웃을 섬기듯이 인간도 자연을 섬겨야 한다. 그는 자연에게 타자를 위한 존재, 책임적 존재이어야 한다. "인간이 '하나님의 형상'으로 창조되었다는 것은 인간세계와 자연세계를 자비로운 마음으로 돌보고 섬기며, 그것을 위해 자신을 희생하며 모든 불편과 고난까지도 감수할 수 있는 존재로 창조되었다는 것을 의미한다"(곽미숙 2008, 112). 하나님의 형상은 "인간에 주어진 초월적 출처(속성)로서가 아니라 자연의 운명을 함께 책임질 인간 자신의 미래적 목적개념(청지기)으로 이해할 것을 요청"한다(이정배·이은선 1993, 45).

2) 예수는 참 하나님이요 참 인간인 동시에 이스라엘 백성과 모든 피조물이 기다리는 메시아였다. "그리스도"라는 예수의 이름이 이것을 말한다. "그리스도"(Christos)는 히브리어 "메시아"를 그리스어로 번역한 것이기 때문이다. "예수 그리스도", 곧 "메시아 예수"는 하나님의 나라를 선포하고 그것을 앞당겨 오는 일에 자기의 삶을 바쳤다. "하나님의 대리자"인 동시에 "인간의 대리자"인 예수는 "하나님 나라 자체"(Origenes), 곧 하나님 나라의 메시아적 현실이었다.

이 예수가 "보이지 않는 하나님의 형상"이라면, 모든 인간이 닮아야 할 하나님의 형상은 예수의 뒤를 따라 메시아적 존재가 되는 데 있다. 곧 하나님 나라의 미래를 바라고 기다리며 그것을 앞당겨 세우는 데 있다. 자신의 존재와 세계의 모든 현실 속에 숨어 있는 부정적인 것을 끊임없이 부정하고, 하나님의 새로운 생명의 세계를 세워나가는 메시아적 삶 속에 하나님의 형상이 있다. 예수는 메시아(=그리스도)였기 때문에, 그가 계시하는 하나님의 형상은 메시아적 형상이다. 그것은 종말론적·메시아적 성격을 가진 종말론적·메시아적 개념이다.

그러므로 하나님의 형상은 인간 안에 영원히 고정되어 있는 "실체적인 것"이 아니라 이 땅 위에서 하나님의 약속된 미래를 지향하는 메시아적 삶의 과정에 있다. 이런 점에서 인간은 "하나님의 형상을 향해"(ad imaginem Dei) 창조되었다. 창세기 1:26이 말하는 태초의 하나님의 형상은 종말론적 "완성을 향해" 열려 있다(김정숙 2006, 18). 그것은 "이미 주어진 것일 뿐 아니라 이루어 가야 할 것이기도 하다"(정재현 1999, 153). 여기서 시원론적인 것(proton)은 종말론적인 것(eschaton)으로 나타난다.

8
죄인으로서의 인간
- 죄론 -

성서의 증언에 의하면 인간은 하나님의 피조물 가운데 가장 영광스러운 피조물로 창조되었다. 그는 하나님의 속성을 닮은 하나님의 "친구"요 "하나님의 형상"이다. 그는 하나님과 한 몸 된 공동체의 관계 속에서 하나님과 인격적 교통을 가질 수 있는 유일한 피조물이다. 시편 기자에 의하면 하나님은 "저를 천사보다 조금 못하게 하시고, 영화와 존귀로 관을 씌우셨다"(시 8:5).

그러나 인간은 하나님과 또 이웃과 하나가 되어 공동체의 관계 안에서 살아야 할 그의 존재규정을 깨뜨린다. 그는 하나님과 이웃과 더불어 살고자 하지 않고 자기를 모든 것의 중심에 세우고자 한다. 그는 하나님의 창조를 통해 그에게 설정된 한계를 거부하고 한계가 없는 존재가 되고자 한다. 그는 하나님이 있어야 할 그 자리에 자기 자신을 세운다. 한마디로 인간은 자기의 피조물성을 부인하고 자기를 죄인으로 만들어버린다.

여기서 우리는 인간의 존재를 구성하는 **여덟째** 양극성을 발견한다. 곧 인간은 하나님의 영광스러운 피조물인 동시에 하나님 없이 살고자 하는 죄인이라는 것이다. 이 양극성은 실존하는 인간 본성의 양극성으로 구체화 된다. 그는 하나님의 피조물로서 하나님과 이웃과 사랑의 관계 안에서 살고자 하는 선한 본성을 가진 동시에, 언제나 자기를 추구하며 자기를 모든 것의 중심에 세우고자 하는 악한 본성의 양극 속에서 실존한다. 그는 타자를 섬기며 타자를 위해 살고자 하는 이타적 본성을 가진 동시에, 타자를 희생시키면서 자기를 위해 살고자 하는 이기적 본성의 양극 속에 있다.

A. 죄에 대한 성서의 개념들

성서는 "죄"를 다양한 개념으로 나타낸다. 가장 자주 사용되는 것은 하타트(hatat), 아본(awon), 페샤(pescha)의 세 가지 개념들인데, 이 가운데 동사 hata, 명사 hatat가 가장 빈번하게 사용된다. Hatat의 기본 의미는 어떤 목적을 "빗나가다, 그르치다", 길을 "잃어버리다"를 뜻한다(예를 들어 삿 20:18; 잠 8:36; 19:2). 구체적으로 그것은 본래 의도된 규정, 곧 하나님과 이웃과의 올바른 공동체의 관계(Gemeinschaftsverhältnis)를 그르치는 것(Verfehlung)을 말한다. 물론 그것은 개별의 계명들을 어기는 것을 뜻하지만, 본래적 관계의 그르침, 공동체적 관계의 훼손을 의미한다. Awon은 바른 길, 곧 하나님과 이웃과의 공동체의 관계를 "떠나다", "벗어나다", "잘못된 길로 빠지다", "역행하다", 올바른 것을 "찌그러뜨리다", "구부리다", "휘게 하다"를 뜻한다. 또 그것은 죄의 결과로서의 죄책감과 벌을 뜻하기도 한다. Pescha는 정치적 개념으로서 합법적 권위에 대한 의도적 대항, 곧 "반항하다", "반역하다"(Auflehnung, Rebellion, 왕상 12:19; 왕하 8:20), "떨어져나가다", "자기를 분리시키다", 소유를 "빼앗다", "약탈하다"를 뜻한다. 구체적으로 그것은 삶의 영역에서 무엇이 약탈되어 떨어져나가는 것, 공동체의 관계에서 자기를 분리시키는 것, 공동체의 관계를 버리는 것을 말한다.

이 세 가지 개념들의 공통성은 인간이 그의 죄를 통해 파괴하는 하나님과 인간의 공동체 관계를 전제한다는 점에 있다. 본질적으로 죄는 이 관계의 파괴를 뜻한다. 그런 점에서 구약성서가 말하는 죄는 관계적 개념이다. 먼저 그것은 이스라엘이 지켜야 할 하나님의 법을 어김으로써 하나님과의 관계를 파괴하는 것을 뜻한다. 또한 죄는 "사회적 범주"에 속한다. "정의"가 공동체의 관계에 적절한 태도를 뜻한다면, "죄"는 공동체의 관계를 역행하며 그것을 훼손하는 태도를 뜻한다. 그것은 주어진 규범이나 계명을 위반하는 것을 뜻하기보다 공동체의 훼손을 뜻한다. 그밖에 샤가그(shagag)는 "부지 중의 범죄"를 말하며(민 35:15, 22), 하마스(hamas)는 폭력적인 죄의 한 형태로서(습 3:4) "창조의 파괴"를 뜻한다(유해무 1997, 270).

신약성서에서 죄를 가리키는 가장 지배적 개념은 "하마르티아"(hamartia)이다. 이 개념 외에 "아디키아"(adikia), "파라프토마"(paraptoma)란 개념이 사용되기도 한다. Hamartia의 동사 hamartano는 ① 히브리어 동사 hata와 마찬가지로 목적을 그르치다, 목적에 도달하지 못하다를 뜻하는 동시에, ② 히브리어 동사 avah처럼 "길에서 벗어나다", "잘못된 길로 빠지다"를 뜻한다. ③ 또 그것은 실수로 말미암아 올바른 목적에 도달하지 못하거나 그것을 실현할 수 없음을 뜻한다. 근본적으로 그것은 목적을 그르치는 행동을 가리킨다. 명사 hamartia는 하나님의 의지를 통해 주어진 길을 벗어나는 것, 그리하여 생명을 그르치는 것을 뜻한다. 특히 바울에게서 그것은 "한 사람"(아담)을 통해 세상에 들어와서 모든 사람을 지배하는 힘 또는 악마적 세력으로 이해된다.

동사 adikeo는 "옳지 못한 일을 행하는 것"을 뜻하며, 명사 adikia는 정의, 곧 하나님의 사랑과 신실하심에 반대되는 것을 행하는 것, 인간에게 신실하심을 지키는 하나님께 영광을 돌리는 것을 거부하는 것을 가리킨다. 그것은 인간의 구체적 행위나 속성을 뜻하는 동시에 인간을 노예로 삼는 초인격적 현실이나 힘을 뜻한다.

동사 "파라핍토"(parapipto)에서 유래하는 명사 paraptoma는 "과실을 저지르다", "잘못된 일을 하다"를 뜻한다. 70인 번역은 구약성서의 pescha를 paraptoma로 번역하는데, 인간의 기본 태도를 가리키는 것이 아니라 개별의 잘못된 행위, 과오, 타락 혹은 추락을 가리킨다. 그것은 율법이나 계명을 어기는 것이라기보다 하나님과 이웃과의 관계를 훼손하거나 파괴하고 그것에서 굴러 떨어지는 것을 말한다. *Hamartia, adikia*와는 달리, 그것은 인간을 지배하는 힘 내지 세력(Macht)이 아니라 인간의 구체적 행위(Tat)를 뜻한다.

또한 신약성서는 죄를 "육 안에서", "육을 따라"(en sarki, kata sarka) 사는 것으로 표상한다(Bultmann 1968, 239 이하). 구체적으로 그것은 자신의 힘으로 율법을 완전히 지킴으로써 하나님 앞에서 자기의 의로움을 얻고자 하는 열심과 교만, 하나님의 의지에 대한 불복종, 하나님의 은혜를 부인하고 자신의 힘으로 이 세상의 것을 획득하여 자기의 생명의 안전성을 확보하고자 하는 것, 하나님 대신 자기 자신을 신뢰하는 것, 창조자 하나님을 떠나 세상의 눈에 보이는 것을 탐하는 것, 하나님을 등지고 세상(kosmos)과 더불어 사는 것, 정욕에 묶여 자기 자신을 추구하며 하나님을 적대하는 것을 뜻한다. 죄는 세상에 들어와서(롬 5:12) 인간 안에 거하고, 인간 안에서 행동하며(롬 7:17, 20), 인간을 지배하고(롬 5:21) 인간을 자기의 노예로 만드는(롬 6:6, 17 이하) 세력 내지 힘, 혹은 "인격적 존재"로 생각된다. 인간의 "육"과 "세상"은 죄의 자리로 간주된다.

구약성서와 신약성서의 죄의 개념에 있어 공통점은, 죄는 하나님과 이웃과 자연의 피조물과 연관된 관계개념으로서 인간이 도달해야 할 목적, 그의 삶의 길, 하나님과 이웃과의 올바른 관계를 훼손하고 파괴하는 것을 뜻한다는 점이다. "죄의 본질은 하나님이 원하는 선한 창조질서의 전도(Verkehrung)에 있으며, 이리하여 하나님과 인간, 인간과 그 외의 창조 사이의 공동체성의 파괴(Bruch der Gemeinschaft)에 있다"(Schneider 1992, 166). 죄는 본질에 있어서 하나님이 지으신 피조물들의 생명을 해치며, 상생(相生)의 창조질서를 파괴한다. 그것은 타자의 생명을 해치는 "폭력적 행위"요, 하나님이 정하신 "법의 파괴"이다(von Rad 1969, 170; Gewalttat, Rectsbruch). 신약성서에서 죄는 인간의 개별적 행위를 뜻하는 동시에, 인

간이 자신의 행위를 통해 스스로 그것의 노예가 되는 우주적 죽음의 세력
으로 이해된다.

B. "너희가 하나님처럼 될 것이다"
– 죄의 뿌리와 본질

성서는 인간의 수많은 죄의 구체적 행위들에 대해 이야기한다. 죄의 행위
들은 먼저 구약의 율법을 통해 간접적으로 제시된다. 십계명은 그것을 요
약한다. 십계명은 하나님에 관한 계명들(*prima tabula*, 신학의 전통에서 이것들
은 제1계명에서 제4계명까지를 말하는데, 제4계명, 곧 안식일 계명은 인간과 자연의 피조물
에 관한 계명이기도 하다)과 인간에 관한 계명들(*secunda tabula*, 제5계명-제10계
명)로 구성된다. 따라서 죄는 하나님에 대한 죄(*peccatum contra Deum*)와 인
간에 대한 죄(*peccatum contra homines*)로 분류된다. 또한 성서가 말하는 인
간의 구체적 죄의 행위들은 이스라엘의 역사서와 예언서와 지혜문학에도
나타난다. 잠언에 의하면 죄는 근본적으로 "하나님을 경외하지 않는 것"을
말한다.

신약성서도 다양한 죄의 행위들을 열거한다. 가장 대표적인 것은 "육
체의 행실"에 관한 갈라디아서 5장의 "죄의 목록"이다. "곧 음행과 더러움
과 방탕과 우상숭배와 마술과 원수맺음과 다툼과 시기와 분냄과 분쟁과
분열과 파당과 질투와 술취함과 흥청망청 먹고 마시는 놀음과, 그와 같은
것들이다"(5:20-21).

역사적으로 기독교 신학은 개별의 구체적 죄의 행위들이 거기에서 일
어나는 죄의 본질이나 뿌리를 파악하려고 하였다. 문제의 뿌리(*radis*)를 다
룰 때, 문제를 근본적으로, 곧 철저하게(radikal) 다스릴 수 있기 때문이다.
아우구스티누스에 의하면 죄의 본질 혹은 뿌리는 선의 결핍, 교만, 자기
사랑 그리고 정욕에 있다(*privatio boni, superbia, amor sui, concupiscentia*). 그

는 정욕을 주로 성적 욕구(libido)로 이해한다. 토마스 아퀴나스는 죄를 하나님에 대한 죄, 자기 자신에 대한 죄, 이웃에 대한 죄(peccatum in Deum, in seipsum et in proximum), 원죄와 자범죄(peccatum originale, peccatum actuale)로 구별하고, 원죄의 형식적 측면을 "근원적 정의의 결핍"(privatio originalis iustitiae)으로, 내용적 측면을 정욕(concupiscentia)으로 파악한다. 루터는 인간이 자기 자신 안으로 구부러짐(incurvatio hominis in seipsum)을 죄의 본질로 파악한다.

근대 계몽주의는 죄를 인간의 자연(=본성)에 모순되는 것, 곧 인간의 본래적 존재규정과 현실적 존재 사이의 모순, 인간이 도달해야 할 목적과 현실의 삶 사이의 괴리로 파악한다. 이 모순이나 괴리는 인간 자신의 힘으로 극복되어야 한다. 죄의 타락은 인간이 성숙하지 못한 유아기의 죄 없는 상태에서 자기 자신을 책임져야 할 성숙한 상태로 발전하기 위해 일어날 수밖에 없는 필연적 단계로 생각된다. 헤겔에 의하면 죄는 정신의 자기소외를 통해 필연적으로 정립되며, 정신의 변증법적 운동을 통해 필연적으로 극복되는 "부정적인 것"을 말한다. 슐라이어마허에게서 죄는 세상적 인상들로 인해 모든 인간에게 주어진 하나님 의식의 힘이 방해되는 것(Störung)으로 이해된다.

틸리히는 죄를 "본질에서 실존으로 넘어감"을 통해 필연적으로 일어나는 존재의 근거로부터 인간의 자기 소외(Entfremdung)로 파악하면서, 죄의 세 가지 전통적 개념들(불신앙, 교만, 정욕)을 수용한다. 그는 정욕을 "현실의 전체를 자신의 자아에 동화시키고자 하는 무제한적인 동경"으로 해석하고, 이 동경은 "신체적 굶주림은 물론 성적 욕구의 충족, 인식, 힘, 지식, 물질적 풍요, 정신적 가치"에 대한 무한한 소유욕으로 이해한다(Tillich 1958, 60). 칼 바르트는 "참 하나님, 참 인간"이신 예수 그리스도로부터 출발하여 죄를 ① 자기 자신을 고양(高揚)시키고자 하는 인간의 교만(Hochmut), ② 하나님에 의한 자신의 높아짐(=高揚)을 거부하고 타락에 빠지는 인간의 태만(Trägheit), ③ 그리스도 안에 계시된 하나님의 진리에 모순되는 인간의 거짓(Lüge)을 죄의 본질로 파악한다(Barth 1960. 83).

여기서 우리는 예수 그리스도의 빛에서 죄의 본질이 무엇인가를 새롭게 파악하고자 한다. 그는 "하나님이 기뻐하는 자"(마 17:5)로서 인간 본래의 모습, 곧 "보이지 않는 하나님의 형상"이기 때문이다(갈 1:15). 따라서 인간의 죄의 본질은 "하나님의 형상의 반대면"(Rückseite)이라 말할 수 있다(Schoberth 2006, 121). 그것은 하나님의 창조와 함께 우리 인간에게 주어진 존재규정을 깨뜨리는 것, 곧 "사람이 사람답지 못함"이라 요약될 수 있다(송기득 1997, 66). "사람이 사람답지 못함"이란 하나님이 창조한 본래적 인간의 모습을 상실하고 비본래적 인간, 비인간적인 인간이 되는 것을 말한다. 그것은 "하나님이 원하시는 선한 창조의 질서의 전도(顚倒), 이로써 하나님과 인간, 인간과 자연 피조물의 친교의 깨어짐"이라 말할 수도 있다(Schneider 1992, 166). 우리는 이것을 아래와 같이 분석할 수 있다.

1) 예수 그리스도는 사랑의 영 안에서 하나님과 한 몸을 이루고 있는 인간 본래의 모습을 계시한다. 하나님이 그 안에 있고, 그가 하나님 안에 있다. 이런 뜻에서 예수는 창조자 하나님과 한 몸 된 공동체의 관계에 있는 인간 본래의 피조물성, 곧 하나님의 형상을 나타낸다. 예수의 이러한 모습에 비추어 볼 때, 죄의 가장 깊은 뿌리 또는 본질은 하나님의 형상을 깨뜨리는 것, 곧 하나님과 한 몸 된 공동체의 관계를 깨뜨리는 것을 말한다.

왜 인간은 하나님과 한 몸 된 공동체의 관계를 깨뜨리는가? 실존론적 사고에 의하면 그 원인은 인간의 불안에 있다. 곧 "자유와 유한성의 모호성 안에서 야기되는 불안정과 완전성에 대한 어쩔 수 없는 불안"(Reinhold Niebuhr, 전현식 2004, 158), "자신의 실존의 좌절 가능성에 대한 인지를 통해" 일어나는 "피조물적인 불안"(Härle 2007, 481)에 있다. 정재현 교수에 의하면 불안은 자유의 동반현상이다. 인간에게 자유가 있기 때문에 불안이 체험된다. 이 불안을 극복하기 위해 인간은 하나님의 명령을 거역하는 자유를 택하고 죄의 타락에 빠진다(정재현 1999, 189-191). 신준호 교수에 의하면 인간의 불안은 "남성의 내면에 억눌린 아니마와 여성의 내면에서 자각되지 못하는 아니무스의 갈등"으로 말미암아 일어난다(신준호 2005, 99, 106).

우리는 이와 같은 존재론적·심리학적 차원의 불안에 대해 동의할 수 있다. 그러나 불안에 대한 이러한 해석들은 인간의 가장 원초적 불안을 간과하는 한계를 가진다. 필자의 생각에 의하면 인간의 가장 기본적 욕구는 자기의 생명을 유지하고자 하는 욕구에 있다. 따라서 인간의 가장 원초적 불안은 생명 유지에 대한 불안이다. 혹시나 죽지 않을까, 어떻게 하면 나의 생명을 유지할 수 있을까에 대한 불안이다. 이 원초적 불안은 먹을 쌀이 다 떨어진 쌀독을 들여다 볼 때 여실히 느낄 수 있다. 빈 쌀독을 들여다보며 느끼는 불안이야말로 인간의 가장 현실적인 불안이다.

이 불안을 극복하고 생명을 유지하기 위해 인간은 무엇보다 먼저 먹어야 한다. 먹지 못하면 죽는다. 죽지 않고 살기 위해서 일차적으로 필요한 것은 굶주린 배를 채울 수 있는 음식물, 곧 물질이다. 물질을 얻기 위해서는 소유가 있어야 한다. 소유가 있어야 생명을 유지할 수 있고 자기의 유전자를 증식시킬 수 있다.

소유를 얻기 위해서는 힘이 있어야 한다. 그런데 힘은 언제나 자기를 확장시키려는 본성을 가진다. 더 큰 힘을 얻어야 더 많은 소유를 얻을 수 있고 생명의 안전을 확보할 수 있다. 가치와 존엄성을 더 많이 인정받을 수 있고 유전자를 더 넓게 확산시킬 수 있다. 이리하여 인간은 자기의 유한성을 망각하고 힘의 무한성을 얻고자 투쟁하게 된다. 이 투쟁은 더 많은 소유를 얻기 위한 노력으로 나타난다. "그는 소유한 만큼 자아가 확장되었다고 착각한다. 착각은 자아도취의 쾌감을 불러일으킨다.…그는 소유를 믿고 소유를 숭배한다"(신준호 2005, 106).

그러나 아무리 많은 힘과 소유를 가진다 해도, 인간이 자기의 생명을 완전히 보장한다는 것은 불가능하다. 자기가 가진 모든 것은 안개처럼 사라져버릴 수 있고, 그의 생명은 유한하고 연약하기 때문이다. 그러므로 하나님 없는 인간은 더 큰 힘과 소유를 얻고 자기를 확장하기 위해 매진하게 된다. 아무리 큰 힘과 소유를 얻어도 그는 만족하지 못한다. 이리하여 그는 힘과 소유의 노예, 돈의 노예가 되어버린다. 돈이 그를 위해 존재하는 것이 아니라 그가 돈을 위해 존재하는 형국이 되어버린다. 돈이 하나님의 자리를 대신 차지한다.

이리하여 인간은 하나님을 자기의 삶의 중심에서 추방하고 자기를 하나님의 자리에 세운다. 하나님 대신에 인간 자신이 자기의 삶과 세계의 중심이 된다. 하나님과 한 몸 된 공동체의 관계가 파괴되고, 인간은 그의 "사람다움"을 상실한다. 그는 하나님의 은혜로부터 살지 않고, 자신의 능력으로 자기의 삶을 보장하려고 한다. "그는 아무도 신뢰하지 않으며, 하나님의 존재도 믿지 못한다. 그는 오직 자신의 힘만으로 내면의 불안을 이겨내야 한다"(신준호 2005, 106). 이것은 하나님의 창조질서에 대한 "모반이요, 그에게만 가능한 그의 태도를 벗어남이요, 피조물이 창조자가 되는 것을 말한다. 그것은 피조물성의 파괴이며, 피조물성으로부터의 이탈이요 추락이다.…그것은 단지 윤리적 실수가 아니라 피조물을 통한 창조의 파괴다"(Bonhoeffer 1968, 91).

죄의 근본적 뿌리는 바로 여기에 있다. 곧 죽음의 불안을 극복하기 위해 힘과 소유를 얻고자 하다가 힘과 소유의 노예가 되어버리는 것, 이리하여 하나님이 있어야 할 자리에 자기를 세우는 데 있다. 그는 자기에게 주어진 피조물의 한계를 부인하고 한계가 없는 존재가 되고자 한다. 곧 유한한 인간이 무한한 존재가 되고자 한다(정재현 2006a, 157). 자기가 모든 것의 중심이 되어야 하고, 자기가 모든 것을 결정하고 지배해야 한다. 모든 것이 그에게 예속되어야 한다. 이리하여 그의 눈에는 차츰 살기(殺氣, 타인을 죽이는 동시에 사실상 자기 자신을 죽이는 힘, 곧 죽음의 기운)가 돌게 되고, 자기가 얻은 것을 잃어버리지 않을까 하는 불안감이 서리게 된다. 살기와 불안감, 교만과 비굴함이 그의 얼굴에 교차한다. 창세기 3장에 기록된 "뱀의 세 가지 약속"은 인간의 삶의 이러한 진리를 이야기한다.

① 너희가 "하나님과 같은 인간"(homo sicut Deus)이 되리라는 뱀의 약속은 하나님 대신 자기가 모든 것의 중심이 되고 모든 것을 지배하고자 하

는 인간의 죄된 본성을 가리킨다. "이제 그는 자기 자신으로부터 산다. 이제 그는 자기의 삶을 스스로 만든다. 그는 그 자신의 창조자다. 그는 더 이상 창조자를 필요로 하지 않는다. 그가 자신의 삶을 만드는 점에서, 그 자신이 창조자가 되었다. 이로써 그의 피조성(Geschöpflichkeit)은 그에게 끝나며 파괴된다. 아담은 더 이상 피조물이 아니다"(Bonhoeffer 1968, 84).

② "너희가 선과 악을 알게 될 것이다"라는 뱀의 약속에서 "선과 악"은 윤리적 규범을 알게 되는 것을 말하는 것이 아니라, "좋은 것과 나쁜 것", "유익한 것과 해로운 것"(tob wara)을 뜻한다. 좋은 것과 나쁜 것을 구별하는 것 자체가 죄라고 말할 수 없다. 그러나 인간 자신이 자기를 중심에 세우고, 전체의 유익을 위해서가 아니라 자기의 유익을 위해서 좋은 것과 나쁜 것을 구별할 때, 죄가 발생한다. "좋은"(=tob) 것은 하나님이 인간에게 부여한 피조물성을 지키는 데 있다면, "나쁜"(=ra) 것은 자신의 피조물성을 부인하고 "하나님처럼" 되는 데 있다. 그러나 하나님 없는 인간은 거꾸로 생각한다. 곧 피조물로서의 한계를 지키지 않는 것이 자기에게 좋고 유익하며, 그 한계를 지키는 것은 손해가 되고, 손해가 되기 때문에 나쁘다고 생각한다.

③ "너희는 절대로 죽지 않을 것이다!" 뱀의 이 약속은 "선과 악을 알게 하는 나무열매를 따먹는 날, 너희는 죽을 것이다"라는 하나님의 약속에 모순된다. 하나님의 진리와 뱀의 진리, 죽음에의 경고와 생명에의 유혹, "하나님의 형상과 같은 인간"(homo sicut imago Dei)과 "하나님 같은 인간"(homo sicut Deus)이 여기에 대립한다. "너희는 죽을 것이다!"–"너희는 죽지 않고 살 것이다!" 참 생명의 길은 하나님이 부여하신 피조물성의 한계를 지키는 데 있다. 자기를 하나님의 피조물로 인식하고 하나님의 계명 안에서 사는 데 있다. 이 한계를 지키지 않을 때, 곧 선과 악을 알게 하는 나무열매를 따먹을 때, 너희는 죽을 것이다!

이에 반해 뱀은 아담(=인간)을 유혹한다. 너희들이 사는 길은 하나님이 너희에게 부여한 피조물성의 한계를 지키지 않는 데 있다! 곧 선과 악을 알게 하는 나무열매를 따먹는 데 있다. 하나님이 밥 먹여 주느냐? 하나님 없이 너 자신을 모든 것의 중심에 세우고, 가능한 더 많이 소유하고 너의 힘을 무한히 확장하라! "하나님의 형상"에 머물지 말고, 너희 자신이 "하나님처럼" 되어라! 그리하면 너희는 죽지 않고 안전하게 살 것이다! 여기서 인간을 유혹하는 뱀은 악의 화신(化身)을 가리키는 것이 아니라 죽지 않고 자기의 생명을 유지하려는 인간의 피조물적인 불안, 더 큰 힘과 소유를 얻고자 하는 욕망의 집약된 표현이다.

에덴동산 한 가운데 서 있었다는 두 나무, 곧 생명의 나무와 선과 악을 알게 하는 나무는 모든 인간의 삶의 실존적 상황을 묘사한다. 하나님이 모든 것의 중심이 되고 우리의 삶의 모든 것을 결정하느냐, 아니면 하나님 없이 자신의 힘으로 자기의 생명을 보장하고자 하느냐의 두 가지 가능성 앞에서 우리 인간은 언제나 새롭게 어느 하나를 결단해야 한다(따라서 정원 한 가운데 나무가 두 그루 서 있었다고 가정하기는 어려우며, "아마 한 그루의 나무가 서 있었을 것이다"라는 주장은 적절하지 않다, 이경숙 2005, 49; J 문서 기자가 이야기하고자 하는 것은 나무 얘기가 아니라 인간의 삶의 두 가지 가능성에 있다).

인간은 뱀의 유혹에 넘어가 결국 하나님이 금한 나무열매를 따먹는다. 일련의 구약학자들은 이 행위를 가리켜 아담과 하와의 성행위라고 해석한다(H. Gunkel, G. von Rad). 그러나 이 해석은 타당하지 않다. 하나님이 축복한 모든 생물의 생육과 번식은 암수의 성행위를 전제하기 때문이다. 금단의 나무열매를 따먹었다는 것은, 하나님의 피조물로서 인간에게 주어진 참된 삶의 길을 버렸음을 나타내는 은유적 표현이다. 박재순 박사는 이것을 다음과 같이 설명한다. "다른 동물들의 욕망은 한계가 있다. 그들은 성욕을 발정기에만 느낀다. 먹을 것과 잠자리에 대한 욕구도 필요 이상을 넘지 않는다.…그러나 인간의 욕망은 무한하며, 인간은 자기를 절대화시키는 존재다. 하나님처럼 되기 위해 선악과를 따먹고 타락했다는 성서의 이야기는 인간이 하나님을 떠나 자연 조화를 깨뜨리고 자기중심적 존재로 전락했음을 말해 준다"(박재순 1988, 153).

창세기 3장은 여자 혼자 뱀의 유혹을 받은 것처럼 묘사한다. 그러나 여자가 "함께 있는 남편에게도" 열매를 주었다는 이야기는 여자와 남자, 곧 인간 일반이 공범자였음을 암시한다. 곧 "모든 사람은 다른 사람의 행위에 대해 책임이 있다는" 죄의 연대성을 시사한다(Bonhoeffer 1968, 89). 하나님이 죄를 추궁할 때, 먼저 남자를 추궁하였다는 이야기(창 3:9)는, 죄의 책임이 오히려 남자에게 있었다고 해석할 수 있는 가능성을 시사한다. 여기서 중요한 문제는 누가 먼저 유혹을 받고 죄를 범했느냐의 문제가 아니다. 창세기 3장이 묘사하는 "죄의 타락"은 6천여 년 전 아담이란 한 남자와 그의 아내 사이에 일어난 사건을 말한다기보다, "인간이 하나님과 같아지려고 하는 오만이야말로 가장 중대한 죄라고 천명하면서", 생명의 길을 버리고 죽음의 길을 택하는 "인간의 삶의 정황을 신학적으로 설명"하고자 한다. 이 설명의 글자 자체를 "절대적 진리"라 고집할 때, 원죄에 대한 책임을 여자에게 뒤집어씌우는 "황당한 타락 이야기"를 주장하게 된다(이경숙 2005, 50).

2) 사랑의 영 안에서 하나님과 한 몸의 관계에 있는 예수는 이웃과 분리될 수 없는 한 몸의 공동체의 관계에 있었다. 그는 참으로 사람다운 사람이었다. 그는 자기를 하나님과 동일화시키는 동시에 이웃과 동일화시키며, 이웃을 위해 자기의 생명을 내어준다. 이러한 예수의 존재에 비추어 볼 때, 죄의 본질이나 뿌리는 이웃과의 공동체적 관계의 파괴에 있다. 하나님과의 공동체적 관계의 파괴는 하나님이 지으신 피조물과의 공동체적 관계의 파괴와 직결된다. 이른바 하나님과의 "수직적 관계"에서 일어나는 "하나님의 의지에 대한 반역"으로서의 죄는, 이웃과의 "수평적 관계"에서 일어나는 "타자의 삶은 물론 자신의 삶을 포함하여 불가피하게 모든 실존의 공동체적 삶을 파괴"하는 "창조에 대한 반란"(rebellion against creation)과 분리될 수 없이 결합되어 있다. 하나님에 대한 인간의 관계성과 의존성의 파괴는 "만물의 상호관계성과 상호의존성"의 파괴와 하나로 결합되어 있는 동전의 양면과 같다(이에 관해 전현식 2004, 170-171).

하나님과의 수직적 관계와 마찬가지로 이웃과의 수평적 관계의 파괴도 한계를 알지 못하는 인간의 소유욕과 교만의 형태로 일어난다. 그러므로 여기서 우리는 소유욕에 대해 조금 더 깊이 생각해 보고자 한다.

무엇을 소유하고자 하는 마음 자체가 죄라 말할 수 없다. 소유는 생명을 가능케 하는 기본 조건이기 때문이다. 그러므로 성서는 부자의 부 자체를 죄악시하지 않는다. 오히려 하나님의 법질서에 따라 얻은 소유를 하나님의 축복으로 간주한다(예를 들어 욥의 부). 그러나 인간이 하나님을 부인하고 욕심의 노예가 되어 수단과 방법을 가리지 않고 소유를 얻고자 할때 부가 그에게 하나님이 되고, 이 부를 통해 인간은 "하나님과 같은 인간" (*homo sicut Deus*)이 되고자 한다.

소유는 곧 힘이다. 구체적으로 그것은 돈이다. 돈은 "힘의 총괄개념" 또는 요약이다. 돈은 전능(Omnipotenz)을 약속한다. 돈만 있으면 무엇이든지 살 수 있고 무엇이든지 할 수 있다. 돈만 있으면 세계의 중심이 될 수 있고 모든 것을 지배할 수 있다. 돈 가진 자가 모든 것의 표준이 된다. 돈 가진 사람의 눈과 코와 얼굴 피부색, 긴 다리, 옷모양, 머리모양, 행동방식, 생활양식이 세계의 표준이 된다. 돈 없는 사람은 어디를 가도 무시와 천시를 당한다. 돈이 있어야 친구도 있고 친척도 있고 결혼도 할 수 있다. 돈이 곧 하나님이다. 그래서 사람들은 수단과 방법을 가리지 않고 최대한 돈을 많이 갖고자 한다.

그러나 돈은 자기를 무한히 확장시키고자 하는 악마적 힘을 자신 안에 지닌다. 곧 "순수한 축적과 증식이 돈의 본질 속에 내재한다"(Beinert 2006, 124). 그래서 인간은 아무리 많은 돈을 소유해도 만족하지 못한다. 자기를 확대시키려는 돈의 악마적 힘으로 말미암아 인간은 돈의 노예가 되어버린다. 인간이 돈을 지배하는 것이 아니라 돈이 인간을 지배한다.

현대 자본주의 사회의 가장 심각한 문제는 돈에 대한 무한한 소유욕에 있다. 이로 인해 일일이 헤아릴 수 없는 범죄가 일어난다. 기업이 잘 되어 돈을 많이 벌면 그 돈을 가지고 기업의 고위자들이 돈잔치를 한다. 그러다가 기업이 위기를 맞게 되면 노동자들의 일자리 보장을 빌미로 천문학적인 액수의 국고지원을 요구한다. 이것은 단순히 요구의 수준을 넘어 위협으로 느껴질 때도 있다. 국고지원은 결국 국민의 세금부담으로 돌아온다. 일하지 않고 머리만 굴리면서 돈 놓고 돈 먹는 일이 일어난다. 그러다가 깡통계좌를 차게 되면 자살하는 일도 일어난다.

　본래 우리의 소유는 하나님의 것이다. 땅 위에 있는 모든 것이 하나님의 피조물로서 하나님에게 속한다. 따라서 우리의 소유는 궁극적으로 하나님의 은혜이다. 그것은 나만을 위해 있는 것이 아니라 모든 피조물을 위해 하나님이 창조하신 것이다. 물론 우리는 우리 자신의 생명을 유지하기 위해 소유를 가질 수밖에 없다. 그러나 본래 소유는 나누어져야 한다. 그것은 하나님의 것이기 때문이다. 나누지 않고 자기만을 위해 끝없이 쌓아두면 거기에는 벌레가 생기고 부패와 타락이 일어난다. 감사하는 마음, 기뻐하는 마음도 사라진다. 뺏기지 않고 더 쌓고자 하는 염려와 근심과 불안이 뒤따른다. 수십억 달러, 수백억 달러를 가져도 만족하지 못하고 돈 액수의 동그라미 숫자만 헤아리다가 죽어버린다. 자기의 생명을 위해 스위스 은행에 가명으로 검은 돈을 예치해 두었다가 암살을 당하여 그 돈이 고스란히 스위스 은행의 소유가 되는 독재자들과 그들의 친인척도 있다. 그러나 우리는 돈을 가지고 천국에 들어가지 못한다.

　인간의 소유욕은 물질적 소유욕 외에 더 큰 권력에 대한 소유욕, 더 큰 명예와 더 높은 사회적 지위에 대한 소유욕, 더 많은 지식에 대한 소유욕, 이성(異性)을 자기의 성적 욕망의 충족 대상으로 간주하며 성적 관계를 통해 자기의 힘을 확장시키고자 하는 전도된 성적 소유욕 등의 형태로 나타난다. 이와 같은 욕심들에 사로잡힐 때 인간은 자기의 본분에 불성실하게 되고 이웃의 생명을 해치는 일도 서슴치 않게 된다. 이웃을 이웃으로 보지 않고 자기의 힘과 소유의 확대를 위해 자기에게 예속되어야 할 대상, 억압과 착취의 대상으로 보는 이기적 태도, 거짓과 중상모략, 파당(派黨)과 배신, 강한 자에게는 아부하고 약한 자에게는 냉담하고 무자비한 비열한 태도, 인간을 인간으로 존중하지 않고 소유에 따라 차별하는 비인간성, 지구 공동체의 운명을 고려하지 않고 자연을 파괴하여 자기의 이익을 챙기는 일 등 그 형태는 헤아릴 수 없을 정도이다. "하나님과 같은 인간"(*homo sicut Deus*)은 정말 하나님과 같은 존재가 되는 것이 아니라, "인간에게 늑대와 같은 인간"(*homo homini lupus*)이 될 수 있다는 사실을 우리는 우리 사회와 세계사에서 얼마든지 발견할 수 있다. 자신의 권력을 유지하기 위해 2천만 명이나 죽인 스탈린은 늑대보다 더 무서운 존재였다(그가 늑대 정도만 되었다면 천만다행이었을 것이다. 늑대는 배가 부르면 더 이상의 살상은 하지 않기 때문이다). 아담의 죄의 타락 바로 다음에 일어난 아벨에 대한 가인의 살인은 하나님 없는 인간의 이웃에 대한 죄악을 요약한다. 이것은 인간과 인간 사이에서 일어나는 "창조에 대한 위반"이라 말할 수 있다(전현식 2004, 171).

생명을 해치는 또 하나의 형태가 있다. 그것은 선이 무엇인가를 알면서도 그것을 행하지 않는 데 있다(약 4:17). 이웃에 대해 공명적 인간(*homo sympatheticus*)이 되지 않고 무관심하고 냉정한 인간(*homo apatheticus*)이 되는 데 있다. "네가 네 이웃에게서 바라는 대로 너도 네 이웃에게 행해야 한다"(마 7:12)는 예수의 "황금률"을 알면서도 그것을 지키지 못하는 것도 이웃의 생명을 해치는 소극적 형태이다.

여기서 우리는 죄를 보다 더 포괄적으로 파악할 수 있다. 죄는 단지 "…하지 말라"는 하나님의 소극적 명령을 범하는 데 있는 것이 아니라 "…하라"는 하나님의 적극적 명령을 행하지 않는 것, 이웃의 생명과 지구 공동체가 무엇을 필요로 하는지 알면서도 고개를 돌려버리는 냉정한 마음에 있다. 용서하고, 자비를 베풀고, 정의를 세워야 함을 알면서도 그렇게 하지 않는 것, 연약한 생명들과 연대하고 지구 공동체를 지켜야 함을 알면서도 그렇게 하지 못하는 것, 이웃의 고난을 알면서도 모른 척하고 사치와 허영과 방탕 속에서 사는 것, "창조세계 안의 다른 존재들과의 관계 안에서 부정의, 인간의 우월성, 자연과의 일치의 거부"(전현식 2004, 171)도 죄에 속한다. "하나님 앞에서의 죄는 무엇을 저질렀기 때문에 지은 죄보다, 무엇을 하지 않았기 때문에 지은 죄가 더 큰 죄다. 그래서 가장 큰 죄는 예수를 믿고 따르지 않은 죄고, 굶주린 자와 억눌린 자와 병든 자에게 해야 할 일을 하지 않은 죄다"(박재순 1988, 113).

여기서 우리는 성서에 담겨진 죄의 보다 더 깊은 측면을 볼 수 있다. "믿음과 희망과 사랑"이 그리스도인들이 지켜야 할 가장 중요한 덕목이요, 그 중에서 가장 중요한 것이 사랑이라면(고전 13:13), 사랑을 행하지 않음이 가장 큰 죄요 죄의 본질 또는 뿌리라 말할 수 있다. 하나님과 이웃과의 공동체적 관계의 파괴, 곧 피조물적 존재규정의 파괴는 사랑의 부재(不在)와 결합되어 있다.

선이 무엇인지 알면서도 그것을 행하지 못하는 원인도 사랑의 부재에 있다. 하나님과 이웃을 사랑하지 않고 자기 자신을 사랑하며(amor sui), 자신의 정욕(concupiscentia)에 사로잡혀 선한 마음을 잃어버렸기(privatio boni) 때문이다. 타락한 인간에게도 하나님의 형상이 남아 있다. 그러므로 사랑하는 마음이 그에게 완전히 없어진 것은 아니다. 그러나 인간은 사실상 하나님과 이웃 없이 "자기 자신 속으로 구부러진 인간"(homo incurvatus in se, Luther)이기 때문에, 선을 알면서도 행하지 않는다.

3) 여기서 우리는 신학의 역사에서 간과되었던 죄의 한 가지 다른 측면을 제시하고자 한다. 하나님은 그의 자녀들에게 정의와 자비가 모든 것을 결정하는 새로운 생명의 세계, 곧 "새 하늘과 새 땅"을 약속한다. 하나님에 대한 믿음은 그가 약속한 것을 성취할 수 있는 하나님의 능력에 대한 믿음이요, 하나님의 능력을 통한 그의 약속의 성취에 대한 믿음이다. 하나님을 믿는다 하지만, 그의 약속과 그의 능력을 믿지 않고 체념과 좌절에 빠지는 것은 사실상 하나님에 대한 불신앙이다. 불신앙은 죄에 속한다. 여기서 불신앙은 단지 하나님에 대한 인간의 교만과 배반이 아니라 하나님의 약속과 그의 능력에 대한 불신앙과 희망의 상실을 말한다.

신앙이란 근본적으로 신뢰, 곧 하나님에게 자기의 삶의 길을 맡기는 것을 말한다(=fiducia, 이 책의 제3권 "신앙론" 참조). 불신앙이란 하나님에게 자기 인생의 길을 맡기지 않는 것, 곧 약속의 땅을 향한 하나님의 부르심에 응답하지 않으며 약속의 성취를 위한 하나님의 새 창조의 사역에 참여하지 않는 것을 말한다. 하나님의 약속된 땅을 향한 메시아적 존재로 살지 않고 이집트의 고기 가마에 안주하는 일상적 존재로 사는 여기에 보다 포괄적 의미의 죄가 있다. "하나님은 인간을 높이 들어 올리시고 그에게 자유롭고 넓은 공간을 향한 전망을 선사하였다. 그러나 인간은 옛 것에 머물며 단념한다. 하나님은 정의와 평화 가운데 있는 모든 사물들의 새 창조를 약속한다. 그러나 인간은 모든 것이 옛 것 그대로인 것처럼, 또 그대로 머물러 있는 것처럼 행동한다. 하나님은 인간에게 그의 약속들을 중히 여기신다. 그러나 인간은 자기에게 기대되는 것을 믿지 않는다. 이것이 신자들을 가장 심각하게 위협하는 죄이다"(Moltmann 1969, 18).

하나님의 약속을 하나님 없이 폭력적인 방법으로 성취하고자 하는 것도 죄에 속한다. 그 속에는 하나님에 대한 불신, 자신의 능력에 대한 인간의 교만, 그리고 폭력의 악순환이 숨어 있다. 이와 동시에 하나님의 약속에 대한 "무관심과 냉담과 체념의 죄"가 있다. "체념이란 인간 역사의 사악한 세력에 무조건적으로 묵종함을 의미한다. 실제로 무엇인가 변화될 수 있는 가능성, 더 정확히 말해 무엇인가 더 나은 상태로 변화될 수 있는 가능성을 의심하고 비웃는 것이다.…이런 체념의 결과로, 더 큰 정의를 위한 작은 기회들과 평화와 화해의 방향으로 나아가기 위한 작은 조치들이 무시되거나 냉소적으로 일축된다"(Migliore 2012, 264). 체념은 사실상 하나님에 대한 불신앙이요 하나님의 구원의 역사에 대한 부정이다. 그것은 하나님의 제의(提議)에 대한 거절이다.

"믿음, 희망, 사랑"이 기독교 신앙의 가장 중요한 덕목이라면, 희망의 포기는 기독교 신앙의 덕목을 포기하는 죄라 말할 수 있다. 하나님은 피곤한 자에게는 능력을 주시며, 무능한 자에게는 힘을 더하시며, 그를 앙망하는 자는 "새 힘"을 얻으리라고 약속한다(사 40:29-31). 그는 새 하늘과 새 땅을 창조하며(사 65:17), 만물을 새롭게 변화시킬 것이라 약속한다(계 21:5).

만물이 그리스도 안에서 하나로 통일되고 연합될 것이다(엡 1:10). 예수 그리스도의 부활은 하나님의 약속에 대한 보증이다. 이 하나님의 약속과 보증을 믿지 않고 새로운 생명의 세계에 대한 희망을 포기하는 것은 하나님의 능력에 대한 불신의 죄이다. 그것은 하나님의 하나님 되심을 믿지 않는 것이다.

하나님의 사랑은 보다 나은 것을 기다리고 그것을 지향하는 미래 지향적·메시아적 특성을 가진다. 사랑은 아직 주어지지 않은 것을 향한 미래 지향성 자체이다. 그것은 미래를 향한 꿈과 희망과 기다림이요 모험이다. 하나님은 아직 주어지지 않은 새로운 생명의 세계를 향한 꿈과 희망과 모험으로 인간을 초대한다. 이 하나님의 초대에 응하지 않고 좌절과 체념 속에서 옛것에 안주하는 것은 하나님이 부여한 인간의 본래성을 어기는 것이다.

전통적으로 기독교 신학은 주로 하나님과 인간의 관계에서 죄를 파악하였다. 그러나 생태신학자들은 오늘날 생태학적 위기 속에서 죄는 인간과 자연의 관계에서도 파악되어야 함을 강조한다(전현식 2004, 151 이하). 자연과의 "상호관계성과 상호의존성"을 거부하고 자연의 피조물들의 삶을 침해하고 파괴하며, 이를 통해 자신의 삶은 물론 창조 공동체의 삶을 파괴하는 것은 자연과 인간의 관계에서 일어나는 "창조에 대한 위반"이다. 나아가 자연의 피조물들의 고통과 죽음에 대한 무관심과 냉담함, 그들에 대한 배려와 책임의 회피도 하나님의 창조질서에 대한 위반이요 죄에 속한다. 자연의 피조물에 대한 인간의 죄는 결국 인간 자신에게 벌로서 되돌아온다. "심는 대로 거둔다"는 것이 역사의 진리이다.

C. 죄의 결과: 무덤과 같은 세계
 - 죄와 벌, 죄와 죽음의 관계

죄는 그 자체로서 끝나지 않는다. 그것은 죄를 짓는 사람 자신의 존재와 피조물의 세계에 필연적으로 어떤 결과를 초래한다. 죄의 결과는 이미 죄의 행위 자체 속에 내포되어 있다. 내포된 것이 현상적으로 나타날 뿐이다. 그러므로 죄와 죄의 결과를 구별하는 것은 매우 어렵다.

전통적으로 신학은 죄의 결과들(Folgen) 대신에 죄의 벌(Strafe)에 대해 말하였다. 인간 자신의 죄악된 행위를 통해 초래되는 죄의 결과들이 하나님의 벌 혹은 하나님의 보복으로 간주되었다. 그러나 이것은 예수 안에 계시되는 하나님의 모습과 그의 본성에 모순된다. 사랑이신 하나님이 인간의 크고 작은 죄된 행위들을 모두 보복한다는 것은 생각할 수 없다. 물론 우리는 인간이 당하는 죄의 결과들이 하나님의 벌 또는 보복일 수 있는 가능성을 배제할 수 없다. 그러나 죄의 모든 결과들과 작용들은 하나님의 보복 행위가 아니라 죄악된 행위와 그 결과의 분리될 수 없는 인과적 관계성으로 인해 일어난다. 여기서 우리는 죄의 결과들 가운데 몇 가지를 살펴보고자 한다.

1) 성서는 죄의 첫째 결과는 "부끄러움"이라 보도한다. 타락 이전에 인간은 벌거벗고 있었지만 부끄러워하지 않았다(창 2:25). 그러나 하나님이 부여한 삶의 질서를 파기할 때 인간은 벌거벗은 몸을 부끄러워하여 무화과나무 잎을 엮어 몸을 가리고 자기를 숨긴다(창 3:6). 부끄러움은 그렇게 해서는 안 된다고 생각되는 것, 그렇게 되어서는 안 된다고 생각되는 것을 행할 때 느끼는 심신상관설적(psycho-somatisch) 반응이다. 우리는 인간의 본성과 존재규정에 어긋나는 것, 그러므로 내 자신과 이웃이 수용할 수 없는 것이 나의 생각과 행동을 통해 있게 될 때 부끄러움을 느낀다.

마음의 부끄러움은 반드시 신체적 반응을 일으킨다. 예를 들어 거짓말을 하거나 남을 모함하는 것은 인간의 본래적 존재에 모순되는 일이다. 그래서 이런 일을 행할 때, 또 그 행동의 사실이 드러날 때, 우리는 부끄러움을 느낀다. 부끄러움 때문에 얼굴이 붉어지고, 얼굴 표정과 온 몸이 뒤틀리는 신체적 반응이 일어난다. 인간의 마음과 신체는 하나로 결합되어 있기 때문이다.

부끄러움을 느낀다는 것은 너와 나의 분리를 전제한다. 부끄러움을 느낄 필요가 없는 깊은 사랑의 관계에서는 부끄러움을 느끼지 않는다. 아담이 부끄러움 때문에 무화과나무 잎을 엮어 자기의 몸을 가렸다는 것은, 너와 나의 분리 내지 소외를 가리킨다.

우리는 이것을 일상생활에서 발견할 수 있다. 어린이들은 자기의 벌거벗은 몸을 부끄러워하지 않는다. 남녀가 깊은 사랑 안에서 한 몸이 되었을 때 그들은 벌거벗고 있음을 부끄러워하지 않는다. 그러나 어린 아이가 차츰 자기의식을 갖게 될 때, 두 남녀의 깊은 사랑의 교제가 끝났을 때, 그들은 벌거벗고 있음을 부끄러워하고, 이른바 부끄러운 곳을 가린다. 이로써 너와 내가 구별되고 분리가 일어난다. 때로 헤어지기도 한다.

무화과나무 잎을 엮어 몸을 가린다는 것은 너와 나의 분리를 뜻하는 동시에 너에게서 나를 숨긴다, 내 자신이 아닌 나로서 너와 내가 만나는 것을 뜻한다. 일상생활에서 우리는 우리 자신을 가리는 다양한 형태의 옷을 입고 이웃을 만난다. 곧 소유의 옷, 사회적 기능과 위치의 옷, 가문과 학벌의 옷을 입고 우리의 이웃과 만나며 교제한다. 이러한 옷들 속에서 우리 자신은 숨어 있다. 옷은 자기표현의 수단인 동시에 있는 바 그대로의 정직한 나의 모습을 숨기고 나 아닌 나를 나타내는 기능을 가진다. 얼굴 화장도 마찬가지다. 그러다가 정직한 나의 모습이 나타날 때(예를 들어 신혼여행을 간 신부가 첫날 저녁에 화장을 지우고 자기의 정직한 얼굴 모습을 신랑에게 보일 때), 상대방에게 큰 실망을 주기도 한다.

부끄러운 곳을 가린 다음에 인간은 "주 하나님의 낯을 피하여" 동산 나무 사이에 숨는다. 이웃에 대해 자기를 숨기는 것과 하나님을 피하여 자기를 숨기는 것, 곧 이웃으로부터의 분리와 하나님으로부터의 분리가 결합되어 일어난다. 일반적으로 죄인은 자기가 노출되는 것을 피한다. 그는 자기를 은폐시키고자 한다. 그가 범하는 죄는 이웃으로부터 분리된 곳, 숨은 곳에서 일어난다. 죄의 첫 결과는 인간이 생명의 근원이신 하나님과 이웃에게서 자기를 분리하고 하나님과 이웃 없이 자기 홀로 살고자 하며, 숨은 곳에서 죄를 짓고 부끄러움 속에서 사는 존재로 변모하는 데 있다.

그러나 하나님은 인간의 부끄러워하는 것을 노출시키지 않는다. 그는 튼튼한 "가죽옷"을 만들어 인간의 부끄러운 것을 가려주며, 하나님과 이웃에게서 분리된 죄의 상태 속에서 생존의 가능성을 열어준다. 따라서 죄인의 생명도 하나님의 염려와 보호 속에 있다.

하나님과 이웃에게서 분리된 인간의 실존은 자신의 죄에 대한 책임을 하나님과 다른 피조물에게 돌리는 인간의 행위에도 나타난다. 하나님이 남자에게 죄를 물을 때 남자는 먼저 하나님에게, 그 다음 여자에게 죄의 책임을 돌린다. "하나님 당신이 나에게 짝지어 주신 여자가…." 여자는 자기의 책임을 뱀에게 돌린다. "뱀이 저를 꾀어서 먹었습니다." 이러한 인간의 행위는 하나님과 인간, 인간과 인간, 인간과 자연의 창조 공동체가 파괴되었음을 시사한다.

2) 죄인은 고독하다. 죄는 죄 지은 인간의 고독을 초래하기 때문이다. 죄를 지음으로 말미암아 인간은 하나님과 이웃과의 참 교통에서 자기를 단절시키고 사실상 자기 홀로 존재하게 된다. 그는 하나님과 이웃과 더불어, 그들을 위해 존재하지 않고, 하나님과 이웃 없이 자기 안에서, 자기를 위해 존재한다. 그는 자기 안에 구부러져 있다(Luther). 물론 죄인에게도 가족이 있고, 친구와 동료, 자연의 피조물들이 있다. 그러나 죄인은 그의 마음 깊은 곳에서 언제나 자기를 추구한다. 자기가 모든 것의 중심이 되어야 한다. 모든 것이 나를 위해 존재한다. 그에게는 공동체적 삶의 기쁨과 감사가 없다. 그러므로 그의 얼굴은 침울하고 어두워진다. 바로 여기에 죄의 결과가 있다.

자기가 모든 것의 중심이 되고자 하는 사람에게, 이웃은 인격적 친교의 대상이 아니라 경쟁과 투쟁의 대상이다. 이웃은 삶을 함께 나누며 운명을 같이 해야 할 형제자매가 아니라 나를 위해 내가 이겨야 할 정복의 대상, 지배의 대상으로 보인다. 나에게 정복되지 않고 지배되지 않는 이웃, 나보다 강한 이웃은 미움과 증오, 적개심의 대상이 되기도 하고 두려움의 대상이 되기도 한다. 내가 그를 정복하고 지배하고 싶지만 그렇게 되지 않고, 거꾸로 그가 나를 정복하고 지배할 수 있기 때문이다. "저를 만나는 사람마다 저를 죽이려고 할 것입니다"(창 4:14)라는 가인의 말은 이웃에 대한 미움과 적개심과 두려움 속에서 살아가는 인간의 고독한 실존을 나타낸다.

3) 인간의 참 자유는 하나님이 그에게 부여한 피조물의 질서를 따르는 데 있다. 곧 하나님의 계명에 따라 하나님과 피조물을 사랑하는 데 있다. 그러나 하나님 없는 인간은 자기의 욕망과 정욕에 따라 자기 마음대로 행동하고 자기 마음대로 행동할 수 있는 것을 자유라고 생각한다. 여기서 자유는 생각과 행동의 무제약성, 곧 아무 제약 없이 자기 마음대로 생각하고 행동할 수 있는 가능성으로 이해된다. 그는 이웃의 권리를 무시하고 무례한 행동을 하며 자연의 피조물을 멸종시키면서 자유롭다고 생각한다. 불의한 경제행위를 통해 폭리를 취하고, 뇌물을 통해 부를 축적하고, 힘없는 사람을 착취하면서 충만한 자유와 삶의 힘을 느낀다.

자유에 대한 이런 생각의 밑바닥에는 무한한 힘을 얻고자 하는 인간의 욕망이 숨어 있다. 무한한 힘을 얻기 위해서는 자기 마음대로 기획하고 마음대로 행동할 수 있어야 한다. 거기에 어떤 제한이 있을 때, 무한한 힘을 얻는 것은 불가능하다. 힘에 대한 욕구의 무한성은 모든 제약과 제한을 거부한다. 아무 제약 없이 모든 것을 자기 마음대로 할 수 있는 것을 자유라 생각한다.

그러나 자기 멋대로 생각하고 행동할 수 있는 인간은 대개 자기의 욕망과 정욕의 노예가 된다. 사실상 그는 자유롭지 못하다. 돈에 대한 욕구의 무한성이 인간을 돈의 노예로 만들듯이 힘에 대한 욕구의 무한성은 인간을 힘의 노예로 만들어버린다. 힘은 그것을 소유한 사람을 자기의 노예로 만드는 잠재력을 갖고 있다. 생명의 근원이신 하나님이 함께 계시지 않을 때 인간은 힘의 노예, 죄의 노예가 되어버린다. 그는 선이 무엇인가를 알지만 그것을 행할 수 있는 능력이 없다. "마음으로는 선을 행하려고 하면서도 나에게는 그것을 실천할 힘이 없습니다. 나는 내가 해야 하겠다고 생각하는 선은 행하지 않고, 해서는 안 되겠다고 생각하는 악을 행하고 있습니다.…나는 과연 비참한 사람입니다. 누가 이 죽음의 육체에서 나를 구해 줄 것입니까?"(롬 7:18-24) 바울의 이 탄식은 참 자유를 상실하고 죄의 포로가 된 인간의 모습을 묘사한다. 한마디로 말해 죄를 지을 때 인간은 참 자유를 상실하고 죄의 포로가 되는 결과가 일어난다.

4) 하나님 없는 세계 속에서 인간은 언제나 불안하다. 그런데 불안에 대한 학자들의 정의는 매우 추상적이요 비현실적이다. 예를 들어 "자신의 실존의 좌절 가능성에 대한 인지를 통해" 일어나는 "피조물의 불안"(Härle 2007, 481)은 인간의 모든 불안을 포괄할 수 있는 포괄적 개념이지만 매우 추상적으로 들린다. 이 세상을 살아가는 우리 인간에게는 참으로 구체적이고 현실적인 불안들이 있다. 실직(失職)에 대한 불안, 가족의 내일에 대한 불안, 중상모략에 대한 불안, 전세 보증금에 대한 불안, 월세를 내지 못해 거리로 내몰리지 않을까 하는 불안, 빚에 대한 불안, 은행 신용불량과 신용상실에 대한 불안, 물가와 이자와 환율 상승에 대한 불안, 이들의 하락에 대한 불안, 사랑하는 사람의 배신에 대한 불안, 교통사고와 질병에 대한 불안 등 갖가지 현실적 불안들이 우리의 삶을 동반한다. 후진국의 많은 사람들에게 가장 직접적 불안은 굶주림과 질병과 죽음에 대한 불안이다. 한마디로 인간은 죽는 순간까지 불안 속에서 산다. 우리의 생명은 물론 세계 자체가 우리 인간에게 하나의 불안이다. 모든 것이 결정되어 있지 않고 언제나 유동적이며 가변적이기 때문이다. 시편 기자는 인간의 이러한 실존을 다음과 같이 묘사한다. "내 영혼아 네가 어찌하여 낙망하며, 어찌하여 내 속에서 불안하여 하는고?"(시 42:5, 11; 43:5)

불안 그 자체는 죄악된 것이라 볼 수 없다. 앞서 기술한 것처럼, 불안은 자기의 생명을 유지하고자 하는 인간의 원초적 욕구로 말미암아 일어나는 인간의 실존적 구조에 속한다. 생명의 불안을 극복하기 위해 인간은 삶의 활력과 창조성을 갖게 되며 모든 일에 조심하게 된다. 그러나 죄악된 인간은 생명의 불안을 극복하기 위해 하나님과 이웃 피조물과의 공동체적 관계성을 파기하고, 자기의 힘으로 삶의 안전성을 확보하고자 한다. 이를 위해 그는 이웃을 자기에게 예속시키고 그를 지배하려고 한다. 그는 지배함으로써 힘을 얻고, 힘을 얻음으로써 생명의 불안을 극복하고자 한다. 그러나 힘에 대한 인간의 욕구는 끝이 없다. 그러므로 이웃에 대한 힘을 얻음으로써 생명의 불안을 극복한다는 것은 애초부터 승산(勝算)이 없는 게임이다. 오히려 더 큰 힘은 더 큰 불안을 가져온다.

구체적 예를 들어, 소유를 얻을 때 우리 인간은 생명의 불안을 극복할 수 있다고 생각한다. 그러나 소유를 통해 불안은 극복되지 않는다. 소유는 또 다른 불안과 문제를 가져온다. 곧 더 큰 소유를 향한 마음의 초조함과 불안을 초래한다(주식이나 펀드에 투자한 사람들에게서 볼 수 있는 것처럼). 소유로 인해 비명횡사하며, 소유 문제로 인해 부모와 자녀, 형제와 형제 사이에 분쟁과 살인이 일어나기도 한다.

이웃을 자기에게 예속시키고 지배함으로써 불안을 극복할 수 있다는 생각 자체가 잘못된 것이다. 이웃은 자기에게 늘 예속상태에 있을 수밖에 없는 기계나 애완견이 아니라 어느 순간 자기를 버리고 독립할 수 있는 잠재적 위험성을 가지기 때문이다. 그는 기회를 노리고 있을 뿐이다. 또 자기에게 예속당하고 지배당하는 이웃은 그의 약점, 곧 그의 불안을 간파한다. 그는 지배당함으로써 자기를 지배하는 자를 지배하는 묘한 심리가 작용한다. 그러므로 이웃을 자기에게 예속시키고 지배하는 사람의 얼굴은 불안해 보인다.

불안의 진정한 극복은 자기를 비우고 하나님과 이웃과 공동체의 관계를 회복하며, 자기의 삶을 내어주는 데 있다. 그러나 죄인은 이 관계를 파기하고 자기를 추구함으로써 불안을 극복할 수 있다고 생각한다. 이것은 착각이다. 죄는 인간을 고독하게 만들며, 고독은 생명의 불안감을 초래한다. 이리하여 죄와 불안의 악순환이 계속된다. 불안으로 인해 불면증과 우울증, 이유 없는 공포증에 시달리기도 한다. 생명은 축복이 아니라 저주로 생각되고, 살아 있다는 것 자체가 하나님의 벌로 생각된다.

5) 죄는 필연적으로 죄책감, 곧 양심의 가책을 초래한다. 물론 죄를 지어도 죄책감을 느끼지 않는, 곧 양심이 무디어진 사람들도 있다. 그러나 인간은 선하신 하나님의 피조물이요 하나님의 형상으로 창조되었다. 그러므로 모든 사람 속에는 최소한의 양심이 살아 있다. 아무리 악독한 죄인일지라도 인간적인 것이 그에게 남아 있다. 그래서 슬퍼할 줄도 알고 사랑할 줄도 안다. 그러므로 인간은 죄를 지을 때 최소한의 죄책감을 무의식 속에서 느낀다. 그의 얼굴 표정은 어두워지고 일그러지기 시작한다.

도스토예프스키의 작품 『죄와 벌』은 이러한 인간의 심리를 깊이 묘사한다. 전당포의 노파를 죽인 젊은 청년 라스콜리니코프는 처음에는 자기의 행위를 정당화한다. 가난한 사람들의 피를 빨아먹는 사회의 기생충과 같은 전당포 노파를 제거하였기 때문이다. 그러나 오래가지 않아 그는 죄책감에 시달리게 된다. 결국 그는 창녀로서 천사와 같은 마음을 가진 그의 애인 소니아의 권고로 경찰에 자수한다. 그는 다시 돌아올 수 없는 시베리아 유형의 길을 떠난다. 유형의 길을 떠나는 그의 얼굴은 밝기만 하다. 죄책감에서 해방되었기 때문이다. 여기서 우리는 죄책감의 문제가 인간의 삶에 있어 얼마나 중요한가를 볼 수 있다. 죄를 지을 때, 인간은 그가 비록 의식하지 못한다 할지라도 죄책감 속에서 살아가게 된다.

6) 죄에는 벌이 따른다. 그것은 빨리 올 수도 있고 늦게 올 수도 있다. 그러나 그것은 언젠가 오고야만다. 우리는 이를 가리켜 죄와 벌의 인과율이라 말한다. 부모의 죄에 대한 벌을 자식이 당하는 경우도 있다. 부모의 죄에 대한 벌이 자손 삼 사대까지 이를 것이라는 성서의 말씀(출 20:5)은 죄악된 인간의 삶의 진리를 나타낸다. 물론 이 말씀은 후기 예언자들과 신명기 역사가를 통해 수정된다(신 24:16; 왕하 14:6). 즉 부모의 죄에 대한 벌을 후손들이 당하지 않는 동시에, 부모의 의(義)가 후손에 대한 하나님의 심판을 막을 수도 없다는 것이다. 그러나 죄에 대한 하나님의 벌은 죄를 지은 당사자에게 해당하지만, 그의 죄된 삶은 후손들에게 영향을 준다. 그리하여 후손들이 부모가 지은 죄를 반복하는 경우를 흔히 볼 수 있다. 또 부

모가 지은 죄의 결과가 후손들에게서 가시화되는 경우도 있다.

그러므로 성서는 곳곳에서 죄와 벌의 인과관계를 말한다. 악인은 바람에 흩날리는 쭉정이와 같다(시 1:3-4). 악인의 집에는 하나님의 저주가 있고, 의인의 집에는 복이 있다. 하나님은 거만한 자를 비웃으시며, 겸손한 자에게 은혜를 베푸신다(잠 3:33-34). 좋은 나무가 좋은 열매를 맺고, 나쁜 나무가 나쁜 열매를 맺는다(마 7:16-20; 12:33-35). 자기에게 생명을 다해 충성하는 장군 우리야를 죽이고 그의 아내 밧세바를 취한 다윗, 아내 이세벨의 간교에 따라 나봇을 죽이고 조상 대대로 이어오는 나봇의 포도밭을 빼앗은 북이스라엘의 왕 아합의 죄와 이로 말미암은 왕가의 비극은 죄와 벌의 인과관계를 예시한다.

그러므로 하나님이 모든 벌을 내리신다고 말할 수 없다. 하나님이 죄에 대한 벌을 내릴 때도 있겠지만, 죄된 행위 자체가 벌을 초래한다. 성서는 이것을 다음과 같이 말한다. 너희는 지은 죄 때문에 힘이 약해질 것이다(레 26:39). 우리가 당하는 일은, 모두 우리가 지은 죄와 잘못 때문이다(스 9:13). 우리의 죄가 우리를 쳐서 증거한다(사 59:12). 살아 있는 사람은 자기의 죄로 인해 벌을 받는다(애 3:39).

여기서 우리는 죄와 벌의 관계를 한 걸음 더 깊이 생각할 수 있다. 즉 죄 자체가 벌이라 생각할 수 있다. 어떤 근거에서 그렇게 말할 수 있는가? 죄를 지을 때, 인간은 하나님이 그에게 부여한 피조물의 삶의 질서를 파괴한다. 죄를 통해 그는 자기를 자기의 존재규정에 모순되는 존재, 무의미하고 무가치한 존재, 희망이 없는 존재, 저주 가운데서 살아가는 존재로 만들어버린다. 이것이야말로 인간이 자기가 자기에게 내리는 가장 큰 벌이라 말할 수 있다.

자신의 죄악된 행위를 통해 한 번 밖에 없는 자기의 존재를 무가치한 것으로 만들어버리고, 눈에 보이는 것을 최고의 가치로 생각하면서 무가치하게 사는 것 자체가 자신의 죄에 대한 벌이다. 이웃을 사랑 안에서 친교를 나누며 살아야 할 고귀한 인격으로 보지 않고 자신의 욕구 충족을 위한 하나의 물건으로 보는 것, 올바르고 성실하게 살지 않고 욕심과 거짓속에서 사는 것, 그리하여 자신의 존재를 불쌍하게 만드는 것, 함께 있기를 이웃이 싫어하는 사람, 가능하다면 피하고 싶은 사람이 되어버리는 것자체가 벌이다. 이 벌은 자기 자신이 자기에게 내리는 벌이다. 그것은 "죄와 벌의 인과성"에 따른 벌이라 말할 수 있다. 이와 같이 포괄적인 뜻에서죄는 필연적으로 벌을 초래한다. 죄인은 그의 죄악된 행위를 통해 죄와 벌의 인과성에 묶이게 된다.

7) 죄인은 자기의 죄로 말미암아 본래의 자기 자신에 대한 모순 속에서 살게 된다. 그는 선의 길을 따르지 않고 악의 길을 택한다. 정의를 버리고 불의를 택한다. 예수 그리스도 안에서 하나님은 그를 용서하고 참 생명의 길을 제의하지만, 그는 하나님의 용서와 참 생명의 길을 거부한다. 그는 자기모순을 포기하지 않는다. 브루너가 말하는 "모순 속에 있는 인간"(Der Mensch im Widerspruch)이 바로 이것을 말한다.

자기모순은 참 자기의 상실을 뜻한다. 그는 하나님이 창조한 본래의자기 아닌 자기로서 살기 때문이다. 하나님에게서 떠남은 "인간의 존재 근거로부터의 근본적 유리"를 뜻하며, 하나님으로부터의 소외는 인간의 "자기소외"를 뜻한다. "자기 스스로가 자기의 존재 근거인 양 착각하는 오류는 오히려 자기의 존재 근거를 저버리는 것이어서 결국 자기상실로 이어질 수밖에 없다." 그것은 "참된 자기실현을 포기하는 일탈"이요 "자기로부터의 도피"라고도 할 수 있다(정재현 1999, 174). 하나님의 사랑하는 피조물로서 자기에게 주어진 본래의 존재규정을 상실했기 때문에 인간은 자기자신에 대한 갈등 속에서 살게 된다. 죄 가운데 사는 사람들의 얼굴 표정이 갈등에 시달리는 얼굴 표정을 갖는 까닭은 여기에 있다. 우리는 평화로운 눈빛 대신에 갈등과 광기가 서린 눈빛들을 쉽게 발견할 수 있다.

8) 인간이 그의 피조물의 삶의 질서를 버리고 죄에 빠질 때, 그에게는눈에 보이는 것이 중요하게 된다. 그는 점차 눈에 보이는 것 이상의 것을생각하지 않게 된다. 삶의 참 가치와 방향을 제시하는 삶의 근원이 그에게

서 없어졌기 때문이다. 그는 자기 자신을 숨기고, 자기가 소유한 눈에 보이는 것을 귀중히 여기며 그것을 과시하고자 한다. 눈에 보이는 것은 자기의 능력과 힘을 증명하며, 다른 사람을 자기의 세력권 안으로 끌어들일 수 있고, 자기를 중심에 세울 수 있는 힘을 갖기 때문이다. 이리하여 하나님 없는 인간은 삶의 참 가치가 무엇인지, 무엇이 가치있는 일인지 생각하지 않게 된다. 그는 더 많은 소유와 힘을 얻고 가진 것을 과시하며, 더 많이 소비하고 인생을 즐기며 사는 것을 인생 최고의 가치로 생각한다. 그래서 명품을 걸치고 다니며 거실 바닥과 벽에 돈을 바른다.

그러나 우리는 소유가 없어도 살 수 없지만, 소유가 우리의 삶에 참 기쁨과 의미와 보람을 주지 못한다. 우리는 소유를 얻을 때 기뻐한다. 그러나 잠시 후 그 기쁨은 사라져버린다. 그래서 또 새로운 것을 소유한다. 그러나 그 기쁨도 오래 가지 못한다. 옷장에 옷이 가득하고 보석함에 보석이 가득하지만, 거기에 기쁨을 느끼지 못하고 새로운 옷과 새로운 보석을 찾는다.

왜 우리 인간은 소유하고 또 소유해도 만족하지 못하며 참 기쁨을 갖지 못하는가? 단지 싫증을 느끼기 때문일까? 근본 원인은 우리 인간에게는 눈에 보이는 것에 만족하지 못하며, 궁극적이며 의미있는 것을 찾는 본성이 있기 때문이라 생각된다. 그의 의식 깊은 곳에서 그는 궁극적인 것, 참으로 의미있는 본래적 존재에 대한 갈증을 느낀다. 그는 소유를 통해 이 갈증을 해소하고자 한다. 그러나 이 갈증은 소유를 통해 해소될 수 없다. 그러므로 그는 끝없이 소유해도 만족하지 못하고 계속해서 새 것을 소유하고자 하는 "소유의 질병"에 걸린다.

우리가 소유할 수 있는 이 세계의 눈에 보이는 것은 우리의 죽음과 함께 끝난다. 물론 그것은 우리가 죽은 후에도 이 세상에 남아 있지만, 죽음과 함께 이 세상을 떠나는 우리 자신에게는 끝나버리며 무의미하게 된다. 그래서 원하는 것을 아무리 소유해도, 삶 자체는 무의미하고 허무하게 보인다. 우리 인간이 하나님의 피조물로서 그에게 주어진 삶의 질서를 파기하고 죄에 빠질 때, 삶과 세계의 무의미와 허무감, 허탈감에 빠지게 된다. 무의미와 허무감은 인간의 생명을 갉아먹는 해충과 같다.

하나님 없는 인간은 이 문제를 대개 다음과 같은 방법으로 극복하고자 한다. ① 이 문제를 망각하거나 생각하지 않고 일상성에 빠지는 방법, ② 이 문제를 당연한 것으로 받아들이고 체념 속에서 일상을 살아가는 방법, ③ 더 큰 힘과 소유의 획득에 자기를 매몰시킴으로써 그것을 망각하는 방법, ④ 취미생활, 술, 마약, 도박, 쾌락 등을 통해 삶의 무의미와 허무감을 도피하는 방법.

그러나 이러한 방법들은 문제의 근본적 해결책이 되지 못한다. 그것을 망각하고 도피할 수는 있지만 제거할 수는 없다. 그것은 인간의 무의식 속에 언제나 숨어 있으면서 인간에게 정신적 고통을 준다. 정신적 고통은 육체적 질병을 유발하기도 한다. 견디다 못해 자살을 하는 사람도 있다. 그러나 자살은 해결책이 아니라 도피책에 불과하다.

9) 죄의 결과는 사회제도와 문화의 차원으로 확대된다. 죄악된 인간은 그릇된 사회제도와 문화적 전통을 형성한다. 이리하여 죄는 사회제도와 문화적 전통의 구조적 힘으로서 등장하여 개인을 지배하게 된다. 죄의 구조적 힘 앞에서 개인은 무력하다. 불의한 경제 질서와 정치질서, 남성 중심의 가족제도와 사회질서, 잘못된 교육제도, 배타적 민족주의와 혈통주의, 인종 차별주의, 군국주의, 신식민주의, 집단 이기주의, 대중매체에 의한 여론의 조작, 학연(學緣), 지연(地緣) 등의 연고주의 등 제도적·문화적 차원에서 죄의 세력이 개인의 의식과 삶을 지배한다.

이리하여 사회는 점점 더 양극화 되고, 약자에 대한 강자의 억압과 착취, 인종분쟁, 전쟁, 대량학살, 폭탄테러가 끊임없이 일어난다. 자연의 생물들이 멸종되고 생태계의 총체적 위기가 발생한다. 세계 곳곳에 숨어 있는 51,000기가 넘는 핵폭탄은 지구의 모든 생명을 죽음으로 위협하고 있다. 한마디로 인간의 죄로 인해 세계는 고난과 죽음의 세계, 죽은 뼈들이 그 속에 가득한 무덤과 같은 세계로 변모하였다 해도 과언이 아닐 것이다.

"너희들이 선과 악을 알게 하는 나무의 열매를 먹는 날, 너희는 죽을 것이다"라는 하나님의 말씀은 무덤과 같은 인간 세계의 현실을 예언한다.

10) 죄의 마지막 결과는 죽음이다. 죄는 그 속에 죽음의 세력을 담지한다. 그것은 죽음의 세력이 자기를 확장시키는 수단이다. 죄가 있는 곳에 죽음의 세력이 날개를 편다. 죄는 개인적 차원에서는 물론 사회적 차원, 세계적 차원의 죽음을 필연적으로 초래한다. 이런 뜻에서 죄와 죽음은 분리될 수 없는 관계에 있다.

죄와 죽음의 관계 문제에 있어 우리는 두 가지 상반되는 주장을 발견한다. ① 아담의 죄로 인해 죽음이 통해 세상에 들어왔다(롬 5:12). 하나님이 창조한 세계에는 본래 죽음이 없었는데 아담의 죄로 말미암아 죽음이 있게 되었다. ② 그렇지 않다. 인간은 본래 죽을 수밖에 없는 유한한 존재로 창조되었다. 그러므로 죽음은 창조질서에 속한다. 죄를 통해 죽음은 단지 다른 면모를 갖게 되었을 뿐이라는 상반된 주장이 학계에서 논쟁의 대상이 된다.

위의 두 명제 중 첫째 명제는 성서를 통해 증명되기 어렵다. 하나님은 그의 명령을 어길 때 죽어야 할 존재가 "된다"고 말하지 않고, 죽을 수밖에 없다고 말한다(창 2:17). 창세기 3:19에서 선고되는 인간의 죽음은 죄에 대한 벌로 말미암은 것이 아니라 인간은 흙에서 온다는 사실로 말미암은 것이다. 이 본문에서 죽음은 죄에 대한 벌이나 저주가 아니라 수고와 고통과 저주로 가득한 삶의 제한으로, 또 인간의 삶을 동반하는 수고와 고통과 저주의 제한으로 선언된다.

인간은 하나님이 아니다. 영원한 하나님 앞에서 인간은 유한한 존재, 곧 죽을 수밖에 없는 존재로 창조되었다. 사멸성과 죽음은 땅 위에 있는 인간의 피조성에 속한다. 그러나 하나님 없는 인간에게 죽음은 모든 것이 끝나버리는 것, 곧 자기의 삶의 중단과 부정, 자기상실과 저주로 경험된다. 죽음은 본래 창조질서에 속하지만, 죄된 인간에게 그것은 죄의 결과로 생각된다. 이런 점에서 죽음은 죄의 결과이다.

여기서 우리는 죽음을 보다 더 포괄적으로 이해할 수 있다. 성서가 이야기하는 죽음은 삶의 마지막 순간에 일어나는 신체적 죽음을 뜻하는 동시에 하나님 없는 인간의 삶과 세계의 무덤과 같은 현실을 가리킨다. 삶의 참 가치가 무엇인지, 무엇이 가치 있는 일인지 생각조차 하지 않고 사치와 허영과 방탕 속에서 눈에 보이는 것을 자랑하며 살아가는 인간은 무덤 속에 누워 있는 주검과 다를 바가 별로 없다(죽음의 의미에 대해 이 책의 제5권 "종말론" 참조). "죽은 자들이 죽은 자를 장사하게 하라"(마 8:22)는 예수의 말씀은 이것을 말한다. 이와 같은 포괄적 의미에서 "죄의 삯은 사망이다."(롬 6:23) 그것은 인간이 그 자신의 죄를 통해 초래한 죄의 벌이다.

9

원죄란 무엇인가?

A. 원죄의 생물학적 해석의 문제점

신약성서에서 죄는 인간을 사로잡고 있는 하나의 세력으로 생각된다. "죄를 짓는 사람은 다 죄의 종이다"(요 8:34). 바울에 의하면 육적인 사람은 죄의 세력에 팔려 죄의 노예가 되었다. 그리스도께서 하시는 일은 "죄의 세력에서의 해방"이다(롬 6:7). 곧 그리스도를 통해 인간은 죄의 세력을 벗어난다. 그리스도가 그의 주님이 됨으로써 주권의 교체가 일어난다.

죄의 세력에 묶여 있는 인간의 존재를 기독교는 일찍 원죄(原罪, *peccatum originale*) 혹은 유전죄(*peccatum hereditarium*)란 개념으로 요약하였다. 원죄의 개념은 다음과 같은 성서 구절에 근거한다. 우리의 어머니들이 죄 중에 우리를 잉태하였고, 우리는 죄악 중에 출생하였다(시 51:5). 그러므로 우리 인간은 죄를 짓지 않을 수 없는 존재다. "죄짓지 않는 사람이 어디 있겠습니까?"(왕상 8:46) 모두 다른 길로 빗나가서 하나같이 썩었으니, 착한 일을 하는 사람이 하나도 없다(시 14:3). "의인은 없다. 한 사람도 없다. 깨닫는 사람도 없고, 하나님을 찾는 사람도 없다. 모두가 곁길로 빠져서, 쓸모가 없게 되었다.…그들의 목구멍은 열린 무덤이다"(롬 3:10 이하; 그밖에도 창 6:5; 8:21; 시 130:3; 143:2; 롬 3:9; 3:23; 갈 3:22; 약 3:2; 요일 1:8; 성서는 도처에서 원죄를 시사한다).

원죄에 대한 가장 고전적 본문(locus classicus)은 시편 51:5, 로마서 5:12 이하, 7:18 이하로 알려져 있다. 아담 한 사람으로 인해 죄가 세상에 들어왔고, 죽음이 왕노릇하게 되었다. 한 사람의 범죄 행위 때문에 모든 사람이 유죄판결을 받았다. 모든 인간은 죄 가운데서 잉태되며 죄의 세력의 포로가 된 상태에 있다. 이리하여 인간은 자기가 원하는 선은 행하지 않고 원하지 않는 죄를 지을 수밖에 없는 죄의 불가피성에 빠지게 되었다.

죄의 보편성과 불가피성에 대한 성서의 고백을 가장 명확하게 체계화시킨 최초의 신학자는 아우구스티누스이다. 그의 이론에 따르면 타락 이전의 본래적 상태(status integritatis)에서 인간은 자유의지(liberum arbitrium)를 가지고 있었다. 그는 선이나 악을 자유롭게 결단할 수 있었다. 따라서 "최초의 인간은 죄를 짓지 않을 수 있었다"(potuit non peccare primis homo). 그는 죄를 짓지 않을 수 있었다(posse non peccare). 그러나 아담의 타락으로 인해 인간은 이 능력을 상실하였다. 모든 인간은 동일한 본성을 가진다. 따라서 "모든 사람은 그 한 사람(아담, 필자)이었다"(omnes ille unus homo fuerunt). 모든 사람이 아담 한 사람 안에서 죄를 지었다. 온 인류는 "죄의 덩어리"(massa peccati)다. 죄는 나의 결단을 통한 행위로 일어나기 이전, 나의 존재 자체를 결정한다. 그러므로 인간은 죄를 짓지 않을 수 없다(non posse non peccare). 이런 점에서 모든 인류는 원죄 속에 있다.

원죄를 아우구스티누스는 생물학적으로 해석하여, 부모에게서 자녀에게로 유전되는 생물학적 "유전죄"로 본다. 죄의 유전의 통로는 성관계에 있다. 인간의 성관계는 육체적 쾌락과 결합되어 있고, 육체적 쾌락은 죄악된 것이기 때문이다. 따라서 아담의 죄를 통해 생성된 인간의 죄된 본성이 인간의 성관계를 통해 후손들에게 유전된다. 어머니가 죄 가운데서 나를 잉태하였다는 시편 51:5, 여인에게서 태어난 사람은 죄인일 수밖에 없다는 욥기 15:14의 말씀은 아우구스티누스의 생각에 대해 결정적 단서를 제공한다.

여기서 우리는 기독교의 원죄 개념이 말하고자 하는 의도에 대해 충분히 동의할 수 있다. 그러나 원죄에 대한 생물학적 해석은 적절하지 않다. 그것의 문제점을 우리는 아래와 같이 분석할 수 있다.

1) 원죄에 대한 생물학적 해석의 기본 전제는, 창세기 1-11장에 기록된 "원역사"(Urgeschichte)의 시간과 공간을 중동(中東) 어느 지역에 있었던 특정한 시간과 공간으로 생각하며 아담을 하나의 역사적 인물로 보는 데 있다. 이리하여 아담의 죄의 타락을 과거의 특정한 시간과 공간에서 일어난 특정한 역사적 사건으로 이해하고, 아담의 죄성이 쾌락과 결합되어 있는 인간의 성관계를 통해 유전된다고 본다. 이로써 아담의 죄의 "생물학화·장소화·역사화·인과율화"가 일어난다(Biologisierung, Lokalisierung, Historisierung, Kausalisierung: Pöhlmann 1973, 140).

원죄를 이와 같이 생각할 때, 원죄의 개념은 사실상 성립되지 않는다. 만일 아담의 죄의 타락이 아담이란 이름을 가진 한 특정한 사람의 특수한 역사적 사건이라면, 아담의 죄는 우리의 죄가 아니다. 아담의 죄에 대해 그의 후손들이 책임을 질 필요가 없다. "인간은 아담의 죄성 자체에 대해서는 책임이 없다"(유해무 1997, 273). 그러므로 원죄는 성립되지 않는다.

성서도 유전적 의미의 원죄를 반대한다. 곧 조상들의 죄와 후손들의 벌의 인과관계를 성서는 끊어버린다. "아버지가 자녀 대신에 처형되어서도 안 되고, 또 자녀가 아버지 대신에 처형되어서도 안 된다. 오직 각 사람은 자신이 지은 죄에 따라 처형되어야 한다"(왕하 14:6). "죄를 지은 영혼 바로 그 사람이 죽을 것이며, 아들은 아버지의 죄에 대한 벌을 받지 않을 것이며, 아버지가 아들의 죄에 대한 벌도 받지 않을 것이다. 의인의 의도 자신에게로 돌아가고, 악인의 악도 자신에게로 돌아갈 것이다"(겔 18:20).

J 문서의 창조 이야기에 기록된 "아담"(adam)이란 말은 히브리에서 한 특정한 사람의 이름 아니라 "인간"이라는 집단인격을 뜻한다. "아담"은 한 사람일 수도 있지만, "우리 모든 인간"을 말한다. 따라서 아담의 죄의 타락

은 "우리 모두의 역사", 곧 "하나님이 우리에게 생명을 주신 목적과 우리가 살고 있는 현실 사이의 언제나 현재적인 파손과 모순을 나타낸다"(Joest 1986, 420). 모든 인간, 곧 아담이 죄를 짓는다. "우리는 우리의 죄에 있어 모두 한 인간이다"(Althaus 1972, 52). 곧 땅(adamah)에 속한 아담(adam)이다. 죄의 타락은 모든 시대의 모든 아담에게서 언제나 다시금 일어난다. 그것은 통시적(通時的)이며 언제나 현재적인 것이다.

J 문서 기자는 이미 죄의 타락을 암시하면서 하나님의 창조를 이야기하고, 연이어 죄의 타락과 가인의 살인을 이야기한다. 이로써 그는 다음의 사실을 말하고자 한다. 즉 인간의 역사는 애초부터 죄의 역사이며, 인간의 실존은 죄와 분리될 수 없다는 것이다. 가인의 살인 이야기 바로 그 다음에 나오는 족보 이야기는, 세대와 세대를 거쳐 계속되는 인간의 죄의 역사를 시사한다(창 5장 전체).

2) 특정한 시간과 공간에서 일어난 아담이란 특정한 사람의 죄가 생물학적으로 유전된다면, 아담 이후의 사람들은 그들 자신이 범하는 죄들에 대한 책임을 면하게 된다. 아담의 원죄로 말미암아 그들은 어쩔 수 없이 불가피하게 죄를 짓게 되기 때문이다. 그러므로 원죄의 생물학적 해석은 각 사람이 범하는 죄의 책임을 면제해 주는 면책(免責)의 기능을 가진다.

3) 본래 원죄의 개념은 인간이 그 자신의 힘으로 자기를 구원할 수 없으며 오직 자기 바깥으로부터, 곧 하나님의 은혜로 말미암아 구원을 얻을 수 있다는 것을 말하고자 한다. 죄의 감옥에 갇힌 자가 자기를 해방할 수 없기 때문이다. 하나님의 초월적 은혜는 개인을 넘어서는 초월적 죄의 세력을 전제한다. 원죄는 개인 이전에, 개인을 초월하여 존재하는 죄의 세력을 전제함으로써 개인 이전에, 개인을 초월하는 하나님의 구원의 은혜를 말하고자 한다. 인간 자신이 해결할 수 없는 죄의 심각성을 이야기함으로써 구원의 문제에 있어 하나님의 은혜의 단독적 원인성과 효력을 말하고자 한다. 그러나 원죄에 대한 생물학적 해석으로 인해 인간이 자신의 죄에서 면책을 받을 때 하나님의 구원과 그의 은혜는 불필요하게 된다. 간단히

말해 원죄에 대한 생물학적 해석은 죄인을 그의 죄에서 면책시킴으로써 하나님의 구원을 불필요하게 만든다. 죄의 면책을 받는 사람에게 구원은 불필요하기 때문이다.

4) 일련의 신학자들에 의하면(예를 들어 R. Bultmann, P. Tillich, F. Gogarten 등), 아담의 죄가 인간의 성행위를 통해 유전된다는 것은 현대인이 이해할 수 없는 하나의 신화에 속한다. 원죄에 대한 생물학적 해석을 통해 인간의 성은 죄악의 통로로 간주된다. 그것은 하나님의 사랑이 무엇인가를 체험할 수 있는 하나님의 축복이 아니라 원죄를 유전시키는 악의 수단으로 이해된다. 로마서는 아담 한 사람을 통해 죄가 세상에 들어왔고 모든 사람이 죄의 노예가 되었다고 하지만, 그것이 인간의 성관계를 통해 유전된다고 말하지 않는다. 우리는 아담의 죄가 생물학적으로 유전된다는 생각을 성서에서 발견할 수 없다. 원죄의 생물학적 해석을 시사하는 시편 51:5의 말씀, 곧 죄 가운데서 어머니의 태에 임신된다는 말씀은 남녀의 성행위와 여성의 임신과 분만을 통해 죄가 유전된다는 것을 말하는 것이 아니라 인간은 그의 삶의 시작에서부터 죄의 세력에 묶여 있다는 것을 말한다.

원죄에 대한 생물학적·유전학적 해석에 반해, 19세기 일련의 신학자들은 원죄를 사회학적으로 해석한다(Joest 1986, 407). 모든 인간은 이미 죄가 존재하고 있는 사회적 환경 속에서 태어나고 성장한다. 그들은 그 사회의 구성원들이 행하는 죄를 통해 죄의 사회적 현실에 연루되며, 또 그 자신이 행하는 죄를 통해 다른 사람들을 죄의 현실 속으로 끌어들인다. 모든 인간이 죄의 사회적 현실에 연루되어 있고 죄에 참여한다. 죄의 행위들은 타락한 인간의 죄성으로 말미암아 일어나는 것이 아니라 모든 사람들이 그 속에서 서로 영향을 주고받는 죄의 사회적 보편성으로 말미암아 일어난다. 리츨(A. Ritschl)은 이를 가리켜 "죄의 왕국"(Reich der Sünde)이라 부르며, 모든 사람이 참여되어 있는 죄의 사회적 보편성의 개념을 통해 원죄의 생물학적 해석을 대체하고자 한다.

그러나 원죄의 사회학적 해석은 인간의 죄의 뿌리를 충분히 드러내지 못하는 한계가 있다. 사회 구성원으로서의 인간은 죄악된 행위들을 통해 "죄의 왕국"을 형성하기 이전부터 이미 "죄인이다." 모든 아담(=사람)은 사회적 상호작용 속에서 서로 타인을 죄의 현실로 끌어들이고 죄의 현실을 강화하기 이전, 그들의 죄악된 존재에 있어 하나이다. 죄의 사회적 현실은 인간의 죄악된 존재에 뿌리를 가진다는 점을 원죄의 사회학적 해석은 간과하며, 원죄의 깊은 의미를 드러내지 못한다.

B. 원죄란 무엇인가?

위에서 우리는 원죄의 생물학적 해석의 문제점을 살펴보았다. 이에 기초하여 이제 우리는 본래 원죄의 뜻이 무엇인지, 그것이 시사하는 바가 무엇인가를 파악하고자 한다.

1) 원죄는 죄의 비밀성을 시사한다. 우리는 죄 가운데서 태어나 죄가 가득한 세계 속에 살고 또 죄를 지으면서 살 수밖에 없지만, 죄가 어떻게 이 세상에 들어왔고 우리 각자의 삶 속에서 어떻게 시작되었는가를 설명할 수 없다. 인간의 생명이 하나의 신비인 것처럼, 죄도 하나의 신비라 말할 수 있다. 창세기 3장의 "죄의 타락"에 관한 이야기는 죄가 어떻게 세상에 들어왔는지, 그것의 역사적 사실(fact)을 설명한다기보다, 죄는 인간의 실존을 구성하며 인간의 역사는 애초부터 죄의 역사라는 것을 이야기한다. 죄는 우리의 존재를 규정하고 있다. 그러므로 우리는 죄 없는 인간의 삶을 생각할 수 없다. 죄는 인간의 삶에 언제나 동반하며, 인간의 삶은 죄 가운데서 이루어진다. 그럼에도 불구하고 우리는 죄의 근원을 설명할 수 없다. 죄는 우리를 지배하는 힘으로서 언제나 하나의 비밀로 남아 있다.

2) 원죄는, 죄가 개별의 인간이 태어나기 전부터 인간의 실존과 세계의 현실을 함께 구성하고 결정하는 하나의 초월적 세력임을 시사한다. 죄는 개별의 인간 존재를 초월하여 존재한다. 죄는 개인을 지배하는 사회제

도와 집단과 조직 속에서 작용한다는 점에서 개인에 대해 초월적이기도 하다. 죄의 세력에 사로잡힌 악한 집단과 조직이 사회를 지배할 때 개인은 함께 죄의 포로가 되어버리며, 악한 집단과 조직의 악한 일을 같이 행하게 된다.

이런 점에서 죄는 인간 자신의 힘으로 어찌할 수 없는 숙명적인 것이다. 그것은 단지 인간이 행하는 것이 아니라 인간 안에서 행동한다. 그는 단지 죄를 행하는 자가 아니라 태어나는 순간부터 죄된 존재, 곧 "죄인이다." 그는 단지 악을 행하는 것이 아니라 그의 본성에 있어 죄된 존재다. 물론 인간은 자신의 행위를 결단할 수 있는 의지의 힘과 자유를 가지고 있다. 그러나 그의 의지의 힘은 죄의 세력에서 자유롭지 못하다. 그러므로 원죄는 인간의 죄된 존재가 인간이 선택할 수도 있고 선택하지 않을 수도 있는 것이 아니라, 인간의 실존을 구성하는 구성요소 또는 인간의 본성에 속한다는 것을 시사한다. "인간은 머리 아담에게서 물려받은 부패한 본성 때문에 죄책에서 벗어날 수 없다"(유해무 1997, 273).

3) 원죄는 죄의 "비극적 보편성"과 "불가피성"(tragische Universalität, Unentrinnbarkeit, Tillich)을 시사한다. 모든 인간이 죄의 세력에 묶여 있다. 모든 인간이 인간으로 존재하는 한 죄를 피할 수 없다. "죄는 일종의 히드라, 즉 잘려진 머리마다 두 개의 새로운 머리가 튀어나오는 괴물"(Migliore 2012, 263)처럼 끊임없이 솟아나와 인간을 유혹하고 지배한다. 행위로 죄를 짓지 않는다 할지라도 마음으로 죄를 짓는다. "죄인의 존재"는 우리 인간의 실존이 피할 수 없는 보편적 "한계상황"에 속한다. 죄는 단순히 인간이 행하는 구체적 행위에 불과한 것이 아니라 우리 인간이 인간인 이상 벗어날 수 없는 하나의 힘으로서 우리의 존재를 결정한다. "원죄는 결코 조상의 죄악이 후손에게 유전된 생물학적인 현상도 아니요, 다른 이의 죄를 모방하는 데에서 생겨난 사회학적인 현상도 아니다. 우리는 모두 하나님을 반역한, 할 수 없는 죄인들인데, 원죄의 개념은 이 사실을 말한 것이다"(지동식 1976, 225).

호르크하이머(M. Horkheimer)는 죄의 보편적 불가피성을 사회학적으로 설명한다. "우리가 일상적인 삶에 있어서 모든 즐거움을 다른 짐승이나 타인들의 고통과 희생을 통하여 얻고 있는 한 우리 인간은 원죄가 있다.…우리들의 기쁨과 행복에는 반드시 타인의 슬픔이 연관되어 있다. 그러므로 우리가 어떤 죄책을 짊어지고 있다는 인식이 곧 원죄다"(장일조 1992, 152-153).

4) 원죄는 모든 인간이 죄에 있어 결속되어 있고 하나라는 것을 가리킨다. 아담, 곧 인간 일반이 모두 죄인이다. 우리는 죄의 공동체, 곧 "죄의 왕국" 속에서 살고 있다(A. Ritschl, Weber 1972a, 676에서 인용). 죄에 있어 모든 인간은 하나이다. "최초의 인간과 오늘 우리와 마지막 인간은 그들의 죄에 있어 한 인간이다"(Althaus 1972, 385).

모든 인간의 죄의 결속성은 다음의 내용을 시사한다. 우리는 모두 "죄의 형제들"이다. 정도의 차이가 있을 뿐, 결정적 차이는 없다. 본성에 있어 모두 동일한 잠재성을 가진 동일한 존재들이다. 단지 타고난 유전자적 구조, 가정환경, 교육배경, 사회적·역사적 조건으로 인해 죄의 형태와 심도(深度)가 다르게 나타날 뿐이다. 많이 배운 사람들은 지능적으로 범죄하고, 적게 배운 사람들은 서투르게 범죄한다. 서투르고 순진한 사람들은 자기의 죄를 인정하고, 영악한 자들은 "기억이 안 난다", "잘 모르겠다", "헛소문이다"라고 자기의 죄를 딱 잡아뗀다. 예수가 폭로하듯이 의롭고 경건하게 보이는 자들이 더 무서운 죄인일 수 있다.

모든 인간의 죄의 결속성은 죄의 초개인적·유기체적 "그물망"(Netzwerk)을 시사한다. 모든 사람은 죄의 그물망 속에 얽혀 있다. 원죄는 개인 이전에 주어져 있는 죄의 그물망, 곧 "개인 이전의 현실로서 죄의 사회성"을 가리킨다(Societät der Sünde als vorpersonale Wirklichkeit, Schneider 1992, 230). 너와 내가 서로의 죄를 통해 죄의 그물망 속에 끌어들이고 또 끌려들어간다. 나의 죄가 너에게 영향을 주고, 너의 죄가 나에게 영향을 준다. 곧 너와 나는 죄의 상호작용 속에 있다. 죄의 전체 그물망이 각 사람에게 영향을 주고, 각 사람의 죄가 전체 그물망에게 영향을 준다. "타자의 삶을 침해하는 것은 타자의 삶은 물론 자신의 삶을 포함하여 불가피하게 모든 실존의 공동체적 삶을 파괴한다.…그러므로 타인의 행복한 삶을 침해하는 모든 행위는 개인적이고 공동체적인 결과를 가져온다.…자연 안의 한 존재의 삶의 파괴는 자연 안의 만물의 삶에 영향을 준다"(전현식 2004, 171).

그러므로 원죄는 다음의 사실을 경고한다. 우리는 한 개인의 죄가 자기 자신에게는 물론 공동체 전체에 영향을 주고 공동체의 운명을 결정한다는 사실을 의식해야 한다. 그러므로 자기의 행위에 대한 결단을 진지하게 생각해야 한다. 푈만 교수는 원죄의 의미를 다음과 같이 요약한다. "원죄의 개념은 죄를 역사화시키거나 우연화시키거나 생물학화시키려고 하지 않는다. 오히려 그것은 죄의 보편성과 초주체성(Transsubjektivität)과 불가피성을 표현하고자 한다. 원죄의 개념은 다음의 내용을 말해준다. 악은 인격 상호간의 것일 뿐 아니라 초인격적인 것(Transpersonales)이며, 인간으로부터 올 뿐 아니라 인간 위로 온다는 것이다. 인간은 죄를 행할 뿐 아니라…죄 안에 있다. 그는 죄의 주체일 뿐 아니라 죄의 객체이다. 그가 죄를 자기의 손 안에 가지고 있는 동시에, 죄가 그를 그의 손에 가지고 있다"(Pöhlmann 1973, 147).

5) 죄는 인간이 피할 수 없는 보편적 한계상황이요 초주체적·초인격적인 것이기 때문에, 원죄는 인간의 구원이 인간 자신의 힘으로 불가능하며 오직 인간 바깥으로부터, 곧 초월적 존재로부터 가능하다는 것을 암시한다. 죄의 사슬에 묶인 자가 자기를 그 사슬에서 해방하는 것은 불가능하다.

인간의 구원을 위해 하나님은 율법의 계명들을 주었다. 그러나 인간이 율법의 계명들을 모두 지킨다는 것은 불가능하다. 비록 율법의 계명들을 모두 지킨다 해도 마음속으로 인간은 하나님과 이웃 앞에서 교만한 죄인일 수 있다. 한 바리새인의 기도와 세리의 기도는 이것을 나타낸다. "바리새파 사람은 서서 혼자 말로 이렇게 기도하였다. '하나님, 감사합니다.…나는 이레에 두 번씩 금식하고, 내 모든 소득의 십일조를 바칩니다.' 그런데 세리는 멀찍이 서서 하늘을 우러러볼 엄두도 못 내고 가슴을 치며, '아, 하나님, 이 죄인에게 자비를 베풀어 주십시오'하고 말하였다"(눅 18:11-14). "아, 나는 비참한 사람입니다. 누가 이 죽음의 몸에서 나를 건져 주겠습니까?"(롬 7:24)라는 바울의 탄식은 율법의 행함을 통해 구원을 받을 수 없는 인간의 실존을 나타낸다. 그러므로 원죄는 인간의 구원이 인간을 통해 가능한 것이 아니라 인간 바깥으로부터 가능한 것임을 시사한다.

C. 원죄와 자범죄의 관계

그러나 원죄에 대한 위의 해석은 인간이 자신의 죄에 대해 책임이 없다는 것으로 오해되어서는 안 될 것이다. 죄는 인간의 실존에 속한 구성적 요소이며 인간 자신이 변경할 수 없는 보편적 운명에 속한다 하여 개인이 범하는 죄가 면책되는 것은 아니다. 간단히 말해 원죄는 자범죄에 대한 면죄부가 아니다. 우리 인간은 "죄의 왕국" 내지 "죄의 공동체" 속에 있지만, 이와 동시에 자신의 결단에 따라 행동할 수 있는 자유를 지닌다. 그러므로 그는 자신의 행동에 대해 책임을 질 수밖에 없다. 그가 범하는 죄는 분명히 그 자신의 결단에 따라 행하는 죄, 곧 자범죄(自犯罪, peccatum actuale) 혹은 인격적 죄(peccatum personale)이다. 여기서 원죄와 자범죄가 구별된다. 정통주의 신학자 게르하르트(J. Gerhard)는 죄를 다음과 같이 구별한다 (Pöhlmann 1973, 134).

1) 원죄(peccatum originale),
2) 자범죄(peccata actualia, 인간 각자가 스스로 행하는 현실적인 죄). 자범죄는 아래와 같이 분류됨:
   a. 자발적인 죄와 비자발적인 죄(peccata voluntaria, peccata involuntaria),
   b. 작위(作爲)의 부작위(不作爲)의 죄(peccata commissionis, peccata

omissionis),

c. 하나님을 버리는 죄와 피조물을 추구하는 죄(*peccata in aversione a Deo, peccata in conversione ad creaturas*),

d. 내적인 죄와 외적인 죄(*peccata interiora, peccata exteriora*),

e. 마음의 죄, 입의 죄, 행위의 죄(*peccata cordis, peccata oris, peccata operis*),

f. 하나님에 대한 죄와 인간에 대한 죄(*peccata contra Deum, peccata contra homines*),

g. 육의 죄와 영적인 죄(*peccata carnis, peccata spiritus*),

h. 숨겨진 죄와 드러난 죄(*peccata occulta, peccata manifesta*),

i. 용서받을 수 있는 죄와 용서받을 수 없는 죽을 죄(*peccata venialia, peccata mortalis*).

원죄와 자범죄는 어떤 관계에 있는가? 먼저 우리는 원죄와 자범죄를 분리되어 있는 별개의 것으로 보아서는 안 될 것이다. 즉 원죄는 아담으로부터 유전되어 독립적인 것으로 있고, 이에 추가하여 자범죄가 있는 것으로 생각해서는 안 될 것이다. 양자는 구별되지만 분리될 수 없는 상호작용 속에 있다. 원죄가 인간의 죄된 존재(Sündersein)를 가리킨다면, 자범죄는 죄를 행함(Sünde-tun)을 가리킨다. 죄된 존재로부터 죄된 행위가 나오고 죄의 행위는 다시 죄된 존재를 구성한다. 죄인이기 때문에 인간은 스스로 죄를 짓는다 - 죄를 지음으로써 그는 죄인이 된다. 원죄, 곧 죄의 보편성과 불가피성으로 말미암아 자범죄가 일어나고, 자범죄를 통해 죄의 보편성과 불가피성이 증명되고 또 강화된다. 달리 말해 원죄라고 하는 죄의 보편적이고 비극적인 사실(Faktum)이 개인의 자범죄를 불러일으키고 자기를 실현한다면, 자범죄는 원죄의 이 사실을 증명하는 동시에 그것을 강화한다. 원죄는 죄의 초주체성을 가리키고 자범죄는 원죄의 초주체성으로 말미암은 죄의 개별적 주체성을 가리킨다. 원죄의 초주체성으로 말미암아 개인의 죄된 주체성이 생성되고 개인의 죄된 주체성이 원죄의 초주체성을 증명하고 강화한다.

또한 원죄가 죄의 숙명성을 가리킨다면 자범죄는 죄에 대한 인간의 책임성을 가리킨다. 이로써 원죄와 자범죄는 죄의 두 가지 측면을 시사한다. 즉 인간의 죄는 자신의 힘으로 어찌할 수 없는 숙명성이나 불가피성을 가진 동시에 그것을 범한 인간 자신이 책임을 져야 할 성격의 것이다.

여기서 우리는 인간의 존재를 구성하는 **아홉째 양극성**을 발견한다. 한편으로 인간은 자신의 힘으로 벗어날 수 없는 죄의 숙명성으로 말미암아 죄를 지을 수밖에 없는 존재다. 다른 한편, 그는 자기의 죄된 행위를 결단하고 이에 대해 책임을 질 수밖에 없는 존재다. 죄의 숙명성과 책임성의 양극이 인간의 실존을 구성한다.

이 양극은 인간이 존재하는 한 피할 수 없는 실존적 한계상황이다. 또 그것은 하나님 없는 인간 실존의 비극(悲劇)이기도 하다. 인간은 자기의 능력으로 책임질 수 없는 것을 책임져야 하기 때문이다. 이 세계에 자기의 모든 죄에 대해 완전히 책임질 수 있는 사람은 아무도 없다. 자신의 힘으로 극복할 수 없는 죄의 숙명에 묶여 죄를 지을 수밖에 없지만 자신이 지은 죄에 대해 책임을 질 수밖에 없는, 그러나 그 책임을 완전히 질 수 없는 여기에 인간 실존의 비극이 있다. 그러므로 죄인은 슬프고 우울하다.

그러나 인간 실존의 이러한 비극이 기독교 인간학의 마지막 이야기가 아니다. 자신의 힘으로 벗어날 수 없는 죄의 비극 속에 있는 인간도 하나님의 피조물이요 사랑과 배려의 대상이다. 하나님으로부터의 단절과 소외는 "전적인 단절"이 아니라 "'부처님 손바닥 위의 손오공' 같아서 신으로부터 떠난다고 해서 신의 영역을 벗어날 수는 없으며 다만 인간의 자기위치 설정에 오류가 발생"하였음에 불과하다(정재현 1999, 174).

그러므로 인간은 그의 죄에도 불구하고 여전히 하나님의 염려와 은혜 속에 있다. 하나님은 죄된 인간에게도 해와 땅과 공기와 물을 주시며 생명의 시간을 허락한다. 예수 그리스도의 십자가의 고난과 부활을 통해 하나님은 인간을 죄의 세력에서 해방하며, 하나님의 약속된 미래를 지향하는 유토피아적·메시아적 존재로 승화시킨다. 이를 통해 인간은 하나님의 "새로운 피조물"이 된다.

그러나 하나님의 "새로운 피조물"이 된 하나님의 자녀들도 죄의 세력을 완전히 벗어날 수 없다. 그들은 인간의 육을 입고 이 세상 안에서 살 수밖에 없기 때문이다. 루터의 말에 의하면 그들은 "의인인 동시에 죄인" (*simul iustus et peccator*)이다.

여기서 우리는 인간의 존재를 구성하는 **열째 양극성**을 발견한다. 그리스도인들은 예수 그리스도의 희생을 통해 하나님의 구원을 받은 의인인 동시에 죄의 세력을 완전히 벗어날 수 없는 죄인이다. 그는 의인인 동시에 죄인이요, 죄인인 동시에 의인이다. 하나님은 인간의 이 갈등을 아신다. 그는 갈등 속에 있는 인간에게 예수 그리스도의 구원을 약속하며, 새 하늘과 새 땅의 미래를 향해 나아갈 것을 명령한다.

하나님의 이 명령을 통해 인간은 새 하늘과 새 땅의 미래를 향한 메시아적 존재로 승화된다. 그의 본질은 의인과 죄인의 갈등을 넘어서는 메시아적 미래 지향성에 있다. 바로 여기에 인간의 삶의 참 의미와 가치가 있다. 사도 바울은 이러한 인간 존재를 다음과 같이 묘사한다. "내가 이미 얻었다 함도 아니요, 온전히 이루었다 함도 아니라. 오직 내가 그리스도 예수께 잡힌바 된 그것을 잡으려고 좇아가노라"(빌 3:13-14).

제7부

세계의 희망
메시아 예수

-그리스도론-

예수 그리스도는 기독교 신앙의 원천과 근거이며 그것의 중심이다. 그의 인격과 삶의 역사 속에서 기독교 신앙은 참 하나님을 발견하는 동시에 참 인간을 발견하며, 하나님의 구원의 역사의 새로운 시작을 발견한다. 그분의 역사적 삶과 죽음과 부활을 통해 하나님 나라의 메시아적 생명의 세계에 대한 하나님의 약속이 새롭게 일어난다. 죄의 세력에 묶여 희망을 잃어버린 인간 존재와 세계 속에 하나님의 새로운 희망이 열린다. 하나님과 그의 계시, 세계와 인간, 하나님의 은혜와 구원, 교회의 본질과 사명, 세계의 미래(=종말), 기독교 윤리와 삶의 실천에 대한 이해의 열쇠가 그의 인격과 삶의 역사 속에 있다. 그리스도론은 바로 이 "예수 그리스도에 관한 이론", 곧 그가 누구이며(=인격), 그가 하신 일(=사역)이 무엇인가에 관한 이론이다.

1
그리스도론의
관점들

신학의 역사에서 예수 그리스도는 다양한 관점과 방법으로 파악되었다. 그 가운데 몇 가지를 열거한다면, ① 예언자, 메시아, 사람의 아들, 대제사장, 야웨의 종, 주님, 하나님의 아들, 구원자, 로고스 등 예수의 다양한 칭호들로부터 출발하는 방법, ② 부활, 변용, 세례, 동정녀 탄생, 선재(先在, Präexistenz) 등 예수의 중요한 사건들로부터 출발하는 방법, ③ 예배의식 속에 현존하는 그리스도에 대한 인간의 경험으로부터 출발하는 방법, ④ 케리그마(=선포)의 그리스도로부터 출발하는 방법, ⑤ 예수를 위대한 교사로 보고, 역사적 예수의 가르침에 집중하는 방법, ⑥ 그리스도를 구원자로 보는 구원론으로부터 출발하는 방법 등을 들 수 있다.

　1) 예수 그리스도에 대한 다양한 관점들 가운데 가장 오래 되었고 지금까지 기독교 신앙에 결정적 영향을 주는 대표적 관점은 고대 그리스 철학의 우주론적 지평 속에서 등장한 "위로부터의 관점"이다(Moltmann 1989, 64 이하). 고대 그리스의 우주론적 지평에 의하면 인간은 유한하며 허무한 존재다. 그는 자기의 허무한 존재의 근거가 되는 영원하며 무한한 존재를 찾으며 그 속에서 삶의 구원과 안전을 얻고자 한다. 영원하고 무한한 존재

는 신(神)이다. 신은 나누어질 수 없고 변화하지 않으며 영원히 자기동일성 안에 있는 존재 자체로서 모든 존재자들의 근원(arche)이다. 모든 존재자는 시간적 시작과 끝을 가지는 반면 신은 영원부터 영원까지 존재한다. 모든 존재자는 존재 자체, 곧 신을 동경하고 신을 찾는다. 유한한 존재자들의 구원은 신의 존재와 합일하는 데 있다.

바로 이 신이 자기를 낮추어 예수 안에서 인간이 되셨다. "우리 인간이 신들, 곧 신적 삶에 참여할 수 있도록 하나님이 사람이 되었다"(Athanasius). 니케아-콘스탄티노플 신앙고백에 의하면, 예수 그리스도는 영원 전부터 저 위에 계신 "하나님으로부터 오신 하나님"이요, "빛으로부터 오신 빛"이다. 그는 영원 전부터 선재하는 삼위일체 하나님의 둘째 품격, 곧 성자 하나님이다. 성자 하나님이 인간의 몸을 입고 이 세상에 오신 분이 예수이다. 여기서 영원 전부터 저 위에 선재하는 삼위일체 하나님과 그의 성육신이 출발점이 된다. 요한복음 1장의 로고스 그리스도론은 이 관점을 나타낸다. "태초에 말씀(Logos)이 계셨다. 그 말씀은 하나님이셨다. 그는 하나님과 함께 계셨다", "그 말씀이 육신이 되었다."

히브리서 1장에 의하면 영원히 저 위에 계신 하나님이 그의 아들을 세상에 보내셨다(1:5-6). 하나님의 아들 예수는 이 땅 위에 오셔서 자기를 희생제물로 바친 후 "하늘에 올라가신 위대한 대제사장"이다(4:14). 여기서 예수는 위로부터 와서 위로 돌아가는 분으로 이해된다. 예수 그리스도의 계시를 신학의 출발점이라 주장하지만, 그리스도의 계시로부터 시작하지 않고 "삼위일체론"과 함께 시작하는 칼 바르트의 『교회 교의학』은 현대신학에서 위로부터의 관점을 대변한다(『교회 교의학』, I/1 참조). "위로부터의 관점"에 대해 우리는 다음과 같은 질문을 제기할 수 있다.

a. 위로부터의 관점은 역사적 예수의 삶을 충분히 고려하지 않은 채 예수를 "참 하나님의 하나님", "참 빛의 빛", 육신이 된 영원한 "로고스" 등으로 규정한다. 이 관점은 예수의 역사적 삶에서 추상화 된 고대세계의 우주론적·철학적 사고가 지배한다.

b. 영원하고 불변하는 하나님이 어떻게 허무하고 변화하는 인간의 육이 될 수 있는가? 두 가지 전혀 다른 본성, 곧 신적 본성과 인간적 본성이 어떻게 한 인간 예수 안에서 결합될 수 있으며 공존할 수 있는가? 두 가지 전혀 다른 본성은 어떤 관계에 있는가? 여기서 양성론(兩性論), 곧 예수의 두 가지 본성에 관한 기나긴 논쟁이 일어나게 된다.

c. 위로부터의 관점은 영원히 불변하며 고난을 당하지 않는 전지전능한 분으로서의 하나님 상(像)을 전제한다. 그러나 이러한 하나님 상은 예수의 십자가에서 고난을 함께 당하는 하나님 상에 모순된다. 고난당할 수 없는 하나님이 어떻게 예수의 십자가에서 고난을 당할 수 있는가? 초대교회가 "그리스도의 신성을 강조하고 이를 위해 위에서 말한 하나님의 개념을 채택하면 할수록 하나님과 동일한 본질을 가진 하나님의 아들이 본디오 빌라도 밑에서 십자가에 못박힌 이 나사렛 예수라는 것을 증명하는 일은 더 어려워졌다"(Moltmann 1972, 85). 그리고 예수가 "하나님의 버림을 받은 상태에서 죽임을 당했다는 것을 생각하는 일은 더 어려워진다"(Küng 1970, 622).

2) 근대에 이르러 위로부터의 관점은 "인간학적 관점"으로 대체된다. 근대의 시작과 함께 인간과 세계의 관계는 크게 변화한다. 이제 인간은 더 이상 세계에 내재하는 힘과 법칙에 의존하지 않는다. 오히려 세계가 인간에게 의존하게 되었다. 자연과학의 새로운 발견과 발명, 미지의 세계의 발견을 통하여 인간은 자연과 우주의 정복자, 지배자가 되었다. 인간이 모든 것의 중심이요 만물의 척도가 되었다. 이러한 시대 상황 속에서 중요한 문제는 더 이상 인간과 세계의 보편적 유한성의 문제가 아니라 인간의 것이 된 세계의 인간화의 문제였다(Moltmann 1989, 74 이하).

그리스도론에 관한 질문의 형태도 변화되었다. 초대교회에서 중요한 문제는 "영원한 하나님이 어떻게 예수 안에 계신가?"의 문제였다면, 근대의 교회에게 중요한 문제는 "예수는 어떤 점에서 하나님이라 말할 수 있는가?"의 문제였다. 초대교회에서는 예수의 양성, 곧 신성과 인성의 관계가 중요한 문제였고, 이 문제는 유한한 인간의 구원에 관한 문제와 결부되어 있었다. 이에 비해 근대의 교회에서는 예수의 참된 인간 존재, 그의 하나님 의식, 그의 내적인 삶이 중요한 문제였고, 이 문제는 인간의 참된 인간성, 그의 본래적 실존, 내면적 자기 동일성에 관한 질문과 결부되었다. 이제 예수는 초대교회에 있어서와 같이 신성과 인성이 결합된 신인(神人, Gottmensch)으로 이해되지 않고, 근대의 인간학적 관점에 따라 모범적이고 가장 이상적인 "하나님의 사람"으로 이해되었다. 그는 "참 하나님의 하나님"이라기보다, 우리 인간이 도달해야 할 "하나님의 형상", 곧 모든 인간의 원형(Urbild)으로 생각되었다.

칸트에게 예수는 우리 인간이 실현해야 할 "선(善)의 원리가 인격화한 관념(Idee)"으로 이해된다(Kant 1961, 63). 그는 "하나님이 기뻐하는 인류의 이상"이다. 슐라이어마허의 "신앙론"에 의하면 구원자 예수는 우리 인간과 "동일한 본성 때문에 모든 인간과 동일하다. 그러나 그의 하나님 의식의 지속적 강열함 때문에 모든 인간으로부터 구별된다." 우리 인간이 가진 하나님 의식은 유한한 세계로부터 오는 감성적 인상들과 죄로 인해 흐려져 있다. 이에 반해 예수는 죄가 없는 분이었으므로 그 안에 있는 하나님 의식은 투명하고 완전하다. 이 점에서 그는 모든 인간과 구별된다. 그는 우리 인간이 지향해야 할 원형이다. "원형이라는 것만이…그리스도의 인격적 가치에 대한 적절한 표현이다"(Schleiermacher 35). 인간의 구원은 예수가 가진 하나님 의식의 투명성에 도달함으로써 완전한 인간, 곧 모든 인간의 원형에 이르는 데 있다. 여기서 예수는 우리 인간이 도달해야 할 모범적이고 이상적인 하나님의 완전한 사람으로 이해되었다.

20세기의 신학에서 "인간학적 관점"을 대변하는 신학자는 틸리히라 말할 수 있다. 예수는 우리와 동일한 실존의 조건들 속에 있었던 인간이었다. 그럼에도 불구하고 그는 하나님과 자기 자신과 그리고 이 세계와 한 몸을 이루었다. 그는 타락한 인간의 조건 속에서 실존함에도 불구하고 인간의 원형을 보여준다. "실존의 조건들 아래 있는 본질적 인간 존재의 모습"이 예수 안에 나타난다. 그런 점에서 예수는 모든 인간이 지향해야 할 "새 존재"다(Tillich, 『조직신학』, 그리스도론).

예수에 대한 인간학적 관점의 타당성은 모든 인간이 완성해야 할 "하나님의 형상"의 원형이 예수 안에 있다는 골로새서 1:15에 근거하여 예수를 모든 인간이 지향해야 할 참 인간으로 보는 점에 있다. 그러나 이 관점의 심각한 문제점은 예수의 신적 존재를 약화시키고 그를 단지 이상적 인간 또는 원형(Urbild)으로 격하시킨다는 점에 있다. 나아가서 십자가에 달려 "나의 하나님, 어찌하여 나를 버리셨습니까?"라는 절망적 부르짖음과 함께 죽음을 당한 예수가 어떻게 이상적 인간 내지 모든 인간의 원형인가? 오히려 우리는 독배를 마시면서 자기의 죽음을 태연한 자세로 맞이한 소크라테스에게서 예수보다 더 이상적 인간의 모습을 발견할 수 있지 않는가?

앞서 고찰한 "위로부터의 관점"은 예수의 "참 하나님"(vere Deus) 되심을 강조하는 대신 그의 인간적 측면을 약화시킨다. 위에서부터 출발하기 때문에 아래에 있는 인간 예수의 삶의 역사를 간과하며, 그의 역사적 삶이 오늘 이 땅의 현실에 대해 어떤 의미가 있는가를 충분히 드러내지 못한다. 그 반면 "인간학적 관점"은 예수의 "참 인간"(vere homo) 되심을 강조하는 대신 그의 신적 측면을 약화시킨다. 그러나 예수가 단지 참 인간에 불과할 경우 그의 삶의 역사는 한 인간의 역사에 불과할 것이며, 구원의 의미를 갖지 못하게 된다. 그것이 사실이라면, 그는 구원자가 아닐 것이다.

3) 오늘날 일련의 신학자들은 "아래로부터의 관점"을 주장한다. 곧 예수의 존재와 사역을 인간 예수의 역사적 삶으로부터 파악하려고 한다. 구체적으로 그것은 역사적 예수의 선포에서, 혹은 자기의 권위에 대한 예수의 요구에서, 혹은 십자가를 향한 예수의 삶의 길에서 출발점을 발견한다. 특히 해방신학, 한국의 민중신학은 예수의 역사적 배경과 삶에서 출발하는 "아래로부터의 관점"을 대변한다. 남미의 해방신학자 소브리노(Jon Sobrino)에 의하면, "나의 출발점은 역사적 예수다. 그것은 나사렛 예수의

인격, 가르침, 태도 그리고 행위들이다. 이들은⋯역사적·주석적 연구를 통해 추적될 수 있기 때문이다"(Sobrino 1978, 3). 안병무 교수는 이것을 다음과 같이 말한다. "예수의 현실성을 안다는 것은 어려운 일입니다. 그러나 우리는 지금 여기서 그를 다시 찾아야 합니다. 한국에 와서 발견한 것은 역사적 예수의 재발견과 민중의 현실성의 발견은 동전의 양면같이 불가분의 관계에 있다는 것을 알아낸 것입니다"(안병무 1999, 172).

판넨베르크도 "아래로부터의 관점"을 주장한다. 우리는 지상에 살았던 인간 예수로부터 그의 신성에 대한 근거를 찾아야 한다. 따라서 "우리의 출발점은 인간 예수에 대한 질문에 있을 수밖에 없다. 이 길을 통해서만 그의 신성이 질문될 수 있다"(Pannenberg 1972, 29; 그러나 예수의 신성은 그의 부활을 통해 비로소 밝혀지기 때문에, 부활로부터 출발해야 한다는 그의 주장은 "인간 예수로부터", 곧 아래로부터 출발해야 한다는 그의 입장에 모순된다, 135).

우리는 아래로부터의 관점이 지닌 위험성의 전형적 형태를 19세기에 활발히 연구되었던 『예수의 삶의 연구』(Leben Jesu Forschung)에서 발견할 수 있다. 이 연구는 교회의 모든 신비스러운 채색과 교의학적 권위를 벗어버리고 역사적 "예수의 모습을 찾고자 하였다. 그러나 그것은 결국 그 시대의 인간학적 사고의 틀을 벗어나지 못하고, 각자의 관점과 전제에 따라 예수를 하나의 이상적 인간으로 묘사하였다. 이런 추세 속에서 리츨은 예수를 "세계 속에 있는 하나님 나라의 건설자"로 보았다(Ritschl 1895, 391). 이 위험성은 현대신학에서도 나타나고 있다. 성서 본래의 관심에 따라 예수를 파악하지 않고, 연구자 자신의 관심에 따라 예수를 선비로 혹은 세속을 초탈한 신선이나 혁명가, 민중 운동가, 풍류객 등으로 설정하고, 이에 따라 그의 존재와 사역을 파악하는 위험성을 말한다.

4) 이 책에서 우리는 성서의 메시아적·종말론적 관점에서 예수를 파악하고자 한다. "예수 그리스도"라는 예수의 이름은 이 관점의 성서적 타당성을 증명한다. 복음서의 기자들은 예수를 하나님이 약속하였고 이스라엘 백성이 종말에 오리라 기다리던 하나님의 아들 메시아(=그리스도)라고

보기 때문이다(마 16:16; 막 8:29; 눅 9:20; 요 4:29). 장차 "오실 그분"(마 11:3), 곧 하나님의 아들 메시아가 예수 안에서 이 세상에 왔고 하나님 나라의 새로운 현실을 세운다. 여기서 예수는 본질적으로 이스라엘의 약속과 기다림의 전통 속에서 파악된다. 역사적 인물 예수는 유대인으로서 메시아적 약속과 기다림의 전통 속에서 태어났고 "히브리 전통에 충실했다"(김재준 2001, 160). 그의 모든 말씀과 활동은 이 전통과 연관되어 있었다.

메시아적·종말론적 관점은 성령론적 관점과 결합된다. 이스라엘을 구원할 메시아는 "하나님의 기름부음을 받은 자", 곧 "주의 영"이 내린 분이다(사 11:1 이하; 61:1 이하). 이에 상응하여 예수는 하나님의 영 가운데서 활동한다. "주님의 영이 내게 내리셨다"(눅 4:18). 하나님은 그에게 성령을 "한없이" 주셨다(요 3:34). 복음서에서 예수와 성령의 분리될 수 없는 관계는 세례자 요한을 통한 예수의 세례, 동정녀 마리아를 통한 예수의 수태, 영원 전부터 있었던 예수의 삼위일체적 선재(先在)로 소급된다(요 1:1; 자세한 내용에 관해 아래 "예수의 메시아적 인격" 참조).

여기서 우리는 종말론적·메시아적 관점이 삼위일체론과 결합될 수밖에 없다는 사실을 발견한다. 복음서가 기록하는 역사적 예수의 삶의 역사는 성령 안에서 그의 아버지 하나님과 함께 이룬 "삼위일체적 역사"였다(Moltmann 1980, 102). 그러므로 그리스도론은 삼위일체론을 전제한다. 종합적으로 우리는 이 책에서 메시아적·종말론적 관점, 성령론적·삼위일체론적 관점에 기초하여 예수 그리스도의 하신 일들(=사역)과 인격(=존재)을 살펴보고자 한다.

앞서 기술한 위로부터의 관점과 아래로부터의 관점은 메시아적·종말론적 관점으로 통합된다. 그러나 여기서 "위로부터"의 "위"는 공간적 "위"가 아니라 시간적 미래로 이해된다. 이리하여 역사적 인간 예수는 이른바 위로부터 내려온 것이 아니라 하나님의 약속된 미래로부터 오셨고 또 장차 오실 하나님의 아들 메시아로 파악된다. 이와 동시에 하나님의 아들 메시아 예수는 땅 위에 살았던 역사적 인간 예수로 파악된다.

여기서 우리는 "위로부터의 관점"이냐, 아니면 "아래로부터의 관점"이냐의 양자택일이 무의미하다는 사실을 볼 수 있다. 예수에 관한 복음서의 증언에서 이 두 가지 관점은 하나로 결합되어 있기 때문이다. 곧 나사렛 사람 예수의 인간적·역사적 측면과 하나님의 약속된 미래로부터 오신 하나님의 아들 메시아 예수의 신적 측면이 하나로 결합되어 있다. 따라서 복음서 기자들은 인간 예수가 이스라엘이 기다리던 하나님의 아들 메시아시요, 하나님의 아들 메시아는 인간 예수라는 관점에서 그의 삶의 역사를 기술한다.

이 책에서 우리는 예수의 선재(Präexistenz)나 양성론에서 시작하지 않고 복음서가 증언하는 예수의 삶의 역사로부터 출발하고자 한다. 하나님의 아들 메시아에 관해 알 수 있는 길은 예수의 삶의 역사에 있기 때문이다. "예수 그리스도의 인간적 역사가 모든 그리스도론적 진술들의 중심점이다. 그것이 이 진술들의 규범이요 기준이기도 하다.…원칙상 모든 그리스도론적 진술들은…예수의 등장과 역사에 내포된 내용의 설명(Explikation)으로 증명되어야 한다"(Schneider 1992, 385).

2

역사적 예수의
문제

그런데 복음서가 증언하는 예수의 삶으로부터 출발하여 예수의 사역과 존재를 파악하고자 할 때 어려운 문제가 등장한다. 역사적 인물 예수에 관한 자료는 복음서 외에 거의 없다. 요세푸스(Josephus: 본래 예루살렘의 제사장이었으나, 주후 67-70년 이스라엘 민족의 제1차 반로마 혁명 때 로마의 장군 티투스(Titus)에게 항복하여 로마제국의 역사가가 되었음)의 『유대전쟁사』에 기록된 예수의 죽음에 관한 언급은 너무도 간단하여 자료로서의 가치가 없다. 예수에 관한 상세한 정보를 얻을 수 있는 유일한 자료는 사실상 복음서뿐이다.

그런데 복음서(특히 요한복음서)는 역사적 인물 나사렛 예수에 대한 객관적 자료서 혹은 역사적 전기(傳記)가 아니라 부활하였고 승천하신 예수에 관한 신앙의 증언이다. 그것은 신앙고백의 성격을 가진 증언서이지 역사적 자료집이 아니다. 복음서 기자들이 묘사하는 역사적 인물 예수는 부활의 빛에서 파악된 신앙의 그리스도로 채색되어 있다. 따라서 복음서를 통해 역사적 인물 예수의 삶을 파악할 수 있느냐 없느냐, 역사의 예수와 복음서 기자들이 증언하는 신앙의 그리스도 혹은 케리그마(=선포)의 그리스도 사이에 연속성이 있느냐 없느냐의 문제, 곧 "역사적 예수"의 문제가 제기된다. 이 문제의 연구사는 아래 네 단계로 구별될 수 있다.

1) 복음서가 전하는 신앙의 그리스도와 역사적 예수를 구별하는 단계: 독일 함부르크의 김나지움(Gymnasium, 대학 입학을 예비하는 고등학교 급 교육기관) 교수였던 라이마루스(Hermann Samuel Reimarus, 1694-1768)는 복음서 전승들의 모순들을 발견하고, 복음서 기록들의 역사적 신빙성을 부인하였다. 그의 주장에 의하면 복음서의 기록들은 참이 아니다. 예수는 자기가 사는 동안 하나님의 나라가 오리라 기대했고 또 그것을 약속한 정치적 메시아로 자기를 이해하였다. 그러나 그의 선교는 실패로 끝나고 예수는 하나님의 버림을 받았다고 고백하면서 죽임을 당했다. 예수의 시체를 훔친 것으로 보이는 제자들은 예수가 부활했다는 거짓말을 유포했고, 순회 설교자로 활동하면서 예수의 속죄제물의 죽음, 재림, 몸의 부활에 관한 이야기들을 만들어냈다. 따라서 "역사적 예수"와 제자들에 의해 "선포된 그리스도"는 구별되어야 한다. 라이마루스의 이러한 주장은 레싱(Lessing)에 의해『한 익명자의 단편들』(Fragmente eines Ungenannten, 1774)이란 제목으로 출판된다.

『예수의 생애』(Das Leben Jesu)란 제목의 저서로 유명한 슈트라우스(David Friedrich Strauß, 1808-1874)에 의하면, 예수는 유대교의 지혜의 교사에 불과한데 사도들에 의해 구원자로 승화되었다. 예수의 동정녀 탄생, 부활, 승천에 관한 신앙의 내용들은 사도들의 종교적 확신을 문학적으로 표현한 것이다. 따라서 우리는 예수의 종교와 그 후에 등장한 그리스도인들의 종교, 예수의 역사(Historie)와 그리스도의 교리(Dogma),『신앙의 그리스도와 역사의 예수』(1864년에 출판된 Strauß의 책 제목)는 구별되어야 하며, 교의학적·신앙적 그리스도의 뒷면에 숨어 있는 역사의 예수를 찾아야 한다. 예수의 활동은 그 속에 분명히 역사적 핵심을 가진다. 그러나 이 핵심은 제자들이 만들어 낸 그리스도의 신비 속에 감추어져 있다. 우리에게 주어진 과제는 신비의 옷을 제거하고 역사적 핵을 여과하는 것이 아니다. 이 신화 속에는 초역사적인 영원한 진리가 숨어 있기 때문이다.

2) 역사적 예수를 재구성하려는 단계: 역사적 예수와 신앙의 그리스도가 구별된 후로부터 일련의 학자들이 역사적 예수를 재구성하고자 노력하였다. 그들은 기독교 공동체의 신앙과 신약성서의 자료들로부터 "예수의 생애"를 재구성할 수 있다고 믿었다. 그러나 이들이 재구성한 예수는 정말 역사적 예수가 아니라 그 시대의 저자들이 이상적 존재로 생각하는 것을 예수에게 투사시킨 것에 불과하였다. 이리하여 예수는 낭만적 자연 몽상가, 이상적 교육자, 좌절로 끝난 혁명가, 최초의 사회주의자 혹은 자유주의자, 비타협주의자, 종교적 구루(Guru), 히피, 심리치료사, 기적을 통한 치료사 등으로 묘사되었다(Müller 2005, 270).

역사적 예수 연구의 이러한 문제점을 파악한 마르틴 켈러(Martin Kähler, 1835-1912)는, 기독교 신앙에 중요한 것은 역사적 예수가 아니라, 교회 공동체의 예배와 설교와 삶 속에 현존하는 그리스도(Christus praesens)라고 생각하였다. 1891년에 그는 이 생각을 다음과 같이 요약한다. "참 그리스도는 설교되는 그리스도이다." 1892년에 브레데(William Wrede)는 이렇게 말한다. 예수는 하나님의 나라를 세계 내에서 실현되어야 할 것으로 보지 않고, 구름을 타고 오시는 사람의 아들, 모든 죽은 자들의 부활, 최후의 심판과 함께 이 세계 바깥에서 이 세계 안으로 돌입할 우주적 드라마로 보았다. 이 기다림은 역사의 과정을 통해 이루어지지 않고 실패로 끝났다. 그러므로 우리에게 중요한 것은 역사적 예수가 아니라 제자들과 초기 기독교 공동체가 증언하는 신앙의 그리스도이다.

알버트 슈바이처(Albert Schweitzer)는 역사적 예수 연구를 종식시킨다. "라이마루스에서 브레데로"(Von Reimarus zu Wrede)란 부제와 함께 1906년에 출판된 『예수의 생애 연구의 역사』(Geschichte der Leben-Jesu-Forschung)란 제목의 저서에서, 슈바이처는 현대의 모든 역사적 예수의 상들이 그 시대정신의 주관적·환상적 산물에 불과하다는 사실을 드러내고, 역사의 예수에 근거한 그 자신의 예수상을 재구성하고자 시도한다. 그의 예수 상에 의하면, 예수는 하나님의 나라가 초월적으로 곧 도래하리라 확신했던 묵시시상적 메시아였다. 그는 "많은 사람을 위한 몸값"으로 자기의 생명을 희생함으로써 하나님의 나라가 즉시 도래하리라 확신했지만, 그의 확신은 실망으로 끝났다. 그러므로 오늘날 우리에게 역사적 예수는 과거의 지나간 인물에 불과하며, 그의 종말론적 윤리만이 의미를 가진다. 오늘의 기독교 신앙에 대해 "그의 말씀으로부터 나오며 세계를 극복할 예수의 영 혹은 정신만이 결정적으로 중요하다(Gräßer 1999, 677). 슈바이처의 이러한 생각과 함께 역사적 예수 연구는 좌절로 끝난다.

3) 역사적 예수를 포기하는 단계: 이 단계의 대표자 불트만은 역사적 예수에 대해 우리는 알 수 없으며 또 알고자 해서도 안 된다고 주장한다. 신앙은 자연과학과 역사과학의 도움으로 검증될 수 있는 객관적 사실들에 근거하지 않는다. 그리스도 안에서 활동하는 하나님은 지금 여기서 나의 실존에 대해 선포되는 말씀, 곧 케리그마 안에 현존한다. 이 하나님을 신뢰하지 않고, 나의 실존과 관계없이 객관화 될 수 있는 역사적 사실들, 곧 역사적 예수를 찾으려는 것은 신앙의 본질에 모순된다. 그것은 불신앙에 속한다. 역사적 인물 예수가 있었다는 사실(Daß)만이 중요하며, 이것으로 우리는 만족해야 한다. 객관화 될 수 있는 역사적 사실로서 예수의 부활이 나의 신앙을 근거시키지 않는다. 예수는 케리그마 속에 현존하며, 케리그마 속에서 신앙의 결단으로 초대한다(Bultmann 1960, 9 이하). 그는 제자들의 케리그마 속으로 부활하였다.

4) 역사적 예수와 신앙의 그리스도의 연속성을 찾고자 하는 단계: 불트만에 반해 케제만(Ernst Käsemann), 보른캄(Günter Bornkamm) 등 그의 제자들은 역사적 예수와 신앙의 그리스도, 역사적 예수의 말씀과 처음 공동체의 케리그마, 선포하는 예수(der Verkündigende)와 선포되는 예수 그리스도(der Verkündigte) 사이에 연속성이 있음을 증명하고자 한다. 만일 이 연속성이 증명되지 않을 경우, 예수에 대한 신앙은 역사적 근거를 상실한 "가현설적인 것"으로 전락할 수밖에 없기 때문이다.

케제만은 이 연속성을 먼저 산상설교의 반대명제(Antithese)에서 발견한다. "그러나 나는 이렇게 말한다"(마 5:22, 28, 34)는 반대명제를 통해, 예수는 자기를 모세의 권위 위에 세우며, 모세의 율법을 상대화시키는 동시에 그것을 더욱 강화시킨다. 이와 같은 일은 예수 당시 유대인들의 사회에서 상상할 수 없는 일이었다. 이로써 예수는 모세와 예언자들과 랍비들을 넘어서는 그의 권위 내지 주권성(Souveränität)을 주장한다. 예수의 주권성은 안식일 계명과 정결에 관한 계명을 상대화시키며, 그 사회의 경건의 기준을 상대화시키는 그의 행위에도 나타난다. "이 주권성은 후기 유대교의 기초를 뒤흔들고, 이를 통해 결정적으로 그의 죽음을 초래한다." 또 예수는 그 당시 유대교의 관습에 반해 먼저 "아멘"을 말한다. 이것은 성령의 충만함의 "가장 높고 직접적인 확실성"을 보여준다. 그는 고대세계의 보편적 종교현상이었던 성(聖)과 속(俗)의 구별을 폐기하고 죄인들의 친구가 된다(Käsemann 1970, 208).

보른캄은 아래 세 가지 점에서 예수의 특별함(Besonderheit)을 발견한다. ① 예수의 말씀과 행동 속에는 "언제나 하나님의 현실과 그의 의지의 권위가 직접 거기에 있고 사건화 된다." ② 예수의 특별함은 그의 "놀라운 주권"에 나타난다. 예수는 그의 반대자들, 도움을 요청하는 자들, 그의 제자들, 이 모든 사람들을 그 당시 누구에게서도 기대할 수 없었던 주권을 가지고 만난다. 이 주권은 예수의 권위를 말한다(막 1:22; 마 7:29; 8:5 이하 참조). ③ 예수 안에 현존하는 하나님의 현재는 "세계의 종말"을 뜻한다. 예수와 함께 하나님의 나라가 시작한다. 그러므로 율법학자들과 바리새인들은 예수의 말씀이 그들의 율법과 전통을 철저히 파괴하는 것으로 보았고 예수에 대해 분노한다. 이 세 가지 특별함에서 보른캄은 예수의 역사성을 발견하고, "지상(地上)에 살았던 그분과 신앙되는 그분의 일치", 곧 역사적 예수와 신앙의 그리스도의 일치를 주장한다(Bornkamm 1975, 52 이하).

또한 예수의 아주 독특한 비유들, 소외된 사람들과 예수의 친교와 공동식탁, 권세에 대한 예수의 요구(Vollmachtsanspruch)에 근거하여 불트만의 제자들은 역사적 예수와 신앙의 그리스도 사이의 연속성 또는 일치를 주장한다(안병무 1999, 18). 요아힘 예레미야스(Joachim Jeremias)에 의하면, 예수가 사용한 "아빠"(Abba)의 하나님 호칭과 예수의 비유들은 역사의 예수에게로 소급된다(Jeremias 1956, 96).

결론적으로 예수에 관한 복음서의 기록들 가운데 어느 부분이 역사적 예수에게서 유래하며, 어느 부분이 예수에 대한 제자들과 초기 기독교 공동체의 신앙에서 유래하는지 깨끗하게 구별하는 것은 거의 불가능하다. 복음서의 기자들은 부활하신 하나님의 아들이시요 메시아라고 그들이 믿는 그 예수의 삶의 역사를 기술하기 때문이다. 그들의 기록에서 예수의 역사와 제자들의 신앙, "선포하는 자"와 "선포되는 자"가 하나로 결합되어 있다. 그러므로 "케리그마와 역사의 예수를 단절시킬 수 없다"(안병무 1999, 19). 그러나 역사의 예수와 신앙의 그리스도가 하나로 결합되어 있기 때문에, 우리는 결합된 그 예수 그리스도 안에서 역사적 예수의 흔적들을 복음서에서 발견할 수 있다. 그러므로 예수에 대한 기독교 신앙은 역사적 근거가 없는 상상물(Fiktion)이 아니라 역사적 예수에 근거한다고 말할 수 있다.

그런데 복음서의 기자들은 역사적 예수에 관한 이야기들을 부활의 빛 속에서 기록한다. 그의 부활을 통해 제자들은 나사렛 사람 예수가 하나님의 아들 메시아였음을 깨닫게 되고 "그리스도(=메시아)에게 속한 사람들"(막 9:41)이 된다. 그러므로 예수에 대한 제자들과 복음서 기자들의 신앙은 부활의 경험에 기초한다. 만일 부활이 없었다면, 예수의 삶은 한 예언자나 순교자의 삶으로 끝났을 것이다. 부활로 말미암아 그의 삶은 하나님 아들 메시아의 삶으로 밝혀진다. 그런데 예수의 부활은 역사적 검증 대상이 아니다. 예수의 시체가 누워 있던 빈 무덤도 그의 부활을 증명하지 못한다. 바로 여기에 역사적 예수에 대한 연구의 한계가 있다.

그럼에도 불구하고 역사적 예수에 대한 연구는 기독교 신앙과 신학에 대해 중요한 의미를 가진다. 그것은 기독교 신앙과 신학에 대해 규제하며 조정하는 기능(regulative Funktion)을 가진다. 즉 예수에 대한 기독교 신앙과 신학적 진술들이 자기 마음대로 만들어낸 자의적 상상물이 되지 않고

(영지주의적 예수 상처럼), 역사적 예수에 보다 더 가까이 접근하도록 유도하는 기능을 가진다. "나사렛 사람" 예수가 무엇을 말했고 무슨 일을 했으며, 무엇 때문에 십자가의 형벌을 당했는가, 그의 부활이 어떤 의미를 가지는가의 문제는 기독교 신앙과 신학에 대해 규범적 의미를 가진다. 그러므로 우리는 단지 역사적 인물 예수가 있었다는 사실(Daß)만으로 만족해야 하며, 그의 역사적 삶의 과정에 대해 관심을 두면 안 된다는 불트만의 주장을 따를 수 없다. 사실 지난 수십 년 동안에 이루어진 역사적 예수에 관한 연구들은 예수의 인격과 사역을 그의 역사적 배경 속에서 보다 더 적절히 파악하는 데 큰 도움을 준다. 이리하여 우리는 예수에 관한 신학적 내용들이 크게 발전하였음을 부인할 수 없다.

또한 역사적 예수에 대한 연구는 예수에 관한 교리와 신앙고백과 신학적 진술들을 의문스럽게 만들며, 절대성을 주장하지 못하도록 만드는 비판적 기능을 한다. 아직도 베일 속에 숨어 있는 역사적 예수 앞에서 그에 관한 모든 교리들과 이론들과 신앙은 상대화된다. 예수에 대한 모든 신학적·신앙적 인식은 불완전하다. 그러므로 기독교는 그가 믿고 증언하는 예수가 과연 역사적 예수와 일치하는가를 언제나 비판적으로 질문해야 하며, 역사적 예수의 말씀과 활동에 비추어 자기를 수정해야 한다.

3
예수 당시의
역사적 상황

여기서 우리는 어떤 신학적 전제에서 출발하지 않고, 복음서가 증언하는 예수의 삶에서 출발하고자 한다. 이를 위해, 먼저 그의 역사적 배경을 간단히 파악하려 한다. 오늘날 예수의 역사적 배경에 관한 방대한 문헌들이 출판되어 있다. 여기서 우리는 몇 가지 면모를 파악하는 것으로 만족할 것이다.

그리스의 알렉산드로스(=알렉산더) 대왕이 주전 323년 33세의 젊은 나이로 사망하자, 그가 점령한 지역은 네 왕에게 분할되었다. 이스라엘은 처음 이집트 지역의 프톨레마이오스 왕가의 지배를 받는다. 그러나 이를 제압한 시리아 지역의 셀레우코스 왕가의 지배를 받으면서 그리스 문물의 영향을 받게 된다. 시리아의 왕 안티오코스 4세의 폭정과 모욕을 견디지 못해, 이스라엘의 시골 마을인 모데인(Modein)에 살던 하스몬 일가의 제사장 마타티아스(Mattathias)는 주전 2세기 이른바 "마카비 혁명"을 일으켜 정치적·종교적 자치권을 회복한다. 그의 아들 시몬은 주전 140년 하스몬 왕가를 세웠으나, 134년 사위 프톨레마이오스에 의해 살해된다. 그 이후로 계속된 후손들 사이의 끊임없는 권력 투쟁과 내분으로 인해, 주전 63년 폼페이우스 장군이 피 한 방울 흘리지 않고 예루살렘을 점령하면서 이스라 엘은 로마 황제의 직할지가 된다. 로마 황제는 당시 로마제국의 속주법에 따라 이스라엘의 왕을 지명하고 자치권을 허락하였다. 군대를 이끌고 다 마스쿠스를 거쳐 예루살렘에 도착한 43세의 폼페이우스 장군이 군복을 입은 채(무기는 휴대하지 않았다고 함, 시오노 1995, 286), 대제사장만이 일 년에 단 한 번 들어갈 수 있는 예루살렘 성전 지성소에 들어가서 두리번거리다 가 그냥 돌아나온 행동은 유대인들에게 지울 수 없는 민족적 모독으로 남 게 된다.

나중에 카이사르(=씨저)와 싸우다가 패배한 폼페이우스는 주전 48년 에 이집트에서 살해되고, 율리우스 카이사르(=씨저)가 로마의 패권을 쥐었 으나, 주전 44년에 카이사르도 원로원에서 브루투스(Brutus) 일당에게 살 해된다. 그 뒤를 이어 안토니우스가 권좌에 오르는 와중에서 헤롯이 이 스라엘의 왕이 되어 안토니우스의 보호를 받는다. 예수는 헤롯이 이스 라엘을 다스릴 때 태어난다. 카이사르의 양자(養子) 옥타비아누스(나중에 Augustus 황제가 됨)가 안토니우스를 제압하고 패권을 장악하자, 헤롯은 재 빨리 로마로 달려가 옥타비아누스에게 충성을 맹세하고 왕권을 보장받는 다. 그는 자기의 왕권의 정통성을 얻기 위해 하스몬 왕가의 공녀 마리암 네(Mariamne)와 정략결혼을 한다. 그러나 그는 하스몬 왕가의 일족이 왕위 를 찬탈할 수 있다는 두려움 때문에 마리암네와 그녀에게서 태어난 자기 의 두 아들을 죽인다. 그가 세상을 떠날 때, 영토를 그의 세 아들 아르켈라 우스(Archelaus, 성서는 아켈라오라 부름: 마 2:22)와 헤롯(본명은 헤로데스 안티파스: Herodes Antipas)과 빌립(본명은 필리푸스: Philippus)에게 분할해 준다. 로마 황 제는 당시 로마제국의 속주법에 따라 세 분봉왕에게 정치적 자치권을 허 락하였다(영토의 크기로 볼 때 이들은 왕이 아니라 한국의 도지사 정도에 불과했다).

그러나 아르켈라우스는 폭정으로 인해 로마 황제에 의해 폐위되어 갈 리아(지금의 프랑스) 지역으로 추방된다. 로마 황제는 그 자리에 빌라도(본명 은 폰티우스 필라투스: Pontius Pilatus, 26-36 재위)를 총독으로 파견한다. 이리하여 아르켈라우스가 다스리던 유다 지역은 로마 황제의 직속 통치지역으로 전락한다. 이로 인해 로마의 군대가 이 지역에 상주하게 되고, 유대인들은 정치적 자치권을 상실한다. 빌라도는 70인으로 구성된 국가 통치기구, 곧 "산헤드린"을 구성하여 통치의 세부 사항을 산헤드린에 위임하되, 사형언도, 사형집행과 같은 중요한 일들은 자신이 직접 처리하였다(당시 유다 지역의 총독 자리는 북아프리카, 스페인, 갈리아 등 당시 로마제국의 다른 동맹국이나 속주들에 비해 너무나도 작은 변방의 보잘 것 없는 자리였다. 그러나 빌라도는 보다 더 큰 속주의 총독으로 출세할 수 있는 발판을 일단 확보한 셈이다).

이스라엘이 로마제국의 속주가 되어 정치적 자치권을 상실한 것은 당시 유대인들에게 참을 수 없는 모욕이었다. 그것은 하나님만이 그들의 통치자라고 믿는 그들의 유일신 신앙에 모순되었다. 이리하여 끊임없는 반로마 민란과 폭동, 로마 주둔군의 유혈 진압이 일어났다(드다와 갈릴리 사람 유다의 민란에 대한 사도행전 5:36-37의 보도는 이러한 역사적 상황을 반영한다). 주후 70년과 135년 두 차례의 반 로마 혁명이 실패로 끝나고, 이스라엘 민족은 135년 하드리아누스(Hadrianus) 황제의 명령으로 팔레스타인에서 쫓겨나 1948년까지 "영토와 나라가 없는 민족"의 비극적 운명을 당하게 된다. 폐허가 된 예루살렘에 하드리아누스 황제는 로마식 도시(Colonia Aelia Capitolina)를 건설하고 쥬피터 신전을 여기에 세운다.

알렉산드리아의 유대인 철학자 필론(Philo)에 의하면, 빌라도는 부패하였고 간교하며 잔인한 사람이었다. 그는 그리심 산에 모세 시대의 보물이 매장되어 있다는 소식을 듣고 거기에 모여 있던 사람들을 무참히 죽이며, 그들의 종교를 모욕하는 일도 서슴치 않았다. 복음서는 빌라도의 잔인무도함을 다음과 같이 보도한다. "바로 그 때에 몇몇 사람이 와서, 빌라도가 갈릴리 사람들을 학살해서 그 피를 그들이 바치려던 희생제물에 섞었다는 사실을 예수께 알려드렸다"(눅 13:1).

예수 당시 북쪽 이스라엘과 남쪽 유다 지역은 극심한 대립관계에 있었다. 북이스라엘의 수도 사마리아는 아합 왕 때부터 이교의 영향을 깊이 받왔다. 그리하여 바알 신당이 세워져 있었다. 주전 722년 북이스라엘이 아시리아에게 몰락당한 이후, 아시리아의 식민지 정책에 따라 북쪽 사마리아 지역에 이주한 이방인들이 그곳의 유대인들과 결혼하였다. 이로 인해 사마리아 지역 유대인들의 민족적 정통성이 상실되었다. 또 바빌론 포로 생활에서 유대인들이 돌아왔을 때, 사마리아인들은 땅을 소유한 지주들로서 기득권을 가졌던 반면 바빌론에서 돌아온 유대인들은 땅이 없는 가난한 자들일 수밖에 없었다(박재순 1988, 84). 이리하여 남쪽 유대인들은 사마리아인들을 거부하고 예루살렘 성전제의 참여를 금하였다. 성전제의 참여를 금한다는 것은 하나님과의 관계 회복을 금한다는 것을 뜻한다. 이리하여 사마리아인들은 알렉산드로스 대왕의 허락으로 그리심 산에 자신들의 성전을 건축하였다. 그러나 이 성전은 두 지역의 무력 충돌로 인해 주전 128년에 파괴되었다. 두 지역 사람들은 왕래를 피하였다. 자기 지역을 지나가는 상대 지역인에게 마실 물과 숙소를 제공하지 않았고, 심지어 때려죽이기도 하였다(요 4:20; 눅 9:51-56 참조). "사마리아 사람"이라는 말은 "귀신들린 사람"을 뜻하였다(요 8:48).

대다수의 이스라엘 백성은 빈곤을 면치 못하였다. 국토의 대부분이 메마른 광야이기 때문에 많지 않은 농업, 목축업, 수공업, 상업에 의존하였고, 갈릴리와 겐네사렛 호수 주변의 주민들은 고기잡이로 연명하였다. 도시의 그리스화 시책에 따른 많은 건축 사업은 가난한 사람들에게 일자리를 제공하는 동시에 세금 부담을 증가시켰다. 국민들은 성전세, 레위 자손의 부양을 위해 모세가 정한 십일조, 모든 소득의 첫 열매, 로마제국에게 바치는 속주세를 부담해야 했다. 작은 국토가 여러 징세지역으로 분할되어 경계선마다 세무서 혹은 세관이 있었다(마 9:9; 막 2:14 참조). 채무자들은 고리대금업자들에게 최저 연리 24%(월 2부)의 이자를 물어야 했다. 가는 곳마다 실업자들(마 20:1-6 참조), 정신 이상자들(소위 귀신 들린 자들), 병든 자들, 장애자들이 있었다. 우리는 수많은 민중들이 가난과 질병 속에서 희망을 잃어버린 상태에 있었음을 복음서에서 찾아볼 수 있다. 농민들과 도시 빈민들의 크고 작은 반란이 거듭 일어났고, 로마 주둔군은 이들을 생포하여 십자가에 못박아 죽이거나 노예로 팔았다. "성 안에서 일어난 폭동과 살인 때문에 감옥에 갇힌" 바라바에에 관한 복음서의 보도는 이러한 역사적 상황을 반영한다(눅 23:19).

착취와 가난을 견디지 못한 빈민들이 광야로 피신하여 도적이 되어 부유한 지주들과 매국노들을 습격하였다. 많은 여자들이 과부가 되었다. 예레미야스는 당시 이스라엘의 사회 계층을 다음과 같이 기술한다. ① 사제들, ② 레위인 및 종교 지도층(랍비, 서기관, 율법학자들), ③ 순수한 혈통의 이스라엘인들, ④ 사제들의 사생아들, ⑤ 이방인 개종자들, ⑥ 성전 노예의 개종자들, ⑦ 일반 사생아들, ⑧ 창녀에게서 난 사생아들, ⑨ 미아들, ⑩ 인공으로 거세된 자들, ⑪ 자연적으로 거세된 자들, ⑫ 성 불구자들, ⑬ 양성(兩性) 소유자들, ⑭ 이방인들과 세리들(Jeremias 1988 참조).

이와 같은 사회적 상황 속에서 당시의 유대인들에게 정신적 힘이 된 것은 율법과 성전, 그리고 하나님의 구원에 대한 믿음과 메시아의 오심에 대한 기다림이었다. 구원의 길은 율법, 곧 하나님의 "가르침"(=토라)을 철저히 지키는 데 있다고 생각되었다. 그래서 당시 유대교 지도자들은 율법으로써 생활의 모든 구체적인 일들을 정확하게 규정하고자 하였다. 그러나 구약의 613가지 율법의 계명들만으로는 부족하였기 때문에, 할라카(Hallach, 율법의 계명들에 대한 성문화 된 추가 규정들)와 미슈나(Mischna, 성문화 되지 않은 율법의 추가 규정들)를 만들어 지키도록 하였다. 그러나 생활고에 허덕이는 민중들이 이 모든 규정들을 외우고 지키는 것은 불가능했기 때문에 (예를 들어 안식일에 낳은 달걀을 먹어서는 안 된다, 안식일에 밀 이삭을 뽑아 먹어서는 안 된다 등), 이른바 율법을 지키지 못하는 "죄인들"의 사회적 소외 현상이 일어났다. 그 대신 이 모든 규정들을 잘 지킴으로써 자기의 의와 경건을 주장하는 교만, 거짓된 의와 경건이 등장하였다. 하나님 경외와 연약한 생명의 보호에 초점을 가진 율법의 기본 정신은 사라지고, 율법은 민중의 생명을 억압하고 소외시키는 수단이 되었다.

예루살렘 성전은 유대인들에게 "하나님의 집"으로서 "예배의 중심"이었다. 주로 지중해 연안 지역에 흩어져 살던 디아스포라 유대인들은 해마다 성전으로 헌금을 보냈다. "각 개인이 바치는 제물이 매일 줄을 이었기 때문에 토라가 요구하는 수많은 제물이 빠짐없이 다 바쳐졌다. 성전 지역은 제물을 바치는 제사장과 일반인, 희생에 쓰일 짐승과 그것을 파는 사람들로 늘 붐볐다"(Kee 1971, 77). 넘치는 제물로 제사장들과 레위인들은 물질적 풍요를 누리면서 로마의 식민지 지배세력과 결탁하였다. 대제사장은 국가 최고 통치기구인 산헤드린의 의장직을 겸하였다.

당시 이스라엘은 로마 황제의 상(像)으로 주조된 화폐를 사용하였다. 그러나 이 화폐는 예루살렘 성전 안에서는 사용될 수 없었다. 이방 민족의 황제상이 화폐에 각인되어 있기 때문이었다. 그래서 성전 안에서는 성전 전용 화폐가 따로 사용되었고, 일반 화폐를 성전 전용 화폐로 바꾸어 주는 환전상들과 하나님께 바칠 제물을 파는 상인들이 성전 안에 있었다. 이들 환전상들과 상인들의 이익 중 일정 몫은 성전 제사장들과 레위인들에게 상납되었다. 하나님의 성전을 "강도들의 소굴"로 만들었다는 예수의 말씀은 당시 예루살렘 성전의 부패상을 반영한다(마 21:13).

이러한 상황 속에서 당시 이스라엘 백성에게 정신적 힘을 준 것은 메시아의 오심과 메시아적 왕국에 대한 기다림이었다. 이것은 복음서에도 발견된다(눅 1:67-79의 "사가랴의 예언", 세례자 요한의 회개운동; 눅 23:51의 "하나님의 나라를 기다리는 사람" 아리마대의 요셉 등). 메시아 왕국에 대한 이스라엘의 기다림과 희망은 본래 이방 민족의 지배로부터 이스라엘 민족이 해방되고 세계의 중심이 되는 민족주의적 색채를 가지고 있었다. 따라서 메시아는 다윗의 후손으로서 이스라엘 민족을 구원할 정치적 메시아로 생각되었다(사 9:6-7 참조). 그러나 메시아와 그의 왕국에 대한 기다림과 희망은 모든 민족들과 피조물의 세계를 포괄하는 우주적 비전으로 발전한다. 이 비전, 곧 구약성서의 메시아니즘은 다음과 같은 내용을 가진다. ① 세계의 주권자이신 하나님에 대한 경외, ② 개인의 죄의 용서와 철저한 변화, 하나님의

법을 따르는 생활(사 55:6-7; 겔 33:10-20), ③ 힘없고 가난한 사람들에 대한
배려, 억압과 고난에서의 해방(58:6-8), ④ 사회 정의의 실현(암 5:24), ⑤ 모
든 인간의 자유와 평등, 가치와 존엄성의 회복, ⑥ 이방 민족의 지배로부
터 이스라엘의 해방, ⑦ 전쟁의 폐기와 민족들 사이의 평화(사 2:2-4), ⑧ 굶
주림의 극복(25:6), ⑨ 생태계 전체의 새 창조(35장), ⑩ 죽음의 세력의 극복
(26:19), ⑪ 하나님의 자비와 정의와 평화가 충만한 "새 하늘과 새 땅"의 도
래(65:17; 66:22), ⑫ 모든 피조물과 하나님의 안식(28:12; 시 95:11).

예수가 생존하던 당시 다음과 같은 단체들이 이스라엘의 사회를 구성
하며, 예수의 공적 활동과 직·간접으로 관계된다(김균진 1995, 62 이하).

1) 솔로몬 왕이 대제사장으로 임명한 사독의 후손으로 추정되는 사두
개파 사람들은 현실주의자 또는 타협주의자로서 로마의 식민지 지배세력
과 결탁하여 사회적 지위와 부를 누렸다. 그들은 산헤드린의 다수를 차지
했다. 산헤드린의 최고의장은 사두개파 사람, 곧 대제사장이었다. 따라서
이스라엘의 정치권력은 사실상 그들의 손에 있었다. 예루살렘 성전의 보
물을 탈취하려는 로마에 저항하기도 했지만, 로마의 그리스화 정책에 협
조하고 민중을 억압하는 일에 동조하였다. 그들의 냉철한 사고는 "최후의
심판"과 죽은 자들의 부활을 믿지 않았다(막 12:18). 이에 반해 예수는 최후
의 심판과 죽은 자들의 부활을 가르친다(눅 10:14; 막 15:25-26). 그는 억압과
착취를 당하는 민중과 연대하며 지배세력에 대해 비판적 태도를 취한다.
"너희는 무엇을 보러 나갔더냐? 화려한 옷을 입은 사람이냐? 화려한 옷을
입은 사람들은 왕궁에 있느니라"(막 11:8).

2) 복음서에 자주 나타나는 바리새파 사람들은 히브리어 פְּרוּשִׁים(perusc
him<פָּרַשׁ[parash, 구분하다]), 곧 "구별된 자"를 뜻하며, 주전 2세기 마카비 혁
명에 참여했던 "경건한 자들" 곧 "하시딤"의 후손들이었다. 예수 당시 이들
은 모세의 율법을 정확히 지킴으로써 이스라엘 민족의 내적 개혁을 꾀하
였다. 산헤드린에서는 수적으로 열세였으나, 민중들 사이에서는 큰 호응
을 얻었다. 그러나 이들은 율법의 과중한 세부 규정들을 통해 삶의 모든

구체적 일들을 규정하고 이를 지키지 못하는 사람들을 정죄하고 소외시키는 율법주의와 종교적 형식주의에 빠진다(하루 세 번 예루살렘을 향해 기도하는 등). 예수는 바리새인들의 종교적 형식주의를 비판하며, 율법에 대한 해석에 있어 대립관계에 빠진다. 이 대립으로 인해 예수는 율법을 모독한 자로서 고발을 당하게 된다. 그러나 그들 중에는 예수의 친구나 지지자들도 있었다(눅 11:37; 13:31; 막 15:42-47).

3) 젤롯 당원들은 율법에 "열심하는 자들"(그리스어 Zeloten)을 뜻하며 바리새파 사람들과 생각을 같이 하였다. 그러나 로마 황제의 통치를 받으며 그에게 세금을 바치는 것은 "하나님만을 주(主)로 섬겨야 한다"는 제1계명을 어기는 것으로 간주하였다. 그리하여 이들은 폭력을 불사하는 적극적 행동을 통해 이스라엘을 해방하고자 하였다. 그들은 날카로운 단검(sica)을 숨기고 다니면서 로마 군인이나 매국노를 살해하기도 했다. 그래서 그들은 "시카리"(Sikarier)라 불리기도 했다. 끊임없이 일어난 반 로마 민란 내지 민중 봉기, 67년에 일어나 70년 로마제국 티투스 장군에 의해 진압된 제1차 반로마 혁명의 주동자들은 젤롯 당원들이었다. 예수는 폭력을 거부함으로써 젤롯 당원들과 입장을 달리한다.

4) 사해 서북쪽 고원지대에 위치한 쿰란(Qumran) 공동체는 속세를 떠나 세계의 종말과 구원을 기다리면서 철저한 경건생활을 하고 있었다. 엄격한 율법주의, 상하의 위계질서, 상급자에 대한 절대적 복종, 무소유와 엄격한 금욕생활이 이 공동체의 원칙이었다. 성(性)을 죄악시하여 결혼을 하지 않았고, 큰 소리로 웃는 것도 금지되었다. 배고픔을 해소하는 데 필요한 양의 음식만 먹었다. 식사할 때는 최고의 지도자로부터 시작하여 계급별로 자리에 앉아야 하며 침묵을 지켜야 했다. 불필요한 말, 어리석은 말을 해서는 안 되며, 공동체로부터 반팔 길이로 천 번의 거리를 나가서는 안 된다. 이러한 규정들을 지키지 않는 자에게는 식사량이 절감되었다. 상급자에게 불복종 하는 자는 추방되었다.

쿰란 공동체와는 달리 예수는 세속 안에서 하나님의 나라를 앞당겨 일으키고, 기존의 율법과 종교적 관습들을 상대화시킨다. 쿰란 공동체의 위계질서 대신에 예수는 위에 있는 자는 아래 있는 자를 섬기는 새로운 공동체의 질서를 가르친다. 그의 공동체는 위계질서를 갖지 않고, 형제자매들의 자유롭고 평등한 공동체의 모습을 가지며, 엄격한 금욕생활 대신 하나님이 창조하신 세계의 모든 것을 감사하는 마음으로 향유하는 모습을 보인다. 그리하여 예수는 "먹기를 탐하고 포도주를 즐기는 자"라는 비난을 받는다(마 11:19; 눅 7:34).

5) 주전 2, 3세기 이스라엘 백성의 끊임없는 고난의 역사 속에서 등장한 묵시사상은 예수 당시 민중들 사이에 널리 유포되어 있었던 것으로 보인다. 복음서는 예수도 묵시사상의 요소들을 가르친 것으로 보도한다(사람의 아들의 오심, 죽은 자들의 부활, 최후의 심판 등). 그래서 슈바이처는 예수를 "묵시사상가"로 본다.

묵시사상은 "극단적 염세주의"와 "종말론적 이원론"을 나타내는 동시에 하나님의 보편적 주권을 고백한다. 점점 더 죄악이 증가하는 지금의 역사는 "더 이상 하나님의 구원활동무대가" 아니다(천사무엘 2004, 51). 그것의 마지막(=종말)은 구원이 아니라 파멸이다. 세계의 거대한 재난과 파멸 다음에 하늘로부터 "사람의 아들", 곧 메시아가 내려와 "최후의 심판"을 내린 다음에 하나님의 새 하늘과 새 땅, 곧 하나님의 나라가 하늘로부터 내려올 것이다. 모든 피조물이 죄악의 세력에서 해방되고, 하나님의 주권이 온 세계 안에 세워질 것이다.

묵시사상은 이스라엘의 "지혜문학적인 요소들"을 내포하는 동시에 구약의 메시아적 약속과 기다림의 전통의 변형으로서 후기 유대교의 "암울한 역사적 상황에 대한 능동적인 반응이었다." 그 속에는 "창조주 야웨 하나님과 그가 만든 우주의 원리와 질서에 대한 확고한 믿음이 깔려 있었다"(천사무엘 2004, 62). 블로흐에 의하면 묵시사상은 "출애굽 해방의 사건의 기다림의 지평" 속에 있으며, 메시아적이며 예언자적 변혁의 "생명선"을 그 속에 지니고 있다. 묵시사상이 말하는 "사람의 아들"은 하나님의 새로운 운동의 "암호"(Geheimzeichen)이다(Bloch 1988, 190 이하).

묵시사상에 반해 예수는 종말에 올 하나님의 나라가 자기 자신을 통해 이미 시작되고 있다고 선포한다(막 1:15; 눅 10:23-24; 11:20). 바로 여기에 예수의 "새로운 점과 특이한 점"이 있다(Bultmann 1968, 3, 5). 또 예수는 "주의 은혜의 해", 곧 희년을 선포함으로써 당시 이스라엘 사회의 내적 변화를 요구한다(눅 4:19). 이런 점에서 예수는 묵시사상을 따르지 않고, 세례자 요한의 뒤를 이어 구약 예언자 전통을 계승한다.

4
하나님의 아들
메시아 예수의 삶의 역사

A. 출생과 공적 활동

예수가 실제로 생존했다는 것은 어떤 역사가나 무신론자도 이를 부인하지 않는 역사적 사실이다. 그의 본명은 "예수 그리스도"가 아니라 "예수"였다. 예수는 히브리어 *Jeshua*, 곧 "야웨가 구원한다"는 뜻이다. "그리스도"(*Christos*)는 본래 예수의 이름이 아니다. 그것은 히브리어 "메시아"(*mashiah*, 하나님의 기름부음을 받은 자)를 그리스어로 번역한 것이며, 예수에 대한 신앙고백적 칭호이다.

예수의 출생 년도는 불확실하다. 마태복음에 의하면 헤롯 왕(Herod, 주전 37-4 재위)이 죽은 해, 곧 기원전 4년에 태어났다. 누가복음에 의하면 로마의 아우구스투스(Augustus, 주전 27-주후 14 재위) 황제가 호구조사를 할 때, 곧 기원후 6년에 태어났다. 그가 태어날 때, 2살 이하의 아이들을 모두 죽이라는 헤롯 왕의 명령을 고려할 때, 주전 4 내지 7년 사이에 태어난 것으로 추정된다. 복음서는, 그의 어머니는 마리아임이 확실하지만 육신의 아버지는 없는 것으로 보도한다. 그래서 예수는 "마리아의 아들"이라 불린다(막 6:3).

마태복음과 누가복음에 의하면 예수는 베들레헴에서 태어났다. 이로써 예수가 다윗의 후손임이 강조된다. 태어나자마자 예수의 부모는 헤롯왕의 죽임을 피하기 위해 예수를 데리고 이집트로 피신한다. 그들은 헤롯이 죽었다는 소식을 듣고 귀국한다. 그러나 유다 지역의 분봉왕 아르켈라우스의 폭정을 두려워하여 갈릴리 지방에 속한 고향 나사렛으로 이주하여 거기서 성장한다(마 2:19-23; 막 6:1; 눅 4:16). 그래서 "나사렛 사람" 혹은 "나사렛 예수"라 불린다(마 2:23; 막 1:24). 갈릴리는 옛날 북이스라엘에 속했던 지역으로, 남쪽 유다 지역과 극심한 대립관계에 있던 "소외지대고 온갖 민중 봉기가 그치지 않은 곳"이다. 그래서 이스라엘의 집권자 쪽에서는 갈릴리를 "이방인의 땅"이라고 불렀다. 따라서 "나사렛 예수"란 명칭은 "별 볼 일 없는 출신"이란 경멸의 뜻을 가진다. "나사렛에서 무슨 좋은 것(=선한 것)이 나올 수 있겠소?"라는 나다나엘의 질문은 이러한 역사적 상황을 나타낸다(요 1:46; 역사의 인물 예수에 관해 안병무 1993, 18-40).

사회적 출신 계층에 있어 예수는 "평민"이요, 그의 양아버지 "요셉과 같은 노동자"였다(송창근 1998, 28). 그는 요셉에게서 목수의 일을 배웠던 것으로 보인다. 그래서 "목수" 혹은 "목수의 아들"이라 불린다(막 6:3; 마 13:55). 복음서는 예수가 아버지 없이 성령으로 잉태되었다고 하면서, 그를 "다윗의 자손이요 아브라함의 자손"이라 부른다(마 1:1). 야고보, 요셉, 유다, 시몬, 네 사람의 남자 형제와 누이들이 그에게 있었다(막 6:3).

예수의 어린 시절에 대해서는 전혀 알 수가 없다. 그는 정규교육을 받지 못했고 아람어를 일상용어로 사용했지만, 구약성서에 대한 해박한 지식, 진리에 대한 깊은 통찰력, 핵심을 찌르는 뛰어난 변론술을 가지고 있었던 것으로 보인다. 그는 독신으로 철저한 무소유의 삶을 살았다. 그는 머리 둘 곳조차 없었다(눅 9:58). 그는 구약성서의 신앙을 수용한다. 그리하여 하늘과 땅의 창조자 하나님을 고백한다(11:25; 눅 10:21). "아브라함과 이삭과 야곱의 하나님"을 자기의 "아버지" 혹은 "아빠"라 부르며, 자신을 이 하나님의 아들로 이해한다(막 12:26).

공적 활동을 시작하기 이전에 예수는 세례자 요한의 하나님의 나라 운동과 이스라엘의 회개운동에 참여한 것으로 보인다. 그러나 분봉왕 헤로데 안티파스가 그의 동생의 아내(=처제) 헤로디아를 취한 것에 대한 비판으로 인해 요한이 감옥에 갇히자, 예수는 갈릴리에서 자신의 하나님 나라 운동을 시작한다. "때가 찼다. 하나님의 나라가 가까이 왔다. 회개하여라. 복음을 믿어라."(막 1:15) 약 서른 살 때 예수는 공적 활동을 시작한 것으로 보이며(눅 3:23), 그 때 로마의 황제는 아우구스투스의 양아들 티베리우스(Tiberius, 14-36 재위; 개역성경 눅 3:1은 "디베료 가이사"라 번역함), 예루살렘의 대제사장은 안나스와 가야바, 유다 지역의 총독은 빌라도였다.

예수는 먼저 "이스라엘 집의 잃어버린 양" 혹은 "잃어버린 자"를 찾는다(마 15:24; 눅 19:10). 그는 그 사회의 집권계층과의 만남을 거부하지 않았지만, 주로 질병과 가난 속에서 소외당한 민중들 속에서 하나님 나라의 운동을 일으킨다(마태복음은 "하나님의 나라" 대신에 "하늘의 나라", 곧 천국이란 개념을 사용한다. 이 개념은 죽은 다음에 갈 피안의 세계를 가리키는 것이 아니라, 마가복음과 누가복음이 말하는 하나님의 나라를 대체한 것에 불과하다). 그가 선포한 "하나님의 나라"는 당시 유대인들에게 새로운 것이 아니었다. 그것은 이스라엘의 하나님 신앙의 필연적 귀결로서 이미 세례자 요한이 선포하던 것이었다. 그러나 두 사람의 선포는 다음과 같은 차이를 보인다.

1) 하나님의 나라는 세례자 요한의 선포에 의하면 인간의 죄에 대한 분노의 심판으로 오는 반면, 예수의 선포에 의하면 "아빠" 하나님의 은혜로서 온다. 그것은 인간의 업적에 대한 심판으로, 행위에 대한 대가(代價)로서 오는 것이 아니라 이스라엘의 잃어버린 자들의 조건 없는 용서와 구원으로서 온다(마 5:3-12; 눅 6:20 이하).

2) 요한은 금욕과 명령을 통해 하나님의 나라를 앞당겨 오고자 하는 반면, 예수는 죽음의 그늘 속에 사는 자들에 대한 하나님의 은혜의 표징들, 병든 생명을 건강케 하는 기적들을 통해 하나님의 나라를 앞당겨 온다. 그래서 요한은 광야에서 금욕생활을 하는 반면 예수는 세상 안에서

"세리와 죄인들의 친구"가 되어 즐겨 먹고 마신다. 하나님의 나라에 대한 표상의 배면에는 상이한 하나님 상(像)이 전제되어 있다. 요한에게서 하나님은 행위에 따라 인간을 판단하는 율법적 존재라면, 예수에게서 하나님은 인간의 행위를 묻지 않고 그의 나라를 시작하는 은혜로운 분으로 나타난다.

3) 세례자 요한에게서는 묵시사상적 요소들이 강하게 느껴지는 반면, 예수는 당시의 묵시사상적 공상들에 대해 거의 관심을 갖지 않는다. 그래서 예수는 자기의 시간을 최후심판 이전의 무서운 "마지막 시간"이 아니라 해방하는 메시아의 "시간의 충만함"으로 생각된다. "때가 찼다"(막 1:15; 갈 4:4). 요한의 시간은 "하나님 나라의 도래 이전의 마지막 시간"이라면, 예수의 시간은 하나님의 나라가 도래하는 "첫 시간"이다(Moltmann 1989, 111).

4) 요한은 하나님의 나라가 가까이 왔다고 선포하는 데 그치는 반면, 예수는 자신의 삶을 통해 하나님의 나라의 현실을 앞당겨 온다. 요한의 하나님 나라는 아직도 미래적인 것인 반면, 예수의 하나님 나라는 지금 일어나는 현재적인 것인 동시에 장차 완성되어야 할 미래적인 것이요, 미래적인 동시에 예수 안에서 현재적이다.

여하튼 세례자 요한의 뒤를 이은 예수의 하나님 나라 운동은 당시의 이스라엘 사회에서 매우 위험스러운 것이었다. 세례자 요한도 하나님의 나라를 선포하다가 결국 죽임을 당하였다. 왜냐하면 하나님의 나라는 구약의 메시아적 약속의 전통에 속한 것으로, 기존의 사회체제를 동요시키기 때문이다(이런 점에서 "예수와 세례 요한은 로마의 지배체제에 맞서 '반로마 체제 공동전선'을 구축"하고, "의와 하늘나라를 공동강령과 선포로" 삼았다는 좀 극단적 해석이 가능하다; 서중석 2006, 87-88).

하나님 나라의 표징으로서 예수는 병을 고치고 귀신을 내쫓는 기적들을 행한다. 하나님의 위대한 능력과 영 안에서(눅 5:17) 예수가 이러한 일들을 행하였다는 것은, 그의 적대자들도 부인하지 않는 역사적 사실로 보인다(마 12:24). 호수의 폭풍을 잔잔케 하고 물 위를 걸어간 "자연의 기적들",

죽은 자들을 살린 기적에 대한 보도(막 5:21-43; 눅 7:11-17; 요 11:1-44)를 통해 복음서 기자들은 예수를 자연까지 다스리는 주님으로, "생명의 근원"(행 3:15; 참조. 요 17:3)으로 제시하고자 한다.

예수는 그가 "아버지", "나의 아버지" 혹은 "아빠"라 부르는 하나님과의 깊은 일치 속에서 그 사회의 소외된 자들의 친구, 곧 "세리와 죄인의 친구"가 되며(마 11:19; 눅 7:34), 얼굴을 들지 못하는 사람들의 죄를 아무 조건 없이 용서하고, 이들의 상실된 인간적 가치와 존엄성을 회복한다. 그는 당시 지배층의 종교적 의와 경건의 거짓을 폭로하고 진실을 드러내고자 한다. "주의 은혜의 해", 곧 희년을 선포함으로써 사회의 인간화를 꾀하며 하나님 나라의 현실을 앞당겨 온다. 그는 율법과 율법 해석들을 상대화시킴으로써 율법 수호자들의 억압에서 인간의 생명을 해방하고 율법의 본래 목적을 실현하고자 한다(보다 자세한 내용들에 관해 아래 "예수의 사역" 참조).

복음서에 의하면 "온 유대와 예루살렘과 두로 및 시돈 해안 지방에서 모여든 많은 백성이 큰 무리를 이루었다"(눅 6:17). "수만 명"의 무리가 예수에게 몰려들어 "발에 밟힐 만큼" 되었다(눅 12:1). 그래서 예수는 "식사할 겨를도 없었다"(막 3:20). 보리떡 다섯 개와 생선 두 마리의 기적에 의하면, 장정만 5천 명이 배불리 먹었다고 한다(9:14). 어린이, 노약자, 여자들까지 고려할 때, 약 1만여 명의 사람들이 거기에 있었다고 추산된다. 당시 이스라엘의 인구 숫자에 비해 1만여 명의 수(數)는 엄청난 수였다. 끊임없이 민란이 일어나는 당시의 상황 속에서 집권자들은 긴장할 수밖에 없었을 것이다. 그들은 헐벗고 굶주린 "예수의 무리들"이 폭도로 변할 수 있는 위험성을 느꼈기 때문이다. 이렇게 많은 민중들이 예수에게 몰려든 것은 하나님의 아들 예수의 권위와 놀라운 가르침 때문이기도 하지만, 외세에 영합하고 거짓과 형식주의에 빠진 기성 종교에 민중들이 더 이상 희망을 가질 수 없었기 때문이다.

어떤 사람에게 예수는 예언자처럼 혹은 선생님(=랍비)처럼 보였다(막 6:15; 8:27-28; 9:5). 또 어떤 사람에게는(특히 귀신들린 사람들에게) 하나님의 아

들 메시아로 보였다(3:11; 마 16:16). 그의 가족들에게는 "미친 사람"(막 3:21)
으로, 그의 적대자들에게는 귀신들린 자(막 3:22)와, 하나님과 모세의 율법
을 모독하는 민중의 오도자(誤導者)로 보인다. 분봉왕 헤로데 안티파스에
게는 다시 살아난 세례자 요한으로 보이며, 유다 지역의 총독 빌라도와 권
력층에게는 민중 봉기를 일으킬 수 있는 정치적 위험인물로 보였을 것이
다(눅 23:2-5; 13:31 참조).

복음서는 예수에게 12명의 남자 제자들만 있었던 것으로 보도한다. 그
러나 이 숫자는 이스라엘 12지파를 대신하는 새로운 "하나님의 백성"이
등장하였다는 것을 보이기 위한 상징적 숫자이며, 실제 예수에게는 많은
제자들이 있었던 것으로 보인다. 위경은 이 제자들 중에는 여자 제자들도
있었던 것으로 보도한다(도마복음 참조).

예수의 제자들 중 시몬은 젤롯 당원이었고(마 10:4), 예수를 은 30냥에
팔아버린 가룟 유다와 베드로도 젤롯 당원으로 추정된다. 가룟인 유다는
로마의 식민지 지배세력에 대한 예수의 비폭력적 태도에 실망하여 예수
를 팔아버린 것으로 보인다. 예수가 체포되던 날 밤 대제사장의 종의 귀만
잘라버릴 수 있는 예리한 단검과 칼솜씨를 가지고 있었던 베드로도 젤롯
당원이었을 가능성이 크다. 그러므로 예수는 "열심당의 지도자로 오인될
가능성을 충분히" 가지고 있었다(김명용 1997, 25). 여하튼 복음서의 보도에
의하면 제자들은 예수가 십자가에 달려 죽을 때까지 예수의 참 뜻을 알지
못하였다. 그러므로 예수는 "제자훈련에 성공하지 못한 것이다"라는 추정
이 가능하다(송기득 1997, 119).

역사적 예수는 그 사회의 정치적·경제적·사회적 현실에 대해 어떤
태도를 취했는가? 그는 이 현실에 대해 무관심한 채 단지 종교적 구원의
문제에만 관심하였는가? 그의 하나님 나라 운동은 종교적인 일에 불과했
는가?

예수 당시의 유대 사회는 정치와 종교가 하나로 결합된 사회였다. 산
헤드린의 구성원들은 모두 종교 지도자들이었고, 대제사장이 산헤드린

의 의장이었음이 이것을 증명한다. 따라서 종교와 정치가 결합되어 있었다. 또한 예수가 선포하는 하나님의 나라는 단지 종교적인 것이 아니라 현실의 정치적·경제적·사회적 질서의 개혁을 요구하는 의미를 내포하였다. 불의하고 비인간적인 세계 속에 하나님의 정의와 자비가 다스리는 새로운 삶의 현실이 세워져야 하기 때문이다. 예수의 하나님 나라 선포는 "(로마) 황제의 통치에 대한 거부를 전제하고, 또 황제의 통치를 상대화시키는", "당대 사람들에게는 상상하기 힘든 폭탄선언이었다"(서중석 1991, 182).

그러므로 예수는 그 사회의 "강압적 질서"를 거부하는 태도를 보인다. "그는 갈릴리 영주 헤롯을 여우라고" 부르며, "세상의 지배자들이 세상을 강제로 다스린다"고 비판한다. "이 세상 왕들은 강제로 백성을 다스린다. 그리고 백성들에게 권력을 휘두르는 사람들은 백성의 은인으로 행세한다"(눅 22:25). 정치와 종교가 결합되어 있는 사회에서 종교권에 대한 예수의 비판은 곧 정치권에 대한 비판이었다. 그러므로 갈릴리 지역의 분봉왕 헤로데 안티파스는 예수를 죽이려 하였다(13:31).

한마디로 "예수는 정치, 경제, 사회 질서에 대한 분명한 관심이 있었다. 그에게는 강압적 정치질서에 대한 비판과 저항이 있었다. 그의 눈은 가난한 자를 연민했고, 가난한 자들이 살 수 있는 질서에 대한 관심을 기울였다. 그는 기존하고 있는 사회 질서가 하나님의 다스림과 다른 옳지 않은 질서임을 알고 계셨고 따라서 이 질서는 개혁되어야 함을 가르쳤다"(김명용 1997, 32-33). 그러나 "예수가 로마를 상대로 무장투쟁을 몸소 벌였다는 기록은 없다"(송기득 1997, 119). 그는 제자들에게 폭력의 사용을 금하였다.

B. 예수의 십자가의 죽음

공적 활동 마지막에 예수는 갈릴리에서 예루살렘으로 가서 유대교 지도자들이 파송한 무리들에 의해 체포된다. 그는 먼저 대제사장 가야바

(Kajaphas, 18-36년 재위)와 백성의 지도자들에게 끌려가 심문을 당한다. 심문은 예수가 "하나님의 아들 그리스도(=메시아)"인가에 대한 질문과 함께 시작한다.

복음서에 의하면 예수는 이 질문에 대해 직접 혹은 간접으로 시인한다. 이에 근거하여 대제사장은 예수를 "하나님을 모독하는 자"로 규정하고 사형에 처하기로 결의한다. 그러나 사형 언도와 사형 집행권은 로마 총독 빌라도에게 있었다. 그래서 제사장들은 예수를 결박하여 총독 빌라도에게 넘겨준다. 빌라도에게 "예수 건(件)"은 매우 곤혹스러운 것이었다. 예수를 살려주어도 위험하고, 그를 죽여도 위험했다. 그를 죽일 경우, 갈릴리에서 부터 그의 뒤를 따르는 무리들이 폭동을 일으킬 수 있었기 때문이다. 이 "뜨거운 감자"를 피하기 위해, 빌라도는 예수가 분봉왕 헤롯의 통치지역인 갈릴리 사람이란 명목으로 예수를 헤롯에게 넘겨준다. 이제 뜨거운 감자가 빌라도에게서 헤롯으로 넘어왔다. 헤롯은 명확한 죄목을 발견할 수 없다는 명목으로 예수를 빌라도에게 되돌려 보낸다(눅 23:6-11). 뜨거운 감자는 빌라도에게 되돌아왔다.

복음서 기자들에 의하면 빌라도는 예수에게서 사형에 해당하는 죄목을 발견하지 못하여 예수를 살려주고자 노력한다. 그러나 정체를 확인할 수 없는 "무리들"의 요청을 이기지 못해 빌라도는 예수에게 "십자가의 사형"을 선고한다. 우리는 예수가 사형선고를 받게 된 원인을 다음과 같이 분석할 수 있다.

1) 무장투쟁을 통해 당시 로마제국의 지배에서 이스라엘을 해방하려던 사람들, 특히 젤롯 당원들의 예수에 대한 실망이 그의 죽음에 대한 원인이 될 수 있다. 가룟 유다가 예수를 은 30냥에 판 이유도 여기에 있다고 추측할 수 있다. 그러나 이 추측은 사실성이 희박하다. 당시 젤롯 당원들의 폭력적 방법에 동의하지 않는 사람들이 많이 있었기 때문이다(특히 사두개인들과 바리새파 사람들). 예수를 "죽이라"고 부르짖었던 민중들은 소외된 지역 갈릴리에서부터 예수의 뒤를 따르다가 그에게 실망을 느낀 사람들이

아니라, 예루살렘의 권력자들의 사주를 받은 "프락치들" 내지 "짭새들"이
었을 가능성이 크다(참조. 마 27:20, "대제사장들과 장로들은 무리를 구슬러서…"; 이에
반해, 권진관 교수는 예수를 따르던 민중들이 "그를 죽이는 일에 가담"하였다고 봄, 권진관
1992, 423).

2) 복음서의 보도에 의하면 예수가 죽임을 당하게 된 일차적 원인은
모세 율법과 성전에 대한 모독, 하나님 모독에 있었던 것처럼 보인다. 그
러나 이것은 외적 원인일 뿐이다. 내면적 원인은 당시 유대교 지도자들의
사회적 권위와 권력 유지에 대한 욕망에 있었다. 예수의 행위는 이들의 권
위와 권력을 위험스럽게 만들기에 충분했다. 그들은 종교 지도자들의 거
짓과 불경건을 폭로하며, 모세 율법에 대한 그들의 해석과 가르침을 상대
화시키며, 성전과 성전제의를 상대화시키며, 성전을 가리켜 "도적의 굴혈"
(막 11:17)이라 비판하는 예수를 살려둘 수 없었다(한국의 교회도 "도적의 굴혈"
이라는 비판을 받지 않도록 조심해야 할 것이다).

한 걸음 더 나아가 예수는 하나님을 대신하여 죄를 용서한다. 이로 인
해 죄용서를 얻기 위한 성전의 제의와 제사장의 중재자직이 불필요하게
된다. 성전 자체가 필요 없게 된다. 예수는 "성전보다 더 큰 이"로 자처하
면서, 하나님은 "자비를 원하고 제사를 원하지 않는다"고 가르친다(마 12:6;
여기서 우리는 구약의 제사장 전통과 예언자 전통의 충돌을 다시 발견한다). 예수의 이
러한 언행들은 사실상 성전종교의 폐기를 뜻하였고, 종교와 정치가 결합
되어 있는 그 사회 체제의 동요를 뜻하였다. 체제를 동요시키는 자는 동서
고금을 막론하고 그 체제의 질서와 법의 이름으로 제거되기 마련이다. 예
수도 마찬가지였다. 예루살렘의 지배계층은 그들의 사회적 위치와 특권을
위험스럽게 만드는, 갈릴리 지역의 목수 출신 청년 예수를 도저히 용납할
수 없었다. 이리하여 그들은 예수를 모세의 율법과 성전과 하나님을 모독
한 자, 자기를 하나님의 아들 메시아라고 참칭한 자, 성전을 허물고 사흘
만에 다시 세울 수 있다는 터무니없는 얘기를 유포한 자, 로마 황제에게
세금을 바치지 말라고 민중을 선동한 자로 고발한다.

3) 그러나 이런 종교적 문제가 예수를 사형에 처할 수 있는 죄목이 될 수 없었다. 그러므로 유대교 지도자들은 예수가 로마 황제에게 세금 바치는 것을 반대하고 백성을 선동하는 "자칭 그리스도, 곧 왕"이란 죄목으로 예수를 빌라도에게 넘겨준다. 이 죄목은 사형에 해당하는 정치적 죄목이었다. 그러므로 빌라도는 당시 로마제국에서 정치범들이 당하는 십자가 사형을 예수에게 선고한다.

당시 로마제국에서 십자가의 사형은 주인을 버리고 도주하다 붙들린 노예들, 로마제국(Imperium Romanum)에 대해 민란이나 반란을 일으킨 반란자 또는 정치범들이 당하는 가장 고통스런 벌이었다(주전 73년 흑해 연안 트라키아 출신의 노예 스파르타쿠스가 일으킨 반 로마 노예혁명이 로마의 법무관 크라수스에 의해 진압되었을 때, 포로로 잡힌 6천여 명이 아피아 가도 연변에 세워진 십자가에 달려 사형을 당한 것이 이를 예증한다; 참조 시오노 1995, 233-238). 이 형벌은 로마제국의 질서와 평화를 지키기 위한 법적 장치였다. 예수는 노예가 아니었다. 그렇다면 예수는 결국 정치적 죄목으로 사형을 당했다고 볼 수 있다. 만일 예수가 종교적 죄목으로 죽음을 당해야 했다면, 당시 유대교의 관습에 따라 돌로 때려죽이는 죽임을 당해야 했을 것이다.

예수의 십자가에 달린 죄패, 곧 "INRI"(Iesus Nazarenus Rex Iudaiorum, 유대인들의 왕 나사렛 예수)는 예수가 정치적 죄목으로 처형되었음을 증명한다. 예수와 함께 십자가 처형을 당한 두 명의 죄수도 정치적 범죄자들(?)이었다. 예수 대신에 석방을 받은 바라바는 "민란을 꾸미고 이 민란에 살인하고 포획된 자" 중에 한 사람이었다(막 15:7).

예수의 정치적 죄목은 빌라도가 예수를 오해했기 때문일까? 이것은 오해라 볼 수 없다. 오히려 그것은 빌라도의 숨은 의도를 드러낸다. 사태를 냉정히 분석할 때, 예수는 빌라도에게 한마디로 위험인물이었다. 하나님의 나라와 희년에 관한 그의 말씀은 한마디로 "로마의 평화"(Pax Romana)를 깨뜨릴 수 있는 위험한 것이었다. 만(萬) 명 가까운 헐벗고 굶주린 민중들이 예수의 뒤를 줄줄 따라다니는 것을 보면서 빌라도는 새로운 민란의 위험성을 두려워하지 않을 수 없었을 것이다. 거대한 민란이 일어날 경우, 로마 황제에 의해 총독 자리에서 파면되어 출세의 길을 포기해야 할 위험성을 느낀 빌라도는 예수가 제거되기만을 기다렸을 것이다.

그런데 빌라도는 예수를 끝까지 살려주고자 노력한 매우 선한 사람이었던 것처럼 복음서는 보도한다. 그러나 유대인 철학자 필론(Philo)과 역사가 요세푸스(Josephus)가 전하듯이, 빌라도는 잔인하고 간교한 사람이었다. 복음서 기자도 빌라도의 잔인함을 다음과 같이 증언한다. "바로 그 때에 몇몇 사람이 와서, 빌라도가 갈릴리 사람들을 학살해서 그 피를 그들이 바치려던 희생제물에 섞었다는 사실을 예수께 일러드렸다"(눅 13:1). 예수의 소송 건에 있어 빌라도는 정치적 능숙함(?)을 보인다. 만일 자신의 손으로 예수를 제거한다면 거대한 폭동이 일어날 것이다. 그래서 그는 "대제사장들과 지도자들과 백성"의 요구를 이기지 못하는 척 하면서 예수에게 사형을 선고한다. 이로써 예수의 죽음에 대한 책임이 이스라엘의 지도자들에게 넘어가고, 빌라도는 "나는 이 사람의 피에 대해 아무 책임이 없다. 모든 책임은 너희에게 있다"는 표시로 손을 씻는다(마 27:24).

빌라도의 이러한 간계함은 정치의 기본 상식에 속한다. 적(敵)을 통해 적을 죽이고, 결국에는 적을 죽인 그 적도 제거하여버린다. 이리하여 예수의 죽음에 대한 책임은 유대인들이 뒤집어쓰게 되고, 빌라도는 위기를 모면한다. "예수를 죽인 민족"이라는 이유로 유대인들은 약 2천 년 동안 반유대인주의(Antisemitismus)의 대상이 되어 유럽의 기독교 세계에서 인종차별, 약탈, 추방, 살해, 방화, 대량학살(Holokaust) 등의 고난을 당하게 된다. 물론 예수의 죽음에 대한 책임이 유대교 지도자들에게 아주 없는 것은 아니다. 그러나 우리는 그 뒤에 숨어 있는 빌라도의 정치적 계략을 간과해서는 안 될 것이다. 당시의 정치적 판도에서 빌라도가 아무 힘도 없는 예수를 살려주어야 할 이유는 전혀 없었다. 그러므로 수난절 때마다 예수의 죽음에 대한 책임을 유대인들에게만 돌리는 순박한(?) 설교는 중지되어야 한다.

종합적으로 말해 예수의 죽음은 단지 "이단 논쟁의 결과"가 아니라 (Joest 1984, 243에 반해), 권력욕에 사로잡힌 빌라도와 유대교 지도자들의 합작품이었다. 필자의 생각에는 빌라도가 더 간교한 원인자였고, 유대교 지도자들은 들러리를 선 것으로 보인다. 다음과 같은 예수의 제자들의 증언이 이것을 증명한다. "헤롯과 본디오 빌라도가…이스라엘 백성과 한패가 되어" 하나님의 아들 예수를 죽였다(행 4:27).

사람의 눈으로 볼 때, 예수가 홀로 십자가에 달려 죽음의 고통과 싸우는 동안, 예수의 아버지 하나님과 성령은 침묵한다. 하나님의 일을 위해 자기의 삶을 바친 예수는 하나님의 버림을 받은 것처럼 보인다. "나의 하나님, 어찌하여 나를 버리셨습니까?"라는 예수의 부르짖음은 그의 역설적 죽음을 드러낸다. 십자가에 달린 하나님의 아들 메시아! 그는 다른 사람을 구했지만 자기 자신은 구하지 못한다.

십자가의 고통은 대개 3일간 지속된다고 한다. 그러나 예수는 하루를 못 넘기고 주후 30년 니산 15일, 곧 4월 7일 금요일에 운명한다. 그 때 로마제국의 황제는 티베리우스였다. 그가 죽음을 당할 때, 남자 제자들은 실망과 두려움 속에서 "모두 예수를 버리고 달아나" 갈릴리의 고향으로 돌아간다(막 14:27-28, 50; 16:7; 요 16:32). 그러나 갈릴리에서부터 그를 따라다니며 섬기던 여자들, "그 밖에도 예수와 함께 예루살렘에 올라온 여자들"이 그의 죽음의 고통을 끝까지 지켜본다(막 15:41).

십자가의 죽음을 통해 예수는 세례자 요한의 뒤를 이어 이스라엘 사회에서 제거된다. 이로써 그의 하나님 나라 운동은 실패로 끝난 것처럼 보인다. 죄를 용서할 수 있는 권세와 하나님의 나라를 세우는 자신의 종말론적 존재에 대한 예수의 요구, 그의 메시아적 자기의식은 헛된 것처럼 보인다. 그는 "나무에 달린…하나님께 저주를 받은 사람"으로서 비웃음의 대상이 된다(신 21:23; 갈 3:13). 예수에게 가졌던 이스라엘 민중의 메시아적 기대는 물거품이 되어버린 것처럼 보인다. 그래도 의로운 사람은 살아 있어서, 예수의 시체는 아리마대 사람 요셉의 바위무덤에 안장되고, 세계는 아무것도 없었던 것처럼 옛날로 되돌아간다. 죄와 불의와 거짓의 세력이 정의와 진리의 세력을 이긴 것처럼 보인다. 무덤 어귀에 말없이 서 있는 큰 돌은 무덤으로 끝날 수밖에 없는 인간 세계의 희망 없는 현실을 상징한다.

여기서 다음의 질문이 제기된다. 예수의 죽음은 예수가 자발적으로 결단한 것이었을까? 아니면 그의 죽음은 그의 공적 활동이 초래한 결과로서 예수가 어쩔 수 없이 받아들인 것일까? 복음서의 보도를 따를 때, 그의 죽음은 예수 자신이 미리 계획했던 것으로 보이지 않는다. 그러나 그것은 단지 수동적으로 받아들인 것이 아니라, 공적 활동의 과정 속에서 예수 자신이 스스로 결단했던 것으로 보인다.

우리는 이에 대한 몇 가지 증거를 복음서에서 발견할 수 있다. 먼저 예수는 하나님의 나라를 선포한 세례자 요한의 죽음을 보면서 자신의 하나님 나라 운동을 시작한다. 이때 예수는 죽음의 위험성을 모르지 않았을 것이다. 예수는 하나님의 나라와 희년에 대한 그의 말씀과 활동이 로마 권력층에게 위험스러운 것이었음을 분명히 알았을 것이다. 또 예수가 그의 공적 활동 마지막에 갈릴리에서 예루살렘으로 갔다는 것은 호랑이 입 속으로 들어가는 것과 마찬가지였다. 그 당시 예루살렘은 권력의 중심지였다. 로마 황제가 직접 파견한 총독 빌라도의 관저와 로마 주둔군의 본부가 거기에 있었고, 정치권력과 종교권력이 집결되어 있었다. 거기서 예수는 예언자들의 뒤를 이어 자신의 죽음을 직감했지만 이를 피하지 않는다(눅 13:33-35; 마 23:37 등 참조).

복음서가 전하는 예수의 여러 가지 말씀과 행위는 죽음을 각오한 사람이 아니고서는 도저히 할 수 없는 것이었다. 모세와 율법의 권위를 상대화시키고 죄를 용서함으로써 자기의 권위와 하나님의 권위를 동등한 위치에 세울 때, 예수는 당시 유대교 사회에서 죽음의 위험을 피할 수 없다는 사실도 미리 알았을 것이다. "어쨌든 예수는 그의 하나님 나라 선포와 권세에 대한 요구, 하나님에 의한 그의 파송에 대한 주장이 폭력적 죽음을 초래할 수 있다는 것을 알았다"(Müller 2005, 295). 그러나 예수는 이 위험을 피하지 않는다.

따라서 복음서는 예수의 삶의 과정을 십자가의 죽음을 향해 진행되는 과정으로 묘사한다. 그런 점에서 복음서는 "상세한 입문을 가진 수난의 이야기들"이다(M. Kähler). "그의 고난과 죽음은 적극적 수난(passio activa), 곧 의식적으로 결단한 고난의 길이요, 하나님에 대한 그의 열정 때문에 일어난, 그 자신이 긍정한 죽음이었다"(Moltmann 1989, 195). 바울은 예수의 죽음을 아버지 하나님과 예수가 의지의 일치 속에서 함께 결단한 것으로 묘사한다. 예수는 아버지 하나님의 뜻에 순종하여 자신의 생명을 내어준다 (갈 2:20). 아버지 하나님은 예수를 "우리 대신 죄를 씌우셨다"(고후 5:21).

이 문제와 연관하여 다음의 질문이 제기된다. 예수의 십자가의 죽음은 하나님이 미리 계획한 것이었을까? 신약성서의 증언에 의하면 예수는 하나님의 계획된 각본 때문이 아니라 지배계층의 권력욕으로 인해 죽임을 당했다. "헤롯과 본디오 빌라도가 이방 사람들과 이스라엘 백성과 한패가 되어 이 성에 모여서, 주님께서 기름 부으신 거룩한 종 예수를 대적하여" 그를 죽였다(행 4:27-28).

그러나 예수가 부활한 다음에 제자들은 인간의 행위 뒤에 숨어 작용하는 하나님의 의지를 발견한다. 인간의 욕심으로 말미암은 그 사건 속에서 하나님은 인간과 세계를 구원하려는 그의 의지를 관철한다. 그러므로 제자들은 예수가 악한 인간들로 인해 죽임을 당했다고 증언하는 동시에(막 8:31; 눅 17:25; 24:7), 아버지 하나님이 그를 죽음에 내어주었다고 증언한다 (롬 8:32). 그의 죽음은 단지 "사람의 일"이 아니라 "하나님의 일"이었다(마 16:23).

예수의 십자가의 죽음은 단지 예수 한 사람의 죽음이 아니라, 민중의 억울한 고난과 죽음을 대변하는 사건이라는 민중신학의 주장은 타당하다. 예수는 그의 아버지 하나님과 하나인 동시에, 민중과 연대하며 자기를 그들과 동일화시킨다(마 25:31-46, "최후의 심판" 이야기 참조). 그의 뒤를 따르던 사람들은 거의 모두 가난하고 힘없는 민중이었다. 예수 자신도 제대로 교육을 받지 못한 목수로서 "민중의 한 사람이었다"(서남동 1983, 189). 그의 억울한 고난과 죽음은 민중의 고난과 죽음을 계시한다. 한 지체가 당하는 고난은 모든 지체가 함께 당하는 고통이다(고전 12:26).

그러므로 예수의 "십자가는 버림받은 민중의 고통스런 현장이다. 죽음의 자리인 처형당하는 자리에서 '나의 하나님…왜 나를 버리셨습니까?'라고 외친 절규는 역사와 사회를 지배하는 죽음의 세력에 대한 항거요 부르짖음이다"(박재순 1988, 41).

그러나 예수의 죽음은 단지 민중이 당하는 고난의 계시 또는 요약에 불과하지 않다. 신약성서에 따르면 그의 죽음은 모든 인간의 죄를 용서하기 위한 하나님의 구원의 사건이기도 하다. 하나님은 사랑이다. 사랑은 구별 속에서 함께 있음을 말한다. 따라서 예수가 십자가의 죽음을 당할 때 그의 아버지 하나님은 성령 안에서 그의 죽음의 고통을 함께 당하며, 인간이 당해야 할 심판과 죽음의 고통을 대신 당한다. 묵시사상이 기다리던 종말의 심판과 벌이 하나님 자신에게서 앞당겨 대신 집행된다. 죄없는 분이 죄의 결과를 스스로 감당함으로써 그의 정의를 세운다. 이런 점에서 하나님의 사랑은 정의로운 사랑이다.

C. 십자가에 달려 죽은 예수의 부활

모든 것이 침묵하는 암울한 세계 속에서 복음서 기자들은 놀라운 소식을 전한다. "놀라지 마시오. 그대들은 십자가에 못박히신 나사렛 사람 예수를 찾고 있지만, 그는 살아나셨소"(막 16:6).

신약성서는 예수의 부활을 증언하기 위해 구약성서가 제시하는 여러 가지 표상을 사용한다. ① 고난과 죽음을 당한 하나님의 종은 높이 들리움을 받을 것이다(사 52:13 이하), ② 의로운 자가 하늘로 높이 들리워질 것이다(열하 2:1-18), ③ 죽은 자들이 잠자는 상태에서 다시 살아날 것이다(사

26:19; 단 12:2). 구약성서의 이러한 표상들에 의존하여, 신약성서는 이렇게 고백한다. 하나님은 예수를 그의 오른편으로 높이셨다(행 5:31). 예수를 하늘로 들어 올리셨다(행 1:1-11; 5:30-31). 이러한 표상들 가운데 "하나님은 예수를 죽은 자들로부터 깨우셨다", "예수는 잠자는 자들로부터 일어났다"는 표상이 가장 기본적이며 본래적인 것으로 보인다.

신약성서는 예수의 부활을 "깨우다"(egeiro)라는 개념과 "일어나다" (anhistemi)라는 두 가지 개념으로 이야기한다. Egeiro의 명사형 egersis는 마태복음 27:53에 단 한 번 사용될 뿐이고, 그밖에는 동사형 anhistemi와 그것의 명사형 anastasis가 사용된다. 이 두 가지 개념에 의하면, 부활은 "잠에서 깨어나 일어나는 것"을 뜻한다. 곧 아버지 하나님이 그의 영을 통해 잠자는 예수를 깨우셔서, 잠자던 예수가 잠에서 일어나는 것을 말한다. 부활에 대한 이 언어 형식은 사실의 언어 형식이 아니라 "은유의 언어 형식"이다(Pannenberg 1991, 387).

이 은유는 죽음을 잠자는 것에 비유하는 유대교와 고대 그리스의 표상에서 유래한다. 묵시사상의 문헌들과 구약성서의 여러 구절에 죽음은 잠자는 것으로 표상된다(욥 3:13; 14:12; 시 13:4; 렘 51:39). 이리하여 예수의 부활은 잠에서 깨어나 일어나는 것으로 표상된다. "깨우다"의 개념에서 주체가 아버지 하나님과 성령이라면, "일어나다"의 개념에서 주체는 예수이다. 그러나 부활의 일차 주체는 아버지 하나님과 성령이다. 아버지 하나님이 성령을 통해 죽은 예수를 깨움으로써 예수가 죽음에서 일어나기 때문이다.

예수의 부활에 대한 복음서의 증언들은 일치하지 않는다. 마가복음에 의하면 예수의 무덤 안에서 흰 옷을 입고 오른쪽에 앉아 있는 "웬 젊은 남자"가 무덤을 찾아간 막달라 마리아와 야고보의 어머니 마리아와 살로메에게 예수의 부활을 전하고, "제자들과 베드로에게" 전한다(막 16:1-6). 마태복음에 의하면 천사가 막달라 마리아와 다른 마리아에게 부활을 전하며 제자들에게 소식을 전해 달라고 부탁한다(마 28:1-7). 누가복음에 의하면 예수의 무덤 속에서 눈부신 옷을 입은 "남자 둘이" 여자들에게 예수의 부활을 전하고, 여자들은 제자들에게 전한다(눅 24:1-9).

부활의 증언들이 이와 같은 차이를 갖는 까닭은 무엇인가? 그 까닭은 부활의 증인들에게 중요한 것은 부활에 대한 객관적 정보가 아니라 억울한 죽임을 당한 예수가 죽음에서 다시 살아났고, 지금도 그들과 함께 계시다는 그들의 확신을 증언하는 것이었기 때문이다. 예수의 부활이 언제, 어떻게 일어났는가에 대한 설명이 아니라 죄와 죽음의 세력에 의해 십자가에 달려 죽음을 당한 예수를 하나님이 다시 살리셨고, 죄와 죽음의 세력을 물리치는 하나님의 새로운 생명의 역사가 다시 시작하였음을 증언하는 것이 그들에게 중요하였다. 그러므로 복음서 기자들은 부활에 대한 증언들의 차이에 대해 전혀 관심을 갖지 않는다.

신약성서는 예수의 부활을 나사로의 경우처럼 죽었던 몸이 죽음 이전의 몸으로 다시 살아난 재생이나 재활(Wiederbelebung)로 이해하지 않는다. 만일 그것이 재생 내지 재활을 뜻한다면, 부활한 예수는 다시 죽을 수밖에 없을 것이다. 그의 부활은 우리가 아직 알지 못하는, 하나님 안에 있는 새로운 존재의 형식, 곧 더 이상 죽지 않는 "영적인 몸"(="신령한 몸", *soma pneumatikos*, 고전 15:44)으로 넘어감을 뜻한다. 달리 말해 부활은 죽음에서 죽지 않는 생명으로 넘어감이라 말할 수 있다. "그리스도께서는 죽은 사람들 가운데서 살아나셔서 다시는 죽지 않으시며, 다시는 죽음이 그를 지배하지 못한다"(롬 6:9; 행 13:34; 히 7:24-25; 계 1:17-18).

예수의 부활은 객관적으로 경험될 수 있고 검증될 수 있는 "역사적 사실"이 아니다(Pannenberg에 반해). 그것은 인간의 모든 과학적·합리적 검증을 넘어선다. 인간 예수의 몸이 어떻게 "영적인 몸"으로 넘어갔느냐에 대한 설명은, 생물학적 범주로써 인간이 설명할 수 있는 영역을 넘어선다. 그것은 인간이 설명하고 지배할 수 있는 객관적 사실들 중에 하나가 아니라 인간의 실존을 변화시키고 새로운 생명의 세계를 열어주는 하나님의 "기적"에 속한다. 예수의 부활의 과정에 대한 직접적 목격자가 있을 수 없는 까닭이 여기에 있다.

여하튼 예수의 부활은 제자들의 실존을 완전히 뒤바꾸어 놓았음에 틀림없다. 그러므로 제자들은 죽음의 위험이 도사리고 있는 예루살렘으로 돌아간다. 그들은 죽음을 각오하고 하나님 나라의 기쁜 소식을 증언하는 사도들이 된다. 그리스도인들을 열심히 박해하던 사울은 모든 사회적 특권을 포기하고 예수의 복음을 전하는 사도로 변화된다. 이들이 증언하는 예수의 부활은 다음과 같은 의미를 가진다.

1) 하나님에 의한 예수의 부활은 땅 위에 살았던 예수의 모든 주장들과 요구들을 증명한다. 곧 그의 모든 주장들과 요구들은 타당했으며, 그가 행한 일들은 하나님의 구원의 사건이었음을 증명한다. 이리하여 예수의 십자가의 죽음은 그가 행한 사역의 실패와 좌절이 아니라 오히려 그것과 연속성을 가지며, 하나님의 구원의 결정적 완성이라는 사실이 부활을 통해 드러난다(고전 15:3-5 참조).

2) 부활의 증인들은 부활한 예수가 하나님의 오른 편으로 높이 들리움을 받았다고, 즉 고양(高揚)되었다고 증언한다. 예수가 승천하였다는 것은 하나님의 자리로 고양되었음을 가리키는 신화적 은유이다. 하나님은 그를 높이셨다(빌 2:9; 행 2:32-33). 그를 하나님의 메시아로, 주님으로, 그의 아들로 높이셨다(행 2:36; 롬 1:4; 10:9).

하나님의 오른 편으로 높이 들리었다는 것은 예수의 신적 존재에 대한 증명을 뜻한다. 십자가에 달려 죽은 예수는 "선지자가 예언한 메시아시며 하나님의 아들이시오 하나님과 동등이시다"(김재준 2001, 193). 또 그것은 예수가 온 세계에 대한 하나님의 통치에 참여하게 되었음을 뜻한다. 부활을 통해 하나님은 예수를 모든 시대, 모든 피조물의 주님(Kyrios)과 통치자로 세우셨다. "예수는 주님이시다"(롬 10:9; 고전 12:3). 부활을 통해 "예수 그리스도는 하나님 자신에 의해 정당화되고 증명되며…하나님의 높으심과 영광에 몫을 가진다(롬 1:4; 빌 2:9)"(Härle 2007, 314). 이로써 십자가에 달려 죽은 예수가 세계의 주님이요 구원자였다는 사실이 증명된다. 그는 하나님의 아들 메시아였다. 이리하여 하나님 나라의 선포자(Verkündiger) 예수는 선포되는 자(Verkündigter), 곧 선포의 대상으로 승화된다.

3) 부활의 증인들은 과거를 돌아보면서 예수가 다시 살아났다고 증언하는 동시에 미래를 바라보면서 "마라나타"(Maran-atha: 우리의 주님이 오신다. 고전 16:22; 아람어의 이 고백은 초기 팔레스타인 기독교 공동체에서 유래하는 것으로 보임), 곧 "우리의 주님, 오시옵소서"라고 간구한다(계 22:20). 초기 기독교 공동체의 이 간구는 부활하신 예수가 시간과 공간의 한계를 초월한 하나님의 보편적 구원자로 고양되었음을 말한다. 하나님의 오른편으로 높이 올려진 예수는 시공간의 한계를 넘어 모든 시대와 모든 장소에 현존한다. 그는 과거와 현재와 미래를 포함한 역사의 주님이다. 모든 시간과 공간에 현존하는 분 혹은 현재적인 분으로서, 그는 그의 이름으로 모여 그의 역사를 이야기하고 듣는 사람들 가운데 계신다. 그가 계신 거기에 하나님 나라의 현실이 있다.

4) 기독교의 부활신앙은 본래 후기 유대교의 묵시사상에서 유래한다. 따라서 예수의 부활에 관한 신약성서의 증언들은, 그가 "보여졌다", "나타났다"는 묵시사상적 개념들을 사용한다(막 16:7; 눅 24:34; 요 20:18; 행 9:17; 고전 15:5-8). 그러므로 부활신앙은 "그 언어가 속해 있는 묵시문학적 사상체계를 떠나서는 이해할 수 없다"(서용원 2004, 141).

묵시사상에 의하면 역사의 마지막에 메시아가 오셔서 모든 사람에게 최후의 심판을 내리고 하나님의 정의를 세울 것이다. 이를 위해 그는 살아 있는 사람은 물론 모든 죽은 자들도 무덤에서 부활시켜 최후의 심판대 앞에 세울 것이다. 하나님의 정의 앞에서 죽음도 한계가 될 수 없을 것이다. 이로써 "모든 죽은 자들의 보편적 부활"에 대한 신앙은 하나님의 정의를 세우는 것과 연관하여 등장한다. 그것은 죽음 후의 영원한 생명에 대한 종교적 동경에서 나온 것이 아니라, "정의에 대한 목마름"(Durst nach Gerechtigkeit, Bloch 1970, 1324), 새로운 생명의 세계에 대한 동경과 기다림에서 나온 것이다. 그것은 이 기다림과 희망을 표현하는 메시아적 언어이다.

묵시사상의 빛에서 볼 때 예수의 부활은 죄와 불의와 죽음의 세력에 대한 하나님의 심판과 정의의 승리를 뜻한다. 거짓되고 악한 자가 강한 것 같지만 결국 하나님의 정의와 진리가 이길 것이며, 죄와 죽음의 세력이 강한 것 같지만 하나님의 사랑과 생명의 힘이 이길 것임을 약속한다. "죽음을 삼키고서 승리를 얻었다. 죽음아, 너의 승리가 어디에 있느냐? 죽음아, 너의 독침이 어디에 있느냐?"(고전 15:54-55) 이와 함께 예수의 부활은 예수가 선포한 하나님의 나라가 이루어지고야 말 것임을 보증한다.

5) 부활은 하나님의 나라가 이스라엘 민족의 경계를 넘어 보편적으로 이루어질 것임에 대한 하나님의 약속인 동시에 그것의 시작을 뜻한다. 지상의 예수의 일, 곧 하나님의 새 창조는 그의 죽음과 함께 끝나지 않았다. 오히려 그것은 그의 부활을 통해 시간과 공간을 넘어 새롭게 시작된다. 악의 세력과 죽음이 하나님의 일에 대한 한계가 될 수 없다.

따라서 예수의 부활은 "우리가 공동으로 '새 역사'에 다시 들어간다는 것", 곧 메시아적 새 창조, 새 시대의 시작을 의미한다(서남동 1983, 193). 물론 죽음의 세력은 여전히 맹위를 떨치고 있다. 그러나 무덤과 같은 세계 속에 살고 있는 자들이 하나님의 자녀로 다시 태어나는 하나님 나라의 역사가 보편적으로 일어나기 시작했다. "흑암의 나라가 함몰되고 사탄이 번개같이 하늘에서 떨어져 진리가 허위를 이기고 악이 선에 삼킨 바 되고 죽음이 생명에 삼킨 바" 되었다(김재준 2001, 194).

바울은 이것을 "첫 열매"의 개념을 통해 이야기한다. 예수는 죽은 자들 가운데서 다시 깨어난 "첫 열매"(고전 15:20), 곧 부활의 역사의 시작이다. "죽은 자들의 보편적 부활이 그리스도와 함께 이미 시작했다. 영원한 생명의 도래를 통한 죽음의 폐기가 진행되고 있다. 부활은 새 창조가 그리스도 안에서 폭력과 죽음의 이 세계 한 가운데서 시작하였다"는 것을 보증한다(Moltmann 1989, 243).

바울은 하나님의 창조와 부활을 연결한다. 무(無)에서 만물을 창조하였고 출애굽의 새 역사를 일으킨 아브라함과 이삭과 야곱의 하나님, 약속의 하나님이 죽은 예수를 다시 살리셨다(롬 4:17). 따라서 예수의 부활은 새 창조 혹은 "새 시대(Äon)"의 시작을 뜻한다. 하나님의 새 창조 또는 새 시대는 예수를 주님으로 고백하는 그리스도인들과 그들의 공동체 안에서 자리를 잡는다. 그리스도인들의 믿음과 희망과 사랑과 자유, 그리고 그들의 공동체는 하나님 나라의 새 창조의 현실들이다. "이제는 죽음과 슬픔과 울부짖음과 고통이 없는" 하나님의 새로운 세계에 대한 메시아적 꿈과 기다림과 희망이 예수의 부활을 통해 새롭게 생성된다. 이런 점에서 예수의 부활은 기독교적 메시아니즘의 근거이다. 그것은 현실의 모든 모순과 시련에도 불구하고 하나님의 새로운 생명의 세계를 향한 기다림과 희망의 원천이다.

과학적 사고에 익숙한 현대인에게 죽은 예수가 다시 살아났다는 것은 믿을 수 없는 이야기로 들릴 것이다. 죽은 자가 어떻게 다시 살아날 수 있는가? 도대체 죽지 않는 생명이 있을 수 있는가?

그러나 이해하기 어려운 시인들의 시적 언어 속에 삶의 깊은 통찰이 숨어 있는 것처럼, 허황하게 들리는 부활의 종교적 언어 속에는 삶의 깊은 진리가 숨어 있다. 인간의 세계 속에는 진실과 정의의 힘보다 거짓과 불의의 힘이 더 강하고 득세하는 경우가 허다하다. 혓바닥 하나를 가지고 진실한 사람을 누르고 죽이는 일들이 도처에서 일어난다. 이러한 인간의 세계 속에서 예수의 부활은 하나님의 진리와 정의가 인간의 거짓과 불의보다 더 강하다는 것을 계시한다. 이 세계를 유지하는 것은 거짓된 자들의 힘, 곧 죄와 죽음의 세력이 아니라 진리와 정의의 힘, 곧 생명의 세력이다. 거짓과 불의의 힘이 강한 것 같지만 그 속에는 참 생명의 힘이 없다. 그것은 죄된 인간의 농간일 뿐이다. 악한 자의 후손들이 자자손손 잘 되는 집안을 보기 어려운 원인도 여기에 있다. 예수의 부활은 거짓과 불의의 세력이 강한 것 같지만 결국 하나님의 진리와 정의의 세력이 이긴다는 삶의 진리를 나타내는 동시에 그것을 약속한다. 바울은 이 진리를 이렇게 나타낸다. "죽음을 삼키고서 승리를 얻었다. 죽음아, 너의 승리가 어디에 있느냐? 죽

음아, 너의 독침이 어디에 있느냐?"(고전 15:54-55)

죽은 예수가 다시 살아났다는 여인들의 증언(눅 24:1-10)은 불의하고 비인간적인 세계에 대한 거부의 몸부림인 동시에 "죽음과 슬픔과 울부짖음과 고통이 없는" 하나님의 정의롭고 인간적인 세계를 향한 동경의 몸부림이다. 그것은 옛 존재의 세계에 대한 부정인 동시에 하나님의 새로운 존재의 세계를 향한 희망의 언어 또는 메시아적 언어요 약속의 언어다. 그것은 하나님의 "정의를 향한 목마름"의 표출이다. 이 목마름은 예수의 잉태 소식을 들은 "마리아의 찬가"에 다음과 같이 나타난다. "그의 팔로 힘을 보이사 마음의 생각이 교만한 자들을 흩으셨고, 권세 있는 자를 그 위에서 내리치셨으며, 비천한 자들을 높이셨고, 주리는 자를 좋은 것으로 배불리셨으며, 부자를 공수(空手)로 보내셨도다"(눅 2:51-53).

예수의 부활은 정의로운 세계에 대한 하나님의 약속이기도 하다. 예수와 함께 일어난 하나님 나라의 역사는 그의 죽음으로 끝나지 않았다. 천지를 창조한 하나님은 죄와 죽음의 세력보다 더 크심으로, 그의 아들 예수와 함께 시작한 일을 언젠가 이루실 것이다.

필자의 생각에 의하면 기독교의 부활신앙은 여인들을 통해 우연히 고백된 허황된 이야기가 아니라 구약의 하나님 신앙의 필연적 귀결이다. 무에서 만유를 창조한 하나님과 그의 능력을 믿을 때, 죄의 세력에 의해 십자가의 죽음을 당한 그의 아들 예수의 다시 살아나심을 이야기하지 않을 수 없다. 하나님의 정의와 진리가 다스리는 하나님의 새로운 생명의 세계, 곧 예수가 선포한 하나님의 나라가 오고야 말 것이라는 하나님의 궁극적 약속과 이에 대한 믿음과 희망을 고백하지 않을 수 없다. 기독교의 부활신앙은 이 약속과 믿음과 희망을 요약한다.

5

하나님의 아들 예수의
메시아적 사역

A. 다양한 그리스도론과 예수의 중심적 사역

지금까지 우리는 예수의 출생에서 시작하여 그의 죽음과 부활에 이르기까지 그의 역사를 살펴보았다. 이 과정은 부활 이전의 과정과 부활 이후의 과정으로 구별된다. 또 부활을 기점으로 부활 이전 땅 위의 역사적 인물 예수와, 부활 이후 높이 고양된 예수 그리스도가 구별된다. 복음서에서 양자는 동일시된다. 곧 부활 이전에 땅 위의 예수는 부활하여 하나님의 영원한 생명으로 고양된 예수 그리스도로 보이며, 부활하여 고양된 예수 그리스도는 땅 위의 역사적 인물 예수로 보인다. 복음서 기자는 예수를 이 두 가지 측면이 결합된 하나의 통일된 존재로 보며, 이 통일된 존재로서 예수의 삶의 과정을 기술한다. 복음서 기자들은 역사적 인물 예수에 관한 역사적 자료들을 제공하려는 것이 아니라 땅 위에서 활동하였고 영원한 생명으로 부활하고 고양된 통합적·전체적 존재로서 예수 그리스도의 인격과 사역을 증언한다.

그런데 복음서의 기자들은 기독교 공동체의 다양한 상황 및 기능들과 연관하여, 곧 다양한 "삶의 자리"(Sitz im Leben)에서 증언한다. 곧 말씀의 선포, 예배, 찬양, 간구, 고백, 세례문답, 권고, 유대인들과 이방인들을 향한 선교의 말씀, 적대자에 대한 변증 등과 연관하여 예수의 인격과 사역을 증언한다. 아람어와 그리스어를 사용하는 유대인 출신 그리스도인들, 팔레스타인 바깥에 있는 그리스-로마 지역의 유대인 그리스도인들, 다양한 지역에서 유래하는 이방인 출신 그리스도인들이 자신의 공동체가 속한 전통 속에서 증언한다. 따라서 이들의 증언들은 다양하다. 우리는 이 증언들의 모델 가운데 가장 대표적인 세 가지 모델을 아래와 같이 제시할 수 있다.

1) 첫째 모델은 메시아적 구원의 세계에 대한 하나님의 약속에 기초하여 예수의 인격과 사역을 설명하는 구원사적·메시아적 그리스도론 혹은 고양(高揚, Aszendenz)의 그리스도론의 모델이다. 이 모델에 의하면 이 땅에 오신 역사적 인물 나사렛 예수는 역사의 종말에 오리라 기대했던 하나님의 종말적 구원자, 곧 사람의 아들, 메시아, 하나님의 아들로 선택되고 높임(=高揚)을 받은 분으로 이해된다. 그는 하나님의 새 창조의 영으로 충만한 하나님의 메시아적 아들이요 율법과 예언의 성취다. 그의 주요 사역은 하나님을 계시하고 하나님의 나라를 세우는 데 있다. 그의 종말론적·메시아적 역사와 함께 옛 시대는 끝나고 새로운 종말적 시대, 곧 하나님의 나라가 이미 시작되었다. 그러나 그것의 보편적 완성은 아직 미래로 남아 있다. 그것은 "이미 지금"과 "아직 아님"(schon jetzt - noch nicht)의 변증법적 긴장 속에 있다.

2) 둘째 모델은 구약성서의 속죄제물 사상에 기초한 화해론적 그리스도론의 모델이다. 이 모델에 의하면 예수는 인류의 죄를 대신하여 하나님의 심판을 당하는 속죄제물 내지 "하나님의 어린 양" 혹은 "대제사장"으로 이해된다. 그의 주요 사역은 죄의 용서, 죄책으로부터의 해방, 하나님과 인간, 하나님과 세계의 화해(=화목)에 있는 것으로 생각된다. 이 모델은 중세기 안셀무스(Anselmus)의 화해론을 통해 구원에 대한 기독교의 교리와 선포에 결정적 영향을 준다.

3) 셋째 모델은 예수를 영원 전부터 선재하던 하나님의 말씀이 성육신 된 자로 보는 선재 그리스도론과 성육신 그리스도론 혹은 하향(下向, Deszendenz) 그리스도론의 모델이다(요 1장; 12:16; 빌 2:8-11; 골 1:18). 이 모델은 고대 그리스 문화권, 곧 헬레니즘의 우주론적 사고에 상응하고자 하며 이를 통해 예수의 인격과 사역에 대한 더 깊은 통찰을 제공한다. 예수는 우주의 기초가 세워지기 전부터 선재하였고 온 우주 속에서 작용하는 하나님의 지혜 또는 로고스(Sophia, Logos)이다. 그는 하나님이 "그를 통해" 모든 것을 창조한 창조의 중재자이다. 그는 모든 인간의 구원을 위해 하늘(=위)로부터 내려와(=하향하여) 인간이 되신 하나님의 아들이다. 그분 안에 만유의 기본 구조가 있고, 그 분 안에서 만유가 화해되고, 그분을 머리로 통일될 것이다(엡 1:10; 골 1:18).

여기서 우리는 유대교적·히브리적 전통에 뿌리를 가진 구원사적·메시아적 그리스도론의 모델, 화해론적 혹은 속죄론적 그리스도론의 모델이 헬레니즘의 새로운 문화권 속에서 우주적 지평을 가진 선재 그리스도론, 성육신 그리스도론으로 확대되는 현상을 볼 수 있다. 이리하여 인류를 구원하기 위해 자기를 속죄제물로 바친 하나님의 메시아적 아들 예수는 우주적 그리스도로 고백된다.

이 확대는 전자의 두 가지 모델 속에 전혀 포함되지 않은 이질적인 것을 추가시킨 것이 아니다. 오히려 히브리적 메시아니즘 속에 내포되어 있는 우주적 지평을 헬레니즘의 언어로 새롭게 해석하고 표현한 것일 따름이다(따라서 요한복음 서론은 단지 그리스 사상을 도입한 것이 아니라, "기독교 내의 유대교적 전통의 연관성 속에 있다"; Hengel 1977, 114). 이 신학적 작업은 주후 1세기 지중해 인근 지역에 흩어져 살면서 구약성서의 역사적·메시아적 사고와 속죄론적 사고, 그리고 헬레니즘의 우주론적 사고를 잘 알고 있었던 디아스포라 유대계 학자들에 의해 이루어졌다. 이 세 가지 모델은 신약성서에서 서로 결합되고 침투하며, 서로를 조명하고 수정한다.

그리스도론의 다양성에 상응하여 예수의 사역에 대한 신약성서의 증언들도 매우 다양하다. 하나님 나라의 선포와 선취, 희년의 선포, 하나님의 말씀의 대언, 속죄제물의 죽음을 통한 인간의 죄용서, 불의한 죄인을 의롭게 함(바울의 칭의론), 하나님과 인간의 화해(=화목), 영원한 생명의 중재, 하나님의 권세의 회복 등 예수의 사역에 대한 다양한 이해들이 신약성서에 등장한다. 메시아 그리스도론의 모델에서 예수의 주요 사역은 "하나님의 나라"로 요약되고, 화해론적 그리스도론에서 그것은 "죄의 용서"(=속죄), 불의한 죄인의 "칭의", 하나님과 인간의 화해로 요약된다. 선재 그리스도론과 로고스 그리스도론에서 그것은 "영원한 생명"의 중재, 하나님과 만물의 화해, 그리스도의 우주적 주권으로 요약된다.

신학의 역사에서 예수의 주요 사역은 하나님과 인간의 "화해"(=화목)라고 정의되기도 하였다. 그리하여 화해론이 구원론의 중심이 되었다. 물론 화해의 개념은 진리의 요소를 포함한다. 그러나 복음서에 기록된 하나님 나라에 대한 예수의 선포와 그의 구체적 활동을 고려할 때 "화해"의 개념은 예수의 사역을 총체적으로 설명하는 총괄개념으로서는 부족하다.

또한 신학의 역사에서 예수의 주요 사역은 "중재"(=중보)로 해석되기도 한다. 중재자(=중보자)이신 예수의 중재는 인간의 죄로 인해 파괴된 하나님과 인간의 관계를 중재하고 회복하는 데 있는 것으로 생각되며, 구약성서가 말하는 새 계약의 약속(렘 31:31-34)이 예수 안에서 성취되는 것으로 해석된다(롬 11:25-32; 히 8:6-13; 10:15-17). 중재의 개념도 진리의 요소를 포함한다. 그러나 이 개념도 복음서에 기록된 하나님 나라의 구체적 사역을 충분히 반영하지 못하는 한계가 있다.

또 신학의 역사에서 예수의 주요 사역은 삼위일체론의 도식에 따라 "구원"이라 정의되기도 하였다. 창조자 하나님의 사역은 세계의 창조(creatio)에 있고, 그의 아들 예수 그리스도의 사역은 창조된 세계의 구원(redemptio)에 있고, 성령의 사역은 구원받은 사람들의 성화(sanctificatio)에 있다고 생각되었다. 물론 예수의 중심적 사역은 구원에 있다. 그런데 기독교의 전통적 "구원"의 개념은 대개 죄용서를 통한 "영혼구원"으로 이해되며, 예수의 하나님 나라 운동을 간과하는 문제점이 있다.

현대신학에서 예수의 주요 사역은 다양하게 파악된다. 혁명의 신학은 예수의 주요 사역이 정치적 혁명에 있다고 주장한다. 여기서 예수는 혁명가로 부각된다. 해방신학과 민중신학은 예수의 주요 사역이 출애굽의 전통에 따라 정치적·경제적·사회적 억압과 수탈로부터 민중의 해방에 있다고 본다. 여기서 예수는 억압과 착취로부터 민중의 해방자로 부각된다. 이른바 "한국적 신학"을 주장하는 신학자들과 생태신학자들에 의하면 예수의 주요 사역은 하늘과 땅과 인간(天地人)이 하나가 된 유기체적 세계를 이루는 데 있는 것으로, 문화신학자들에 의하면 신율적 문화의 세계를 이루는 데 있는 것으로 생각된다.

여기서 우리는 질문하지 않을 수 없다. 역사의 인물 나사렛 예수는 과연 무엇을 하고자 했던가? 그는 무엇을 이루고자 했던가? 지금도 교회가 가르치는 것처럼 죄용서를 통한 영혼구원 혹은 하나님과 인간의 화해 내지 중재인가? 또는 하나님의 의롭다 함을 받게 하는 것, 곧 칭의인가? 아니면 이 세상 혹은 저 세상에서 누릴 영원한 생명인가? 아니면 정치적 혁명과 민중의 해방인가? 천지인의 유기체적 세계인가? 아니면 신율적 문화의 세계인가?

우리는 이 질문에 대한 궁극적 대답을 공관복음서에서 찾아야 할 것이다. 왜냐하면 공관복음서는 역사적 인물 나사렛 예수의 생애를 전해 주는 유일한 자료이기 때문이다. 물론 이 자료는 "신앙"의 관점에서 기록된 신앙고백적 증언이지만, 그것은 나사렛 예수의 삶에 대한 유일한 자료이다. 이 자료에 근거하지 않을 때 예수의 사역과 인격에 대한 신학적 진술들은 성서의 관심과 무관한 주관적 자기 해석 내지 공상(空想)이거나 그 시대의 철학적·종교학적 사색의 산물로 전락하기 쉽다.

공관복음서의 증언에 따르면, 역사적 인물 나사렛 예수의 주요 사역은 "하나님의 나라"(βασιλεία τοῦ θεοῦ, basileia tou theou) 혹은 "하늘의 나라"(βασιλεία τοῦ οὐρανοῦ, basileia tou ouranou)를 선포하고, 그것을 앞당겨 세우는 데 있다. 예수가 "갈릴리에 오셔서" 그의 공적 활동을 시작할 때 하나님의 나라를 선포하면서 시작하였다는 마가복음의 진술은 의심할 수 없는 역사적 사실로 보인다. "때가 찼고 하나님의 나라가 가까이 왔으니, 회개하고 이 복음을 믿으라!"(막 1:15) 예수가 선포하였고 앞당겨 세우고자 했던 하나님의 나라는 하나님의 아들 메시아 예수가 하고자 했던 그의 사역의 요약이라 말할 수 있다.

예수의 사역의 중심이 되는 "하나님의 나라" 혹은 "하늘 나라"는 하나님의 왕적 통치에 대한 이스라엘의 희망에서 유래한다. 이스라엘 백성은 일찍부터 하나님을 왕으로 생각하고 그의 구원과 왕적 통치를 희망한다. "주님의 나라는 영원한 나라이며, 주님의 다스리심은 영원무궁 합니다"(시 145:13; 참조. 시 24:7-8; 93:1-2; 103:19). 하나님의 왕적 통치에 대한 이스라엘의 희망은 하나님이 모든 민족을 다스리시며 모든 피조물이 더불어 평화롭게 사는 "새 하늘과 새 땅", 곧 하나님의 나라에 대한 보편적·우주적 희망으로 발전한다(시 47편; 99:1-2; 사 2:2-4; 11:6-8; 65:25; 미 4:1-3; 렘 3:17).

구약의 예언자들은 하나님의 구원과 왕적 통치가 현 세계의 역사 내에서 이루어질 것으로 기대한다. 그러나 거듭되는 고난의 역사 속에서 등장한 후기 유대교의 묵시사상은 하나님의 왕적 통치가 역사의 종말에 이 세계가 폐기된 다음 초월적으로 오게 될 새 하늘과 새 땅에서 이루어질 것으로 기대한다.

예수는 예언자적·메시아적 전통에 따라 하나님의 나라가 이 세계 안에서 이루어져야 할 것으로 이해한다. 그러나 예수가 선포하는 하나님의 나라는 다윗 왕가의 회복과 이스라엘 민족의 중심적 자리를 약속하지 않는다. 곧 구약 메시아 신앙의 민족주의의 틀을 극복한다는 점에서 구약의 메시아 전통에서 구별된다(마 8:11-12; 눅 13:28-30).

묵시사상의 배경에 따라 예수는 하나님의 나라를 모든 민족을 포괄하는 보편적인 것으로 생각한다. 그러나 예수는 묵시사상의 세계 종말의 우주적 재난에 대한 환상을 알지 못한다. 당시 묵시사상은 세계의 종말과 하나님의 나라가 올 시간을 계산하였던 반면, 예수는 하나님의 나라가 언제 올지 시간을 계산하지 않는다. 묵시사상은 하나님의 나라가 역사의 종말에 오리라고 기다렸던 반면, 예수에 의하면 하나님의 나라는 그의 말씀과 행위 속에서 지금 앞당겨 일어나고 있다(눅 11:20; 마 12:28). 그것은 단순히 미래적인 것이 아니라 현재적이다. 예수는 하나님 나라의 인격화된 현재이다. "너희가 보고 있는 것을 보는 눈은 복이 있다", "또 '보아라, 여기에 있다' 또 '저기에 있다' 하고 말할 수도 없다. '보아라, 하나님의 나라는 너희 가운데 있다'"(눅 10:23-24; 17:21).

요한문서는 예수의 주요 사역을 "생명" 혹은 "영원한 생명"의 개념으로 설명한다. 하나님 없이 죄와 죽음의 세력에 묶인 인간이 영원한 생명을 얻게 하는 데 예수의 주요 사역이 있다. 하나님이 그의 외아들을 세상에 보내신 목적은 "저를 믿는 사람마다 영원한 생명을 얻게 하려" 하심에 있다 (요 3:16). 바울서신은 예수의 주요 사역을 "칭의"의 개념으로 설명한다. 곧 예수가 이 세상에 오신 목적은 불의한 죄인이 예수의 희생의 죽음을 통해 하나님의 의롭다 하심을 얻게 함에 있다(롬 3:21 이하).

요한 문서의 "생명" 개념과 바울 서신의 "칭의" 개념은 공관복음서가 말하는 "하나님의 나라"에 모순되지 않는다. 오히려 이 두 개념은 후자의 해석이나 설명(Explikation)에 불과하다. 불의한 죄인이 하나님의 의롭다 하심을 얻고 영원한 생명을 얻게 되는 거기에 하나님의 나라가 있기 때문이다. 따라서 예수의 사역에 대한 신약성서의 다양한 표상들은 모두 하나님의 나라와 연결되어 있고, 하나님의 나라에 대한 해석 또는 설명이라 말할 수 있다.

우리는 예수의 하나님 나라의 사역을 구원과 새 창조라 말할 수 있다. 여기서 구원과 새 창조는 인간의 영혼구원과 거듭 태어남을 넘어 하나님 나라의 현실이 인간의 존재와 이 세계 안에 세워지는 것을 말한다. 요한문서가 말하는 "생명"의 개념과 바울 서신이 말하는 "칭의"의 개념도 하나님의 구원과 새 창조를 가리킨다. 구약성서에서도 하나님의 구원은 하나님의 메시아적 새로운 생명의 세계가 도래하는 새 창조를 뜻한다. "보아라, 내가 새 하늘과 새 땅을 창조할 것이니…"(사 65:17).

여기서 우리는 예수의 하나님 나라의 사역 혹은 구원과 새 창조의 사역을 칼뱅이 말한 "세 가지 직분", 곧 예언자 직분, 제사장 직분 그리고 왕의 직분으로 설명하려고 한다. 이를 통해 우리는 앞서 말한 세 가지 그리스도론적 모델이 시사하는 예수의 사역을 통합적으로 파악하고자 한다. 또 예수의 사역이 단지 영적·정신적 구원으로 생각되거나 사회적·정치적 해방으로 생각되는 일면성을 극복하고, 그의 구원과 새 창조의 사역을 가능한 포괄적으로 드러내려 한다. 정통주의 신학은 세 직분을 다음과 같이 세분한다.

1) 예언자 직분(*officium propheticum*): 하나님의 구원의 뜻을 계시하는 직분.
2) 제사장 직분(*officium sacerdotale*): 이 직분은 아래 두 가지 기능으로 세분됨.
    ① 만족(*satisfactio*): 속죄의 죽음을 통해 하나님의 의를 만족시키는 직분.
    ② 중재(*intercessio*): 하나님과 인간의 화해를 중재하는 직분.
3) 왕의 직분(*officium regium*): 이 직분은 아래 세 가지 기능으로 세분됨.
    ① 권능의 나라(*regnum potentiae*): 온 세계에 있어 그리스도의 다스림.
    ② 은혜의 나라(*regnum gratiae*): 교회에 있어 그리스도의 다스림.
    ③ 영광의 나라(*regnum gloriae*): 하늘에 있어 그리스도의 다스림.

그러나 세 가지 직분론은 문제점을 가진다. 가장 근본적 문제점은 예수가 예언자도 제사장도 아니었고, 더군다나 왕도 아니었다는 점이다. 그는 한 번도 자기를 이러한 직분자들과 동일시하지 않았다. 십자가에 달린 예수는 종교적 권력자 제사장, 정치적 권력자 왕과는 정반대의 모습을 보인다. 이와 같은 문제점에도 불구하고 세 가지 직분을 통해 예수의 메시아적 사역을 파악할 때 우리는 다음과 같은 장점을 기대할 수 있다. ① 구약성서의 가장 중요한 세 직분에 기초하여 예수의 사역을 설명함으로써 그의 사역을 사적인 것이 아니라 공적인 것으로 파악할 수 있다. ② 예수의 사역을 구약성서의 메시아적 약속의 역사의 전통 속에서 파악할 수 있다. ③ 예수의 사역을 특정한 측면으로 위축시키지 않고 보다 더 포괄적으로 파악할 수 있다. 그러므로 우리는 여기서 예수의 예언자적 직분을 하나님의 나라에 관한 "말씀의 선포와 하나님의 계시"로, 제사장적 직분을 "하나님과 인간의 화해" 또는 "속죄"로, 왕적 직분을 "하나님 나라의 현실을 앞당겨 세움"으로 규정하고, 이를 통해 예수의 사역을 보다 더 포괄적으로 파악하고자 한다.

B. 말씀의 선포와 하나님의 계시

예수의 하나님 나라의 사역 혹은 구원과 새 창조는 하나님과 하나님의 나라에 관한 예수의 말씀과 계시를 통해 구체화된다. 복음서에 의하면 예수는 임박한 하나님 나라의 기쁜 소식을 선포하면서 하나님이 어떤 분이며 그의 의지가 무엇인가를 계시한다. 유대인들의 회당에 처음으로 나타났을 때, 그는 구약성서의 말씀을 해석하고 예언자 이사야의 말씀을 선포한다(막 1:21-22; 눅 4:31-32). 그는 하나님의 말씀을 대언하는 예언자의 전통을 자기에게 적용한다. 그를 따르는 무리들도 그를 예언자의 한 사람으로 간주한다(막 6:4; 6:15; 마 21:11, 46; 23:37; 눅 13:33; 24:19). 예수께서 로마 백부장의 죽은 종을 다시 살리자, 거기 있던 모든 사람이 "큰 예언자가 우리 가운데 일어나셨다"고 두려워하며 말한다(눅 7:16).

이에 따라 초기 기독교 공동체는 예수를 예언자 전통 속에서 파악한다. "하나님께서 옛날에는 예언자들을 통하여 여러 번에 걸쳐 여러 가지 방법으로 우리 조상들에게 말씀하셨으나, 이 마지막 날에는 아들을 통하여 우리에게 말씀하셨습니다"(히 1:1-2). 또 예수는 율법을 새롭게 해석함으로써 하나님의 뜻과 궁극 목적이 무엇이며, 하나님이 어떤 분인가를 드러낸다. 이런 근거에서 예수의 사역은 예언자의 사역이라 말할 수 있다.

1) 하나님의 나라에 관한 비유의 말씀: 예수의 예언자적 사역은 먼저 하나님 나라를 선포하고 비유를 통해 하나님의 나라가 무엇이며, 그것에 대해 우리 인간이 어떤 태도를 취해야 하는가를 설명하는 데 있다. 우리는 이 비유들을 다음과 같이 분류할 수 있다.

a. 밭에 감추어진 보화 혹은 장사꾼이 찾는 진주처럼 하나님의 나라는 너무도 귀중하기 때문에 우리는 모든 것을 바쳐서라도 그것을 얻어야 한다는 비유(마 13:44-46).

b. 하나님의 나라는 사람이 식별하지 못할 정도로 매우 작고 은밀하게, 그러나 꾸준히 성장하여 크게 확장된다는 겨자씨와 누룩의 비유(마 13:31-33).

c. 한 편으로 하나님의 나라는 땅에 심은 싹처럼 "저절로" 성장하고 작용하는 동시에(막 4:26-28), 다른 한 편 인간의 노력을 통해 성장함을 가리키는 비유(하늘에 쌓은 보물의 비유, 달란트 비유, 최후심판의 비유 등; 마 6:19-21; 25:14-46).

d. 하나님의 나라가 성장할 때 그 성장을 방해하는 반대현상들이 있기 마련이지만, 하나님은 결국 이것들을 극복하고 그의 목적을 이루실 것임을 나타내는 가라지 비유, 바다에 던진 그물의 비유, 양과 염소의 비유(마 13:36-43; 47-50; 25:32-33).

e. 하나님의 나라는 잃어버린 자들을 포기하거나 쫓아내는 세계가 아니라 그들을 찾아 용서하고 함께 기뻐하며 더불어 사는 세계, 정죄하고 배제하는 세계가 아니라 용서하고 포용하는 세계임을 나타내는 누가복음 15장의 잃어버린 양의 비유, 잃어버린 드라크마 비유, 돌아온 탕자의 비유.

f. 하나님의 나라는 모든 사람이 노동의 기본임금을 얻어 자기의 생명을 유지할 수 있는 생명의 권리를 보장받는 세계, 곧 하나님의 자비가 다스리는 세계임을 나타내는 "포도원 일꾼과 품삯"의 비유(마 20:1-16).

g. 하나님의 나라는 모든 사람이 노동의 억압과 사회적 차별과 소외를

벗어나 한데 어울려 음식과 친교의 기쁨을 함께 나누는 세계임을 나타내는 잔치의 비유(눅 13:29). 예수의 최후만찬도 이를 시사한다(마 26:26-30).

h. 하나님의 나라가 언제 올지 "그 날과 그 시각은 아무도 모른다"(마 24:36). 그것은 예기치 못한 순간에 올 수 있다(24:50). 그러므로 우리는 신부가 신랑을 기다리듯이 언제나 긴장된 마음으로 하나님의 나라를 기다리면서 그것을 맞을 준비를 해야 한다는 열 처녀의 비유(25:1-13).

하나님의 나라에 관한 예수의 비유들은 "언어의 형태 속에 있는 하나님 나라의 현실"이라 말할 수 있다. 비유를 통해 하나님의 나라에 관해 이야기할 때, 하나님의 나라는 언어의 형태로 이 세계 속에 실재하며 누룩처럼 이 세계를 새롭게 창조하기 시작한다. 언어 속에는 힘이 있다. 이 힘은 언어 속에 담긴 내용을 현실화시키기 마련이다. "말이 씨가 된다"는 한국의 속담은 이것을 말한다.

2) 예수가 요구하는 회개와 믿음: 예수는 비유를 통해 하나님의 나라를 설명하면서 회개와 믿음을 요구한다. "회개하여라. 복음을 믿어라!"(막 1:15) 아무 조건없이 하나님의 나라가 먼저 하나님의 은혜로서 제시되고, 그 다음에 인간의 회개와 믿음이 요청된다. "하나님에게 가까이 가십시오. 그리하면 하나님께서 가까이 오실 것입니다"가 아니라(약 4:8; 참조. 슥 1:3), "하나님의 은혜로 말미암아 하나님의 나라가 아무 값없이 가까이 왔다. 그러므로 회개하고 복음을 믿으라"는 순서를 가진다(마 18:32-33 참조). 따라서 인간의 회개와 믿음은 하나님의 나라에 대한 전제와 조건이 아니라 그것의 귀결(Konsequenz)이다. 하나님의 은혜가 인간의 회개와 믿음에 앞선다.

예수가 요구하는 회개는 마음의 뉘우침, 곧 참회에 불과한 것이 아니라 삶의 방향의 철저한 전환(그리스어 *metanoia*)을 뜻한다. 자기중심적 삶에서 자기를 비운 하나님과 이웃 중심의 삶으로, 개체적 삶에서 공동체적 삶으로, 무책임한 삶에서 책임적인 삶으로, 비인간적인 삶에서 인간적인 삶으로의 방향 전환을 말한다. 그것은 "이 세계의 조건들 속에서 새로운 생명의 선취(Vorwegnahme)"를 말하며, "하나님 나라의 선취 속에 있는 생명"

을 말한다(Moltmann 1989, 122).

달리 말해 회개는 이 세계 안에 있지만 이 세계로부터 나와서 하나님의 세계로 들어가는 것, 이 세계의 자녀가 아니라 하나님의 자녀와 하나님 나라의 "새 피조물"로 변화되는 새 창조, 곧 다시 태어남을 뜻한다. 이 세계로부터 나와서 하나님의 세계에 속할 때 참으로 이 세계를 위해 살 수 있다. 그것은 이 세계로부터의 분리가 아니라 이 세계를 위한 이 세계와의 결속이요, 자기를 위한 삶이 아니라 이웃과 세계를 위한 삶의 시작이다. 이 세계로부터 자유로운 사람만이 참으로 이 세계를 위할 수 있다. 참 회개는 이웃과 세계를 위해 예수의 뒤를 따르는 삶을 통해 증명된다. 그러므로 예수는 회개를 요구하면서 "나를 따르라"고 명령한다. 삶의 참 의미는 자신의 목숨을 위한 염려와 투쟁에 있지 않고 하나님의 나라를 향해 예수의 뒤를 따름에 있다.

예수가 요구하는 믿음은 먼저 예수 자신 안에 현존하는 하나님 나라의 기쁜 소식(=복음)을 인정하고 하나님 나라의 자녀로서 살게 되는 것을 뜻한다. 이 세상에 속한 것을 신뢰하고 그것으로부터 사는 것이 아니라 우리에게 무엇이 필요한가를 다 아시는 아버지 하나님을 신뢰하고, 그가 주시는 것으로 살아가는 것을 말한다. 그러므로 예수는 이렇게 기도하라고 가르친다. "오늘날 우리에게 일용할 양식을 주옵시고…"(마 6:11).

한 걸음 더 나아가 예수가 요구하는 믿음은 예수를 하나님의 아들 메시아로 믿으며 그의 뒤를 따름(Nachfolge)을 말한다. 참 믿음은 하나님의 나라를 체현하는 예수의 뒤를 따름으로써 그 자신이 하나님 나라의 현실이 되고 하나님 나라의 새 창조를 확장하는 데 있다. 예수의 뒤따름이 없는 믿음은 참 믿음이 아니다(Bonhoeffer). 하나님에 대한 신뢰 속에서 눈에 보이지 않는 하나님 나라의 현실을 희망하는 삶에 믿음의 길이 있다. "목숨을 위하여 무엇을 먹을까 무엇을 마실까, 몸을 위하여 무엇을 입을까 염려하지 말라.…너희는 먼저 그의 나라와 그의 의를 구하라"(마 6:25-34).

3) 율법의 새로운 해석: 또한 예수는 율법에 대한 새로운 해석을 통해

율법에 담긴 하나님의 참 뜻과 하나님의 존재를 드러내며, 이를 통해 율법의 궁극적 목적인 하나님의 나라를 세우고자 한다. 구약의 율법은 모두 613가지의 계명들로 구성되어 있는데, 우리는 이 계명들의 전체를 가리켜 율법이라 부른다. 유대인들에게 율법은 성전의 희생제물과 더불어 하나님의 화해와 구원에 이를 수 있는 길이었다. 그러므로 예수 당시 유대교 지도자들, 특히 율법학자들은 인간의 모든 세부 행동을 율법으로 규정하고자 했다. 그러나 무한히 변화하는 삶의 다양한 상황 속에서 일어나는 인간의 모든 행동을 구약 율법의 613가지 계명으로 규정하는 것은 불가능했기 때문에 성문화 된 율법의 세부 규정들과 성문화 되지 않은 규정들, 곧 할라카와 미슈나의 매우 복잡한 체계를 만들어 지키도록 요구했다. 신약성서는 이 전체를 가리켜 "율법"이라 부른다. 이와 같이 복잡한 율법체계는 다음과 같은 결과를 초래한다.

a. 하나님 신앙 대신 율법에 대한 신앙이 등장한다. 곧 율법이 하나님의 자리를 대신 차지한다. 하나님의 뜻이 인간을 다스리는 것이 아니라 율법이 인간을 다스리게 된다. 율법이 인간을 위해 존재하는 것이 아니라 인간이 율법에 매여 율법을 위해 존재하는 결과가 일어난다. "하나님은 율법 속에서 사라졌고, 더 이상 율법에 대한 주님이 아니었다." 이제 하나님 대신에 율법이 등장한다. "율법의 신격화와 하나님의 율법화가 이스라엘의 죄였다"(Bonhoeffer 1967, 98).

b. 율법의 계명들을 잘 지키지만 하나님이 정말 원하는 것, 곧 율법의 본래 의도인 하나님의 자비와 정의를 실천하지 않고 그것을 살짝 비켜가면서 하나님과 이웃 앞에서 자기의 업적과 의를 주장하는 종교적 가식과 거짓이 발생한다. 종교적 가식과 거짓 속에서 인간은 하나님과 이웃 앞에서 교만하다. 그의 마음은 사실상 하나님으로부터 멀리 떨어져 있다. 자신의 숨은 죄는 보지 않고 율법의 세부 조항을 지키지 못하는 이웃을 정죄하는 종교적 교만이 일어나기도 한다. 의롭고 경건하다는 바리새파 사람의 기도와, 불의하고 경건치 못하다는 한 세리의 기도가 이를 예시한다(눅

18:9-14). 그러므로 예수는 이렇게 말한다. "이 백성은 입술로는 나를 공경해도, 마음은 내게서 멀리 떠나 있다. 그들은 나를 헛되이 예배하며, 사람의 계명을 하나님의 것인 양 가르친다"(막 7:6-7).

c. 생활고에 시달리는 가난한 민중들이 율법의 모든 계명들과 규례들을 외우고 정확히 지키는 것은 불가능하다. 그들에게는 그렇게 할 수 있는 시간도 없고, 고달픈 삶의 형편이 그것을 허락하지도 않는다. 가난하고 배고픈 사람들은 안식일에 밀밭의 이삭을 따먹을 수밖에 없었고, 끊임없는 민란과 전쟁으로 남편을 잃은 여자들은 몸을 팔면서 생계를 유지할 수밖에 없었다(눅 7:37의 "동네에 죄인인 한 여자"에 관한 이야기 참조). 당시의 유대교 지도자들은 이 모든 사람들을 "죄인" 혹은 "땅의 백성"(am haarez)으로, "경건치 못한 자들"로 규정하였다. 이리하여 경건한 자와 불경건한 자, 의로운 자와 불의한 자의 양극화 현상이 발생한다. 힘있고 부유한 자들은 의롭고 경건한 자들로 자처하는 반면 힘없고 가난한 자들은 불의하고 불경건한 자들로 처리되며, 전자에 의한 후자의 사회적 소외와 억압이 일어난다. 유전무죄 무전유죄(有錢無罪 無錢有罪)라는 말은 예수 당시의 유대교 사회는 물론 어느 사회에서나 타당한 말이다.

이와 같은 결과를 초래한 당시 유대교의 율법에 대한 예수의 관계는 먼저 "율법의 상대화"(Relativierung des Gesetzes)라 말할 수 있다. 예수는 율법의 권위를 인정하지만 율법의 해석들을 상대화시킨다. 그는 제자들이 안식일에 밀 이삭을 따먹어도 좋다고 허용하며(막 2:23 이하), 안식일에도 병든 사람을 고쳐준다. "안식일에…사람을 살리는 것이 옳으냐, 죽이는 것이 옳으냐?"라는 질문에서, 그는 안식일에 병자를 고치지 않는 것이 악한 일, 곧 사람을 죽이는 일이요, 안식일에도 병자를 고치는 것이 하나님의 뜻이라 밝힌다. 깨끗한 음식과 더러운 음식, 먹어도 좋은 음식과 먹어서 안 되는 음식에 대한 할라카의 계명은 하나님의 뜻과 일치하지 않는다(7:15 참조). 할라카의 계명들은 "하나님의 계명" 자체와 관계없는 "사람의 계명" 혹은 "사람의 전통"일 뿐이다. "너희는 하나님의 계명은 버리고 사람의 전통을 고집하고 있다"(7:8). 그들은 율법체계를 지킨다는 구실로 "교묘하게 하나님의 계명을 어기며" 하나님의 말씀을 무시한다(7:9-13 참조). 이로써 예수는 할라카와 미슈나의 오류를 지적하고 구약 율법의 권위를 높인다.

한 걸음 더 나아가 예수는 구약의 율법 자체를 상대화시킨다. 예를 들어 모세의 율법은 이혼의 가능성을 허용함에 반해(신 24:1) 예수는 이를 부인한다. "모세는 너희의 마음이 굳을 대로 굳어져서 이 법을 제정한 것이다.…하나님께서 짝지어 주신 것을 사람이 갈라 놓아서는 안 된다"(막 10:5-9). 산상설교의 여섯 가지 반대명제(Antithese), 곧 "…하신 말씀을 너희는 들었다. 그러나 나는 이렇게 말한다"는 예수의 말씀은 율법 자체의 상대화를 뜻한다(마 5:21-48). "눈에는 눈으로, 이에는 이로" 갚으라는 모세의 율법에 반해(출 21:24-25), 예수는 아예 보복을 하지 말라고 가르친다(5:39). 중요한 것은 박하와 회향과 근채의 십일조를 바치는 것이 아니라 "정의와 자비와 같은 율법의 더 중요한 요소들"을 지키는 데 있다(23:23). 인간이 율법을 위해 있는 것이 아니라 율법이 인간을 위해 있다. 인간의 삶에 도움이 되는 방향으로 율법은 상대화되어야 한다.

율법에 대한 예수의 두 번째 태도는 "율법의 철저화"(Radikalisierung des Gesetzes)에 있다. 예수는 율법의 폐기를 주장하지 않는다. 반대로 새로운 계명들을 만들어 율법체계를 확대시키고자 하지도 않는다. 이것은 무의미한 일이다. 중요한 것은 율법의 본래 의도 내지 목적을 실현하는 데 있다. 이를 위해 예수는 율법 속에 담긴 하나님의 의지와 요구를 철저화시킨다. 산상설교의 반대명제들은 이를 예시한다. 원수를 사랑하고(마 5:44), 보물을 땅에 쌓아두지 않으며(6:19), 내일의 먹을 것과 입을 것을 염려하지 않고 먼저 하나님의 나라와 그의 의를 구하는 것(6:25-33)이 본질적으로 중요하다. "네가 이웃에게 바라는 대로 이웃에게 해 주어라"는 예수의 "황금률"(7:12)은 율법의 철저한 형태를 나타낸다. 그것은 곧 하나님 나라의 법이다.

율법에 대한 예수의 세 번째 태도는 "율법의 완성"(Vollendung des

Gesetzes)에 있다. 율법의 상대화, 율법의 철저화는 율법의 완성을 목적으로 한다. 율법의 핵심은 마음과 뜻과 정성을 다해 하나님을 사랑하고, 이웃을 자신의 몸처럼 사랑하는 데 있다(마 22:37-40). 하나님과 이웃을 향한 사랑 안에서 섬기고 봉사하며, 모든 피조물이 평화롭게 더불어 사는 하나님의 나라를 이루는 데 "모든 율법과 예언서의 골자"가 있고 "율법의 완성"이 있다. 한마디로 율법의 궁극적인 목적은 하나님의 나라를 세우는 데 있다. 율법의 상대화, 율법의 철저화를 통해 예수는 율법의 이 목적을 이루고자 한다. "내가 율법이나 예언서의 말씀을 없애러 온 줄로 생각하지 말라. 없애러 온 것이 아니라 오히려 완성하러 왔다"(마 5:17).

예수는 율법의 완성을 요구할 뿐 아니라 자신의 삶과 죽음을 통해 율법을 완성한다. 그의 십자가에 계시되는 하나님의 사랑이 "율법의 완성"이다(롬 13:10). 예수는 율법에 계시된 하나님의 의지에 대한 복종을 요구할 뿐만 아니라 그 자신의 죽음을 통해 이 의지에 복종한다. 무한한 용서를 요구할 뿐만 아니라 스스로 무한히 용서한다. 황금률을 요구할 뿐 아니라 이 황금률을 자신의 죽음으로써 실천한다. 율법이 요구하는 궁극적 의(義)는 사랑에 있다. 그는 율법학자들이나 바리새인의 의보다 "더 나은 의"를 요구할 뿐만 아니라(마 5:20), 자신의 죽음을 통해 "보다 나은 의"를 성취한다. 그는 하나님의 의를 성취한 자로서 더 나은 의를 요구한다. 그는 율법이 요구하는 최후의 것을 행하였다. 그러므로 예수는 율법에 대해 자유로운 태도를 취할 수 있었고, 율법학자들과는 달리 율법을 "권위있게" 가르칠 수 있었다(막 1:22). 참으로 권위있게 가르칠 수 있는 자는, 그가 가르치는 바를 스스로 실행하고 완성하는 자이기 때문이다.

그러나 당시 유대교의 지도자들은 예수를 율법 모독자로 정죄한다. 율법의 참 뜻을 파악하고 실행하는 것보다 현재의 특권을 유지하는 것이 그들에게 더 중요하였기 때문이다. 그러나 율법 모독자로 죽임을 당한 예수가 율법을 완성한다. 율법의 이름으로 십자가에 달린 그분이 율법의 완성이다. 이런 뜻에서 예수는 율법을 폐기하는 것이 아니라 율법을 굳게 세운다(롬 8:31).

십자가에 달린 예수가 율법의 완성이라면, 바로 이 예수 안에 하나님 나라의 현실이 있다. 율법의 궁극적 목적 내지 "끝마침"(telos, 롬 10:4), 곧 하나님 나라의 현실이 예수 안에서 결정적으로 이루어진다. 예수는 율법이 목적하는 "하나님 나라 자체"이다(Origenes). 이스라엘은 자신의 행위를 통한 "자기의 의" 혹은 "율법의 의"를 추구했던 반면, 예수는 그를 믿는 모든 사람에게 하나님의 의롭다 하심을 주심으로써 "율법을 종결짓는 역할을 하신다(참조. 고전 15:56 이하; 갈 3:19, 23-29)"(조광호 2004, 175). 그런 뜻에서 예수는 "율법보다 더 큰 분"이다.

예수가 율법의 "끝마침" 또는 목적이라면, 더 이상 율법이 구원의 길이 될 수 없다. 율법의 본래 의도와 목적이 그 안에서 완성되고 하나님 나라의 현실이 그 안에 있는 예수가 구원의 길이다. 이 예수를 "거치지 않고서는 아무도 아버지께 갈 수 없다"(요 14:6). 십자가의 죽임을 당한 예수 그리스도의 의로운 행위 때문에 "모든 사람이 의롭다는 인정을 받아서 생명을 얻게 되었다"(롬 5:18).

4) 예수의 산상설교: 산상설교는 하나님의 나라에 속한 하나님의 새로운 피조물로서 그리스도인들이 지켜야 할 하나님 나라의 종말론적 윤리를 제시한다. 우리는 산상설교 윤리의 중요한 내용을 다음과 같이 분석할 수 있다.

a. 산상설교의 윤리는 한마디로 자기비움의 윤리라 말할 수 있다. 자기를 비우고 하나님을 삶의 중심으로 세우며, 하나님의 의지가 자기를 지배하도록 해야 한다. 이때 우리는 우리 자신으로부터 자유로운 사람이 될 수 있다. 산상설교가 요구하는 것은 단지 구체적 계명들을 지키는 것이 아니라 자기를 완전히 비우고 자기를 하나님에게 맡김으로써 자기 자신으로부터 자유롭게 되고, 그리하여 하나님의 의지가 삶 전체를 결정하는 데 있다.

b. 이때 우리는 나 중심의 삶을 버리고 이웃 중심의 삶을 살 수 있다.

예수는 이웃 중심의 삶의 구체적 형태를 다음과 같이 묘사한다. "내가 이웃에게 바라는 대로 이웃에게 해 주라"는 황금률을 지켜야 한다(마 7:12). 누가 오른뺨을 치거든 왼뺨마저 돌려대고, 속옷을 가지려고 하면 겉옷까지 내어주며, 오리를 가자고 하면 십리를 같이 가주어야 한다. 우리를 사랑하는 사람은 물론 우리의 원수도 사랑하며, 핍박하는 자를 위해 기도하며, 이웃의 잘못을 용서하고 채무자의 채무를 탕감함으로써 우리 자신의 잘못을 하나님에게서 용서받으며(참조. 신 15:1-3; 서중석 1991, 197), 이웃을 판단하지 않음으로써 우리 자신이 하나님의 판단을 받지 않도록 해야 한다. "완전한 사람"이 되는 길은 여기에 있다(5:48).

c. 자기를 완전히 비울 때 우리는 내일에 대한 염려를 버릴 수 있다. 자신의 능력을 통해 얻을 수 있는 것으로부터 살고자 발버둥치지 않고 하나님이 "오늘 우리에게 주시는" 것으로 살게 된다. 우리가 필요로 하는 것을 하나님께 간절히 구할 때 하나님은 그것을 주실 것이다. 그러나 하나님은 우리가 구하기 전에 무엇이 우리에게 필요한지 다 아신다. 이 하나님에 대한 절대적 신뢰 속에서 자신의 목숨에 대한 근심과 걱정을 버리고 하나님의 나라와 하나님의 정의를 구하는 것을 삶의 첫째 목적으로 삼아야 한다. 하나님의 뜻이 하늘에서 이루어진 것처럼 땅 위에서도 이루어지며, 하나님의 이름이 거룩하게 되는 것이 삶의 첫째 관심이어야 한다. 이를 위해 재물을 땅에 쌓아두지 않고 하늘에 쌓아두어야 한다. 하나님과 재물을 겸하여 섬길 수 없다.

d. 마음을 비울 때 종교적 가식과 위선을 버릴 수 있다. 사람의 평가와 칭찬을 기대하지 않고 은밀한 곳에 계신 하나님과 은밀한 교통 속에서 하나님의 뜻을 행하는 것 자체가 기쁨이 된다. 사람들에게 보이기 위해 기도와 금식과 구제하는 일을 행하지 않고 은밀한 곳에서 모든 것을 보시는 하나님 앞에서 행할 수 있다. 세상의 상을 바라지 않고 하늘의 상을 얻고자 한다. 이 모든 일들을 통해 우리는 세상의 빛과 소금이 되어야 한다.

이와 같은 명령들의 목적은 새로운 몇 가지 계명들을 추가하려는 것이 아니라 하나님의 절대적 의지 앞에 인간을 세우고 인간 전체를 요구하는 데 있다. 자기를 완전히 비우고 자기 자신에게서 자유로운 하나님 나라의 자녀로서 새로운 삶의 길을 요구하는 데 있다. 하나님이 참으로 원하는 것은 단지 특정한 계명들을 지키는 것이 아니라 인간의 마음이다.

그러나 예수의 산상설교의 요구들은 현실성이 없는 무리한 요구가 아닌가? 그것은 우리 인간이 지향해야 할 윤리적 이상에 불과하지 않은가? 이 문제에 대한 몇 가지 대표적 해석을 간단히 고찰하기로 하자.

① 특별한 계층의 윤리설: 주로 가톨릭교회가 대변하는 이 해석에 의하면, 구약의 십계명은 모든 사람에게 보편적으로 해당하는 반면 산상설교는 특별히 선택된 계층의 사람들, 예를 들어 성직자와 수도사들과 같은 사람들에게만 해당한다.

② 성취 불가능설: 루터교회가 대변하는 이 해석에 의하면, 현실 세계 속에서 인간이 산상설교의 모든 명령들을 완전히 지킨다는 것은 불가능하다. 그것은 성취될 수 있는 윤리적 규범이 될 수 없다. 그리스도만이 산상설교를 성취하였다. 산상설교의 목적은 인간이 그의 죄를 더욱 깊이 깨닫고 참회하는 데 있다.

③ 성향설: 관념주의 철학과 자유주의 신학이 대변하는 이 해석에 의하면, 산상설교는 우리에게 구체적 요구를 제시하는 것이 아니라 각 사람이 지향해야 할 윤리적 성향(Gesinnung)을 제시할 뿐이다. 이 윤리적 성향은 개인의 내면적·사적인 것에 불과하며 사회적 타당성을 갖지 못한다. 만일 산상설교의 명령을 사회 규범으로 삼는다면 사회는 무질서와 혼란에 빠질 것이다. 이에 대한 반동으로서 혁명적 성격을 가진 사회윤리가 등장하여 산상설교를 사회적 정의의 실현을 위한 규범으로 삼는 현상이 나타나기도 한다. 18세기의 나우만(F. Naumann)이 이를 대변한다.

④ 중간시기 윤리설: 알버트 슈바이처가 대변하는 이 해석에 의하면, 최초의 그리스도인들과 그들의 공동체는 그들이 사는 동안에 세계의 종말이 오리라고 믿었다. 그들은 임박한 하나님의 나라가 오기까지의 중간

시기에 살고 있다고 믿었다. 그러므로 그들은 소유를 포기하고 순교를 당할 수 있었다. 산상설교는 중간시기에 산다고 믿었던 최초의 그리스도인들의 특별한 삶의 윤리, 곧 중간시기의 윤리(Interimethik)를 제시한다(이에 관해 Kantzenbach 1982, 22-25).

이 네 가지 해석의 공통점은 산상설교의 명령들이 현실 세계에서 실천될 수 없다고 보는 점에 있다. 그럼 예수는 우리가 실천할 수 없는 것을 명령하는가? 예수는 우리가 도저히 지킬 수 없는 새로운 율법을 주기 위해, 그래서 율법을 완전히 지킬 수 없는 우리 인간의 한계를 보이기 위해 산상설교의 명령들을 주시는가? 예수는 분명히 말한다. 우리는 이 계명들을 지킬 때 "완전한 사람"이 될 수 있고 세상의 소금과 빛이 될 수 있다. 이것을 지키지 않으면 "아무데도 쓸데없어 밖에 내버리어 사람들에게 짓밟힐 따름이다"(마 5:13). 여기서 예수는 산상설교의 명령들을 우리가 지켜야 한다는 것을 분명히 말한다.

1980년 대 독일의 유명한 정치 평론가였던 프란츠 알트(Franz Alt)에 의하면, "결정적으로 그리스도교적이라 할 수 있는 것이 산상설교에 들어 있다.···우리는 이 본문을 거기 있는 대로 받아들여야 한다. 쓰여진 대로!" "예수는 환상적인 것이 아니라 가능한 것을 약속한다"(Alt 1988, 10, 11). 산상설교의 명령들이 "내세의 피안에서만 유효한 의미를 가지고 있는 것"이란 생각은 "신학이 기교적으로 만들어 놓은 것이다. 예수의 요구는 전적으로 성취 가능한 것이다.···예수의 약속이 지금 여기서 유효한 것이므로, 그의 요구는 지금 여기에서 지켜져야 한다"(Ragaz 1983, 39).

물론 오늘 이 세계의 현실 속에서 산상설교의 명령들을 글자 그대로 지킨다는 것은 거의 불가능하다. 오리를 같이 가자는 사람에게 십리를 같이 가주고, 왼뺨을 때리는 자에게 오른뺨을 대주는 것은 현실적으로 불가능하다. 아무리 율법을 잘 지킨다 해도 우리 인간에게는 하나님의 용서를 받아야 할 부분들이 언제나 있기 마련이다. 우리 인간이 율법을 통해 얻을 수 있는 의는 불완전하다. 그러므로 산상설교의 명령들을 지키고자 할 때 우리는 그것을 완전히 지킬 수 없는 우리의 한계를 보게 된다.

그러나 우리가 좌절하고 우리의 한계를 보는 그 순간, 율법을 완성하고 "보다 나은 의"와 "완전함"에 이른 예수가 우리 앞에 등장한다. 우리가 도달해야 할 보다 나은 의와 완전함이 예수 안에 있다. 그는 우리의 한계를 잘 안다. 그는 그의 의로움을 통해 우리를 용서하고 용납하면서 "나를 따르라"고 초대한다. 예수의 뒤를 따르며 예수의 친교 속에 있는 사람들에게 산상설교의 명령들은 이제 타율적 율법이 아니라 예수의 형제들과 친구들의 삶의 길을 제시한다. 그것은 타율이 아니라 자기를 희생하는 삶과 죽음을 통해 우리의 의를 이루신 그분이 우리에게 제시하는 참 생명에로의 안내요 권유이다.

예수를 알지 못하는 사람들에게 산상설교의 명령은 도저히 지킬 수 없는, 그러므로 좌절에 빠지게 하는 타율적 명령이다. 그러나 예수의 친교 안에 있는 사람들에게 그것은 그들의 의를 위해 자기의 목숨을 희생한 그분의 가르침, 곧 토라(Torah)이다. 그것은 "하나님의 법"이요 "성령의 법"이며, 하나님의 새로운 "의의 법"이요 "그리스도의 법"이다(롬 7:25; 8:2; 9:31; 갈 6:2). 그것은 죄와 죽음의 세계를 살리는 하나님 나라의 종말론적인 법이다. 예수의 친교 안에서 이 법을 따르고자 노력하는 그리스도인들 안에 하나님 나라의 메시아적 현실이 나타난다.

5) 말씀을 통한 하나님의 계시: 하나님 나라에 관한 비유, 율법에 대한 새로운 해석, 산상설교 등의 말씀을 통해 예수는 하나님의 뜻이 무엇이며 그가 어떤 분인가를 계시한다. 이와 동시에 그의 아버지 하나님과 아들 관계에 있는 예수 자신의 특별한 인격과 삶의 과정을 통해 하나님을 계시한다. 하나님의 나라를 이 땅 위에 세우고자 하는 메시아적 하나님이 예수의 인격과 말과 행동을 통해 계시된다.

요한복음의 로고스 그리스도론에 의하면 예수는 하나님의 성육신 된 말씀(logos)이다. "말씀이 육신이 되었다"(ὁ λόγος σὰρξ ἐγένετο, ho logos sarx egeneto, 요 1:14). 따라서 예수는 성육신 된 하나님의 말씀 자체이다. 이 말씀은 곧 하나님이었다(1:1).

여기서 우리는 구약의 예언자들과 예수의 공통점과 차이를 발견한다. 이들은 하나님의 말씀을 선포하는 점에서 공통점을 가진다. 그러나 예언자들과 달리 예수의 말씀과 그의 인격은 완전히 일치한다. 그의 말씀은 자신의 인격과 분리된 그 무엇에 대한 말씀이 아니라 인간의 형태 안에 있는 하나님의 말씀 자체이다. 그는 단지 하나님의 말씀의 대언자가 아니라 인간의 형태 속에서 말씀하시는 하나님이다. 그러므로 예수는 예언자들처럼 "주께서 말씀하시니"라고 말씀하지 않고, "그러나 나는 너희에게 이렇게 말한다"라고 "권위 있게" 말씀한다(막 1:22).

그러므로 예수는 예언자의 시대가 세례자 요한과 함께 지나갔으며 예언자보다 더 큰 분이 여기에 있다고 말한다(마 12:41; 13:17). 그는 예언자의 시대에 속하지 않고 하나님의 새로운 시대에 속한다. 하나님의 새로운 시대, 곧 하나님의 나라가 예수와 함께 앞당겨 왔다. 이 하나님의 나라는 먼저 예수의 말씀을 통해 현재적 사건으로 일어난다. 이 말씀과 예수의 인격은 일치한다. 그의 인격은 말씀하시는 하나님이다. 그러므로 예수의 말씀은 곧 아버지 하나님의 말씀이요 예수가 하는 일은 아버지 하나님이 그 안에서 하는 일이다. 그러므로 예수를 보는 사람은 곧 아버지 하나님을 본다(14:9-11). 따라서 예수의 인격 자체가 하나님의 자기계시다. 예수의 십자가의 고난과 죽음은 하나님의 결정적 자기계시다.

하나님을 계시한다는 것은 하나님 나라의 현실을 계시함을 뜻한다. 하나님은 하나의 물체가 아니라 그의 정의와 사랑이 모든 것을 결정하는 하나의 현실로서 계시되기 때문이다. 따라서 하나님을 계시하는 예수의 존재 자체가 바로 하나님 나라의 현실이다.

또한 예수 안에 있는 하나님의 자기계시는 단지 하나님의 "자기전달"이 아니라 하나님 나라의 새 창조의 시작을 뜻한다. 하나님과 하나님의 나라를 계시하는 예수가 나타날 때, 귀신은 자신의 정체를 드러낸다. 참 생명의 세계가 나타날 때, 귀신은 물러나고, 귀신에 붙들렸던 사람은 건강을 회복한다. 곧 새로운 창조가 일어나며, 하나님의 뜻이 다스리는 하나님 나라의 현실이 이 세계 안에 자리를 잡게 된다. 옛 사람 사울은 새 사람 바울로 새롭게 창조된다. 계시를 통해 세계사가 보편사(Universalgeschichte)로 해석되는 것이 아니라(Pannenberg에 반해), 세계사를 변화시키는 하나님의 구원과 새 창조의 메시아적 역사가 일어나기 시작한다.

요한복음의 로고스 그리스도론은 예수 안에 계시되는 하나님의 나라를 "생명"의 개념으로 설명한다. 인간의 육이 된 하나님의 말씀 예수는 하나님의 참 생명이다(요 14:6). 그는 "생명의 떡"이요, "태초부터 있는" "생명의 말씀" 또는 "영원한 생명"이다(6:35; 요일 1:1-2). 그는 "우리의 생명"이요 "생명의 근원"이다(롬 8:2; 골 3:4; 행 3:15). 그는 우리 인간이 얻어야 할 영원한 생명을 계시하며, 그를 하나님의 아들로 믿는 사람들에게 영원한 생명을 약속한다. "나는 부활이요 생명이니, 나를 믿는 사람은 죽어도 살고, 살아서 나를 믿는 사람은 영원히 죽지 아니할 것이다"(요 11:25-26).

요한복음이 말하는 영원한 생명이란 단지 죽은 다음에 얻을 생명을 말하는 것이 아니라, 믿음과 희망과 사랑 안에서 살아가는 새 피조물의 생명을 말한다. 하나님을 부인하고 이웃을 미워하며 사랑을 행하지 않는 사람에게는 생명이 없다. 그는 "죽음" 혹은 "어둠" 가운데 있다(6:53; 8:12; 요일 3:15). 바울에 의하면 죄 가운데 있는 불의한 인간은 죽음 가운데 있다(롬 5-6장). 그러나 예수 그리스도를 주님으로 고백하고 하나님의 계명을 지키는 사람, 하나님과 이웃을 사랑하며 자기의 생명을 버리는 사람은 죽음을 벗어나 영원한 생명을 누린다(요 8:12; 12:25; 요일 3:14-17). 이 영원한 생명, 곧 하나님의 나라의 현실이 예수 안에 계시된다.

C. 하나님과 인간과 세계의 화해

기독교 신학은 예수의 사역을 "화해"(=화목)의 개념으로 설명하기도 한다.

곧 예수의 십자가의 죽음을 통해 인간의 죄가 하나님의 용서를 받고, 하나님과 인간의 단절된 관계가 회복되는 것이 예수의 주요 사역으로 이해된다. 여기서 예수의 희생의 죽음을 통한 인간의 죄용서, 곧 속죄가 중심적 위치를 차지한다. 그러므로 화해론은 속죄론 및 구원론과 동일시되기도 한다.

오늘날 일련의 신학자들은 인간의 죄용서, 하나님과 인간의 화해를 중요하게 여기지 않는 경향을 보인다. 그들에게는 불의한 세력에 의한 억압과 착취에서 인간의 해방, 불의한 사회 질서의 변혁, 자연환경의 회복이 중요한 문제로 생각된다. 민중신학자로 자처하는 어떤 신학자는 "민중의 죄를 이야기하는 것은 민중신학을 하지 않겠다는 것을 뜻한다"고 주장한다.

물론 죄용서, 하나님과 인간의 화해는 "하나님 나라"로 요약되는 예수의 중심적 사역을 총체적으로 설명하지 못하며, 하나님의 구원을 인간의 속죄, 곧 죄용서와 하나님과의 화해의 내면적 사건으로 위축시키는 제한성을 갖는 것은 사실이다. 또 지상의 예수 자신도 자기의 사역이 하나님과 인간의 "화해"에 있다고 직접 말하지 않는다. 또한 신약성서에서 화해(katallage), 화해하다(katallassein)라는 개념은 단지 몇 구절에서 사용될 뿐이다.

그러나 예수의 하나님 나라의 사역에 있어 인간의 죄용서, 하나님과 인간의 화해는 중요한 요소라 말할 수 있다. 하나님의 나라는 먼저 자기의 죄를 용서받고 하나님과 화해되는 한 인간에게서 가시적으로 시작하기 때문이다. 그러므로 예수는 하나님의 나라를 선포하면서 죄를 용서하고, 죄를 용서할 수 있는 권한이 자기에게 있다고 주장한다(막 2:10). 또 마태와 누가에 의하면, 죄용서는 예수의 탄생에서부터 예수의 사역의 본질적 측면으로 제시된다. "주의 백성에게 그 죄사함으로 말미암는 구원을 알게 하리니…"(눅 1:77).

그러므로 신약성서에서 죄용서, 곧 속죄를 통한 하나님과 인간의 화해는 예수의 사역을 설명하는 하나의 기본 모델로 사용된다. "하나님께서는 그리스도를 내세우셔서, 우리를 자기와 화해하게 하시고…"(고후 5:18; 또한 롬 5:11; 골 1:22). 바울은 예수의 복음을 "화해의 말씀"이라 부르기도 한다(고후 5:19). 신약성서가 말하는 하나님과 인간의 화해는 예수의 죽음에 대한 제자들의 다음과 같은 신념에 기초한다.

① 외적으로 볼 때 예수의 십자가의 죽음은 빌라도와 이스라엘의 종교 지도자들의 권력에 대한 욕망으로 인해 일어났다. 그러나 예수의 죽음의 내적 근거는 세상을 구원하려는 하나님의 의지에 있다. 그의 십자가는 하나님의 "원수"였던 죄인에 대한 하나님의 사랑이다(롬 5:8-11; 고후 5:19-21; 요 3:16; 요일 4:10).

② 모든 인간의 죄에 대한 하나님의 심판이 예수의 십자가의 죽음 속에서 집행되었다. 하나님은 "죄를 알지도 못하신 자를 우리를 대신하여 죄로 만드셨다"(고후 5:21; 또한 롬 8:3; 갈 3:13).

③ 그가 당한 심판은 우리를 죄책과 죄의 세력에서 해방하기 위해, 곧 "우리를 위해", "우리를 대신하여"(ὑπὲρ ἡμῶν, hyper hemon, 고후 5:21; 롬 5:8; 고후 5:14; 갈 2:20; 3:13; 딛 2:14), "우리의 죄를 위하여"(고전 15:3), "많은 사람들을 위하여"(ἀντὶ πολλοί, anti polloi) 그가 당한 대리행위였다.

예수의 제자들과 초기 기독교 공동체는 예수의 죽음에 대한 이러한 생각을 그들에게 친숙한 구약성서의 속죄제물이나 희생제물의 패러다임으로 표현한다. 곧 예수의 십자가의 죽음은 하나님과 죄된 인간의 화해를 위해 대신 형벌을 당한 "화해의 제물"(롬 3:25)의 죽음이요(여기서 구원은 인간이 당해야 할 형 집행을 대신 당하는 데 있는 것으로 생각됨), 죄의 세력에서 인간을 자유케 하기 위한 "몸값"(λύτρον, lytron, 贖錢) 혹은 "대속물"이었다는(여기서 구원의 능력은 죄의 노예상태에 있는 인간을 해방하기 위해 몸값을 지불하는 것으로 생각됨) 것이다. "인자는…많은 사람을 구원하기 위하여 치를 몸값으로 자기 목숨을 내주러 왔다"(막 10:45). 그리스도는 "자기를 단번에 제물로 드려 죄를 없게 하시려고" 세상에 오셨고 "많은 사람의 죄를 담당하시려고 단번에 (속죄제물로) 드리신바" 되었다(히 9:26-28; 참조. 마 20:28; 요 1:29; 골 1:19-22; 엡 2:14-

16; 히 2:17-18; 9:12-15, 18; 요일 2:2-4:10).

1) 속죄제물 사상의 유래: 속죄제물 사상은 고대세계의 보편적 종교현상이었다. 그것은 구약성서에서도 발견된다. 구약성서의 속죄제물 사상은 하나님과 인간의 법적 관계에 근거한다.

a. 하나님과 인간의 관계는 인간이 하나님의 법을 지킴으로써 하나님의 정의를 세울 때 유지된다.

b. 그러나 인간은 죄를 짓고 하나님의 정의를 깨뜨린다. 이로 인해 하나님과 인간의 관계는 깨어지고, 인간은 하나님 없는 죄인으로서 하나님과 대립관계에 있게 된다.

c. 깨어진 관계를 회복하기 위해 인간은 죄에 상응하는 벌을 받아야 한다. 그래야 하나님의 정의가 세워지고, 하나님과 인간의 관계가 회복될 수 있다.

d. 그러나 만일 인간이 그의 모든 죄에 대한 벌을 받아야 한다면 그는 죽을 수밖에 없을 것이다. 죽어도 자기의 죄에 대한 벌을 충분히 받을 수 없을 것이다.

e. 인간이 죽음을 면하고 하나님과의 관계가 회복될 수 있도록 하나님은 속죄제물의 제도를 세우신다. 인간을 대신하여 속죄제물이 죽음을 당함으로써 인간의 죄가 용서를 받고 죄책과 죽음에서 해방되며, 하나님과의 관계가 회복된다.

이로써 하나님의 정의가 세워진다. 이러한 법적 사고에 기초한 구약의 속죄제물 제의는 아래 세 가지 단계로 구성된다(레 1:1-5).

① 죄를 지은 인간이 속죄제물로 바칠 짐승의 머리 위에 손을 얹는다. 이로써 인간의 죄가 속죄제물의 짐승에게로 옮겨진다.

② 제물을 바치는 사람이 속죄제물의 짐승을 죽인다. 즉 죄를 지은 인간을 대신하여 속죄제물의 짐승이 죽임을 당한다. 제사장은 짐승의 피를 용기(容器)에 담는다.

③ 제사장은 속죄제물의 피를 성전 지성소에 위치한 제단 주변에 뿌린

다. 이로써 죄된 인간의 죄가 용서를 받고, 하나님과 인간의 화해가 이루어진다. 생명이 피에 있다는 구약성서의 생각이 여기에 전제되어 있다. "생물의 목숨은 그 피에 있는 것이다. 그 피는 너희 자신의 죄를 벗는 제물로서 제단에 바치라고 내가 너희에게 준 것이다. 이 피야말로 생명을 쏟아 죄를 벗겨 주는 것이기 때문이다"(레 17:11).

2) 화해론의 유형들: 아울렌(G. Aulen)은 1930년 『승리자 그리스도』 (Christus Victor)란 제목의 논문에서 화해론의 세 가지 대표적 유형을 다음과 같이 분석한다(Pöhlmann 1973, 152-153).

a. 초대교회, 특히 그리스 교부들이 대변하는 첫째 유형에 의하면, 죄로 말미암아 인간은 마귀와 죽음의 세력에 예속된다. 예수는 자기의 생명을 속전(贖錢)으로 내어주고 그를 마귀와 죽음의 세력에서 구해낸다. 그의 사역은 마귀와 죽음의 세력에 대한 "투쟁의 행위와 승리의 행위"에 있다. 여기서 죄에 대한 예수의 승리보다는 마귀와 죽음의 세력에 대한 승리가 강조된다. 속전은 아무 권리도 갖지 않은 마귀에게 지불된 것이 아니라 하나님에게 지불된 것으로 생각된다.

b. 화해론의 둘째 유형은 중세기 영국 캔터베리의 주교 안셀무스(Anselmus)가 그의 주요 저서 『하나님은 왜 인간이 되셨는가?』(Cur Deus homo)에서 대변하는 만족설 혹은 보상설(Satisfactionslehre)이다. 그것은 다음과 같은 논리의 순서를 따른다.

① 인간은 죄로 인해 하나님의 위엄과 영광을 훼손한다. 하나님은 그의 훼손된 위엄과 영광의 회복을 요구한다. 이를 위해 인간은 벌을 받아 죽음을 당하든지, 아니면 이에 상응하는 보상을 지불하고 하나님의 위엄을 만족시키는 길이 있을 뿐이다. 곧 죽음의 벌을 당하든지, 아니면 죽음의 벌과 맞먹는 보상의 양자택일이 있을 뿐이다(aut poena - aut satisfactio). 이 보상은 자발적이고 무죄한 것이어야 한다. 또 그것은 인간의 죄보다 더 커야 한다. 그래야 죄가 용서될 수 있고 화해가 가능하다. 죄의 무게는 무한하기 때문에 이 보상의 무게도 무한해야 한다.

② 그러나 인간이 치를 수 있는 그 어떤 보상도 죄의 무게를 능가할 수 없다. 그는 하나님의 위엄을 만족시킬 수 없다. 그러므로 모든 인간은 죽음의 벌을 당할 수밖에 없다. 죽음의 벌을 당한다 해도 충분한 보상을 하나님께 지불하는 것은 불가능할 것이다.

③ 만일 모든 인간이 죄의 벌로 인해 죽음을 당한다면 이것은 인간을 지으신 하나님의 창조의 의지가 실패로 끝나는 것을 뜻한다. 또 죄를 통해 훼손된 질서의 회복을 포기하는 것은 하나님의 영광과 의로우심에 모순된다. 그러므로 남은 길은 하나님 자신이 이 문제를 처리하는 길밖에 없다. 그러므로 하나님은 아들의 인격 속에서 "하나님-인간"(deus-homo)이 되시며, 아들은 자기의 생명을 인간의 죄에 대한 보상, 곧 속죄의 제물로서 아버지 하나님께 바친다. 이 보상은 무한한 무게를 가진다. 그것은 죄 없는 하나님 아들의 보상이기 때문이다.

안셀무스의 화해론은 초대 라틴교부 이레나이우스에게로 소급된다. 이레나이우스에 의하면, 아버지 하나님은 화해의 주체가 아니라 첫째 아담의 죄로 인해 모욕을 당했으나 둘째 아담 예수의 복종을 통해 화해되어야 할 대상으로 생각된다. 예수의 죽음은 온 인류를 위해 아버지 하나님에게 바치는 속죄의 제물이다. 이레나이우스의 이러한 생각은 키프리아누스 이후 라틴교회(=서방교회)에 깊은 영향을 준다. 이리하여 아우구스티누스는 다음과 같이 말한다. 아담의 원죄로 인해 하나님의 분노 아래에서 사는 인간은 하나님께 자기를 속죄제물로 바침으로써 하나님의 의를 풀어드릴 중재자와 화해자를 필요로 한다. 안셀무스의 만족설 혹은 보상설의 기본 생각들이 이미 여기에 나타난다(Pannenberg 1991, 448).

종교개혁 신학은 대체적으로 안셀무스의 화해론을 수용한다. 이리하여 예수의 화해의 죽음을 인간의 죄에 대한 하나님의 분노를 달래는 속죄제물로 생각한다. 루터는 예수의 십자가의 죽음을 죄의 문제를 대신 해결하는 속죄제물로 이해하지 않고, 하나님의 분노로 말미암아 인간이 당할 수밖에 없는 벌을 대신 당하는 대리행위로 이해한다. "보상"(satisfactio)이란 개념을 수용하지만, 이 보상은 자신의 생명을 속죄제물로 바침으로써 일어나는 보상과 만족이 아니라 벌을 대신 당함으로써 일어나는 보상과 만족을 뜻한다. 이에 반해 멜랑히톤은 안셀무스의 보상설을 충실히 따른다. 그리하여 예수의 죽음을 죄에 대한 하나님의 분노를 진정시키기 위해 바쳐지는 제물로 이해한다. 칼뱅은 화해에 있어 하나님의 기선적 행위를 강조하지만 안셀무스의 생각을 크게 벗어나지는 못한다. 개신교 정통주의 신학은 안셀무스의 보상설을 더욱 심화시킨다. 그리하여 아버지 하나님을 예수의 희생제물을 받고 화해되는 자, 곧 화해의 대상으로 부각시킨다.

c. 화해론의 셋째 유형은 중세의 아벨라르두스(Petrus Abelardus, 1142년 사망)가 대변하는 주관주의적 화해론이다. 이 유형에 의하면 모든 인간은 하나님과의 관계 속에 있다. 그러나 이 관계는 죄로 인해 손상된 상태에 있다. 예수의 십자가의 죽음을 통해 하나님과 인간의 관계가 회복되며, 하나님의 사랑에 응답하는 인간의 사랑이 눈을 뜨게 된다. 십자가의 죽음에 나타나는 예수의 사랑은 인간을 죄의 노예상태에서 해방하고, 예수의 사랑에 응답하여 하나님의 계명을 지킬 수 있는 자발적인 마음과 힘을 불러일으킨다.

여기서 화해는 인간의 마음속에 숨어 있는 하나님에 대한 사랑이 눈을 뜨게 되고, 하나님과의 교통이 회복되는 내면적 변화를 뜻한다. 그것은 법적·객관적 사건이 아니라 인간의 마음 속에 잠재적으로 숨어 있는 것이 깨어나는 주관적 사건을 뜻한다. 그러므로 이 화해론은 주관주의적 화해론이라 불리며 슐라이어마허, 리츨에게 영향을 준다. 슐라이어마허에 의하면 하나님과 인간의 화해는 인간의 본래적 삶을 방해하는 요소들을 제거하고, 인간의 "하나님 의식"이 순수한 본래의 상태로 회복되는 데 있다.

리츨은 그의 주요 저서 『칭의와 화해』(Rechtfertigung und Versöhnung, 1874)에서 객관주의적 화해론을 거부하고 주관주의적 화해론을 제안한다. 예수의 오심과 십자가의 죽음은 하나님의 조건없는 사랑의 나타남으로 이해되어야 한다. 죄인도 하나님의 사랑과 은혜 속에 있다. 하나님은 무한한 사랑과 자비와 용서의 하나님이기 때문에 보상을 통해 화해되어야 할 분노가 그에게는 없다. 죄에 대해 분노하고 속죄의 제물을 요구하는 율법주의적 하나님 상은 잘못된 것이다.

위의 세 가지 유형의 화해론 가운데 안셀무스의 객관주의적 화해론은 기독교 신학의 화해론을 대변한다. 안셀무스적인 화해와 구원의 개념은 구약성서적 죄와 벌의 원리에 부합하기 때문이다. 그래서 우리는 하나님의 분노를 풀어드리고 그의 훼손된 정의와 영광을 회복하기에 충분한 예수의 피로 말미암아 우리의 죄가 용서되고 하나님과 화목하게 된다는 설교를 지금도 수난절 때마다 들을 수 있다. 이런 뜻에서 예수는 "세상 죄를 지고 가는 하나님의 어린 양", "유월절 양이신 그리스도"(요 1:29; 고전 5:7)라 불린다.

3) 화해론의 타당한 의도: 불트만에 의하면 "인간이 된 한 신적 존재가 그의 피를 통해 인간의 죄를 속죄한다는 것"은 "유치한 신화"일 따름이다 (Bultmann 1960, 20). 그것은 실존론적으로 해석될 수 없기 때문에 제거되어야 할 대상이다. 불트만의 이러한 비판은 기독교의 전통적 화해론에 대한 많은 학자들의 비판을 대변한다. 그러나 기독교 신학이 말하는 화해론은 다음과 같은 타당한 의도를 가진다.

a. 화해론은 인간의 죄를 진지하게 생각하며, 하나님과 인간의 법적 관계를 나타내고자 한다. 인간의 죄에 대해서는 벌이 있어야 한다. 그러나 하나님은 이 벌을 인간에게 돌리지 않고 그의 아들 예수가 담당하도록 한다. 그는 예수의 무고한 피를 통해 인간의 죄를 용서하고 그와 화해한다. 이로써 하나님은 그의 정의를 세우는 동시에 인간에게 구원의 길을 열어준다.

오늘날 일련의 신학자들은 화해론이 진지하게 여기는 법적 관계를 하나님의 사랑에 비추어 적절하지 못한 것으로 보며, 그것은 서방교회의 산물이라 주장한다. 그러나 이 주장은 타당하지 않다. 신(神)과 인간의 법적 관계는 고대세계의 보편적 종교현상이었다. 구약성서도 하나님과 인간의 관계를 법적 관계로 전제한다. 하나님과 이스라엘 백성의 계약관계는 이스라엘 백성이 하나님의 법을 지키는 한에서 유지된다. 이 법을 지키지 않을 때 양자의 계약관계는 깨어진다. 서방교회, 곧 로마 가톨릭교회가 지금의 정교회에서 분리되기 이전, 이미 동방교회 신학자들이 구약의 법적 관계를 수용하였다.

오늘날 일련의 신학자들은 하나님이 인간에게 주신 법을 매우 부정적으로 생각한다. 곧 인간의 자유를 억압하는 "타율"로 생각하고, 하나님을 율법적 존재라고 비판한다. 그러나 구약성서에 기록된 하나님의 법, 곧 율법은 인간의 자유를 억압하기 위한 타율이 아니라 인간과 인간, 인간과 자연 피조물 사이의 정의와 평화와 상생을 이루기 위한 "생명의 법"이다. 그러므로 구약의 율법은 "고대 근동의 법규들과는 달리 재산의 보호, 특히 인명의 보호에 더 큰 관심을" 갖는다(김영진 2005, 12).

왜 하나님은 인간의 죄와 죄에 대한 벌을 중요시하는가? 그는 이른바 "율법적인" 신(神)이기 때문인가? 인간의 죄는 그 본질에 있어 이웃의 생명에 해가 되며 하나님의 창조 공동체를 파괴하는 성격을 가진다. 그것은 죄로 인해 피해를 당하는 사람은 물론 죄를 짓는 사람 자신의 생명을 파괴한다. 그러므로 하나님은 인간의 죄를 진지하게 생각하며, 죄에 대한 벌을 경고한다. 하나님은 인간을 사랑하지만, 인간의 죄에 대해서는 벌이 있어야 한다. 달리 말해 하나님의 사랑에는 정의로운 질서가 있어야 한다. 정의로운 질서가 없는 사랑은 사랑이 아니다. 하나님과 인간 사이에 정의로운 질서가 없을 때, 하나님과 인간의 관계는 무질서로 전락하고 인간의 공동체는 큰 혼란에 빠질 것이다. 정의가 없는 사랑은 사실상 사랑이 아니다. 그러므로 화해론은 하나님과 인간의 법적 관계를 전제하며, 인간의 죄와 죄에 대한 하나님의 벌의 문제를 진지하게 생각한다.

b. 본래 화해론은 인간의 죄를 용서하고 그에게 생명의 길을 열어주려는 하나님의 사랑을 나타내고자 한다. 만일 우리 인간이 자기의 죄에 상응하는 죄값을 치루어야 한다면, 구원을 받을 수 있는 사람은 아마도 거의

없을 것이다. 그러므로 아버지 하나님은 그의 아들을 세상에 보내셔서, 인간이 당해야 할 죄의 심판을 감당하게 한다. 여기서 화해와 구원은 인간의 업적이나 공적을 통해 가능한 것이 아니라 인간이 되시고 인간의 심판을 대신 감당하는 하나님의 주체적 행위, 곧 대리행위(Stellvertretung)를 통해 가능하다는 사실을 화해론은 말하고자 한다.

"하나님은 그리스도의 죽으심으로 당신의 사랑을 확증했다"(롬 5:8; 고후 5:18)는 성서의 말씀은 화해와 구원에 있어 "하나님의 주도적 행위를 잘 표현하고 있다." 한마디로 화해와 구원은 하나님의 은혜에 기인한다. 그러므로 바울이 고린도후서 5:19에서 다음과 같은 문장으로 표현하는 생각이 기독교의 화해론의 중심에 서 있다. "하나님이 그리스도 안에 계셨고 세계를 자기 자신과 화해시켰다." 바로 여기에 화해론의 "중심적이며 포기될 수 없는 통찰"이 있다(유해무 1997, 357).

신약성서의 기자들은 화해와 구원에 있어 하나님의 기선적 행위를 속죄제물의 개념을 통해 나타낸다. "하나님께서는 이 예수를 속죄제물로 내주셨습니다. 그것은 그의 피를 믿을 때에 유효합니다"(롬 3:25). 하나님의 아들 예수는 "단 한 번 당신 자신을 희생제물로 드리심으로써 죄를 없이 하셨다"(히 9:26). 그는 "유월절의 양(羊)"이요(고전 5:7), "세상 죄를 지고 가는 하나님의 어린 양"이다(요 1:29). 예수는 "우리의 범죄 때문에 죽임을 당하셨고…우리를 의롭게"(롬 4:25) 하여 "새로운 피조물"(고후 5:17)이 되게 하였다.

c. 기독교의 전통적 화해론은 짐승의 생명을 속죄제물로 하나님께 바치는 모든 희생제의를 중단시키고, 하나님의 자녀들이 바쳐야 할 참 제물이 무엇인가를 제시한다. 예수의 죽음을 통해 하나님과 인간의 화해가 결정적으로 이루어졌다면 속죄제물의 종교적 제도는 더 이상 필요하지 않다. 자기의 아들을 속죄제물로 내어주는 하나님의 사랑 앞에서 인간이 하나님께 바치는 속죄제물은 의미를 상실한다. "그는 다른 대제사장들처럼 날마다 먼저 자기 죄를 위하여 희생제물을 드리고, 그 다음에 백성을 위하여 희생제물을 드릴 필요가 없습니다. 그는 자기 자신을 바치셔서 단 한

번에 이 일을 이루셨기 때문입니다"(히 7:27; 참조. 10:11-18; 9:11-15).

하나님의 사랑은 더 이상 속죄제물을 요구하지 않는다. 오히려 그의 은혜와 사랑에 대한 인간의 응답적 사랑을 기대한다. 자기의 아들을 희생하는 아버지 하나님의 사랑은 "살아 있는 제물"(=산 제물)을 원한다. 곧 "이 시대의 풍조를 본받지 않고 마음을 새롭게 함으로 변화를 받아서, 하나님의 선하시고 기뻐하시고 완전하신 뜻이 무엇인지를 분별"하는 "거룩한 산 제물"을 원한다(롬 12:1-2). 하나님이 원하는 것은 제물이 아니라 하나님의 뜻을 행하는 것, 곧 하나님을 경외하고 이웃에게 하나님의 사랑과 자비와 긍휼과 공의를 행하는 것이다(마 9:13; 막 12:33; 히 10:5-9). 바로 이것이 하나님이 기뻐하는 "산 제물"이다. "그리스도께서는 두 번째 것을 세우시려고, 첫 번째 것을 폐하였다"(히 10:9).

신약성서의 이러한 생각은 구약 예언자의 전통과 일치한다. "다시는 헛된 제물을 가져 오지 말아라. 다 쓸모없는 것들이다.…옳은 일을 하는 것을 배워라. 정의를 찾아라. 억압받는 사람을 도와주어라. 고아의 송사를 변호하여 주고, 과부의 송사를 변론하여 주어라"(사 1:13-17).

4) 화해의 신학적 의미: 하나님과 인간의 화해에 담긴 의미를 다음과 같이 분석함으로써 우리는 화해론의 진리에 한 걸음 더 가까이 접근할 수 있다.

a. 화해는 인간의 죄의 용서를 통한 죄책과 죄의 세력으로부터의 해방을 뜻한다. 죄를 지을 때, 우리는 죄의 세력에 붙들린 죄의 노예가 된다. 그리고 죄는 돌이킬 수 없는 "사실"로서 남게 된다. 우리는 이미 지은 죄의 사실을 없었던 것처럼 취소할 수 없다. "사실"로 남아 있는 죄는 우리의 양심을 끊임없이 질책한다. 곧 죄책감을 준다. 우리는 이것을 의식하지 못할 수 있고 망각할 수 있지만, 이것을 벗어날 수 있는 길은 없다. 그것은 언제나 우리의 무의식 속에 숨어 있으면서 갈등을 일으킨다. 이 갈등을 해결할 수 있는 길은 지은 죄에 맞먹는 벌과 고통을 당하는 데 있다. 하나님은 이 벌과 고통을 자기 자신에게 돌림으로써 인간을 죄의 세력과 죄책에서

해방한다. "하나님께서는…빚문서를 지워버리시고 그것을 십자가에 못박으셔서, 우리 가운데서 제거해 버리셨다"(골 2:14). 이런 뜻에서 십자가에서 "힘없는 하나님"만이 우리를 도울 수 있다(Bonhoeffer).

b. 화해는 하나님과 인간 사이의 관계회복을 뜻한다. 하나님과 인간의 단절이 극복되고, 인간은 하나님의 자녀로서 하나님과 함께 살게 된다. 그는 이제 더 이상 "죄의 왕국"에 속하지 않고 "하나님의 왕국", 곧 하나님의 나라에 속한다. 이를 가리켜 우리는 다시 태어남(重生) 혹은 구원이라 말할 수 있다. 따라서 화해는 다시 태어나는 것, 곧 죄의 세력에서 해방되어 하나님 나라의 자녀로 구원을 받는 것을 뜻한다.

c. 화해는 죄된 인간이 하나님의 의롭다 하심을 얻는 것, 곧 칭의(稱義)를 뜻한다. 예수의 죽음을 통해 죄인은 하나님 앞에 설 수 있는 의로움을 얻게 된다. 이런 점에서 화해론은 칭의론이라 말할 수 있다. "사람은 그리스도 예수 안에서 얻는 구원으로 말미암아 하나님의 은혜로 값없이 의롭다는 선고를 받습니다. 하나님께서는 이 예수를 속죄제물로 내주셨습니다"(롬 3:24-25).

d. 화해는 "나는 너희의 하나님이 되고, 너희는 나의 백성이 되리라"는 하나님과 이스라엘의 계약의 성취를 뜻한다. "인간의 참 하나님이 되시고 자기에게 속한 인간을 참 인간으로 되게 하고자 원하시는" "하나님의 영원한 의지"가 예수 안에서 집행된다(Barth 1960, 57). 이로써 새로운 하나님의 백성이 형성된다.

e. 화해는 하나님의 새 창조가 한 인간에게서 일어나며, 그의 나라가 이 세계 안에서 시작됨을 뜻한다. 하나님 없는 인간이 하나님의 용서와 화해를 통해 하나님과의 관계를 회복할 때, 그는 "새로운 피조물"로 새롭게 창조된다. 만물을 새롭게 변화시키고자 하는 하나님의 의지가 현실화되기 시작한다. 이를 통해 하나님의 나라가 이 세계 속에 자리를 잡게 된다. 이것은 한 인간에게서 일어나는 하나님의 출애굽이라 말할 수 있다. 그러나 인간에게서 일어나는 하나님의 화해는 그것으로 끝나지 않고 생태학적·우주

적 지평 속에 있다는 점에 대해 우리는 아래에서 고찰하려고 한다.

5) 화해에 대한 일반적 이해의 문제점과 화해의 새로운 해석: 위에 기술한 타당성과 함께 우리는 교회와 신학이 말하는 화해의 일반적 개념에서 다음과 같은 문제점을 발견할 수 있다.

a. 기독교의 일반적 화해의 개념은 통속적 응보의 원리(Vergeltungs-prinzip)를 극복하지 못하는 문제점을 가진다. 응보의 원리는 죄와 벌의 원리라 말할 수 있다. 죄에 대해서는 벌이 있어야 한다. 그러나 인간이 자기의 모든 죄를 소멸시킬 수 있는 벌을 당한다는 것은 불가능하다. 그러므로 하나님의 아들 예수가 십자가에서 속죄제물의 죽임을 당함으로써 하나님의 분노를 풀어드리고, 그의 "무고한 피"를 통해 모든 인간의 죄가 용서받는다. 이로써 하나님과 인간의 화해가 이루어진다는 것이다. 여기서 하나님은 화해의 주체가 아니라 속죄제물을 받고 화해되어야 할 화해의 대상으로 간주된다. 짐승의 피가 예수의 피로 교체된다. 예수의 속죄제물의 피가 구원의 효력을 가진 것으로 생각된다.

이러한 응보의 원리에 대해 다음과 같은 질문이 제기된다. 하나님은 예수의 무고한 생명을 제물로 받아야만 인간의 죄를 용서할 수 있고 그와 화해할 수 있는가? 죄없는 자의 무고한 피를 받아야만 화해할 수 있는 하나님은 잔인하고 야만적인 존재가 아닌가? "죄 없는 한 인간 생명의 제물이 미리 바쳐지지 않으면 용서할 수 없고 화해할 수 없는" "이 하나님의 표상은 잔인한 독재자에 가까우며, 예수 그리스도 안에서 계시된, 그의 본질이 사랑이신 하나님과 아무 관계가 없다"(Härle 2007, 328). 속죄제물의 피를 받는 조건으로 인간을 속죄하는 하나님 상(像), 이와 연관된 "제의적 표상들"은 현대인의 "사고의 전제들에 속하지 않는다"(Pannenberg 1991, 467). "기독교적 제물의 개념은 기독교 바깥의 제물의 표상들의 내적 논리에 의해 지배되어서는 안 될 것이다"(Schneider 1992, 416).

우리는 이 문제에 대해 다음과 같이 대답할 수 있다. 하나님과 인간의 법적 관계는 타당하다. 죄에는 벌이 있어야 한다. 그러나 우리의 죄를 용서하는 효력은 속죄제물로 죽임을 당한 예수의 십자가의 피에 있는 것이 아니라 인간이 받아야 할 죄의 심판을 대신 당하신 하나님의 아들 예수와 그의 아버지 하나님의 고난과 사랑에 있다. 십자가에 달린 예수의 피가 아니라 아무 조건 없이 고난을 당하는 하나님의 의로우심과 무한한 사랑이 인간의 죄를 용서하고 하나님의 화해와 구원을 이룬다.

우리는 구약성서가 말하는 속죄제물의 본래 의도가 바로 여기에 있음을 볼 수 있다. 그것의 본래 의도는 인간이 하나님에게 공적을 쌓고 이 공적을 통해 하나님의 분노를 달래는 데 있지 않다. 오히려 그것은 인간의 죄를 용서하고 새로운 삶을 열어주는 데 있다. 속죄제물은 하나님의 분노를 달래기 위한 것이 아니라, 하나님의 정의를 세우는 동시에 인간의 생명을 가능케 하기 위한 하나님의 은혜로운 대책이다. 그것은 "하나님이 선사한 용서와 새로운 시작의 가능성"이다(Schneider 1992, 248).

b. 이 문제와 관련하여 우리는 예수의 십자가의 죽음을 통해 일어난 하나님의 화해를 성부·성자·성령 사이에 일어난 삼위일체적 사건으로 이해할 수 있다. 아버지 하나님은 그의 아들 예수 안에서 인간이 되신다. 그는 성령을 통해 아들 예수와 한 몸의 관계, 곧 아버지와 아들의 관계에 있다. 아들이 죽음의 고난을 당할 때, 아버지 하나님 자신이 성령 안에서 죄의 마지막 귀결, 곧 죽음의 고통을 함께 당한다. 그는 "심판자"(Richter)인 동시에 "우리를 대신하여 심판을 받은 자"(Gerichteter)이다. 심판을 해야 할 자가 우리의 자리에 등장하여 우리 대신 자기 자신에게 심판을 집행한다(Barth 1960, 171, 300). 죄 없으신 분이 죄인이 당해야 할 죽음을 대신 당한다(벧전 3:18). 그는 "죄를 모르시면서도 죄로 만들어졌다"(유해무 1997, 360).

하나님은 하나님이기 때문에 하나님인 동시에 인간일 수 있다. 그는 하나님이기 때문에 우리 모든 인간과는 전혀 다른 인간일 수 있으며, 우리 인간이 할 수 없는 일을 하실 수 있다. 하나님은 심판을 대신 당하는 그의 아들과 자기 자신을 동일화시키며, 인간이 받아야 할 죄에 대한 응보를 자기 자신에게 돌린다. 인간을 심판해야 할 분이 인간을 대리하여 심판을 받는다. "무한히 일하시는 분이 여기 죽음의 상태에 빠져 있으며, 창조자가 무(無)의 손아귀에 패하여 쓰러져 있다"(Barth 1960, 192).

이를 통해 하나님과 인간의 "놀라운 교환"(admirabile commercium) 또는 "자리바꿈"(Platzwechsel), 곧 화해(χαταλλαγή, katallage, 바꿈, 교환)가 일어난다. 의로운 하나님이 불의한 죄인이 서야 할 심판의 자리에서 대신 심판을 당하고, 불의한 죄인은 의로우신 하나님의 영광의 자리에 서게 된다. 높으신 하나님이 자기를 낮추어 낮은 자리에 서는 대신, 낮은 자리에 있는 인간이 하나님의 높은 자리로 높임을 받는다. 하나님의 자기 낮추심(Erniedrigung)을 통한 인간의 높임(Erhöhung), 곧 자리바꿈이 일어난다. 신약성서는 이를 가리켜 다음과 같이 말한다. "하나님은 그리스도 안에 계셨고 세계를 자기 자신과 화해시켰다"(고후 5:19).

여기서 우리는 예수의 죽음이 "하나님의 죽음"과 동일시 될 수 있는 위험성, 곧 "성부수난설"의 위험을 발견한다. "하나님의 죽음으로서 예수의 죽음"이란 가톨릭 신학자 칼 라너(Karl Rahner)의 명제가 이런 위험성을 여실히 보여준다. 이러한 위험성을 극복할 수 있는 길은 예수의 십자가의 죽음을 성부·성자·성령의 삼위일체적 사건으로 이해하는 데 있다. 아버지 하나님은 성령을 통해 그의 아들 예수 안에 임재하며, 아들이 당하는 죽음의 고통을 함께 당한다. 그러나 성부와 성자가 동일한 방법으로 고통을 당하는 것은 아니다. 아버지 하나님은 성령을 통해 아들과 깊이 하나인 동시에 아들로부터 구별된다. 사랑의 영 안에서 한 몸을 이루면서 구별되고, 구별되면서 한 몸을 이루는 변증법적 관계 속에서 아버지 하나님과 그의 아들 예수와 성령은 죽음의 고통을 함께 경험한다.

여기서 우리는 죄용서와 화해의 새로운 근거를 발견한다. 십자가에 달린 속죄제물 예수의 피를 통해서가 아니라 성부·성자·성령이 함께 당하는 죽음의 고통과 사랑을 통해 죄의 용서와 화해가 이루어진다. 하나님은 죄없는 인간 예수의 속죄제물을 받고 분노가 풀어져서 인간과 화해되는 화해의 대상이 아니라 그 자신의 고난을 통해 적극적으로 화해를 이루는 화해의 주체다. 그는 자신의 주체적 행위를 통해 인간과 화해함으로써 화해된다. 그는 "화해된 화해자"다(der versöhnte Versöhner, Pöhlmann 1973, 174).

여기서 우리는 일반 종교의 세계에서 이야기되는 제물사상과 기독교의 화해론의 차이를 발견할 수 있다. 일반 종교의 세계에서는 신에게 제물을 바치는 인간이 화해의 주체이고, 신은 인간이 바치는 제물을 통해 화해되는 화해의 대상으로 생각된다. 구약성서도 이 표상을 극복하지 못한다. 이에 반해 신약성서에서는 하나님이 자신의 고난을 통해 화해를 이루는 화해의 주체이고, 인간은 하나님의 주체적 행위를 통해 하나님과 화해되는 화해의 대상이다. 이 하나님은 하늘의 보좌에 앉아 십자가에 달린 예수의 시체를 속죄제물로 받고 그의 피를 통해 인간의 죄를 용서하는 잔인하고 율법적인 하나님이 아니라, 인간과의 화해를 위해 그의 아들 예수 안에서 스스로 고난을 당하는 무한한 사랑이다. 그의 본질은 무감각(apatheia)에 있지 않고 사랑의 열정(pathos)에 있다(Moltmann 1972, 255 이하). 그의 고난과 사랑을 통해 하나님과 인간의 화해가 이루어진다.

신약성서에 의하면 십자가에 달린 예수의 죽음 속에서 우리 자신의 죽음이 일어난다. 예수의 죽음 속에서 우리 자신이 죽는다. "한 사람이 모든 사람을 위하여 죽으셨으니, 모든 사람이 죽은 셈이다"(고전 5:14). 나를 위해 자기 자신을 내어준 "그리스도와 함께 (나는) 십자가에 못박혔다"(갈 2:20). 예수의 죽음 속에서 경험되는 우리 자신의 죽음 속에서 하나님과 인간의 화해가 일어난다. 화해는 단지 하나님의 아들 예수가 속죄제물로서 인간의 죽음을 대신 당함으로써 이루어지는 것이 아니라 죄의 세력에 묶여 있던 옛 사람이 "우리를 대신하는" 예수의 죽음 속에서 함께 죽고, 하나님의 자녀로서의 새 사람으로 새롭게 태어남으로써 일어난다. 그것은 객관적 사건인 동시에 주관적 사건이다.

c. 기독교의 전통적 화해론은 예수의 하나님 나라의 사역, 그리고 성서가 증언하는 해방과 자유의 역사를 충분히 고려하지 않는 문제점이 있다. 예수 당시 유대교의 율법주의로 말미암은 "종교적 차별"과 "로마제국의

식민주의"의 "정치적 억압", "빈곤이라는 경제적 소외"의 "비인간화"의 상황에서 "억압받는 인간들의 해방을 위해 전존재를 바치기로 결단한 예수"의 "온갖 억압구조들에 맞서는 입장"은 전통적 화해론에서 전혀 거론되지 않는다(정재현 1999, 444). "출애굽 사건, 홍해를 건넌 것, 약속의 땅을 향하여 행진하는 광야생활에서 만나와 생수로 먹이신 것, 적들의 공격과 침입에서 보호하고 건져 주신 것", "사사들을 통한 이스라엘의 해방의 역사, 포로생활로부터 해방되는 사건" 등 구약의 "현실적인 구원"은 전통적 화해론에서 간과된다(오영석 1999, 354).

이로 인해 예수의 사역은 개인의 죄용서, 하나님과 개인의 화해를 이루는 데 있는 것으로 위축된다. 개인의 마음속에 숨어 있는 죄의 용서, 양심의 가책, 곧 죄책에서의 해방, 하나님과 개인 영혼의 사적(私的)·내면적 화해가 하나님의 구원과 동일시된다. 예수가 자신의 생명을 희생하면서 선포했던 하나님 나라의 복음과 새 창조의 역사는 시야에서 사라져버린다.

전통적 화해론의 이러한 제한성을 극복하기 위해 우리는 공관복음서가 보도하는 예수의 사역에 근거하여, 또 구약성서의 메시아적 약속과 기다림의 전통에서 하나님의 화해와 구원을 이해해야 할 것이다. 예수의 하나님 나라 사역에 있어 개인의 죄용서는 중요한 위치를 차지한다. 그러나 그것은 개인의 죄용서로 제한되지 않는다. 오히려 정치, 경제, 종교를 포함한 사회적 현실의 영역에서 일어난다. 곧 소외된 사람들의 존엄성과 권리를 회복하고, 모든 형태의 억압에서 인간을 해방하며, 하나님의 정의와 자비가 다스리는 인간성 있는 세상, 곧 하나님 나라의 현실을 세우는 데 하나님의 화해가 있다. 따라서 성서가 말하는 하나님의 화해는 현실적이며 사회적 함축성을 지닌다. 하나님의 화해는 개인의 내면적 차원에서는 물론 사회적 차원의 화해와 통합으로 일어나야 한다.

그러나 기독교의 속죄론과 화해론이 예수가 선포한 하나님의 나라와 전혀 무관하다는 비판은 타당하지 않다. 속죄론과 화해론은 하나님 나라의 한 가지 중요한 측면을 나타낸다. 앞서 언급한 것처럼 죄된 인간이 죄를 용서받고 하나님과 화해될 때, 하나님의 나라는 이 세계의 가장 중요한 부분, 곧 한 인간의 삶 속에 자리를 잡는다. 무엇보다 먼저 인간의 삶이 하나님 나라의 현실로 변화되어야 한다. 죄된 인간이 하나님의 용서를 받고 새로운 피조물로서 하나님과 화해될 때 하나님의 나라가 이 세계의 가장 중요한 한 부분, 곧 한 인간의 삶 속에서 일어나기 시작한다.

d. 그러나 전통적 화해론은 하나님과 "만물", 곧 세계의 화해에 대해 침묵하는 문제점을 갖는다. 하나님의 구원의 메시아적 측면, 곧 "새 하늘과 새 땅의 메시아적 비전의 역사적 성취"를 향한 하나님의 구원의 메시아적 전망이 간과된다(전현식 2003, 172). 이에 반해 성서는 하나님의 자비와 공의와 평화 속에서 모든 피조물이 더불어 사는 새로운 생명의 세계에 대한 메시아적 비전을 다음과 같이 증언한다. "하나님께서는…그분의 십자가의 피로 평화를 이루셔서, 그분으로 말미암아 만물을, 곧 땅에 있는 것들이나 하늘에 있는 것들이나 다 자기와 기꺼이 화해시켰습니다"(골 1:19-20). 성서는 하나님과 개인의 화해에 대해서는 물론 하나님과 "세계의 화해"(롬 11:15; 고후 5:19)에 대해서 말한다. 여기서 우리는 선재 그리스도론과 로고스 그리스도론의 우주적 사고의 타당성을 볼 수 있다.

하나님과 세계의 화해는 무엇을 말하는가? 그것은 죄와 죽음의 그늘 속에 있는 세계의 모든 것이 생명의 하나님의 통치 아래 있게 됨을 말한다. 하나님이 세계의 창조자, 주권자로서 세계를 다스리게 됨을 말한다. 곧 새로운 생명의 세계를 향한 하나님의 메시아적 약속이 이루어지는 여기에 하나님과 세계의 화해가 있다.

하나님과 세계의 화해는 모든 피조물들, 곧 인간과 인간, 민족과 민족, 인간과 자연의 화해와 일치를 전제한다. 이들 사이에 일어나는 모든 분열과 갈등과 투쟁과 전쟁이 그치고, 만물이 그리스도를 머리로하여 연합되고 통일된 세계(엡 1:10), 곧 하나님의 나라가 이루어질 때 하나님과 세계의 화해가 이루어질 것이다. 피조물들 사이의 갈등과 투쟁과 죽음과 울부짖음이 그치지 않는 세계가 하나님과 화해된다는 것은 불가능하다. 만일 이런 세계가 하나님과 화해된다면, 이 화해는 이 세계의 갈등과 투쟁과 불의를 정당화시키는 것을 뜻하게 된다. 땅 위에 있는 모든 피조물들 사이의 화해가 없는 하나님과 세계의 화해는 있을 수 없다. 하나님과 세계의 화해는 피조물들 사이의 화해 속에서 구체화되고 형태를 얻는다.

하나님과 세계의 화해는 먼저 인간에게서 나타나야 한다. 무엇보다 먼저 하나님 없는 인간이 하나님의 "새 피조물"로 변화되어야 한다. 또 하나님과 세계의 화해는 인간과 인간, 집단과 집단, 민족과 민족 사이에 일어나야 한다. 하나님의 아들 메시아 예수는 유대인의 구원자일 뿐 아니라 모든 인류의 구원자이다. 그는 모든 인류를 "보이지 않는 하나님의 형상"으로 변화시키고 한 하나님의 자녀로 통일시키고자 한다. 그러나 이것은 "그리스도의 우주적 화해"를 위한 새 창조의 시작일 뿐이지 마지막 목적이 아니다. 마지막 목적은 "그리스도를 통해 하늘과 땅에 있는 모든 것들이 하나님과 화해"되는 데 있다. 따라서 "그리스도의 화해는 우주적 차원을 갖고 있다"(김명용 1997, 200). 예수는 "인간의 화해만을 위해 죽은 것이 아니라 우주의 화해를 위해 죽었다"(Moltmann 1989, 306).

여기서 우리는 다음의 사실을 발견한다. 즉 신약성서가 이야기하는 화해는 사적인 개념이 아니라 공적인 개념이요, "세계의 화해"를 지향하는 메시아적 개념이란 사실이다. 그 속에는 구약성서의 메시아적 꿈과 희망이 담겨 있다. 그것은 하나님이 약속한 새로운 생명의 세계가 이루어지고, 온 우주가 하나님이 그 안에 거하시는 하나님의 집이 될 때 완성에 이를 것이다. 그러나 서구의 국가종교가 된 기독교는 화해의 성서적·메시아적 전망을 배제한다. 죄용서를 위한 예수의 속죄제물의 피에 관심하면서, 예수의 속죄제물을 통한 개인의 속죄와 "영혼구원" 또는 내면적 화해로 위축시킨다. 여기에 전통적 화해론의 문제점이 있다.

화해의 메시아적·우주적 지평은 오늘날 생태학적 의미를 가진다. 그것은 인간에 의해 파괴되고 착취당하는 자연과 인간의 화해를 요구한다. 하나님과 "세계의 화해"는 인간과 자연의 화해를 통해 구체화될 수 있다.

자연이 인간에 의해 파괴되고 착취되며, 자연의 생물들이 죽임을 당하는 일이 계속되는 한 하나님과 세계의 화해는 이루어지지 않는다. 인간과 자연, 하나님과 자연의 화해를 통해 모든 피조물이 평화롭게 사는 여기에 "세계의 화해"가 있다. 이를 위해 자연의 존엄성이 인정되고, 인간과 자연의 법적 질서가 세워져야 한다. 세계의 모든 피조물이 인간과 화해되기를 기다리고 있다.

인간에 의해 소외된 자연이 인간과 화해될 때 인간의 생명도 구원을 얻을 수 있다. 자연과 인간의 대립 혹은 적대관계는 인간 자신의 생명에 해가 될 뿐이다. 인간에 의해 소외된 자연은 인간 자신의 생명을 이 땅에서 소외시킨다. "자연의 생명체는 하나님 나라에서도 우리와 함께 하나님의 영광에 참여할 희망의 동반자들이다.…다른 생명들과의 일치, 조화, 화해없이 우리는 생수가 넘치고 아름다운 과일들이 풍성하게 열리며 향기로운 꽃들이 찬란하게 피어 있는 평화로운 생명의 공동체를 건설할 수 없다. 그러므로 하나님과의 화해는 인간의 세계에만 제한되지 않고 전 피조물과의 화해까지 포함하고 있다"(오영석 1999, 386).

몰트만에 의하면 "하나님과의 화해"는 신앙을 통해 인격적으로, 또 그리스도 안에서 공동체적으로 경험된다. 하나님과 화해될 때 인간은 자신과 세계의 "있음" 자체를 기뻐할 수 있고, 소유의 집착에서 해방될 수 있다. 그가 경험한 하나님과의 화해는 자기 자신과 인간의 세계를 넘어 우주의 영역으로 우리의 시야를 확대한다. 하나님은 하늘과 땅에 있는 만물이 자기와 화해하기를 기뻐한다(골 1:20). "창조 전체가 화해되지 않는다면 그리스도는 하나님의 그리스도가 아닐 것이며, 만물의 근거가 아닐 것이다. 그가 하나님의 그리스도이고 만물의 근거라면 그리스도인들은 다른 사람들을 만나는 것처럼 자연의 다른 피조물들을 만날 수 있을 뿐이다. 그리스도는 모든 피조물을 위해 십자가에서 죽었고, 그것을 세계의 화해 속으로 이끌어 들이고자 한다. 그러나 우주의 화해는 우주의 정의의 회복이다.… 화해된 창조의 공동체 속에서 인간은 자연을 더 이상 대상과 대칭으로 경험하지 않고 연속적인 것(Kontinuum)으로 경험한다. 그들 자신이 자연이고, 자연이 그들 안에 있다."“하나님이 하늘과 땅의 창조자이다. 그러므로 하늘과 땅은 그의 소유이고, 그 자체로서 거룩하게 생각되고 존중되어야 한다. 자연을 '하나님의 창조'라 부르는 사람은 땅 위에 있는 하나님의 권리를 존중한다. 그는 자연이 '주인없는 물건'이며 먼저 그것을 점유하는 자에게 속한다는 망상으로부터 출발하는 인간에 의한 자연의 파괴에 저항한다"(Moltmann 1989, 331, 335).

바울에 의하면 하나님과 화해된 그리스도인들은 "하나님의 생명으로 구원을 얻을" 미래의 전망 속에 있다(롬 5:10). 이 구원을 얻는 길은 우리의 "몸을 하나님께서 기뻐하실 거룩한 산 제물로" 바치는 것, 곧 "세계의 화해"를 추구하는 "화해의 직분"을 감당하는 데 있다. 그들은 "인간과 자연의 화해, 인간과 인간의 화해, 인간과 하나님과의 화해가 이루어지는 하나님 나라를 위해 일하는" "하나님의 동역자"요, "그리스도의 사절"이다(박재순 1988, 155; 고후 5:18-20). 그들은 "평화를 위해 그 씨를 뿌려서" "정의의 열매"를 거둔다(약 3:18).

e. 이 문제와 연관하여 전통적 화해론은 과거에 일어난 예수의 속죄제물에 집중하며, 미래에 대한 예수의 부활의 의미를 충분히 고려하지 않는 문제점을 가진다. 화해를 뜻하는 라틴어 *re-conciliatio*가 시사하는 것처럼, 화해는 과거에 있었던 것이 회복되는 것을 뜻한다. 곧 태초의 이상적인 파라다이스가 있었고, 하나님과 인간의 완전한 관계가 있었다. 이 관계는 인간의 죄로 말미암아 파괴되었다. 예수의 속죄제물의 죽음을 통해 이 관계가 회복된다. 따라서 화해는 과거에 있었던 완전한 상태로의 회복(*restitutio in integrum*)을 뜻한다. 이 생각은 불트만에게서 글자 그대로 나타난다. "하나님의 정의, 죄의 용서는 어떤 의미를 가지는가?…그것은 본래적 창조의 상태가 회복되는 것에 있다"(Bultmann 1968, 26). 여기서 하나님의 구원은 과거에 있었던 것으로 돌아가는 것으로, 미래 지향적인 것이 아니라 과거 지향적인 것으로 생각된다.

그러나 성서는 태초에 있었던 파라다이스가 아니라 새로운 생명의 세계, 곧 장차 올 "새 하늘과 새 땅"을 역사의 목적으로 제시한다. 새 하늘과 새 땅은 글자 그대로 "새 것"이다. 그것은 과거의 것이 아니라 새로운 미래의 것이다. "모든 악을 극복하고 선이 승리하는 세계는 '잃어버린 낙원'으로서의 태초의 창조세계가 아니라 바로 그 창조의 종국적 완성인 '새 하늘과 새 땅'의 세계"이다(정재현 1999, 274).

따라서 기독교 신학은 하나님과의 화해를 과거 지향적이 아니라 미래 지향적으로, 퇴행적이 아니라 진취적으로 이해해야 할 것이다. 하나님과의 화해는 과거에 있었던 파라다이스로 돌아가는 것이 아니라 하나님이 예수의 부활을 통해 약속하는 새 하늘과 새 땅을 지향한다. 그것은 이 미래가 앞당겨 일어남(先取)을 뜻한다. 창세기 2장의 파라다이스에 관한 기록은 과거의 세계를 동경하기보다 모든 피조물이 신음하며 기다리는 미래의 세계에 대한 꿈과 동경의 표현이다. 그것은 "태초의 것"(proton)으로 표상되는 "미래의 것"(eschaton)일 따름이다.

따라서 바울이 말하는 하나님과 세계의 화해는 종말론적인 미래로 남아 있다. 그것은 이미 완성된 것이 아니라, 그리스도의 다시 오심(=재림)과 함께 장차 완성될 것으로 존속한다. 에베소서와 골로새서는 이 미래를 이미 이루어진 완료형으로 묘사한다. 이 완료형은 미래적 완료형이다. 에베소서 1:22에 의하면 하나님은 "만물을 그의 발 아래 복종하게 하시고 그를 만물 위에 교회의 머리로" 세우셨다. 고린도전서 15:28은 이미 이루어진 것을 우리가 기다려야 할 미래로 묘사한다. "만물이 그에게 복종하게 될 때…." 우리는 화해의 현재와 미래에 근거하여 아래와 같이 추론할 수 있다. 하나님의 오른 편으로 높임을 받으신 그리스도는 지금의 세계에서는 물론 장차 올 세계에서도 모든 것을 다스린다(엡 1:21). 그러나 장래에 "모든 권력과 모든 권세와 능력을 멸하실 것이다.…맨 나중에 폐기될 원수는 죽음이다"(고전 15:24-26).

이 본문들에 의하면 하나님을 대적하며 생명을 파괴하는 죽음의 세력은 화해되어 그리스도의 평화의 통치에서 제거되고 폐기되어야 한다. 부활하신 그리스도는 하나님의 창조 안에 있는 죽음의 세력과 공존할 수 없다. 죽음의 세력이 폐기될 때 하나님과 세계의 화해가 완성될 것이다. 예수의 십자가에서 과거에 일어난 하나님과의 화해는 부활의 종말론적 미래를 가리킨다.

f. 죄는 이웃의 생명에 해가 되는 일을 행하는 것을 말한다. 이것은 곧 이웃과의 본래적·공동체적 관계의 파괴를 뜻한다. 따라서 화해는 하나님과 인간 사이에서는 물론 인간과 인간, 인간과 자연 사이에 일어나야 한다. 하나님과 인간의 화해는 이웃과의 화해가 있을 때 가능하다. 자기의 악행으로 인해 억울한 일을 당한 이웃이 고통을 당하고 있는데, 자기는 하나님과 화해되었다고 생각하는 것은 종교적 위선이요 거짓이다. 이웃과의 화해가 있을 때 참 하나님과의 화해가 가능하다.

이웃과의 화해는 어떻게 가능한가? 이웃과의 화해는 이웃과의 관계에 있어 정의가 세워질 때 가능하다. 이웃에게 해(害)를 가한 자가 하나님과 화해하기 위해서는 먼저 해를 당한 이웃에게 충분한 보상을 해야 한다. 죄 없는 사람을 고문한 자가 하나님과 화해하려 한다면 먼저 고문을 당한 사람에게 적절한 보상을 해야 한다. 자연을 파괴한 자는 자연을 회복해야 한다. 그리하여 양자 사이에 정의로운 관계가 회복되어야 한다. 그래야 이웃과의 진정한 화해가 이루어지고, 나아가 하나님과의 화해가 가능하다. 하나님은 이웃에게 보상을 하지 않고 해를 당한 이웃을 내버려 두는 자를 용서하지 않을 것이며 그와 화해하지 않을 것이다. 그러므로 구약의 율법은 이웃에게 어떤 해를 가한 사람에게 철저한 보상을 명령한다(참조. 출 21:26, 어떤 사람이 자기의 종의 "눈을 때려서 멀게 하면, 그 눈을 멀게 한 값으로 그 종에게 자유를 주어서 내보내야 한다").

그런데 기독교의 전통적 화해론은 율법이 명령하는 이웃과의 진정한 화해에 대해 침묵한다. 오늘날 기독교의 많은 지도자들이 이웃과의 진정한 화해 없는 죄용서와 하나님과의 화해를 이야기하고 설교한다. 악한 자의 악한 행위로 말미암아 이웃이 억울함과 피해를 당하고 있음에도 불구하고, 죄의 용서와 하나님과의 화해를 남발한다. 이리하여 악한 자가 "공짜로" 죄용서를 받고, 가슴을 쓸어내리면서 마음의 평화를 얻을 수 있도록 도와준다.

그러나 예수를 뒤따름이 없는 하나님의 은혜와 믿음은 "싸구려 은혜", "싸구려 믿음"인 것처럼(Bonhoeffer), 악한 행위에 대한 보상이 없는 죄용서는 "싸구려 죄용서"요, 이웃과의 진정한 화해 없는 하나님과의 화해는 "싸구려 화해"라 말할 수 있다. "싸구려 죄용서"와 "싸구려 화해"는 악한 자의 악행을 더욱 조장할 수 있다. 아무리 악한 일을 저질러도 계속해서 "아무 값없이" 죄용서를 받을 수 있고 하나님과 화해될 수 있기 때문이다. 그러므로 오영석 교수는 이렇게 질문한다. "성 폭행당한 모슬렘 여성들이 이리 같은 폭행자들에게 복수하지 말고 무조건 용서하고 화해하도록 설득하는 것이 그리스도교적인 용서의 메시지일 것인가?"(오영석 1999, 381)

"싸구려 죄용서"와 "싸구려 화해"에 반해 예수는 참된 의미의 화해를 요구한다. "네 형제나 자매가 내게 어떤 원한을 품고 있다는 생각이 나거든 너는 그 제물을 제단 앞에 놓아두고, 먼저 가서 네 형제나 자매와 화해하여라. 그런 다음에 돌아와서 제물을 드려라"(마 5:24). 예수의 이 말씀에 의하면 하나님의 죄용서와 화해는 나의 죄로 말미암아 피해를 당한 이웃과의 화해가 있을 때 가능하다. 이웃과의 진정한 화해 없는 하나님과의 죄용서와 화해는 거짓이다. 이웃과의 화해가 있을 때, 하나님과의 죄용서와 화해의 진실성이 증명된다. 이웃과의 화해는 하나님과의 죄용서와 화해에 이를 수 있는 구성적 조건이다.

복음서의 삭개오 이야기도 이를 시사한다. 쌓아둔 재산의 반을 가난한 사람들에게 나누어 주고 토색한 것이 있다면 네 배를 갚겠다고 약속할 때, 예수는 "오늘 구원이 너의 집에 이르렀다"고 선포한다(눅 19:8-9). 네덜란드의 법학자 테오 반 보벤(Theo van Boven)이 반인도적 범죄에 대해 제시하는 아래 여섯 가지 원칙은 화해에 대한 기독교적 선포의 구성요소로 수용되어야 할 것이다(오영석 1999, 380). ① 진실 공개(Revealing Truth), ② 사죄(Apology), ③ 배상(Compensation), ④ 처벌(Punishment), ⑤ 원상회복(Restitution), ⑥ 재발방지(Measures not Repeat).

그러나 인간이 자기의 죄악에 대해 아무리 보상해도 상대방의 피해가 충분히 보상되지 않고 회복되지 않는 경우가 많다. 신체적·물질적 피해보다 정신적·심리적 피해를 보상하고 회복하는 것이 훨씬 더 어렵다. 아무리 보상해도 충분히 보상되지 않고 회복되지 않는 경우, 우리는 피해를 당한 사람에게 무릎을 꿇고 사과해야 할 것이다. 그리고 예수 그리스도의 죄용서를 간구해야 할 것이다.

결론적으로 하나님과 인간, 하나님과 세계의 화해는 이른바 불의를 덮어버리면서 "좋은 것이 좋다"를 뜻하지 않는다. 오히려 그것은 인간과 인간, 인간과 자연 만물 사이에 하나님의 법질서와 정의가 세워지는 것을 말한다. 법질서와 정의가 없는 화해는 세계의 상황을 더욱 악화시킬 뿐이다. 하나님은 인간의 죄를 그냥 묻어버리고 그와 화해하지 않는다. 오히려 예수의 십자가의 고난과 죽음을 통해서 화해한다. 그것은 법질서와 정의를 세우기 위함이다. 법질서와 정의가 세워지는 곳에 하나님과 세계의 참 화해와 평화가 있다.

6) 예수는 자기의 죽음을 속죄의 죽음으로 이해했는가?: 불트만, 마르크센(W. Marxsen) 등 일련의 학자들에 의하면 예수는 그의 죽음을 그의 사역의 완전한 좌절로 받아들였다. 아무 조건 없이 하나님의 주권을 선포한 예수가 자기의 죽음을 통해 이 주권이 관철되었다고 생각했다는 것은 모순이다(A. Vögtle). 물론 예수가 자기의 죽음을 대속의 죽음으로 이해하였으리라는 것을 "우리는 원칙상 배제해서는 안 된다." 그러나 "이 해석은 예수 자신에게로 소급될 수 없다"(Pannenberg 1991, 462). "나의 하나님, 어찌하여 나를 버리셨습니까?"라는 예수의 부르짖음은 그의 죽음의 화해론적 의미를 전혀 인정하지 않는 것처럼 보인다. 오히려 그의 죽음은 악의 세력으로 말미암은 무의미한 죽음이요, 그가 일으킨 하나님 나라 운동이 좌절

로 끝났다는 인상을 준다.

예수의 제자들은 분명히 그렇게 생각했던 것 같다. 그러므로 예수가 체포될 때 그들은 모두 달아나 옛날의 직업으로 돌아갔다. 만일 그들이 예수의 죽음의 화해론적·구원론적 의미를 미리 확신했다면, 그들은 그들의 선생님이 죽음의 고통을 당할 때 모두 달아나지 않았을 것이다(Bultmann 1967, 445 이하).

비판가들의 주장에 의하면, 성서는 인간 제물은 하나님이 싫어하는 일이라고 분명히 말한다(레 18:21; 20:2-5; 신 12:31; 18:10; 렘 7:30-31; 32:35; 겔 16:20-21; 20:26). 그럼에도 불구하고 우리 인간과 동일한 실존의 조건 속에 있었던 인간 예수가 자기의 죽음을 모든 인류를 위한 대속의 죽음으로 의식했다고는 생각하기 어렵다. 이에 대한 복음서의 진술들은 예수의 부활을 경험한 제자들과 초기 기독교 공동체의 신앙고백으로 보인다. 하나님은 인간 제물을 원하지 않는다.

예수가 체포당하기 직전 그의 제자들과 마지막 만찬을 나누었다는 것은 부인할 수 없는 역사적 사실로 보인다. 전통적으로 기독교 신학은 이 만찬에서 예수가 말씀하신 "성찬 제정사", 곧 "받아서 먹어라. 이것은 내 몸이다.…모두 돌려가며 이 잔을 마셔라. 이것은 죄를 용서해 주려고 많은 사람을 위하여 흘리는 나의 피, 곧 언약(=계약)의 피다"라는 구절에서 자기의 죽음에 대한 예수의 화해론적·구원론적 자기의식을 발견한다. 그러나 많은 학자들이 주장하는 것처럼, 이 구절은 초기 기독교 공동체의 성찬식에서 사용되던 양식(樣式)으로 보인다.

그렇다면 예수의 대속의 죽음에 대한 신약성서의 기록들은 예수 자신의 삶에 근거하는 것이 아니라 예수의 부활 후 제자들의 해석과 고백에 근거하는가? "예수 자신은 그의 죽음을 어떻게 이해했는가?"라는 "역사적 측면"과 "그의 죽음이 우리에게 무엇을 의미하는가?"라는 "신학적 측면"은 별개의 것이라고 보아야 하는가?(Moltmann 1989, 192) 이 질문은 다음과 같이 극단화될 수 있다. 예수의 죽음이 지닌 화해와 구원의 의미는 제자들과 초기 기독교 공동체의 신앙의 산물에 불과한가?

이 질문에 대해 우리는 다음과 같이 대답할 수 있다. 예수가 자기의 죽음을 구약적 의미에서 속죄제물로 의식했는가는 공관복음서에서 분명치 않다. 그러나 우리는 자신의 죽음이 지닌 대속과 화해에 대한 예수의 의식을 시사하는 흔적을 발견할 수 있다. 예수는 아무 조건없이 인간의 죄를 용서한다(막 5:20; 눅 7:48; 요 8:11). "예수의 질병 치료는 죄용서의 표식으로서 죄용서와 결합되기도 하였다"(곽미숙 2008, 194). "죄용서의 표식"으로서 질병을 치료하면서 예수는 죄를 용서할 수 있는 전권이 자기에게 있다고 주장한다(눅 5:24). 지상의 인간 예수의 죄용서와 십자가에서 일어난 모든 인간의 죄용서는 연속성을 가진다.

그런데 예수는 이사야서 53장의 "고난받는 종"에 대한 예언을 알고 있었을 것이다. "그는 실로 우리가 받아야 할 고통을 대신 받고, 우리가 겪어야 할 슬픔을 대신 겪었다.…그가 찔린 것은 우리의 허물 때문이고, 그가 상처를 받은 것은 우리의 악함 때문이다.…주님께서 우리 모두의 죄악을 그에게 지우셨다"(사 53:4-5). 구약성서에 친숙했던 예수가 이 말씀을 틀림없이 알고 있었다고 추리하는 것은 조금도 무리가 아닐 것이다.

그의 공적 활동 마지막에 예수는 갈릴리에서 예루살렘으로 올라가기로 결단한다. 이것은 예수가 자기의 목숨을 내어주기로 결단하였음을 말한다. "어쨌든 간에 예수는 하나님의 나라에 대한 그의 선포와 전권에 대한 그의 요구가 폭력적 죽음을 초래할 수 있다는 것을 알고 있었다"(Müller 2005, 295). 그는 자신의 죽음의 불가피성을 의식하고 이를 수용하기로 결단한다. 결단의 과정에서 그는 인간의 구원을 위해 그의 목숨을 내어주고자 하는 아버지 하나님의 뜻을 내다보았다고 추정할 수 있다.

만일 그렇다면 우리는 "나의 하나님, 어찌하여 나를 버리셨습니까?"라는 예수의 마지막 부르짖음을 어떻게 이해해야 할 것인가? 이 부르짖음은 그의 죽음이 지닌 화해론적·구원론적 의미에 모순되지 않는가?

겉으로 볼 때 예수의 마지막 부르짖음은 그의 모든 사역이 실패로 돌아갔다는 인상을 준다. 따라서 그의 부르짖음은 그의 죽음이 지닌 신학적 의미에 모순되는 것처럼 보인다. 그러나 이 부르짖음 속에서 우리는 그의 아버지 하나님에 대한 예수의 깊은 신뢰를 발견할 수 있다. 그는 입에 거품을 물고 아버지 하나님을 원망하지 않는다. 오히려 하나님을 끝까지 자기의 "아버지"라 부르며, 인간의 죄를 용서하고 세계를 자기와 화해시키고자 하는 아버지 하나님의 뜻을 받아들인다. 따라서 예수의 부르짖음은 그의 아버지 하나님에 대한 원망이 아니라 말할 수 없는 고통과 고독 속에서 그의 아버지 하나님에 대한 예수의 절대적 신뢰의 부정적 표현이라 말할 수 있다. "죽고 싶다"고 할 때, 그것은 "살고 싶다"의 부정적 표현인 것과 마찬가지다. 그것은 부정적 형태의 긍정이다. 예수의 마지막 심리상태에 대한 누가와 요한의 해석이 이를 암시한다. "아버지여, 내 영혼을 아버지 손에 부탁하나이다"(눅 23:46; 참조 시 31:5), "다 이루었다"(요 19:30).

예수의 제자들은 부활 후에 예수의 죽음 속에 담긴 대속의 의미를 깨닫고, 그의 죽음을 "우리를 위한" 희생의 죽음이라 고백한다. 땅에 떨어져 죽음으로써 많은 열매를 맺게 되는 한 알의 밀(요 12:24), 땅에 심겨 큰 나무로 자라나 공중의 새들이 그 그늘에 깃들게 되는 겨자씨 한 알(막 4:31-32)에 대한 예수의 말씀 속에서, 제자들은 그의 죽음의 대속적 의미에 대한 암시를 발견한다. 결론적으로 예수의 죽음이 지닌 대속과 화해의 의미는 제자들의 신앙의 산물이 아니라 역사적 예수에 근거한다.

D. 하나님 나라의 현실을 앞당겨 세움

칼뱅의 세 직분설에 따른 예수의 왕적 사역은 하나님의 통치 혹은 하나님 나라의 현실을 앞당겨 세우는 데 있다. 물론 예수는 왕이 아니었다. 그러나 구약성서에서 왕은 "하나님의 아들"이라 불리며 하나님의 통치를 대행하는 자로 이해되기 때문에, 하나님 나라의 현실을 앞당겨 세우는 예수의 사역은 왕의 사역에 비유될 수 있다.

하나님의 나라를 선포하고 그것을 앞당겨 오는 것이 예수의 사역의 중심이었다. 그러므로 예수는 이렇게 가르친다. "너희는 먼저 하나님의 나라와 하나님의 의를 구하여라.…내일 일을 걱정하지 말라. 내일 걱정은 내일이 맡아서 할 것이다"(마 6:33-34). 주기도문에서 하나님의 이름이 거룩하게 되며, "하나님의 나라를 오게 하시며, 하나님의 뜻을 하늘에서 이루심 같이, 땅에서도 이루어 주십시오"라는 간구가 중심부를 차지한다.

1) "하나님의 나라"는 무엇인가?: 하나님의 나라가 예수의 사역의 중심을 이루지만, 예수는 하나님의 나라가 무엇인지 정확히 규정하지 않는다. 그러나 성서는 다양한 개념적 틀을 사용하여 하나님의 나라를 묘사한다. 성서 전체의 내용을 고려할 때, 우리는 하나님의 나라를 다음과 같이 묘사할 수 있다.

a. 하나님의 나라는 특정한 공간을 말하는 것이 아니라 세계의 창조주이신 하나님이 다스리는 세계를 말한다. 하나님이 "모든 것 안에서 모든 것"(고전 15:28)이 되시고 모든 것의 중심이 되시는 세계, 그러므로 하나님의 의지가 모든 것을 결정하고 다스리는 현실, 곧 하나님의 통치, 하나님의 주권을 말한다. 하나님의 자비와 정의가 모든 것을 결정하기 때문에 여기에는 더 이상 불의와 부패와 타락과 죄악이 없다.

b. 하나님의 나라는 하나님과 인간, 자연과 인간의 한 몸 된 공동체의 관계가 회복되어 하나님과 인간과 자연이 삶을 함께 나누는 우주적 창조 공동체를 말한다. 온 우주가 하나님이 그 안에 거하는 하나님의 집(=장막)이 되며 하나님의 영광을 계시한다(계 21:3). 모든 인류와 자연의 피조물이 형제자매가 되어 삶의 기쁨과 슬픔과 고통을 함께 나누며, 모든 것이 예수 그리스도 안에서 하나로 연합하고 통일되며(엡 1:10), 하나님과 화해된다(골 1:20). 온 인류가 믿음과 사랑 안에서 모든 것을 하나님의 은혜로 받고 하나님께서 주시는 것으로 살아간다. 하나님의 사랑과 정의 안에서 이웃과 자연을 위한 자발적 봉사와 자기헌신이 여기에 있다. 그러므로 하나님을

향한 감사와 삶의 참 기쁨과 의미가 있는 세계가 하나님의 나라이다.

c. 하나님의 나라는 생명의 가치와 존엄성, 기본 권리와 의무가 존중되는 세계를 말한다(갈 3:28; 골 1:18). 불의한 빈부의 격차와 사회의 양극화가 없으며, 직업과 기능의 차이는 있지만 직업과 기능에 따른 인간의 차별과 소외와 억압과 착취가 없는 세계를 말한다. 그것은 굶주림이 없는 세계, 모든 사람이 함께 먹을 수 있는 "젖과 꿀"이 충분히 있고, 생명의 존엄성을 유지할 수 있는 기본 조건들이 평등하게 주어져 있는 세계를 가리킨다. 사도행전은 이 세계를 다음과 같이 묘사한다. "믿는 사람은 모두 함께 지내며 모든 것을 공동으로 소유하였다. 그들은 재산과 소유물을 팔아서 모든 사람에게 필요한 대로 나누어주었다"(행 2:44-45).

d. 하나님의 나라는 이른바 위에 있는 사람들이 아래 있는 사람들의 종이 되어 봉사하며 섬기는 세계를 가리킨다(마 20:27). 이것은 하나님 나라의 특별한 질서가 아니라 이 세계 속에서 마땅히 지켜야 할 하나님의 창조질서 또는 자연 질서에 속한다. 왜냐하면 위에 있다는 사람들은 아래 있는 사람들의 세금에서 월급을 받으며 통치에 필요한 모든 재원을 얻기 때문이다. 예수는 이 질서를 자신의 삶으로 나타낸다. "사람의 아들은 섬김을 받으러 온 것이 아니라 섬기러 왔으며…"(마 20:28). 그러나 공직자들이 국민의 고용인에 불과하다 하여 함부로 공공기관의 기물을 파손하고 난동을 부리는 것도 하나님의 질서에 어긋난다.

e. 요한 계시록은 하나님의 나라를 "새 하늘과 새 땅", 혹은 "새 예루살렘"으로 묘사한다(계 21:1 이하). 새 하늘과 새 땅 혹은 새 예루살렘은 "죽음과 슬픔과 울부짖음과 고통", 곧 모든 부정적인 것이 사라지고 삼위일체 하나님의 진리의 빛과 영광이 가득하며, 자연과 인간이 평화롭게 더불어 사는 새로운 생명의 세계를 말한다. 이것은 특정한 공간을 가리키는 것이 아니라 인간의 세계가 끊임없이 나아가야 할 변증법적 지향성을 가리킨다.

f. 하나님의 나라는 정치, 경제, 자연을 포함한 세계 전체를 포괄한다. 세계 전체가 하나님 나라의 현실로 변화되어야 한다. 하나님 나라의 복음

은 정치와 무관하다는 주장, 하나님의 나라를 단지 개인의 심령 속에서 경험하려는 태도는 적절하지 않다. 바울에 의하면 하나님의 나라는 "폴리테이아"(πολιτεία, politeia, 엡 2:12)이다. 따라서 하나님의 주권은 온 세계 안에 세워져야 하며, 여기서 제외될 수 있는 영역은 존재하지 않는다. 모든 것이 "하나님의 것"이기 때문이다. 오늘의 생태학적 위기는 하나님 나라의 현실이 자연의 영역에도 세워져야 함을 시사한다. "하늘과 땅을 지으시고 유지하는 하나님은 새 하늘과 새 땅을 지으신다. 창조자에 대한 지식이 희미하게 될 때, 종말론도 희미하게 된다"(Eichholz 1971, 77).

g. 그러나 하나님의 나라는 인간이 자신의 표상과 노력을 통해 이룰 수 있는 땅 위의 어떤 특정한 공간이나 체제와 동일시될 수 없다. 인간의 마음도, 교회도, 사회주의 체제와 자본주의 체제도 하나님의 나라와 동일하지 않다. 그것은 하나님 나라의 희미한 그림자일 뿐이다. 하나님의 나라는 인간이 실현할 수 있는 모든 상태를 초월하며, 언제나 더 가까이 나아가고자 노력해야 할 미래의 목적을 가리킨다. 그것은 인간의 존재와 세계의 모든 공간과 제도와 질서를 상대화시키고 인간을 죄의 세력에서 해방하는 메시아적·변증법적 힘으로 작용한다. 그것은 사랑 안에서 "해방하고 생명을 선사하는 하나님의 영의 힘으로서 경험된다"(Müller 2005, 281).

2) 하나님 나라의 현실을 앞당겨 오는 예수의 구체적 사역들: 우리는 위에서 예수의 십자가의 죽음과 죄용서를 통해 하나님과 화해되는 한 인간에게서 하나님의 나라가 앞당겨 세워진다는 사실을 살펴보았다. 여기서 십자가의 죽음과 죄의 용서와 이를 통한 하나님과 인간의 화해나 구원이 하나님의 나라를 앞당겨 세우는 예수의 사역으로 생각된다. 물론 이러한 생각은 타당하지만, 여기서 복음서가 보도하는 지상의 예수의 구체적 삶의 행위들은 간과된다.

이것은 이미 사도신경에서 일어난다. 사도신경은 예수의 탄생에 대해 고백한 다음 빌라도에게 고난받은 이야기로 곧장 넘어가버린다. "성령으로 잉태하사 동정녀 마리아에게 태어나시고, 본디오 빌라도에게 고난받으사…." 이 고백에서 지상의 예수의 구체적 삶은 빠져 있다. 사도신경의 이러한 구조에 상응하여 그동안 대부분의 조직신학자 또는 교의학자들은 예수의 사역을 기술할 때, 그의 구체적 삶의 행위들을 충실히 기술하지 않는다.

이것은 기독교 신앙에 대해 아주 나쁜 영향을 준다. 그리스도인들은 십자가의 피를 통한 예수의 구원에 시선을 집중하고, 예수가 자신의 사회 속에서 행한 구체적 일들에 대해서는 무관심하게 된다. 무관심하기 때문에 그것을 뒤따라 행하려는 마음도 없게 된다. 교회의 설교는 하나님의 나라를 선포한 예수의 구체적 행위들에 대해서는 거의 침묵하고, 십자가의 피를 통한 죄용서와 내면적·영적 구원에 집중한다. 이러한 상황을 극복하기 위해, 여기서 우리는 하나님 나라의 현실을 앞당겨 오는 예수의 구체적 행위들을 간단히 파악하고자 한다.

a. 공관복음서는 예수가 행한 여러 가지 놀라운 일들, 곧 바다 위를 걸으심, 폭풍을 잔잔케 하심, 생선을 엄청나게 많이 잡게 하심, 변화산의 변용 등을 보도한다. 이러한 놀라운 일들, 곧 기적들 가운데 가장 대표적인 것은 병자와 장애인을 치유하고 귀신을 내쫓는 기적이다. 그러므로 예수는 거의 직업적으로 병을 고쳐주는 사람(Heilpraktiker) 혹은 마술사와 같은 인물(Wundertäter)로 간주되며, 그 뒤를 이어 이른바 "신유의 은사"를 거의 직업적으로 행하는 사람들도 있다.

그러나 예수의 본래 관심은 마술 혹은 기적에 있지 않았다. 그러므로 복음서는 예수의 놀라운 일들을 "기적"(그리스어 thauma, 라틴어 miraculum) 이라 부르지 않고, "능력있는 행위들"(dynameis) 혹은 "표징"(semeia)이라 부른다. 이 개념은 하나님의 구원하는 힘과 능력이 그 속에 작용하는 행위들을 가리킨다. 그러나 여기서 우리는 그것을 편의상 "기적"이라 부르기로 하자.

예수가 행한 병고침과 귀신추방의 기적은 미신에 불과한 것이 아니라, 합리적으로 혹은 심리학적으로 설명될 수 있고 또 오늘날에도 일어날 수 있다. 다른 종교들과 일상생활에서도 이런 기적들이 일어난다. 공관복음서에 의하면 예수의 병고침과 귀신추방의 기적들은 다음과 같은 메시아적·종말론적 기능을 가진다.

• 예수가 "하나님께서 보내신 거룩한 분", "가장 높으신 하나님의 아들" 혹은 "그리스도", 곧 메시아임을 나타내는 기능을 가진다(막 1:24; 3:11, 15; 5:7; 마 8:29; 눅 4:41).

• 인간의 생명을 폐기시키고자 하는 죽음의 세력에 대한 하나님의 생명의 힘의 우위(優位)를 나타내며, 이 힘이 지금 예수를 통해 죽음의 세력을 이 세계에서 몰아내고 있음을 나타내는 기능을 한다.

• 세계의 종말에 오리라 기다리던 하나님 나라의 현실이 지금 예수 안에서, 예수를 통해 앞당겨 일어나고 있음을 보여주는 기능을 한다. 기적은 예수 안에 계시고 그 안에서 활동하는 해방하는 하나님의 표징이다. 병이 치유되고 귀신이 물러나는 거기에 하나님이 다스리는 현실이 자리를 잡는다. "귀신이 복종한다는 것은 바로 이 새 나라의 도래의 상징"이다 (안병무 1999, 354). "그러나 내가 하나님의 손을 힘입어 귀신들을 내쫓으면, 하나님 나라가 너희에게 이미 온 것이다"(눅 11:20).

• 하나님의 구원은 죄용서와 영혼구원은 물론 인간의 육체가 건강을 유지할 수 있는 신체적·물질적·경제적·정치적 조건들이 마련되는 총체적 구원임을 가리키는 기능을 한다. 떡 다섯 개와 생선 두 마리로 장정만 5천 명을 먹였다는 예수의 기적도 하나님의 구원의 총체성을 시사한다. 이 기적은 하나님의 나라가 삶의 모든 영역들 안에 하나님의 정의와 자비가 실현되어 굶주림이 없는 세계이며 지금 예수를 통해 일어나고 있음을 나타내는 메시아적·종말론적 표징이다.

• 예수 당시 유대교 사회에서 질병과 장애는 죄 때문이라고 생각되었다. 이리하여 질병과 장애에 걸린 사람들은 죄인 취급을 당하여 사회에서 소외되었다. 쿰란 공동체에서 질병에 걸린 사람들과 장애인들은 배제되었다. "어리석은 자들, 미친 자들,…소경들, 신체가 마비된 자들, 절름발이

들, 귀머거리들, 성숙하지 못한 자들, 이러한 자들은 공동체에 영입되어서는 안 된다. 거룩한 천사가 공동체 한 가운데 계시기 때문이다"(Küng 1976, 226). 이런 사람들의 건강을 회복하는 예수의 기적들은 이들을 사회적 차별과 소외에서 해방하고 사회에 통합시키는 사회 통합적 기능을 한다.

• 궁극적으로 예수의 병고침과 귀신추방의 기적들은 하나님이 약속한 메시아적 세계, 곧 하나님 나라의 현실을 앞당겨 세우는 메시아적 성격을 가진다. 달리 말해 이 기적들은 하나님의 "메시아적 표징들" 내지 하나님의 "능력있는 행위들"로서, 인간의 현실을 새롭게 변화시키고 해방과 새 창조를 일으키는 하나님의 현재적 활동을 나타낸다. 죽은 사람을 살린 예수의 기적은 죽은 생명들이 다시 살아나는 메시아적 역사의 시작을 계시하는 기능을 한다.

b. 보리떡 다섯 개와 생선 두 마리의 기적은 물질의 영역에서 하나님 나라의 현실을 세우는 예수의 사역을 예시한다. 이 기적이 어떻게 가능했을까? 아마도 많은 사람들이 이렇게 생각하는 것 같다. "보리떡 다섯 개와 생선 두 마리를 갖다 놓고 예수께서 기도하시니, 그것이 놀랍게도 많아져서 장정만 5천 명이 먹고도 12광주리가 남았더라!" 만일 이 기적을 이렇게 이해한다면, 예수의 기적은 마술과 같은 것으로, 예수는 "뻥튀기"를 잘하는 마술사와 비슷한 존재로 생각된다. 이러한 생각은 "네가 하나님의 아들이거든, 이 돌들에게 빵이 되라고 말해 보아라"는 마귀의 유혹을 예수가 거절하였다는 복음서의 보도에 모순된다. 예수가 돌들을 빵으로 만드는 이적을 행한다 해도 인간의 자기중심적 욕심이 극복되지 않는 한 인간세계의 굶주림의 문제는 해결되지 않을 것이다. 그러므로 예수를 "뻥튀기" 마술사처럼 생각하는 것은 문제의 해결에 도움이 되지 않는다. 오늘날 유전자 조작을 통해 인간은 뻥튀기하는 것보다 더 많은 음식물을 생산할 수 있다.

요한복음 6:1-14에 의하면, 어느 아이가 보리떡 다섯 개와 생선 두 마리를 가지고 있었다. 이 아이는 자기가 가지고 있던 것을 기꺼이 내어놓는다. 예수께서 이것을 받아 축사하실 때 하나님의 놀라운 사랑의 영이 사람들의 마음을 깊이 감동시킨다. 이리하여 모든 사람들이 자기를 위해 숨겨두었던 물질을 내놓음으로 인해, 모든 사람들이 모두 배불리 먹고도 남게되는 일이 일어난다. 바로 이것이 하나님의 참 기적, 곧 하나님의 "놀라운일"이라 말할 수 있다.

하나님의 이 "놀라운 일"을 통해 예수는 하나님 나라의 현실을 세운다. 서로의 것을 나누어 굶주리는 사람이 없는 거기에 하나님의 사랑이 있고, 하나님의 나라가 있다. 거기에 하나님이 계시며 그의 영광이 나타난다.

c. 로마제국의 1개 군단은 6,000명의 군인을 가지고 있었다. 1개 군단은 600명을 가진 10개의 보병대로 구성되고, 1개 보병대는 100명을 가진 6개의 "백인대"(百人隊, centuria)로 구성되었다. 따라서 백인대는 100명의 군인으로 구성된 로마 군단의 최소 전투단위였다. 로마 사회에서 "백인대장을 지냈다면, 그것은 훈장과도 바꿀 수 없는 명예로 여겨졌다." 그는 대개 사회 상류층 출신으로서 사병들에 의해 선출되었다(시오노 1995, 106, 116; 복음서에 묘사된 백인대장도 상당한 사회적 식견과 교양을 갖춘 인물로 나타난다). 그런데 예수는 로마인 "백인대장"(centurion)의 청(請)을 수락하여 그의 하인을 고쳐준다(마 8:5-13).

또 예수는 바리새파 사람 시몬의 초대를 기꺼이 수락하며(눅 7:36), 부자 청년의 면담 요청을 거절하지 않는다. 바리새파 사람 중에도 예수의 친구들이 있었다. 예수의 제자 누가는 세리(=세금 수납자)로서 상당한 부를 가지고 있었던 것으로 추측된다. 이와 같이 예수는 그 사회의 중산층이나 상류층과의 교제를 거부하지 않는다. 그러나 예수와 함께 한 대다수의 사람들은 하혈병자, 문둥병자, 간질병자 등 각종 병자들과 장애인들, 세리들과 창녀들, 힘없고 가난한 사람들, 사회적 차별과 소외를 당하는 사람들, "율법 없는 자들", "경건치 못한 자들"(마 4:24-25), 곧 힘없고 가난하고 소외된 민중들이었다.

복음서의 보도에 의하면, 예수는 이런 사람들과 함께 밥을 함께 먹었다. 그래서 예수는 "세리들과 죄인들과 어울려서" "마구 먹어대는 자요, 포도주를 마시는 자요, 세리와 죄인의 친구"라는 비난을 받는다(눅 7:34; 막 2:16). 밥을 함께 먹는다는 것은 한 동아리에 속하며 그들의 운명을 함께 나눈다는 것을 뜻한다. 그것은 "철저히 버림받고 소외된 인간들에 대한 사랑과 연대를 나타내는 가장 구체적인 행동이며 상징이다"(박재순 1988, 216).

예수가 그 사회의 소외된 자들과 밥을 함께 먹는다는 것은 그들의 인간적 가치와 존엄성을 인정하고 그것을 회복하는 것을 뜻한다. 그것은 사회적 해방이라 요약할 수 있다. 사회 계층간의 벽이 허물어지고, 인간에 의한 인간의 차별과 억압과 착취가 철폐되며, 모든 인간이 더불어 사는 새로운 생명의 세계가 시작된다. 이러한 일을 통해 예수는 하나님 나라의 현실을 세운다.

d. 예수 당시의 유대인 사회는 남성 중심의 사회였다. 상류층 집안의 여인들은 외출할 때 면사포로 얼굴을 가려야 했다. 그렇게 하지 않는 것은 미풍양속을 해치는 것으로 간주되었다. 여인이 다른 남자와 이야기하는 것은 엄격히 금지되었다. 남편은 면사포로 얼굴을 가리지 않거나 길거리에서 다른 남자와 이야기를 나눈 아내를 내쫓을 의무가 있었다. 이때 남편은 이혼할 때 아내에게 지불하기로 혼인계약서에 규정된 액수의 돈을 주지 않아도 되었다. 남자가 아내를 얻는 것은 이방인 노예를 얻는 것과 다를 바가 없었다. 아내는 집안 일을 처리함은 물론 남편의 얼굴과 손과 발을 씻어주어야 했다. 일부다처가 허용되었기 때문에, 남편이 첩을 얻는 것을 수용해야 했다. 남편은 이혼증서만 써주면 아내를 내쫓을 수 있었다(막 10:4). 간음을 하다가 발각되었을 때, 남자는 무죄로 인정받았으나, 여자는 유대인들의 종교적 관습에 따라 돌에 맞아 죽어야 했다(참조. 요 8:3 이하 참조). 회당 예배실에서 여자들의 자리는 격자창으로 구별되었다.

이러한 남성 중심의 사회에서 예수는 여자에 대해 혁명적 태도를 취한다. 그는 동네 우물가에서 여자와 자유롭게 이야기하며(요 4:1-30), 여자들과 자유롭게 교제한다(마르다와 마리아의 이야기 참조). 또 여자를 그의 제자

로 삼기도 한 것으로 보인다. 이로써 예수는 여자들의 인간적 가치와 존엄
성을 인정하며, 그들을 사회적 소외와 억압과 착취에서 해방한다. 그리고
여자가 간음한 이유 외에는 여자를 내쫓는 것을 금지함으로써 여자의 기
본 권리를 보호한다(마 19:9; 5:32). 그러자 제자들은 이렇게 대답한다. "남편
과 아내의 관계가 그런 것이라면, 차라리 결혼하지 않는 것이 좋겠습니다"
(19:10). 제자들의 이 대답은 여자를 물건처럼 간주했던 당시의 사회상을
반영한다.

또 예수는 노상 강도를 만난 사람의 이야기(눅 10:25-37)에서 제사장과
레위인의 종교적 위선을 폭로하고, 남쪽 유대인들에 의해 차별과 소외를
당하는 사마리아 사람이 참으로 선하고 의로운 사람이라고 두둔한다. 이
를 통해 예수는 지역적 차별과 소외를 철폐하고 하나님 나라의 현실을 세
운다.

e. 하나님 나라의 현실을 앞당겨 세우는 예수의 사역은 그 사회를 지
배하는 율법 체계, 성전과 성전제의의 상대화를 통해 일어난다. 예루살
렘 성전이 "도적들의 소굴"이 되었다고 비판하면서 예수는 예루살렘 성전
에서 제의를 지키는 것이 중요한 것이 아니라 "영과 진리로" 하나님께 예
배를 드리는 것이 중요하며, 그 때가 지금 왔다고 말한다(요 4:22-24). 그리
고 성전의 제의보다 자비를 행하는 것이 더 중요하다고 보는 예언자의 전
통을 가르친다(마 12:7). 성전에서 제의를 집례하는 제사장과 레위 사람이
아니라 하나님은 강도 만난 사람에게 자비를 베푼 사람을 더 기뻐하신다
는 예수의 말씀은 성직자 제도에 대한 정면 비판이요 상대화를 뜻한다(눅
10:29-37). 중요한 것은 성전의 제사와 제물이 아니라 하나님의 자비와 정
의와 진리를 행하는 데 있다(마 9:13; 12:7; 히 10:5). 이와 같이 예수는 성전
과 성전제의를 상대화시키고 하나님의 참 뜻을 지킴으로써 자비와 정의
와 진리가 있는 하나님 나라의 현실을 세우고자 한다. 앞서 기술한 "율법
의 상대화", "율법의 철저화", "율법의 완성"도 이러한 맥락에서 일어난다.

율법의 상대화, 율법의 철저화는 율법이 지배하는 사회의 가치 기준의

상대화를 뜻한다. 예수는 경건과 불경건, 의로움과 불의함, 신앙과 불신앙의 가치 기준의 위선을 폭로하고 하나님의 진실이 다스리는 현실을 세운다. 그는 의롭고 경건하다는 바리새파 사람 시몬을 꾸짖고, 그 동네에서 죄인으로 낙인찍힌 여자에게 죄의 용서를 선언한다. "네 믿음이 너를 구원하였다. 평안히 가거라"(눅 7:50). 세리와 창녀들이 하나님의 나라에 먼저 들어갈 것이라고 선언함으로써 그는 그 사회에서 통용되는 의와 경건의 기준의 거짓됨을 폭로한다. 한마디로 예수는 종교가 그 본래의 목적을 상실하고 인간을 비인간화시키는 거짓되고 비인간적인 현실을 폭로하며, 진실과 인간성이 있는 하나님 나라의 현실을 세운다. 그는 그 사회의 종교적 규범과 관습들보다 인간의 생명을 더 중요시하며, 생명을 살리는 일에 관심을 갖는다.

f. 하나님이 "용서의 하나님"(느 9:17)이란 점은 구약의 기본 신앙에 속한다(출 34:6-7; 사 55:7; 시 103:3, 8-13). 하나님은 죄인의 죽음을 원하지 않는다. 오히려 그가 회개하여 살기를 바란다(겔 18:23; 33:11-16). 마지막에 이방 민족들도 하나님의 구원에 참여할 것이다(사 25:6-8; 42:6; 49:6; 2:2-5). 예수는 구약의 이 전통을 따른다. 그는 이방인에 대한 증오와 원수 갚는 일을 거부하며, 의인과 죄인의 구별을 반대한다. 모든 사람이 하나님 앞에서 죄인이기 때문이다(요 8:1-11, 간음하다 붙들린 여인의 경우). 하나님은 의인에게는 물론 불의한 자들에게도 햇빛을 주신다(마 5:45). 하나님의 자비와 통치는 인간의 업적 혹은 공적 여하를 떠나 모든 사람을 포괄한다(예를 들어 눅 6:20-21; 15장; 마 20:1-15).

그런데 예수 당시의 유대인들은 하나님만이 죄를 용서할 수 있다고 믿었다(눅 7:49 참조). 그런데 예수는 죄를 용서할 수 있는 권세가 자기에게 있다고 주장한다(5:24). 이로써 예수는 하나님과 동등한 권세가 자기에게 있음을 시사하면서, 아무 조건 없이 죄를 용서한다. 이것은 의심할 수 없는 역사적 사실로 보인다. 인간의 회개가 있기 전에 먼저 용서하고, 용서함으로써 회개를 가능케 한다. 돌아온 탕자의 이야기가 이를 예시한다(15:11-

32). "삭개오야,⋯오늘은 내가 네 집에서 묵어야 하겠다"는 예수의 제의도 삭개오에 대한 예수의 용서를 전제한다. 그러자 삭개오는 회개한다. "주님,⋯내 소유의 절반을 가난한 사람들에게 주겠습니다. 또 내가 누구에게서 강제로 빼앗은 것이 있으면, 네 배로 하여 갚아 주겠습니다"(19:10).

예수의 죄용서는 다음과 같은 기능을 가진다. 아무 조건 없이 인간을 받아주는 하나님의 사랑과 자비를 계시하며, 모든 인간을 사로잡고 있는 죄의 세력을 무효화시키며, 인간을 과거의 운명에서 미래의 새로운 가능성으로 해방하며, 죄책감과 사회적 소외에서 해방하여 자기 자신과 사회에 통합시키며, 인간의 업적이나 공적 없이 하나님과 인간의 화해를 이루고, 이를 통해 하나님 나라의 현실을 이 땅 위에 세운다. 이런 뜻에서 죄용서는 한 인간에게서 일어나는 하나님의 새 창조의 시작을 말한다.

g. 누가복음 4:18-19에 의하면, 예수는 "주님의 은혜의 해"를 선포한다. "주님의 영이 내게 내리셨다.⋯주님의 은혜의 해를 선포하게 하셨다." 여기서 "주님의 은혜의 해"는 구약의 희년을 가리킨다. 이 본문은 예수가 희년을 선포하였다는 것을 전해 주는 복음서의 유일한 본문으로서, 예수의 하나님 나라 사역에 희년의 선포가 포함되어 있었음을 증명한다. 이 본문을 제외한 신약성서의 모든 본문들이 예수의 희년 선포에 대해 침묵하는 이유는 무엇일까?

구약성서에 뿌리를 가진 예수의 희년 선포는 하나님 나라의 현실이 세워지는 구체적 길들을 제시한다. 땅을 본래의 주인에게 돌려주며, 노예나 종들의 해방을 통해 이들의 인간적 존엄성을 회복하며, 특정 계층에 편중된 부(富)를 사회에 환원하며, 이를 통해 사회의 양극화를 극복하고 모든 인간이 인간답게 살 수 있는 하나님 나라의 현실이 가시화되어야 함을 시사한다(레 25장).

지금까지 기술한 예수의 하나님 나라 사역은 분명히 하나의 "사회적인 운동"이었다. "불구자·정신병자 등 각종 질병을 앓는 자들에게 온전하고 충만한 삶을 가져다준 예수의 하나님 나라 운동은 생명 회복 운동이며, 굶주

린 민중과 함께 나누어 먹으려 했던 이 운동은 밥을 나누어 먹는 밥상 공동
체 운동이며, 압제받는 민중에게 섬김의 원칙을 선언한 이 운동은 서로 섬
기는 운동"이라는 박재순 박사의 주장에 우리는 동의한다(박재순 1988, 212).

그러나 예수의 운동은 종교적 운동이 아니라 단지 하나의 사회적 운동
또는 종교적 성격을 지니지 않은 단순한 민중운동으로 보는 것은 타당하
지 않다. 예수는 자기를 하나님의 아들로 의식했으며, 구약성서의 메시아
적 약속과 기다림의 전통 속에 속한 하나님 나라의 운동을 일으켰다. 따라
서 그의 하나님 나라 운동은 세례자 요한의 회개운동과 마찬가지로 사회
적 운동인 동시에 종교적 성격을 가진 종교적 운동이었다.

h. 예수의 십자가의 죽음과 그가 선포한 하나님의 나라는 어떤 관계
에 있는가? 그의 억울한 죽음을 통해 하나님의 나라는 실패로 끝나버렸는
가? 사람의 눈으로 볼 때 그것은 실패로 끝난 것처럼 보인다.

그러나 우리는 예수의 죽음 속에서 그가 선포한 하나님 나라의 현실이
성취되는 것을 볼 수 있다. 예수는 생명을 파멸시키고자 하는 악의 세력
에 대해 악으로 대응하지 않는다. 만일 예수가 자기를 체포하려는 폭도들
에게 폭력으로 대항하였다면 그는 기껏해야 몇 사람의 폭도를 죽이고 그
자신도 죽임을 당했을 것이다. 그러나 여기에는 구원의 길이 없다. 폭력과
살인과 보복의 악순환이 계속될 뿐이다. 오히려 예수는 자신의 몸으로 악
을 당한다. 그는 인간이 서야 할 심판의 자리에 자기를 세우고 대신 심판
을 당한다.

이를 통해 예수는 악의 순환을 끊어버린다. 하나님의 사랑이 악을 삼
켜버린다. 이로써 예수는 하나님의 법, 곧 율법을 완성한다. "네 마음을 다
하고 네 목숨을 다하고 네 뜻을 다하여 주 너의 하나님을 사랑하여라", "네
이웃을 네 몸 같이 사랑하여라"는 "모든 율법과 예언자들의 본 뜻"이 그의
자기희생을 통해 실현된다. 이 예수가 "율법의 완성"이다(마 5:17). 그는 철
저히 "타자를 위한 존재"(Sein für die anderen, Bonhoeffer), 곧 하나님을 위한
존재인 동시에 이웃을 위한 존재다. 하나님과 이웃과의 철저한 동일화, 철

저한 자기비하(卑下)와 자기비움(kenosis)이 그의 십자가에서 이루어진다.

예수의 자기비하와 자기비움은 삼위일체 하나님 자신의 자기비하요 자기비움이다. 높으신 하나님이 자기를 낮추고 자기를 비워 죽음의 고통을 당한다. 그러므로 예수의 죽음은 그가 선포한 하나님 나라의 실패가 아니라 그것을 결정적으로 세우는 것을 뜻한다. 이런 점에서 예수는 패배자가 아니라 승리자였다. 그의 죽음은 악과 죽음의 세력에 대한 승리를 뜻한다. 상대방에게 져주는 자가 상대방을 이기는 자라는 격언도 이를 시사한다. 예수는 이 세계를 다스리는 악과 죽음의 세력에 져줌으로써 온 세계의 주님이 되신다. 참으로 강한 자는 져주는 자, 이 세상의 고난을 짊어지는 자이다. 예수의 십자가는 이것들을 통해 하나님 나라의 현실이 이 땅 위에 세워진다는 것을 계시한다.

예수의 부활이 이것을 증명한다. 그는 죽음의 세력을 깨뜨렸다(고전 15:20-28; 계 1:17-18). 그는 모든 세력들과 권세들 위에 있다(빌 2:9-11; 계 11:15). 그의 부활과 승천은 악의 세력에 대한 하나님의 궁극적 승리와 하나님 나라의 완성에 대한 약속인 동시에 그것의 시작이다.

신약성서에 의하면 하나님 나라의 현실을 앞당겨 세우는 예수의 사역은 "이미 지금"과 "아직 아님"(schon jetzt, noch nicht)의 변증법적 긴장 속에 있다. 하나님의 나라는 예수의 부활을 통해 결정적으로 시작되었고 그리스도인들의 실존과 교회 공동체 안에서 현재적으로 경험된다. 이들은 땅 위에 있는 하나님 나라의 현실들이다. "하나님의 나라는 미래에 오실 나라이지만,…이미 예수가 과거에 역사 속에서 이미 시작한 일이기에, 기독교인이 계속 참여해야 하는 사명이기에 현재적이면서도 미래적인 미래로부터 동터 오는 현재성이다"(박창현 2006, 272). 현재성인 동시에 하나님의 나라는 역사의 미래로 남아 있다. 그것은 새 창조자 성령의 능력 속에서 만물이 그리스도를 머리로하여 연합하고 통일되며, 죽음과 슬픔과 울부짖음과 고통이 없는 "새 하늘과 새 땅"이 이루어질 때 완성될 것이다. 그것은 그리스도의 다시 오심과 함께 이루어질 것이다. 그러므로 신약성서의 공

동체는 다음과 같이 기도한다. "아멘, 주 예수여, 오시옵소서!"(계 22:20)

E. 예수의 구원에 대한 메시아적 이해

지금까지 우리는 예수의 주요 사역을 칼뱅의 세 직분설에 근거하여 "말씀의 선포와 하나님의 계시", "하나님과 인간의 화해", "하나님 나라의 현실을 앞당겨 세움"으로 파악하였다. 이 모든 사역들은 인간과 세계의 구원과 새 창조로 집약될 수 있다. 이것은 예수를 구원자라 부르는 기독교의 호칭에 상응한다. 인간과 세계가 하나님의 피조물로 새롭게 창조되고, 하나님 나라의 현실이 그들 안에 세워지는 데 구원이 있다.

그런데 전통적으로 기독교는 예수의 구원을 죄용서 내지 영혼구원, 혹은 개인과 하나님의 화해로 이해한다. 구약성서의 출애굽과 메시아 약속에 나타나는 하나님의 구원의 정치적·경제적·사회적 측면들은 간과되고, 예수의 구원은 개인의 내면적·영적 사건으로 축소된다. 물론 하나님의 구원의 영적·내면적 차원도 간과되어서는 안 될 중요한 요소이다.

그러나 예수의 구원에 대한 영적·내면적·개인주의적 이해는 구약의 구원이해를 충분히 드러내지 못한다. 구약성서에서 하나님의 가장 대표적인 구원의 사건은 출애굽이다. 출애굽은 구약성서에서 하나님의 "가장 기본적인 구원의 행위"였다. "출애굽 신앙고백은 가장 기본적인 이스라엘의 신앙고백" 또는 "이스라엘의 원신앙고백(Urbekenntnis)"이었다(원진희 2005, 44). 출애굽의 사건에서 하나님의 구원은 이집트의 정치적·경제적·사회적 억압과 착취와 고통을 벗어나 "하느님이 주장하시는 나라, 자유와 정의와 자비의 나라를 세우기 위한 인간 해방"을 뜻한다(김재준 2001, 299). 또 메시아에 대한 구약성서의 약속과 기다림의 전통도 하나님의 구원의 이런 차원들을 시사한다. 남미의 해방신학과 한국의 민중신학은 하나님의 구원의 이러한 차원들을 드러내는 점에서 크게 기여한다.

따라서 예수의 구원은 구약성서의 출애굽 사건과 메시아 약속의 빛 속에서 파악되어야 한다. 달리 말해 예수의 구원은 메시아적으로 이해되어야 한다. 예수는 그리스도, 곧 메시아였기 때문이다. 그의 구원을 출애굽과 메시아적 약속의 빛에서 파악할 때, 우리는 그것을 성서의 전통에 충실하게 되며, 피조물을 사랑하는 하나님의 관심에 따라 파악할 수 있을 것이다. 이를 위해 우리는 여기서 구약성서에 나타나는 하나님의 구원이 무엇인가를 파악하고, 이와 연관하여 예수의 구원을 파악하고자 한다.

1) 출애굽 사건에 나타나는 하나님의 구원은 억압과 착취, 굶주림과 고통에서 "젖과 꿀이 흐르는 땅", 곧 자유와 평등과 평화가 있고 먹을 것이 충분히 있는 새로운 삶의 세계를 향한 해방의 사건이었다. 이러한 출애굽 사건의 빛에서 볼 때, 구약성서에서 하나님의 구원은 단지 개인의 죄용서에 기초한 "영혼구원"이란 개인의 영적·내면적 구원은 물론 신체적·물질적·사회적 차원을 망라하는 현실적이며 총체적 구원을 뜻한다. 곧 노예신분이나 감금상태에서 몸값을 지불하고 자유를 얻는 것, 모든 형태의 억압과 위험, 정신적·물질적 고통을 벗어나 성취된 삶을 누리게 되는 것을 말한다.

좀 더 구체적으로 말해 구약성서에서 하나님의 구원은 땅이 없는 이스라엘 백성이 땅을 얻게 되는 것, 이방 민족의 위협을 극복하고 생명의 안전을 확보하는 것, 적대자와 악인의 굴레를 벗어나는 것, 질병을 물리치고 몸의 건강을 되찾는 것, 극도의 가난과 굶주림에서 해방되는 것, 삶에 지친 사람들이 생명의 힘을 얻게 되는 것, 절망과 좌절에 빠진 사람들이 새로운 희망과 용기를 얻게 되는 것, 불의한 자들의 간계와 모함을 벗어나는 것, 포로생활 혹은 노예상태에서 해방되는 것, 전쟁이 그치고 평화가 오는 것, 불의를 물리치고 정의를 세우는 것, 여인들의 유산(流産)과 어린이들의 조기 사망이 없으며 모든 사람이 수명을 다 채우는 것 등을 내포한다(참조. 시 3:7; 18:6, 27; 22:4, 20-21; 사 9:2; 65:20). 이런 측면에서 구약성서가 뜻하는 하나님의 구원은 단지 내면적 구원, 피안적 구원이 아니라 "현실적인 구원"이라 말할 수 있다(오영석 1999, 354-355).

한마디로 구약성서에서 하나님의 구원은 생명의 "샬롬"(Schalom, 평화), 곧 삶의 성취를 뜻한다. 삶의 성취에는 충분한 경제적·물질적 여건, 건강, 땅, 후손, 평화, 자유, 법적 질서, 하나님을 경외하는 생활 등이 속한다.

복음서가 보도하는 예수의 구체적 사역에서, 우리는 구원에 대한 구약성서의 이해가 전승되고 있음을 볼 수 있다. 하나님의 나라를 선포하고 그것을 앞당겨 세우는 예수의 구체적 활동은 구약성서의 구원이해에 상응한다. 예수에게서도 구원은 모든 형태의 억압, 정신적·물질적 고통에서 해방되어 하나님의 샬롬에 이르는 것을 뜻한다. 한마디로 그것은 이 세계를 지옥과 같은 것으로 만들어 그것을 파멸시키려는 죄와 불의와 죽음의 세력으로부터 하나님 나라의 현실로의 해방이라 말할 수 있다.

구원에 해당하는 신약성서의 개념 "소테리아"(soteria)는 구원의 메시아적 차원을 나타낸다. 이 개념의 동사는 "소조"(sozo)인데, "치료한다, 건진다"를 뜻한다. 신약성서에서 이 개념의 사용은 종교적 차원에 국한되지 않는다. 그것은 "치명적인 병에서의 치료, 생의 위협에서 건져내는 것, 생을 위협하는 죽음의 세력과 공포에서 건지는 것을 나타낸다." 예를 들어 "제자들이 파도를 만났을 때, 베드로가 물에 빠졌을 때, 십자가에 달린 예수에게 '남은 구하고 자신은 구하지 못한다'고 비난할 때 바로 이 단어를 쓴다." 따라서 신약성서에서도 "구원"의 개념이 "너무나도 현실적인 것임을 부정할 수 없다"(오영석 1999, 357-358).

공관복음에서 "악에서 구하소서", 또는 "포로된 자에게 해방을"(눅 4:18), "원수에게서 구원을" 하고 말할 때는, "소테리아"가 아니고 "아페시스"(ἄφεσις, aphesis)라는 단어가 사용된다. "이것은 총체로서의 인간, 그리고 '무엇에서의'가 뚜렷하게 나타나 있는데, 그것은 사회적 구원을 의미한다." 따라서 영혼구원, 곧 "구령"(救靈)과 "구원"을 일치시키는 것은 불가능하다. 공관복음서에서 구원이란 "총체로서의 인간 구원을 말하는 것이지, 영혼이라고 하는 그 어느 부분을 뜻하는 것이" 아니기 때문이다(안병무 1999,

492-493).

결론적으로 예수의 구원은 사람들을 억압하는 죄와 마찬가지로 개인적 차원과 정치적·경제적·사회적 차원을 모두 포함한다. "예수는 개별적 개인으로서의 죄인뿐만 아니라 세상의 죄악된 구조에도 맞선다. 그분은 구원이란 고립된 개별 영혼들이 하나님과 교제하도록 회복되는 것 이상을 의미한다고 보았다. 예수가 선포하고 시작했던 하나님 나라는 은혜롭고 의로운 하나님의 통치로서 삶의 전 영역을 포괄한다"(Migliore 2012, 341). 개인의 삶에서는 물론 세계의 모든 영역에서 악의 세력을 물리치고 개인과 세계를 하나님 나라의 현실로 새롭게 창조하는 데 예수의 구원이 있다.

2) 구약성서에서 하나님의 구원은 출애굽의 특수한 민족적 사건을 넘어 땅 위의 모든 피조물을 포괄하는 보편적 메시아 왕국에 대한 약속으로 발전한다. 여기서 하나님의 구원은 이스라엘 민족의 범위를 넘어 피조물 세계 전체로 확대된다. 전쟁이 그치고, 모든 민족들과 자연의 피조물들이 하나님을 아는 지식과 하나님의 평화 속에서 더불어 사는 메시아 왕국이 이 땅 위에 이루어지는 데 하나님의 구원이 있다. "그 때에는 이리가 어린 양과 함께 살며, 표범이 새끼 염소와 함께 누우며, 송아지와 새끼 사자와 살진 짐승이 함께 풀을 뜯고, 어린 아이가 그것들을 이끌고 다닌다.… 나의 거룩한 산 모든 곳에서 서로 해치거나 파괴하는 일이 없다. 물이 바다를 채우듯, 주님을 아는 지식이 땅에 가득하기 때문이다"(사 11:6-9; 참조. 65:25).

메시아 왕국에 대한 하나님의 약속은 "새 하늘과 새 땅"에 대한 약속으로 표현되기도 한다(사 65:17-25; 66:22). 울음소리와 울부짖는 소리가 들리지 아니하며, 모든 사람이 각자의 수(壽)를 다하며, 피조물 사이에 해함과 상함이 없는 평화의 세계가 이루어지는 데 하나님의 구원이 있다.

메시아 왕국에 대한 구약성서의 약속이 예수의 하나님 나라 사역을 통해 성취된다. 예수는 이스라엘 백성과 모든 피조물이 기다리는 하나님의 메시아이다. 그는 "하나님 나라 자체"(Origenes)다. 그의 삶과 십자가의 죽음과 부활을 통해 모든 민족과 자연의 피조물을 아우르는 하나님의 보편적 구원이 결정적으로 이루어진다. 하나님이 약속한 메시아 왕국, 곧 하나님 나라의 현실이 그를 통해 이 땅 위에 세워지기 시작한다.

요한계시록에 의하면 예수의 구원은 하나님의 거하는 곳이 사람들 가운데 있으며, "이제는 죽음과 슬픔과 울부짖음과 고통이 없는" "새 하늘과 새 땅"이 이루어지는 데 있다(계 21:1-4). 바울에 의하면 예수의 구원은 예수께서 세계를 지배하는 모든 권력과 권세와 능력을 멸하시고, 그의 나라를 아버지 하나님께 바치고, 마지막 원수인 죽음의 세력이 멸망하며, 하나님이 "모든 것 안에서 모든 것이 되는" 것으로 표상된다(고전 15:24-28).

구약성서의 증언에 의하면 메시아 왕국은 자연의 영역을 포함한다. 하나님의 샬롬, 곧 구원은 자연의 영역에서도 이루어져야 한다. 자연의 구원 없는 인간의 총체적 구원이란 불가능하다. 자연이 오염되고 파괴될 때, 결국 인간 자신의 생명이 죽음의 그늘 속에 있게 된다.

그러므로 예수의 구원은 자연의 세계 전체가 죄와 불의와 죽음의 세력에서 해방되어 하나님의 샬롬에 이르는 것을 내포한다. "내가 메마른 산에서 강물이 터져 나오게 하며, 골짜기 가운데서 샘물이 솟아나게 하겠다. 내가 광야를 못으로 바꿀 것이며, 마른 땅을 샘 근원으로 만들겠다"(사 41:18; 참조. 40:4-5). "광야와 메마른 땅이 기뻐하며, 사막이 백합화 같이 피어 즐거워하며, 무성하게 피어 기쁜 노래로 즐거워 할 것이다"(35:1-2). 복음서에서 예수가 이에 대해 명백히 이야기하지 않는 것은 예수 당시 자연의 문제가 심각하지 않았고 인간 구원이 절박한 문제였기 때문이다. 그러나 그의 하나님 나라 사역은 자연의 구원 문제를 내포한다. 그것은 생태학적 차원의 출애굽 혹은 하나님의 해방이라 말할 수 있다.

신약성서는 구원의 생태학적 차원을 간접적으로 시사한다. 모든 피조물이 사멸의 세력에서 해방되어 "하나님의 자녀들의 영광의 자유에" 이르기를 기다리고 있다(롬 8:19-22). "하늘과 땅에 있는 모든 것", 곧 자연을 포함한 세계의 만물이 그리스도 안에서 화합하고 하나로 통일될 것이다(엡 1:10). 십자가에서 이룬 하나님의 화해는 "만물 곧 땅에 있는 것과 하늘에 있는 것들"과의 화해를 지향한다(골 1:20). 구약성서는 신약성서가 암시하는 구원의 생태학적 측면을 분명히 나타낸다는 점에서 기독교 신앙과 신학을 위해 없어서는 안 될 중요한 위치를 가진다.

3) 복음서가 이야기하는 예수의 메시아적 구원에 있어 이른바 "영혼구원"의 문제가 결코 간과되지 않는다. 그러나 성서에서 인간의 영혼은 인간의 한 부분이 아니라, 인간의 한 측면을 가리키는 동시에 전인(全人)으로서의 인간을 가리킨다. 따라서 성서의 빛에서 볼 때 이른바 "영혼구원"이란 "영혼"이라 불리는 한 부분의 구원이 아니라 전인으로서 인간의 총체적 구원을 가리킨다. 인간의 존재 전체가 모든 형태의 억압과 고통에서 해방되는 것, 죄와 불의와 죽음의 세력에서 해방되어 하나님의 법을 지키는 올바른 관계로 회복되는 여기에 예수의 구원이 있다.

그런데 인간은 수태되는 순간부터 죽어서 흙으로 돌아가는 순간까지 사회적 관계 속에 있다. 그는 철저히 사회적·공동체적 존재다. 인간의 총체적 구원이 가능하기 위해서는 인간의 모든 관계들, 모든 상황들이 함께 구원을 받아야 한다. 한 인간이 맺고 있는 관계들, 그가 처한 모든 상황들의 구원 없는 그의 총체적 구원이란 불가능하다. 불의한 정치적·경제적 질서와 사회적 상황들로 인해 인간이 억압과 고통을 받음에도 불구하고, 그의 총체적 구원을 이야기한다는 것은 불가능하다. 그러므로 성서는 하나님의 구원을 총체적·메시아적으로 이해한다. 진리는 전체에 있기 때문이다(Hegel, 『정신현상학』 서론).

인간의 총체적 구원에 있어 죄와 죄책으로부터의 자유는 중요한 요소이다. 특히 신약성서는 이 문제를 중요시한다. 죄의 용서를 통해 죄책과 불안에서 자유롭게 되고, 하나님과 이웃과의 본래적 관계 속에서 생명의 샬롬을 얻는 것은 예수의 구원에 있어 중요한 구성요소이다. 무엇보다 먼저 하나님을 부인하고 하나님 없이 죄 가운데 사는 인간이 하나님의 사랑을 깨닫고 하나님의 법을 지키며 살아가는 새로운 피조물로 창조되어야 한다. 자기를 비우고, 하나님이 자기의 중심 자리에 서서 그의 의지와 행동과 삶을 결정해야 한다.

달리 말해 하나님 나라의 현실은 먼저 인간의 인격과 생활 속에서 이루어져야 한다. 하나님의 구원과 새 창조는 먼저 하나님의 법을 지키며 하나님의 사랑 안에서 살아가는 한 인간의 인격과 삶 속에서 가시화되어야 한다. 인간은 하나님과 교통할 수 있고 그의 뜻을 파악할 수 있는 유일한 피조물이기 때문이다. 이때 인간과 인간 사이의 폭력과 거짓이 중단되고, 하나님의 사랑과 평화의 세계가 먼저 인간과 인간의 관계 속에서 자리 잡게 될 것이다.

따라서 불의한 정치적·경제적·사회적 구조로부터 민중의 해방도 필요하지만, 민중 자신이 인간의 죄된 본성을 인정하고 하나님의 자녀로 새롭게 태어나는 일이 동반되어야 한다. 아무리 사회적 구조가 변화되어도 인간 자신의 변화가 없을 때, 변화된 사회구조는 또 다시 부패와 타락에 빠진다. 호르크하이머가 말하듯이, 사회악의 뿌리는 단지 "외적인 제도나 구조에서가 아니라 그 본성상 죄가 있다고 생각하고 그것을 일상의 삶에서 늘 뉘우치는 의식으로 사는 인간의 마음(영혼)에" 있다(장일조 1992, 153). 그러므로 일찍 송창근 교수는 이렇게 말한다. "예수의 최대 목적은 인류 사회의 개조를 넘어서서 모든 사람의 영혼을 구제하는 것이다.…빈부문제에 대하여 극단적으로 말씀하실 때에도 민중의 정신 상태를 먼저 가르치고자 하셨고 경제적 의미는 그 다음 문제였다"(송창근 1998, 33).

민중 자신의 인격적 변화가 없을 때, 기존의 지배자들보다 오히려 더 잔인하고 부패해질 수 있다. 노동조합의 임원들이 조합의 공금을 사취하고 뇌물을 받으며, 유럽의 구 공산주의 국가의 어느 통치자 부인이 뒷창에 다이아몬드가 박힌 하이힐을 신고 다닌 사실이 이것을 예증한다. 물론 자본주의 사회에도 심각한 문제들이 있다. 그러나 무산계급 출신이었던 구 공산주의 국가의 많은 통치자들과 그들의 친인척들이 서방세계의 은행에 거액의 비밀구좌를 가지고 있다가 그 돈을 써보지도 못하고 암살을 당하거나 돌연사하여, 그 돈이 해당 은행의 소유가 되어버렸다는 것도 널리 알려진 사실이다(은행들은 이 돈을 내놓지 않고 있다. 대개 예금주들이 자기의 신분을 숨기고 가명으로 예금하기 때문에, 은행도 그 돈이 누구의 것인지 확인하기 어렵다고 한다. 그들은 아마 확인할 수 있어도 확인할 수 없다고 말할 것이다).

또한 하나님 없는 인간은 언제나 불안하다. 물질적 결핍으로 인해 고통을 당하는 사람은 일차적으로 물질적 결핍에 대한 불안을 느낀다. 쌀이 다 떨어진 빈 쌀독을 들여다보면서 느끼는 불안은 인간의 가장 원초적 불안이다. 먼저 밥을 먹어야 생명을 유지할 수 있기 때문이다(세계의 많은 신학자들은 이 원초적 불안에 대해 침묵한다).

이러한 불안에서 인간을 구원하고 생명의 샬롬에 이르게 하는 길은 먼저 빈 쌀독에 쌀을 채워주는 데 있다. 달리 말해 삶의 가장 기초적 조건을 마련해 주는 데 있다. 나아가 모든 사람이 굶주림을 당하지 않을 수 있는 정의로운 정치적·경제적·사회적 질서를 세우는 동시에 쌀독에 있는 쌀을 잘 관리할 수 있는 삶의 지혜와 올바른 생활방식을 얻도록 하는 데 있다. 아무리 많은 쌀을 공급해도 하나님을 부인하고 타락한 생활에 빠지면 모든 것이 한 순간에 사라질 수 있다. 도박으로 자기의 전 재산을 날리고 심지어 딸과 부인을 파는 일도 일어난다.

그런데 인간을 괴롭히는 또 다른 종류의 불안이 있다. 그것은 대개 굶주림과 연관된 경제적·물질적 문제가 해결되었을 때 등장하는 정신적 문제로 인한 불안이다. 그것은 삶의 공허감, 자신의 존재와 세계의 무의미로 말미암은 불안, 죽음에 대한 불안, 이미 획득한 힘의 상실에 대한 불안 등이다. 물질적·경제적으로 아무 염려가 없음에도 불구하고 이 문제로 인해 불면증과 우울증에 빠지고 자살로 생을 마감하는 사람들도 있다. 필자의 강의를 들은 어느 학생은 재벌의 아들로서 어릴 때부터 돈을 아낌없이 쓰면서 성장했는데, 알코올중독에 빠지기도 하고 자살을 여러 번 시도했다고 한다.

정신적 불안을 극복하기 위해 인간은 자기 자신을 거부하든지, 아니면 자기의 존재 의미와 가치를 스스로 획득하고자 한다. 더 많은 소유, 더 많은 힘, 더 많은 소비와 향락, 더 많은 쾌락, 더 많은 업적과 명예를 획득하거나 이웃에 대해 자기를 규범화·절대화시키는 잘못된 노력을 통해 자기의 존재 의미와 가치를 획득하고 불안을 극복하고자 한다. 그는 그의 존재를 정당화할 수 있고 그것에 대해 의미와 내용을 부여할 수 있는 하나의 절대적인 것을 붙들고자 한다. 유한한 존재가 그의 유한성을 부인하고 무한한 존재가 되고자 한다.

그러나 이것은 애초부터 승산이 없는 게임이다. 인간은 유한한 존재로 창조되었기 때문에, 세계의 모든 것을 소유한다 해도 무한한 존재가 될 수 없기 때문이다. 이리하여 인간은 자기추구와 불안, 불안과 자기추구의 끝없는 악순환에 빠진다. 끝없는 소유욕이 그를 지배한다. 이것은 자신과 이웃의 생명에 해(害)가 되고 사회를 파괴한다. 그의 눈동자는 욕망과 교만과 불안으로 번쩍거리고, 그의 얼굴 표정은 이지러진다. 그 뒤에는 자기 자신에 대한 실망과 좌절, 고독과 슬픔이 비친다. 그의 마음속에 하나님이 없고 평화가 없기 때문이다.

예수는 인간을 아무 조건 없이 있는 그대로 받아주고 용서하며 그와 친교를 가진다. 인간이 그의 깊은 불안에서 구원을 받을 수 있는 길은 이 예수 안에 계시되는 하나님과 화해하고 하나님에게 자기의 삶을 맡기는 데 있다. 아무 업적이나 공적 없이 있는 그대로의 자기를 하나님이 받아주는 그대로 자기를 인정하고 하나님의 계명 안에서 사는 데 있다. 곧 하나님과의 관계를 회복해야 한다. 자기를 있는 그대로 받아주는 하나님 앞에서 그는 있는 바 그대로의 자기 존재를 기뻐하고 감사하며 삶의 의미를 발견한다. 하나님이 자기를 아무 업적 없이 있는 그대로 용서하고 용납하기 때문에, 그도 이웃을 아무 업적 없이 있는 그대로 인정하고 받아준다. 사회적 지위와 기능과 업적과 소유를 계산하지 않고 있는 그대로의 이웃과 인격적 만남을 가지며 삶을 함께 나눈다. 이것은 기독교 신학이 간과해서는 안 될 구원의 중요한 측면이다.

우리는 이와 같은 구원의 영적·개인적 측면을 구약성서에서는 물론 지상의 예수의 사역에서도 발견한다. 하나님과의 계약을 통해 이스라엘 백성의 각 사람이 하나님의 법에 따라 살아야 할 하나님의 백성이 된다. 지상의 예수도 세상적으로 자랑할 것이 아무것도 없는 사람들을 아무 조건 없이 용서하고 용납하며 그들과 친교를 가진다. 하나님의 자녀로서 그의 계명을 지키며 살아갈 수 있는 새로운 삶의 길이 모든 사람을 대리하는 그의 죽음을 통해 모든 사람에게 열린다.

그러나 한 인간에게서 일어나는 예수의 구원은 전부가 아니라 시작일 뿐이다. 한 인간에게서 일어난 하나님의 구원은 온 세계로 확장되어야 한다. 온 세계가 하나님 나라의 메시아적 현실로 새롭게 변화되어야 한다. 하나님의 주권은 온 세계 안에 세워져야 하고, 온 세계에 하나님의 영광이 나타나야 한다. 온 세계가 하나님이 지으신 하나님의 피조물이요 그의 소유이기 때문이다. 그리스도인들은 이를 위해 하나님의 부르심을 받은 하나님의 자녀들이요 동역자들이다. 그들은 예수의 뒤를 따라 그의 사역을 계속 수행해야 할 예수의 "친구들"이요(요 15:15), 하나님의 아들 예수 안에 있는 "구원의 상속자들"이다(히 1:14). 그들은 하나님과 화해된 사람들로서 "화해의 직분"을 가진 "메시아의 사람들"(=그리스도의 사람들)이다. 모든 피조물이 그들을 "사멸의 종살이에서 해방"시킬 하나님의 자녀들이 나타나기를 간절히 기다리고 있다(롬 8:19-21).

지금까지 고찰한 바를 요약할 때, 예수의 구원은 해방이라 말할 수 있다. 그것은 죄의 용서를 통한 죄와 죽음의 세력에서 하나님의 "새 피조물"의 참 생명으로의 해방, 하나님 없는 무의미하고 무가치한 생명에서 하나님의 정의와 사랑 안에 있는 가치있고 의미있는 생명으로의 해방을 뜻한다. 이와 동시에 그것은 온 세계가 죄와 불의와 폭력과 죽음의 세력에서 해방되어 하나님 나라의 현실로 변화되는 것을 말한다. 악의 세력이 물러나고 하나님의 뜻이 인간의 생각과 의지와 세계의 모든 것을 결정하며, 모든 피조물이 하나님의 "샬롬"을 누리는 하나님의 나라가 이루어지는 여기에 구원이 있다. 이를 가리켜 우리는 "하나님과 세계의 화해", "주권의 교체" 혹은 "새 창조"라 부를 수 있다.

이와 같은 의미의 총체적 구원을 이루기 위해 예수가 이 세상에 오셔서 십자가의 고난과 죽음을 당한다. 그는 이 세계의 불의와 폭력적 세력에 대해 무관심하지도 않지만, 폭력적 세력에 대해 폭력으로 대응하지 않는다. 오히려 그는 비폭력의 길, 곧 용서와 사랑과 자기희생의 길을 택한다. 이리하여 그는 폭력과 폭력의 보복과 악순환을 깨고 하나님의 비폭력적 사랑이 승리한다는 역사의 진리를 계시한다. "예수의 사랑과 생명이 로마 군인들의 창이나 칼을 이겼다"(박재순 1988, 69). 그의 생각은 우리의 생각과 다르며, 그의 길은 우리 인간의 길과 다르다(사 55:8-9; 욥 28:13).

우리는 지금까지 기술한 예수의 구원을 총체적 구원이라 말할 수 있다. 그것은 인간의 심령은 물론 온 세계를 아우른다. 총체적 의미의 구원은 창조자 하나님의 보편성에 기인한다. 하나님은 온 세계의 창조자다. 하나님이 하늘과 땅을 창조하시고 조성하였다(사 45:18). 세계의 모든 것이 그의 피조물이요 그의 소유이다. "땅과 거기 충만한 것과 세계와 그 안에 사는 모든 자가 다 주님의 것이다"(시 24:1). 그러므로 온 세계가 하나님이 그 안에 거하는 하나님의 세계, 곧 하나님의 나라로 변화되어야 한다. 이때 "죽음과 슬픔과 울부짖음과 고통이 있지 않을" 것이며(계 21:4), 온 세계가 하나님의 영광을 나타내는 하나님의 계시가 될 것이다. "하늘은 하나님의 영광을 드러내고, 창공은 그의 솜씨를 알려 준다. 낮은 낮에게 말씀을 전해 주고, 밤은 밤에게 지식을 알려 준다. 그 이야기 그 말소리, 비록 아무 소리가 들리지 않아도 그 소리 온 누리에 울려 퍼지고, 그 말씀 세상 끝까지 번져간다"(시 19:1-4).

6
하나님의 아들
메시아 예수의 인격

예수는 누구인가? 복음서는 예수가 누구인지, 그의 인격 혹은 존재에 관심을 두기보다 그의 사역에 더 관심을 갖는다. 그러나 그의 사역을 이야기할 때 복음서는 예수의 인격을 이미 전제하며, 이 전제로부터 그의 사역을 이야기한다. 따라서 복음서에서 예수의 사역과 인격은 하나로 결합되어 있다. 이 책에서도 우리는 "예수의 사역"을 설명할 때 그의 인격에 대해 직간접적으로 이야기하지 않을 수 없었다. 여기서 우리는 위에 기술한 "예수의 사역"에 기초하여 그의 인격을 보다 더 체계적으로 파악하고자 한다.

전통적으로 기독교 신학은 양성론(兩性論), 곧 예수의 신성(=신적 본성)과 인성(=인간적 본성)에 관한 이론을 통해 예수의 인격을 파악하고자 하였다. 오늘도 많은 조직신학자나 교의학자들이 이 방법을 따른다. 그러나 이 방법은 다음과 같은 문제점이 있다. 이 방법에서 지상의 예수가 행하신 구체적 일들은 간과되고, 신성과 인성이라는 고대 그리스 철학의 형이상학적이고 추상적 개념의 틀이 예수의 인격을 설명하는 원리가 된다. 예수를 그리스도라 부르지만 예수의 인격의 메시아성, 곧 예수가 메시아(=그리스도)였다는 사실이 거의 고려되지 않는다. 오늘도 많은 세계의 많은 신학자들이 이 사실에 대해 침묵한다(그 까닭은 무엇일까?).

여기서 우리는 이러한 문제점을 극복하기 위해 복음서에 기록된 예수의 몇 가지 칭호를 분석함으로써 그의 인격을 파악하는 방법을 택하고자한다. 이러할 때 우리는 복음서 기자들의 관심에 보다 더 충실할 수 있을 것이며, 어떤 철학적 전제에서 출발하지 않고 성서에 근거할 수 있을 것이다. 이와 함께 성서의 기자들이 경험한 예수의 인격에 보다 더 가까이 접근할 수 있을 것이다.

신약성서에서 우리는 예수에 대한 다양한 칭호나 표상들을 발견한다. 이 칭호들과 표상들은 예수가 누구인지, 곧 그의 인격을 시사한다. 성서에서 이 칭호들은 하나님을 가리키는 칭호들 다음으로 가장 많다. 예수를 가리키는 칭호들은 대략 다음과 같이 분류될 수 있다.

1) 예언자 전통에서 유래하는 칭호들: 그리스도(=메시아), 하나님의 아들 혹은 아들, 아브라함의 아들, 다윗의 아들, 임마누엘, 구원자 혹은 구주(救主).

2) 이스라엘의 제의에서 유래하는 칭호들: 제사장, 속죄제물(=희생제물), 하나님의 어린 양(羊), 몸값(=대속물), 화목자(=화해자).

3) 구약성서의 직분들에서 유래하는 칭호들: 왕, 예언자, 대제사장, 하나님의 종, 목자, 통치자.

4) 묵시사상에서 유래하는 칭호들: 사람의 아들, 죽은 자들의 처음 태어난 자(=첫 열매) 혹은 장자(맏아들).

5) 예수 당시 유대교 랍비의 신분에서 유래하는 칭호들: 선생님, 주(主).

6) 비인격적 피조물의 영역에서 유래하는 칭호들: 모퉁이 돌, 사자, 새벽별.

7) 기독교가 팔레스타인을 벗어나 로마제국 전역에서 제도종교로 발전하면서, 유대교에서 유래하는 임마누엘, 다윗의 아들, 대제사장, 사람의 아들 등의 칭호들은 점차 사라지고(후기 바울 서신 참조), 고대 그리스-로마 문화권에서 유래하는 로고스(=말씀), 마지막 아담, 교회

의 머리 등의 새로운 칭호들이 등장한다.

이러한 칭호들 외에 다양한 역사적 배경에서 생성된 표상들, 곧 창조의 중재자, 구원의 중재자, 새 계약의 중재자, 길, 진리, 생명, 생명의 떡, 만왕(萬王)의 왕, 만주(萬主)의 주 (혹은 "땅의 왕들의 머리", 계 1:5), 만유의 후사, "하나님의 영광의 광채", "그 본체의 형상"(히 1:3), "만물을 창조하시고 만물을 보존하시는 분"(히 2:10), "충성되고 참된 증인이시오 하나님의 창조의 근본"(계 3:14), 처음과 마지막(=알파와 오메가) 등의 칭호 또는 표상들이 예수에게 적용된다.

이들 칭호들 가운데서 "아들"의 칭호는 예수 자신이 자기에게 적용한 것으로 보인다. "사람의 아들"의 칭호는 예수가 자기자신에게 그것을 적용했다는 것을 조심스럽게 암시한다. "주는 그리스도(=메시아)시요 살아계신 하나님의 아들입니다"라는 베드로의 고백에 대해 예수는 매우 조심스럽게 시인하는 태도를 취한다(마 16:16-17).

권위있는 주석가들에 의하면 부활 이전의 예수는 그가 누구인가를 직접 대답하지 않는다. 그는 당시 이스라엘 백성이 널리 알고 있던 종말론적 구원자의 표상이나 칭호를 자기 자신과 동일화시키지 않는다. 복음서 기자들의 보도에 의하면 부활 이전의 예수는 이 칭호들과 결합된 이스라엘 백성의 기대를 조심스럽게 피하면서 자기 앞에 있는 고난의 길을 암시한다. "사람의 아들"이란 칭호를 제외하고 그는 어떤 칭호도 자기에게 요구하지 않는다. "요나보다 더 큰 이", "솔로몬보다 더 큰 이"라는 표현들을 통해, 그는 당시 이스라엘 백성에게 친숙한 모든 칭호들과 자신의 동일성을 조심스럽게 거절한다. 그러나 그의 선포와 행동에 있어 그는 특별한 권세를 주장한다(참조. 막 11:28, "네가 무슨 권세로 이런 일을 하느냐? 누가 이런 일을 할 이 권세를 주었느냐?").

부활을 통해 예수는 살아계신 주님으로 경험되고, 부활의 빛 아래에서 특별한 권세에 대한 부활 이전의 예수의 요구가 이해된다. 이리하여 먼저 유대인 출신 그리스도인들에게 친숙한 칭호들과 표상들이 예수에게 적용되기 시작한다. 그러나 초기 기독교 공동체가 팔레스타인을 벗어나 그리스 문화가 지배하는 로마제국으로 확장되면서 새로운 칭호들과 표상들이 등장한다. 이들은 다양한 종교적·문화적 상황 속에 처한 초기 기독교 공동체들이 예수의 복음을 적절하게 해석하고 선교하기 위한 깊은 신학적 성찰을 반영한다. 이 새로운 칭호들과 표상들 가운데 대표적인 것은 요한복음서 서론의 "로고스" 개념이다.

예수의 칭호 내지 표상들의 이와 같은 다양성은 그리스도론의 다양성을 뜻한다. 어떤 칭호도 절대성을 주장할 수 없다면, 어떤 그리스도론도 절대성을 주장할 수 없다. 예수의 인격과 사역에 관한 어떤 이론도 "그리스도의 충만함"(엡 4:13)을 완전히 파악할 수 없다. 그리스도론의 다양한 전통과 구상들은 대화를 통해 서로의 일면성을 극복하고 서로 보완해주는 관계를 가질 수밖에 없을 것이다.

A. 메시아(=그리스도)

- 예수의 메시아적 자기의식

예수에 대한 여러 가지 경험들이 있겠지만, "주는 그리스도(=메시아)시요 살아계신 하나님의 아들입니다"(마 16:16)라는 것이 예수에 대한 제자들과 초기 공동체의 가장 기본적 경험이었던 것으로 보인다. 따라서 신약성서의 수많은 예수의 칭호들 가운데 가장 기본적인 칭호는 하나님의 아들 메시아라 말할 수 있다. 본래 메시아는 하나님의 구원과 통치를 대행하고 하나님의 메시아적 왕국을 세울 "하나님의 기름부음을 받은 자"(히브리어 Maschiach)를 뜻한다. 이 메시아가 그리스어 "크리스토스"로 번역되어 그의 이름이 되었다. 그의 뒤를 따르는 제자들은 "그리스도(=메시아)에게 속한 자"라 불리었다(막 9:41). 따라서 예수의 이름, 곧 "예수 그리스도"는 "예수 메시아"를 뜻하며, "그리스도인"은 "메시아의 사람"을, "기독교"(=그리스도교)는 "메시아교"를 뜻한다.

그러므로 메시아 칭호는 "예수의 신적 파송의 요약된 표현"이요(Joest 1984, 204), 신약성서의 다른 모든 칭호들은 직간접적으로 메시아 칭호와의 연결 속에서 이 칭호에 대한 설명이라 말할 수 있다. 따라서 "모든 다른 그리스도론적 칭호들은 - 특별히 '주', '하나님의 아들' - 메시아니즘 없이는 생각될 수 없다"(Eicher 1988, 38).

구약성서의 "메시아"가 "그리스도"로 번역되어 예수의 이름이 된 것은, 초기 기독교의 위대한 업적이라 생각된다. 그것은 헬레니즘의 거대한 영향 속에서 구약 메시아니즘의 전통을 지키고자 했던 초기 기독교의 승리라 평가할 수 있다. 이를 통해 초기 기독교는 헬레니즘의 모든 형이상학적·이원론적, 영지주의적 유혹들을 물리치고 하나님의 새로운 생명의 세계에 대한 메시아적 기다림과 희망, 곧 메시아니즘을 그 본질로 갖게 된다.

본래 메시아 칭호는 불의한 세계 속에서 하나님의 구원과 통치를 대행할 구원자에 대한 구약의 약속과 기다림의 전통에서 유래한다. 이 구원자는 먼저 하나님이 세운 왕이라 생각되었다. 그리하여 이스라엘의 왕은 "야웨의 기름부음을 받은 자"로서 그의 백성을 구원하고 하나님의 통치를 대행해야 할 "하나님의 아들"이라 불리었다(삼상 2:10, 35; 12:3, 5; 아래 "하나님의 아들" 참조).

그러나 이스라엘의 거의 모든 왕들이 불신앙과 타락에 빠짐으로 말미암아 이스라엘은 새로운 메시아적 구원자의 오심을 기다리게 된다. 이 구원자는 먼저 이스라엘을 이방 민족들의 억압에서 구원하고 시온(=예루살렘)을 모든 나라들의 중심으로 세울 이스라엘의 구원자로 생각된다. "보라, 장차 한 왕이 의로 통치를 할 것이요"(사 32:1). 이 구원자는 이스라엘의 한계를 넘어 피조물의 세계 속에 하나님을 아는 지식과 정의와 자비와 평화가 가득한 새로운 생명의 세계를 이룰 보편적 구원자, 자연의 구원자로 확대된다(35:1-2). 이 과정에서 이스라엘 백성을 이방인의 압제에서 구할 수 있는 정치적 힘을 가진 메시아적 구원자는 힘없이 고난을 당하는 "하나님의 종"으로 발전한다(53장).

이 과정에서 구원자는 다양한 칭호를 갖는다. 곧 이스라엘을 구원할 새로운 능력의 "왕"(미 5:1-5 참조), "목자", "하나님의 종 다윗"(겔 34:23; 37:24; 사 42:1-9), 임마누엘(사 7:14), "기묘자, 모사, 전능하신 하나님, 영존하시는 아버지, 평강의 왕"(9:6), "이스라엘의 거룩한 자", "구속자"(41:14; 49:26), 하늘에서 내려 올 "사람의 아들"(=人子, 단 7:1-14) 등으로 불린다. 구약 외경에서 "사람의 아들"은 메시아와 동일시된다(제4에스라 7:28 이하).

구약성서에서 메시아의 오심은 하나님 자신의 오심으로 생각된다. "너희는 광야에서 주의 길을 예비하라. 사막에서 우리 하나님의 대로를 평탄케 하라.…주의 영광이 나타나고, 모든 육체가 그것을 함께 볼 것이다"(사 40:3-5). 공관복음서 기자들은 구약성서의 이 말씀을 예수에 대한 말씀으로 이해한다. "광야에 외치는 자의 소리가 있어 말하기를, 너희는 주의 길을 예비하라. 그의 첩경을 평탄케 하라"(막 1:3; 마 3:3; 눅 3:4).

예수는 아무런 역사적 배경 없이 태어나지 않았다. 그는 약 2천 년 전 한 유대인으로서 유대인들의 구약성서적 배경과 메시아의 오심에 대한 약속과 기다림의 전통 속에서 태어났다. 그러므로 우리는 예수가 태어날 당시 많은 유대인들이 약속된 메시아의 오심을 기다리고 있었다는 것을 복음서에서 발견한다. 예루살렘에 살던 시므온이라 하는 사람은 죽기 전에 "주의 그리스도", 곧 메시아가 오리라고 기다리고 있었다(눅 2:25-26). 수가 성의 여인은 이렇게 말한다. "메시아 곧 그리스도라 하는 이가 오실 줄을 나는 알고 있습니다"(요 4:25). 지금 오고 계신 하나님과 메시아의 오심을 선포하던 세례자 요한은(마 3:11; 요 1:15) 자기의 제자들을 예수에게 보내어 질문한다. "오실 그분이 당신입니까? 아니면 우리가 다른 이를 기다려야 할까요?"(마 11:3)

공관복음은 예수의 탄생을 메시아의 탄생으로 보도한다. "오늘 다윗의 동네에서 너희에게 구주가 나셨으니, 그는 곧 그리스도(=메시아) 주님이시다"(눅 2:11). 동방박사들로부터 예수의 탄생을 전해들은 헤롯 왕은 "대제사장들과 율법 교사들을 다 모아 놓고서, 그리스도(=메시아)가 어디에서 태어나실 지를 그들에게 물어보았다"고 마태는 보도한다(마 2:4).

1) 영 그리스도론: 복음서는 예수의 생애의 시작에서부터 마지막에 이르기까지 예수와 성령의 분리될 수 없는 관계를 이야기함으로써 그의 메시아 되심을 시사한다. 그는 자기의 메시아 되심에 대해 직접 말하지는 않지만, 하나님의 영을 통해 하나님의 "기름부음을 받은 자", 곧 하나님의 메시아로서 말하고 행동한다. 이를 가리켜 우리는 영 그리스도론이 부른다. 그 뿌리는 구약성서에 있다. 구약성서의 예언자적·메시아적 약속에 의하면, 장차 올 통치자 메시아는 하나님의 영을 통해 하나님의 기름부음을 받은 자이다(사 11:1 이하; 61:1 이하). 사사시대 이후 하나님을 대신하여 이스라엘 백성을 해방하는 구원자는 하나님의 영(*ruach*)으로 기름부음을 받은 (*maschach*) 자로 생각된다. 그가 받은 하나님의 영과 크리스마(*chrisma*: 성별된 기름)는 구원과 해방의 은사, 곧 카리스마(*charisma*)를 가리킨다.

복음서는 여러 번 성령을 통한 예수의 크리스마에 대해 증언함으로써 그의 메시아 되심을 암시한다. 누가복음 4:17 이하에서 예수는 성령의 능력과 기름부음 받음을 통한 그의 파송과 공적 활동을 예언자 이사야의 메시아적 약속에 관한 말씀을 빌어 선언한다. "주의 영(靈)이 내게 내리셨다. 주께서 내게 기름을 부으사…"(눅 4:18; 참조. 사 61:1). 하나님은 "나사렛 예수에게 성령과 능력을 기름붓듯 하셔서" 선한 일들을 하게 하시고 악한 영에 붙들려 있는 사람들을 고치게 하였다(행 10:38). 예수는 성령의 능력으로 귀신을 내쫓고 병자를 고치며, 이스라엘의 잃어버린 자들을 찾으신다. "가난한 자에게 아름다운 소식을" 전하며, 마음이 상한 자를 고치며, 억압과 고통 속에 사는 자, 곧 포로 된 자에게 자유를 전파하며, 귀신을 추방하는 메시아적 활동이 성령의 기름부음을 받은 예수를 통해 일어난다. 그러므로 예수가 하나님의 영의 힘으로 귀신을 추방할 때, 귀신들이 예수를 하나님의 아들 메시아(=그리스도)라고 고백한다(마 8:29; 눅 4:41).

마태복음에 의하면 요단강에서 세례를 받을 때 예수는 하늘에서 내려

온 성령에 사로잡힌다. 이와 함께 하나님의 아들 메시아 되심이 확인된다. "이는 내 사랑하는 아들이요 내 기뻐하는 자이다"(마 3:17). 예수의 메시아 되심과 성령의 밀접한 관계는 예수의 수태로 소급된다(마 1:20; 눅 1:34-35). 성령에 의한 동정녀 수태는 예수가 그의 생명의 시작에서부터 하나님의 아들 메시아이심을 말하고자 한다. 예수는 성령으로 말미암은 그의 수태에서부터 하나님의 아들 메시아이다.

그러므로 예수의 탄생에 관한 복음서의 이야기들은 메시아의 오심에 대한 기쁨과 새로운 기대로 가득하다. "지극히 높은 곳에서는 하나님께 영광이요, 땅에서는 기뻐하심을 입은 사람들 중에 평화로다"(눅 2:14). 메시아적 정조는 "마리아의 찬가"에 다음과 같이 나타난다. "내 영혼이 주를 찬양하며 내 마음이 하나님 내 구주를 기뻐하였음은 그 계집종의 비천함을 돌아보셨기 때문입니다.…그는 그 팔로 권능을 행하시고, 마음이 교만한 자들을 흩으셨으니, 제왕들을 왕좌에서 끌어내리시고, 비천한 사람들을 높이셨습니다"(1:51-55; 참조. 사 51:9).

예수의 제자들과 그의 뒤를 따르던 무리들은 예수를 먼저 로마제국의 압제에서 그들의 민족을 구원할 하나님의 메시아로 믿었던 것으로 보인다. "우리는 그분이야말로 이스라엘을 구원해 주실 분이라고 희망을 걸고 있었습니다"(눅 24:21). 신약성서는, 부활 이전은 물론 부활 이후에도 제자들이 이렇게 믿었던 것으로 보도한다. "주님, 주님께서 이스라엘 왕국을 다시 세워 주실 때가 바로 지금입니까?"(행 1:6)

지금까지 대부분의 신학자들은, 이를 가리켜 제자들이 민족주의적 한계를 벗어나지 못했으며 예수를 오해하였다고 지적한다. 그러나 필자의 생각에 의하면 하나님의 보편적·메시아적 구원과 로마제국의 압제로부터의 이스라엘 민족의 해방은 모순되지 않는다. 오히려 전자는 후자를 포괄한다. 구약의 출애굽 사건처럼 하나님의 메시아적 구원은 먼저 로마의 정치적·종교적 압제에서의 해방으로 구체화되어야 했다. 한국 민족이 일제의 억압과 착취를 당할 때, 하나님의 구원은 먼저 일제로부터의 해방으로 구체화되어야만 했던 것과 마찬가지다. 만일 하나님의 메시아적 구원이 이스라엘 민족의 해방을 포괄하지 않는다면, 그것은 참 구원이 아닐 것이다. 단지 제자들이 예상했던 해방의 방법과 예수가 생각했던 해방의 방법에 차이가 있었을 뿐이다.

그런데 많은 주석가들은, "주는 그리스도(=메시아)시요 하나님의 아들입니다"(마 16:16)라는 베드로의 고백이 역사적 사실이 아니라 초기 기독교 공동체의 신앙고백이라고 주장한다. 물론 이 고백은 문학적 형식에 있어 후기의 공식화 된 신앙고백으로 보인다. 그러나 이 신앙고백은 초기 기독교 공동체의 신앙고백에 불과한 것이 아니라 적어도 지상의 예수에 대한 그 당시 이스라엘 민중들의 기대를 반영한다. 예수가 그의 생애 마지막에 갈릴리를 떠나 예루살렘에 입성할 때, "호산나, 찬송하리로다, 주의 이름으로 오시는 이여!"라는 민중들의 외침 속에서도 우리는 예수의 메시아적 존재에 대한 민중들의 기대와 인식을 볼 수 있다. 이 기대와 인식 때문에 수많은 민중들이 예수의 뒤를 따라다녔다.

물론 예수는 자기의 메시아 되심을 명백히 말하지 않는다. 그것은 숨겨진 상태에 있다. 그러나 그것은 성령을 통해 그에게 주어진 성령의 은사, 곧 하나님을 대리하여 일어나는 구원과 해방의 카리스마이다. 기름부음을 받은 자 위에 하나님의 영이 함께 한다(사 11:2; 61:1). 그리스도의 기름부음을 받음은 한계가 없다(요일 2:20, 27; 요 3:34). 그의 수태와 탄생, 세례, 부르심과 파송, 말씀의 선포와 모든 활동이 성령을 통해, 성령 안에서 일어난다. 성령 안에서 그는 하나님을 "아빠 아버지"라 부르며, 자기를 그의 아들로 인식한다. "그것은 아버지로부터 아들 위에로 오는 영이다. 그것은 모든 육 위에 올 메시아적 시대의 영이다. 예수의 역사는 그가 '나의 아버지'라 부른 하나님 없이 이해될 수 없는 동시에, 성령의 행동 없이 이해될 수 없다"(Moltmann 1980, 90).

여기서 우리는 메시아 되신 예수와 그의 아버지 하나님과 성령이 구별되면서 하나를 이루는 삼위일체적 관계를 발견한다. 삼위일체적 관계

속에서 아버지 하나님은 아들 예수에게 그의 영을 "한량없이" 주신다(요 3:34). 그분 안에서 "성령의 약속"이 성취된다(갈 3:14). 그 안에 있는 성령이 그의 말씀과 활동을 가능케 하며, 그에게 "모든 것"을 주신다(마 11:27). 성령의 힘(=능력) 속에서 그는 파멸과 죽음의 세력들, 곧 마귀를 쫓아내며(마 12:28), 자기의 목숨을 내어준다(히 9:14). 바울은 부활하신 예수를 성령과 동일시하며, 이 영을 자유의 영으로 이해한다. "주님은 영이시다. 주의 영이 계신 곳에는 자유함이 있다"(고전 3:17). "마지막 아담"은 "살려주는 영"이다(15:45).

메시아 예수는 생애 처음부터 마지막까지 삼위일체의 관계 속에서 실존한다. 그의 실존 자체가 하나님의 나라이다. 그분 안에서 하나님은 그의 메시아적 약속을 지킨다. 죄와 죽음의 세력이 다스리는 옛 시대는 지나고, 하나님의 정의와 사랑과 평화가 모든 것을 결정하는 새로운 메시아적 시대가 시작한다.

그러나 예수의 메시아 되심은 십자가의 죽음을 통해 무산되어버리는 것처럼 보인다. "네가 만일 하나님의 아들이라면, 자기를 구원하고 십자가에서 내려오라"는 로마 군인들의 조롱 앞에서 예수의 메시아 되심은 하나의 터무니없는 것으로 보인다. 그러나 예수의 부활을 통해 하나님은 그의 메시아 되심을 증명한다. 십자가에 달려 죽은 그 예수가 바로 하나님의 아들이요 메시아였다. 그가 땅 위에서 이루고자 했던 일, 곧 하나님의 새로운 메시아적 세계는 실패로 끝나지 않고 성령의 능력 안에서 새롭게 시작한다. 부활하신 메시아 예수는 장차 완성될 하나님의 새로운 미래의 보증이요 미래의 희망이다.

2) "사람의 아들": 복음서에 등장하는 "사람의 아들"이란 칭호는 본래 묵시사상에서 유래하는 "메시아적 칭호"이다. 곧 세계의 종말에 하늘로부터 내려와 "최후의 심판"을 집행하고, "새 하늘과 새 땅"의 새로운 세계를 시작할 종말의 메시아적 존재를 가리킨다. 다니엘서 7:13-14은 메시아적 면모를 가진 사람의 아들에 대해 증언하는 구약성서의 유일한 문헌이다.

이 본문에 의하면 사람의 아들은 이스라엘 민족의 범위를 넘어 온 세계의 보편적 통치자, 곧 메시아이다. 그의 등장과 함께 옛 시대는 끝나고 새로운 시대가 시작한다.

복음서는 예수가 자기를 "사람의 아들"로 나타내었다는 것을 조심스럽게 암시한다. 이 칭호는 네 복음서에서 82번 사용되지만, 그 밖의 신약성서 문헌에서는 3번 사용될 뿐이다(행 7:53; 히 2:6; 계 1:13). 바울 서신은 이 칭호를 전혀 사용하지 않는다. 신약성서의 이러한 경향은 초기 기독교가 팔레스타인을 벗어나 그리스-로마 문화권으로 확장되면서, 이 칭호가 차츰 사라진 현상을 반영한다. 우주론적·형이상학적 사고에 익숙한 그리스-로마 문화권의 사람들에게 유대교의 묵시사상적 칭호는 이해하기 어려운 이질적인 것이었기 때문이다. 또 기존하는 세계의 대변혁을 예고하는 묵시사상적 표상들은 로마제국과 기독교의 화해에 걸림돌이 되었기 때문이다.

또 이 칭호가 거의 사용되지 않는 또 한 가지 이유는, 예수의 신적 본성을 주장하는 데 걸림돌이 되었기 때문이다. 예수가 사용했던 아람어 "*bar änasch*" 또는 "*bar nascha*"(=갈릴리의 사투리)는 특별한 신적 존재를 가리키는 종교적 용어가 아니라, "그 사람", "한 사람", "어떤 사람"을 뜻하는 일상용어에 불과하다. 따라서 이 칭호는 예수의 신적 존재에 모순되며, 예수를 일반적인 한 사람의 아들로 격하시킬 수 있는 위험성을 갖기 때문에 차츰 사라지게 된다. 공관복음서에서 이 칭호는 예수가 말씀하신 것으로 기록된 아래 세 가지 문헌군에서 사용된다.

첫째 문헌군은 하늘에서 구름을 타고 큰 권능과 영광으로 오실 사람의 아들에 관해 이야기한다(막 8:38; 13:26; 14:62; 마 24:27, 37, 39, 44). 여기서 사람의 아들은 장차 하늘에서 내려올 묵시사상적 심판자와 구원자로 나타난다. 그는 번개처럼 예기치 못하게 갑자기 올 것이다. 그러므로 우리는 그의 오심을 항상 예비해야 한다. 여기서 사람의 아들은 제3인칭의 형태로 언급된다. 예수가 바로 사람의 아들인지는 이 본문들에서 분명하지 않다.

둘째 문헌군은 고난과 죽임을 당하고 사흘 만에 부활하실 사람의 아들에 관해 이야기한다(특히 막 8:31; 9:31; 10:33 이하). 이 문헌군은 예수가 사람의 아들임을 조심스럽게 시사한다.

셋째 문헌군은 죄를 용서할 수 있는 권능을 가지며(막 2:10), 안식일의 주인이며(막 2:28), 세리와 죄인의 친구로서 먹고 마시기를 즐기며(마11:19), 머리 둘 곳도 없는 사람의 아들(8:20)에 대하여 이야기한다. 이 문헌군도 예수가 사람의 아들임을 시사한다.

이 칭호가 누구를 가리키는가에 대한 학자들의 의견은 다양하다. 이 칭호는 ① 다니엘서가 묘사하는 종말의 메시아를 가리킨다, ② 하늘의 메시아가 아니라, 땅 위에서 활동하며 고난당하는 예수를 가리킨다, ③ 예수가 사용한 "bar nascha"(אשנ רב)는 그리스도론적 칭호가 아니라 "나"를 가리키는 당시의 일반적 표현일 뿐이다. 그러므로 공관복음에서 "사람의 아들"과 "나"가 구별 없이 함께 사용된다. 부활 후에 예수는 다니엘서 7:13-14이 묘사하는 "사람의 아들"과 동일시되었다. 이러한 생각들 가운데 어느 것이 역사적 사실인지는 불확실하다(Schneider 1992, 275).

여하튼 복음서는 묵시사상이 이야기하는 사람의 아들이 바로 예수라고 직접적으로 말하지 않는다. 단지 예수가 그것을 간접적으로 인정하였다는 것을 조심스럽게 시사할 뿐이다. 그 이유는 복음서가 묘사하는 사람의 아들 예수가 묵시사상이 말하는 사람의 아들과 공통점을 갖는 동시에 차이점을 갖기 때문이다. 하나님의 아들 메시아 예수는 새로운 시대를 시작하는 세계의 심판자라는 점에서 묵시사상이 말하는 사람의 아들과 공통점을 가진다. 그러나 묵시사상에서 사람의 아들은 하늘로부터 내려와 최후의 심판을 내리는 초월적 권능자로 나타나는 반면, 하나님의 아들 예수는 아무 힘없이 악한 사람들의 손에 죽임을 당하는 무력한 자로 나타난다.

여하튼 묵시사상적 사람의 아들과 예수를 연결시킴으로써 복음서 기자는 다음의 사실을 말하고자 한다. 묵시사상이 기다리는 사람의 아들, 곧 초월적 메시아가 예수 안에서 이 세상에 왔고 예수 안에 계신다. 십자가의 죽음을 당하였다가 부활한 예수가 하나님의 메시아, 곧 종말에 올 사람의 아들이요 세계의 심판자이다. 종말에 있을 세계의 심판이 십자가에 달린 예수 안에서 일어났다. 묵시사상이 기다리는 새로운 시대가 예수의 삶의 역사와 부활을 통해 시작되었다. 곧 "시대의 전환"이 일어났다. 옛 시대는 지나가고 새 시대가 동트기 시작했다. 옛 사람은 죽고 새로운 피조물로 태어나는 부활과 새로운 생명의 역사가 시작되었다. "누구든지 그리스도 (=메시아) 안에 있으면 새로운 피조물이다. 옛 것은 지나갔으니 보라, 새 것이 되었다"(고전 5:17).

3) 예수의 메시아적 자기의식: 그런데 복음서에서 예수는 한 번도 "내가 메시아이다"라고 말한 적이 없다. 그는 자기의 메시아 되심을 선포의 주제로 삼지 않는다. 자기를 가리켜 "그리스도"(=메시아), "하나님의 거룩한 자"(막 1:24), "하나님의 아들"(3:11; 5:7)이라 고백하는 사람들에게 그는 침묵을 명령한다. 또 자기를 메시아라고 고백하는 베드로에게 "자기의 일을 아무에게도 말하지 말라"고 경고한다(8:29-30). 한마디로 예수는 자기의 메시아성을 "비밀"로 남겨둔다. 신학은 이를 가리켜 예수의 "메시아성의 비밀"이라 부른다.

마가복음 14:61-62에는 예수가 자기를 메시아로 명백히 인정한 것으로 기록되어 있다. 많은 학자들에 의하면 이 구절의 역사적 사실성은 불확실하다. 오히려 이 구절은 예수에 대한 신앙고백의 오랜 형성 과정을 통해 마무리된 마가복음의 그리스도론의 요약을 반영한다.

여기서 다음과 같은 질문이 제기된다. 지상에 실존했던 나사렛 사람 예수는 과연 자기를 메시아로 의식했을까? 아니면 예수는 메시아적 자기의식을 전혀 갖지 않았는데, 부활한 다음 제자들이 그를 메시아로 인식함으로써 메시아적 존재가 된 것일까?

이 문제와 관련하여 우리는 두 가지 인격 개념을 살펴볼 수 있다. 첫째, 형이상학적 인격 개념에 의하면 인격은 고립된 개체 안에서 완결되었고 결정되어 있는 하나의 실체와 같은 것으로 생각된다. 여기서 예수는 마리아에게 수태되면서부터 메시아적 인격을 가졌고, 태어나면서부터 메시아적 의식을 가진 것으로 생각된다.

둘째, 관계적 인격 개념에 의하면 인격은 다양한 사회적 관계 속에서 형성되어가는 과정 속에 있다. 그 어떤 사람의 인격도 태어나는 순간부터 결정되어 있지 않다. 모든 사람의 인격은 성장 과정 속에서, 또 사회적 관계 속에서 형성되며 정체성에 도달한다. 예수도 "사회적 관계 속에 있는 인격"이었다. 그는 부모와 형제들, 여자 이웃들과 남자 이웃들, 제자들, 자기 민족과의 관계 속에서 태어나 성장하였고 활동하였다. 따라서 예수의 자기의식은 예수가 태어나는 순간부터 결정되어 있는 것이 아니라 사회적 관계 속에서 그의 정체성에 도달하였다고 말할 수 있다(Moltmann 1989, 157 이하 참조).

복음서의 기록에 따르면 예수는 처음부터 "내가 메시아이다", "하나님의 아들이다"라고 명백히 말하지 않는다. 그러나 십자가의 죽음에 이르는 삶의 과정 속에서 우리는 메시아적 사명과 자기 존재에 대한 예수의 자기의식의 징후 또는 표징(sigma)을 발견할 수 있다.

a. 공적 활동을 시작하면서 그는 "때가 찼다"고 선포한다(막 1:15). "때가 찼다"는 것은 자신의 공적 활동 속에서 하나님의 약속이 성취될 시간이 "이제 왔다"는 것을 말한다. 그러므로 예수는 하나님의 나라가 지금 자기 자신을 통해 현재화되고 있다고 말한다(눅 10:23-24; 11:20). 하나님의 약속의 성취와 예수의 존재가 여기서 결합된다. 예수 자신이 "인격 안에 있는 하나님 나라 자체"이다. 여기서 우리는 메시아적 사명과 인격에 대한 예수의 자기의식의 징후를 발견할 수 있다.

b. 하나님의 나라에 관한 선포와 활동 속에 나타나는 예수의 특별한 권위에서 우리는 메시아적 사명과 인격에 대한 예수의 자기의식의 징후를 발견한다. "그러나 나는 너희에게 이렇게 말한다"는 산상설교의 명제를 통해 그는 모세의 권위보다 자기의 권위를 더 높이 세운다. 그의 요구는 유대교 랍비의 직분과 예언자의 전권을 넘어선다. 그는 아버지 하나님을 대신하여 이스라엘의 "잃어버린 자들"을 찾으며, 아무 조건 없이 그들

의 죄를 용서한다. 곧 하나님만이 하실 수 있다고 당시 유대인들이 믿었던 일을 스스로 행한다. 그는 그 사회의 가치 기준을 따르지 않고 "세리와 죄인의 친구"가 되며, 그들과 삶을 함께 나눈다. 율법 해석에 있어 그는 당시 유대교 사회에서 상상할 수 없는 자유를 보이며, 때로는 율법에 대한 사회적 통념을 무효화시킨다(막 10:11, "산상설교의 반대명제" 등을 참조). 당시 유대교 사회에서 상상할 수 없는 예수의 이러한 권위는 자신의 메시아적 사명과 인격에 대한 예수의 자기의식을 암시한다.

c. 예수는 하나님이 예언자들을 부르시듯이 아무 조건 없이 제자들을 부르신다. 그는 아무 확실한 보장도 없이 "나를 따르라"고 요구한다. 여기서 예수 자신이 하나님과 동일한 자리에 선다. 하나님을 택하느냐 아니면 하나님을 거부하느냐, 구원이냐 아니면 멸망이냐의 문제가 예수 자신에 대한 결단에 달려 있다. "누구든지 사람들 앞에서 나를 시인하면…"(눅 12:8; 참조. 막 8:38). 예수와 그의 복음을 위해 제 목숨을 잃는 사람은 그것을 구할 것이다(막 8:35). 당시 유대교 사회에서 이렇게 주장하는 사람은 "미친" 사람이든지(3:21), 아니면 하나님과 특별한 관계에 있는 사람일 수밖에 없었을 것이다.

d. 예수는 하나님의 구원을 선포한다(눅 19:9). 유대인 역사가 데이비드 플루서(David Flusser)에 따르면, 예수는 우리가 알고 있는 고대 유대인들 가운데 "구원의 새로운 시간이 이미 시작하였다"고 선포한 "유일한 유대인"이었다. 그는 세계의 종말에 일어날 약속의 성취를 이루고자 한 유일한 인물이었다(마 11:5-6; 눅 10:23-24 참조; Schneider 1992, 273). 그는 하나님이 약속한 메시아적 현실이 지금 자신의 인격과 활동을 통해 앞당겨 일어나고 있다고 주장하면서, 하나님의 정의와 사랑의 통치를 그의 모든 활동의 중심점으로 삼는다.

e. 예수의 메시아적 자기의식을 추리할 수 있는 또 한 가지 역사적 사실은 아버지 하나님과의 특별한 내적 관계에 있다. 예수가 사용한 "아빠" 칭호는 하나님과 예수의 한 몸 된 결합성을 나타낸다. 예수의 모든 말씀과

행위 속에는 아버지 하나님에 대한 절대적 신뢰와 그 자신의 내면까지 결정하는 하나님과의 깊은 결합성에 대한 의식이 전제되어 있다. "너희 가운데서 아들이 빵을 달라고 하는데 돌을 줄 사람이 어디에 있으며…"(마 7:9-11; 참조. 마 6:7-8, 26-30; 20:1-15; 막 9:23; 눅 15:1-6).

예수의 말씀과 활동과 태도 속에서 사람들은 메시아적 징후를 발견하고 그에게 질문한다. "선생님이 오실 그분(=메시아)입니까? 그렇지 않으면, 우리가 다른 분을 기다려야 합니까?" 이 질문에 대해 예수는 "내가 곧 메시아다"라고 대답하지 않고 자기가 행한 일을 가리키면서 스스로 답을 얻을 것을 기대한다(눅 7:19-23). 자기가 누구인가를 가장 적절히 말할 수 있는 것은 자기 자신이 아니라 자기를 바라보는 타인이요, 자신의 주장이 아니라 그의 삶의 역사이기 때문이다.

우리는 예수가 메시아적 자기의식을 가졌는지 명백히 증명할 수 없다. 그러나 예수 자신의 행적, 그리고 제자들과 군중들의 태도와 진술에서 우리는 자신의 메시아적 사명과 인격에 대한 예수의 자기의식에 대한 징표들을 발견할 수 있다. 예수는 하나님의 나라를 앞당겨 세워야 할 자기의 메시아적 사명을 의식하였고, 이사야 52:7과 61:1-2에 근거하여 하나님의 특별한 파송을 받은 자로 자기를 의식하였음은 의심할 수 없는 역사적 사실로 보인다(참조. 막 1:38; 2:17; 10:45; 눅 12:49; 19:10; 마 15:24). 그러므로 누가는 이사야가 예언한 메시아의 활동이 하나님의 영을 통해 지금 예수 안에서 일어나는 것으로 보도한다. "주의 성령이 내게 임하셨으니, 이는 가난한 자에게 복음을 전하게 하시려고 내게 기름을 부으시고…"(눅 4:18-19; 참조. 사 61:1-2).

복음서는 예수가 메시아적 자기의식을 그의 생애 마지막에 인정한 것으로 증언한다. 곧 "그대는 찬양을 받으실 분의 아들 그리스도(=메시아)요?"라고 대제사장이 물었을 때, 예수는 "내가 바로 그이요"라고 명백하게 또 직접적으로 대답한다(막 14:61-62). 대제사장은 "그가 자칭 그리스도 곧 왕이라고 하였습니다"라는 고발과 함께 예수를 빌라도에게 넘겨준다

(눅 23:2). 마가복음의 이 진술은 의심할 수 없는 역사적 사실로 보인다. 그러므로 "마가가 본 예수는 부활 이전에도 이미 자신이 메시아임을 비밀로 하지 않고 분명히 공개"하였다는 추리가 가능하다(서중석 1991, 50).

그러나 부활 "다음에 죽은 자들로부터 그의 부활의 빛 속에서 예수가 하나님에 의해 오고 있는 메시아로 규정되었다"는 판넨베르크의 주장은 타당하지 않다(Pannenberg 1991, 352). 예수는 부활 다음에, 부활을 통해 비로소 메시아로 "세워진" 것이 아니라, 이미 부활 이전에 최소한 자기의 사명에 대한 메시아적 의식을 가지고 행동한다. 예수의 메시아 되심은 그의 부활에 근거하는 것이 아니라 부활 이전에 있었던 그의 메시아적 행위와 제자들의 경험에 근거한다.

복음서에서 예수가 단지 간접적으로 혹은 아주 조심스럽게 자기가 메시아임을 시사하거나, 아니면 자기를 메시아라고 고백하는 사람들에게 침묵을 명령하는 이유는 무엇일까? 우리는 그 이유를 아래와 같이 분석할 수 있다.

① 예수 당시 이스라엘 백성은 로마제국의 식민지 세력과 이 세력의 협조자들에 대해 끊임없이 민란을 일으켰다. 도적의 무리와 구별하기 어려운 반 로마 집단들이 곳곳에 숨어 있었다. 이 집단들의 지도자들은 자기를 왕 혹은 메시아라 자칭하면서 반 로마 민중 봉기를 끊임없이 일으켰다. 예루살렘에 주둔하고 있는 로마 군인들과 협조자들을 죽이기도 하였다. 이들은 유다 광야에 숨어 있다가 번개같이 치고 빠지는 게릴라 전법을 주로 사용했다고 한다. 로마 주둔군에 비해 열세(劣勢)였기 때문이다. 그러다가 로마 주둔군에 생포되어 십자가의 사형을 당하기도 했다. 예수와 함께 십자가에 달린 두 사람의 "강도"가 이들을 가리킨다(마 27:38; 눅 23:25, 33은 이들을 "민란과 살인으로 인해 감옥에 구금된 자", "행악자"라 부른다). 이런 역사적 상황 속에서 만일 예수가 자기를 가리켜 "내가 메시아이다"라고 직접적으로 말한다면, 그는 당시의 자칭 메시아들과 동일시될 수 있었을 것이다.

② 근본적 이유는, 하나님의 아들 예수는 하나님의 새로운 세계로부터

오는 반면 신약성서에 기록된 예수의 모든 칭호들은 옛 세계에 속하기 때문이다. 메시아 칭호도 마찬가지다. 그것은 구약종교의 전통에서 유래한다. 그러므로 예수의 모든 다른 칭호들과 마찬가지로 그것은 제한성을 가진다. 인간이 만든 모든 개념들과 표상들이 하나님을 완전히 묘사할 수 없는 것처럼, 인간의 언어로 만들어진 예수의 어떤 칭호나 표상도 예수를 완전히 묘사할 수 없다. 그러므로 예수는 메시아 칭호는 물론 어떤 칭호도 자기에게 요구하지 않으며 이 칭호와 자기를 동일화하지 않는다.

③ 구체적으로 예수 당시 이스라엘 백성이 기다리던 메시야는 민족주의의 한계를 넘어서지 못하는 "힘의 소유자, 곧 힘의 메시아"였다. 그들은 십자가에 달린 메시아를 생각할 수 없었다. 그들이 가진 메시아 상(像)은 예수의 길과 달랐다. 그들이 생각했던 하나님의 구원의 길과 하나님이 생각했던 구원의 길은 달랐다. 예수는 "이스라엘의 선택을 성취하였으나, 결코 이스라엘이 기다리는 그분이 아니었다." 그는 "유대교적인 기다림의 증명이 아니라 신적 약속의 성취"였다(Weber 1972b, 72, 73). 그러므로 예수의 제자들마저 예수가 십자가에 달려 죽는 순간까지 그의 뜻을 파악하지 못했다. 그래서 예수가 십자가의 죽음을 당할 때 그들은 모두 도주하였다. 복음서에서 예수가 메시아 칭호에 대해 매우 소극적 태도를 취하는 이유가 여기에 있다고 볼 수 있다.

B. 예수는 반신반인(半神半人)인가?
- 양성론의 문제

하나님의 아들 메시아 예수는 어떤 존재인가? 절반은 신(神)이고 나머지 절반은 우리와 동일한 인간, 곧 반신반인이었는가? 반신반인이라면, 진짜 인간도 아니고 진짜 신도 아닌 제3의 종(種)이었을까?

이 질문에 대해 성서는 명확하게 대답하지 않는다. 단지 예수는 다윗의 후손인 한 인간인 동시에 성육신하였고 부활하신 하나님의 아들이었다고 말할 뿐이다. "이 아들로 말하면 육신으로는(κατὰ σάρκα, kata sarka) 다윗의 혈통에서 나셨고, 성결의 영으로는(κατὰ πνεῦμα ἁγιωσύνης, kata pneuma bagiosunes) 죽은 가운데서 부활하여 능력으로 하나님의 아들로 인정되셨으니, 곧 우리 주 예수 그리스도이시다"(롬 1:3-4; 그러나 인간 아버지 없이 성령으로 수태된 예수가 다윗의 혈통이라 말하는 것은 모순으로 보인다). "육으로 오신"(요일 4:2) "나사렛 사람" 예수는 본래 "하나님과 동일한 본체"를 가진 하나님의 아들이었으나, 자기를 비어 "사람들과 같이 되었고 사람의 모양으로" 나타나셨다(빌 2:6-8). 이와 같이 성서는 예수의 신적 존재와 인간적 존재를 나란히 병렬시킬 뿐, 양자가 어떤 관계에 있는지 설명하지 않는다.

1) 양성론의 역사적 발전: 이 문제는 이미 1세기 말부터 초대교회에 큰 논쟁을 불러일으켰다. 이 논쟁을 조정하기 위해 초대교회 전체의 공의회(公議會)가 세 번이나 로마 황제에 의해 소집되었다(325년 제1차 니케아 공의회, 381년 제2차 콘스탄티노플 공의회, 451년 제4차 칼케돈 공의회. 431년 제3차 에베소 공의회는 펠라기우스주의 논쟁에 관한 것이었음. 이 모든 공의회들의 장소는 지금의 터키의 소아시아 지역에 위치함).

이 논쟁의 과정에서 아리안주의자들은 예수의 인간적 존재를 강조하는 반면, 아폴리나리우스(Apollinarius, 390년경 사망)는 그의 신적 존재를 강조한다. 이 상반된 입장은 안디옥 학파와 알렉산드리아 학파의 대립으로 이어진다. 전자는 지상의 예수의 인간적 역사를 중요시하는 반면, 후자는 예수의 인간적 존재가 그의 허무성에서 해방되어 신적 존재에 의해 극복되었다고 주장한다. 이 대립은 ① 예수의 신적 존재를 강조하여 그의 인간적 존재를 약화시키거나 부인하는 가현설(假現設, Doketismus)과, ② 예수의 인간적 존재를 강조하여 그의 신적 존재를 약화시키거나 부인하는 에비온주의(Ebionimus)로 요약된다(이에 관해 H. Küng 1970, 615-619).

가현설에 의하면 하나님의 아들 예수는 단지 "가현적으로"(dokein), 곧 겉으로만 사람이었고 고난을 당하였다. 그는 땅 위에 있는 하나님의 아들이었기 때문에 병을 얻을 수 없으며 "참으로" 사람일 수 없다.

가현설의 첫째 형태는 사벨리우스(Sabellius)의 양태론이다. 양태론에 의하면 하나님의 아들은 육을 가진 사람이다. 그러나 이 육은 예수의 신적 존재의 양태(modus)에 불과하다. 인간 예수는 그의 신적 존재가 나타나는 양태이다.

가현설의 둘째 형태는 아타나시우스(Athanasius)의 친구였던 아폴리나리우스에게 나타난다. 그에 의하면 영원한 신적 로고스는 인간의 육과 혼을 취했으나, 인간의 정신은 취하지 않았다. 따라서 예수의 인간적 존재는 완전하지 않다. 신적 로고스는 예수의 육 안에 거하면서 그의 육을 다스리며 그의 삶의 힘이 된다. 예수는 신적 로고스가 그 안에 거하고 활동하는 형식에 불과하다.

가현설의 셋째 형태는 단성론(單性論, Monophysitismus, monas: 단 하나, physis: 본성의 합성어)에 있다. 이 입장에 따르면 예수의 인간적 본성은 신적 본성에 흡수된다. 이것은 쇠(鐵)가 신성의 불길에 용해되는 것과 같다. 그러므로 예수 안에는 사실상 신적 본성만 있다. 그는 두 본성을 갖지 않고 한 가지 본성, 곧 단성만 가진다.

에비온주의란 말은 히브리어 ebionim(=가난한 사람들)에서 유래한다. 에비온주의에 의하면 예수는 비천하고 가난한 우리 인간과 똑같은 인간이다. 그는 한 여자에게서 태어났고, 우리 인간과 동일한 자연적 욕구들을 가지고 있었다. 이와 같은 인간이 하나님일 수 없다. 그러므로 에비온주의는 예수의 신적 존재를 약화시키거나 부인하는 경향을 보인다.

에비온주의의 첫째 형태는 안디옥 교회의 주교였던 사모사타의 바울(Paulus von Samosata)로 대변되는 양자론(養子論, Adoptianismus)에 있다. 하나님은 모든 인간의 모범이신 예수를 성령의 능력으로 채우시고 그의 아들로 입양하였다. 이를 통해 예수는 신적 존재로 세워졌다. 그러나 사실상 그는 성령의 능력이 충만한 사람일 뿐이다. 이 생각은 역동적 단일신론(dynamischer Monarchianismus)이라 불리기도 한다. 하나님은 단 한 분의 왕

(monarch)이신데, 성령의 능력(*dynamis*)으로 인간 예수를 충만케 하며, 그를 하나님의 아들로 입양하였기 때문이다.

에비온주의의 둘째 형태는 아리우스(Arius)가 대변하는 아리우스주의(Arianismus)에 나타난다. 성육신 된 로고스, 곧 예수는 단순히 하나님의 아들로 입양된 인간이 아니라 세계가 창조되기 전에 하나님에 의해 창조되었다. 따라서 아버지 하나님만 계시고, 로고스가 없었던 시간이 있었다. 세계의 창조 이전에 혼자 있었던 아버지 하나님이 창조의 도구로서 아들을 지으셨고, 아버지 하나님과 피조물들의 중간존재가 되게 하였다. 그러므로 아들 예수는 아버지 하나님과 다르다. 그는 아버지 하나님의 은혜로 말미암아 신적 본성에 참여하게 되었다. 이리하여 그는 하나님이라 불리어졌다. 그는 하나님에 의해 창조되었기 때문에 사람이 될 수 있었고 고통과 죽음을 당할 수 있었다. 그러나 영원한 하나님은 고통과 죽음을 당할 수 없다. 그는 영원하며 완전하기 때문이다.

에비온주의의 셋째 형태는 안디옥 학파의 대변자였던 네스토리우스(Nestorius)에게서 나타나는데, 당시 안디옥 학파는 단성론을 주장한 알렉산드리아 학파에 대항하였다. 네스토리우스는 몹수에스티아의 테오도르(Theodor von Mopsuestia)의 제자로서 콘스탄티노플의 교구장이었다. 그의 생각에 의하면 하나님은 인간이 "된"(*egeneto*) 것이 아니라 자기를 인간과 결합시켰다. 성육신은 신적 본성과 인간적 본성의 접촉 또는 결합(*sunafeia*)을 말한다. 그러므로 예수의 두 본성은 구별될 수 있고 나누어질 수 있다(Loofs 1968, 228).

325년 니케아 공의회는 예수의 신적 존재(*vere Deus*)와 인간적 존재(*vere homo*), 그의 신적 본성과 인간적 본성의 그 어느 편에 치우치지 않고 양자를 함께 고백한다. 그러나 양자가 어떤 관계에 있는가에 대해 니케아 공의회의 신앙고백(=선언문)은 명확히 설명하지 않는다. 이 문제는 381년 제2차 콘스탄티노플 공의회를 거쳐 451년 제4차 칼케돈 공의회에서 마무리된다. "거룩한 교부들을 따라 우리는 하나이며 동일한 아들이신 우리 주 예수 그리스도를 고백할 것을 가르친다. 이 분은 신적 본성에 있어 완전하고, 이 분은 인간적 본성에 있어 완전하며, 참 하나님인 동시에 이성의 혼과 신체로부터 오는 참 인간이며(*Theon alethos... kai anthropon alethos*), 신적 본성에 따라서는 아버지와 같은 본질인 동시에 인간적 본성에 따라서는 우리와 같은 본질이며, 죄를 제외하고는 모든 면에서 우리와 같다. 신성에 따라서는 시간들 이전에 아버지로부터 태어났으며, 인간적 본성에 있어서 이 분은 날들의 마지막에 우리들과 우리의 구원을 위하여 동정녀이며 하나님의 산모(産母) 마리아로부터 (나왔다). (우리는 그를) 단 한 분이며 동일한 그리스도, 아들, 독생자, 두 본성에 있어서 혼합되지 않으며, 변화되지 않으며, 분리되지 않으며, 구분되지 않는(*en duo fusesin asynchtos atreptos adihairetos achoristos*) 분으로 인식함을 고백한다"(Obermann 1977, 221에서 인용).

위의 칼케돈 신앙고백은 두 가지 사항에 관심을 가진다. 첫째는 예수 그리스도의 "인격의 통일성"을 지키는 데 있고, 둘째는 그의 참 인간 되심과 하나님 되심을(*Theon alethos, kai anthropon alethos*, 라틴어 *Deum vere et hominem vere*) 지키려는 데 있다. 이 두 가지 관심을 해결하기 위해 칼케돈 신앙고백은 "본성"(*physis*)이란 개념을 사용한다.

이 두 가지 관심은 추상적 이론을 위한 것이 아니라 예수 안에서 일어난 하나님의 구원을 적절하게 파악하려는 구원론적 관심에 기인한다. 우리 인간의 구원을 위해 예수 안에서 하나님 자신이 우리 인간과 동일한 인간이 되었다. 달리 말해 신적 본성이 예수 안에서 인간의 본성과 함께 한 인격이 되었다. 하나님의 아들이 예수 안에서 그의 신성을 지키면서 인성을 그 자신 속에 수용하였다(수용의 그리스도론, Assumptions-Christologie). 이 둘이 하나로 결합되어 예수의 인격을 구성한다. 하나님과 동일한 본질(*homomousios*, 라틴어 *consubstantialis*)에 있어 그는 "참 하나님"이요, 인간과 동일한 본질에 있어 그는 "참 인간"이다.

그러므로 예수 안에서 일어난 구원의 사건은 단지 인간 예수의 사건이 아니라 하나님 자신의 사건이다. 하나님의 사건이기 때문에 그것은 우리 인간에게 구원의 사건이다. 칼케돈 신앙고백은 여기서 제기되는 두 본성의 관계를 네 가지 부정적 개념들(*alpha privativa*)을 통해 나타낸다. "*adihairetos, achoristos*"는 두 가지 본성의 분리될 수 없는 관계를 나타내며(예수의 인격의 통일성), "*asynchtos, atreptos*"는 두 본성의 혼합되지 않는 관계를 나타낸다(두 본성의 통합성).

칼케돈 신앙고백도 두 본성이 어떤 관계에 있는가에 대해서는 긍정적으로 대답하지 않는다. 단지 부정적 형태의 네 가지 개념들을 통해 양자의 관계의 틀을 제시할 뿐이다. 왜 그럴까? 이 질문에 대해 우리는 다음과 같이 대답할 수 있다. 예수의 하나님 되심과 인간 되심의 관계는 우리 인간의 논리에 따라 생각될 수 없다. 그것은 인간의 개념으로써는 긍정적으로 표현할 수 없는 하나의 역설이다. 단순한 결합도 아니고 또 혼합도 아닌 두 본성의 통일성은 인간의 논리적 사고 가능성을 넘어선다. 그것은 예수의 인격의 독특한 비밀을 나타낸다.

칼케돈 신앙고백의 두 가지 양식, 곧 "참 하나님과 참 인간", "신적 본성과 인간적 본성"은 그 이후 신학의 역사에서 그리스도론의 규범적 교리가 된다. 종교개혁자들과 개신교 정통주의 신학도 칼케돈 신앙고백을 수용한다. 루터교회의 「아우크스부르크 신앙고백」(*Confessio Augustana*)에 의하면, 그리스도는 "두 본성, 곧 신적 본성과 인간적 본성"(*duae naturae, divina et humana*)을 "단 하나의 인격 속에"(*in unitate personae*) 가지고 있다. 그는 "참 하나님이요 참 인간"(*vere Deus vere homo*)이다(Graßmann 1979, 24에서 인용).[3] 일반적으로 그 이후의 교의학적 발전은 두 가지 본성에 대해 다음과 같은 전제를 가진다.

---

3) 원문: Filius Dei assumpsit humanam naturam in utero Mariae virginis, ut sind duae naturae, divina et humana, in unitate personae inseparabiliter coniunctae, unus Christus, vere Deus et vere homo.

① 예수의 신적 본성은 무한성, 전능, 전지(全知), 편재, 불변, 고난을 받을 수 없음 등 형이상학적 속성들을 가진다. ② 예수의 인간적 본성은 유한성, 시간과 장소의 제약성, 신체성, 신체적 욕구, 고난을 받을 수 있음 등 우리 인간이 가진 한계들에 참여한다. ③ 그러나 예수는 우리 인간과 구별되는 존재이기 때문에, 그의 인간적 본성에는 인간이 갖지 못한 특별한 속성들이 추가된다(무죄성[impeccabilitas], 불멸성[immortabilitas], 동정녀 마리아의 예외적인 수태[extraordinaria conceptio]). 또 예수 안에 있는 인간적 본성은 그 자체로서 자신의 자아를 갖지 않는다. 즉 그것은 비인격성(impersonalitas)을 가진다. 인간적 본성 그 자체는 인격이 없는 것(Anhypostasie)이다. 그것은 하나님 아들의 인격 속에 수용되어 그 안에 머문다(Enhypostasie). 이로써 정통주의 신학은 예수의 인격의 통일성을 지키고자 한다. 신적 본성에 병행하는 예수의 인간적 본성 그 자체의 인격성을 주장할 경우, 그의 인격의 통일성이 분열될 수 있기 때문이다. 정통주의 신학자 게르하르트(J. Gerhard)에 의하면, 예수의 인격 안에 있는 두 본성은 아래의 사항들을 통해 증명될 수 있다.

① 신적 본성(natura divina)은

a. 신적 이름들로부터(ex nominibus divinis: 하나님, 퀴리오스와 같은 이름들을 통해) 증명되며,

b. 하나님에게만 속한 본질적 속성들로부터(ex attributis essentialisbus soli vero Deo propriis: 영원, 불멸, 편재 등 성서에서 그리스도에게만 속한 속성들을 통해),

c. 아들의 인격의 특성으로부터(ex proprietate Filii personali: 아버지로부터의 출생과 같은 성자의 특징을 통해),

d. 하나님에게만 속한 사역들로부터(ex operibus soli Deo propriis: 창조, 유지, 신적 기적들, 구원 등 하나님만이 하실 수 있는 사역들을 통해),

e. 성서에서 그리스도에게 부여되는 신적 예배와 경배로부터(ex divino cultu et honore) 증명된다.

② 인간적 본성(natura humana)은

a. 인간적 본성의 특유한 명칭들로부터(*ab appelationibus propriis*: 사람, 사람의 아들 등의 명칭을 통해) 증명되며,

b. 인간의 본질적 요소들로부터(*a partibus hominis essentialibus*: 그리스도가 가진 혼, 몸과 같은 인간의 요소들을 통해),

c. 인간의 특유한 성향들로부터(*a propriis hominis affectionibus*: 목마름, 배고픔, 슬픔, 기쁨 등의 성향을 통해) 증명된다.

예수의 한 인격 속에 있는 두 본성의 관계를 정통주의 신학은 아래와 같이 설명하고, 이를 통해 예수의 인격의 통일성을 견지하고자 한다.

① 인격적 결합(*unitio personalis*): 하나님의 아들이 마리아의 자궁 안에서 인간의 본성을 받아들임으로써, 혹은 성육신을 통해 두 본성의 결합이 일어난다. 이 결합의 결과로서 아래의 일이 일어난다.

② 인격적 통일성(*unio personalis*): 이 통일성은 두 본성의 혼합(*confusio*)이 아니라 내적 침투(*intima penetratio*)를 뜻한다. 이것은 쇳물에서 쇠와 불이 서로 내적으로 침투하지만 혼합되지 않고 쇠는 쇠로, 불은 불로 존속하는 것과 같다. 인격적 통일성 안에서 아래의 일이 일어난다.

a. 본성들의 사귐(*communio naturarum*): 두 본성은 독립되어 병행하지 않고 사귐을 가진다. 양자 사이에는 "페리코레시스"(*perichoresis*, 순환: 이미 초대교회 신학이 말한 개념으로서, 서로 상대방에 침투하여 상대방을 충만케 함을 뜻함)가 일어난다.

b. 속성들의 교통(*communicatio idiomatum*): 두 본성의 사귐을 통해 인간적 속성들과 신적 속성들의 교통과 상호 참여가 일어난다. 정통주의 신학은 이것을 아래 세가지로 분석함.

• 속성적 류(*genus idiomaticum*): 인간으로서의 예수는 유한성·사멸성·제약성 등의 인간적 속성들을 담지하고, 하나님으로서의 예수는 무한성, 불멸성·무제약성 등의 신적 속성들을 담지한다. 두 본성의 전혀 다른 속성들, 곧 신적 속성들과 인간적 속성들이 그리스도의 인격 속에 실제로 있다.

• 완성적 류(*genus apotelesmaticum*): 인간으로서의 예수는 그의 신적

본성을 통해 일어나는 구원의 사역에 참여하고, 하나님으로서의 예수는 그의 인간적 본성에 일어나는 고난에 참여하여 그의 사역을 완성한다 (*apotelesma*는 완성을 뜻 함).

• 영광스러운 류(*genus majestaticum*): 루터교회 신학이 첨가한 것으로, 예수의 인간적 본성은 신적 본성의 영광스러운 속성들, 곧 전지, 전능, 편재 등의 속성들에 참여한다. 그러나 인간적 속성들은 신적 본성에 참여하지 못한다. 따라서 루터교회 신학은 신적 본성이 고난 받을 수 있음 (*passibilitas*)의 인간적 속성에 참여할 수 있는 가능성을 반대한다. 하지만 개혁교회 신학은 루터교회의 "영광스러운 류"를 반대한다. 예수의 인간적 본성이 신적 속성들에 참여한다고 생각할 때, 하나님과 인간의 차이가 소멸될 수 있기 때문이다. 예수 안에 있는 하나님의 임재에 관심을 갖는 루터교회 신학과, 하나님과 피조물의 차이에 관심을 갖는 개혁교회 신학의 차이가 여기에 나타난다. 이 차이는 "유한한 것은 무한한 것을 수용할 수 있다"(*finitum capax infiniti*)는 루터교회의 명제와, "유한한 것은 무한한 것을 수용할 수 없다"(*finitum non est capax infiniti*)는 개혁교회의 명제로 요약된다.

칼케돈 신앙고백과 마찬가지로 예수의 두 본성에 대한 위의 분석들도 단지 지적 관심에 기인하는 것이 아니라 사람인 동시에 하나님의 아들인 예수의 인격의 통일성을 파악하고, 인간 예수 안에서 일어난 구원의 신적 근원을 지키려는 관심에 기인한다. 하나님 자신이 예수 안에서 우리 인간에게 오셨고 예수 안에 계신다. 예수의 십자가의 죽음은 단지 예수라고 하는 한 인간의 죽음이 아니라 하나님 자신의 구원의 사건이다. 이것을 표현하는 데 양성론의 목적이 있다.

2) 양성론의 문제점: 그러나 고대 그리스 철학에서 유래하는 본성 (*physis*)의 개념에서 유래하는 신적 본성과 인간적 본성이란 개념은 다음과 같은 문제점을 가진다.

a. 슐라이어마허가 지적하는 바와 같이(『신앙론』 96), 하나님과 인간은

근원에 있어 다르다. 하나님은 신적 존재이고, 인간은 그의 피조물이다. 그러므로 "본성"이라는 하나의 개념을 두 가지 전혀 다른 존재에게 공통 적으로 적용할 수 없다. "본성"이라는 하나의 공통분모를 하나님과 인간에 게 똑같이 적용하는 것은 적절하지 않다. 그것은 하나님에 대한 모독이라 고 말할 수 있다. 인간에게 적용되는 개념을 하나님에게 적용하기 때문이 다. 이로써 하나님의 존재가 제한되는 일이 발생한다.

b. 양성론은 고대 그리스의 형이상학적 신(神)의 관념에서 출발하며, 이 관념이 말하는 신의 속성을 하나님의 속성으로 간주한다. 그런데 이 신 의 속성은 인간의 속성과 반대된다. 유한성, 시공간적 제약성, 변화와 사 멸성, 고난을 당할 수 있음, 불완전성 등이 인간에게 속한 인간적 속성이 라면, 그 반대개념들, 곧 무한성, 시공간적 무제약성, 불변성, 불멸성, 고난 을 당할 수 없음 등은 신에게 속한 신적 속성들이다. 이렇게 전혀 다른 두 가지 속성들이 어떻게 예수의 한 인격을 형성할 수 있는가? 예수의 인격 의 정체성은 신적 속성에 있는가 아니면 인간적 속성에 있는가? 신과 인 간은 전혀 다른 존재들이다. 전혀 다른 두 존재의 전혀 다른 두 가지 본성 들이 어떻게 결합될 수 있고, 또 자신의 정체성을 조금도 상실하지 않으면 서 예수의 한 인격을 형성할 수 있는가? 이 문제들은 양성론의 역사를 통 해 명확히 해결되지 않은 채 남아 있다.

c. 양성론은 고대 그리스의 형이상학적 신의 관념에서 출발함으로써, 예수의 삶의 역사로부터 추상화된다. 이리하여 구약의 약속과 기다림의 전통 속에서 하나님의 나라를 선포한 예수의 메시아적 모습이 사라진다. 예수는 형이상학적인 신적 본성과 속성들, 그리고 인간적 본성과 속성들 로 구성된 무역사적인 존재로 생각된다. 전혀 다른 두 종류의 본성과 속성 들의 관계를 설명하기 위한 끝없는 탁상공론 속에서 구약의 메시아적 약 속과 기다림의 전통, 이 전통 속에서 하나님 나라의 해방하는 기쁜 소식을 선포하는 예수의 메시아적 존재와 메시아적 사역은 간과된다.

d. 또한 예수의 삶의 역사와 무관한 추상적이고 형이상학적인 하나님

상(像)이 등장한다. 예수 안에서 자기를 제약하며, 예수의 십자가의 고난을 함께 당하며, 부활을 통해 새로운 생명의 세계를 시작하고 약속하는 하나님의 모습은 사라지고, 변화할 수 없고 고난을 당할 수 없으며, 시공간의 제약에 묶이지 않으며, 미움의 감정도 사랑의 감정도 없는 무감각, 무감동의 하나님 상이 등장한다.

예수의 삶의 빛에서 볼 때, 하나님의 불변성은 피조물에 대한 하나님의 사랑과 성실하심의 영속성, 불변성을 가리킨다. 그러나 양성론에서 불변성은 역사의 처음부터 마지막까지 하나님의 존재가 있는 그대로 머물러 있는 것을 뜻한다. 그러나 변화가 없을 때 역사가 불가능하다. 따라서 변화할 수 없는 하나님은 역사가 없는 하나님, 곧 무역사적 하나님이다. 그는 자기 자신 안에서 영원히 자기 자신을 명상하며 자기 자신 안에 자기 홀로 머물러 있는 하나님, 기쁨도 없고 슬픔도 없는 하나님이다. 이 하나님은 성서가 묘사하는 출애굽의 하나님과는 전혀 다르다.

e. 이와 같은 형이상학적 하나님 상은 하나님의 철저한 성육신을 불가능하게 만든다. 시간과 공간의 제약에서 자유로운 하나님이 어떻게 시간과 공간의 제약에 묶인 인간이 될 수 있는가? 양성론의 구도를 따를 때 시간과 공간의 제약성은 예수의 인간적 본성에만 해당하고 그의 신적 본성에는 해당하지 않는다고 보아야 한다. 그렇다면 예수 안에 있는 신적 본성은 성육신하지 못했다고 보아야 할 것이다. 이로써 하나님의 철저한 성육신은 불가능하게 된다.

또 철학적·형이상학적 하나님 상은 예수의 고난에 대한 신학적 해석에 있어 극복하기 어려운 문제를 일으킨다. 하나님은 변화할 수 없고 고난을 당할 수 없는 분이라면, 예수가 십자가의 고난을 당할 때 예수 안에 있는 인간적 본성만 고난을 당했고 그의 신적 본성은 고난을 당하지 않았다고 생각해야 된다. 만일 그렇다면, 예수의 고난과 죽음은 하나님 자신과 관계없는, 단지 예수라는 한 인간의 고난과 죽음에 불과할 것이다. 따라서 그것은 구원의 의미를 상실할 것이다. 한 인간의 죽음이 모든 인류와 세계를 위한 구원의 사건이 될 수 없기 때문이다.

그 반면 예수는 신적 본성에 있어서도 고난과 죽음을 당했다고 한다면, 이것은 이른바 성부수난설과 하나님의 죽음을 뜻할 것이다. 그러므로 초대교회의 "교부학은 언제나 다시금 그리고 점점 더…그리스도의 무감각, 고난의 불가능성으로 기울어졌다"(Küng 1970, 625).

본성(physis)이란 영원히 변하지 않고 머물러 있는 하나의 실체와 같은 것이다. 만일 예수 안에 이러한 두 본성이 공존한다면 그는 대관절 어떤 존재일까? 자기 안에 있는 인간적 본성 때문에 예수는 완전한 신적 존재가 아닐 것이다. 또 그 안에 있는 신적 본성 때문에 그는 완전한 인간적 존재도 아닐 것이다. 그의 절반은 전지, 전능, 불변, 불멸 등의 속성을 가진 신(神)이고 나머지 절반은 인간인 존재, 곧 반신반인일 것이다. 그는 신도 아니고 인간도 아닌 제3의 괴상한 류(類)일 것이다. 이로 인해 예수의 완전한 인간적 존재도 부인되고, 그의 신적 존재도 부인된다. 그는 참 인간(vere homo)도 아니고 참 신(vere Deus)도 아닌 "반신반인"이기 때문이다. 여기서 우리는 양성론의 한계를 발견한다.

C. 하나님 앞에 서 있는 "참 인간"

여기서 우리는 칼케돈 신앙고백이 말하는 "참 하나님-참 인간"이란 표현에 주목할 필요가 있다. 이 표현은 우리와 동일한 예수의 인간적 존재와 우리와 구별되는 신적 존재의 두 가지 측면을 있는 그대로 진술한다. "그가 참 하나님 되심과 참 인간 되심은 결코 분리될 수 없다"(유해무 1997, 314). 물론 참 인간과 참 하나님이 예수 안에서 어떻게 하나의 인격으로 결합될 수 있는가의 문제는 인간의 언어를 통해 파악할 수 없는 하나의 역설이요 신비에 속한다. "참 하나님-참 인간"이란 칼케돈 신앙고백의 표현은 이 역설 또는 신비를 아무 신학적 해석 없이 진술한다.

칼케돈 신앙고백이 아무 가감 없이 진술하는 "참 하나님-참 인간"이란 개념의 틀에서 우리는 하나님의 아들 메시아 예수의 존재를 보다 더 적절히 파악하고 발견할 수 있다. 여기서 우리는 이 틀에 따라 먼저 예수의 참 인간 존재를 파악하고, 그의 참 인간 존재에 나타나는 그의 신적 존재를 파악하고자 한다.

1) 우리 인간과 동일한 실존적 조건 속에 있는 예수: 예수가 우리와 동일한 인간이었음은 누구도 부인할 수 없는 역사적 사실이다. 그는 유대인이라는 한 특정한 민족의 일원으로 약 2천 년 전 이 땅 위에서 살았다. 그는 우리 인간들처럼 목마름과 굶주림, 기쁨과 슬픔, 즐거움과 고통, 건강함과 피곤함, 웃음과 울음, 분노와 유혹과 죽음의 불안을 경험하였다. 우리 인간이 가진 삶의 실존적 조건들에 있어 그는 우리와 똑같은 사람이었다.

또한 예수는 우리와 똑같이 죄와 죽음의 세력이 모든 생명을 위협하는 세계 속에서 살았다. 이리하여 그는 인간의 죄와 불의와 적개심과 마귀적인 힘으로 인해 고난을 당하였다. 그는 바깥으로부터 유혹을 당하는 동시에 자신의 내부로부터 유혹을 받기도 했다. 죽음에 대한 두려움 속에서 그는 하나님의 뜻에 복종하기 위해 내적으로 자기 자신과 싸워야 했다. 죽음의 과정 속에서 그는 처절한 고통을 당했고, 피조물의 세계가 당하는 하나님의 버림받은 상태를 경험하였다. 그러므로 신약성서는 예수가 "모든 일에 형제들과 같이 되셨다"고 말한다(히 2:17; 롬 8:3; 유해무 1997, 337).

예수가 "비천한" 여자 마리아에게서(눅 1:48), 또 "율법 아래서"(갈 4:4) 태어났다는 것은 우리 인간과 예수의 동질성을 시사한다. 우리와 똑같이 예수도 여자의 몸에서 태어났다. 하나님의 법이 무엇인지 알지만 그것을 행하지 못하는, 그러므로 양심을 통해 율법의 비난을 받고 "율법의 저주 아래" 있는 우리 인간의 실존적 상황 속에서 태어났다.

요한복음 서론은 "육"(肉, sarx)의 개념을 통해 예수와 우리 인간의 동질성을 나타낸다. 여기서 육은 단지 육체를 뜻하는 것이 아니라 인간의 유한성과 허무성, 하나님 없는 인간의 죄된 존재를 나타낸다. 그는 땅 위에 있는 반신반인으로서 인간의 모든 제약을 초월한 존재가 아니라 우리 인간과 동일한 육을 가진 육적 존재로서 피조물의 모든 제약성에 묶여 있었다.

신약성서의 서신들은 우리 인간과 동일한 예수의 인간적 실존을 다음과 같이 표현한다. 하나님은 그 자신의 아들을 "죄 있는 육의 형태로" 세상에 보내셨다(롬 8:3). 하나님은 죄를 알지 못하는 자를 우리를 위해 죄로 만드셨다(고후 5:21). 히브리서는 다음과 같이 말한다. 그는 육체 안에 계실 때, 하나님에게 "심한 통곡과 눈물로 간구와 소원을" 올렸다(히 5:7). 그는 형제들과 "같이 되어" 시험을 받아 고난을 당하였다(2:17-18). 그는 "많은 사람을 위하여 죽음을" 맛보았다(2:9). 그는 우리와 똑같이 유혹과 시험을 받았다(4:15; 마 4:1 이하). 한마디로 예수는 우리 인간과 똑같은 실존의 조건 속에서 생존했던 우리와 똑같은 인간이었다. 이런 점에서 그는 우리의 형제요 참 사람이었다.

흔히 우리는 예수를 이렇게 표상한다. 하나님의 아들 예수는 땅 위를 걸어 다닌 신적 존재로서 신적 본성을 가지고 있었기 때문에 모든 것을 아시고 모든 점에서 완전한 분이었다! 그러나 복음서는 예수가 태어나면서부터 완전한 존재였다고 말하지 않는다. 오히려 우리 인간처럼 지식의 한계를 가지며, 지식과 지혜와 믿음에 있어 점점 성장하신 분으로 그를 묘사한다. 예수는 "지혜와 나이, 그리고 하나님과 사람들의 기뻐함"에 있어 점점 성장하였다(눅 2:52; 참조. 1:80; 2:40). 그는 심판의 날이 언제 올지 알지 못한다(막 13:32; 마 24:36). 그는 자기 주변에 일어나는 일들을 잘 알지 못한다(예를 들어 막 5:30; 6:38; 8:27, 29). 그는 하나님의 아들이지만, 고난을 통해 "순종함을 배워 온전하게 된다"(히 5:8). 그는 우리 앞에 놓여 있는 경주(競走)를 인내심을 가지고 끝까지 달려갔다. 이를 통해 그는 우리에게 달려갈 길을 가리켜 주는 "믿음의 시작자요 완성자"가 되었다(히 12:1-2). 이런 점에서 하나님의 아들 메시아 예수는 우리와 똑같은 인간, 곧 "참 인간"이었다.

2) 우리와 전혀 다른 메시아적 인간 예수: 신약성서는 예수를 우리와 동일한 존재로 보는 동시에 우리와 전혀 다른 인간으로 파악한다. 그는 우

리와 동일한 우리의 "형제"였지만 우리와 전혀 다른 새로운 인간, 곧 "새 존재"였다(Tillich). 구약성서에서 하나님은 그의 의지가 육화되어 있는 새로운 인간, 곧 메시아적 인간을 약속한다(사 53장; 겔 36:26-27). 예수는 바로 이 메시아적 인간이다. 바울에 의하면 그는 하나님이 지으신 "첫째 아담"이 아니라, "하늘에서 내려 온 둘째 아담" 혹은 "마지막 아담"이다(롬 5:12-21; 고전 15:45-47).

예수는 우리 인간과 동일한 육을 가진 존재였다. 그러나 그는 하나님의 피조물로서 살아야 할 우리 인간의 본래적 모습, 곧 메시아적 인간의 모습을 보여준다. 그는 하나님에게서 구별되는 유한한 인간이었으나 우리가 지향해야 할 존재, 곧 하나님과 이웃과 한 몸의 관계 속에 있는 메시아적 인간으로서 실존한다. 따라서 예수는 우리 인간이 도달해야 할 본래적 인간, 곧 모든 인류의 원상(原像, Urbild) 혹은 "마지막 아담(=사람)"이라 말할 수 있다. 이런 점에서 인간론은 "결손된 그리스도론"(defiziente Christologie)이라 말할 수 있다(Rahner 1955, 184).

판넨베르크에 의하면, 바울이 메시아 칭호를 사용하지 않고 "마지막 아담"이란 칭호를 사용하는 것은 초기 기독교 공동체의 선교 상황에 기인한다. 메시아 칭호는 본래 이스라엘 민족의 특수한 정치적 기다림과 결합되어 있었다. 그러므로 이 칭호는 기독교가 팔레스타인을 떠나 로마제국의 다양한 민족들의 세계로 선교될 때, 땅 위의 모든 민족들을 포괄하는 보편적 희망의 상징으로서는 적절하지 않았다. 그래서 바울은 메시아 칭호 대신에 모든 민족을 아우르는 "마지막 아담"이란 칭호를 사용한다(Pannenberg 1991, 355-356). 이것은 구약성서의 메시아니즘이 로마의 제국종교가 된 기독교에 의해 억압되는 역사적 과정을 반영한다. 여하튼 우리는 "마지막 아담"인 예수의 참 인간 됨(=인간성)을 아래와 같이 분석할 수 있다.

a. 우리 인간은 하나님과 이웃 없이 자기 홀로, 자기를 위해 살고자 하는 반면 예수는 사랑의 영 안에서 그가 아버지라 부르는 하나님과 함께, 또 하나님이 사랑하는 이웃과 함께 하나로 결합되어 살아간다. 하나님의

의지와 그의 의지가 일치한다.

b. 우리 인간은 진리의 영과 사악한 영, 이기적인 영과 사랑의 영의 투쟁과 갈등 속에서 살지만, 예수는 하나님의 진리와 사랑의 영으로 충만하다(막 1:10-12; 눅 1:31-35; 4:17-21; 마 1:18-23). 이 영이 그의 삶의 길을 결정한다.

c. 우리 인간은 자신의 능력과 세상에 주어진 것을 신뢰하는 반면, 예수는 오직 하나님을 신뢰하며 하나님에게 자기의 삶을 맡긴다. 그는 자기가 얻은 자기의 소유로부터 살지 않는다. 그는 모든 것을 하나님에게서 은혜로 받고, 하나님께서 그에게 주시는 것으로부터 산다. 곧 "하늘의 양식"으로 산다. "너희가 하나님에게 구하기 전에, 하나님은 너희가 무엇을 필요로 하는지 다 아신다"(마 6:8)라는 예수의 말씀은 자비로운 하나님에 대한 예수의 무한한 신뢰를 나타낸다. 하나님과 한 몸을 이룬 내적 일치 속에서 철저히 하나님을 신뢰하는 여기에 예수의 삶의 내적 원천이 있다.

d. 예수의 참 인간성은 먼저 자기 자신으로부터의 자유에 나타난다. 자기 자신으로부터 자유롭기 때문에 그는 인간의 눈을 의식하지 않는다. 이웃에 대해 자기를 감추거나 부자연스러운 태도를 취하지 않는다. 자기를 억제하고 미화시키는 이상야릇한 미소를 짓거나, 세련되고 교양있는 것처럼 보이는 몸가짐을 갖지 않는다. 그는 힘과 명예와 소유와 "명품"으로 자기를 위장하지 않으며, 성형수술로 자기 아닌 자기를 만들지 않는다. 그는 있는 그대로의 자기를 인정하고 그것을 나타내며 이웃과 교통하는 소탈한 모습을 보인다. 세리와 죄인들을 차별하지 않고 그들과 함께 먹고 마신다. 예수가 이렇게 행동할 수 있었던 것은 자기 자신으로부터 자유로웠기 때문이다. 자기 자신에게서 자유롭기 때문에 그는 이웃에게 자기를 개방하고 소탈한 모습을 보일 수 있었다.

e. 예수는 참으로 자유로웠기 때문에 내일에 대한 염려와 근심에서 자유로우며, 자기의 목숨을 유지하기 위한 경쟁과 투쟁(=진화론적 삶의 윤리), 도둑질해서 쌓고 쌓은 다음에 또 도둑질하는 악순환에서 자유롭다. 그는 자유로웠기 때문에 "우리를 위해" 가난할 수 있었고, 그의 가난함을 통해

우리를 부요케 할 수 있었다(고후 8:9). 참으로 자유로운 인간이었기 때문에 그는 이웃을 섬기는 자가 될 수 있었다. 십자가의 죽음에 이르기까지 자기의 목숨을 내어줄 수 있었고, 하나님과 이웃을 위한 존재가 될 수 있었다. 그는 눈에 보이는 것을 희망하지 않고, 눈에 보이지 않는 하나님의 나라를 희망하며 이 희망으로부터 살았다. 이리하여 그는 "세계의 빛", "생명의 빛"으로 자기를 계시하였다(요 8:12). 이런 점에서 그는 참으로 인간다운 인간, 곧 "참 인간"이요, 우리 인간이 지향해야 할 메시아적 인간이었다. 이 세계를 위한 하나님의 뜻을 행하는 것, 곧 피조물들이 그들의 "깊은 곳에서"(de profundis) 원하고 바라는 것을 행하는 것이 그의 "양식"이었다(요 4:34).

f. 아버지 하나님과 하나로 결합된 메시아 예수의 존재는 하나님과 이웃을 "위한 존재"(Prosein)로 나타난다. 그는 자기를 비하시키고 이 세상의 낮은 자들과 연대한다. 자기 자신을 위해 살지 않고 하나님과 이웃을 위해 산다. 이를 위해 그는 자기의 목숨을 희생한다. 그의 존재는 철저히 "타자를 위한 존재"였다(Sein für die anderen, D. Bonhoeffer). 타자를 위한 그의 존재 속에 피조물을 "위하는" 하나님의 존재, 곧 하나님 나라의 현실이 나타난다. 그의 존재는 "하나님 나라 자체"였다.

g. 예수는 그 사회의 거짓된 질서와 관습을 따르지 않는다. 오히려 이 질서에서 자유하며, 자기와 만나는 사람들을 이 질서와 관습에서 해방한다. 연약한 생명들을 사회적 차별과 소외에서 해방하는 동시에 이들을 차별하고 소외시키는 사람들 자신을 자기집착과 거짓에서 해방한다. 이로써 기존하는 세계의 양극화와 계급질서가 허물어지며, 인간에 의한 인간의 차별과 소외가 사라지기 시작한다. 남자와 여자, 주인과 노예, 이방인과 유대인이 한 하나님 안에서 하나가 되는 하나님의 메시아적 현실이 예수를 통해 발생한다. 이 예수 안에 참 인간성이 있다.

우리와 동일한 인간이신 예수가 어떻게 우리와 전혀 다른 인간다운 인간, 참 인간일 수 있었을까? 그의 참 인간성의 원천은 어디에 있는가? 이 질문과 함께 우리는 예수의 신비에 한 걸음 더 접근한다. 예수가 참 인간일 수 있었던 것은, 무한한 사랑의 영 속에서 그가 "나의 아버지"라 부르는 하나님과 하나로 결합되어 있었기 때문이다.

달리 말해 예수의 참 인간성의 원천은 그의 아버지 하나님과 성령과의 내적 결합에 있다. 성령 안에서 아버지 하나님과 하나로 결합되어 있었기 때문에 인간 예수는 인간의 존재를 부자유하게 만드는 모든 탐욕과 욕심에서 자유로울 수 있었다. 무한한 사랑과 자유의 영을 통해 그는 있는 그대로의 자기를 수용하고 이웃에게 개방적일 수 있었다. 있는 그대로의 자기를 수용할 때 자기 자신에게서 자유로울 수 있고, 자기 자신에게서 자유로울 때 우리는 솔직하고 인간다운 인간일 수 있다. 그렇지 않으면 자기의 정체를 감추면서 교묘하게 이웃을 지배하고 자기를 중심에 세우고자 하는 비인간적인 인간이 된다.

우리는 예수와 우리 인간의 차이를 예수의 신적 존재에 있다고 생각하기 쉽다. 물론 예수는 하나님의 아들이란 점에서 우리 인간과 차이를 가지며 우리 인간에게서 구별된다. 그러나 우리는 이 차이를 먼저 예수의 참 인간성에서 찾아야 할 것이다. 그는 신성과 인성을 절반씩 가지고 땅 위를 걸어 다닌 반신반인이 아니었다. 그는 신통한 신적 능력을 가진 "초인"(Übermensch)이 아니었다. 그는 우리 인간과 똑같은 인간이었다.

그러나 그는 우리 인간과 전혀 다른 인간이었다. 그는 하나님의 영으로 충만한, 그러므로 하나님의 영이 그의 모든 것을 결정하는 사람, 철저히 하나님에게 상응하며 하나님을 비추어주는 "하나님의 형상"이었다. 그는 "하나님이 기뻐하는 사람", 곧 메시아적 사람이었다(마 3:17). 그의 존재 자체가 메시아적 현실이었다. 메시아적 현실을 나타내는 예수의 삶의 길을 통해 하나님 자신이 이 세상에 오시고 세상의 연약한 생명들의 형제가 된다. 그는 모든 인간이 서야 할 자리, 곧 하나님의 버림을 받고 죽음의 심판을 받아야 할 그 자리에 대신 선다. 이 예수가 참 인간이다. 참 인간이신 예수를 통해 하나님 나라의 현실이 이 세상 속에 들어온다. 참 인간 예수 안에 하나님이 현존하시고 자기를 계시한다. 이 예수 안에 모든 인류의 본래적 모습, 곧 원상(Urbild)이 나타난다.

여기서 우리는 다음의 질문에 부딪힌다. 우리 인간도 성령 안에서 하나님과 결합할 수 있지 않은가? 따라서 우리 인간도 어느 정도 참 인간일 수 있지 않은가? 그리하여 모든 인간의 원상을 어느 정도 보여줄 수 있지 않은가? 만일 그렇다면 예수와 우리 인간의 차이는 상대적 차이에 불과하게 되고, 예수는 단지 하나의 "이상적 인간"으로, 모든 인간이 도달해야 할 원형에 불과할 것이다.

우리는 이 위험성을 고가르텐과 틸리히의 그리스도론에서 발견할 수 있다. 고가르텐에 의하면 하나님과 예수의 동일성은 "자연적이거나 실체적인 종류의 것이 아니라 종의 형태를 취하는 복종 안에서 증명된다." 예수는 하나님이 아니라 "오직 그를 통해" 하나님이 "자기를 계시한" 분이다 (Gogarten 1965, 500, 495). 예수와 하나님의 통일성은 본질의 통일성이 아니라 의지의 통일성, 인격의 통일성이다. 그러나 하나님의 의지와의 통일성, 인격적 통일성은 우리 인간에게도 어느 정도 가능하다. 따라서 예수와 우리 인간의 근원적 차이가 없어지고, 예수는 하나의 이상적 존재로 생각될 수 있다.

틸리히에 의하면 예수는 "실존의 조건들에 예속되어 있는" 우리와 동일한 인간이었다. 그는 우리 인간과 똑같이 하나님과 이웃과 자기 자신으로부터의 소외(Entfremdung) 가운데서 실존하였다. 그러나 예수는 철저히 하나님께 복종함으로써, 또 모든 영광을 자기에게 돌리지 않고 하나님께 돌림으로써, 실존의 조건들에 의해 극복되지 않고 오히려 이 조건들을 극복한다(Tillich 1958, 108). 이를 통해 그는 하나님과 하나로 결합한다. 종합적으로 말해 예수는 인간과 동일한 실존의 조건 속에 있지만, 하나님에 대한 철저한 복종과 자기희생을 통해 이 조건을 극복하고 하나님과 하나를 이룬 인간이다. 틸리히는 이 예수를 가리켜 "그리스도로서의 예수"라 부른다. 그는 하나님이 아니라 하나님과 남김없이 하나로 결합되어 있는 인간이다. 여기서 우리는 고가르텐과 동일한 문제점을 발견한다.

이 문제점과 관련하여 우리는 다음과 같이 질문할 수 있다. 예수가 우리와 동일한 인간이라면, 어떻게 그가 남김없이 하나님께 복종하고 하나님과 하나가 될 수 있는가? 우리 인간에게는 아무리 노력해도 하나님에게 복종하지 않는 부분이 항상 있지 않은가? 인간이 아무리 하나님께 복종하고 자기를 희생한다 해도 그는 피조물의 한계를 넘어설 수 없는 인간에 불과하며, 참 인간의 모습, 곧 모든 인간의 원상을 보여준다는 것은 불가능하지 않은가?

그러므로 우리는 다음과 같이 추리할 수 있다. 예수가 "참 인간"이 되는 것은 단순히 하나님에 대한 철저한 복종과 자기희생의 인간적 노력과 활동을 통해 가능한 것이 아니라, 예수는 우리 인간과 "근원적으로 다른 존재"였기 때문에 가능했다. 근원적으로 다른 존재였기 때문에 예수는 그의 아버지 하나님과 하나일 수 있었고, 모든 인간의 원상을 보여주는 참 사람일 수 있었다.

신약성서에 의하면 "첫 아담"이 대표하는 우리 인간과, 모든 인간의 원상이신 "둘째 아담" 예수 사이에는 뛰어넘을 수 없는 차이가 있다. 모든 인간의 대표자 "첫 사람은 땅에서 나온 흙에 속한 자"인 반면 "둘째 사람" 예수는 "하늘에서 나왔다"(고전 15:47). 인간은 육에서 나왔기 때문에 육에 속한다. 그는 육이다(요 3:6; 고전 2:14). 이에 반해 예수는 "영" 혹은 "살려주는 영"이다(고후 3:17; 고전 15:45).

요한복음 서론에 의하면 인간은 하나님의 피조물인 반면 둘째 사람 예수는 인간의 육을 취한 영원하신 아버지 하나님의 영원한 아들, 곧 로고스이다. 예수가 모든 인류의 원상을 계시하는 "참 인간"일 수 있는 원인은 단지 "이상적 인간"이었기 때문이 아니라 영원한 아버지 하나님의 아들이었기 때문이다. 만일 그가 우리 인간과 근본적 차이가 없는 이른바 "이상적 인간"에 불과했다면 이것은 불가능했을 것이다. 아무리 이상적 인간일지라도, 완전히 인간다운 인간, 곧 "참 인간"은 될 수 없기 때문이다. 예수는 우리 인간과는 근본적으로 다른 하나님의 아들이었기 때문에 "참 인간"일 수 있었고 모든 인류의 원상을 보여줄 수 있었다.

종합적으로 우리는 하나님의 아들 메시아 예수를 가리켜 두 가지 측면에서 "모든 인간의 대리자"요 "참 인간"이라 말할 수 있다. ① 예수는 우리 인간이 짊어져야 할 죄의 짐을 대신 짊어지며, 우리 인간이 서야 할 심판의 자리에 대신 서서 고난을 당한다는 점에서 모든 인간의 대리자이다. 그는 이웃의 책임을 대신 짊어지는 참 인간이다. ② 하나님의 피조물로서 참 인간이어야 할 모든 인간의 존재규정을 대신 성취한 "하나님의 형상" 또는 원상이라는 점에서 예수는 모든 인간의 대리자요 참 인간이다. 그의 참 인간 됨은 단순히 그의 인간적 가능성과 노력의 결과로 말미암은 것이 아니라 우리 인간과 근원적으로 다른 그의 영원한 하나님 아들 되심에 기인한다. 그러므로 "참 인간" 예수 안에서 우리는 "참 하나님"을 볼 수 있다. 여기서 "참 인간"과 "참 하나님"이 하나로 겹쳐진다(overlap, überlappen).

3) 참 인간 예수의 무죄성: 일반적으로 우리는, 예수는 죄가 없기 때문에 하나님의 아들이요 신적 존재라고 생각한다. 여기서 예수의 무죄성이 그의 신적 존재의 조건이 된다. 그러나 우리는 거꾸로 생각할 수 있다. 예수는 신적 존재였기 때문에 죄를 짓지 않을 수 있었다. 그의 무죄하심이 그의 신적 존재의 근거가 되는 것이 아니라 그의 신적 존재가 그의 무죄하심의 근거가 된다.

또 예수의 무죄성에서 우리는 그의 하나님 아들 되심은 물론 그의 참 인간 되심을 볼 수 있다. 즉 예수는 죄가 없었기 때문에 참 인간이었다. 그의 무죄성은 그의 "참 하나님" 되심을 시사하는 동시에 그의 "참 인간" 되심을 보여준다. 여기서도 우리는 "참 하나님"과 "참 인간"이 겹쳐지는 것을 볼 수 있다.

예수의 무죄성에 대한 교회의 가르침은 신약성서에 근거한다. 예수에게는 죄가 없었다(요일 3:5). 하나님은 우리를 구원하기 위해, 죄를 알지도 못하는 예수를 죄로 만드셨다(고후 5:21). 대제사장 예수는 유혹을 받았지만, 죄는 없었다(히 4:15; 또한 7:26-27; 벧전 2:22; 3:18; 요일 2:1-2; 요 8:46; 14:30 참조). "첫 아담"을 통해 죄와 죽음이 세상에 들어온 반면 "둘째 아담" 예수는 불의한 죄인을 의롭게 하는, 죄가 없는 분이었다(롬 5:12 이하).

"세상 죄를 지고 가는 하나님의 어린 양"이란 표상도 죄를 알지 못하는 예수의 순수한 존재를 시사한다(요 1:29). 모든 인류의 죄를 소멸하는 속죄 제물은 죄가 없어야 한다. 그것은 순수하고 깨끗해야 한다. 그래야 하나님의 훼손된 위엄과 영광을 보상할 수 있고 인류의 죄를 깨끗이 씻을 수 있다는 생각이 여기에 전제되어 있다(Anselmus의 보상설 참조).

그러나 여기서 다음과 같은 질문들이 제기된다. 인간의 육적 존재는 죄의 불가피성과 결합되어 있다. 요한복음 서론이 말하는 "육"은 인간의 유한하고 죄된 존재를 가리킨다. 육을 가진 어떤 인간도 이 한계를 벗어날 수 없다. 예수는 인간의 "육"이 되었다. 그럼에도 불구하고 예수는 인간의 이 한계를 벗어날 수 있었는가? 그는 죄의 불가피성을 초월한 존재였는가? 그렇다면 예수의 "무죄성"은 예수의 참된 인간 존재에 모순되지 않는가?

질문은 계속된다. 죄가 없는 인간이 현실적으로 있을 수 있는가? 육을 가진 인간 예수에게는 최소한의 육체적·생리적 욕구도 없었을까? 아름다운 이성(異性)을 보아도 마음의 동요가 전혀 없었을까? 죄가 전혀 없는 분이 어떻게 죄와 연결된 인간의 모든 무거운 짐들, 곧 유혹과 죽음의 불안 등을 경험할 수 있었을까? 예수가 완전히 하나님과 하나였고, 그의 의지와 하나님의 의지가 완전히 일치하였다면, 어떻게 예수는 시험, 곧 유혹을 당할 수 있었을까? 유혹과 시험을 받는다는 것은 마음이 분열되어 있음을 전제한다. 마음의 분열이 전혀 없다면 유혹을 전혀 느낄 수 없다. 마음의 분열은 이미 죄가 아닌가?

이 질문에 대해 우리는 다음과 같이 생각할 수 있다. 사람에게 불가능한 일이 하나님에게는 가능하다(눅 18:27). 그러므로 예수는 인간이 당하는 모든 일을 당했지만, 죄를 알지 못했다. 그는 전능한 신적 존재이기 때문이다.

이렇게 대답하는 것은 매우 편한 일이다. 지적 수고를 할 필요가 없기 때문이다. 그러나 이것은 예수의 무죄성의 문제에 대한 올바른 대답이라고 말할 수 없다. 오히려 대답의 회피에 불과하며 지적 나태함일 뿐이다. 여기서 우리는 예수의 무죄성에 대한 몇 가지 오해를 분석하고 그의 무죄성을 다음과 같이 파악할 수 있다.

a. 예수의 무죄성은, 모든 인간이 가진 자연적 욕구들이 예수에게는 없었고 자기의식과 자기를 귀중히 여기는 마음이 그에게 없었다는 것을 뜻하지 않는다. 이러한 요소들 자체가 죄라 말할 수 없다. 근본적으로 죄는 생명의 근거이시며 목적이신 하나님으로부터의 분리, 이웃과 자기 자신으로부터의 분리와 대립 속에서 끝까지 자기 자신을 추구함을 뜻한다. 그렇다면 예수의 무죄성은 하나님과 이웃과의 결합 속에서 이들이 바라는 것을 행하는 데 있다.

b. 예수가 정말 우리와 똑같은 인간이었고 우리 인간의 모든 한계와 무거운 짐들을 함께 나누고 있었다면, 예수도 우리와 마찬가지로 죄를 지을 수밖에 없지 않았을까? 인간 존재는 그 자체에 있어 죄된 존재가 아닌가? 이 질문에서 죄는 인간의 자연에 속한 것, 피조물적 존재에 주어진 "자연적인 것"으로 전제된다. 창조와 죄는 동일시된다. 그러나 죄는 인간의 자연적 본질 혹은 자연적 성향이 아니다. 그것은 하나님이 창조한 현실의 부인(否認)이요 파괴를 뜻한다. 그것은 창조와 함께 주어진 인간의 피조물적 규정과 그의 참된 존재에 대한 모순 또는 대립이다. 인간의 존재는 "죄인일 수 있음"을 뜻하지, 그 자체로서 "죄인임"을 뜻하지 않는다.

예수는 인간의 참된 존재에 대한 파괴적 모순과 대립 속에서 살지 않는다. 오히려 하나님에게 상응하는 인간, 하나님의 형상으로서 살아야 할 인간의 피조물적 규정이 실현된 "참 인간"이 그 안에 나타난다. 그런 점에서 예수는 무죄하였다.

c. 예수의 무죄성은 예수 자신의 의지와 결단의 자유가 없었고, 그리하여 예수는 그의 존재 자체에 있어 죄를 지을 수 있는 가능성을 전혀 갖지

않았음을 뜻하지 않는다. 예수는 자신의 의지와 결단의 자유가 없는, 그러므로 유혹을 받을 수 없는 로봇이나 인형이 아니었다. 만일 그런 존재라면 예수는 참 인간이 아니었을 것이다. 그는 우리와 똑같은 인간이었기 때문에 자신의 의지와 결단의 자유를 가지고 있었다. 그러므로 그는 우리 인간처럼 유혹과 시련을 받을 수 있었다(막 1:12-13; 마 4:11; 눅 22:28; 히 2:18; 4:15 등을 참조). 아버지 하나님을 거부하고 그의 뜻을 거역할 수도 있었다. 그러므로 십자가의 죽음을 눈앞에 두고 그는 자신의 의지를 버리고 아버지 하나님의 뜻을 따르기로 결단해야 했다(막 14:36 참조). 여기서 우리는 우리 인간과 똑같은 예수의 인간적 존재를 볼 수 있다.

그러나 예수는 우리 인간과 달랐다. 우리 인간은 이기심과 죄의 세력의 지배를 당하는 반면 예수는 하나님의 사랑의 영으로 충만하다. 그러므로 그는 하나님이 원하는 것을 결단하고 행할 수밖에 없다. 충만한 인간적 자유 속에서 그는 하나님과 그의 구원의 의지를 자신의 실존의 근거로 삼는다. 이 근거로부터 그는 결단하고 행동한다. 바로 여기에 예수의 무죄성이 있다.

d. 일반적으로 우리는 "…하지 말라"는 하나님의 명령을 범하는 것을 죄라 생각한다. 그 명령을 잘 지킬 때 죄가 없는 의로운 사람이 될 수 있고 하나님의 심판을 면할 수 있다고 생각한다. 그래서 예수는 "…하지 말라"는 하나님의 명령을 잘 지켰기 때문에 무죄하다고 생각할 수 있다. 그러나 우리는 죄를 보다 더 본질적으로 생각할 수 있다. 즉 죄는 "…하지 말라"는 것을 범하는 것은 물론 "…을 하라"는 하나님의 적극적 명령을 행하지 않음에 있다(위의 "죄론" 참조). 따라서 예수의 보다 더 깊은 무죄성은 하나님이 원하시는 것, 곧 "…을 하라"는 적극적 명령을 행하는 데 있다고 말할 수 있다.

여기서 우리는 보다 더 본질적 차원에서 예수의 무죄성을 파악할 수 있다. 예수의 무죄성은 하나님 앞에서 "좋은 것", 곧 선(善)이 무엇인가를 알고 그것을 행하는 데 있다. 하나님이 원하시는 것을 행하며 십자가를 향해 걸어간 그의 삶의 길에 예수의 무죄성이 있다. 그의 무죄성은 단지 특정한 시대와 특정한 지역에 속한 인간의 가치 판단과 윤리 규범에 따른 윤리적 완전성에 있는 것이 아니라 하나님의 아들로서 철저히 하나님의 뜻에 복종하며 타자를 위한 예수의 삶의 길에 있다. 그는 첫 아담처럼 하나님처럼 되고자 하지 않는다. 그는 자기를 모든 것의 중심에 세우고자 하지 않는다. 오히려 자기를 낮추며 십자가의 죽음에 이르기까지 아버지 하나님께 복종한다. 바로 여기에 예수의 무죄성의 본질이 있다.

십자가의 죽음은 예수의 무죄하심을 증명한다. 예수의 무죄하심은 인간의 규범에 따라 인간이 판단할 수 있는 문제가 아니라 하나님이 판단할 수 있는 문제다. 그것은 인간의 기준과 규범에 따른 인간의 저울질과 판단이 아니라 하나님의 판단이요 하나님의 선언이다. 하나님은 십자가에서 자기의 생명을 희생한 그분에게 무죄하심을 선언한다.

궁극적으로 하나님의 아들 메시아 예수의 무죄성은 그가 수태되는 순간 그에게 주어진 존재론적 자질이 아니라 그의 삶의 과정 전체를 통해 진행되는 공동체적 관계성, 곧 하나님과 피조물과의 철저한 공동체적 관계성 또는 한 몸 됨(=일치)에 있다. 따라서 그의 무죄성은 정적(靜的)·존재론적 개념이 아니라 관계적 개념이다. 하나님과 이웃과의 관계를 통해 예수는 무죄한 분으로 나타난다. 세상의 죄를 짊어진 그분이 참으로 죄가 없는 분이다. 그의 무죄함은 세상의 죄를 짊어짐에 있다. 죄가 없는 분임에도 불구하고 세상의 죄를 짊어지는 바로 여기에 예수의 "참 인간" 됨이 있고, 그의 참 인간 됨에 그의 무죄성이 있다. 바로 이 예수 안에 "참 인간"이 나타나는 동시에 "참 하나님"의 현실이 나타난다. 이런 의미에서 예수는 참 인간이요 참 하나님이다.

D. 인간 앞에 서 있는 "참 하나님"

1) 하나님의 대리자: 예수가 우리와 동일한 인간이었음에도 불구하고 어떻

게 하나님과 이웃과 자기 자신과 하나 된 인간일 수 있었는가? 이것은 일련의 신학자들(예를 들어 Gogarten, Tillich)이 주장하는 것처럼, 인간 예수 자신의 노력과 하나님과 이웃에 대한 그의 특별한 태도를 통해 가능했던가?

이것이 가능했던 것은 인간 예수 자신의 능력과 노력에 있는 것이 아니라 예수 안에서 예수와 함께 하나로 결합되어 있는 하나님의 현존(=임재)에 있다. 하나님이 예수 안에, 예수가 하나님 안에 있다. 인간 예수 안에 계신 하나님이 예수를 자기 자신과 결합시키며 그를 "참 인간"이 되게 한다.

그러므로 신약성서는 인간 예수 안에서 일어난 하나님의 오심과 현존을 증언한다. 하나님 없이 살고자 하는 인간에게 하나님 자신이 예수의 인격 안에서 오셨고 예수 안에 계신다. 하나님과 예수는 무한한 사랑의 영 안에서 구별되는 동시에 분리될 수 없이 한 몸을 이룬다. 예수 안에서 하나님 자신이 말씀하시고 행동한다. 예수의 말씀은 하나님의 말씀이요, 예수가 행하는 일은 그 안에 계신 하나님이 행하는 일이다(요 12:49-50; 14:10). 예수 안에서 그의 아버지 하나님이 성령을 통해 일하신다. "하나님의 통치를 선포하며 실현하기 위해 예수는 우리를 위해 아버지에게 그의 생명을 바친다. 죽음의 순간에 그는 하나님만이 활동케 하며 이리하여 하나님에게 자리를 만들어드린다"(Eicher 1988, 224).

그러므로 예수 안에서 우리는 "하나님에게 자리를 만들어드리는" 참 인간을 보는 동시에 예수 안에서 말씀하시고 새 창조의 역사를 시작하는 참 하나님을 본다. 간단히 말해 예수를 보는 자는 그를 보내신 하나님을 본다(요 12:45). 참 인간 예수 안에서 참 하나님이 계시된다. 하나님의 "신성의 모든 충만함"이 예수 안에 "육체로 거한다"(골 2:6). 그러므로 예수는 하나님의 "충성되고 참된 증인이시요 하나님의 창조의 근본"이다(계 3:14).

예수가 율법의 권위보다 자기의 말씀의 권위를 더 높이 세우며 하나님과 동등한 권위와 전권을 주장할 수 있었던 원인은 하나님이 예수 안에 계시며 그와 한 몸을 이루고 있었기 때문이다. 그러므로 예수는 아버지 하나님이 자기를 아는 것처럼 아버지 하나님의 뜻을 알고 그것을 행한다고 주장한다. 그 자신의 인격과 삶의 역사가 하나님 나라의 오심을 나타낸다.

한마디로 예수는 하나님 앞에서 우리 인간을 대신하여 "참 인간"으로서 행동하며, 하나님이 창조하신 본래의 인간의 모습을 나타낸다. 이와 동시에 그는 우리와 함께 계신 하나님의 존재와 의지를 대리하며, 하나님과의 교통을 가능케 하는 하나님의 현존을 대리한다. 그는 "그의 백성을 위한 하나님의 현존의 종말적·역사적 실존 형식"이다(Müller 2005, 289). 그는 모든 인간이 서야 할 그 자리에 대신 서는 모든 인간의 대리자인 동시에 하나님이 서고자 하는 그 자리에 서는 하나님의 대리자이다.

여기서 우리는 예수를 가리켜 "참 하나님", "참 인간"이라 부를 수 있는 근거를 다시 한 번 발견한다. 모든 인간을 대리하는 "참으로 인간다운 인간" 예수 안에 우리 인간의 본래적 모습, 곧 "참 인간"이 계시된다. 이와 동시에 하나님을 대리하는 그의 삶의 역사에서 "참 하나님"이 계시된다. 모든 인간을 대리하는 그의 참 인간다움 속에 하나님의 모습이 계시되고, 하나님을 대리하는 그의 존재 안에 참 인간의 모습이 계시된다. 예수 안에서 "참 인간"의 모습과 "참 하나님"의 모습이 하나의 인격으로 겹쳐진다.

신약성서가 말하는 "영광"의 개념은 참 인간과 참 하나님이 하나로 겹쳐지는 것을 다시 한 번 나타낸다. 예수 안에서 우리는 그의 영광, 곧 하나님의 외아들의 영광을 본다(요 1:14). 그는 기적을 통해 "그의 영광"을 나타낸다(2:11). 그는 "영광의 주님"이다(고전 2:8; 약 2:1). 그는 자기의 "영광과 덕을 통해" 우리의 생명과 축복을 위한 모든 것을 선사하였다(벧후 1:3). 우리 가운데 계신 그리스도는 "영광의 희망"이다(골 1:27). 우리는 그의 "영광의 나타남"을 기다린다(눅 21:27; 딛 2:13).

그런데 하나님은 "영광의 하나님"이다(행 7:2). 예수의 영광은 영광의 하나님이 그에게 주신 것이다(요 17:22, 24). 그의 영광은 곧 하나님의 영광이다. 예수의 영광 속에서 사람들은 하나님의 영광을 본다. 그러므로 예수가 귀신을 내쫓을 때 사람들은 하나님의 "영광스러운" 위엄에 놀라워한다(눅 9:43). 종합적으로 말해 "참 인간" 예수의 영광 속에서 "참 하나님"의 영광이 나타난다. 예수의 영광과 하나님의 영광이 예수 안에서 하나로 겹쳐진다. 히브리서 1:3은 이것을 다음과 같이 말한다. 예수는 "하나님의 영광의 광채"이다(히 1:3). 예수의 광채 안에서 하나님의 영광이 나타난다. 인간 예수 안에서 "참 인간"의 영광을 보는 동시에 "참 하나님"의 영광을 본다. 여기서 참 인간 예수와 참 하나님의 존재가 구별되는 동시에 하나로 겹쳐진다. 인간 예수의 말씀과 행위는 그와 겹쳐지는 하나님의 말씀과 행위요(14:10-11), 하나님의 말씀과 행위는 인간 예수의 말씀과 행위다. 이를 가리켜 초대교회는 "참 하나님, 참 인간"이라 정의한다.

2) "하나님의 형상"이신 예수: 신약성서에 의하면 예수는 눈에 "보이지 아니하는 하나님의 형상"이다(골 1:15; 고전 4:4). 그는 하나님의 "본체의 형상"이다(히 1:3). "하나님의 형상"이란 예수의 이 칭호에서 우리는 그의 신적 존재와 인간적 존재, 참 하나님과 참 인간이 예수의 한 인격으로 겹쳐지는 것을 다시 한 번 볼 수 있다.

a. 하나님 앞에서 인간 예수는 하나님이 창조한 본래적 "참 인간"의 모습을 나타낸다. 그는 모든 인간이 실현해야 할 하나님의 형상이다. 그는 하나님의 피조물로서 하나님에게 완전히 상응하는 인간이요, "하나님이 기뻐하는" 본래적 인간이다. 성부·성자·성령, 삼위일체 하나님의 품격들이 서로 구별되면서 한 몸을 이루고 모든 것을 함께 나누듯이, 하나님과 이웃과 구별되는 동시에 이들과 한 몸이 되어 모든 것을 함께 나누며 살아가는 본래의 피조물적 인간, 곧 하나님의 형상으로서 예수는 "하나님 앞에" 서 있다.

b. 이와 동시에 예수는 "인간 앞에서" 참 하나님의 모습, 곧 하나님의 형상을 나타낸다. 아무 조건 없이 죄인을 용서하며 죄와 죽음의 세력에서 피조물을 해방하는 참 하나님의 형상이 예수 안에 나타난다. 십자가에 달린 예수 안에서 하나님의 영원한 본질이 계시된다. 이런 점에서 인간 예수는 하나님의 형상이다. 인간이 참 하나님의 형상을 나타낸다는 것은 불가능하기 때문에, 하나님 자신이 그의 아들 예수 안에서 자기의 형상을 나타

낸다.

종합적으로 말해 하나님의 아들 메시아 예수는 하나님 앞에서 모든 인간을 대리하는 참 하나님의 형상, 곧 "참 인간"인 동시에 인간 앞에서 하나님을 계시하는 참 하나님의 형상, 곧 "참 하나님"이다. 하나님의 형상에서 참 인간과 참 하나님이 겹쳐진다. "사람들 앞에서" 예수는 참 하나님의 모습을 계시하는 하나님의 형상이요, "하나님 앞에서" 그는 본래적 인간의 모습으로서의 하나님 형상이다.

하나님은 예수 안에 있는 하나님의 형상으로 우리를 부르신다. 우리는 예수의 모습을 닮아야 한다(고후 3:18; 골 3:10; 고전 15:49; 빌 3:21). 곧 "그리스도의 형상"으로 변화되어야 한다(갈 4:19). 예수를 통해, 예수와 함께 하나님의 영(靈)과 유업을 물려받은 하나님의 아들들이 되어야 한다(갈 4:4-7; 롬 8:14-17). "하나님의 아들의 인간됨(Menschwerdung)은 인간의 인간됨의 시작이다. 하나님은 우리를 보다 더 인간적으로 만드는 인간이 되신다"(Schneider 1992, 438).

E. 영원 전부터 선재하는 하나님의 아들

요한복음 서론의 로고스 그리스도론, 선재 그리스도론, 그리고 빌립보서 2:6-8의 케노시스 그리스도론에 의하면, 하나님의 아들 메시아 예수는 영원 전부터 선재하는 하나님의 아들로 생각된다. 지상의 인간 예수와 하나님의 "아버지-아들의 관계"는 영원 전부터 선재하는 하나님의 내적 존재 안에 있는 "영원한 아버지-아들의 관계"로 소급된다. 이로써 지상의 인간 예수의 삶에 나타나는 성부·성자·성령의 경세적(혹은 경륜적) 삼위일체에서 구별되는 이른바 하나님의 영원한 내재적 삼위일체가 추론된다. 우리는 이것을 지상의 인간 예수와 하나님의 아버지-아들 관계로부터 출발하여 살펴보고자 한다.

1) 인간 예수와 하나님의 아버지-아들 관계: 복음서는 예수를 가리켜 하나님과 아버지-아들의 관계 속에 있는 "하나님의 아들"이라 증언한다. 하나님은 그의 아버지였고, 그는 아버지 하나님의 아들이었다. "하나님의 아들"이란 칭호는 우리와 동일한 "참 인간"인 동시에 하나님과 한 몸을 이루고 있는 예수의 신적 존재, 곧 "참 하나님" 되심을 다시 한 번 나타낸다.

"하나님의 아들" 칭호는 구약성서에 뿌리를 둔다. 구약성서에서 아버지-아들의 관계는 먼저 하나님과 왕의 관계에 나타난다. 본래 이스라엘의 왕은 인간이 아니라 하나님이다. 하나님이 이 백성의 왕이다. "주께서는 영원무궁토록 왕이십니다"(시 10:16; 44:4; 5:2; 84:3; 사 6:5). 그는 "모든 신들 위에 있는 크신 왕"이다(95:3). 그런데 하나님은 인간 왕을 세우시고 그를 "하나님의 아들"이라 부른다(2:6). 이리하여 다윗에 대한 나단의 약속에서, 또 왕의 등극에서 왕은 하나님의 아들이라 불린다(삼하 7:14; 참조. 시 89:27-28; 2:7). 여기서 왕은 하나님을 대리하여 백성을 통치하는 하나님의 대리자를 뜻한다. 이른바 고대 이스라엘의 "왕의 신학"이 이것을 말한다.

구약성서의 왕의 신학은 고대 근동의 왕의 신화를 비신화화시킨 것이다. 고대 근동의 많은 민족들의 신화에 의하면 왕은 신들의 성적 결합을 통해 태어난 신의 아들이라 불리었다. 고대 중국, 이집트, 로마에서도 황제는 곧 신의 아들(*Dei filius*)이었다. 따라서 왕의 후손들은 신적 계보를 가진다(한국의 단군신화도 여기에 속한다). 이를 통해 왕의 통치권은 신적 권위를 가진 것으로 정당화된다. 여기서 우리는 종교적 신화의 정치적 기능을 볼 수 있다.

이러한 신화의 영향이 구약성서에도 발견된다. 하나님이 "왕을 낳았다"는 구절은 이 영향을 반영한다(예를 들어 시 2:7). 그러나 이스라엘은 왕의 신화를 비신화화시킨다. 곧 왕은 신들의 성적 결합을 통해 생산되었다는 신화적 의미에서 하나님의 아들이 아니라 하나님의 통치를 대행해야 할 하나님의 대리자로서 하나님에 의해 입양되고 세워졌다는 뜻에서 "하나님의 아들", "장자", "이스라엘의 목자", "이스라엘의 주권자", "제사장"이라 불린다(시 2:7; 89:27 이하; 삼하 5:2; 시 110:4).

구약성서에 의하면 이스라엘의 왕은 신에게서 생산되었고 신적 계보를 가진 신적 존재가 아니다. 그는 이른바 "천자"(天子)가 아니다. 그는 백성과 동일한 유한한 인간으로서 하나님에 의해 선택된 자일 따름이다. 그러므로 구약성서는 하나님이 왕을 선택하였다고 말한다(시 78:70). 그는 신적 존재가 아니라 하나님의 "택하신 자"(=선택을 받은 자)에 불과하다(삼상 10:24).

따라서 왕의 통치권은 왕의 것이 아니다. 그것은 세습할 수 있는 것이 아니다(당회장 자리도 세습할 수 있는 것이 아니다). 그것은 본래 하나님의 것이요, 하나님이 그에게 맡긴 것에 불과하다. 그러므로 왕은 하나님의 뜻에 따라 그의 통치권을 행사해야 한다. 하나님의 뜻을 거스려 통치할 때 왕은 하나님의 심판을 당하게 된다. 이로써 왕의 권력의 종교적 정당화·절대화가 부인된다. 그러므로 사사시대가 끝날 때까지 고대 이스라엘은 왕정제도를 갖지 않고 12지파 동맹체제(Amphyktionie)를 가지고 있었다.

그러나 하나님의 선택을 통해 세워진 이스라엘의 왕들은 그들에게 부여된 사명과 책임을 망각하고 불신앙과 타락에 빠진다. 그 결과 나라가 망하게 되고 아시리아와 바빌론의 식민지가 된다. 하나님의 선택을 받은 하나님의 백성이 이방 민족의 포로가 된다. 이런 역사적 과정 속에서 하나님은 예언자들을 통해 초월적 구원자 메시아를 이스라엘 백성에게 약속한다. 이 메시아는 하나님의 아들과 동일시된다(삼하 7:13-16 참조). "주는 그리스도(=메시아)시요 살아계신 하나님의 아들입니다"라는 베드로의 고백에서(마 16:16), 또 "그대가 하나님의 아들 그리스도(=메시아)요?"라는 대제사장의 질문에서도 하나님의 아들과 메시아는 동일시된다(26:63).

그러나 하나님의 아들 메시아 예수는 "신의 아들"이라 불리는 세상의 왕들과는 전혀 다른 왕의 모습을 보인다. 그의 왕권은 세속의 왕권과 전혀 다르다. 예수는 그의 왕권을 자기의 뜻에 따라 행사하지 않고 아버지 하나님의 의지에 따라 행사한다. 그의 왕권은 명령과 억압에 있지 않고 자발적 섬김과 자기희생에 있다. 이로써 예수는 구약성서가 기대하는 왕의 본래적 모습을 보여준다. 위에서 명령하고 억압하고 섬김을 받는 자가 아니라 국민을 섬기고 자기를 희생하는 참된 왕의 모습이 예수 안에 나타난다. 그런 점에서 예수는 "만왕의 왕이요 만주의 주"시며 "땅의 왕들의 머리"다(딤전 6:15; 계 1:5). "만왕의 왕, 만유의 주"는 명령하고 착취하는 세상의 왕들이 아니라 세상의 연약한 생명들을 품어주고 그들을 위해 자기의 목숨을 내어준 십자가에 달린 예수이다. 이집트의 파라오나 로마의 황제가 신들의 아들 혹은 신의 형상(Imago Dei)이 아니라, 십자가에 달린 예수가 참 신의 아들이요 그의 형상이다.

"하나님의 아들" 칭호는 두 가지 측면을 나타낸다. ① 먼저 그것은 예수와 그의 아버지 하나님의 구별성을 나타낸다. 아버지 하나님은 아버지로서, 아들 예수는 그의 아들로서 구별되며 각자의 고유한 인격성을 가진다. 아버지 하나님은 아들 안에서 영을 통해 인간이 되는 동시에, 이 인간 예수에게서 구별된다(따라서 "하나님의 죽음"을 말하는 것은 불가능하다). ② 이와 동시에 "하나님의 아들" 칭호는 아버지 하나님과 예수의 내적 일치를 나타낸다. 무한한 사랑의 영 안에서 아버지 하나님이 아들 예수 안에, 아들 예수가 아버지 하나님 안에 있다. "하나님은 그와 함께 계셨다"(행 10:38).

종합적으로 말해 아버지 하나님과 아들 예수는 아버지와 아들로 구별되는 동시에 하나로 결합되고, 하나로 결합되는 동시에 구별된다. 기독교의 삼위일체 교리는 무한한 사랑의 영, 곧 성령 안에 있는 아버지 하나님과 아들 예수 사이의 구별과 일치의 변증법적 관계를 요약한다.

예수가 사용하는 "아빠" 칭호는 아버지 하나님과 아들 예수의 내적인 한 몸 됨을 나타낸다. 구약성서에서도 하나님은 "아버지"라 불린다(15번). 후기 유대교에서도 마찬가지다. "아버지"의 칭호는 하나님의 권위에 대한 복종을 나타내기보다 피조물에 대한 하나님의 신실하심과 돌보심과 자비를 나타낸다. 예수 당시 유대교의 기도문에서 하나님은 때로 "우리 아버지, 우리의 왕" 혹은 "하늘에 계신 아버지"라 불린다. 기도할 때 하나님을 "나의 아버지"라 부르는 것은 당시 유대교에서 흔히 있는 일이었다

(Schneider 1992, 276).

이러한 역사적 배경 속에서 예수도 하나님을 아버지라 부른다. 그는 "아버지" 칭호를 매우 자주 사용하며(복음서에서 174번), 전승된 모든 기도문에서 하나님을 아버지라 부른다(막 14:36; 마 11:25; 눅 11:2; 참조. 눅 23:24, 46; 요 11:41; 12:27-28; 17:1, 5, 11, 21, 24-25). 또 "나의 아버지"라 부르기도 하고, "아빠 아버지"라 부르기도 한다(막 14:36; 또한 롬 8:16; 갈 4:6).

"아빠"는 어린이가 아버지를 부를 때 사용되는 아람어로서, 히브리어 "abi"(=나의 아버지)를 대신하여 예수 당시 유대인들이 사용하던 일상용어였다. 장성한 자녀들도 아버지를 "아빠"라 불렀다. 예수는 이 아람어로 하나님을 부른다. 이를 통해 예수는 아버지 하나님과의 내밀한 결합을 나타내며, 아버지 하나님에 대한 깊은 신뢰 속에서 자기의 생명을 바친다.

마태와 누가는 예수와 그의 아버지 하나님의 내적 결합이나 일치를 다음과 같이 이야기한다. "아버지께서는 모든 것을 맡겨 주셨다"(마 11:27). "아버지께서 모든 것을 내게 맡겨 주셨다. 아버지 밖에는 아들이 누구인지 아는 사람이 없다. 또 아들 밖에는…아버지가 누구인지 아는 사람이 없다"(눅 10:22). 예수와 그의 아버지는 하나이기 때문에, 예수를 영접하는 사람은 그의 아버지 하나님을 영접하는 것이요, 그를 저버리는 것은 그를 보내신 아버지 하나님을 저버리는 것이다(10:16). 또 예수가 행하는 것은 그의 아버지 하나님이 행하는 것이다. "집으로 돌아가서 하나님께서 너에게 베풀어 주신 모든 일을 이야기하여라"(눅 8:39).

요한복음은 마태와 누가의 통찰을 다음과 같이 요약한다. "나와 아버지는 하나이다"(요 10:30, 33). "내가 아버지 안에, 아버지가 내 안에 있다"(14:10). 양자는 하나이기 때문에 "아들은 아버지께서 하시는 일을 보고 그대로 할 뿐이지, 무슨 일이나 마음대로 할 수는 없다. 아버지께서 하시는 일을 아들도 할 따름이다"(5:19). 그러므로 예수를 보는 사람은 그의 아버지 하나님을 본다(14:9). 예수는 "나를 믿는 자는 나를 믿는 것이 아니요 나를 보내신 이를 믿는 것이며, 나를 보는 자는 나를 보내신 이를 보는 것이니라'(요 12:44-45)라고 말씀함으로써 자신과 성부 하나님을 동일시하셨다"(곽미숙 2009, 51).

바울에 의하면 "하나님이 그리스도 안에 있었다"(고후 5:19). 깊은 사랑의 하나 됨 속에서 아들 예수는 아버지 하나님의 분신이요 그의 의지 자체이다. 그는 "하나님의 능력이요 하나님의 지혜"이다(고전 1:24). 그는 "하나님의 영광의 광채시요 하나님의 본체대로의 모습이다"(히 1:3). "보이지 아니하는 하나님의 형상"이신 "그리스도 안에 신성, 곧 하나님의 본성이 충만하게 거하신다"(곽미숙 2009, 53).

2) 모든 인류에게 열려진 하나님과 예수의 "아버지-아들" 관계: 하나님과 예수의 아버지-아들 관계는 인간에 대해 배타적인 것이 아니라 모든 사람에게 열려 있다. 예수의 하나님 아들 되심을 통해 모든 인류가 하나님과 아버지-아들의 관계에 들어갈 수 있다. 이것은 먼저 주기도문에 나타난다. "하늘에 계신 우리 아버지"라는 호칭은 온 인류가 하나님과 아버지-아들의 관계에 들어갈 수 있음을 시사한다. 아버지 하나님의 아들 예수는 모든 인간을 "아버지와 아들의 관계"로 초대한다. 이 호칭은 "하나님과 신자들의 관계를 전통적인 가족 개념(혈육)이 아닌 새로운 가족 개념으로 규정해" 준다. "이 새로운 공동체 안에서는 모두가 하나님을 '우리의' 아버지로 고백할 수 있다"(서중석 1991, 177).

바울에 의하면 그리스도인들 안에는 그리스도의 영(靈)이 거한다. 이 영은 "예수를 죽은 자들 가운데서 살리신 이의 영", 곧 아버지 하나님의 영이기도 하다. 그리스도인들은 그리스도와 하나님의 영의 인도함을 받는 "하나님의 아들들"이다. 그들은 "종의 영을 받지 않고 양자의 영을 받은", 그러므로 하나님을 "아빠 아버지"라 부르는 "하나님의 자녀들"이다(롬 8:9-16). 하나님은 아들의 영을 그리스도인들의 마음속에 보내시고, 이 영을 통해 아빠 아버지라 부르게 하였다. 이제 그들은 종이 아니라 하나님의 아들이다(갈 4:6-7).

모든 인간의 아버지-아들 관계에 대한 신약성서의 표상은 구약성서에

서 유래한다. 앞서 기술한 바와 같이 이스라엘의 왕은 "하나님의 아들"이
라 불린다. 그런데 하나님의 아들 신분은 특히 출애굽 전승과 연관하여 계
약의 백성 전체로 확대된다(호 11:1; 렘 31:9, 20; 참조. 렘 3:19; 출 4:22). 이스라
엘 백성의 모든 사람들이 "하나님의 자녀", 곧 하나님의 아들과 딸이라 불
린다(신 14:1; 사 43:6; 45:11).

하나님의 아들 예수를 통해 모든 그리스도인들이 하나님과 아버지-
아들의 관계에 있다면, 예수와 모든 그리스도인들은 형제관계에 있다. 그
들은 예수의 "형제"요(히 2:11), 예수는 "형제 중에서 맏아들"이다(롬 8:29; 히
1:6). 그는 참 생명으로 다시 태어난 그리스인들의 "첫 열매" 또는 "장자"(長
子)이고(고전 15:20, 23), 그리스도인들은 "장자"이신 예수를 통해 구원과 생
명을 얻어 하나님의 영광에 들어간 "많은 아들들"이다(히 2:10). 그들은 메
시아 예수를 그들의 머리 혹은 큰 형님, 큰 오빠로 가진 사람들, 곧 "메시
아의 사람들"이다.

성서는 예수와 그리스도인들의 형제관계를 친구관계로 나타낸다. 예
수는 자기 홀로 하나님 아들의 특권을 누리면서 인간을 자기의 종(從)으
로 삼지 않는다(사이비 기독교 소종파에서 볼 수 있는 것처럼). 오히려 그는 인간을
자기의 "친구"로 삼는다. 그는 "세리와 죄인들의 친구"였다(눅 7:34). 그는
나사로를 "나의 친구"라 부른다(요 11:11). 예수의 뒤를 따르는 그리스도인
들은 예수의 종이 아니라 "친구"이다(15:15). 예수와 그리스도인들의 친구
관계는 구약의 하나님과 인간의 친구관계에 역사적 뿌리가 있다. 하나님
은 "사람이 그 친구와 이야기하는 것처럼" 모세와 대면하여 말씀하신다(출
33:11).

그리스도인들이 예수를 통해 "하나님의 아들" 또는 자녀의 신분을 얻
었다는 것은 모든 그리스도인들이 하나님 나라의 역사를 위한 "하나님의
상속자들이요 그리스도의 공동 상속자들"의 신분을 얻었다는 것을 뜻한
다(롬 8:17). 그들은 하나님의 아들들 혹은 자녀들이기 때문에 "하나님의 유
업을 이을 자"(=상속자)이다(갈 4:7). 유대인이나 그리스인이나, 종이나 주인

이나, 메시아 예수 안에서 모든 사람이 하나이며 아브라함의 후손으로서 "약속을 따라 정해진 상속자들이다"(갈 3:29).

예수로 말미암아 얻게 된 하나님의 상속자 직분은 예수의 뒤를 따라 예수가 행한 일을 계속하는 데 있다. 그들은 예수의 고난에 참여해야 하며 (롬 8:17), 하나님의 나라를 이 세계의 현실 속에 세워야 한다. 예수의 뒤를 따라 하나님의 작은 형상들 곧 하나님 나라의 메시아적 현실들이어야 하며 "하나님의 존재의 담지자들"이어야 한다(Joest 1984, 232). 모든 피조물이 하나님의 자녀들이 나타나 그들을 파멸의 세력에서 해방하고, "하나님의 자녀들의 영광의 자유에" 이르기를 기다리고 있다(롬 8:18-21).

3) "위로부터" 가능한 예수의 하나님 아들 되심: 여기서 다음과 같은 질문이 제기된다. 우리와 동일한 실존적 조건에 묶여 있는 인간 예수가 어떻게 우리와 전혀 다른 "참 인간"일 수 있고 "하나님의 아들"일 수 있는가? 현실적으로 이것은 불가능한 일이 아닌가?

우리 인간에게 이것은 불가능하다. 우리 인간은 아무리 노력해도, 자신의 힘으로써는 참 인간일 수 없고 하나님의 아들이 될 수 없다. 그것은 인간의 역사, 문화적 전통, 환경, 교육, 유전적 자질을 통해 형성될 수 있는 것, 자기를 발전시킬 수 있는 것으로부터 해결될 수 있는 문제가 아니다. 예수도 율법에 대한 교육이나 자신의 노력을 통해 우리와 전혀 다른 참 인간, 하나님의 아들이 되지 않았다. 우리가 모든 영광을 하나님에게 돌린다 해도 하나님과 우리 인간 사이의 "소외"(Entfremdung)는 극복되지 않으며, 우리는 "새 존재"가 될 수 없다(Tillich에 반해). 하나님과 이웃에 대한 특별한 관계와 행동을 통해서도 그것은 불가능할 것이다(Gogarten에 반해).

우리와 동일한 인간 예수가 우리와 전혀 다른 참 인간, 하나님의 아들이 되는 것은, 이른바 "아래로부터" 가능한 것이 아니라 "위로부터" 가능하다. 곧 무(無)에서 만유를 창조할 수 있는 성령의 능력과 창조적 행위를 통해 가능하다. 성령의 능력을 통해 하나님은 자기 자신과 일치하며 그와 한 몸을 이루는 참 인간, 곧 둘째 아담을 창조한다.

물론 인간 예수는 우리 인간과 마찬가지로 지혜와 지식과 통찰력에 있어 점차 성장하였다. 그는 더 이상 성장할 필요가 없는 완성품으로 이 세상에 오신 것이 아니라 모든 면에서 성장해야 할 존재로 오셨다. 하나님을 향한 신뢰에 있어서도 그는 점차 성장한다(눅 2:52 참조). 그러나 그의 참 인간 되심과 하나님 아들 되심은 단순히 인간 예수의 인간적 노력과 발전의 결과가 아니라 예수 안에서 하나님 없는 인간들과 세계를 구원하려는 하나님의 결단에 기인한다.

한마디로 예수의 하나님 아들 되심은 아래에서 위를 향한 인간의 활동이 아니라 이 세상으로 "내려오는"(행 7:34) 하나님의 기선적 행위에 기인한다. 그것은 인간의 되어감(*fieri*)을 통한 것이 아니라 성령 가운데서 하나님 자신의 오심(*advenire*)으로 말미암은 것이다. 이런 점에서 예수의 참 인간 되심과 하나님 아들 되심은 신적 기원을 가진다.

예수의 참 인간성은 영원한 내재적 삼위일체로 소급된다. 예수는 이른바 영원 전부터 삼위일체 하나님의 아들이었기 때문에 인간다운 인간, 곧 참 인간일 수 있었다. 하나님과 하나 된 그의 참된 인간 존재 안에서 우리는 그의 신적 존재를 볼 수 있다. 그의 인간성 안에서 하나님의 신성을 볼 수 있다. 인식에 있어 인간 예수의 역사적 삶이 먼저 있고, 그 다음에 그의 신적 존재가 온다. 그러나 존재에 있어 그의 신적 존재가 먼저 있고, 그 다음에 인간 예수의 역사적 삶이 있다. 곧 인식의 순서에서는 행위가 먼저 있고, 그 행위로부터 존재가 인식된다. 즉 존재가 행위를 뒤따른다(*esse sequitur agere*). 존재의 순서에서는 존재가 먼저 있고, 그 존재에서 행위가 나온다. 그래서 행위가 존재를 뒤따른다(*agere sequitur esse*).

복음서는 예수의 신적 기원을 설명하기 위해 ① 성령을 통한 동정녀 마리아의 수태와 예수의 탄생, ② 영원 전부터 선재하는 하나님 아들의 성육신과 종의 형태를 취함이라는 두 가지 패러다임을 사용한다. 동정녀 탄생의 기적에 관한 보도는 마태복음과 누가복음에만 기록되어 있는 반면(마 1:18-23; 눅 1:26-38), 예수의 선재에 관한 이야기는 요한복음 서론과 바울

서신을 중심으로 신약성서의 많은 본문들 속에 전제되어 있다(고전 8:5; 빌 2:5 이하; 골 1:15-16; 히 1:2-3; 2:10; 벧전 1:20, 23; 요일 1:1; 계 1:8). 예수의 선재는 영원 전부터 계신 하나님 안에 있는 예수의 신적 근원을 이야기하고, 동정 녀 탄생의 기적은 마리아를 통해 일어난 하나님의 행위를 이야기한다.

4) 동정녀 탄생의 신학적 의미: 성령을 통한 동정녀 탄생에 관한 이야 기의 목적은 성령과 처녀 마리아 사이에 일어난 생물학적 사실의 전달에 있지 않다. 곧 요셉의 남성적 기능을 성령이 대신하였다는 것을 말하려는 것이 아니다. 오히려 그 목적은, 예수는 인간적 가능성으로 말미암은 존재 가 아니라 하나님의 창조적 행위를 통해 이 세상에 오신 하나님의 아들임 을 증언하는 데 있다. 여기서 마리아의 처녀성은 이것을 나타내는 수단에 불과하며 문제의 본질에 속하지 않는다.

가장 오래된 마가복음과 바울과 요한은 동정녀 탄생에 관해 전혀 언급 하지 않는다. 공관복음서도 동정녀 탄생에 모순되는 내용들을 이야기한 다. 예를 들어 요셉이 예수의 아버지란 사실을 당연한 것으로 전제한다(마 13:55). 바울은 하나님이 그의 아들을 한 여자에게서 태어나게 하였다고 말 한다(갈 4:4). 마태복음과 누가복음이 보도하는 예수의 족보는 요셉에 이 르기까지 일어난 인간의 자연적 수태와 탄생을 전제한다. 이 족보 이야기 는 마리아가 아니라 요셉과 함께 끝난다. 이것은 요셉에 의한 예수의 자연 적 출산과, 요셉이 예수의 아버지라는 것을 전제한다. 또 복음서는 예수를 "요셉의 아들"(눅 3:23; 요 6:42) 혹은 "목수의 아들"(마 13:55)이라 부르며, 예 수의 형제들과 친척들에 대해 보도한다(막 3:21, 31 이하). 이 보도는 동정녀 탄생에 관한 복음서의 보도에 모순된다.

만일 예수가 동정녀에게서 탄생하였다면, 그는 우리와 동일한 인간이 아닐 것이다. 예수의 수태에 있어 남자의 성적 기능이 성령의 작용을 통해 대체된다면, 예수는 그의 신적 본성은 성령에게서 받고 인간적 본성은 한 여자에게서 받은 존재, 그러므로 참 사람도 아니고 참 하나님도 아닌 반신 반인과 같은 존재일 것이다. 또 동정녀 탄생설에 있어 인간의 성(性)은 그의 피조성과 자연성을 상실하고 죄악된 것, 하나님의 구원의 역사에 있어 제외되어야 할 것으로 생각된다. 기독교의 원죄 교리는 인간의 성에 대한 이러한 부정적 표상에 근거한다.

그러나 우리는 성령에 의한 동정녀 마리아의 수태와 예수의 탄생에 담긴 신학적 의미를 간과해서는 안 될 것이다. ① 성령에 의한 동정녀 탄생은 하나님의 구원의 역사에 있어 여자가 차지하는 기능의 중요성을 드러낸다. ② 예수는 인간의 가능성으로 말미암아 생겨난 존재가 아니라 은혜로우신 하나님의 의지와 행동으로 말미암아 우리에게 오신 하나님의 외아들이란 점을 나타낸다. 즉 그것은 예수의 신적 근원을 설명하는 은유로서 중요한 가치를 가진다. ③ "동정녀 탄생은 어두운 인류 역사에 새로운 빛과 희망의 소식을 전해 준다. 지금까지 당연하게 생각했던 모든 것에서 눈을 돌려 새로운 구원의 길을 바라보게 한다"(박재순 1988, 59).

지난 몇 십 년 동안 가끔 일어난 논쟁, 곧 예수가 동정녀 마리아에게서 태어났느냐 아니면 남자 경험을 가진 마리아에게서 태어났느냐의 논쟁은 문제의 본질에 속하지 않는다. 우리는 성령에 의한 동정녀 탄생의 기적 가능성을 부인할 필요가 없다. 자연의 생물계에서 수컷과 교접이 없는 암컷의 수태가 실제로 일어난다. 그러나 예수가 처녀에게서 태어났느냐 아니냐의 문제가 중요한 것이 아니라 예수는 하나님의 가능성과 기선적 행위로 말미암아 이 세상에 오신 하나님의 아들이요, 그를 통해 어두운 인류의 역사에 새로운 빛과 희망이 열린 사실이 중요하다.

5) 마리아에 관한 교리: 예수의 삶의 역사에서 마리아는 어떤 위치를 가지는가? 특히 가톨릭교회에서 마리아론은 중요한 위치를 차지한다. 마리아에 관한 신약성서의 자료는 몇 가지 밖에 되지 않는다. 마리아는 예수와 그의 친형제들의 생모였다(막 6:3; 마 13:55; 참조. 고전 9:5; 갈 1:19; 요 7:3 이하). 최소한 공적 활동의 시작 단계에 마리아는 그의 자녀들과 더불어 예수를 이해하지 못했고 그를 거부하는 태도를 취했다(막 3:21, 31-35; 마 12:46-50; 눅 8:19-21). 예수가 십자가의 죽음을 당할 때 마리아는 "십자가 곁

에서" 아들 예수의 죽음을 지켜보았다(요 19:25-27; 공관복음은 이에 대해 침묵한다). 마리아는 예수의 형제들과 함께 최초의 기독교 공동체에 속했다(행 1:14). 이것이 마리아에 대한 성서의 자료의 전부이다.

그러나 역사적으로 가톨릭교회는 마리아의 위치를 과대평가하는 경향을 보인다. 마리아는 그녀의 어머니에게서 태어날 때 하나님의 특별한 은혜를 통해 원죄가 없는 깨끗한 상태로 태어났다(1854년의 교리). 마리아가 죽을 때 그녀의 몸이 하늘로 들리어졌다(1950년의 교리). 20세기 가톨릭교회는 마리아에게 "공동 구원자"(corredemptrix)의 칭호를 부여하고, 마리아와 예수의 위치를 점점 더 동등한 것으로 보는 경향을 가진다. "하나님(주님)의 어머니"는 "만유의 여왕"으로서 "주들의 주(계 19:16 참조), 죄와 죽음에 대한 승리자와 동일한 형태를 갖기 위해" 승천하여 예수의 존귀와 위엄에 참여하는 신적 존재로 신격화 된다(이에 관해 Härle 2007, 352-53; Müller 2007, 508).

가톨릭교회의 이러한 경향은 심각한 문제점을 드러낸다. 마리아를 예수와 비슷한 혹은 동등한 위치에 세우는 것은, "그리스도만이"(solus Christus) 우리의 구원자라고 보는 종교개혁의 신학적 통찰에 모순된다. 물론 우리는 한 여성 마리아의 고뇌와 강함을 존중해야 할 것이다. 그러나 마리아는 결국 한 인간에 불과하며 결코 신격화될 수 없는 존재다. 동정녀 마리아를 통한 예수의 탄생은 십자가와 부활과 동일한 선상에 있는 "구원의 사실"로 간주될 수 없다.

마리아를 "비천한 계집 종"(눅 1:48)으로, 하나님의 구원의 역사를 위한 단순한 수단으로 비하시키고 무시해버리는 것은 타당하지 않다(개신교회의 경우). 그 반면 구원의 사역에 있어 예수와 동등한 위치를 가진 존재로서 마리아를 신격화시키고 숭배하는 것도 타당하지 않다(가톨릭교회의 경우).

마리아는 우리와 같은 한 인간이다. 그러나 한 여성으로서 하나님의 구원의 역사에 자기를 개방하며 세계의 구원을 이루는 한 생명이 마리아의 몸 안에서 생성되었다는 점에서 마리아는 특별한 위치를 차지한다. 이

점에 있어 마리아는 그리스도인들의 존경을 받아 마땅하다. 하나님의 구원의 역사에 있어 모든 여성을 대표하는 한 여성 마리아의 인격적 가치, 그녀의 고뇌와 강함은 망각되지 않고 존중되어야 할 것이며, 여성으로서 마리아의 인격적 가치는 먼저 교회 내에서 또 사회의 모든 영역에서 인정되고 실현되어야 할 것이다. 또 남성이 지배하는 사회와 교회에서 마리아의 여성성을 강조하는 것은 가톨릭교회의 위대한 공적이라 생각된다.

6) 영원 전부터 선재하는 하나님의 아들: 요한복음 서론의 로고스 그리스도론, 선재 그리스도론은 동정녀 탄생의 기적보다 한층 더 깊은 차원에서 메시아 예수의 신적 근원을 이야기한다. 즉 삼위일체 하나님 안에 있는 하나님 아들의 영원한 선재와 성육신에서 그의 신적 근원을 발견한다. 참 인간 예수는 성령에 의한 마리아의 수태를 통해서, 혹은 세례자 요한의 세례를 통해 비로소 하나님의 아들로 입양된 것이 아니라 영원 전부터 선재하는 하나님의 아들이었다. 따라서 예수의 메시아적 구원의 사역은 인간 예수의 결단에 근거한 우연이 아니라 하나님의 영원한 존재와 결단에 근거한다.

이를 설명하기 위해 요한복음 서론은 고대 그리스 철학에서 유래하는 로고스(Logos) 개념을 수용하고, 하나님의 아들 메시아 예수를 영원 전부터 아버지 하나님과 함께 계셨던 말씀(=Logos)으로 표현한다. 로고스 개념을 통해 요한복음 서론은 헬레니즘의 우주론적·종교철학적 사고를 수용하고 이를 그리스도론적으로 해석한다. 헬레니즘의 영향을 받은 초대교회의 영지주의에서 로고스는 인간과 신의 신화적 중간 존재 또는 중재자를 가리킨다.

그러나 요한복음 서론의 로고스 개념은 단순히 헬레니즘의 우주론적·종교철학적 사고에서 유래하는 것이 아니라 구약성서에 뿌리를 둔다. 창세기 1장에 의하면 하나님은 영원 전부터 그와 함께 선재하는 말씀(dabar)으로 세계를 창조하였다. 요한복음 서론은 이 말씀을 로고스로 번역하고, 이 말씀이 예수 안에서 인간의 육(sarx)이 되었다고 말한다(1:14).

따라서 로고스 개념은 단지 고대 그리스 철학의 개념에 불과한 것이 아니라 "기독교 내의 유대교적 전통과 연관성"을 가진다(M. Hengel). "구원이 유대인에게서 나온다"라는 요한복음 4:22의 구절이 이를 시사한다. 요한복음 서론의 구약성서적, 유대교적 뿌리는 유대교 회당에서 쫓겨난 요한공동체의 "유대교적·그리스도인들"에게로 소급된다(서중석 1991, 242; 박경미 2005, 222).

우리는 이와 비슷한 정황을 히브리서 입문에서도 발견한다. 즉 히브리서도 헬레니즘의 우주론적 사고를 수용하여 하나님의 아들 예수를 "우주적 그리스도"로 나타내는 동시에(히 1:2-3; 2:10) 이 아들을 구약성서의 전통 속에서 파악한다. 옛날에 여러 번 그리고 여러 모양으로 예언자들을 통해 우리 조상들에게 말씀하신 하나님이, 이 마지막 날들에 아들을 통하여 말씀하셨다(1:1). 이 구절에서 아들과 말씀이 연결된다.

요한복음 서론에 의하면 이 말씀은 우주론적·종교철학적 관념이나 신화적 중간 존재가 아니라 인간의 육의 형태로 나타난 하나님의 아들 메시아 예수이다. 달리 말해 요한복음 서론은 로고스를 구약이 약속하는 하나님의 아들 메시아로 이해한다. "우리가 메시아를 만났다"(요 1:41). "메시아, 곧 그리스도라 하는 이가 오실 줄을 저는 압니다"(4:25). 거꾸로 말해 공관복음서가 보도하는 하나님의 아들 메시아 예수는 육이 된 하나님의 말씀이다. 그는 하나님의 말씀을 말할 뿐 아니라 하나님의 말씀 자체이다. 곧 하나님의 사랑이요 메시아적 하나님 나라 자체이다. 이 말씀은 태초에 세계가 창조되기 이전 영원 전부터 "하나님과 함께 있었다"(1:1). 따라서 예수는 특정한 역사적 시점에 하나님의 아들이 된 것이 아니라 영원 전부터 하나님과 함께 선재하는 하나님의 아들이다. 요한복음 외에도 신약성서의 많은 본문들이 예수의 선재적 신성을 전제한다(롬 8:3; 갈 3:19; 엡 1-2장; 빌 2:6-7; 골 1:15-17; 딤전 1:15).

영원 전부터 하나님과 함께 선재하였던 로고스, 곧 하나님의 아들을 요한복음 서론은 하나님과 동일시한다. "이 말씀은 곧 하나님이었다"(요

1:1-3, 14). 여기서 아버지 하나님과 그의 아들이 동일한 신적 존재로 규정된다. 아버지도 하나님이요 아들도 하나님이다. 빌립보서의 표현에 의하면, 자기를 비어 종의 형태를 취하시고 사람의 모양으로 나타나신 하나님의 아들은 하나님과 동일한 본질을 가진 분이다(빌 2:6-8). 그리스적 기독교 공동체 이전에 있었던, 아람어를 사용하는 최초의 팔레스타인 공동체에서 예수는 하나님으로서 경배를 받는다(고전 8:6).

이와 같이 아버지 하나님과 그의 아들은 동일한 신적 존재지만, 아버지와 아들로 구별된다. 여기서 우리는 아버지 하나님과 그의 아들의 내재적 삼위일체의 관계를 발견한다. 아들은 깊은 사랑의 영 안에서 아버지와 하나인 동시에 구별되고, 구별되면서 하나를 이룬다. 지상의 예수의 삶에 나타나는 아버지 하나님과 그의 아들 예수와 성령의 경세적 삼위일체는 그의 영원한 내재적 삼위일체에 근거한다.

따라서 예수의 하나님 아들 되심과 신적 파송의 근원은 영원 전부터 선재하는 성부·성자·성령의 내재적 삼위일체에 있다. 사랑의 영을 통한 아버지와 아들의 영원한 삼위일체적 관계가 지상의 예수의 삶 속에서 인간의 형태를 가진다. 지상의 예수는 영원한 하나님의 아들이 성육신함으로써 얻은 "종의 형태"이다. 이 형태 속에 참 하나님이 있는 동시에 참 인간이 있다. 예수는 참 인간과 참 하나님이 우리와 만나는 사건이다. 예수를 만날 때, 우리는 그 안에서 참 인간을 만나는 동시에 참 하나님을 만난다.

그러나 하나님 아들의 성육신은 예수의 수태와 출생을 통해 완결된 것으로 생각되어서는 안 될 것이다. 오히려 그것은 십자가의 죽음과 부활에 이르는 그의 삶의 전체 과정을 통해 일어난다. 인간 예수는 그의 삶의 전체 과정 속에서 하나님의 아들이다. 아버지 하나님에 대한 그의 관계는 그의 인간적 성장 과정 속에서, 그리고 하나님과 이웃과 교통하는 삶의 과정 속에서 발전하며 십자가의 죽음과 부활에서 결정적으로 완성된다. 그는 삶의 전 과정에 있어 하나님의 아들이다.

따라서 성육신은 단지 예수의 동정녀 탄생으로 끝난 사건이 아니라 그의 삶의 전 과정과 관계한다. 그의 삶의 전 과정은 그의 인격적 통일성과 하나님과의 하나 됨이 전개되는 과정이다. 삶의 전 과정을 통해 하나님의 아들은 육화된다. 이 육 안에 삼위일체 하나님 자신이 계시고 세상의 연약한 생명들을 찾으신다. 로고스 그리스도론의 이러한 생각은 다음과 같은 의미를 함축한다.

a. 하나님은 영의 하나님인 동시에 육의 하나님이기도 하다. 육과 물질의 영역도 하나님의 것이요 그의 통치영역에 속한다. 하나님 나라의 메시아적 현실은 육과 물질의 영역에서도 이루어져야 한다. 하나님의 성육신은 땅 위에 있는 모든 육과 물질에 대한 하나님의 긍정이다.

b. 자기를 비우고 종의 형태로 낮추신 하나님에게 참 생명이 있다면, 우리 인간이 참 생명에 이를 수 있는 길은 자기를 높임에 있지 않다. 오히려 자기를 비우고 자기를 낮추는 데 있다. 이른바 윗자리에 있다는 사람들은 자기를 낮추고 섬기는 자의 위치에서 일해야 한다(눅 22:26). 회사의 사장은 일반 사원들과 함께, 군대의 장성들은 아래 사병들과 함께, 교회의 당회장은 사찰집사와 함께 때로 자리를 같이 하고 그들의 위치에서 생각해 볼 수 있어야 한다. 그래야 조직의 상황을 밑바닥에서부터 파악할 수 있고 아래 사람의 존경을 받을 수 있다(고대 카르타고의 명장 한니발은 전쟁 때 야외에서 졸병들과 함께 잠을 잤다고 함). 어깨에 힘을 주면서 자기를 높일 때 아래 사람들이 자기를 우습게 여긴다는 것을 의식해야 한다.

c. 성서의 언어 사용에서 육은 인간의 허무하고 죄되고 비천한 존재를 가리킨다. 아들 예수를 통해 하나님이 육을 취했다는 것은 하나님이 이 세계의 가장 비천한 사람들일지라도 버리지 않고 그들과 함께 계시고자 함을 말한다. 하나님이 그의 아들을 통해 인간 존재의 비참한 심연 속으로 자기를 낮추시고 죽음의 어둠 속으로 들어오셨다면, 인간은 삶의 비참과 죽음 속에서도 홀로 있지 않고 하나님과 함께 있다. 다른 사람들이 자기를 거부하고, 자기가 자기 자신을 도저히 용납할 수 없다고 생각되는 거기에서도 하나님은 그를 용납하고 그의 생명을 붙드신다. 하나님은 있는 그대

로의 우리를 용납하고 새로운 생명의 길을 열어준다. 이제 우리는 하나님의 사랑이 성육신되는 하나님의 활동에 참여하고, 인간과 세계의 샬롬을 위해 일하는 "하나님의 상속자, 그리스도의 공동 상속자"가 된다.

d. 하나님의 성육신을 통해 하나님의 새로운 생명의 현실이 "육의 세계" 속에 있게 되었다. 그러므로 육의 세계는 그 자신으로서 전부가 아니다. 그 속에는 자신을 변화시키는 메시아적 "누룩"이 들어와 있다. 이 누룩으로 말미암아 인간의 존재와 세계의 모든 사물들이 동요하기 시작한다. 하나님 나라의 새로운 현실을 향한 변증법적 역사가 시작된다.

7) 지혜 그리스도론과 로고스 그리스도론: 요한복음 서론의 로고스 개념은 구약성서가 이야기하는 "지혜"의 개념에 상응한다. 지혜는 인격적 존재로서 세계의 창조 이전에 하나님과 함께 선재하였다. 하나님은 이 지혜와 함께, 지혜를 통하여 세계를 창조하였다. 달리 말해 지혜는 하나님의 창조의 중재자였다(잠 8:22-31). 하나님은 "그 지혜로 세계를 세우셨고, 그 명철로 하늘들을 펴셨다"(렘 10:12). 그는 "지혜로 땅을 세우셨다"(잠 3:19). 그러므로 지혜는 세계의 기초이며 생명의 길이다(욥 28:20-28). 지혜가 인간의 세계 속으로 들어와 인간을 부르지만, 인간은 지혜를 거절하고 미련한 길을 택한다(잠 8:1-5).

요한복음 서론의 로고스 개념은 여성형 지혜(sophia)의 개념 대신에 남성형 로고스(ho logos) 개념을 수용한다. 여성형을 예수와 결합시키는 것은 불가능하다고 보았기 때문이라 추측된다. 그 대신 구약성서와 구약 외경(특히 지혜서)에 기록된 지혜의 특징들을 로고스 개념에 수용한 것으로 보인다. 아마도 이것은 기독교가 등장하기 이전, 헬레니즘의 영향 속에 있던 후기 유대교의 전승과정에서 일어난 것으로 추측된다.

지혜의 개념과 비교할 때 로고스 개념은 장점을 가진 동시에 단점도 가진다. 본래 로고스 개념은 고대 그리스 철학에서 유래하며, 이성, 사유, 이해, 지식, 말(씀), 우주의 질서를 뜻한다. 따라서 로고스 개념은 이성과 합리적 사고와 지식의 측면을 강조하는 반면 인간의 감성적 측면과 성숙된 삶의 지혜를 간과할 수 있는 취약성이 있다. 사실적 진리 인식의 측면을 강조하는 반면 하나님에 대한 경외와 이웃에 대한 사랑 안에서 더불어 살아야 할 삶의 지혜의 측면이 약화된다. 남성형 로고스 개념을 통해 남성적 측면이 강조되고, 여성형 소피아의 여성적 측면은 배제된다. 이리하여 연약한 생명들을 섬기고 자기를 희생하는 여성적 예수 상은 사라지고 만왕의 왕, 만주의 주, 만물의 통치자(Pantokrator) 등 남성적 예수상이 기독교를 지배하게 된다. 수백 년 전에 건축된 유럽의 교회 건물에서 볼 수 있는 전제군주와 같은 예수의 조각은 십자가에 달린 예수와 전혀 어울리지 않는다.

신약성서에는 로고스 개념 외에 "지혜"의 전통이 발견되기도 한다. 십자가에 달려 죽었고 부활하신 예수가 세상의 모든 지혜있는 자들을 부끄럽게 하는 "하나님의 지혜"이다(고전 1:24; 또한 골 2:3; 계 5:12 참조). 예수 자신의 어록(Q 자료)과 공관복음의 여러 본문들도 하나님의 지혜와 예수의 동일성을 암시한다(막 6:2; 마 11:19; 12:32; 13:34; 눅 2:40; 11:27; 7:35; 11:31, 49 참조). 하나님의 지혜이신 예수는 모든 인간이 닮아야 할 "눈에 보이지 않는 하나님의 형상"(골 1:15), 곧 하나님의 사랑의 거울이다. 참 지혜는 예수 안에 계시되는 하나님의 사랑에 있다. 하나님의 사랑, 곧 하나님의 지혜가 땅과 하늘의 기초이다. 요한복음 서론은 이 지혜를 로고스로 파악한다. 이로써 로고스 그리스도론은 우주적 그리스도론으로 발전한다.

F. 세계의 희망 메시아 예수
– 우주적 그리스도론

1) 창조의 중재자: 신약성서에 의하면 영원 전부터 선재하는 하나님의 아들 메시아 예수는 창조의 중재자이다. 만물이 그를 통해, 곧 말씀을 통해 창조되었다. 창조된 것 가운데 그가 없이 창조된 것은 아무것도 없다 (요 1:3). 그는 피조물보다 먼저 계셨고, 온 우주가 그를 통해 창조되었다

(골 1:15-17). 예수로 말미암아 하나님은 "모든 세계를 지으셨다"(히 1:2; 참조. 2:10). 그러므로 예수는 아버지 하나님과 함께 우주와 그 안에 있는 만물의 근원이 되신다. 바울서신에 의하면 예수는 세 가지 측면에서 우주의 신적이며 무한히 창조적인 근원이다(골 1:16-17).

a. 하나님이 지으신 우주의 만물(ta panta)이 "그를 통하여", 곧 하나님의 지혜 혹은 로고스를 통해 창조되었다. 그러므로 우주의 만물이 그를 통해 형태를 얻으며 유기체적 관계 속에서 친교를 가진다. 한 분 주님을 통해 창조되었기 때문에 우주의 모든 사물들은 내적 일치성 또는 통일성을 가진다. 그들은 내적으로 서로 화합하고 일치하고자 하는 본성을 가진다.

b. 하나님이 지으신 우주의 만물이 "그분 안에서" 창조되었다. 우주의 "만물이 그분 안에 함께 서 있다"(골 1:17). 하나님의 사랑의 영 안에서 우주의 만물이 예수 안에 있고, 예수가 우주의 만물 안에 있다. 그들 안에 계신 그분의 현존과 성령의 힘을 통해 우주의 만물은 무의 세력을 극복하고 그들의 생명을 유지한다. 그들 안에 현존하는 예수와 사랑의 영의 힘을 통해 새로운 창조가 일어난다. 사랑의 영(靈) 속에서 예수는 자기의 생명과 종(種)을 유지하기 위해 끊임없이 진화하는 모든 생명의 내적 힘으로 작용한다.

c. 하나님의 아들 메시아 예수가 창조의 근원이라면, 창조의 방향과 목적이 예수 안에 있다. 즉 만물이 "예수를 향하여" 창조되었다. 우주 안에 있는 모든 피조물은 예수 안에 계시되는 하나님의 사랑 안에서 살도록 창조되었다. 온 우주가 예수 안에 계시되는 하나님 나라의 메시아적 현실을 "향해" 창조되었다. 예수는 우주의 "알파와 오메가요, 처음과 나중이요, 시작과 끝"이다(계 22:13). 곧 우주의 근거와 목적이다. 그는 우주가 지향해야 할 하나님 나라의 선취자(先取者)요 계시자이다.

2) 우주와 역사의 주, 통치자: 만물의 알파와 오메가이신 하나님의 아들 메시아 예수는 우주의 주님이요 통치자이다. 아버지 하나님은 예수를 죽은 자들 가운데서 다시 살리시고 자기의 오른편에 앉히셨다. 그는 예수에게 "모든 권력과 권세와 힘과 주권과 이 세상뿐 아니라 오는 세상에 일

컫는 모든 이름 위에 뛰어나게 하시고, 또 만물을 그 발아래 복종하게" 하셨다(엡 1:20-22). 여기서 예수는 온 우주와 역사의 주님으로 생각된다.

신약성서의 세계에서 "주"(그리스어 *kyrios*, 아람어 *mara*)란 칭호는 본래 종교적 칭호가 아니라 세속의 통치자, 곧 로마 황제를 가리킨다. 이에 반해 구약성서에서 이 칭호는 야웨 하나님을 가리킨다. 그래서 70인역은 구약성서의 야웨를 "주"라 번역한다. 황제와 하나님에게 적용되던 "주"란 칭호가 이제 예수에게 적용된다. 초기 기독교 공동체의 성찬식에서 사용되던 "마라나타"(고전 16:22, 주께서 오신다!)라는 가장 오래된 고백에서도 예수는 "주"라고 불린다. "주"의 칭호는 다음의 내용을 담지한다.

하나님의 아들 메시아 예수는 그의 아버지 하나님과 동등한 분으로서 우주의 통치자요 역사의 주이시다. 우주와 역사의 주는 로마 황제나 어떤 인종이나 집단이 아니라 하나님의 아들 메시아 예수이다. 힘을 가진 인간이 역사를 결정하고 역사의 "주"인 것처럼 보인다. 그러나 역사의 참 "주"는 하나님의 아들 메시아 예수이다. 그가 "모든 왕들의 왕이요, 모든 주들의 주"이다(딤전 6:15). 우주의 모든 것이 하나님의 아들 예수의 메시아적 통치(=주권) 아래에 있어야 한다.

"주님" 예수에 대한 신앙고백은 로마제국의 황제숭배와 충돌할 수밖에 없었다. 로마의 황제가 아니라 그의 통치권에 의해 죽임을 당한 예수가 그리스도인들과 우주와 역사의 통치자요 주이다. 그분만이 그들의 통치자이며 "현재적 명령자"이다(Weber 1972b, 92). 이를 통해 로마 황제의 신격화가 부인된다. 황제의 신격화에 대한 부인은 황제의 통치권의 신격화·절대화에 대한 부인을 뜻한다. 한마디로 "주"란 칭호는 땅 위의 모든 권력을 탈신화화·상대화시킨다(여기에는 종교적 권력도 속한다). 그러므로 초기 그리스도인들은 국가의 반역자요 무신론자(*atheoi*)라는 혐의로 로마 황제의 박해를 받게 된다. 죽음을 무릅쓴 그들의 "증언"(*martyria*)이란 단어에서 "순교"(*martyrium*)라는 단어가 생성되었다.

3) 장차 오실 그분: 그리스도인들은 하나님의 아들 메시아 예수를 우

주와 역사의 퀴리오스(주)라고 고백한다. 그러나 우주와 역사는 아직도 죄와 죽음의 세력을 벗어나지 못하고 있다. 무덤과 같은 세계 속에 갇힌 자들이 참 생명으로 깨어나는 부활의 역사가 예수의 부활을 통해 시작했지만, 죄와 죽음의 세력은 아직도 파괴적 힘을 발하고 있다. 하나님이 지으신 인간의 마음속에는 여전히 죽음의 세력과 생명의 세력이 갈등을 일으키고 있다. 따라서 예수의 십자가의 죽음과 부활 이후의 역사는 부활하신 주님 대(vs) 죄와 죽음의 세력의 투쟁의 역사라 말할 수 있다.

대립과 투쟁의 이 역사는 창조의 중재자요 역사의 주님이신 예수가 다시 오실 때 마무리 될 것이다. 피조물의 세계를 위협하는 죄와 죽음의 세력이 완전히 폐기되고, 만물이 삼위일체 하나님과 화해될 것이며, "만물의 통일"(ἀνακεφαλαιώσις τῶν πάντων, anakefalaiosis ton panton)이 예수 안에서 이루어질 것이다(엡 1:10). 이때 하나님이 모든 것 안에서 모든 것이 될 것이며(고전 15:28), 우주와 역사에 대한 예수의 주권이 완성될 것이다. 모든 부정적인 것이 부정되고, "더 이상 죽음과 슬픔과 울부짖음과 고통이 없는" "새 하늘과 새 땅"이 올 것이다. 십자가에 달리고 부활하신 예수가 우주의 통치자요 역사의 주님이란 사실이 증명될 것이다. 그러므로 신약성서의 공동체는 역사의 주님이요 완성자이신 주님의 다시 오심을 믿고 기다린다(살전 3:13; 고전 15:23; 마 24:3, 27; 벧후 3:4). 여기서 이미 오셨고 그리스도인들 가운데 현존하는 하나님의 아들 메시아 예수는 "장차 오실 분"으로 생각된다.

4) 예수의 재림에 관하여: 신약성서에 의하면 초기 기독교 공동체는 "주님의 재림에 대한 기다림 속에 있는 공동체"라 말할 수 있을 정도로, 다시 오실 주님에 대한 기다림 속에 있었다. "주의 날"(고전 1:8), "주의 오심"(1:7; 살후 2:1), "주의 나타나심"(딤전 6:14)에 관한 본문들이 이를 반영한다. 요한계시록은 "현재에도 계시고, 과거에도 계셨고, 또 미래에 오실 분"에 대해 이야기한다(계 1:4, 8; 4:8). 그밖에도 신약성서의 여러 본문들이 주님의 "오심"이나 "강림"에 대해, 혹은 "잠시 잠간 후에 오실 그분"에 대해 증

언한다(고전 4:5; 11:26; 15:23; 히 10:37).

알버트 슈바이처는 그의 박사학위 논문 "예수의 삶의 연구의 역사"에서 다음과 같이 주장한다(Schweitzer 1951, 437 이하). 기독교의 초기 공동체들이 기다리던 예수의 재림은 계속 연기되기만 하였다. 결국 그것은 역사의 종말로 미루어졌고, 역사 내에서 일어나지 않게 되었다. 이로써 슈바이처의 이른바 "철저 종말론"을 통해 종말은 철저히 폐기된다.

슈바이처의 이러한 주장은 통속적 종말론 신앙에 상응한다. 예수의 재림은 역사의 마지막 시점에 일어날 것이다. 여기서 재림은 시간의 과정에 속한 것으로 생각된다. 그것은 과거로부터 현재를 거쳐 미래로 흐르는 시간 과정의 마지막 시점에 위치한다.

재림에 대한 이러한 통속적 생각은 심각한 문제가 있다. 만일 예수의 재림이 지금 우리가 경험하는 이 시간 과정의 마지막 시점에 위치한다면, 그것은 이 시간 과정에 대해 아무런 "새로움"이 아닐 것이다. 그것은 이 시간 과정의 마지막 귀결, 곧 과거에 주어진 것이 되어감(라틴어 fieri)을 통해 도달하는 마지막 결과에 불과할 것이다. 그것은 이 세계에 대해 새로운 것이 아니라 이 세계의 연장에 불과할 것이다. 이것은 사실상 재림의 폐기를 뜻한다.

재림으로 번역되는 그리스어 "파루시아"(parousia)는 본래 "도래" 혹은 "현재"를 뜻한다. 곧 과거로부터 "되어가는 것"이 아니라 아직 주어지지 않은 미래로부터 "오는 것"(라틴어 advenire. 이 단어에서 "강림", 곧 Advent란 단어가 생성됨), 미래로부터 와서 현재가 되는 것을 말한다. 따라서 재림은 "장차 오실 그분"이 지금 오고 있음을 뜻한다(보다 자세한 내용에 관해『기독교 신학』제5권 "종말론" 참조).

마태복음에서 예수는 그의 이름으로 모이는 사람들 가운데 함께 계실 것이라 말한다(마 18:20). 즉 미래에 오실 그분이 자기의 이름으로 모인 사람들 가운데 지금 함께 계신다는 것이다. 그렇다면 예수는 단순히 역사의 마지막 시점에 오는 것이 아니라 성령의 능력 속에서 지금 오고 있다. 그는 지금도 세상의 연약한 생명들을 찾아오시며, 그의 이름으로 모인 사람들 가운데 현존한다. 그는 미래적인 동시에 현재적이다. 그러므로 아람어를 사용했던 최초의 팔레스타인 공동체는 이렇게 고백한다. "마라나타!"(= 주께서 오신다, 고전 16:22) 그러나 구원의 역사는 아직 완성되지 않았고, 그의 메시아적 주권은 은폐된 상태에 있다. 아직도 인간의 마음속에는 악이 숨어 있고, "죽음과 슬픔과 울부짖음과 고통"이 이 세계에 가득하다. 그러므로 신약성서의 공동체는 메시아 예수의 다시 오심을 기다린다. 메시아 예수는 자기를 기다리는 공동체에게 이렇게 약속한다. "내가 진실로 속히 오리라!"(계 22:20, 7, 12; 3:11) 이에 대해 공동체는 다음과 같이 응답한다. "아멘, 주 예수여 오시옵소서!"(22:20) 오셔서 우리의 죄된 존재를 변화시키시고, 이 악하고 비인간적인 세상을 당신의 나라로 바꾸어 주소서!

예수의 부활과 마찬가지로 예수의 재림도 과학적 사고에 익숙한 현대인에게는 허황된 종교적 이야기로 들릴 것이다. 인공위성이 우주 공간을 날아다니는 시대에 예수가 큰 "호령과 천사장의 소리와 함께" "구름을 타고 온다"는 신약성서의 이야기는 고대인들의 신화로 들릴 수밖에 없다(살전 5:16; 계 1:7). 그러므로 불트만을 위시한 일련의 신학자들은 예수의 재림을 인간학적으로 재해석해야 할 하나의 신화로 간주한다.

그러나 우리는 신화적 형태를 가진 이야기 속에 삶의 깊은 진리가 숨어 있음을 유의해야 할 것이다. 왜 신약성서의 공동체들은 다시 오실 예수를 기다리는가? 무엇 때문에 그들은 "예수가 구름을 타고 다시 오실 것이다"라는 믿기 어려운 이야기를 하는가? 그 까닭은 아직도 인간이 거짓되고 악하며 세계는 죄와 죽음의 세력에 붙들려 있기 때문이다. 신음하는 피조물들 속에서 하나님 자신이 신음하기 때문이다.

부활신앙과 마찬가지로 예수의 재림에 대한 신앙도 그 속에 "메시아적 누룩"을 담지하고 있다. 그것은 거짓되고 악한 인간들과 이 세계에 대한 부정인 동시에 생명의 주 메시아 예수가 다스리는 정의롭고 인간적인 세계에 대한 동경과 기다림의 몸부림이다. 그것은 불의하고 비인간적인 세계 속에서 하나님의 새로운 생명의 세계를 향한 메시아적 기다림과 희망의 표현이요, "정의에 대한 목마름"(E. Bloch)의 표현이다. 다시 오실 그분에 대한 기다림은 단순히 구름 타고 다시 오실 예수에 대한 기다림이 아니라 "이제는 죽음과 슬픔과 울부짖음과 고통이 없는" 새로운 생명의 세계에 대한 기다림과 '밀접하게' 결합되어 있다.

오늘 우리의 세계는 경제성장을 최고의 목적과 가치로 삼고 있다. 돈이 하나님의 자리에 앉아 세계를 호령하고 있다. 그러나 사람들은 이 세계의 궁극적인 목적이 무엇인지, 이 세계가 어떤 세계가 되어야 할 것인지, 우리가 참으로 희망해야 미래가 무엇인지에 대해 침묵한다. 실로 이 세상은 목적을 알지 못한 채 기술발전과 경제성장, 더 많은 생산과 소유와 소비란 이름의 호랑이 등에 묶여 호랑이가 내달리는 대로 함께 내달리는 모습을 보인다. 혹 그러다가 절벽으로 떨어지지는 않을까? 이 세계에 참 희망이 있다면, 그 희망은 무엇일까? 이 세계는 참 희망이 될 수 없는 헛된 것을 희망하다가 자신의 힘으로 벗어나기 어려운 탐욕과 죄와 고난과 무의미와 사회 계층 간의 양극화 속에서 총체적 파멸의 위기에 빠져 있지 않은가? 경제가 발전하면 할수록 인간의 세계는 더욱 더 불의하고 비인간적인 세계로 변모하고 있지 않은가?

이러한 세계에 대해 신약성서의 기자들은 다시 오실 예수에게서 세계의 희망을 발견한다(딤전 1:1). 하나님의 아들 메시아 예수께서 다시 오실때, "이전의 하늘과 이전의 땅"은 사라지고, "다시는 죽음과 슬픔과 울부짖음과 고통이 없는" 하나님의 "새 하늘과 새 땅"이 이루어질 것이다. 그러므로 예수의 공동체는 "깨끗한 마음과 선한 양심과 거짓 없는 믿음에서 우러나오는 사랑"(1:5) 안에서 이렇게 간구한다. "아멘, 주 예수여 오시옵소서!" 이에 예수는 응답한다. "그렇다. 내가 곧 오겠다"(계 22:20).

Alt, F. (1988), 『산상설교의 정치학―평화는 가능하다』, 남정우 역, 서울: 도서출판 보리.

Althaus, P. (1972), *Die Christliche Wahrheit, Nachdruck der 8.* Aufl., Gütersloh.

Altner, G. (1988), *Die Überlebenskrise in der Gegenwart. Ansätze zum Dialog mit der Natur in Naturwissenschaft und Theologie*, Darmstadt.

Ayala, Fr. J. (2002), "너무나 인간적인 동물: 진화와 윤리학", 『과학과 종교. 새로운 공명』, 김흡영, 배국원, 윤원철, 윤철호, 신재식, 김윤성 공역, 서울: 동연출판사.

Barbour, I. G. (2003a), *Wissenschaft und Glaube. Historische und zeit-genössische Aspekte*, Göttingen.

_____ (2003b), 『과학이 종교를 만날 때』, 서울: 김영사.

Barth, K. (1922), *Der Römerbrief*, 2. Aufl., Zürich.

_____ (1958), *Kirchliche Dogmatik* II/1, Zürich.

_____ (1970), *Kirchliche Dogmatik* III/1, 4. Aufl., Zürich.

_____ (1961), *Kirchliche Dogmatik* III/3, 2. Aufl., Zürich.

_____ (1960), *Kirchliche Dogmatik* IV/1, Zürich.

_____ (1964), *Kirchliche Dogmatik* IV/2, 3. Aufl., Zürich.

Bloch, E. (1970), *Das Prinzip Hoffnung* I, Frankfurt am Main.

_____ (1988), *Atheismus im Christentum. Zur Religion des Exodus und des Reichs*, Frankfurt am Main.

Bonhoeffer, D. (1967), *Nachfolge*, 9. Aufl., München.

_____ (1968), *Schöpfung und Fall*, München.

_____ (1975), *Ethik*, 8. Aufl., München.

Bornkamm, G. (1975), *Jesus von Nazareth*, 10. Aufl., Stuttgart.

Brunner, E. (1972), *Dogmatik*, Bd. II: *Die christliche Lehre von Schöpfung und Erlösung*, Zürich.

Bultmann, R. (1960), *Theologie des Neuen Testaments*, 6. Aufl., Tübingen.

_____ (1972), *Glauben und Verstehen* I, 7. Aufl., Tübingen.

_____ (1968), *Glauben und Verstehen* II, 5. Aufl., Tübingen.

_____ (1960), *Kerygma und Mythos* I, 4. Aufl., Tübingen.

_____ (1967), *Exegetica. Aufsätze zur Erforschung des Neuen Testaments*, Tübingen.

Capra, F. (1989), 『현대 물리학과 동양사상』, 이성범, 김용정 공역, 서울: 범양사.

Chardin, P. T. de (1970), *Wissenschaft und Christus*, in: *Werke von Teilhard de Chardin* 11, München.

Dawkins, R. (1993), 『이기적 유전자』, 홍영남 역, 서울: 을유문화사.

Descartes, R. (1960), *Meditationen*, PhB 271, Hamburg.

Diekamp, F. (1949), *Katholische Dogmatik nach den Grundsätzen des heiligen Thomas* I, 10. Aufl., Münster.

Dostoevskii, F. M. (2001), 『카라마조프가 형제 (상)』, 박호진 역, 서울: 혜원출판사.

Dürr, H.-P/Meyer-Abich, K. M./Mutschler, H.-D./Pannenberg, W./Wuketits, F. M. (2001), 『신, 인간 그리고 과학』, 여상훈 역, 서울: 도서출판 시유시.

_____ (2003), *Das Netz des Physikers. Naturwissenschaftliche Erkenntnis in der Verantwortung*, DTV 33056, 2. Aufl., München.

Ebach, J. (1989), "Schöpfung in der hebräischen Bibel," *in: G. Altner (Hrsg.),*

Ökologische Theologie, Stuttgart.

―――― (1979), *Dogmatik des christlichen Glaubens* I, Tübingen.

Eichholz, G. (1971), *Gleichnisse der Evangelien*, Neukirchen.

Eicher, P. (Hrsg.), (1988), *Neue Summe Theologie* 1. *Der lebendige Gott*, Freiburg, Basel, Wien.

Eigen M./Winkler, R. (1983), *Das Spiel. Naturgesetze steuern den Zufall*, 3. Aufl., München, Zürich.

Einstein, A. (1981), *Briefe*. Aus dem Nachlaß, hrsg. von H. Dukas u. B. Hoffmann, Zürich.

Epikur (1949), *Fragmente über die Götter*, in: Epikur, Von der Überwindung der Furcht, Hrsg. von O. Gigon, Zürich.

Feuerbach, L. (1976), *Das Wesen des Christentums* (1841), Frankfurt am Main.

Freud, S. (1975), *Vorlesungen zur Einführung in die Psychoanalyse und Neue Folge, Studienausgabe* 1, 6. korrigierte Aufl., Frankfurt am Main.

Frevel, Chr. (2003), "(Menschsein)Altes Testament," in: Chr. Frevel/O. Wischmeyer, *Menschsein. Perspektiven des Alten und Neuen Testaments*, NEB Themen 11, Würzburg.

Gehlen, A. (1971), *Der Mensch. Seine Natur und seine Stellung in der Welt*, 9. Aufl., Frankfurt am Main.

Gogarten, F. (1965), *Die Verkündigung Jesu Christi*, 2. Aufl., Göttingen.

Gräßer, E. (1999), "Schweitzer, Albert (1875-1965)," in: *Theol. Realenzyklopädie* Bd. XXX, Berlin, New York.

Graßmann, G. (Hrsg.), (1979), *Die Augsburger Bekenntnis Deutsch 1530-1980*, 2. Aufl., Freiburg, Basel, Wien.

Härle, W. (2007), *Dogmatik*, 3., überarbeitete Aufl., Berlin, New York.

Hattrup, D. (2006), *Der Traum von der Weltformel oder Warum das Universum schweigt*, Freiburg, Basel, Wien.

Hawking, S. W. (1995), 『우주에도 생명이 존재하는가』, 과학시대 역, 서울: 우리시대사.

Hegel, G. W. F. (1952), *Phänomenologie des Geistes*, PhB 114, 6. Aufl., Hamburg.

_____ (1968), *Vorlesungen über die Philosophie der Weltgeschichte* II, PhB 171 c und d, hrsg. von Lasson, 2. Aufl., Hamburg.

Heintel, E. (Hrsg.), (1960), *Joh. Gottfried Herder's Sprachphilosophie*. Ausgewählte Schriften, PhB. 248, Hamburg.

Heisenberg, W. (1971), *Der Teil und das Ganze. Gespräche im Umkreis der Atomphysik*, München.

Hengel, M. (1977), *Der Sohn Gottes. Die Entstehung der Christologie und die jüdisch-hellenistische Religionsgeschichte*, 2. Aufl., Tübingen.

Herder, J. G. (1966), *Ideen zur Philosophie der Geschichte der Menschheit*, Hamburg.

Hügli, A. (1980), "Mensch" in: *Historisches Wörterbuch der Philosophie*, Bd. V, hrsg. von J. Ritter u. K. Gründer, Basel, Stuttgart.

Janowski, B. (1993), "Herrschaft über die Tiere," in: *Biblische Theologie und gesellschaftlicher Wandel*, hrsg. von G. Braulik u. a., Freiburg, Basel, Wien.

Jastrow, R. (1978), *God and the Astronomers*, New York.

Jeremias, J. (1956), *Die Gleichnisse Jesu*, 4. Aufl., Göttingen.

_____ (1988), 『예수시대의 예루살렘』, 한국신학연구소 번역실 역, 서울: 한국신학연구소.

Joest, W. (1984), Dogmatik I. *Die Wirklichkeit Gottes*, Göttingen.

_____ (1986), *Dogmatik* II. *Der Weg Gottes mit dem Menschen*, Göttingen.

Josuttis, M. (1987), "Selektion oder/und Ehrfurcht vor dem Leben," in: G. Altner(Hrsg.), *Ökologische Theologie. Perspektiven zur Orientierung*, Darmstadt.

Kant, I. (1794), "Über das Mißlingen aller philosophischen Versuche in der

Theodizee", in: *Berlinische Monatsschrift*, Berlin. 194-225.

_____ (1961), *Die Religion innerhalb der Grenzen der Vernunft*, PhB 45, 7.
Aufl., Hamburg.

Kantzenbach, F. W. (1982), *Die Bergpredigt: Annährung, Wirkungsgeschichte*,
Stuttgart.

Käsemann, E. (1960), "Wunder," in: *Die Religion in Geschichte und Gengenwart*
VI, 3. Aufl., Tübingen.

_____ (1970), *Exegetische Versuche und Besinnungen* I, 6. Aufl., Göttingen.

Kee, H. C. (1971), 『신약성서 이해』, 서중석 역, 서울: 대한기독교서회.

Kehl, M. (2006), *Und Gott sah, dass es gut war. Eine Theologie der Schöpfung*,
Freiburg im Breisgau.

Kessler, H. (2000), *Gott und das Leid seiner Schöpfung*, Würzburg.

Koehler, L. (1953), *Theologie des Alten Testaments*, 3. Aufl., Neukirchen.

Konrad, J. (1960), "Vorsehung," in: *Die Religion in Geschichte und Gegenwart*
VI, 3. Aufl., Tübingen.

Kraus, H.-J. (1983), *Systematische Theologie im Kontext biblischer Geschichte
und Eschatologie*, Neukirchen-Vluyn.

Kropotkin, P. A. (2005), 『만물은 서로 돕는다』, 김영범 역, 서울: 도서출판 르네상스.

Küng, H. (1970), *Menschwerdung Gottes. Eine Einführung in Hegels
theologisches Denken als Prolegomena zu einer künftigen Christologie*,
Freiburg im Breisgau.

_____ (1976), *Christ Sein*, 8. Aufl., München, Zürich.

_____ (1995), *Existiert Gott? Antwort auf die Gottesfrage der Neuzeit*, 3.
Aufl., München, Zürich.

Leibniz, G. W. (1996a), *Die Theodizee* I, *Philosophische Schriften* Bd. 2.1,
Frankfurt am Main.

_____ (1996b), *Die Theodizee* II, *Philosophische Schriften* Bd. 2.2, Frankfurt am Main.

Link, Chr. (1991a), *Schöpfung. Schöpfungstheologie in reformatorischer Tradition, Handbuch Systematischer Theologie* Bd. 7/1, Gütersloh.

_____ (1991b), *Schöpfung. Schöpfungstheologie angesichts der Herausforderungen des 20. Jahrhunderts, Handbuch Systematischer Theologie* Bd. 7/2, Gütersloh.

Loofs, F. (1968), *Leitfaden zum Studium der Dogmengeschichte,* 7. ergänzte Aufl., Tübingen.

Lorenz, K. (1971), *Das sogennante Böse. Zur Naturgeschichte der Aggression,* 29. Aufl., Wien.

_____ (1983), *Der Abbau des Menschlichen,* München, Zürich.

Löwith, K. (1953), *Von Hegel zu Nieztsche. Der revolutionäre Bruch im Denken des neunzehnten Jahrhunderts,* 3. Aufl., Zürich.

Marx, K. (1971), *Kritik der Hegelschen Dialektik und Philosophie überhaupt,* in: Marx-Engels I, Studienausgabe, hrsg. von I. Fetscher, Fischer Taschenbuch 6059, Frankfurt am Main.

_____ (2004), *Die Frühschriften, Kröner Taschenausgabe* 209, Stuttgart.

Migliore, D. L. (2012),『기독교 조직신학 개론—이해를 추구하는 신앙』, 신옥수·백충현 공역. 서울: 새물결플러스.

Moltmann, J. (1968), *Perspektiven der Theologie. Gesammelte Aufsätze,* München.

_____ (1969), *Theologie der Hoffnung. Untersuchungen zur Begründung und zu den Konsequenzen einer christlichen Eschatologie,* 8. Aufl., München.

_____ (1971), *Mensch,* Stuttgart.

_____ (1972), *Der gekreuzigte Gott. Das Kreuz Christi als Grund und Kritik christlicher Theologie,* München.

_____ (1976), *Im Gespräch mit ERNST BLOCH. Eine theologische Wegbegleitung*, München.

_____ (1980), *Trinität und Reich Gottes. Zur Gotteslehre*, München.

_____ (1985), *Gott in der Schöpfung. Ökologische Schöpfungslehre*, München.

_____ (1989), *Der Weg Jesu Christi. Christologie in Messianischen Dimensionen*, München.

Müller, G. L. (2005), *Katholische Dogmatik. Für Studium und Praxis der Theologie*, 2. Aufl. der Sonderausgabe, Freiburg in Breslau u. a.

Oakley, B. A. (2008), 『나쁜 유전자』, 이종삼 역, 서울: 도서출판 살림.

Oberman, Heiko A. u. a. (1977), *Kirchen- und Theologiegeschichte in Quellen* I, *Alte Kirche*, Neukirchen.

Oelmüller, W. (1990), "Schwierigkeiten beim Ja-Sagen", in: *Theodizee — Gott vor Gericht?*, hrsg. von W. Oelmüller, München.

Pannenberg, W. (1972), *Grundzüge der Christologie*, 4. Aufl., Gütersloh.

_____ (1093), *Anthropologie. Anthropologie in theologischer Perspektive*, Göttingen.

_____ (1991), *Systematische Theologie*, Bd. 2, Göttingen.

Perpeet, W. (1976), "Kultur, Kulturphilosophie", in: *Historisches Wörterbuch der Philosophie*, Basel, Stuttgart.

Peters, T. (ed.), (1993), *Toward a Theology of Nature: Essays on Science and Faith*, Louisville.

Plessner, H. (1964), *Conditio humana. Einleitung zur Propyläen-Weltgeschichte*, Pfullingen.

_____ (1965), *Die Stufen des Organischen und der Mensch*, 2. erweiterte Aufl., Berlin.

Pöhlmann, H. G. (1973), *Abriß der Dogmatik*, Gütersloh.

Polkinghorne, J. (1988), *Belief in God in an Age of Science*, New Haven.

_____ (2009), 『양자물리학 그리고 기독교 신학』, 현우식 역, 연세대학교 출판부.

Przywara, E. (1953), *Was ist Gott?*, Göttingen.

Rad, G. von, (1969), *Theologie des Alten Testaments*, Bd. I. *Die Theologie der geschichtlichen Überlieferungen Israels*, 6. Aufl., München.

_____ (1972), *Das Erste Buch Mose: Genesis*, ATD 2-4, 9. Aufl., Göttingen.

Ragaz, L. (1983), 『산상수훈』, 신요섭 역, 서울: 한국기독교장로회 신학연구소.

Rahner, K. (1955), *Zur Theologie der Menschwerdung*, in: *Schriften zur Theologie* 4, Freiburg in Breisgau.

Ritschl, A. (1895), *Die christliche Lehre von der Rechtfertigung und Versöhnung* III, Berlin.

Schleiermacher, F. (1960), *Der christliche Glaube* II, Berlin.

Schneider, Th., (Hrsg.), (1992), *Handbuch der Dogmatik* 1, Düsseldorf.

Schoberth, W. (2006), *Einführung in die theologische Anthropologie*, Darmstadt.

Schmidt, H. H. (1973), "Schöpfung, Gerechtigkeit und Heil, 'Schöpfungstheologie' als Gesamthorizont biblischer Theologie", in: *Zeitschrift für Theologie und Kirche* 70.

Schweitzer, A. (1951), *Geschichte der Leben-Jesu-Forschung*, 6. Aufl., Tübingen.

_____ (1988), *Die Lehre von der Ehrfurcht vor dem Leben. Grundtexte aus fünf Jahrzehnten*, 5. Aufl., München.

Sobrino, J., SJ. (1978), *Christology at the Crossroads*, New York.

Thielicke, H. (1976), *Mensch Sein — Mensch Werden. Entwurf einer christlichen Anthropologie*, Tübingen.

Thies, Chr. (2000), *Gehlen zur Einführung*, Hamburg.

Tillich, P. (1956), *Systematische Theologie* I, 3. Aufl., Stuttgart.

_____ (1958), *Systematische Theologie* II, 3. Aufl., Stuttgart.

_____ (1966), *Systematische Theologie* III, Stuttgart.

Tipler, F. J. (1994), *The Physics of Immortality: Modern Cosmology, God, and the Resurrection of the Dead*, New York.

Trillhaas, W. (1972), *Dogmatik*, 3. Aufl., Berlin, New York.

Vollborn, W. (1960), "Wunder," in: *Die Religion in Geschichte und Gegenwart* VI, 3. Aufl., Tübingen.

Weber, O. (1972a), *Grundlagen der Dogmatik* I, 4. Aufl. Neukirchen-Vluyn.

_____ (1972b), *Grundlagen der Dogmatik* II, 2. Aufl. Neukirchen-Vluyn.

Weinberg, S. (1980), *Die ersten drei Minuten. Der Ursprung des Universums*, München.

Weizsäcker, C. F. von (1992), *Die Geschichte der Natur*, 9. Aufl., Göttingen.

Westermann, C. (1976), *Theologie des Alten Testaments in Grundzügen*, Göttingen.

White, L. (1970), "The Historical Roots of Our Ecological Crisis," in: *The Environmental Handbook*, New York.

Wilson, E. O. (2000), 『인간 본성에 대하여』, 이한음 역, 서울: 사이언스북스.

_____ (2005), 『통섭-지식의 대통합』, 최재천·장대익 공역, 서울: 사이언스북스.

Windelband, W. (1957), *Lehrbuch der Geschichte der Philosophie*, 15. Aufl., Tübingen.

Wittgenstein, L. (1963), *Tractatus logico-philosophicus. Logisch-philosophische Abhandlung*, Frankfurt am Main.

Wolff, H. W. (1974), *Anthropologie des Alten Testaments*, München.

Wölfel, E. (1981), *Die Welt als Schöpfung*, München.

강영란 (2008), "『씨올의 소리』, 씨올들의 참 지도서이기를", 『씨올의 소리』 제38권 제3호, 사단법인 함석헌기념사업회 발행.

곽미숙 (Kwak, Misook, 2004), *Das Todesverständnis der koreanischen Kultur.*

Der Umgang der koreanischen Christenheit mit dem Tod im Licht der biblisch-theologischen Tradition, Frankfurt am Main, Berlin, Bern, Bruxelles, New York, Oxford, Wien.

_____ (2009), 『삼위일체론 전통과 실천적 삶』, 서울: 대한기독교서회.

권진관 (1992), "크리스챤의 정치적 행동을 위한 종합적 판단 방법", 『전환기의 민중신학 – 죽제 서남동의 신학사상을 중심으로』, 죽제 서남동 목사 기념논문집 편집위원회 편, 서울: 한국신학연구소.

_____ (2008), 『현대세계의 위기와 하나님의 나라』, 서울: 한들출판사.

김경재 (2000), "새 천년 시대의 인간 이해와 기독교 신학", 『한국기독교 신학논총』 제19집, 한국기독교학회 편, 서울: 대한기독교서회.

김균진 (1980), 『헤겔 철학과 현대신학』, 서울: 대한기독교출판사.

_____ (1991), 『생태학의 위기와 신학』, 서울: 대한기독교서회.

_____ (2006), 『자연환경에 대한 기독교 신학의 이해』, 서울: 연세대학교 출판부.

_____ (2007), 『생명의 신학』, 서울: 연세대학교 출판부.

김기석 (2005), "생명! 그 경이로운 행진을 바라보는 몇 가지 시각에 대하여 – 현대과학의 생명관과 신학적 질문들", 『公共性의 윤리와 평화』, 손규태 교수 정년퇴임 기념논문집, 서울: 한국신학연구소.

김명용 (1997), 『현대의 도전과 오늘의 조직신학』, 서울: 장로회신학대학교 출판부.

김애영 (2003), "생명·생태·여성신학", 『한국기독교 신학논총』 제30집, 한국기독교학회 편, 서울: 대한기독교서회.

김영선 (2003), "생명의 개념과 본질에 대한 신학적 고찰", 『한국 기독교 신학논총』 제30집, 한국기독교학회 편, 서울: 대한기독교서회.

김영진 (2005), "구약성서의 인간 존엄", 『신학논단』 41집, 연세대학교 신과대학, 연합신학대학원 편, 서울: 한들출판사.

김은규 (2003), "창세기 1장의 생명과 생태사상: 노장사상과 불교적 이해", 『한국 기독교 신학논총』 제30집, 한국기독교학회 편, 서울: 대한기독교서회.

김이곤 (2005), "구약성서에서 본 '생명의 영성'에 관한 한 신학적 성찰", 장상교수 정년퇴임 기념 논문집, 김성재·이경숙 편, 서울: 한국신학연구소.

김재준 (2001), 『장공 김재준 논문 선집』, 장공 김재준 목사 탄신 100주년 기념사업위
원회 편, 오산: 한신대학교 출판부.

김재진 (2003), "생명의 생태학적 환경과 생명 창조사", 『한국 기독교 신학논총』 제30
집, 한국기독교학회 편, 서울: 대한기독교서회.

김정숙 (2006), "후기 구조주의 페미니즘 시각에서 본 주체성의 문제와 기독교 인간학
에서 말하는 하나님 형상의 의미", 『한국조직신학 논총』 제16집, 한국 조직신학회
편, 서울: 한들출판사.

김흡영 (2004), "생명·생태·신학: 신·우주·인간(삼태극)의 묘합(도의 신학)", 『한국
기독교 신학논총』 제31집, 한국기독교학회 편, 서울: 대한기독교서회.

_____ (2006), 『현대과학과 그리스도교』, 서울: 대한기독교서회.

노세영 (1992), "제사신학에 나타난 창조와 구속", 『창조의 보전과 한국신학』, 한국기
독교학회 논총 제9집, 한국기독교학회 편, 서울: 대한기독교서회.

문경규 (2008), 『사도의 창조론』, 서울: 복음문고.

박경미 (2005), "요한신학 이야기", 『성서·여성·신학』, 장상교수 정년퇴임 기념 논문
집, 김성재·이경숙 편, 서울: 한국신학연구소.

박영식 (Park, Young-Sik 2007), "Theodizeefrage und Gottesfrage," in: *Korea
Journal of Christian Studies*, Vol. 54, Korea Association of Christian Studies,
Seoul: The Christian Literature Society of Korea.

_____ (2008), "칸트의 신정론과 신학", 『한국기독교 신학논총』 제58집, 한국 기독교학
회 편, 서울: 대한기독교서회.

박재순 (1988), 『예수운동과 밥상공동체』, 서울: 도서출판 천지.

박종천 (1992), "더불어 살기 위한 계약: 창조보전을 위한 한국신학적 기여", 『창조의
보전과 한국신학』, 한국기독교학회 논총 제9집, 한국기독교학회 편, 서울: 대한기
독교서회.

박창현 (2006), "선교의 목표로서의 하나님 나라 이해: 세상에 소망을 주는 기쁜 소식
으로서의 하나님 나라", 『한국기독교 신학논총』 제44집, 한국기독교학회 편, 서울:

대한기독교서회.

박하규 (2002), 『하나님은 계신다: 그 증거』, 서울: 쿰란출판사.

방연상 (2008), "새로운 주체로 신학하기: 임마누엘 레비나스의 사상을 중심으로", 연세대학교 신과대학 주최 제48회 연세 신학공개강좌 자료집.

법정 (2006), 『살아 있는 것은 다 행복하라』, 법정 잠언집, 류시화 엮음, 서울: 조화로운 삶.

서남동 (1983), 『民衆神學의 探究』, 서울: 한길사.

서용원 (2004), "신약성서 부활 전승의 형성과 선포", 『한국기독교 신학논총』 제32집, 한국기독교학회 편, 서울: 대한기독교서회.

서창원 (2003), "창조 교리의 재해석 가능성", 『과학과 신학의 대화』, 한국조직신학 논총 9집, 한국조직신학회 엮음, 서울: 대한기독교서회.

서중석 (1991), 『복음서해석』, 서울: 대한기독교서회.

_____ (2006), "마태의 예수와 세례 요한", 『한국기독교 신학논총』 제43집, 한국 기독교학회 편, 서울: 대한기독교서회.

손호현 (2006), "아름다움의 모험: 화이트헤드의 세 가지 신정론 분석", 『한국기독교 신학논총』 제43집, 한국기독교학회 편, 서울: 대한기독교서회.

송창근 (1998), 『만우 송창근 전집 I』, 서울: 한국기독교장로회 출판사.

시오노 (1995), 나나미., 『로마인 이야기 - 한니발 전쟁』, 김석희 옮김, 서울: 한길사.

신영오 (2005), 『사람처럼 개처럼』, 서울: 도서출판 기파랑.

신재식 (2006), "진화과학의 종교이해: 도킨스와 윌슨을 중심으로", 『한국사회와 교회를 위한 조직신학의 역할』, 2006년 4월 한국조직신학회 전국 조직신학자대회 논평집.

신준호 (2005), 『아픔의 신학. 내면의 자기실현을 위한 조직신학의 재구성』, 서울: 한들출판사.

안병무 (1993), 『갈릴래아의 예수』, 천안: 한국신학연구소.

_____ (1999), 『기독교의 개혁을 위한 신학』, 서울: 한국신학연구소.

오만규 (2004), 『이 아들이 우리를 안위하리라 - 안식일 신앙의 재발견』, 서울: 시조사.

오영석 (1999),『신앙과 이해』, 서울: 대한기독교서회.

원진희 (2005), "사사기 6:7-10의 전승사적 위치와 신학",『신학논단』제41집, 연세대학교 신과대학, 연합신학대학원 편, 서울: 한들출판사.

유해무 (1997),『개혁 교의학』, 고양: 크리스챤 다이제스트.

이경숙 (2005), "창세기 2-3장에 들어있는 신화적 요소와 그 신학적 메시지: 여성신학적 관점에서",『성서·여성·신학』, 장상교수 정년퇴임 기념 논문집, 김성재·이경숙 편, 서울: 한국신학연구소.

이문균 (2004),『신앙과 삶 속에서 삼위일체 하나님 알아보기』, 서울: 한국장로교출판사.

이범배 (2001),『조직신학』, 서울: 새한기획출판부.

이상성 (2003), "빅뱅, 수퍼 노바 그리고 종말",『과학과 신학의 대화』, 한국조직신학 논총 9집, 한국조직신학회 엮음, 서울: 대한기독교서회.

_____ (2008), "과학의 시간과 변증법적 종말론",『한국 조직신학 논총』제20집, 한국조직신학회 편, 서울: 한들출판사.

이은애 (2005), "구약성서의 결혼법 이해",『성서·여성·신학』, 장상교수 정년퇴임 기념 논문집, 김성재·이경숙 편, 서울: 한국신학연구소.

이은재 (2003), "하나님 경험은 세상에 대한 책임이다",『한국 기독교 신학논총』제30집, 한국기독교학회 편, 서울: 대한기독교서회.

이정배·이은선 (1993),『현대이후주의와 기독교』, 서울: 다산글방.

_____ (2003), "폴킹혼의 공명론과 유신론적 자연신학 연구",『과학과 신학의 대화』, 한국조직신학 논총 9집, 한국조직신학회 엮음, 서울: 대한기독교서회.

_____ (2005), "기독교 영성의 본질로서 자연은총",『公共性의 윤리와 평화』, 손규태 교수 정년퇴임 기념논문집, 서울: 한국신학연구소.

이정전 (2009), "지구온난화 문제의 이해",『지식의 지평』, 제6호, 한국학술협의회 편, 서울: 아카넷.

이종성 (1980),『神論』, 서울: 대한기독교서회.

임홍빈 (2003), "유전자 조작과 인간복제에 대한 생태신학적 이해",『한국 기독교 신학논총』제30집, 서울: 대한기독교서회.

장도곤 (2003), "개발과 기독교", 『한국 기독교 신학논총』 제30집, 서울: 대한기독교서회.

장일조 (1992), "죽재를 위한 하나의 대화", 『전환기의 민중신학 — 죽재 서남동의 신학 사상을 중심으로』, 죽재 서남동 목사 기념논문집 편집위원회 편, 서울: 한국신학연구소.

전현식 (2002), "에코페미니즘 신학과 생태학적 영성", 『조직신학 속의 영성』, 한국조직신학회 논총 제7집, 서울: 대한기독교서회.

_____ (2003), 『에코페미니즘과 신학』, 서울: 한들출판사.

_____ (2004), "인간실존, 초월 그리고 죄에 대한 생태학적 재구성", 『한국 기독교 신학논총』 제32집, 서울: 대한기독교서회.

_____ (2006), "인간 줄기세포 연구에 대한 에코페미니즘의 비판적 성찰", 『한국기독교 신학논총』 제44집, 한국기독교학회 편, 서울: 대한기독교서회.

정재현 (1999), 『티끌만도 못한 주제에』, 왜관: 분도출판사.

_____ (2006a), 『자유가 너희를 진리하게 하리라』, 서울: 도서출판 한울.

_____ (2006b), 『망치로 신-학하기. '말씀'이 말이 되게 하기 위하여』, 서울: 도서출판 한울.

정홍열 (2000), "하나님의 형상과 인간의 형상", 『한국기독교 신학논총』 제19집, 한국기독교학회 편, 서울: 대한기독교서회.

조광호 (2004), "그리스도는 율법의 마침인가 목표인가 완성인가?" 『한국기독교 신학논총』 제31집, 한국기독교학회 편, 서울: 대한기독교서회.

지동식 (1976), "지음받은 人間", 『宗教現象과 基督教』, 서울: 연세대학교 출판부.

천사무엘 (2004), "지혜문학과 묵시문학의 관계", 『한국기독교 신학논총』 제32집, 한국기독교학회 편, 서울: 대한기독교서회.

함석헌 (1999), 『함석헌 선집 2』, 서울: 한길사.

현요한 (2002), "과학의 영성, 영성의 과학", 『조직신학 속의 영성』, 한국조직신학회 논총 제7집, 서울: 대한기독교서회.

현우식 (2006), 『과학으로 기독교 새로 보기』, 서울: 연세대학교 출판부.

김균진 저작 전집
02
기독교 신학 2
하나님 나라의 메시아적 신학을 향해

Copyright ⓒ 김균진 2014

1쇄 발행	2014년 9월 26일
4쇄 발행	2022년 1월 13일

지은이	김균진
펴낸이	김요한
펴낸곳	새물결플러스

편 집	왕희광 정인철 노재현 한바울 정혜인
	이형일 나유영 노동래 최호연
디자인	박인미 황진주 김은경
마케팅	박성민 이원혁
총 무	김명화 이성순
영 상	최정호 곽상원
아카데미	차상희

홈페이지	www.holywaveplus.com
이메일	hwpbooks@hwpbooks.com
출판등록	2008년 8월 21일 제2008-24호
주 소	(우) 04118 서울시 마포구 마포대로19길 33
전 화	02) 2652-3161
팩 스	02) 2652-3191

ISBN 978-89-94752-84-6 93230

책값은 뒤표지에 있습니다.